Walter Schellenberg
Hitlers letzter Geheimdienstchef
Erinnerungen

Walter Schellenberg

Hitlers letzter Geheimdienstchef
Erinnerungen

IMPRESSUM:
Walter Schellenberg, Hitlers letzter Geheimdienstchef. Erinnerungen
Verlag Siegfried Bublies, Beltheim-Schnellbach

Internetadresse: http://www.bublies-verlag.de
e-mail-Adresse:Siegfried.Bublies@t-online.de
Umschlaggestaltung: Arthur von Steele
Druck: Eigendruck
Printed in Germany
ISBN: 978-3-937820-24-8

INHALT

EINLEITUNG

Generalmajor Walter Schellenberg (16. Januar 1910 – 31. März 1953), Hitlers letzter Geheimdienst-Chef, arbeitete an seinen Lebenserinnerungen nach dem Zusammenbruch des Dritten Reiches bis kurz vor seinem Tod. Seit Jahren hatte er unter einer schweren Leberkrankheit gelitten, die ihn so stark beeinträchtigte, daß er die begonnenen Memoiren nicht mehr in eine letztgültige Form bringen konnte. Neben einem mehrere hundert Seiten starken handschriftlichen Rohmanuskript, das sich heute im Münchener Institut für Zeitgeschichte befindet, hinterließ Schellenberg diverse Aufzeichnungen. Kurz vor seinem Tod gelang es ihm noch, seinen Erinnerungen durch ein Schreibmaschinendiktat, das die Grundlage für das vorliegende Werk bildet, eine autorisierte, wenn auch überarbeitungsbedürftige Fassung zu geben. Diese erschien erstmals 1956 im André-Deutsch-Verlag in London unter dem Titel „The Schellenberg Memoirs".
Die Weltöffentlichkeit erhielt mit diesen Erinnerungen ein authentisches Zeugnis aus dem innersten Machtzirkel der nationalsozialistischen Herrschaft. Als engster Mitarbeiter Heinrich Himmlers und Reinhard Heydrichs war Schellenberg in alle wesentlichen politischen Aktionen und Kriegsplanungen des nationalsozialistischen Staates eingeweiht. Er lernte die mächtigsten Männer des Dritten Reiches – vor allem die Akteure im Machtapparat Heinrich Himmlers – und ihre charakterlichen Schwächen, Stärken und machtpolitischen Ambitionen persönlich kennen.
Seine geheimdienstlichen Möglichkeiten erlaubten Schellenberg einen so unverstellten Blick hinter die Kulissen des NS-Machtapparates, daß die nun wieder in einer Neuauflage herausgegebenen Erinnerungen zu den wichtigsten Dokumenten der nationalsozialistischen Herrschaft gezählt werden können.

Walter Schellenberg kam als junger Jurist im Mai 1933 zur SS und wurde Mitglied der NSDAP. Bereits 1934 fand er Kontakt zum politischen Geheimdienst der SS, dem SD (Sicherheitsdienst), der 1931 von Heinrich Himmler zunächst als ein parteiinterner Nachrichtendienst unter der Führung Reinhard Heydrichs geschaffen worden war. Nach der Machtübernahme der Nationalsozialisten im Januar 1933 wurden dem SD aber zunehmend auch Aufgaben der inneren Sicherheit und der Auslandsspionage übertragen.

Schellenberg durchlief Zwischenstationen im Reichsinnenministerium und im Geheimen Staatspolizeiamt, bevor er im SD-Hauptamt Leiter der Abteilung Nachrichtendienst wurde.
Am 15.11.1939 bekam Schellenberg das Amt des Leiters der Spionageabwehr Inland innerhalb des neugegründeten Reichssicherheitshauptamtes (RSHA) übertragen. Im Juni 1941 wurde er – protegiert durch den Leiter des Reichssicherheitshauptamtes Reinhard Heydrich – zum SS-Standartenführer befördert und Chef des Amtes VI (Auslandsnachrichtendienst) des RSHA. Dieses Amt geriet zunehmend in Konkurrenz zum militärischen Nachrichtendienst unter Admiral Canaris. Zielstrebig betrieb Schellenberg fortan die Zusammenlegung des gesamten deutschen Auslandsgeheimdienstes.
Nach der Ermordung Heydrichs 1942 wurden Schellenberg und sein Nachrichtendienst Himmler direkt unterstellt. Im Auftrag des Reichsführers SS konnte Schellenberg bereits in diesem Stadium des Krieges seine Fühler in Richtung England ausstrecken, um Möglichkeiten eines Kompromißfriedens zu sondieren.
Anfang Februar 1944 wurde Canaris von Hitler seiner Ämter enthoben, die Dienststelle der militärischen Abwehr aufgelöst und deren Aufgabenbereich Schellenbergs Amt im RSHA übertragen. Im Rang eines Generalmajors der Waffen-SS und SS-Brigadeführers leitete Schellenberg nun den gesamten und einheitlichen Geheimdienst des Deutschen Reiches bis zum Zusammenbruch im Mai 1945.
Nach dem Krieg wurde Schellenberg im Juni 1945 inhaftiert und im April 1949 vom Militärgerichtshof zu 6 Jahren Gefängnis verurteilt. Wegen seines schweren Leberleidens im Dezember 1950 vorzeitig entlassen, verstarb er im Alter von 43 Jahren am 31. März 1953 in Turin.

Verlag Bublies
Oktober 2008

MEIN WERDEGANG

Jugend – Auswirkungen des ersten Weltkrieges – Eintritt in SS und SD – Ich werde entdeckt – Hitler in Bad Godesberg – Meine ersten Aufträge – Versetzung ins Reichsinnenministerium – Erste Begegnung mit Best, Müller und Mehlborn – Die große Kartei

Von dem Tage ab, als ich im Jahre 1941 die Leitung des politischen Geheimdienstes für das Ausland übernahm, hatte Heinrich Himmler als Reichsführer SS und oberster Chef der Politischen Spionageabwehr das strikte Verbot erlassen, jemals mein Bild zu veröffentlichen oder auch nur meine Person in der Presse zu erwähnen. Erst nach dem Zusammenbruch Deutschlands wurde mein Name und einiges über meine Tätigkeit der Öffentlichkeit bekannt – doch ist dabei vieles unaufgeklärt und im dunkeln geblieben.

Wenn ich mich nun dazu entschließe, aus der Kulisse herauszutreten und über den Geheimdienst unter dem nationalsozialistischen Regime zu berichten, so geschieht dies nicht, um meine Person ins Scheinwerferlicht zu stellen. Es soll auch nicht der Sinn dieses Buches sein, den Leser mit einigen spannenden Spionagefällen zu unterhalten.– Bei der Eigenart meiner Aufgabe war vielmehr meine Tätigkeit so stark mit dem gesamten politischen und militärischen Geschehen, vor allem während des zweiten Weltkrieges, verknüpft, daß, wie ich glaube, meine Schilderung in einem weiteren Sinne einige blinde Stellen im Spiegelbild des Dritten Reiches aufzuhellen vermag.

Zum Verständnis, wie ich zunächst an die Randzone des Geheimdienstes kam und dann in seinen Mahlstrom geriet, erscheint es mir notwendig, zuerst einiges über meine Jugendjahre und ihren Einfluß auf meine spätere Entwicklung zu bringen.

Schon als Knabe – ich wurde im Jahre 1910 als siebtes Kind des Klavierfabrikanten Guido Schellenberg zu Saarbrücken geboren – lernte ich die Schrecken des Krieges kennen. Besonders der Winter 1917 war mir durch die heftigen französischen Bombenangriffe auf meine Heimatstadt, durch Hunger, Kälte und Krankheit unvergeßlich geblieben. Nach dem Ende des ersten Weltkrieges kam mein Vater während der französischen Besetzung des Saargebietes in politische Haft. In diesem Geschehen suchte meine Mutter ihren religiösen Halt noch mehr denn zuvor im katholischen Glauben, so daß auch meine Erziehung und seelische Entwicklung in einem streng christlichen Sinne gelenkt wurde. – Hier nun möchte ich ein Erlebnis erwähnen, das Jahre später nicht ohne Einfluß auf meinen Entschluß gewesen sein mag, mich von der Katholischen Kirche abzuwenden: Ich hatte, nicht ohne Scheu, einem Geistlichen eine Pubertätsverfehlung gebeichtet. Als er mich daraufhin mit heftigen Schlägen bestrafte, packte mich ein solch trotziger Groll, daß ich mich fortan mehr und mehr gegen die strenge kirchliche Erziehung im Elternhaus kehrte und auch später keiner katholischen Studentenvereinigung beitrat.

Während meiner Gymnasialzeit lehnte ich mich um so stärker an meinen Geschichtsprofessor an, der mich für das Zeitalter der Renaissance und dessen geschichtliche wie kulturelle Bedeutung für die Neuzeit so zu begeistern verstand, daß nunmehr mein besonderes Interesse stets der abendländischen Geschichte und Kultur galt.

Im Jahre 1923 siedelten meine Eltern, da sie infolge der Nachwirkungen des ersten Weltkrieges in Saarbrücken in wirtschaftliche Bedrängnis gerieten, nach Luxemburg über, wo mein Vater noch eine Filiale unterhielt.

Im Sommersemester 1929 begann ich dann mein Studium an einer rheinischen Universität. Nach einigem Schwanken – ich hatte mit Medizin angefangen – entschied ich mich aber auf Anregung meines wirtschaftlich-liberal gesinnten Vaters für die Rechts- und Staatswissenschaften; dieses Studium erschien geeignet, mir entweder den Weg in eine künftige wirtschaftliche oder auch in eine außenpolitische Laufbahn zu ebnen. Mir schwebte dabei vor allem eine Karriere im diplomatischen Dienst des Auswärtigen Amtes vor, denn gerade das Leben in der politischen Randzone des Westens hatte mein Interesse stark auf außenpolitische Ereignisse gelenkt.

Während meines Studiums trat ich einem Corps des Kösener Verbandes, einer waffenstudentischen und satisfaktionsgebenden Verbindung, bei. Nach der ersten Staatsprüfung leistete ich den üblichen juristischen Vorbereitungsdienst in Bonn ab. Zu dieser Zeit hatte die deutsche Wirtschaftsdepression ihren tiefsten Stand erreicht, und auch das Unternehmen meines Vaters war in schwere finanzielle Not geraten. So wurde ich als Referendar genötigt, einen staatlichen Unterhaltszuschuß in Anspruch zu nehmen. Dies war im Jahre 1933 – kurz nach der Machtergreifung durch den Nationalsozialismus. Im Mai desselben Jahres bin ich dann sowohl der Nationalsozialistischen Deutschen Arbeiterpartei als auch der SS beigetreten. Besonderer Überlegung dazu bedurfte es für mich damals nicht, da mir ein solcher Schritt im Hinblick auf die Erwirkung des Staatszuschusses einfach unumgänglich schien. Aus dieser Erwägung wurde mir der Beitritt zur Partei auch seitens eines meiner damaligen Vorgesetzten dringend nahegelegt. Im übrigen war ich zu jener Zeit mit Millionen anderer Deutscher des Glaubens, daß nur noch die NSDAP jene Spannkraft aufzubringen vermöge, die notwendig erschien, Deutschland aus der wirtschaftlichen Depression mit fast fünf Millionen Arbeitslosen zu befreien; dies um so mehr, da das Ausland bisher kaum Neigung gezeigt hatte, den demokratischen Kräften der Weimarer Republik Zugeständnisse zu machen, die zu einer Überwindung der Krise hätten führen können. Zugleich war ich, wie viele, der Meinung, der neuen Regierung werde es gelingen, sowohl die tiefgreifende soziale und innenpolitische Spannung zu bannen als auch eine Loslösung vom Versailler Friedensvertrag durchzusetzen und Deutschlands volle Souveränität im Verhältnis zu allen anderen Nationen wiederherzustellen. Diese außenpolitische Forderung erschien mir im Lichte internationaler Beziehungen völkerrechtlich nicht unzulässig, hatte ich doch durch meine Kenntnis der neueren französischen Geschichte erfahren, daß gerade der politische Wille des französischen Volkes stets auf die Annullierung des Friedensvertrages von 1871 gerichtet war.

Mit solchen Erwartungen stießen im Jahre 1933 Menschen der verschiedensten Parteirichtungen, unter ihnen besonders viele junge Leute, zur NSDAP, ohne sich im übrigen über alle Punkte des Parteiprogramms im einzelnen informiert zu haben. So war auch ich mit zahlreichen anderen der Auffassung, Hitler müsse mit Rücksicht auf die Gewinnung so vieler neuer, aus allen Richtungen kommender Anhänger zwangsläufig genügend Spielraum für verschiedene innen- und außenpolitische Auffassungen lassen. Ebenso waren wir der Meinung, die Partei werde auch den verschiedenen Ansichten ihrer neuen Mitglieder hinsichtlich der Judenfrage Rechnung tragen und ihr Programm in der Praxis einschränken müssen.

Unter den Gliederungen der Partei galt schon 1933 die Schutzstaffel Hitlers (SS) als eine Eliteorganisation, der unter dem Nachwuchs zu jener Zeit eine solche Bewertung allerdings weniger im politischen als im gesellschaftlichen Rahmen beigemessen wurde. So bevorzugten besonders die sogenannten »feinen Leute« beim Eintritt in eine der Parteigliederungen die SS. Man mag rückblickend mit Recht den Stab darüber brechen, aber ich kann nicht leugnen, daß auch ich als junger Mensch empfänglich für Äußerlichkeiten war und daß dieser Hang mitbestimmend für meinen Entschluß wurde, der SS beizutreten.

Der eintönige Exerzierdienst, durch den jeder SS-Anwärter zunächst einmal militärisch gedrillt wurde, machte mir aber schon bald keine Freude mehr, zumal auch über das Wochenende immer wieder größere Ausmärsche auf dem Dienstplan standen. Nach einigem Bemühen gelang es mir jedoch, mich von den militärischen Übungen befreien zu lassen. Statt dessen wurde ich nun dazu herangezogen, Vorträge – meist über geschichtliche Themen – zu halten, um den Studenten der Bonner Universität, sofern diese der SS angehörten, innerhalb des eintönigen Dienstplanes geistige Abwechslung zu bringen. Diese Vorträge erfreuten sich bald einer wachsenden Beliebtheit und sprachen sich herum.

Eines Abends – ich wandte mich meiner Erinnerung nach zum zweiten Male gegen den politischen Einfluß der Katholischen Kirche – bemerkte ich auf den letzten Bänken zwei mir bis dahin unbekannte ältere Herren in einfacher SS-Uniform. Wie sich später herausstellte, handelte es sich um zwei Professoren – um den Pädagogen Dr. N. und den Philologen Dr. B. Ersterer war ein exkommunizierter Katholik, ehemals Priester, und hatte als solcher für das deutsche Episkopat besondere Missionen erledigt – eine Aufgabe, die ihm eine ausgezeichnete Kenntnis der deutschen Kirchenpolitik des Vatikans vermittelt hatte.

Professor B., der mich nach Beendigung meines Vortrages begrüßte, war -wie ich im Laufe unserer Unterhaltung erfuhr-Spezialist auf dem Gebiet der Sanskritforschung und hatte längere Zeit in Indien gelebt. Später lud er mich des öfteren in sein Haus ein, wo ich manchen bedeutenden Inder kennenlernte und vieles über die Probleme Indiens erfuhr.

Doch der Mann, der meine ersten Schritte in den mir damals gänzlich unbekannten Bereich des politischen Geheimdienstes lenkte, war der abtrünnige Priester Professor Dr. N. Er unterhielt sich an jenem Abend sehr lange mit mir, lobte meinen Vortrag und erwähnte, daß die SS noch andere interessante Aufgaben habe, für die ein Mensch wie ich tätig werden könne. Und nun hörte ich zum ersten Male das Wort »Sicherheitsdienst«, von dem N. in der Folge nur noch mit der Bezeichnung SD sprach. Professor N. erklärte mir, daß es sich beim SD-Inlands- und -Auslandssicherungsdienst um geheime Institutionen handele, die der obersten Staatsführung unter anderem ein Bild der Volksstimmung vermittelten und deren Berichterstattung ihr zugleich als Kontrolle für die Auswirkungen ihrer jeweiligen Entscheidungen diente. Noch am gleichen Abend wurde ich gefragt, ob ich gewillt sei, für diesen Geheimdienst zu arbeiten. – Mich lockte das Wort »Auslandsdienst«. Dr. N. erklärte mir jedoch, daß dem Auslandsdienst in jedem Falle die Schule des Inlandsdienstes vorauszugehen habe, und bedeutete mir zugleich, ich müsse als Mitarbeiter des Inlandsdienstes auch meine juristische Ausbildung fortsetzen sowie meine zweite Staatsprüfung ablegen. Meine Mitwirkung sei sozusagen nur neben- und ehrenamtlich. – Nach kurzer Überlegung sagte ich zu und wurde noch am gleichen Abend für die geheimdienstliche Mitarbeit verpflichtet. Den SD-Eid hatte ich wenig später in Berlin zu leisten.

Ehe ich nun über die Anfänge meiner geheimdienstlichen Tätigkeit berichte, möchte ich noch ein Erlebnis schildern, das mir wegen seiner Tragweite im politischen Geschehen des Dritten Reiches besonders stark in der Erinnerung haftengeblieben ist.

Bei meinem letzten aktiven Einsatz innerhalb der SS wurde ich einem Absperrkommando zugeteilt, das vor dem bekannten Hotel Dreesen in Bad Godesberg eine Wache zu übernehmen hatte. Es war dies der 29. Juni 1934 – der Tag vor der Säuberung der SA.

Gegen sechs Uhr abends wurde ich an eine der Flügeltüren des Hotels postiert, die von der Terrasse unmittelbar in den Speiseraum führte. Von hier aus hatte ich einen herrlichen Blick auf den Petersberg sowie auf das jenseits des Rheins gelegene Siebengebirge, hinter dessen stumpfen Gipfeln schwere dunkle Gewitterwolken heraufzogen. Bald darauf tobte ein heftiges Unwetter über dem Rheintal, und die Wandtäfelung der Hotelräume leuchtete sekundenweise im grellen Licht der Blitze hell auf. Ich drückte mich vor dem aufsprühenden Regen fest in die Nische der Flügeltür. Durch die Glasfenster konnte ich nun unauffällig in den Speiseraum sehen und unter den darin Anwesenden sogleich die Gestalten Hitlers, Goebbels' und Görings erkennen, die in eine lebhafte Diskussion verwickelt schienen. Zu verstehen war nichts. Doch noch heute ist mir das Mienenspiel dieser drei in lebhafter Erinnerung. Hitler schien die zu treffende Entscheidung wegen der Säuberung der SA offensichtlich schwerzufallen. Oftmals wandte er sich abrupt von dem heftig auf ihn einredenden Goebbels oder Göring ab, trat an eine der Flügeltüren, öffnete sie einen Spalt und atmete erregt die kühle Gewitterluft ein. Wenig später wurde das Abendessen serviert. Hitler saß nachdenklich vor seiner Diätkost, indessen Göring kräftig in die Fleischschüsseln langte. Während der Mahlzeit herrschte Schweigen. Erst nach dem Essen bildeten sich erneut kleine Gruppen und wurde wieder diskutiert. Schließlich beendete Hitler die Beratung mit einer schneidenden Handbewegung. Nun dauerte es noch wenige Minuten, bis die großen Mercedes-Wagen vorfuhren und schnell in Richtung Bonn zum Flugplatz Hangelar davonbrausten.

Das düstere Bühnenstück – die Röhm-Affäre mit der Liquidierung der SA-Führerschaft – begann.

Die mir zugedachten geheimdienstlichen Aufträge wurden mir anfänglich in Form von grünen Briefumschlägen über die Adresse eines Bonner Chirurgieprofessors zugestellt. Zur Entgegennahme dieser Briefe hatte ich mich regelmäßig in dessen Privatwohnung einzufinden. Die Weisungen kamen unmittelbar aus der Zentrale des Sicherheitsdienstes in Berlin und forderten mich zur Berichterstattung über fachliche, politische sowie personelle Zusammenhänge an den rheinischen Universitäten auf.

Der Chirurg Professor H. war ein vielgereister und belesener Mann mit einer umfangreichen Bibliothek, insbesondere über Geheimdienste und Geheimwissenschaften. Er vermittelte mir in langen, oftmals bis in die Nächte dauernden Gesprächen manches Wissenswerte über die historische Entwicklung der Geheimdienste in anderen Ländern, vor allem in England und auf dem Balkan.

Ab und zu erhielt ich auch Aufträge von einem mir gänzlich unbekannten Manne, der mich telefonisch in ein kleines Bonner Hotel bestellte, ohne mir je seinen Namen zu nennen.

Der Gewandteste von allen jedoch, mit denen ich damals auf diesem Wege in Berührung kam, war der ehemalige Jesuitenpater Dr. S. Er verlangte niemals eine schriftliche Fixierung meiner Antworten, er versuchte vielmehr im Spiel von Rede und Gegenrede mehr aus mir herauszubringen, als ich vielleicht schriftlich niedergelegt hätte. Überdies schien er zugleich auch mein Wissen schlechthin prüfen zu wollen.

Sonderbar und ein wenig enttäuschend für mich blieb der Umstand, daß ich auf meine schriftlichen Ausarbeitungen nie eine Antwort aus Berlin bekam. Ich glaubte schon, daß meine Arbeit kein nennenswertes Echo gefunden habe. Doch da suchte mich plötzlich der bereits erwähnte Professor N. in meiner Wohnung in Düsseldorf auf, wo ich inzwischen am Gericht tätig geworden war. Zu meinem Erstaunen schlug er mir vor, ich solle doch nach Frankfurt am Main übersiedeln und dort die im Zuge des juristischen Vorbereitungsdienstes vorgeschriebene Ausbildungszeit in der inneren Verwaltung beim dortigen Polizeipräsidium ableisten. Da dieser Vorschlag zugleich mit finanziellen Vorteilen verbunden war, nahm ich ihn ohne Bedenken an.

In Frankfurt begann nun für mich eine dreimonatige Zeit intensiver Tätigkeit. Ich wurde durch die verschiedenen Abteilungen des Präsidiums geleitet, und überall spielte man mir die heikelsten Fälle zu – darunter auch Ermittlungsverfahren wegen schwerer Verfehlungen hoher Parteifunktionäre. Zweimal mußte ich wegen solcher Fälle nach Berlin fahren, um dort dem damaligen Reichsinnenminister Dr. Frick persönlich Bericht zu erstatten. Damals war unter anderem auch ein heftiger Streit zwischen Reichsjustizminister Gürtner, Dr. Frick und dem Gauleiter Julius Streicher in Nürnberg entstanden. Es ging dabei um folgendes:

Zu jener Zeit waren in Franken zwei SS-Männer zu zehn Jahren Gefängnis verurteilt worden, weil einer von ihnen einen Juden wegen Geldstreitigkeiten mit einem Hammer erschlagen hatte. Ich selbst war nach Studium des Falles überzeugt, daß der zweite Mann, der nach seiner Aussage dem Mörder nur den Hammer geliehen hatte, ohne die Absichten des anderen zu kennen, unschuldig war. Ich ließ deshalb eines Nachts heimlich die Gefängniszelle öffnen, um diesem Häftling die Flucht zu ermöglichen.

Reichsjustizminister Gürtner sah hierin einen Rechtsbruch und protestierte heftig beim Reichsinnenminister Frick gegen Streicher. Der Vermittlung Fricks hatte ich es dann zu danken, daß meine Eigenmächtigkeit ohne schwere Folgen blieb.

Während meiner Frankfurter Tätigkeit wurde ich plötzlich auf vier Wochen nach Frankreich geschickt mit dem Auftrag, mich über die politische Einstellung eines gewissen Professors P. an der Sorbonne genau zu informieren. (Ich hatte diesen Professor einmal in einem meiner Bonner Berichte erwähnt.) Nachdem ich diesen Erkundungsauftrag offensichtlich zufriedenstellend erledigt hatte, wurde ich kurz nach meiner Rückkehr aus Frankreich zur weiteren Ausbildung in der inneren Verwaltung nach Berlin in das Reichsinnenministerium versetzt. Zuerst schickte man mich hier zu einem Oberregierungsrat Dr. S., der, wie ich später erfuhr, in Wirklichkeit Personalchef des damaligen Geheimen Staatspolizeiamtes war. Dieser überreichte mir ein vorgeschriebenes Programm, das Tag, Stunde und Ort angab, wo ich mich zwecks weiterer Informationen zu melden hatte.

So wanderte ich eines Nachmittags zum Prinz-Albrecht-Palais, dem Dienstgebäude der Gestapo. Eine SS-Wache geleitete mich zu einem älteren Oberregierungsrat, der mir erklärte, daß ich zwar vom Reichsinnenministerium übernommen, jedoch von dort zum SD-Hauptamt beurlaubt worden sei und zunächst informatorisch im Geheimen Staatspolizeiamt* zu arbeiten hätte.

Die Zeit, die nun begann, war für mich äußerst interessant. Immer wieder staunte ich über das geräuschlose Ineinandergreifen eines, wie mir schien, unsichtbaren Räderwerks, das mir ständig neue Türen öffnete und mich dabei wie eine willenlose Puppe hin und her schob.

So wurde ich auch eines Tages zu dem Leiter der Abteilungen I und III, dem damaligen Ministerialrat und SS-Oberführer Dr. Best, gerufen. Ihm lag in der Abteilung I die Bearbeitung aller Personalien sowie sämtlicher Organisations- und Rechtsfragen ob. Zugleich leitete er in der Abteilung III (später Gruppe IV E in Amt IV) die inländische Spionageabwehr. Best, der an einem der Schalthebel des geheimdienstlichen Apparates saß, sah mich eine Weile prüfend an. Es galt wohl, mich zuerst einmal abzutasten. In seinem Gespräch mit mir warf er dann allerlei Fachfragen über Verwaltung, über neues Polizeirecht und schließlich auch über die Spionageabwehr auf. Zum Schluß bemerkte er achselzuckend: »Ich weiß nicht, was Heydrich mit Ihnen vorhat – er wird es Ihnen wohl zur gegebenen Zeit selber sagen.«

Danach hatte ich mich beim Leiter der Abteilung IV (Politische Polizei), dem Reichskriminaldirektor und SS-Oberführer Heinrich Müller, zu melden, einem Mann, der hinter den Kulissen praktisch der Chef der Staatspolizei war. Die Gegensätze zwischen Best und Müller waren schon auf den ersten Blick unverkennbar stark: Best vielseitig und lebhaft, Müller trocken und wortkarg – mit typisch bayrischem

---

* Das Staatspolizeiamt und daneben das SD-Hauptamt waren damals zwar noch getrennte, aber doch schon seit 1934 in der Person Reinhard Heydrichs verbundene Institutionen.
Heydrich war – unter Göring und Himmler – tatsächlicher unmittelbarer Leiter der politischen Polizei aller deutschen Länder und außerdem Chef des SD-Hauptamtes – einer Parteidienststelle unter Rudolf Heß und Himmler. Beide Funktionen waren personell, räumlich und finanziell damals völlig getrennt.
1936 wurde Himmler Chef der deutschen Polizei im Reichsministerium des Innern. Er ernannte Heydrich dann zum Chef der Sicherheitspolizei und des SD. Dies bedeutete, daß Heydrich nun auch Chef der Kriminalpolizei wurde und als gemeinsame Dachbehörde für die Geheime Staatspolizei (Stapo) und die Kriminalpolizei (Kripo) ein neues »Hauptamt Sicherheitspolizei« im Reichsministerium des Innern geschaffen wurde. Neben Stapo und Kripo blieb das SD-Hauptamt getrennt bestehen. Über die Entwicklung all dieser Institutionen zum 1939 gegründeten Reichssicherheitshauptamt werde ich im weiteren Zusammenhang berichten.

Akzent. Ich konnte mich des Gefühls nicht erwehren, daß mich der kleine, untersetzte Reichskriminaldirektor mit dem kantigen Bauernschädel, den schmalen, verkniffenen Lippen und den stechenden braunen Augen, die fast stets von den ständig zuckenden Lidern halb verdeckt waren, nicht nur abstieß, sondern auch unruhig und nervös machte. Vor allem waren es die massiven, breitflächigen Hände mit den dicken, eckigen Fingern, die mir einen unbehaglichen Eindruck vermittelten.

Eine wirkliche Unterhaltung kam denn auch nicht zustande. Das mochte vielleicht auch daran liegen, daß sich Müller noch immer nicht von seinem früheren Beruf als Kriminalsekretär des Münchener Polizeipräsidiums zu lösen und die Worte für eine verbindlichere Konversation zu finden vermochte. –

»Woher kommens? Was arbeitens jetzt? Heydrich gefallen Ihre Berichte...« – in diesem trockenen Vernehmungsstil etwa unterhielt er sich mit mir.

Meinen Dienst im SD-Hauptamt begann ich in der Organisationsabteilung. Die Arbeit bestand im wesentlichen zunächst in rein verwaltungstechnischen Aufgaben. Mein unmittelbarer Vorgesetzter war der Oberregierungsrat SS-Oberführer Dr. Mehlhorn (Amt II), äußerlich eine unscheinbare Person, jedoch von einer außergewöhnlichen Intelligenz und durchaus kein Nationalsozialist im Sinne der Parteibürokratie. Bezeichnend für seine Haltung war eine gelegentliche Äußerung mir gegenüber: der Nationalsozialismus sei nur eine unter vielen Erscheinungsformen des deutschen Volkes, und schon jetzt von einem »Tausendjährigen Reich« zu sprechen, sei hirnverbrannt.

Auf den organisatorischen Vorarbeiten, die Dr. Best und Dr. Mehlhorn geleistet hatten, baute Heydrich seine Machtstellung auf. Und wenn trotz ihrer fachlichen Leistungen beide später von Heydrich in die Wüste geschickt wurden, so lag dies bei Mehlhorn daran, daß er sich erkühnte, innerhalb der SS Stimmung gegen Heydrich zu machen, und überdies den »Fehler« besaß, sächsischer Abstammung zu sein. Hitler und Himmler hegten nämlich nicht nur eine Aversion gegen die Sachsen, sie lehnten sie sogar als »slawisch durchsetzten Rassenbestandteil des deutschen Volkes« ab.

Mehlhorn erhielt 1936 ein Ehrengerichtsverfahren angehängt, das zu seiner Verabschiedung führte. Er kam aber in diesem Falle noch einmal davon, indem man ihn auf Weltreisen schickte. Er war sodann zwei Jahre lang unterwegs. Seine Berichte über den Vorderen Orient und Ostasien verrieten eine außerordentlich scharfe Beobachtungsgabe und auch den politischen Weitblick, der diesem Manne eigen war. Hingegen lag er mit seiner Darstellung über die »wahrscheinliche Lageentwicklung in den USA und Mittelamerika« so falsch, daß ich seinerzeit schon das Empfinden hatte, er habe mit diesem Bericht Hitler ein irreführendes Bild über die damalige Situation in den letztgenannten Ländern geben wollen.

Dr. Mehlhorn zeigte sich zu jener Zeit an meiner beruflichen Entwicklung sehr interessiert; er zwang mich geradezu, neben der Arbeit im SD-Hauptamt meinen Blick wieder auf meine juristische Ausbildung zu richten. Auf Grund dieser ständigen Einwirkung kehrte ich deshalb während des ganzen Jahres 1936 wieder in meine juristische Laufbahn zurück und legte die große Staatsprüfung ab.

Anfang 1937 – Mehlhorn hatte inzwischen seinen Platz im SD-Hauptamt aufgeben müssen – wurde ich in das Reichsinnenministerium zurückberufen und nach einem halben Jahr zum Regierungsrat ernannt. Ich hatte nun zunehmend selbständig organisatorische Fragen sowie Personal-, Etat-, Reichsreform- und Mobilisierungsprobleme für den Kriegsfall zu bearbeiten. Überdies wurde jede zweite Woche ein ausführlicher Bericht über die allgemeine Lage gefertigt, aus dem die Reichsführung ein lückenloses Bild der Entwicklung auf sämtlichen Lebensgebieten der Verwaltung, Wirtschaft, Kultur und Partei, aber auch hinsichtlich der sogenannten »gegnerischen Bewegungen« gewinnen konnte. Speziell innerhalb der Partei gab es oft scharfe politische Kämpfe, die meistens durch Rudolf Heß an Hitler herangetragen wurden. Die Antagonisten waren dann Himmler und Heydrich auf der einen Seite, auf der anderen bis zum Jahre 1941 Rudolf Heß und später sein Nachfolger Martin Bormann.

Alle im Rahmen der erwähnten Berichterstattung interessierenden Personen wurden in geheimen Personalakten erfaßt, deren wichtigster Inhalt stichwortartig auf einer Karteikarte vermerkt wurde. So häuften sich im Laufe der Jahre Hunderttausende solcher Blätter. In der Zentrale waren riesige Rädertische aufgestellt, auf denen die Karteikarten kreisförmig gestaffelt lagen. Die Tische liefen auf Kugellagern und konnten elektrisch betrieben werden. Ein einziger Mann vermochte dieses Monstrum mit etwa fünfhunderttausend Karteikarten durch wenige Schalthebel spielend leicht zu bedienen. So automatisch modern aber war vorerst nur die Inlandsorganisation eingerichtet. Sie erhielt, wie schon eingangs angedeutet, ihre Erkundungsberichte laufend von den SD-Abschnitten im ganzen Lande, die ihrerseits wiederum überall ihre ehrenamtlichen Mitarbeiter und Vertrauensmänner hatten.

Neben diesen Aufgaben widmete ich mich überdies der Planung einer organisatorischen Zusammenfassung aller Ämter der Sicherheitspolizei sowie des SD-Hauptamtes. Diese neu zu errichtende Zentralstelle wurde später »Reichssicherheitshauptamt«* (RSHA) genannt.

Damals hegte ich die Absicht, den SD von der obersten Parteiführung zu lösen und im Zusammenhang mit den Fachsparten der Polizei über das Reichinnenministerium zu verstaatlichen. Das Vorhaben mißlang, da Heß als damaliger Stellvertreter Hitlers und nicht zuletzt der Reichsschatzmeister der Partei, Reichsleiter Schwarz, hier hartnäckig auf der Trennung von Partei und Staat bestanden. Die Partei bezog nämlich für den SD einen so erheblichen Staatszuschuß, daß sie dabei noch ein gutes Geschäft machte.

---

* Mit Erlaß vom 27. 9. 1939 wurde das Reichssicherheitshauptamt gegründet. Dieses Amt war aber zu keiner Zeit eine offiziell anerkannte Dienststelle; es war und blieb eine weder vom Staat noch von der Partei geschaffene interne Verwaltungseinrichtung des Chefs der Sicherheitspolizei und des SD. Die Organisationen der Sicherheitspolizei und des SD wurden nicht zu einer Einheit verschmolzen. Vielmehr blieb das Amt des Reichsinnenministeriums für die Stapo und Kripo das Hauptamt Sicherheitspolizei, und unter ihm blieben als Zentralbehörden der Stapo und Kripo nach wie vor das Geheime Staatspolizeiamt und das Reichskriminalpolizeiamt bestehen. Der SD aber blieb Parteieinrichtung.

BEGEGNUNG MIT HEYDRICH

Sein Werdegang und Charakter – Der »Anschluß« Österreichs steht bevor – Heydrichs Rolle im Falle v. Fritsch – Himmler und sein SS-Orden – Auswirkungen der Affäre v. Fritsch – »Salon Kitty«

Hitler nannte ihn »den Mann mit dem eisernen Herzen« – gemeint war Reinhard Heydrich, der damalige Leiter und spätere Chef der Sicherheitspolizei und des Sicherheitsdienstes. Bisher hatte ich Heydrich noch nicht ein einziges Mal zu Gesicht bekommen, obgleich ich nach den Worten von Dr. Best und Müller annehmen mußte, daß er sowohl über meine bisher geleistete Arbeit als auch über meine Anwesenheit im Dienstgebäude des SD gut unterrichtet war.

Wochen waren vergangen, ehe mich der »Chef« zu sich rufen ließ. Heydrichs Arbeitsräume lagen in der Prinz-Albrecht-Straße, und ich brauchte nur den kleinen gepflegten Garten hinter dem Staatspolizeiamt zu durchqueren. Nachdenklich und ein wenig nervös schritt ich die Treppen zu seinem Arbeitszimmer hinauf. Ich dachte an die Unterredung mit Dr. Best und fragte mich: Was hat nun Heydrich eigentlich mit dir vor? Wird er es dir jetzt sagen?

Heydrich saß hinter seinem Schreibtisch – eine große imponierende Gestalt mit einem langen, schmalen Gesicht und einer ungewöhnlich hohen Stirn. Weniger einnehmend waren die lange, scharfe Nase und die unruhigen, schrägen Augen, mit denen er mich ungeniert eine Zeitlang musterte. Als er mich schließlich begrüßte, frappierte mich seine Stimme – sie war für den großen, starken Körper viel zu hoch. Ganz entgegen meiner Erwartung vermied Heydrich es, sogleich von dienstlichen Dingen zu reden. Er erkundigte sich zunächst nach meinem Befinden, kam dann auf allgemeine Dinge zu sprechen und plauderte schließlich sogar über Musik. (Er war ein recht guter Violinspieler und veranstaltete des öfteren in seinem Hause Kammermusikabende.) Während er sich mit mir unterhielt, stand er auf und ging eine Weile im Zimmer auf und ab. Die breitausladenden Hüften gaben seiner hohen Gestalt einen etwas femininen Einschlag. Und die stark aufgeworfenen Lippen schienen mir einen seltsamen Widerspruch zu den langen Händen zu bilden, deren Finger fast wie Spinnenbeine wirkten.

Plötzlich lenkte Heydrich auf ein anderes Thema über. Seine Stimme klang nun abgehackt. Er wünschte genau zu wissen, ob ich den Plan weiterverfolgte, aus dem Beamtenverhältnis auszuscheiden und

Sozius eines Düsseldorfer Anwaltes zu werden. Als ich bejahte, nahm er dies kaum zur Kenntnis. Er knüpfte vielmehr schnell an mein Interesse für die geheimdienstliche Arbeit im Ausland an. Als ich mich nach einer Stunde verabschiedete, wußte ich zwar immer noch nicht, welche Pläne er bezüglich meiner Person hegte, doch hatte ich das untrügliche Gefühl, daß er mich in jedem Falle an den Geheimdienst zu binden gedachte.

In der folgenden Zeit lud mich Heydrich dann und wann zu seinen »Hausabenden« ein, und wie schon seit der ersten Begegnung wurde ich immer wieder gezwungen, über diesen seltsamen und faszinierenden Mann nachzudenken. – Eine seiner besonderen Gaben schien es zu sein, die persönlichen, fachlichen, aber auch die politischen Schwächen anderer Menschen sofort zu erkennen und diese sowohl in seinem phänomenalen Gedächtnis als auch in seiner »Kartei« zu registrieren und im richtigen Augenblick auszuspielen. Mitunter geschah dies, wie ich im Laufe der Zeit beobachten konnte, oftmals erst nach Jahren. Und wohl nicht zu Unrecht sagte man, daß ihn diese Taktik – sämtliche Menschen vom Dienstmädchen bis zum Minister durch das Wissen um ihre Schwächen in seine Abhängigkeit zu bringen – groß gemacht habe. Unter dem Siegel des Vertrauens pflegte er manchmal auch seinem Gesprächspartner Gerüchte zu erzählen, die diesen direkt persönlich oder politisch belasten mußten. Solche Gerüchte waren meist von ihm erfunden, er servierte sie nur, um sein Gegenüber dazu anzureizen, nun seinerseits alles das preiszugeben, was Heydrich über dessen vermeintlichen Feind für seine Zwecke zu erfahren wünschte. Dieses Spiel betrieb er nicht nur zwischen Hitler und Himmler sowie anderen Parteispitzen, sondern auch im Kreise seiner Untergebenen. Himmler wußte er stets mit Gedanken und Einfällen zu versorgen, die dieser dann seinem Führer als das Produkt eigenen Geistes vortragen konnte. Dabei war Heydrich gerissen genug, Himmler seine Gedanken in einer Weise zu vermitteln, die diesen glauben machen mußte, er, der Reichsführer selbst, sei der Schöpfer solcher Ideen. Er wußte auch über Himmlers ebenso wie über Hitlers Privatleben genau Bescheid. Beispielsweise kannte er Hitlers ärztliche Diagnosen bis in alle Einzelheiten.

Je näher ich diesen Mann kennenlernte, desto mehr kam er mir wie ein Raubtier vor – stets wachsam, stets Gefahr witternd und mißtrauisch gegen alles und jedes. Daneben war er von dem unersättlichen Ehrgeiz befallen, ständig mehr zu wissen als die anderen, überall der Beherrschende zu sein. Diesem Ziel ordnete er alles andere unter. Er verließ sich allein auf seinen überdurchschnittlichen Intellekt und seinen raubtierähnlichen Instinkt, dessen Unberechenbarkeit man dauernd als Drohung spürte. Freundschaften waren ihm gänzlich fremd, ja, er konnte sogar unfair bis zur Grausamkeit sein. Dennoch spielte er – denn sein Vorgesetzter, der Reichsführer SS Himmler, legte Wert auf ein trautes Familienleben – während der regelmäßigen Musikabende in seinem Hause gern den zärtlichen Gatten und Familienvater. In späteren Jahren, als ich ihm rangnäher stand, konnte es allerdings auch geschehen, daß er mich am Morgen danach anrief und sagte: »Ich lade Sie heute abend ein. Kommen Sie aber in Zivil.« Er zog dann mit mir von Lokal zu Lokal und erging sich dabei ständig in obszönen Gesprächen – sein ungehemmtes sexuelles Triebleben war wohl seine einzige Schwäche, die er nicht zu verbergen vermochte. Oftmals überraschte er andererseits plötzlich mit Beweisen für seinen ganz persönlichen Mut; vielleicht nagte dabei auch der ehrgeizige Gedanke in ihm, sich militärisch auszuzeichnen, um Orden und Ehrenzeichen zu erlangen. So machte er ab und zu mit seinem Privatflugzeug, das er selber steuerte, recht gewagte Flüge. Einmal mußte er dabei hinter der russischen Linie notlanden. Es gelang ihm jedoch, sich wieder bis zur deutschen Front durchzuschlagen.

Das Bild dieses Mannes, vor dem sich so viele Menschen fürchteten, wäre aber unvollständig ohne seine Vorgeschichte, über die er mir einmal selber berichtete: Nach dem ersten Weltkrieg war Heydrich als Offiziersanwärter in die deutsche Kriegsmarine eingetreten und diente unter anderem als Seekadett auf dem Kreuzer *Berlin,* den seinerzeit der spätere Admiral und Chef des Amtes Ausland und Abwehr im Oberkommando der Wehrmacht, Wilhelm Canaris, befehligte. Heydrich erreichte in seiner militärischen Laufbahn den Grad eines Oberleutnants zur See. Dann wurde er wegen seines Lebenswandels, insbesondere wegen Frauengeschichten, vor ein Offiziers-Ehrengericht gestellt, das schließlich zu seiner Verabschiedung aus der Reichsmarine führte. Im Jahre 1931 stand er völlig mittellos auf der Straße. Über SS-Freunde in Hamburg gewann er schließlich Kontakt mit Himmler, dem Führer der Schutzstaffeln Adolf Hitlers, die zu jener Zeit noch eine unbedeutende Unterabteilung der SA waren. Von Himmler weiß ich, daß er den jungen Oberleutnant außer Dienst mit Schreibpapier und Federhalter versorgte und ihn einen Tag lang in Klausur steckte, um ihn einen Organisationsplan für den künftigen Sicherheitsdienst der

Partei entwerfen zu lassen. Das war der Anfang des Sicherheitsdienstes der NSDAP. Nach Himmlers Darstellung hatte Hitler damals allen Grund gehabt, ein Überwachungsnetz für seine Bewegung knüpfen zu lassen, da sich die bayrische Polizei auffallend gut über alle Geheimnisse der Parteileitung informiert gezeigt hatte. Heydrich war es dann schon nach kurzer Zeit gelungen, die Verratsquelle aufzuspüren. Es handelte sich um den »alten Kämpfer« und zugleich Kriminalrat der bayrischen Polizei M. Seiner Taktik entsprechend wußte Heydrich Himmler davon zu überzeugen, daß es klüger sei, den Verräter zu schonen, um ihn künftig als williges Werkzeug gebrauchen zu können. Parteigenosse M. warf nun, unter dem Druck Heydrichs, das Steuer herum und informierte künftig die Parteileitung über jeden Vorgang in der politischen Polizei Bayerns. Dieser Erfolg führte den jungen Heydrich in die unmittelbare Umgebung des aufsteigenden Reichsführers SS Himmler.

Inzwischen hatte ich mein eigentliches Ziel, nämlich die Arbeit im Auslandsnachrichtendienst, nicht aus den Augen gelassen. Ende 1937 machte ich eine längere Auslandsreise, die mich durch ganz Westeuropa führte. Bei dieser Gelegenheit konnte ich auch die mir zur Erprobung meiner Fähigkeiten auf dem Gebiet des Nachrichtendienstes übertragenen Erkundungsaufträge weisungsgemäß ausführen.

Nach meiner Rückkehr entwickelte sich eine fieberhafte Tätigkeit im SD-Hauptamt. Es war jetzt Januar 1938 geworden. Unablässig waren die Telefon- und Funkapparate der SD-Zentrale in Betrieb. Wer die Befehle von oben und die Meldungen von außen zu lesen verstand, wußte, daß der Anschluß Österreichs – einer der Punkte auf dem außenpolitischen Programm Hitlers – bevorstand. Sorgsam wurde von unseren Zuträgern die Reaktion Italiens abgetastet. Die Berichte aus Rom liefen alle durch mein Büro; ich hatte sie zur Vorlage bei Hitler zu redigieren. Die Reaktion Mussolinis war ziemlich frostig (er hatte den österreichischen Bundeskanzler Schuschnigg gewarnt und für alle Fälle einige Divisionen an seine Nordgrenze geschickt). Dagegen lauteten die Informationen unserer Agenten aus England beruhigend. Lord Halifax schien sich nicht ablehnend zu verhalten.

Zur gleichen Zeit schwirrten Gerüchte durch Berlin, Reichskriegsminister Generalfeldmarschall von Blomberg solle wegen der Vergangenheit seiner Frau seines Postens enthoben und der Oberbefehlshaber des Heeres, Generaloberst Freiherr von Fritsch, wegen angeblicher Homosexualität »zu Fall gebracht« werden. Man munkelte, daß Heydrich wahrscheinlich seine Hand dabei im Spiele habe.

In die Hintergründe dieser Skandalgeschichten gewann ich erst später durch einen Aktenauszug und eine mit dem Chef der Staatspolizei, Müller, geführte Unterhaltung Einsicht. Danach hatte Heydrich anfänglich wohl nicht den Plan verfolgt, von Fritsch durch die vorerwähnte Anschuldigung zu stürzen. Vielmehr war es der »alte Kämpfer« und Kriminalrat der bayrischen Polizei M. gewesen, der in übereifriger Weise, um sich bei Heydrich hervorzutun, diesem die Geschichte mit der Homosexualität zugetragen hatte. Heydrich unterließ es, das Belastungsmaterial sorgfältig zu prüfen, und hat anfänglich auch nicht gewußt, daß es sich um eine Namensverwechslung handelte. M. hatte im Rahmen seiner Ermittlungen zu hastig und ungenau gearbeitet, mit dem Ergebnis, daß der Name des Generalobersten von Fritsch mit dem eines Rittmeisters von Frisch verwechselt wurde. Als Heydrich Bedenken kamen, lagen die Akten bereits auf dem Schreibtisch Hitlers, und nun war es Heydrich, der – aus welchen Gründen auch immer – die schwere Anschuldigung gegen den Generaloberst aufrechterhielt. Das Ehrengericht der Wehrmacht unter Görings Vorsitz erwies nun zwar sehr schnell die Unhaltbarkeit der Anschuldigung und rehabilitierte von Fritsch, doch zog es Hitler vor, ihn zu verabschieden und den ihm genehmeren General von Brauchitsch an dessen Stelle zu setzen.

Zwischen Heydrich und Göring war schon während des Verfahrens eine ernste Kontroverse entstanden, so daß selbst Himmler eine scharfe Reaktion der Generalität erwartete. Hier wurde ich zufällig Zeuge einer der okkulten Marotten Himmlers, mit denen er selbst die Führer der SS beschäftigte. Er hatte während der Verhandlung gegen von Fritsch in einen dem Verhörzimmer nahegelegenen Raum etwa zwölf seiner vertrautesten SS-Führer beordert und diesen befohlen, durch Willenskonzentration einen suggestiven Einfluß auf den beschuldigten Generaloberst zu nehmen. Himmler war davon überzeugt, daß der Angeschuldigte unter dieser Einwirkung die Wahrheit reden müsse und bekennen werde, ob es sich nur um eine Namensverwechslung handele oder nicht. Ich betrat damals versehentlich die Stätte dieses seltsamen Exerzitiums und war nicht wenig verwundert über das Bild einer im Zirkel sitzenden, in tiefe Andacht versunkenen SS-Führerschaft. Dieser sonderbare Vorgang wird verständlich, wenn man einiges über die mystische Seite in Himmlers Charakter kennt.

Himmler besaß die beste und größte Bibliothek über den Jesuitenorden und hatte die umfangreiche Literatur jahrelang in nächtlichen

Stunden studiert. So wurde die SS-Organisation von ihm nach den Grundsätzen des Jesuitenordens aufgebaut. Als Grundlagen dienten die Dienstordnung und die Exerzitien des Ignatius von Loyola: das oberste Gesetz war das des absoluten Gehorsams, die Ausführung eines jeden Befehls ohne Widerspruch. Himmler selbst, als Reichsführer der SS, war der Ordensgeneral. Der Aufbau der Führerschaft lehnte sich an die hierarchische Ordnung der Katholischen Kirche an. Bei Paderborn in Westfalen hatte er eine mittelalterliche Burg, die sogenannte Wevelsburg, ausbauen lassen – sie war sozusagen das große »SS-Kloster«, wohin der Ordensgeneral einmal jährlich das Geheimkonsistorium einberief. Hier sollten alle, die zur obersten Ordensführung zählten, geistige Exerzitien und Konzentrationsübungen abhalten. In dem großen Versammlungssaal besaß jedes Mitglied einen bestimmten Sessel mit einem Silberplättchen, auf dem der Name des Betreffenden eingraviert war.

Die Wurzeln dieser mystischen Neigung Himmlers mögen nicht zuletzt auf seine Einstellung zur Katholischen Kirche zurückgehen, die man als »Haß-Liebe« bezeichnen könnte, zum anderen auf die strenge väterliche Erziehung mit ihrer harten katholischen Lebensführung, aus der er sich in eine unkontrollierbare Romantik flüchtete. Mehr und mehr umgab er sich mit einer idealisierten Vorstellungswelt altdeutschen Heldentums – eines Siegfried, Hagen, Dietrich von Bern – sowie des ritterlichen Mittelalters mit seinen Vorbildern, und dies alles überstrahlt von dem Glanz des Heiligen Römischen Reiches Deutscher Nation. Doch dieses geistige Streben ging in seiner Jugend nicht Hand in Hand mit der notwendigen Systematik seiner Schulausbildung.

Himmler wurde im Jahre 1900 geboren. Seine Mutter war die Tochter eines savoyischen Gemüsehändlers, sein Vater übte den Beruf eines Erziehers an einem bayrischen Fürstenhof aus. Obwohl von seinen Eltern streng katholisch erzogen (Taufpate war der Erzbischof von Bamberg gewesen), hatte sich der Sohn Heinrich aus Haß gegen seinen Vater schon frühzeitig von der Kirche distanziert. Doch erst nach dem Tode des Vaters wagte er, aus der Kirche auszutreten. Ursprünglich sollte Himmler Landwirt werden, entschied sich dann aber für die Offizierslaufbahn und wurde im ersten Weltkrieg Fähnrich. Nach dem Kriege wandte er sich zunächst noch einmal der Landwirtschaft zu. Entsprechende Elevenstellen wurden von seinem Vater bei gut katholischen Bauernfamilien ausgesucht. Eine Art Abschlußprüfung als Landwirt war das Ergebnis. Für die Übernahme einer Gutsverwalterstelle aber körperlich viel zu schwach, rutschte er dann in die Wirren des Münchens der Nachkriegszeit hinein, wurde Mitglied der Organisation *Reichskriegsflagge,* beteiligte sich an dem Hitlerputsch vom 9. November 1923 und kam dadurch in engen Kontakt mit Hitler selbst. Vorübergehend wurde Himmler dann Sekretär Gregor Strassers, bis er im Jahre 1926 die Führung der Schutzstaffeln, der Leibgarde Hitlers, übernahm.

Noch bevor die Ehrengerichtsverhandlung gegen von Fritsch beendet war, wurde ich zu Heydrich gerufen. Er befahl mir, mich mit einer Pistole und Munition zu bewaffnen. Wie ich später merkte, befürchtete er in den Abendstunden dieses Tages eine gewaltsame militärische Aktion gegen die politische Führung. Zur Vorbeugung hatte er entsprechende Sicherheitsmaßnahmen treffen lassen. Als ich mich »feldmarschmäßig« bei ihm einfand, lud er mich zu meinem Erstaunen nur zum Essen im Kasino seines Dienstgebäudes ein. Unterwegs fragte er mich plötzlich: »Sie waren doch stets ein ausgezeichneter Pistolenschütze?« Ich bejahte, vermied es jedoch, irgendeine Frage zu stellen, da ich merkte, wie nervös er war. Schweigend saßen wir uns bei Tisch gegenüber. Nach dem Essen ließ er sich ein paar Aspirintabletten bringen und sagte dann mit einem Blick auf seine Uhr: »Wenn die in Potsdam nicht innerhalb einer Stunde losmarschieren, dürfte die Gefahr vorüber sein.« – Die Gefahr ging vorüber. Morgens um ein Uhr verabschiedeten wir uns voneinander. Beim Hinausgehen meinte Heydrichs Adjutant mit einer Kopfbewegung in Richtung Potsdam zu mir: »Da war von Mut nicht viel zu spüren.«

Die Affäre von Fritsch hatte auf das Verhältnis Himmlers zu Heydrich einen merklichen Schatten geworfen. Himmler war über den ganzen Vorfall verärgert, und Heydrich stellte nun alles darauf ab, seine Panne wieder wettzumachen. Eines Tages bemerkte er mir gegenüber, es sei an der Zeit, sich allerseits bessere Informationen zu verschaffen, unter anderem auch mehr über die »Prominenz« und über ausländische Gäste zu erfahren. Er denke daran, in einer vornehmen Gegend Berlins ein gepflegtes, intimes Restaurant mit schönen Frauen einzurichten. In einer solchen Atmosphäre neige der Mensch leichter denn sonstwo dazu, Dinge auszuplaudern, die für den Geheimdienst wichtige Aufschlüsse bringen könnten. Er habe bereits mit Himmler darüber gesprochen und erteile mir nun den Auftrag, einen solchen »Salon« einzurichten.

Ich war über diesen unerwarteten Befehl nicht wenig verblüfft, wußte aber, daß es Heydrich nicht vertrug, wenn man gleich zu Anfang auf seine Pläne mit Fragen oder gar Einwendungen reagierte. Ich ging also daran, durch einen Strohmann ein entsprechendes Haus zu mieten. Umbau und Einrichtung wurden den besten Architekten übertragen. Daraufhin machten sich die technischen Spezialisten ans Werk: Doppelwände, moderne Abhörgeräte und automatische Fernübertragung sorgten dafür, daß jedes in diesem »Salon« gesprochene Wort festgehalten und in eine Zentrale übertragen wurde. Die technische Wartung lag vereidigten Beamten des Sicherheitsdienstes ob, und das Hauspersonal vom Dienstmädchen bis zum Kellner bestand aus Geheimagenten.

Nach diesen Vorbereitungen trat das Problem der »schönen Frauen« an mich heran, für das ich mich aber nicht zuständig erachtete. Hier sprang Arthur Nebe, Chef der Kriminalpolizei, für mich ein. Aus den Großstädten Europas wurden Damen der Halbwelt angeworben, aber auch Damen aus der sogenannten »guten Gesellschaft« waren bereit, sich zur Verfügung zu stellen. Heydrich gab dieser Einrichtung den Namen *Salon Kitty.*

Und Salon Kitty lieferte ausgezeichnete Informationen. Ein willkommener Fisch, der ins Netz ging, war unter anderen der Reichsaußenminister Joachim von Ribbentrop; er erschien recht oft, ohne zu ahnen, wer ihm dieses Amüsement servierte. Unter den ausländischen Besuchern war einer der interessantesten Fänge der damalige italienische Außenminister Graf Ciano, der bei seinem Besuch in Berlin mit seinem diplomatischen Stab ausgiebig im Salon Kitty verkehrte.

Bei der Veranlagung Heydrichs wunderte es mich nicht, daß auch er ab und zu zwecks »Inspektion«, wie er es nannte, in dieser intimen Stätte erschien. Zuvor gab er mir jedoch den ausdrücklichen Befehl, dafür zu sorgen, daß die gesamte technische Apparatur abgestellt werde. Nach einer solchen »Inspektion« ließ er mich einmal zu sich rufen und warf mir vor, ich hätte seine Anordnung, die Apparatur auszuschalten, nicht befolgt; er habe sich bereits bei Himmler darüber beschwert. Der Reichsführer sei äußerst ungehalten und verlange von mir einen Rechtfertigungsbericht. Ich hatte sogleich das Empfinden, daß Heydrich eine Intrige gegen mich spann. Anlaß dazu mag sein Verdacht gewesen sein, ich unterhielte unerlaubte Beziehungen zu seiner Frau. Meine Erklärung, daß an jenem Abend die Apparatur wegen Verlegung elektrischer Leitungen nicht hätte abgestellt werden können, wollte Heydrich nicht anerkennen, während sich Himmler sofort damit zufriedengab. Dieser Vorfall war für mich die erste Warnung, daß auch ich hinfort vor Heydrich auf der Hut sein mußte.

AFFÄRE TUCHATSCHEWSKI

Rittergutsbesitzer Jahnke – Reichswehr und Rote Armee – Illegale deutsche Aufrüstung – Hoffmann-Rechberg-Plan – Einbruch in Wehrmachtsarchive – Tuchatschewski wird preisgegeben

Ich greife nun noch einmal auf den Anfang des Jahres 1937 zurück. Damals hatte ich für Heydrich eine Studie über die Beziehungen zwischen der Roten Armee und der deutschen Heeresleitung anzufertigen, und zwar geschah dies auf Anregung des pommerschen Rittergutsbesitzers Jahnke. Ich kannte diesen Mann bisher nur flüchtig und ahnte nicht, daß er seit Jahren eine der Schlüsselfiguren des deutschen Geheimdienstes war. Später hatte ich Gelegenheit, ihn besser kennenzulernen und aus Anlaß meiner geheimdienstlichen Tätigkeit Körbe voll persönlicher Unterlagen über diesen merkwürdigen Mann zu studieren.

Vor dem ersten Weltkrieg wanderte Jahnke nach Nordamerika aus, trieb sich dort mehrere Jahre reisenderweise herum und wurde schließlich Angehöriger der amerikanischen Einwanderungspolizei. Dieser Beruf brachte ihn mit Chinesen aus dem asiatischen Viertel in San Franzisko zusammen, mit denen er nun ein recht sonderbares Geschäft zu betreiben begann. Die noch in ihren religiösen Anschauungen verwurzelten Chinesen versuchten seinerzeit, die Leichen ihrer in einem fremden Lande verstorbenen Angehörigen unter allen Umständen heimzubringen. Die amerikanischen Behörden hatten jedoch aus Gründen der Hygiene solche Leichentransporte nach China verboten. Nun kam Jahnke auf den Einfall, Zinkbehälter bauen zu lassen, in denen die Holzsärge luftdicht verschlossen wurden. Diese gingen nun ohne Schwierigkeiten als normales »Warengut« nach Hongkong und Schanghai. Für jeden Behälter erhielt Jahnke nicht weniger als tausend Dollar. Innerhalb kurzer Zeit war er ein reicher Mann. Doch was ihm später in seiner geheimdienstlichen Tätigkeit zu großem Vorteil gereichte, war das zusätzliche Entgelt, das ihm die Chinesen für seine Hilfe abstatteten. Jahnke wurde nämlich für seine »Verdienste« nach alten feierlichen Riten in den Verband der Familie des großen Sun Yatsen aufgenommen, und hieran knüpften sich nun seine ausgezeichneten geheimdienstlichen Verbindungen nach Ostasien, über die im Geschehen des zweiten Weltkrieges noch zu berichten sein wird.

Während des ersten Weltkrieges hatte Jahnke als Mitarbeiter des deutschen Geheimdienstes die großen Dock- und Transportarbeiterstreiks in den Osthäfen der USA mit »gelenkt«. Nach Deutschland zurückgekehrt, war er Sachbearbeiter für geheimdienstliche Fragen bei Rudolf Heß geworden, und damals scheute sich Jahnke nicht, sowohl Heß als auch Hitler gegenüber stets furchtlos seine Meinung zu äußern. »Es gibt nur einen«, sagte er mir einmal, »den ich fürchte, und das ist Heydrich. Er ist gefährlicher als eine Raubkatze.«

Als ich Heydrich damals das von mir zusammengefaßte Material über das Verhältnis der ehemaligen Reichswehr (Hunderttausend-Mann-Heer) und der Deutschen Wehrmacht zur Roten Armee vorlegte, ahnte ich noch nichts von der Tragweite dessen, was sich hieraus ergeben würde. Erst später fiel es mir wie Schuppen von den Augen. Das war im Juni 1937. Zu diesem Zeitpunkt meldete die Tass-Agentur, der stellvertretende Kriegskommissar Marschall Tuchatschewski sei vor ein Kriegsgericht gestellt und auf Antrag des Generalstaatsanwaltes Andrej Wyschinski mit acht Mitangeklagten zum Tode verurteilt worden. Das Urteil wurde noch am Abend des gleichen Tages vollstreckt. Die Anklage hatte gelautet: Landesverrat durch Zusammenspiel mit Militärkreisen eines sowjetfeindlichen Staates.

Mit dieser Urteilsverkündung des Moskauer Kriegsgerichts erreichte eines der verborgensten Kapitel in der Geschichte der letzten Jahrzehnte seinen Höhepunkt, und ich glaube, die wahren Hintergründe sind noch an keiner Stelle erschöpfend klargestellt worden. Man war im sowjetischen Rußland, aber nicht weniger im nationalsozialistischen Deutschland stets bemüht, über den Fall Tuchatschewski den Schleier des Geheimnisses zu decken. Ich will nun versuchen, auf Grund des durch meine Hände gelaufenen Aktenmaterials und des Geschehens, soweit ich selbst damit zu tun hatte, zur Aufklärung beizutragen. Dazu scheint es mir notwendig, einen Blick auf die vorausgegangene Entwicklung im Verhältnis zwischen der deutschen und der russischen Armee zu werfen.

Nach den von mir eingesehenen Unterlagen wurde die erste Fühlungnahme mit der Roten Armee – nachdem am 16. April 1922 der Vertrag von Rapallo geschlossen worden war – im Jahre 1923 unter dem damaligen Reichswehrminister Geßler eingeleitet und von Generaloberst von Seeckt fortgesetzt. Man wollte damit den deutschen Offizieren aus dem Hunderttausend-Mann-Heer eine Möglichkeit schaffen, sich auf russischen Übungsplätzen an den der Reichswehr durch den Vertrag von Versailles verbotenen modernen Waffen (Flugzeugen und Panzern) auszubilden. Als Gegenleistung an die russische Armee wurden taktische und strategische Erfahrungen des deutschen Generalstabes übermittelt. Später dehnte sich die Zusammenarbeit auf das Gebiet der Rüstung aus, wobei die Deutschen als Ausgleich für Patente, die der Roten Armee zur Verfügung gestellt wurden, die Erlaubnis zur Errichtung von Flugzeugwerken und anderen Rüstungsbetrieben auf russischem Gebiet erhielten. So war die Firma Junkers mit Zweigstellen in Fili und Samara vertreten. Die Reichswehr selbst hatte damals die »Gesellschaft zur Förderung gewerblicher Unternehmen« gegründet, über die sämtliche Betriebe der Rüstungsproduktion zum Teil mit Reichszuschüssen unterhalten wurden. Diese illegale deutsche Aufrüstung in Rußland ging Hand in Hand mit der Bereitstellung der sogenannten »Schwarzen Reichswehr« in Deutschland.

Die russische Politik unter Lenin knüpfte bei diesen Abmachungen bewußt an den Geist von Tauroggen an – an jenes Ereignis der preußischen Geschichte vom Jahre 1812/13, als General Yorck gegen den Willen des Königs von Preußen mit der russischen Armee gegen Napoleon den Vertrag von Tauroggen (ein Dorf an der ostpreußischen Grenze) schloß. Dabei ließen die Russen aber ihre kommunistischen Ziele keineswegs aus den Augen. So hatte Karl Radek den Pakt zwischen deutschem Nationalismus und russischem Kommunismus unter der Devise eingeleitet: Kampf gegen Versailles und gegen die Offensive des Kapitals.

Nach der Ära von Seeckts ging die Zusammenarbeit mit der Roten Armee auf dessen Nachfolger General Heye und später auf die Generale von Hammerstein und von Schleicher über, während in Rußland Stalin als Nachfolger Lenins dieselbe Linie übernahm. Als der Nationalsozialismus in Deutschland ans Ruder kam, wurde die kommunistische Parteiführung in Berlin aus Moskau angewiesen, nicht die NSDAP und damit die deutsche Heeresleitung, sondern die Sozialdemokratische Partei als Feind Nr. 1 zu bekämpfen. In der politischen Führung der NSDAP sah Stalin damals nämlich noch einen Schrittmacher seiner eigenen kommunistisch-revolutionären Ziele in Europa, wobei er damit rechnete, Hitler werde sich eines Tages gegen die westliche Bourgeoisie kehren müssen und sich dabei aufreiben.

(Daß General von Schleicher das vorerwähnte gute deutsche Verhältnis zu Rußland weiterpflegen wollte, steht außer Zweifel. Er war aber schließlich derjenige, der während seiner Kanzlerschaft dem

Parteiführer Hitler nicht weniger als zweiundvierzig Millionen Reichsmark zufließen ließ. – Diese Ziffer hat mir der persönliche Wirtschaftsberater Hitlers, Staatssekretär W. Keppler, verbürgt genannt. – Daß Schleicher damit den erbittertsten Feind und künftigen Kriegsgegner Rußlands finanzierte, kann als ebenso paradox wie verhängnisvoll bezeichnet werden.)

Gegen die Linie einer russischen Orientierung hatte sich von Anfang an ein Teil der deutschen Industrie, darunter vor allem der Großindustrielle Arnold Rechberg, gewendet. Dieser war einst politischer Berater General Hoffmanns gewesen, der 1916 die Waffenstillstandsverhandlungen von Brest-Litowsk leitete und sich später für eine enge politische und wirtschaftliche Zusammenarbeit mit dem Westen einsetzte.

Schon unmittelbar nach dem Ende des ersten Weltkrieges entwickelte Rechberg einen Plan zur Verschmelzung der politischen, industriellen und militärischen Interessen Großbritanniens, Frankreichs und Deutschlands mit dem Gedanken einer Front gegen die bolschewistische Drohung aus dem Osten. Rechberg erreichte es auch, General Ludendorff für seine Ideen zu gewinnen. Gemeinsam mit ihm und General Hoffmann streckte er Fühler nach dem Westen aus, und es gelang, Beziehungen sowohl zu führenden englischen wie französischen Politikern herzustellen. Unter ihnen waren der englische General Malcolm und auf der französischen Seite General Nollet, Leiter der französischen Kontrollkommission. Diese und andere prominente Persönlichkeiten erklärten sich bereit, die Hoffmann-Rechberg-Politik zu unterstützen. Daß der Plan nicht realisiert werden konnte, lag daran, daß die Regierungen der in Betracht kommenden Länder die bolschewistische Gefahr nicht hinreichend erkannten.

Größere Chancen boten sich auf dem industriellen Sektor. So entstand 1926 das Bündnis zwischen der deutschen und der französischen Kali-Industrie. Später schloß sich die deutsche, französische, belgische und luxemburgische Schwerindustrie zu der »Internationalen Rohstoffgemeinschaft« zusammen. Nach 1929 traten auch englische Unternehmen hinzu.

Daß solch großangelegte Industriebündnisse nicht ohne weitreichende politische und militärische Folgen bleiben würden, war vorauszusehen. Über Poincaré fand Rechberg den Kontakt mit dem französischen Marschall Foch. Rechberg berichtete mir später darüber: Foch war damals ein ausgesprochener Feind Deutschlands; im Hinblick auf die bolschewistische Gefahr, für die er größtes Verständnis zeigte, sprach er jedoch davon, daß die alten Gegensätze zwischen den europäischen Nationen überwunden und die industrielle Zusammenarbeit durch militärisches Zusammenwirken garantiert werden müsse.

Foch und Rechberg haben dann gemeinsam einen Plan ausgearbeitet, wonach das Verhältnis der französischen zur deutschen Armee auf 5:3 festgelegt, ein gemeinsames Oberkommando geschaffen und in jeden deutschen Stab von der Division aufwärts ein französischer Offizier eingegliedert werden sollte. Beim Zustandekommen eines solchen Projektes wollte man dann auch England dafür gewinnen, sich anzuschließen. Gleichzeitig war an ein Abkommen zwischen Frankreich, England und Deutschland gedacht, durch welches das Flottenverhältnis der drei Länder unter gegenseitiger Kontrolle geregelt werden sollte. Es erwies sich jedoch, daß die Träger der rußlandfreundlichen Politik der Reichswehr nicht willens waren, die eingegangenen Beziehungen zur Roten Armee zugunsten einer Westorientierung aufzugeben. Gegen den Willen der Reichswehr aber eine solche Konzeption durchzusetzen war nach Lage der Dinge unmöglich.

Über diesen Bemühungen starb 1927 General Hoffmann; die Todesursache blieb unaufgeklärt. Er hatte nie ein Hehl daraus gemacht, daß nach seiner Überzeugung der russische Bolschewismus nur durch eine Invasion Deutschlands in Rußland beseitigt werden könne, die mindestens den Ural erreichen müsse. Er war allerdings davon überzeugt, daß Deutschland allein für eine derartige Invasion nicht stark genug wäre, wenn es nicht bei einem solchen Unternehmen der militärischen Unterstützung durch Frankreich, England sowie die Vereinigten Staaten sicher sei.

General Ludendorff hatte sich schon vorher von Hoffmann zurückgezogen. Sein Glaube an die Verwirklichung des Hoffmann-Rechberg-Planes war geschwunden, nachdem auf Grund längerer Unterredungen in Berlin die Botschafter Laurent (Frankreich), Lord d'Abernon (England) und Houghton (USA) der Idee zwar grundsätzlich zugestimmt, von ihren Regierungen aber keinerlei entsprechende Vollmachten erhalten hatten.

Arnold Rechberg hingegen hat seinen Plan nie aufgegeben. Im Jahre 1939 ließ er über mich ein umfangreiches Memorandum an Hitler gehen, in dem er die historische Entwicklung Deutschlands zum Osten als auch zum Westen schilderte und eindeutig vor dem Bolschewismus warnte. Es war dies zur selben Zeit, als der deutsch-russische Nichtangriffspakt geschlossen werden sollte. Hitler bekam beim Lesen dieser Lektüre einen seiner üblichen Tobsuchtsanfälle und befahl Heydrich, Rechberg sofort verhaften zu lassen. Nach einiger Zeit glückte es mir aber, diesen mutigen deutschen Industriellen wieder freizubekommen.

Im Jahre 1940, gelegentlich der Verhandlungen Hitlers mit Marschall Pétain in Montoire, überreichte Rechberg ein neues Memorandum, in dem er Vorschläge bezüglich der Behandlung Vichy-Frankreichs machte. Wie Hitler darauf reagierte, bewies die neuerliche Verhaftung Rechbergs. Nach einiger Zeit gelang es mir auch diesmal wieder, ihn aus der Haft zu befreien. Nach dem Attentat auf Hitler am 20. Juli 1944 setzten Kaltenbrunner (seit 1943 Nachfolger Heydrichs) sowie der Chef der Staatspolizei Müller erneut seine Verhaftung durch. Hinter dieser Maßnahme standen der Chef der Parteikanzlei, Reichsleiter Bormann, sowie Oberst a.D. Nikolai*. Rechberg kam als Ehrenhäftling in das Hotel Dreesen in Bad Godesberg, wo er zusammen mit inhaftierten französischen Generälen und Politikern (darunter befand sich auch die Schwester des Generals de Gaulle) bis zum Zusammenbruch interniert blieb.

Nun aber möchte ich wieder zu der Tuchatschewski-Affäre zurückkehren, die vor dem Hintergrund der hier geschilderten historischen Ereignisse spielte:

Heydrich hatte von einem in Paris lebenden weißrussischen General namens Skoblin Informationen erhalten, wonach der sowjetrussische General Tuchatschewski im Zusammenwirken mit dem deutschen Generalstab einen Sturz Stalins beabsichtigte. Skoblin vermochte zwar über eine Beteiligung der deutschen Generalität an einem solchen Umsturzplan keine dokumentarischen Beweise vorzulegen, Heydrich sah aber in dem Bericht eine so wertvolle Information, daß er eine fiktive Belastung der deutschen Wehrmachtsführung in Kauf zu nehmen ge-

---

* Oberst Nikolai war im ersten Weltkrieg Chef des deutschen militärischen Geheimdienstes gewesen. Auf seine Initiative hatte Ludendorff dem Plan zugestimmt, Lenin in einem plombierten Eisenbahnwagen aus der Schweiz über Deutschland nach Rußland zu schleusen. Auf Grund meiner Unterlagen ließ sich der Kontakt, den Nikolai ununterbrochen mit Rußland über Lenin bis Stalin, und zwar bis zum deutsch-russischen Nichtangriffspakt im Jahre 1939, unterhielt, lückenlos verfolgen. Es ist mir auch bekannt, daß er während des zweiten Weltkrieges ungehindert Zutritt zu Ribbentrop und Bormann hatte.

dachte, wenn es andererseits durch Ausnutzung des Materials gelingen sollte, das drohende Anwachsen einer Deutschland überlegenen Roten Armee zu verhindern. – Der bereits von mir erwähnte Jahnke warnte Heydrich. Er hegte bezüglich der Echtheit der Skoblinschen Infomation größte Bedenken – Skoblin könne sehr wohl im Auftrag des russischen Geheimdienstes eine Doppelrolle spielen. Er glaubte sogar, die ganze Geschichte sei lanciert. In jedem Falle müsse die Möglichkeit einbezogen werden, daß Skoblin die Umsturzpläne Tuchatschewskis nur als Beauftragter Stalins an uns herantrage. Jahnke war dabei der Auffassung, Stalin beabsichtige durch diesen Trick, Heydrich – unter richtiger Einschätzung seiner Mentalität – dazu zu bringen, der deutschen Wehrmachtsführung einen Schlag zu versetzen, sich aber gleichzeitig einer ihm unbequem gewordenen Generalsfronde unter Tuchatschewski zu entledigen; aus innerparteilichen Gründen wünsche Stalin, daß der Anstoß zur Beseitigung Tuchatschewskis und seiner Clique nicht von ihm, sondern vom Ausland ausgehe. Jahnke stützte sein Mißtrauen sowohl auf seine Beziehungen zum japanischen Geheimdienst als auf den Umstand, daß die Frau Skoblins, Nadeshda Plewitzkaja, früherer Star der St. Petersburger Hofoper, Agentin der GPU (der sowjetrussischen geheimen Staatspolizei) war.

Heydrich wies nicht nur Jahnkes Warnung zurück, er hielt ihn überdies für wehrmachtshörig, beschlagnahmte sein gesamtes Material und verhängte drei Monate lang über ihn Hausarrest. (Erst 1941 gelang es mir, Jahnke und Heydrich wieder miteinander auszusöhnen.)

Inzwischen waren Skoblins Informationen an Hitler weitergereicht worden. Dieser stand nun vor der schwierigen Frage, wie er sich entscheiden sollte. Entschied er sich für Tuchatschewski, so hätte dies vielleicht das Ende der sowjetischen Macht bedeutet – ein Fehlschlag aber hätte Deutschland zur Unzeit in einen Krieg verwickeln können. Die Demaskierung Tuchatschewskis andererseits konnte nur Stalins Stellung stärken.

Hitler entschied sich gegen Tuchatschewski. Seine wirklichen Gründe hierfür sind damals weder Heydrich noch mir bekannt geworden. Vielleicht glaubte er, daß eine Schwächung der russischen Armee durch die Dezimierung der militärischen Führerschaft ihm den Rücken gegen den Westen für eine bestimmte Zeit freihalten würde.

Auf Grund einer ausdrücklichen Anordnung Hitlers durfte die deutsche Wehrmachtsführung von der ganzen Tuchatschewski-Affäre nichts erfahren, um eine vorzeitige Warnung des Marschalls zu verhindern.

Es sollte nämlich die Version, Tuchatschewski habe mit der deutschen Wehrmachtsführung konspiriert, aufrechterhalten und er Stalin als Verräter preisgegeben werden. Und da schriftliche Beweise über eine solche Konspiration fehlten, wurde auf Befehl Hitlers (nicht Heydrichs) ein Einbruch im Archiv der Wehrmacht wie auch im Dienstgebäude der militärischen Abwehr verübt. Den Einbruchskommandos waren vom Chef der Reichskriminalpolizei, Heinrich Nebe, Spezialisten aus der Einbruchsabteilung seines Amtes beigegeben worden. Tatsächlich wurde einiges echte Material hinsichtlich der Zusammenarbeit der deutschen Wehrmachtsführung mit der Roten Armee gefunden. Um die Spuren des nächtlichen Einbruchs zu verwischen, wurde an den Einbruchsstellen Papier entzündet und nach Rückzug der Kommandos zum Zwecke der Täuschung Feueralarm gegeben.

Das erbeutete Material mußte nun zweckdienlich hergerichtet werden. Dazu waren keineswegs, wie später behauptet wurde, Großfälschungen erforderlich; es genügte, in den wahllos zusammengerafften Papieren einige »Lücken« zu schließen. Schon nach vier Tagen konnte Himmler ein umfangreiches Aktenbündel Hitler vorlegen. Das auf diese Weise vervollständigte »Tuchatschewski-Material« sollte nach sorgfältiger Überlegung dem tschechischen Generalstab ausgeliefert werden, der enge Beziehungen zur sowjetischen Parteiführung hatte. Doch dann entschied sich Heydrich für einen noch sichereren Weg. Einer seiner besonderen Vertrauten, der SS-Standartenführer B., wurde nach Prag geschickt, um dort Kontakt mit einem Intimus des damaligen Staatspräsidenten Dr. Eduard Benesch aufzunehmen. Benesch schrieb nun auf Grund der ihm zugeleiteten Informationen einen persönlichen Brief an Stalin. Bald darauf kam über den tschechischen Staatspräsidenten die Nachricht zurück, man möge sich mit einem Angehörigen der russischen Botschaft in Berlin in Verbindung setzen. Dies geschah. Der Botschaftsangehörige flog sofort nach Moskau und kehrte mit einem Beauftragten Stalins, ausgewiesen durch Sonderausweise des GPU-Chefs Jeshow, nach Berlin zurück. Zu aller Überraschung bot Stalin für die Aushändigung des Materials Geld an. Weder Hitler noch Himmler noch Heydrich hatten mit einer Bezahlung gerechnet. Heydrich verlangte daraufhin drei Millionen Goldrubel – um, wie er meinte, den Russen gegenüber das Gesicht zu wahren. Der Betrag wurde Zug um Zug gegen Übergabe des von dem Sonderbeauftragten Stalins nur flüchtig durchgesehenen Materials gezahlt. Das war Mitte Mai 1937.

Am 4. Juni wurde Tuchatschewski nach einem vergeblichen Selbstmordversuch verhaftet und der Prozeß gegen ihn auf persönlichen Befehl Stalins unter Ausschluß der Öffentlichkeit durchgeführt. Nach den damaligen Meldungen der Tass-Agentur waren Tuchatschewski und seine Mitangeklagten sämtlich geständig. Wenige Stunden nach der Verkündung des Todesurteils fand bereits die Hinrichtung statt. Die Füsilierung wurde auf Befehl Stalins durch Marschall Blücher kommandiert, der später selber einer Säuberungswelle zum Opfer fiel.

Einen Teil des Verrätergeldes ließ ich durch eine Zerreißmaschine laufen, nachdem verschiedentlich deutsche Agenten in Rußland bei der Ausgabe dieses Geldes von der GPU verhaftet worden waren. Stalin hatte die Bezahlung in großen Scheinen geleistet und sämtliche Nummern von der GPU registrieren lassen.

Der Fall Tuchatschewski war ein erstes illegales Vorspiel der Allianz Stalin-Hitler, die mit der Unterzeichnung des Nichtangriffspaktes am 23. August 1939 weltpolitisches Ereignis wurde.

EINVERLEIBUNG ÖSTERREICHS UND ZERSCHLAGUNG DER TSCHECHOSLOWAKEI

Vorbereitungen zum »Anschluß« – Einzug in Wien – Hitlers Besuch in Italien – Konrad Henlein – Josef Tiso – Dramatische Unterredung mit Hacha – Einmarsch in Prag – Der große Pogrom vom 10. November 1938

Das Jahr 1938 – es war das Jahr der anlaufenden totalen Mobilmachung – brachte meiner Dienststelle, in der ich nunmehr als Oberregierungsrat zugleich mit dem Rang eines SS-Obersturmführers tätig war, eine Menge zusätzlicher Arbeit. So hatte ich gleich während der ersten Monate sämtliche Berichte des geheimen Nachrichtendienstes hinsichtlich der Haltung Italiens zusammenzustellen und zur Vorlage bei Hitler entsprechend zu überarbeiten. Es ging um den sich immer deutlicher abzeichnenden »Anschluß« Österreichs. Ganz besonders sollte auch die Stimmung und voraussichtliche Reaktion der Westmächte, vor allem Englands, noch einmal geprüft werden. Hitler persönlich verfolgte mit großer Aufmerksamkeit die Informationen eines hochqualifiizierten Vertrauensmannes in England, die er dann sehr genau mit der Berichterstattung seines damaligen Botschafters in London, Joachim von Ribbentrop, verglich. So mußte der Rücktritt des damaligen englischen Außenministers Sir Anthony Eden und die Haltung seines Nachfolgers Lord Halifax ausführlich kommentiert werden. Wie schon gesagt, war von Lord Halifax in der Österreich-Frage kein ernstlicher Widerstand zu befürchten, ein Umstand, der auf Hitlers Entschlüsse nicht ohne Einfluß blieb.

Unsere geheimdienstliche Arbeit in Österreich selbst war nicht sehr schwierig. Die Quellen flossen so reichhaltig, daß wir förmlich mit Material überschüttet wurden. Die Informationen stammten ebenso aus politischen wie aus industriellen und militärischen Kreisen. Dabei sorgten zahllose geflüchtete Nationalsozialisten aus Österreich für die notwendigen Kontakte.

Die Nichteinhaltung gewisser Zusicherungen, die der damalige österreichische Bundeskanzler Kurt von Schuschnigg Hitler am 12. Februar 1938 in einer Unterredung auf dem Obersalzberg gemacht hatte, gab der deutschen Führung die Handhabe, den Anschluß zu forcieren. Schuschnigg hatte zugesagt, von antinationalsozialistischen Maßnahmen abzusehen. Als er dann aber kurzfristig am 10. März 1938 eine

Volksabstimmung für den 13. März 1938 unter Ausschaltung der Nationalsozialisten anberaumte, war Hitler nicht mehr zurückzuhalten. Um dem drohenden Einmarsch der deutschen Wehrmacht in Österreich zuvorzukommen, trat Schuschnigg am 11. März 1938 mit seiner Regierung zurück. Daraufhin übernahm der österreichische Rechtsanwalt und Führer der nationalsozialistischen Bewegung in Österreich, Seyss-Inquart, die Leitung der Regierungsgeschäfte.

In der Nacht zum 12. März 1938 erteilte Hitler der Wehrmacht den Befehl zum Einmarsch. Es klingt vielleicht übertrieben, wenn ich hier von einer deutschen Wehr-*Macht* spreche; die verfügbaren militärischen Kräfte waren in Wirklichkeit viel zu schwach für ein ernsthaftes militärisches Unternehmen. Hitlers Glück war es, daß die deutschen Soldaten statt auf Widerstand auf eine frenetisch begeisterte österreichische Bevölkerung stießen. Der Einmarsch in Österreich gestaltete sich – ebenso wie Jahre später der Einmarsch in Ungarn – zu einem wahren Blumenkorso.

Am Abend des 12. März 1938 bekam ich den Befehl, mit Himmler zusammen nach Wien zu fliegen. In unserer Begleitung befanden sich Teile einer Kompanie Waffen-SS sowie Angehörige der sogenannten »Österreichischen Legion«, die in Deutschland aufgestellt worden war. Wir flogen in zwei Transportmaschinen kurz vor Mitternacht von Berlin-Tempelhof ab. Die Flugzeuge waren total überlastet. Während ich mich mit Himmler unterhielt, hatte dieser sich gegen die hintere Eingangstür des Flugzeugs gelehnt, wobei ich bemerkte, daß der Sicherungshebel nicht hochgezogen war. Unter dem Druck des Körpers konnte sich die Tür jeden Augenblick öffnen. Ich werde das zornige Gesicht Himmlers nicht vergessen, als ich ihn an den Knöpfen seines feldgrauen Uniformmantels packte und von der Tür wegriß. Auf die Gefahr hingewiesen, meinte er dann versöhnlich: »Bei Gelegenheit werde ich mich revanchieren!«

In Wien-Aspern empfing uns Staatssekretär Keppler, der dazu ausersehen war, mit dem künftigen Reichsstatthalter und Reichsminister Seyss-Inquart die politische Form des Anschlusses vorzubereiten. Auf Grund seines ausführlichen Berichtes über die politische Lage wurde in den frühen Morgenstunden des 13. März 1938 der Anschluß verwaltungsmäßig festgelegt. In den Vormittagsstunden des gleichen Tages faßte die Regierung Seyss-Inquart bereits die entsprechenden Entschlüsse. Im Bundeshaus ging es zu wie in einem Bienenstock. Eine Sitzung und Besprechung löste die andere ab. Dazwischen war in den

Vorzimmern ein Feilschen und Handeln um noch nicht besetzte Regierungsstellen im Gange. Auf dem großen Platz vor dem Regierungsgebäude standen Tausende von Menschen. Der Ordnungs- und Polizeidienst war bereits durch österreichische SA und SS übernommen worden. Währenddessen verließen Bundespräsident Miklas und Polizeiminister Skubel fast unbemerkt von der Menge das Regierungsgebäude.

Vorerst hatte ich kaum etwas zu tun. Im Vorbeigehen sah mich der damalige österreichische SS-Führer und im Zuge des Anschlusses zum Staatssekretär für das Staatssicherheitswesen beförderte Ernst Kaltenbrunner, der sein neues Amt sehr wichtig nahm. Ich mußte ihn in die Theresiengasse begleiten, wo er vor hohen Beamten des österreichischen Polizeiministeriums eine geschwollene Ansprache hielt. Unterdessen war auch Heydrich in Aktion getreten, der mir folgende Aufträge erteilte:

Verhaftung des Polizeiministers Skubel und Sicherstellung der Akten und Unterlagen des ehemaligen Chefs der Evidenz-Abteilung, der »Abwehr« des österreichischen Generalstabes, Oberst Ronge.

Dem ersten Auftrag kam ich nur ungern nach, da mir Skubel in keiner Weise unsympathisch war. Ich setzte mich später für seine Freilassung ein und erreichte, daß er als Privatmann in Kassel mit einer angemessenen Pension leben konnte. Oberst Ronge bereitete der Durchsicht seines Materials keine Schwierigkeiten; interessante Ergebnisse lieferte jedoch nur das Dechiffrierwesen.

Einige Wochen später hatte ich die gesamten Gerichtsakten des Verfahrens gegen die Mörder des Bundeskanzlers Engelbert Dollfuß aus dem Jahre 1934 durchzuarbeiten. Diese Akten liefen beim Obersten Österreichischen Bundesgericht unter der Bezeichnung *Verfahren gegen Holzweber, Planetta u.a. wegen Mordes.* Ich entnahm den Protokollen, daß über den Tatverlauf sehr widerspruchsvolle Aussagen vorlagen, und dies sowohl seitens der Belastungs- als auch der Entlastungszeugen, aber auch der Angeklagten selbst. Das Urteil baute sich im wesentlichen auf Indizienbeweisen auf. Auf Grund des Aktenstudiums kam ich gleichfalls zu der Überzeugung, daß Mord vorgelegen hatte. Allerdings ergaben die Unterlagen nicht, daß es sich um einen vom Reich vorbereiteten Mordplan gehandelt hatte; das Verbrechen war demnach eine eigenmächtige Tat österreichischer Nationalsozialisten.

Während des Aufenthaltes Hitlers in Wien übertrug man mir auf zwölf Stunden die Leitung sämtlicher Sicherungsmaßnahmen für seine Person. Dieser Auftrag war sehr schwer durchzuführen, da Hitler während seiner Stadtrundfahrten dauernd von einer vieltausendköpfigen jubelnden Menschenmenge umgeben war. Unglückseligerweise ereignete sich gerade während dieser Stunden ein für mich ziemlich aufregender Zwischenfall: In meiner Befehlszentrale wurde auf einem Stadtplan nach telefonischer Durchsage der jeweilige Standort, den Hitler auf seiner Rundfahrt erreicht hatte, markiert. Am Nachmittag erhielten wir plötzlich einen Anruf aus dem VIII. Polizeirevier mit der Meldung, bei einer Brücke, die Hitler in wenigen Minuten passieren würde, seien drei verdächtige Personen festgenommen worden; sie hätten bereits gestanden, daß sie eine unter der Brücke angebrachte Sprengladung entzünden wollten. Man warte auf Weisung, ob ich eine Änderung der Fahrtroute für notwendig hielte. Da ich Hitlers Eigenart kannte und wußte, daß ihn Störungen eines einmal festgelegten Programms verärgerten, ich andererseits aber durch Nichtbeachtung einer solchen Warnung eine zu große Verantwortung auf mich geladen hätte, berechnete ich blitzschnell, wieviel Zeit ich brauchen würde, um an die angegebene Stelle zu gelangen. Mir standen bis zur Ankunft Hitlers noch etwa acht Minuten zur Verfügung. Nach vier Minuten war ich an der Brücke und besichtigte die Sprengladung, die noch nicht entschärft war. Obgleich es ein sehr riskanter Entschluß war – es hätte immerhin möglich sein können, daß die Ladung von einer entfernteren Stelle her zur Zündung gebracht wurde–, entschloß ich mich, die Durchfahrt Hitlers programmmäßig ablaufen zu lassen. Nicht ohne Beklemmung sah ich Hitler die Brücke passieren und atmete auf, als der Zug vorüber war. Bevor meine zwölf Stunden abgelaufen waren, gab es noch eine Aufregung. Ein Österreicher hatte von einem Zimmerfenster aus Zielübungen mit einem Jagdgewehr nebst Zielfernrohr auf einzelne Punkte der vorgesehenen Fahrtroute Hitlers veranstaltet. Bevor er seine Zielsicherheit erproben konnte, wurde er jedoch von uns festgenommen. Am Abend war ich froh, als ich meinen Überwachungsauftrag zurückgeben konnte.

Mitte April 1938 bekam ich den Befehl, gemeinsam mit Müller nach Rom zu fliegen, um dort unter Mitwirkung der italienischen Polizei die Sicherung des bevorstehenden Besuches Hitlers vorzubereiten. Hitler wünschte der Welt zu zeigen, daß die Freundschaft zwischen ihm und dem Duce durch den Anschluß Österreichs in keiner Weise getrübt worden sei.

Die italienische Polizei hatte schon sorgfältige Vorarbeit geleistet. In Rom und Neapel, wo man den stärksten Andrang der Massen erwartete, waren die Straßen mit einzementierten Holzpflöcken und Eisenketten abgesperrt worden – eine Maßnahme, die sich angesichts des Temperaments der südländischen Bevölkerung später in keiner Weise als übertrieben erwies. Ich entwarf ein zusätzliches Sicherungsprogramm, wofür mir achtzig der fähigsten deutschen Kriminalbeamten zur Verfügung standen. Diese wurden teils entlang der Fahrtroute Hitlers postiert, teils unter die Gäste der Bankette in Rom, Neapel und Florenz gemischt. Die an den zu passierenden Strecken liegenden Häuser wurden von unseren Kriminalbeamten besonders durchsucht und gesichert, während die Italiener die Eigentümer dieser Gebäude schriftlich erklären ließen, daß sie während der Vorbeifahrt Hitlers die Verantwortung für ihre Hausbewohner zu tragen hätten. Jeweils in sichtweiten Abständen hatten sich entlang der Strecke deutsche Telefonposten aufzubauen, so daß jede Störung sogleich in die Zentrale des Hotels *Reale* gemeldet werden konnte. Überdies setzte die italienische Polizei etwa sechstausend mehr oder minder verdächtige Personen vorsorglich fest und ordnete eine verschärfte Grenz- und Paßkontrolle an.

Meine Anwesenheit in Italien diente zugleich auch der Aufgabe, eine möglichst breite Informationsgrundlage hinsichtlich der allgemeinen Volksstimmung in Italien zu erhalten. Zu diesem Zweck suchte ich rund fünfhundert sprachgewandte Angehörige unseres Sicherheitsdienstes aus, die als harmlose Touristen nach Italien zu reisen hatten. Nach Vereinbarung mit verschiedenen Reisebüros, die zum Teil auch für den Geheimdienst tätig waren, wurden diese Agenten per Zug, per Schiff oder Flugzeug von Deutschland und Frankreich nach Italien befördert. Hierbei hatte ich das russische System der Zusammenarbeit von jeweils drei Personen gewählt, so daß rund hundertsiebzig Gruppen, ohne etwas voneinander zu wissen, die gleichen Aufträge, nur an verschiedenen Orten, auszuführen hatten. Das Ergebnis vermittelte mir ein ausgezeichnetes Bild über geheime Umtriebe und die Volksstimmung im faschistischen Italien.

Der Staatsbesuch verlief ohne ernste Zwischenfälle. Zum Einzug der Gäste war die Via Triumphalis taghell von Scheinwerfern angestrahlt, das Kolosseum in ein Meer bunter Farben getaucht. Seitens der Italiener geschah alles, was der Zurschaustellung faschistischer Disziplin, der Schlagkraft der italienischen Waffen und der Vorführung von Pracht und Tradition dienen konnte.

In vierspännigem offenem Wagen passierten Hitler und sein Stab das Spalier der jubelnden Menschenmenge. Während der triumphalen Rundfahrt erhielt ich plötzlich einen Anruf: Die Volksmenge habe die Absperrung durchbrochen, und Hitler sowie Mussolini seien nicht mehr zu sehen. – Die beiden waren entgegen dem Programm an einem der ältesten Brunnen Roms ausgestiegen, um sich das Bauwerk anzusehen, und hierbei waren sie in die Flut der Volksmenge geraten. Es bedurfte eines großen Aufgebots an Carabinieri, und es kostete viel Zeit, um Hitler und Mussolini wieder herauszuhauen.

Ein ebenso programmwidriges wie komisches Ereignis trug sich wenig später in Neapel zu: Hitler hatte sich bereits für eine Galavorstellung in der Oper *San Carlo* umgezogen. Erst jetzt meldete das Protokoll, er habe zuvor in Begleitung des italienischen Königs noch eine Ehrenkompanie abzuschreiten. Zeit zum Umkleiden blieb nicht mehr. Man konnte nun das von Hitler als äußerst peinlich empfundene, von den Zuschauern nicht wenig belächelte Bild beobachten, wie der König in Galauniform und Hitler neben ihm im Frack zur Parade erschienen. Der damalige Chef des deutschen Protokolls wurde daraufhin von Hitler sofort seines Postens enthoben.

Beim Abschied von Italien war man in eingeweihten Kreisen der Überzeugung, daß der von Hitler gewünschte deutsch-italienische Militärpakt nunmehr reif sei.

(Am 5. November 1937 hatte Hitler den drei Oberbefehlshabern der Wehrmacht, von Fritsch, Göring und Admiral Raeder, sowie dem Reichskriegsminister von Blomberg in einer Konferenz erklärt, es sei nun an der Zeit, dem deutschen Volk mehr Lebensraum zu verschaffen – notfalls über den Weg der Gewalt. Nicht nur Österreich, auch die Tschechoslowakei müsse ausgeschaltet werden. Fritsch und Blomberg warnten vor dem Risiko eines solchen Unternehmens, das England und Frankreich veranlassen könnte, eine Front gegen Deutschland zu bilden.)

Nach dem Anschluß Österreichs und dem Staatsbesuch in Rom fühlte sich Hitler stark genug, seinen Plan gegen die Tschechoslowakei durchzusetzen. Am 28. Mai 1938 ließ er die Spitzen der Partei, des Staates und der Wehrmacht wiederum zu sich in die Reichskanzlei rufen und erläuterte in einem zweistündigen Vortrag die Notwendigkeit der Verstärkung der Luftwaffe, der Aufstellung neuer Heeresverbände sowie des Baues eines gewaltigen Festungsgürtels im Westen. Es sei an der Zeit, die militärische Bereitschaft Deutschlands so zu stärken, daß sie innerhalb von zwei bis drei Monaten jeder kriegerischen Auseinandersetzung standzuhalten vermöge. »Die Tschechoslowakei«, sagte er wörtlich, »wird alsdann zerschlagen werden.«

Kurz darauf erhielt der politische Geheimdienst die Weisung, ähnlich wie in Österreich die geheime Informationsarbeit in der Tschechoslowakei zu aktivieren. Die Durchführung stieß auf keine großen Schwierigkeiten, da die Sudetendeutsche Partei unter der Führung Konrad Henleins, aber auch die anderen Minderheiten (Slowaken, Ungarn und Polen) ein wertvolles Nachrichtennetz darstellten. Das Informationsmaterial war so umfangreich, daß ab Juli 1938 an zwei Stellen der deutsch-tschechischen Grenze direkte Fernleitungen installiert werden mußten, um die anfallenden Meldungen möglichst schnell nach Berlin weiterleiten zu können. Durch eine Spezialabteilung wurde Heydrich laufend über die Haltung der Sudetendeutschen Partei sowie Konrad Henleins unterrichtet. Der nationalsozialistische Flügel dieser Partei, der sogenannte »Aufbruch-Kreis«, verfolgte unter Karl Hermann Frank, dem späteren Staatsminister im Protektorat Böhmen und Mähren, eine möglichst schnelle Zerschlagung der ganzen Tschechoslowakei. Henlein indessen war nur an der Durchsetzung der Autonomiebestrebungen der drei Millionen Sudetendeutschen interessiert. Heydrich versuchte nun, den weniger radikalen Henlein mit allen Mitteln bei Hitler zu diskreditieren – unter anderem damit, daß dieser in doppelzüngiger Weise Beziehungen zu dem englischen Intelligence Service unterhalte. Hitler erreichte es jedoch in Unterredungen mit Henlein im März und Juli 1938, diesen zur Unterordnung unter seine Führung zu bewegen.

Anfang August desselben Jahres fuhr Henlein trotzdem nach Zürich, um sich dort mit Oberst Christie, einem Beauftragten des englischen Secret Service, zu treffen. Christie hatte schon zuvor mehrere Male mit Henlein konferiert, worüber Heydrich genaue Kenntnis hatte. Nun bekam ich von Heydrich den Auftrag, Henlein während seiner neuerlichen Besprechung mit dem Engländer in der Schweiz zu überwachen, seine Bewegungen zu beobachten sowie Einzelheiten über das Gespräch in Erfahrung zu bringen. – Henlein beschränkte sich darauf, sich nur ein einziges Mal mit dem englischen Obersten zu treffen; dabei erklärte er ihm, ein Zuwarten seitens der Sudetendeutschen Partei sei unmöglich geworden, das Problem steuere unaufhaltsam einer Gewaltlösung zu.

Inzwischen begann der bekannte Nürnberger Parteitag, auf dem Hitler in Gegenwart zahlreicher ausländischer Gäste seine berüchtigte Drohrede gegen die Tschechoslowakei und ihre Staatsführung hielt. Dabei wurde eine Lösung der Krise auf der Grundlage einer Autonomie der Minderheiten von Hitler als ausgeschlossen bezeichnet. Die tschechoslowakische Regierung unterließ nun allerdings nichts, um diese Krise zu beschleunigen; sie verbot eine Volksabstimmung in den Grenzgebieten und ließ die Polizei gegen die sudetendeutsche Bevölkerung einschreiten. Während dieser angespannten Lage entschloß sich der britische Premierminister Neville Chamberlain zu dem Besuch Hitlers in Berchtesgaden am 15. September 1938. Die Einzelheiten und Ergebnisse der Berchtesgadener Besprechung, der dramatische Verlauf der weiteren deutsch-britischen Gespräche vom 22. September 1938 in Bad Godesberg und schließlich der Münchener Konferenz am 29. September desselben Jahres sind durch andere Veröffentlichungen hinreichend bekanntgeworden.

Schon während der ersten Oktobertage des Jahres 1938 war mir aus verschiedenen Andeutungen Heydrichs klargeworden, daß sich Hitler mit der Abtretung der sudetendeutschen Gebiete nicht zufriedengeben wollte und ihm auch die großzügigen wirtschaftlichen Zugeständnisse der Prager Regierung nicht mehr genügten. Im Januar 1939 rief dann Hitler Heydrich und andere Angehörige des Geheimdienstes zu sich und erklärte ihnen, aus außenpolitischen Gründen sei es notwendig, in den nächsten Monaten die Tschechoslowakei, notfalls mit Waffengewalt, endgültig zu zerschlagen. Zur Vorbereitung und Beschleunigung eines solchen Vorhabens sei es erforderlich, mit Hilfe des deutschen Geheimdienstes die slowakischen Autonomiebestrebungen voranzutreiben, so daß es hernach für Deutschland ein leichtes sein würde, das Problem der restlichen Tschechei so oder so zu lösen. Hitler betonte dabei ausdrücklich, dieser Geheimauftrag dürfe vorerst keiner anderen Dienststelle, sei es des Auswärtigen Amtes, sei es der Wehrmacht oder Partei, bekannt werden.

Für die entsprechenden geheimdienstlichen Vorbereitungen waren Hauptanknüpfungspunkte die bisherigen Autonomiebestrebungen der sogenannten *Hlinka-Garde* der Slowaken. Es würde hier jedoch zu weit führen, alle Phasen unseres Vorgehens zu schildern. Jedenfalls entschloß sich Hitler, nachdem die Besprechungen mit dem damaligen slowakischen Vertreter in der Prager Regierung, Dr. Karl Sidor, fehlgeschlagen waren, Dr. Josef Tiso als Partner zu wählen.

In der Nacht zum 13. März 1939 hatten zwei Vertreter des deutschen Geheimdienstes eine entscheidende Aussprache mit Tiso. Dieser erklärte sich anschließend bereit, die Souveränität der Slowakei unter deutschem Schutz zu proklamieren. Noch am selben Tage flog er dann mit einem Sonderflugzeug des deutschen Geheimdienstes zum Zwecke der Rücksprache mit Hitler nach Berlin. Die Proklamierung sollte vollzogene Tatsache sein, ehe der tschechische Staatspräsident Emil Hacha, der sich zu einem Besuch in Berlin angesagt hatte, durch Hitler empfangen wurde. Um inzwischen die schwierige Lage der Prager Regierung zu verschärfen, hatte der deutsche Geheimdienst Sprengstoffkommandos in der Slowakei bereitgestellt.

Am 14. März verkündete Tiso die Gründung der autonomen slowakischen Republik. In der Nacht zum 15. März unterwarf sich Hacha in einer dramatischen Sitzung dem Ultimatum Hitlers und schloß das bekannte Abkommen über den »Schutz des tschechischen Volkes durch das Großdeutsche Reich«.

Die deutsche Besetzung der Tschechei vollzog sich daraufhin ohne jeglichen Widerstand. Hitler jagte bei nächtlichem Schneetreiben über vereiste Straßen nach Prag, um noch vor Hacha im Hradschin anzukommen. Ich hatte inzwischen in Berlin dafür zu sorgen, daß der Rückflug des greisen Staatsmannes entsprechend lange verzögert wurde.

Mit größter Eile trieb Hitler nun auch die staatliche Eingliederung der Tschechei in das Großdeutsche Reich voran. Sicherheitspolizei und SD übernahmen die Leitung der vollziehenden Gewalt und arbeiteten eng mit der tschechischen Polizei zusammen. Letztere war eine ausgesprochene Elitemannschaft, sowohl schulungsmäßig wie äußerlich, was Himmler zu der Bemerkung verlockte: »Ausgezeichnetes Menschenmaterial, ich werde sie alle in die Waffen-SS übernehmen.«

Das Leben in der Tschechei nahm äußerlich rasch wieder seinen gewohnten Gang an, doch die Spannungen schwelten unterirdisch weiter.

Das Jahr 1938 hat man nicht umsonst »das Jahr der Krisen« genannt. Noch während Hitler auf die Zerschlagung der Tschechoslowakei hinarbeitete, brannten plötzlich in Deutschland die Synagogen. Hitler nahm gerade an dem Münchener Treffen zur Erinnerung an seinen Putsch vom 9. November 1923 teil, als der Reichspropagandaminister Josef Goebbels die berüchtigte »Kristallnacht« inszenierte. Angeblicher Anlaß war die Ermordung eines Attachés der deutschen Botschaft in Paris durch einen jungen polnischen Juden. – Als ich in der Nacht zum 10. November 1938 über den Kurfürstendamm ging, sah diese herrliche Hauptstraße Berlins aus wie nach einer Bombennacht. Sämtliche Geschäfte jüdischer Inhaber waren zerstört, der Inhalt geraubt oder auf die Straße geworfen worden. In anderen Städten Deutschlands sah es nicht anders aus. Der materielle Schaden belief sich auf etwa zwei Milliarden Reichsmark. Unter anderem waren dreitausendfünfhundert Personenautos jüdischer Besitzer durch Parteifunktionäre persönlich gestohlen worden.

Himmler und Heydrich, die nach meiner Kenntnis nichts von dem Goebbelschen Vorhaben gewußt hatten, wandten sich sofort an Hitler mit der Forderung, Goebbels unverzüglich aus der politischen Führung auszuschalten. Heydrich wies Hitler auf die außenpolitischen Rückwirkungen hin, dies vor allem im Hinblick auf die »Endlösung« der tschechoslowakischen Frage, die durch den Protest in der Welt gegen solchen antisemitischen Terror gefährdet sei. Die Abberufung des amerikanischen Botschafters aus Berlin schien die Warnung Heydrichs zu bestätigen. Hitler, über die Eigenmächtigkeit Goebbels' erregt, war im Begriff, der Forderung Himmlers und Heydrichs auf Absetzung des Reichspropagandaministers nachzugeben, als sich Ribbentrop einschaltete. Er bezeichnete die außenpolitischen Folgen als weniger gravierend und bewirkte, daß Goebbels im Amt blieb.

AKTIVE SPIONAGE

Auf Erkundung in Nordafrika – Mängel unseres Geheimdienstes – Spionage in Scapa Flow – Der polnische Spion Sosnowski

In einer längeren Unterredung im Sommer 1938 hatte Hitler Himmler gegenüber die Haltung Amerikas und dessen Einfluß auf die künftige Einstellung Japans angeschnitten. Er sprach sich bei dieser Gelegenheit recht abfällig über den amerikanischen Präsidenten F. D. Roosevelt aus – unter anderem bezeichnete er dessen »Quarantäne-Rede« vom 5. Oktober 1937 als »typisch amerikanischen Bluff«.

Himmler war über die japanische Situation damals gut unterrichtet. Ich glaube, daß er sein Wissen auf Informationen Jahnkes stützte, der durch seine Verbindung zum chinesischen und japanischen Geheimdienst immer auf dem laufenden war. Himmler wies nun mit dem Unterton eines Warners darauf hin, daß zwischen Amerika und Japan starke wirtschaftliche Interessen bestünden, die nicht unterschätzt werden sollten. Aber Hitler verwarf diesen Gedanken und erging sich erneut mit scharfen Worten über das »morsche scheindemokratische Gebäude der USA«, das nur ein Tummelplatz der Juden sei. Dann folgten lange Monologe über das Verhältnis der USA zu England, wobei er auch auf eine mögliche gemeinsame militärische Aktion dieser beiden Staaten gegen das europäische Festland zu sprechen kam. Er war der Ansicht, daß mit einem Angriff über Nordafrika wohl kaum zu rechnen sei, da die Westküste Afrikas nicht über genügend Häfen für eine solche Aktion verfüge. Auch sei dort kein geeignetes Hinterland vorhanden, das die Entfaltung einer modernen Kriegsmaschinerie erlaube.

Himmler dagegen blieb der Meinung, daß die Briten zusammen mit den Amerikanern sehr wohl versuchen könnten, im Kriegsfalle von Afrika nach Europa einzubrechen. So gab er Heydrich eines Tages die Weisung, eine entsprechende geheimdienstliche Prüfung des westafrikanischen Küstengebietes vornehmen zu lassen. Heydrich stellte zuvor in einer Unterredung mit Admiral Canaris unauffällig fest, daß die militärische Abwehr darüber keinerlei nennenswerte Unterlagen besaß. Und so kam ich zu meinem ersten aktiven Spionageauftrag.

Heydrich ließ mich zu sich rufen, setzte mir die oben wiedergegebene Problemstellung auseinander und erklärte, es gelte vor allem den französischen Flottenstützpunkt Dakar in Augenschein zu nehmen: In welchem Zustand ist dieser Hafen? Ist er ausbaufähig? Möglichst

Beschaffung fachlicher Unterlagen offizieller Hafenbehörden – eigene Anschauung bilden und diese durch entsprechende Fotoaufnahmen belegen. So lautete mein Auftrag, den ich begeistert entgegennahm. Heydrich überreichte mir nun die für meine Reise notwendige Ausrüstung – eine eigens für diesen Zweck hergestellte Leica, zwei Filme, einen holländischen Paß und Devisen; Anschriften von Anlaufstellen in Madrid und Lissabon waren beigefügt.

Getarnt als Sohn eines holländischen Diamantenhändlers, der in Deutschland Geschäfte abgewickelt hatte, trat ich die Reise guten Mutes an. Je näher ich aber dem Ziel kam, desto mehr schwand meine Begeisterung, und statt dessen stellten sich Nervosität und ein zunehmender Mangel an geheimdienstlicher Reaktionsfähigkeit ein. Meine Leica hatte sowohl beim Grenzübertritt in Spanien als auch in Portugal das Interesse der Zollbehörde erregt. Nur mit Mühe und unter einem erheblichen Aufwand an Kosten gelang es mir, den Apparat bis Lissabon durchzubringen. Hier empfing mich unter der mir angegebenen Adresse ein Japaner – ein alter Mitarbeiter Jahnkes. Er riet mir, die Leica, so wertvoll sie auch sein möge, lieber gegen einen einfacheren Apparat auszuwechseln. Überhaupt erfuhr der von Heydrich zurechtgelegte Plan durch diesen erfahrenen Agenten eine Abänderung nach der anderen. Kaum hatte ich also die Nase in die »Praxis« gesteckt, merkte ich, daß dort ein ganz anderer Wind wehte als am grünen Tisch. Meine Unsicherheit wuchs, und nur zu gern befolgte ich daher auch die anderen wertvollen Fingerzeige des Japaners, vor allem entledigte ich mich des mir mitgegebenen Devisenpakets.

In Dakar wohnte ich bei einer portugiesischen Familie jüdischer Abstammung. Der Hausherr, Senor X., war von Lissabon aus durch »Geschäftsbriefe« von meiner Ankunft verständigt worden. Die notwendigen finanziellen Vorschüsse wurden gleichfalls auf »geschäftlichem« Wege transferiert. Schon nach fünf Tagen hatte Herr X. die gewünschten Unterlagen der Hafenbehörde beschafft, die als »Warenmustersendungen« direkt an eine Anlaufstelle in Lissabon geschickt wurden. Der nicht unbeträchtliche Kaufpreis wurde im Rahmen eines Gold- und Diamantenhandels in englischen Pfunden abgerechnet.

Der notwendige Kontakt mit Reedern und Leuten aus Schiffsversicherungskreisen in Dakar wurde durch geschickt arrangierte *Lunches* im kleinen Kreise hergestellt. Über diesen Weg bekam ich einen Einblick in die Gesamtsituation und vermochte interessante Einzelheiten über den Hafenbetrieb festzuhalten. Sorgen machten mir hingegen noch die Fotoaufnahmen. Ich war ständig von der Angst befallen, mich durch irgendeine Ungeschicklichkeit zu verraten. In den Straßen Dakars witterte ich in jedem neugierigen Blick harmloser Passanten das prüfende Auge eines Beamten der Sûreté. Machte jemand zufällig den gleichen Weg wie ich, glaubte ich schon, überwacht zu werden. Ich blieb dann meistens vor einem Schaufenster, einem Kiosk oder in harmloser Betrachtung des Verkehrs versunken stehen, bis der Verdächtige außer Sicht war. Vorsichtshalber ging ich dann noch ein Stück Wegs in entgegengesetzter Richtung. Während der Nacht jagten mich dann noch ruhelose Gedanken; ich rekapitulierte jeweils den Verlauf des voraufgegangenen Tages und stellte dabei selbstkritisch meine sämtlichen Verhaltensfehler fest. Schließlich verwob sich dann alles zu einem traumschweren Schlaf, aus dem ich gegen Morgen schweißgebadet erwachte. Sogleich wurde ich dann wieder an die noch nicht gefertigten Fotoaufnahmen erinnert.

Mein Gastgeber kam nun zur Lösung dieses Problems auf die folgende Idee: Wir sollten mit der ganzen Familie einen Ausflug zum Hafen veranstalten und an gewissen Punkten »Familienbilder« machen. Und so geschah es. Die Familie stellte sich vollzählig, schützend wie ein Schirm, jeweils vor die aufzunehmende Anlage und ermöglichte es mir, auf diese Weise die gewünschten Bilder über die wichtigsten Teile des Hafens in meinen Apparat zu bringen. Bei der späteren Entwicklung der Bilder stellte sich allerdings heraus, daß die interessierenden Objekte zu klein und die Familie X. im Vordergrund zu groß geraten waren.

Nach neun Tagen traf ich erleichtert wieder in Lissabon ein. Den Film trug ich während der Rückreise in einem Wundverband am linken Oberschenkel, wo ich mir mit dem Rasiermesser einen kleinen Schnitt beigebracht hatte, so daß die Gaze des Verbandes mit Blut getränkt war. Der Film, hermetisch eingewickelt, hatte sich mit dem durchgesickerten Blut und der Gaze fest am Bein verklebt und gab dem Schenkel das Aussehen einer bösartigen, ziemlich angeschwollenen Wundinfektion. Mein Humpeln erregte bei den Zoll- und Grenzbeamten größtes Mitleid, und so kam ich unbehelligt durch.

Nach Berlin zurückgekehrt, legte ich Heydrich einen ausführlichen schriftlichen Bericht unter Beifügung der »Familienbilder« vor. Er war mit der Durchführung meines Geheimauftrages zufrieden. Mich aber hatte das Ergebnis keineswegs befriedigt. Es war mir zum erstenmal klargeworden, wie unzureichend das Wissen der verantwortlichen

Leiter an der Spitze unseres Geheimdienstes um die praktischen Schwierigkeiten bei der Ausführung der von ihnen erteilten Befehle war. Zugleich kamen mir auch ernste Bedenken hinsichtlich der gesamten Organisation unseres Geheimdienstes überhaupt. Denn bis dahin konnte man in Deutschland noch keineswegs von einer organischen Entwicklung eines Geheimdienstes sprechen, vielmehr war alles – abgesehen von Teilgebieten – mehr oder weniger Improvisation. Dieser mangelhafte Zustand war im wesentlichen auf die Zersplitterung der verschiedenen geheimdienstlichen Stellen, zum anderen aber auch auf das völlige Unverständnis seitens der Masse des deutschen Volkes zurückzuführen. In Deutschland pflegte man nämlich seit jeher die Bedeutung eines Geheimdienstes zu unterschätzen, ja sogar eingewurzelte Vorurteile dagegen zu hegen. Hinzu kam unter dem nationalsozialistischen Regime noch die Neigung, alles zu überstürzen. Ein sinnvoller Geheimdienst aber erfordert nicht nur ein gewisses Verständnis innerhalb der Bevölkerung, zu deren Schutz er ja tätig ist, Voraussetzung eines Erfolges auf weite Sicht ist außerdem auch eine gefestigte Kontinuität und ausgewogene Schwerpunktbildung. Geheimdienste anderer Länder haben es schon sehr viel früher verstanden, sich eine solche Basis zu schaffen. Das Deuxiéme Bureau pflegte sich beispielsweise in Westdeutschland vornehmlich um die Lehrerschaft zu bemühen; die Engländer wiederum nutzten meist unter großem Geldaufwand sämtliche Beziehungen zur Wirtschaft für ihre geheimdienstlichen Zwecke aus. Die Japaner und Chinesen operierten ebenso zähe wie leise und behutsam mit einer besonders ausgeprägten Einfühlungsgabe, wobei sie sich in Europa als Menschen gelber Rasse geschickt hinter fähige einheimische Mitarbeiter zurückzogen. Die Russen legten ihre Arbeit auf sehr breiter Basis an; sie bevorzugten auch hier den Masseneinsatz. Die Amerikaner vermochten sich demgegenüber ebensowenig wie wir auf weitreichende Erfahrung zu stützen, aber sie betrieben einen umfangreichen Einsatz, wenn auch mit hohen Risiken. Meine Gedanken über eine auf weite Sicht aufgebaute Organisation im Ausland sowie über eine mögliche Zusammenfassung aller geheimdienstlichen Stellen (so unterhielten unter anderem das Auswärtige Amt, die Auslandsorganisation der NSDAP und auch Göring neben dem militärischen und politischen Geheimdienst Informationsstellen) faßte ich nunmehr in einem zunächst nur für mich bestimmten Notizbuch zusammen:

Entscheidend ist die Auswahl zuverlässiger und vorzüglich geschulter Mitarbeiter; diese müssen intelligenz- und nervenmäßig über dem Durchschnitt stehen. Um in einem fremden Lande erfolgreich tätig sein zu können, müssen sie Gelegenheit haben, nach einem intensiven Studium von Sprache, Sitten und Eigenarten des betreffenden Volkes dort wie ein Einheimischer zu leben und neben der geheimdienstlichen Tätigkeit einen normalen bürgerlichen Beruf auszuüben. Erst nach ein- bis zweijährigem Aufenthalt sollten die ersten Probeaufträge gegeben werden. Die Verwendung bestimmter Spezialisten müßte für Spannungs- oder Kriegszeiten vorbehalten bleiben.

Solche Erwägungen waren für einen Routinier wie Jahnke natürlich Allgemeinplätze, aber in den verschiedenen deutschen Geheimdienststellen weitgehend unbekannt. Nur in der militärischen Abwehr gab es bereits seit dem ersten Weltkrieg Ansätze für eine solche längere Vorausschau. Ein Beispiel dafür war der sogenannte »Uhrmacher« Alfred W., Kapitän a. D. der Kaiserlichen Marine. Im Auftrage des damaligen Geheimdienstes lernte er in der Schweiz gründlich das Uhrmacherhandwerk, siedelte daraufhin als Schweizer Staatsangehöriger unter dem Namen Albert Örtel im Jahre 1927 nach England über, wo er 1932 die englische Staatsangehörigkeit erwarb. In der Folge ließ sich Örtel »zufällig« in Kirkwall auf den Orkney-Inseln nieder, in der Nähe der englischen Flottenbasis Scapa Flow. Hier betrieb er ein kleines Juwelier- und Uhrmachergeschäft. Von Zeit zu Zeit gab er Meldungen über Bewegungen der englischen *Home Fleet* durch. Anfang Oktober 1940 meldete er, daß die östliche Zufahrt des Kierkesunds zum Stützpunkt der *Home Fleet* noch nicht durch U-Boot-Netze, sondern nur durch relativ weit auseinanderliegende Sperrschiffe geschützt sei. Diese Meldung war es, die den damaligen Chef der U-Boot-Verbände, Konteradmiral Dönitz, veranlaßte, Kapitänleutnant Prien mit der Durchführung eines U-Boot-Angriffs zu beauftragen, der dann zu der erfolgreichen Torpedierung der Schlachtschiffe *Royal Oak* und *Repulse* führte. Dies war das Ergebnis einer geduldigen und zähen Arbeit von fünfzehn Jahren.

Nach meiner Rückkehr aus Dakar folgten Monate fieberhaften Treibens. In unserem Amt jagten sich die Befehle und Anweisungen für den SD – Heydrich hatte befohlen, die deutsche Spionageabwehr auf Kriegsstand zu bringen. Kaum war die Tschechenkrise vorüber, ging es um Danzig und Polen. Bis tief in die Nächte hinein war ich damit beschäftigt, die Fülle der täglich einlaufenden Meldungen unserer

Agenten zu ordnen und zu prüfen. Es galt, ein genaues Bild der polnischen Vorbereitungen für den Kriegsfall zu gewinnen. Alle verfügbaren geheimdienstlichen Kontakte mußten aktiviert werden. In diesem Zusammenhang möchte ich über einen der erregendsten Spionagefälle berichten, der sich in Berlin zutrug.

Das »Spiel« begann an einem trüben, nebligen Morgen. Der Strom der Büroangestellten des Oberkommandos des Heeres hatte sich bereits in den engen, verschachtelten Gängen des alten Gebäudes in der Bendlerstraße verlaufen. Da erschien, viel zu spät, erst die Sekretärin eines hohen Generalstabsoffiziers aus der Operationsabteilung des OKH, ein gewisses Fräulein von N. Der Portier, ein alter Soldat, schüttelte bei der Ausweiskontrolle bedächtig den Kopf – was war nur plötzlich mit Fräulein von N. los? Sie schien gänzlich verwandelt. Früher war sie einfach gekleidet und immer pünktlich zum Dienst erschienen. Jetzt stolzierte sie in einem eleganten Pelzmantel einher und benahm sich zuweilen anmaßend und schnippisch. Irgend etwas stimmte da nicht.

Ein wirklicher Verdacht wurde in ihm aber erst einige Tage später geweckt. Er hatte sich nach Büroschluß noch einmal zu einer Kontrollrunde durch das Gebäude begeben. Dabei sah er im Zimmer des Generalstabsoffiziers, dessen Sekretärin Fräulein von N. war, noch Licht brennen. Als er den Raum betrat, saß Fräulein von N. vor ihrer Schreibmaschine; sie war über das unerwartete Erscheinen des Portiers offensichtlich heftig erschrocken, faßte sich aber sehr schnell und versuchte ihr Unbehagen hinter einem Stöhnen und den Worten zu verbergen: »Ach, diese ewige Arbeit!«

Der Portier sagte nichts. Er betrachtete nur die eleganten Halbschuhe, die Seidenstrümpfe, den Pelzmantel am Haken – und den geöffneten Panzerschrank. Als er Fräulein von N. kurz gute Nacht bot, wollte ihn das Mißtrauen nicht mehr verlassen. Am folgenden Morgen meldete er sich bei dem vorgesetzten Oberst, um diesem mit einfachen Worten zu bedeuten, was er sich über Fräulein von N. für Gedanken mache. Er habe zwar keinen hundertprozentigen Verdacht, er wolle aber dennoch die Sache nicht allein mit sich herumtragen.

Zunächst brauste der Offizier auf und verwies den Portier, daß ihn solche Dinge nichts angingen. Dann aber hielt er plötzlich inne und blickte auf den Panzerschrank – darin lagen die letzten operativen Studien gegen Polen, außerdem Arbeiten über taktische und operative Probleme moderner Heeresführung, Transportfragen, Stand der Ausbildung verschiedener Waffengattungen, über Waffenstärken und Produktionsziffern. Er dankte dem Pförtner und begann von nun an seine Sekretärin zu beobachten. Es fiel ihm jetzt ebenfalls auf, daß sie abends nach Büroschluß stets noch etwas zu schreiben hatte. An drei verschiedenen Tagen machte er Stichproben. Im Panzerschrank aber fehlte nichts. Beim viertenmal vermißte er die letzten Seiten einer operativen Studie. Er entsann sich, am selben Tage mit anderen Offizieren noch daran gearbeitet und Fräulein von N. gebeten zu haben, einige Zusätze zu schreiben. Das aber gab ihr nicht das Recht, den Vorgang, wie er vermutete, statt in seinen in ihren Panzerschrank einzuschließen. Er entschloß sich zu einer Meldung. Die fehlenden Seiten wurden am nächsten Morgen im Beisein von Fräulein von N. aus deren Panzerschrank herausgeholt. Dies aber rechtfertigte noch nicht den schweren Verdacht der Spionage. Nach langer Beratung einigten sich die Fachleute der Abwehr, eine totale Überwachung anlaufen zu lassen.

Unverzüglich wurden nun zahlreiche Personen aus dem Bekanntenkreis des Fräuleins von N. pausenlos beobachtet. Allmählich schloß sich das Netz immer dichter. Wir hatten festgestellt, daß Fräulein von N. des öfteren in vornehmen Lokalen des Berliner Westens verkehrte und sich dort mit einem sehr gut aussehenden Mann zu treffen pflegte, der auch im Hause ihrer verwitweten Mutter verkehrte. Die Ermittlungen ergaben, daß es sich um einen Gehilfen des polnischen Militärattachés der Berliner Botschaft handelte. Einem unserer Abwehrbeamten gelang es, unauffällig als Vertreter des Deuxiéme Bureau an ihn heranzukommen, da dieser Pole namens Sosnowski auch Beziehungen zum französischen Geheimdienst unterhielt. Er bot ihm deutsches Geheimmaterial zum Kauf an. Sosnowski, sich völlig sicher fühlend, biß an. Die Übergabe der Ware sollte gegen Barzahlung im Wartesaal erster Klasse eines Berliner Bahnhofs stattfinden. Hier nun wurden wenig später sowohl Sosnowski als auch unser Geheimagent (letzterer natürlich nur zum Schein) verhaftet. Gleichzeitig wurde der gesamte Kreis der Verdächtigen blitzschnell festgenommen, darunter auch Fräulein von N. Noch in derselben Nacht setzten die Verhöre ein. Das Ergebnis war überraschend:

Der deutschen Abwehr war ein »großer Fisch« ins Netz gegangen – Sosnowski wurde als polnischer Oberstleutnant und Mitglied des Warschauer Geheimdienstes identifiziert. Er war mit dem Auftrag nach Berlin abkommandiert worden, den Stand der deutschen Aufrüstung zu erkunden und möglichst authentische Unterlagen über die Pläne des deutschen Generalstabes zu erbringen. Bemerkenswert war die Methode, mit der er ans Werk ging. Da er große Anziehungskraft auf Frauen ausübte, knüpfte er zahlreiche Liebschaften an, durch die er seinem geheimdienstlichen Ziel näherzukommen glaubte. Seine Arbeitsergebnisse blieben aber zunächst mager, weil er nicht genügend Geldmittel investieren konnte. Als Warschau daraufhin seine Spesen erhöhte, vermochte er sich gesellschaftlich elastischer zu bewegen. So verkehrte er in Berliner Diplomaten-, vor allem auch in besten deutschen Gesellschaftskreisen. Hier lernte er zuerst Fräulein von B. kennen, die aus verarmtem deutschem Adel stammte und gleichfalls Sekretärin im Oberkommando des Heeres war. Fräulein von B. verliebte sich in den Polen und stellte ihn eines Tages stolz ihrer Freundin, Fräulein von N., vor. Für Sosnowski war die »Kollegin« Fräulein von N. nicht weniger interessant. Er knüpfte mit ihr gleichfalls Beziehungen an, und klug berechnend gewöhnte er nun beide Frauen langsam an einen höheren Lebensstandard. Er erschien mit ihnen in den besten Berliner Lokalen, machte ihnen ritterliche Geschenke und verstand es, den Mädchen die Annehmlichkeiten eines großzügigen Lebens allmählich so schmackhaft zu machen, daß sich beide nicht mehr von ihrem reichen polnischen Verehrer zu trennen wünschten. Als Sosnowski durch Fräulein von N. in deren Familie eingeführt wurde, behandelte er die Dame des Hauses mit vollendeter Ritterlichkeit und drückte durch diskrete finanzielle Zuschüsse dem verarmten Hause bald wieder den Stempel eines gewissen Wohlstandes auf. Frau von N., nichts Böses ahnend, machte sich bereits schwiegermütterliche Hoffnungen.

Nun kam es aber zwischen den beiden Freundinnen zu wachsenden Eifersuchtsszenen, die für Sosnowski eine stetige Quelle der Gefahr bedeuteten. Es hieß fortan für ihn, die beiden Mädchen unter ständiger Kontrolle zu halten und beide glauben zu machen, daß nur sie – Fräulein von B. oder Fräulein von N. – diejenige sei, für die er sich besonders interessiere. Dieses Spiel trieb er so lange, bis er beide fest an sich gebunden hatte und sie ihm in jeder Weise hörig waren. Erst jetzt deckte er seine Karten auf. Er erzählte ihnen von seinem eigentlichen Auftrag und erklärte, daß ihm wegen völligen Versagens als Mitarbeiter des polnischen Geheimdienstes in Berlin nunmehr die Gefahr drohe, einer mobilisierten Einheit des polnischen Heeres zugeteilt zu werden. Mit dieser Taktik hatte Sosnowski richtig spekuliert – weder Fräulein von B. noch Fräulein von N. wollten den Geliebten verlieren. Nachdem er jeder von beiden die Ehe versprochen hatte, begannen sie für ihn zu arbeiten.

Die Sosnowski von seinen Freundinnen zugespielten Pläne und Dokumente der deutschen Heeresleitung wurden nachts von ihm fotografiert. Und um sein Material zu vervollständigen, knüpfte er, ohne daß die beiden Mädchen etwas merkten, weitere charmante Damenbekanntschaften in der besten Berliner Gesellschaft an, die ebenfalls über entsprechend gute Verbindungen verfügten. Zu diesen neuen Bekanntschaften gehörte auch die Inhaberin eines Modesalons auf dem Kurfürstendamm, die ihm durch Wiedergabe der Gespräche ihrer Kundinnen mancherlei Fingerzeige vermittelte. Mit zwei gefüllten Lederkoffern reiste Sosnowski schließlich zu seiner Dienststelle nach Warschau. Und nun passierte das Erstaunliche – seine Warschauer Vorgesetzten begannen an der Echtheit des Materials zu zweifeln, es war, wie ihnen schien, zu gut, um echt zu sein. Man erklärte Sosnowski, er sei dem deutschen Geheimdienst auf den Leim gegangen und habe sich durch »Spielmaterial« irreführen lassen. Es wurde ihm anheimgestellt, seine Beute einem anderen ausländischen Geheimdienst zu verkaufen. Der Schock, den Sosnowski dadurch erhielt, war so groß, daß er schier verzweifelte und das Interesse an seiner ganzen Arbeit verlor. Schließlich nahm ihm das Deuxiéme Bureau einen Teil des Materials ab und gab einiges davon an den englischen Secret Service weiter. Der deutsche Generalstab sah sich daraufhin genötigt, die meisten seiner Pläne neu auszuarbeiten.

Fräulein von B. und Fräulein von N. wurden zum Tode verurteilt. Gnadengesuche fanden bei Hitler kein Gehör. Sosnowski hingegen wurde gegen mehrere deutsche Agenten, die in polnische Hände geraten waren, ausgetauscht. Die Inhaberin des Modesalons war weniger schwer belastet, so daß wir sie schonten, jedoch unter Druck setzten, künftig für uns als »umgedrehte« Agentin im polnischen Geheimdienst weiterzuarbeiten. Ein solcher Druck war aber, wie sich zeigte, gänzlich überflüssig, da sie sich von Sosnowski als Frau betrogen fühlte und auch wegen des Schicksals der beiden zum Tode verurteilten Mädchen einen grenzenlosen Haß gegen den Polen empfand. Sie dachte nur noch daran, sich zu rächen. Im Laufe der Zeit spielte sie nicht weniger als zehn polnische Agenten in unsere Hände.

KRIEG GEGEN POLEN

Komplott um den Gleiwitzer Sender – In Himmlers Sonderzug – Ein Porträt Himmlers – Erlebnisse bei Frontbesuchen – Leibarzt Dr. Morell – Mit Heydrich in Warschau – Rüstungsspionage an der Ruhr

Es war der 26. August 1939. Eine drückende Schwüle lag über Berlin. Am Vormittag hatte mich Dr. Mehlhorn angerufen und gefragt, ob ich mich abends frei machen könne, er würde mich gern dringend in einer persönlichen Angelegenheit sprechen, wolle mich aber unter keinen Umständen in meiner Dienststelle aufsuchen.

Am Abend trafen wir uns in einem Lokal in der Stadtmitte, das der Spionageabwehr unterstand. Dr. Mehlhorn schien sehr bedrückt, und während wir aßen, sprach er kaum ein Wort. Nach dem Essen fuhren wir nach dem Westen – über die Budapester und Tauentzienstraße zum Kurfürstendamm. In diesen Tagen bot Berlin noch ein Bild des Friedens: eine Fülle von Lichtreklamen, schöne geschmackvolle Schaufenster, ein Strom von Autos, Doppeldeckerbussen und Straßenbahnen, dazwischen die friedlich bummelnden Menschen. Mehlhorn bat mich, in Richtung Wannsee weiterzufahren; er brauche frische Luft. Ich spürte seine Spannung und schlug vor, am See entlang zu wandern.

Allmählich begann Mehlhorn zu reden, doch was er sagte, erschien mir zuerst mehr wie ein Selbstgespräch. Seine Sätze waren erregt und abgehackt: »Es wird Krieg geben. Er ist unabwendbar geworden. Hitler hat sich schon seit langem dazu entschlossen. Daran vermag niemand mehr zu rütteln. Selbst wenn die Westmächte, wenn Polen noch einlenken, wenn Italien intervenieren wollte – das alles vermag an Hitlers Entschluß nichts mehr zu ändern. Die Vorbereitungen sind getroffen.« Er schwieg eine Weile, dann fuhr er noch erregter fort, Heydrich habe ihn, seinen alten Gegner, zu sich bestellt und ihn mit einem Befehl Hitlers vertraut gemacht, den er auszuführen habe. Mehlhorn blieb stehen, packte mich am Arm und sagte: »Ein entsetzlicher Befehl.« Bis zum 1.September müsse ein konkreter Kriegsgrund für den Angriff auf Polen geschaffen werden, der in der Geschichte und in den Augen der Welt Polen zum Aggressor stempele. Es sei geplant, einen Angriff durch »polnische« Wehrmachtsangehörige auf den Sender Gleiwitz durchführen zu lassen. Hitler habe sowohl Heydrich als auch Admiral Canaris mit der Lenkung dieser Aktion beauftragt. Schließlich habe aber Heydrich den Auftrag allein übernommen. (Canaris erzählte mir später, er habe diesen Befehl sofort zurückgewiesen und sich mit dem Argument aus der Affäre gezogen, zu viele Köche verdürben den Brei und Heydrich habe in solchen Dingen eben doch die größere Erfahrung.) Die polnischen Uniformen, fügte Mehlhorn noch hinzu, seien bereits auf Weisung von Generaloberst Keitel vom Oberkommando der Wehrmacht aus Heeresbeständen geliefert worden.

Ich fragte Mehlhorn, woher man denn die erforderlichen Polen für einen solchen »Angriff« zu nehmen gedenke. »Darin steckt ja die Teufelei des ganzen Planes«, entgegnete er. »Man will Berufsverbrecher und Sicherungsverwahrte sowie KZ-Gefangene aus den Lagern in polnische Uniformen stecken, sie mit polnischen Waffen ausrüsten und so den Feuerüberfall auf den Sender inszenieren. Die meisten dieser Leute wird man rücksichtslos in das Maschinengewehrfeuer der künstlich aufgebauten ›Verteidigungsmannschaft‹ treiben. Wer durchkommt, soll als Lohn seine Freiheit erhalten.« Verstört sah mich Mehlhorn an. »Heydrich haßt mich«, sagte er nun ziemlich verzweifelt, »er will mich mit diesem Auftrag zur Strecke bringen. Was soll ich nur tun?«

Wie hätte ich Mehlhorn raten können! Schließlich sagte ich: »Versuche dich herauszureden – werde krank, besaufe dich heute abend und lege dich ein paar Tage ins Bett.« Mehlhorn aber entschloß sich, Front zu machen. Am folgenden Tage gab er Heydrich den Auftrag mit der Begründung zurück, er sei nervenmäßig nicht in der Lage, einen solchen Befehl auszuführen. Und er blieb allen Drohungen zum Trotz fest. Noch am selben Vormittag stellte ihn Heydrich zur Disposition des Innenministeriums mit dem Hinweis, ihm eine schwierige, aber untergeordnete Beamtenstelle im Osten zu übertragen.

Am 1. September 1939, vormittags zehn Uhr, sprach Hitler vor dem Reichstag zum deutschen Volk: »Zahlreiche polnische Angriffe auf deutsches Gebiet, unter anderem ein Handstreich regulärer polnischer Truppen auf den Gleiwitzer Sender...« – in die scharfe, sonore Stimme mischte sich für mich die erregte und verzweifelte Stimme Mehlhorns. So begann der Krieg mit Polen. Schon fünf Stunden vor Hitlers Rede hatten die deutschen Angriffsoperationen begonnen, nachdem Gestapochef Müller den »Überfall« auf den Sender Gleiwitz »erfolgreich abgeschlagen« hatte. Ihm wurde dafür die Spange zum Eisernen Kreuz des ersten Weltkrieges verliehen.

Zwei Tage später überreichten die Botschafter Englands und Frankreichs das Ultimatum ihrer Regierungen. Doch auch dies vermochte Hitler nicht mehr zurückzuhalten. Noch am gleichen Tage verließen drei Sonderzüge den Anhalter Bahnhof in Richtung polnische Grenze. Es waren der Sonderzug Hitlers mit den Wehrmachtsstäben sowie die Sonderzüge Görings und Himmlers. Ich wurde damals als künftiger Leiter der Spionageabwehr Inland (Gruppe IVE des neugegründeten Reichssicherheitshauptamtes) in den Sonderzug Himmlers kommandiert*.

Heydrich hatte mir vor der Abreise noch einige Tips gegeben: »Achten Sie besonders auf ›Wölffchen‹« – gemeint war der Chef des persönlichen Stabes Himmlers, SS-General Wolff, seit Jahren einer der engsten Vertrauten Himmlers. Ohne Wolff pflegte Himmler selten etwas zu unternehmen; alles wurde zuerst mit ihm beratschlagt. Als gutaussehender Mann mit den geschliffenen Formen eines ehemaligen Wehrmachtsoffiziers, der enge Beziehungen zu besten Gesellschaftskreisen pflegte, wurde er von Himmler gern für Repräsentationszwecke vorgeschoben. Von ihm hing es ab, ob und wie man bei Himmler eingeführt wurde.

In dem Arbeitswagen unseres Zuges vermischte sich das laute Geklapper der Schreibmaschinen mit den Stimmen der Diktierenden. Bemerkenswert war, wie ausgezeichnet die technische Nachrichtenverbindung durch Fernschreiber und Funk zwischen dem Sonderzug und Berlin funktionierte.

Am zweiten Tag wurde ich zu Himmler zum Vortrag gerufen. Es war das erstemal, daß ich in amtlicher Eigenschaft unmittelbar mit ihm zu tun hatte. Ich war ein wenig nervös und befangen, als mich »Wölffchen« etwas frostig in das Besprechungsabteil hineinschob.

Was mich im Anfang stets an Himmler irritierte, war das Gleißen seines Zwickers. Mit den Augengläsern erschien sein Gesicht fast häß-

---

* Interessant war mir die Reaktion Heydrichs, als er sich mit Best über die künftigen Pläne einer Behandlung Polens unterhielt, wobei Best ausführte, der größte Fehler, den Hitler begehe, sei der Versuch, ein so freiheitsliebendes Volk wie die Polen zu Heloten zu machen. Es sei eine Erkenntnis der Geschichte, daß solche Entwicklungen den Keim des Zerfalls in sich trügen. Diese Bemerkung ließ Heydrich völlig kalt. Wichtig für ihn blieb nur, daß derlei Äußerungen seiner engsten Umgebung nicht nach außen drangen, da er fürchtete, sie könnten ihm persönlich schaden.

lich. Während ich sprach, blieben seine Züge unbewegt, er klopfte zwischendurch nur ein paarmal mit einem Bleistift auf den Tisch. Ich hatte das Empfinden, vor mir sitze ein Gymnasiallehrer, der mit bürokratischer Genauigkeit meine Schulaufgaben zensiere und am liebsten für jede meiner Bemerkungen eine Note in sein Notizbuch eingetragen hätte. Wie ich später erfahren habe, pflegte er in der Tat Menschen auf seine Art mit Zensuren zu belegen; er teilte sie jedoch nicht selber aus, dafür hatte er Wölffchen. In unangenehmen Fällen konnte Himmler mitunter recht grob werden. Um aber seine Nerven nicht unnötig zu strapazieren, schickte er lieber einen anderen vor. Auf diese Weise vermochte er sich auch gegebenenfalls mit dem Hinweis aus der Affäre zu ziehen, sein Mittelsmann habe ihn falsch verstanden. Diese Hintertür hielt er sich nicht allein in personellen, sondern auch in wichtigen politischen Entscheidungen offen.

Meine Vorträge bei Himmler wiederholten sich auf dieser Fahrt einige Male, doch am Schluß wußte ich nie, ob er die von mir vertretene Ansicht billigte und inwieweit er an deren Inhalt überhaupt interessiert war. Obgleich ich mich so kurz wie möglich zu fassen versuchte, schien ihm meine Vortragsweise zu langwierig, und er versäumte auch nicht, mir seinen Unmut darüber zu zeigen. Er selbst hingegen unterbrach mich hier und da und begann über ein völlig anderes Thema zu reden, so beispielsweise über Bücher, die er kurz zuvor gelesen hatte. Ich gewann jedoch den Eindruck, als geschähe dies nur, um seine Belesenheit zu demonstrieren und zugleich meine Allgemeinbildung zu prüfen. Dabei blieb im Hintergrunde immer der Schulmeister spürbar. Er wirkte dann oftmals sehr komisch, doch tat man gut daran, ihn das nicht merken zu lassen, denn er konnte sonst sehr böse werden. So hatte ich einmal während der Fahrt, nicht wissend, daß Himmler um 11 Uhr zum Vortrag bei Hitler bestellt war, zum großen Ärger von Wölffchen mein Referat bis 11.15 Uhr ausgedehnt. Als Wölffchen noch einmal mahnte, nahm Himmler schnell seinen Mantel und verließ den Wagen, um sich in den Führerzug zu begeben. Die unterste Stufe an der Tür unseres Wagens (der auf freier Strecke gehalten hatte) war einen halben Meter vom Erdboden entfernt. Vorsorglich war als Verbindungsstück eine Kiste aufgestellt worden. Ich steckte gerade den Kopf zum Fenster hinaus und sah, wie der kurzsichtige, zwickertragende Reichsführer mit einem Bein den Kistendeckel durchtrat, hängenblieb und mit Schwung auf den Bauch fiel. Augengläser, Uniformmütze und Handschuhe flogen in weitem Bogen davon. Sein Adjutant

stand zuerst wie angewurzelt da. Dann sah er mein grinsendes Gesicht im Fenster und brach in helles Lachen aus. Himmler kochte vor Wut und schnaufte, nachdem man ihn aus der Kiste befreit und ihm Zwikker und Mütze wieder aufgesetzt hatte, böse in Richtung Führerzug davon. Ich hatte allen Anlaß, zu erwarten, daß anschließend ein Gewitter über mir losbrechen würde. Himmler ließ sich jedoch nach seiner Rückkehr äußerlich mir gegenüber nichts merken. Aber gleich nach dem Mittagessen bat er mich zu sich und gab mir »Strafarbeiten« auf: »Bearbeiten Sie«, sagte er kurz, »schriftlich folgende Themen:
1. Militär und Volksheer – wird in Zukunft ein Massenheer entscheidend sein, oder wird es nur spezialisierte Verbände des Heeres, der Luftwaffe und der Marine geben?
2. Soldatentum und Militarismus.
3. Persönliche Gedanken über den Neuaufbau der Spionageabwehr.«
Ich sah ihn einen Moment verblüfft an, dann nahm ich meine Notizen und dachte: »Gut, spielen wir mal Kriegsschule.«

Jedesmal, wenn Himmler aus einer Besprechung mit seinem Führer zurückkam, fiel mir auf, daß seine Sprache und Ausdrucksweise fast zu der Hitlers geworden war. »Rücksichtsloser Einsatz aller Mittel« - »eiskalter Entschluß«, das klang wie aus Hitlers Munde gesprochen. Auf dem Schulmeistergesicht lag dann meistens eine merkwürdige Bereitschaft zur Härte. Das waren zwei verschiedene Menschen – hier der Gymnasiallehrer, dort der ergebene Gefolgsmann Hitlers. Den wenigen, die er dieser Ehre für würdig hielt, kommentierte er dann die sakralen Worte, die er kurz zuvor aus den stundenlangen Monologen seines Führers andächtig mitgenommen hatte. Einer von den wenigen, zu denen er sich darüber äußerte, war Reinhard Heydrich, der solche Botschaften jedoch schnell von aller Phantasie reinigte und sie in die nüchterne Praxis des Geheimdienstes umsetzte.

Inzwischen wurde das Führerhauptquartier nach Zoppot, dem bekannten Badeort an der Ostsee, verlegt. Von hier aus unternahm Hitler mit Himmler und seinem engsten militärischen Stab einige Frontbesuche in panzergeschützten Mercedes-Wagen. Es ging kreuz und quer durch den nordpolnischen Raum bis in die Hauptkampflinie, wo das Gros der sich verzweifelt wehrenden polnischen Armee noch Widerstand leistete. Weite Strecken des Landes boten noch ein Bild des Friedens. Auf den Straßen hingegen erinnerte der nach Osten fließende Strom der Geschütze, Panzer und Lastwagen und die nach Westen ziehenden Kolonnen erschöpfter polnischer Kriegsgefangener nur allzusehr an die Furie des Krieges.

Und dann näherten wir uns der kämpfenden Front. Überall verbrannte Erde – zerstörte Häuser, verlassene Dörfer und mit Granattrichtern übersäte Felder. Ich hatte bis dahin noch keine Vorstellung, was ein moderner Krieg so schnell an Verwüstungen anzurichten vermochte. Hier bekam ich den ersten Vorgeschmack davon.

Meist pflegten wir am selben Tage gegen Abend wieder zu unserem Zoppoter Standort zurückzukehren und uns tagsüber mit eigenem Proviant zu versehen. Für Himmler und Wölffchen hatte ich mitzusorgen. Eines Morgens nun kam der Befehl zum Aufbruch so zeitig, daß weder die Thermosflaschen noch die Stullenpakete bereitgelegt waren. In der Eile griff ich nach einer Kognak-Flasche und zwei Paketen Sandwiches, die vom Vortage übriggeblieben waren. Als Himmler und Wölffchen während der Fahrt zu den Broten griffen, sahen sie sich nach den ersten Bissen verwundert an. Mißtrauisch untersuchten nun beide die Sandwichpakete. Zu meinem Schrecken sah ich, daß Brot und Belag völlig verschimmelt waren. Himmler wurde ganz grün im Gesicht und schluckte förmlich nach Luft, um eine aufkommende Übelkeit zu unterdrücken. Ich bot schnell etwas Kognak an. Und obgleich Himmler sonst nie Kognak trank (ab und an nur mal ein Gläschen Wein), nahm er jetzt einen tiefen Schluck aus der Flasche und sagte kopfschüttelnd zu mir: »Sie sind ein komischer Kauz. Erst vergiften Sie einen Menschen, dann versuchen Sie ihn mit Alkohol wieder ins Leben zurückzurufen.« Und zu Wolff gewandt fügte er noch hinzu: »Der Schlauberger hat natürlich selber nichts davon gegessen.« Ich raffte schnell den Rest der Brote zusammen und warf sie im hohen Bogen aus dem Auto. Im Gegensatz zu Himmler konnte es Wölffchen nicht unterlassen, mir am Abend nach unserer Rückkehr einen langen Vortrag darüber zu halten, welche Folgen meine Schlamperei hätte haben können. Seitdem hatte ich mir für lange Zeit das Wohlwollen von Himmlers Stabschef verscherzt.

Von Zoppot aus konnten wir noch die Beschießung der Halbinsel Hela durch das alte deutsche Schlachtschiff *Schlesien* beobachten. Dann führte uns ein Flug über das Vierstromland bis zum Bug hinunter. In der Nähe Warschaus machten wir eine Zwischenlandung. Hitler wünschte polnische Eisenbahnpanzerzüge zu besichtigen, die, von deutschen Stukabomben zerstört, auf der Strecke lagen. Er prüfte mit einem Zollstock die Dicke der Panzerplatten, die Anordnung der Geschütze sowie die Einschlagstellen der Bomben. Er stieg überall selbst herum, machte zwischendurch Bemerkungen über Verbesserungen an deutschen Panzerzügen, wobei Generaloberst Keitel schwitzend und schnaufend hinter ihm herkletterte.

Bei Warschau wurden Artillerieeinheiten in vollem Gefecht beobachtet. Die deutschen Infanteriespitzen hatten sich schon bis zum Stadtrand vorgearbeitet. Die Geschütze schossen aus allen Rohren, und über Warschau lag ein schwerer grauer Rauch. Immer neue Bomberstaffeln kreuzten, gedrängt wie Hornissenschwärme, über dem Kampfgelände. Hin und wieder schlug auch ein polnischer Treffer in unserer Nähe ein, doch eine Warnung, mehr aus der Feuerlinie herauszugehen, wies Hitler mit einer Handbewegung ab.

Wir waren schon alle wieder zum Flugzeug zurückgekehrt, als festgestellt wurde, daß Hitlers Leibarzt Dr. Morell fehlte. Nach etwa zehn Minuten kam er in Begleitung dreier Soldaten schweißtriefend angelaufen. Die Landser erklärten, sie hätten diesen Mann in einem Waldstück angetroffen; er habe, um wieder zum Flugzeug zu kommen, die Feuerzone umgehen und den sicheren Umweg durch die Wälder machen wollen. Bei diesem Vorfall hatte Morell nicht weniger Spott einzustecken als auf einem anderen solchen Frontflug. Wir waren in so böiges Wetter geraten, daß Morell laut stöhnte und sich übergeben mußte. Hitler sah seinen Leibarzt mißfällig an und sagte so laut, daß jeder es hören konnte: »Dieser dicke Kerl hat beim Frühstück wieder mal so viel in sich hineingezwungen, daß ihm jetzt schlecht davon ist.« Am Abend ließ mich Himmler rufen und gab mir die Weisung, Morell hinfort überwachen zu lassen, dies solle aber äußerst vorsichtig geschehen. Er hegte wohl schon seit längerer Zeit den Verdacht, daß Morell seine Beziehungen zu Hitler dazu ausnutzte, um sich für mehr als seine ärztliche Aufgabe zu interessieren. Daß Hitler nun seinen Leibarzt zum Gespött aller machte, schien ihm seine bis dahin noch gehegte Scheu vor der Stellung Morells zu nehmen. Himmler glaubte auch, Morell schlage aus der Gunst Hitlers Kapital. Tatsächlich schwamm Hitlers Leibarzt im Geld. Er besaß unter anderem in Böhmen und Mähren große Fabriken, die Äther und Medikamente herstellten. Später trat noch der Verdacht hinzu, daß er bewußt die Gesundheit Hitlers untergrabe. So verschrieb er Hitler ständig Pillen, die beruhigend auf Magen und Darm wirken sollten, in Wirklichkeit aber so viel Strychnin enthielten, daß man die Lähmungserscheinungen Hitlers in den folgenden Jahren darauf zurückführte.

Eine Verbindung mit feindlichen Geheimdiensten konnten wir Morell nicht nachweisen. Im Jahre 1944 wurde er aber der Kontrolle des Chefs des deutschen Sanitätswesens, Dr. Brandt, unterstellt.

Kurz vor Beendigung des Polenkrieges ersuchte mich Himmler, im Hinblick auf den Einmarsch der Russen in das ihnen zugesprochene polnische Gebiet* solle der Geheimdienst Überlegungen hinsichtlich der Sicherung der neuen Grenzen anstellen und sich dazu äußern, ob die Sowjets in letzter Zeit ihre geheimdienstliche Tätigkeit gegenüber Deutschland eingeschränkt oder etwa gar verstärkt hätten. Ich entgegnete ihm, einer längeren Überlegung oder schriftlichen Ausarbeitung hierfür bedürfe es nicht, es sei sicher, daß die Russen ihren Geheimdienst gegen uns mit allen Mitteln aktivierten, da bereits unter den ins Reich flutenden Baltendeutschen und anderen Flüchtlingen zahlreiche Agenten erkannt worden seien.

Am 28. September 1939 traf Heydrich im Führerhauptquartier ein; er hatte die Sicherheitsmaßnahmen für den Besuch Hitlers in Warschau zu treffen. Wir trennten uns vom Sonderzug und fuhren in die soeben eroberte Stadt. Was sich uns in der polnischen Hauptstadt bot, war ein schauriges Bild – weit und breit unabsehbare Trümmer, ausgebrannte Häuser, verhungerte und verhärmte Menschen. Das einst so schöne Warschau war nun eine tote Stadt.

Ich nutzte die Zeit bis zum Eintreffen Hitlers, um mir den polnischen Geheimdienst anzusehen. Wider Erwarten fand ich dort umfangreiche Karteiunterlagen über das polnische Agentennetz.

Am 1. Oktober 1939 zogen dann die deutschen Regimenter mit einer großen Parade in die polnische Hauptstadt ein.

Nach meiner Rückkehr nach Berlin wurde sogleich die Auswertung des in Warschau erbeuteten Geheimdienst-Materials in Angriff genommen. Aus den Unterlagen ergab sich, daß etwa vierhundertdreißig Deutsche im Reich im Dienst des polnischen Geheimdienstes gestanden hatten; sie wurden zur Aburteilung den ordentlichen Gerichten übergeben.

Bevor ich nun die Gruppe IVE im Reichssicherheitshauptamt übernahm, sollte ich die Spionageabwehr Inland in der Praxis kennenler-

---

* Nach einer Geheimklausel des deutsch-russischen Nichtangriffspaktes vom 23.8.1939 waren den Sowjets Ostpolen und die baltischen Randstaaten überlassen worden.

nen. Zu diesem Zweck wurde ich vorübergehend nach Dortmund abkommandiert. Diese Metropole der deutschen Stahl- und Eisenindustrie war damals neben Düsseldorf und Essen das wichtigste Arsenal in der großen Waffenschmiede an der Ruhr.

In der Dortmunder Dienststelle traf ich zu meinem Erstaunen jenen Kriminaldirektor wieder, der mir schon 1935 am Polizeipräsidium in Frankfurt am Main eine erste Einführung in Fragen der Spionageabwehr gegeben hatte. Was ich ansonsten an Personal in diesem Büro vorfand, war überraschend wenig. Fünf Beamte hatten mit einem kleinen Stab von Assistenten und Bürokräften über vierhundert Rüstungsbetriebe vor der Neugier ausländischer Agenten zu schützen. Einer der Beamten war ausschließlich damit beschäftigt, einen Aktenkrieg mit Berlin zu führen. Nach etwa vierzehn Tagen hatte ich auf Grund der Rücksprachen mit den Direktoren der Rüstungsbetriebe einen Plan ausgearbeitet, wie die Abwehrorganisation an der Ruhr besser aufgezogen werden könnte, um der geheimen Rüstungsproduktion den notwendigen Sicherungsschutz zu bieten. Ich war schon im Begriff aufzubrechen und in Berlin darüber Vortrag zu halten, als mir ein Ermittlungsvorgang gegen einen Werkmeister vorgelegt wurde, der seit achtzehn Jahren in einem der wichtigsten Dortmunder Betriebe tätig war. Der Verdächtige, ein gebürtiger Pole, besaß seit Jahren die deutsche Staatsangehörigkeit. Auf Grund seiner besonderen Fähigkeiten in der Konstruktion und Fertigung von Geschützrohren sowie des Vertrauens, das er allseitig genoß, waren ihm die Konstruktionszeichnungen unserer zuletzt entwickelten Panzerabwehrkanonen zugänglich, auch hatte er neben den mit ihm zusammenarbeitenden Betriebsingenieuren Zugang zum Panzerschrank. In diesem Schrank befanden sich noch andere Dokumente über weitere technische Erfindungen, vor allem solche über die sogenannten Rückstoßvorrichtungen bei leichtschwenkbarer Lafette, schließlich noch Konstruktionspläne moderner Granat- und Minenwerfer.

Eines Nachts nun benötigten zwei Ingenieure die Zeichnungen der neuen Panzerabwehrkanone. Sie stellten fest, daß die Papiere fehlten. Nach vorsichtiger Erkundung brachten sie heraus, daß der Werkmeister diese am Abend vorher mit nach Hause genommen hatte. Daraufhin informierten sie den Abwehrbeauftragten ihres Betriebes, und dieser wandte sich sogleich an mich. Ich gab nun folgende Anordnungen: Zuerst seien Ermittlungen über den Umgang des Werkmeisters sowie über dessen Privat- und Vorleben anzustellen. Ferner sei ab sofort unauffällig zu kontrollieren, wie oft und welche Zeichnungen im Panzerschrank fehlten und nach welcher Frist diese wieder dahin zurückgebracht würden.

Was wir zuerst herausbrachten, war dieses: Der Werkmeister lebte sehr zurückgezogen und nach Angabe der Mitbewohner seines Hauses materiell durchaus im Rahmen seiner Stellung. Er war verheiratet, hatte drei Kinder und führte einen einwandfreien Lebenswandel. Verdächtig war nur sein Umgang mit verschiedenen seiner Landsleute, mit denen er stets polnisch zu sprechen pflegte.

Vier Nächte lang fehlte keine Zeichnung mehr. In der fünften vermißte man hingegen sieben Lichtpausen auf einmal. In der gleichen Nacht meldete das Überwachungskommando, daß zwei Männer die Wohnung des Werkmeisters betreten hatten. Ich brütete vor meinem Schreibtisch, was jetzt zu tun sei. Dann entschloß ich mich zu einem überraschenden Zugriff. Schlugen wir ins Leere, dann hatten wir uns eben zu entschuldigen. Ich leitete die Aktion selbst. Die Vorbereitungen waren schnell getroffen: alle Fenster und Ausgänge wurden durch erfahrene Beamte gesichert. Vom Balkon her, der zu ebener Erde lag, drückten wir eines der Fenster ein. Dann waren wir so rasch im Wohnzimmer, daß die dort sitzenden drei Männer weder Zeit noch Gelegenheit fanden, auch nur aufzustehen. Gelähmt blickten sie in die Mündungen unserer Pistolen. Auf dem Tisch lagen die sieben vermißten Lichtpausen.

Schon die ersten Vernehmungen, die noch in der gleichen Nacht stattfanden, führten zur Festnahme von weiteren sechzehn Personen. Schließlich ergab sich folgendes Gesamtbild: Der Werkmeister hatte seit elf Jahren unentgeltlich als Patriot für den polnischen Geheimdienst gearbeitet. Die Katastrophe, die über Polen hereingebrochen war, wurde auch ihm zum Verhängnis. Mit Kriegsende waren die Verbindungen zu seinen Warschauer Auftraggebern abgebrochen, kurz zuvor wurde ihm aber noch ein Kurier angekündigt, der weiteres Material abholen sollte, ganz gleich, wie sich die militärische und politische Lage im Osten entwickele. Nach seiner Aussage hatte der Werkmeister seit langem mit Besorgnis beobachtet, wie sehr man in Polen die deutsche militärische Stärke unterschätzte. Mittels seiner letzten Lieferungen wollte er noch einmal den Nachweis für den hohen Stand der deutschen Aufrüstung führen und rechtzeitig warnen. Das hatte ihn dazu gebracht, aus seiner bisherigen vorsichtigeren Haltung, nämlich nur Pläne mit nach Hause zu nehmen, an denen er auch im Betrieb mitarbeitete, herauszutreten. An jenem Abend war er dann noch einmal mit einem entfernten Verwandten, der ihm beim Durchpausen behilflich war, und einem Offizier des polnischen Geheimdienstes, nach außen hin tätig für eine fiktive Firma, zusammengekommen. Der Offizier hatte die Absicht, sich mit dem wichtigen Material noch ins Ausland durchzuschlagen. In diesem Augenblick hatten wir zugegriffen.

Der Schaden, den uns der polnische Werkmeister durch seine jahrelange Tätigkeit zugefügt hatte, war erheblich. Er wurde kurz darauf zum Tode verurteilt. Als ich ihn das letzte Mal sprach, sagte er: »Na, wer weiß, wie Sie noch einmal enden werden.«

DER VENLO-ZWISCHENFALL

Kontakt mit dem britischen Geheimdienst in den Niederlanden – Als Hauptmann Schemmel nach Den Haag – Oberstarzt de Crinis und ich vertreten die deutsche Opposition – Reaktion der britischen Regierung – Überfall in Venlo

Unterdessen war es Mitte Oktober 1939 geworden. Über meine Arbeit in Dortmund – die neu aufzubauende Abwehr an der Ruhr sowie den Spionagefall des polnischen Werkmeisters – hatte ich Heydrich ausführlich Bericht erstattet. Er war meinen Ausführungen sehr aufmerksam gefolgt. Plötzlich wurde er nervös und drängte zum Ende. »Ich habe noch eine andere Aufgabe für Sie«, erklärte er in seiner kurzen, abgehackten Weise. »In Holland läuft seit einigen Monaten eine interessante Agentenverbindung unmittelbar zum Secret Service. Es ist jetzt der Augenblick gekommen, wo wir uns entscheiden müssen, ob wir diese Verbindung durch Lieferung weiteren irreführenden Nachrichtenmaterials aufrechterhalten und noch tiefer in den englischen Geheimdienst eindringen oder ob wir den Fall schon jetzt abschließen wollen.« Heydrich ersuchte mich dann, dieserhalb unverzüglich mit dem Amtschef VI, dem damaligen Verantwortlichen für den politischen Auslandsnachrichtendienst, Fühlung zu nehmen, die Akten einzusehen und ihm klare Vorschläge zu machen. Es handelte sich um folgenden Sachverhalt:

Seit einigen Jahren arbeitete in den Niederlanden der deutsche Geheimagent F. 479, ein Emigrant, der sich schon kurze Zeit nach seiner Auswanderung unserem Nachrichtendienst zur Verfügung gestellt hatte. Es war ihm gelungen, Kontakt mit dem englischen Geheimdienst zu gewinnen und diesem unser Irreführungsmaterial zuzuspielen. Vor allem hatten Berichte über eine angebliche Oppositionsgruppe innerhalb der deutschen Wehrmacht beim Secret Service Interesse erweckt.

F. 479 hatte sein Unteragentennetz so ausgebaut, daß er auch zum Deuxième Bureau gute Beziehungen unterhielt. So war es ihm schon im Jahre 1938 geglückt, dem französischen Nachrichtendienst Irreführungsmaterial über die Münchener Viererkonferenz zuzuleiten. Dieses Material hatte ich damals ausgearbeitet, es lief durch alle Kanäle des deutschen Geheimdienstes in die europäischen Großstädte. Wie die Memoiren des ehemaligen Außenministers George Bonnet in seinem Buch *La Fin d'une Europe* bestätigen, gelang es auf diese Weise,

Paris glauben zu machen, Deutschland habe jede Kriegsabsicht fallenlassen. Nach Kriegsbeginn berichtete nun F. 479, daß der Secret Service mehr denn je an der Kontaktaufnahme mit einer deutschen Oppositionsgruppe interessiert sei, die ernsthaft auf den Sturz Hitlers hinarbeite. Das Nachrichtenspiel war bereits so weit gediehen, daß die Engländer auf eine unmittelbare Besprechung mit einem maßgebenden Vertreter dieser Oppositionsgruppe warteten.

Auf Grund der Akteneinsicht schlug ich Heydrich vor, das Nachrichtenspiel noch nicht abzubrechen. Ich erbot mich, als aktiver Wehrmachtshauptmann in der Transportabteilung des OKW unter dem Namen Schemmel zu einem Treffen mit den Vertretern des englischen Geheimdienstes nach Holland zu fahren. Der Name Schemmel war keineswegs aus der Luft gegriffen. Es gab in der Tat einen Offizier solchen Namens, der auch in der Transportabteilung des OKW tätig war, aber natürlich nichts von seinem Doppelgänger ahnen durfte. Heydrich ließ ihn deshalb auf eine längere Dienstreise nach dem Osten schicken.

Mir war bewußt, daß der Plan der Beginn einer hochpolitischen Angelegenheit war, die sehr aufmerksam von London aus verfolgt wurde. Es durfte mir auch nicht der geringste Fehler unterlaufen, um die Engländer ja nicht mißtrauisch zu machen. Ich hatte mir deshalb einen genauen Bericht über die Lebensweise des richtigen Herrn Schemmel anfertigen lassen. Unglücklicherweise trug er ein Monokel – also hatte ich von nun an, um mich bereits daran zu gewöhnen, auch eins zu tragen. Ferner informierte ich mich über alle Einzelheiten der deutschen »Opposition«, lernte die Namen aller Personen wie auch die Sachzusammenhänge auswendig. Dann zog ich nach Düsseldorf in ein Haus des Geheimdienstes, um der niederländischen Grenze näher zu sein. Inzwischen hatte es ein Mitarbeiter übernommen, F. 479 den Besuch des Hauptmanns Schemmel aus dem OKW anzukündigen und das Treffen mit den Offizieren des Secret-Service vorzubereiten.

Am Abend des 20. Oktober 1939 kam endlich die Antwort: »Treffen am 21. 10. in Zutphen, Holland, verabredet.« Ein Mitarbeiter sollte mich begleiten; er war in den gesamten Sachverhalt eingeführt worden. Noch einmal überprüften wir unsere Pässe, unsere Wagenpapiere und vergewisserten uns, daß die deutschen Zoll- und Polizeibeamten am Grenzübergang benachrichtigt waren.

Früh am nächsten Morgen fuhren wir mit dem Auto zur holländischen Grenze. Es war ein trüber niederrheinischer Herbsttag mit einem grauen, regenverhangenen Himmel. Der Grenzübergang machte keine Schwierigkeiten. Die holländischen Zollbeamten waren zwar recht genau, doch ging alles glatt vonstatten. Am Treffpunkt in Zutphen erwartete uns bereits ein geräumiger Buik. Wir fuhren dicht an das Auto heran, stiegen aus und stellten uns mit ein paar allgemeinen Redewendungen vor. Dann setzte ich mich neben den englischen Captain Best, der den Buik steuerte und übrigens auch ein Monokel trug. Mein Begleiter folgte mit unserem Wagen. Captain Best sprach glänzend Deutsch und schien auch Deutschland sehr genau zu kennen. Wir fanden bald recht guten Kontakt zueinander, insbesondere durch ein Gespräch über Musik. Er plauderte so anregend, daß ich beinahe vergaß, zu welchem Zweck ich eigentlich diese Reise unternommen hatte. Erst als wir Arnheim erreicht und Major Stevens und Leutnant Copper sich zu uns gesellt hatten, wurde der wirkliche Anlaß meines Besuches angeschnitten.

In deutschen höheren Offizierskreisen, so leitete ich ein, bestehe in der Tat eine starke Opposition gegen das Hitlerregime. Ich sei nun als ihr Vertreter entsandt worden. Den Namen des Oppositionsführers, es handele sich um einen General, könne ich allerdings im Augenblick nicht preisgeben. Ziel der Opposition sei es, Hitler gewaltsam zu beseitigen und eine neue deutsche Regierung zu bilden. Nun gehe es darum, zu klären, welche Haltung die britische Regierung einer durch die Wehrmacht kontrollierten Reichsführung gegenüber einnehmen würde und welche geheimen Zusicherungen sie für einen möglichen Friedensvertrag zu geben bereit sei. Die britischen Offiziere erklärten mir, die Regierung in London habe ein echtes Interesse an allen Bestrebungen, Hitler zu stürzen, und lege größten Wert darauf, daß eine Ausweitung des Krieges vermieden und so bald wie möglich Frieden geschlossen werde. Der englische Geheimdienst biete hierfür jegliche Unterstützung, er sei allerdings nicht legitimiert, schon jetzt politische Abmachungen zu treffen. Man hoffe aber, bis zur nächsten Zusammenkunft bindende Erklärungen seitens der britischen Regierung vorlegen zu können. Man stehe dieserhalb bereits mit dem Foreign Office in Verbindung, das seinerseits das britische Kabinett informiere.

Die Vertrauensbasis schien gewonnen. Wir einigten uns auf eine neue Besprechung zum 30. Oktober, die dann in der Zentrale des Secret Service im Haag stattfinden sollte. Auf der Gegenseite legte man dabei besonderen Wert darauf, daß zu diesem Treffen auch der Oppositionsführer oder als prominenter Vertreter ein General erscheine. Daraufhin verabschiedeten wir uns.

In der gleichen Nacht fuhr ich nach Berlin, um dort Bericht zu erstatten. Auf Grund meiner Darstellung wurde beschlossen, das Spiel weiterhin fortzusetzen. Während der nächsten Tage verbrachte ich einen Teil meiner freien Zeit im Hause meines väterlichen Freundes Professor de Crinis, des Direktors der Psychiatrischen Abteilung der Charité. Seit Jahren verkehrte ich wie ein Sohn in seinem Hause – und warum sollte ich ihn, so fragte ich mich, nicht in das Holland-Unternehmen einweihen und seinen Rat erbitten? De Crinis war gebürtiger Österreicher und aktiver Oberstarzt der Wehrmacht. Es kam mir jetzt auch der Gedanke, de Crinis könne mit nach Den Haag fahren und die Rolle der »rechten Hand des Oppositionsführers« übernehmen. Er war eine große, vornehme Erscheinung, politisch versiert und von beachtlicher Allgemeinbildung. Hinzu kam sein österreichischer Akzent, der gewiß eher Vertrauen als Verdacht erwecken würde. De Crinis erklärte sich auch sofort bereit, mitzumachen.

Am 29. Oktober brachen wir wieder in Richtung niederländische Grenze auf. Zuvor verabredeten wir noch eine Zeichengebung für den Gang der Verhandlungen: Sollte ich mein Monokel mit der linken Hand aus dem Auge nehmen, so bedeute dies für ihn, das Gespräch sofort zu unterbrechen und an mich zu übergeben. Sollte ich es mit der rechten Hand berühren, dann möge er mich in dem Verhandlungsgespräch unterstützen. Im Falle aber, daß ich über starke Kopfschmerzen zu klagen begänne, wäre das ein Zeichen, die Unterredung überhaupt abzubrechen.

Pünktlich um 12 Uhr mittags trafen wir in Arnheim an der verabredeten Straßenkreuzung ein. Von unsern Partnern war jedoch nichts zu sehen. Wir warteten eine halbe, eine dreiviertel Stunde. Dann schlug ich vor, die Straße einmal entlangzufahren. Aber auch dies blieb ohne Ergebnis. De Crinis wurde schon ein wenig nervös, zumal plötzlich zwei holländische Polizeibeamte auftauchten und langsam auf unseren Wagen zukamen. Einer von ihnen fragte uns, was wir hier wollten. Wir antworteten, wir erwarteten Bekannte. Die Polizisten sahen sich mißtrauisch an und meinten, es wäre ganz gut, wenn wir erst einmal mit zur Polizeiwache kämen.

Nun sah alles so aus, als ob wir in eine Falle gelockt worden wären. Es hieß jetzt, vor allem Selbstkontrolle bewahren. Trotz unserer Proteste wurden wir auf der niederländischen Wache in wenig höflicher Weise einer Leibesvisitation unterzogen. Hernach kam unser Gepäck an die Reihe. Jeder, auch der geringste Gegenstand, wurde äußerst kritisch geprüft. Blitzschnell überflogen meine Augen das ausgebreitete Gepäck. Zu meinem Schrecken sah ich in dem geöffneten Reisenecessaire meines Begleiters eine Rolle Aspirin mit der Aufschrift *SS-Sanitätshauptamt.* Schnell schob ich ein paar Dinge aus meinem Gepäck in die Nähe des verräterischen Gegenstandes. Dann ein prüfender Blick zu den Polizisten und ein Griff nach der Packung. Zugleich ließ ich eine Bürste fallen, stieß mit dem Fuß dagegen, bückte mich und würgte die Pillen mitsamt dem Papier herunter.

Nun begann ein Verhör – woher, wohin, welche Freunde wollen Sie treffen? Was wollen Sie mit diesen besprechen? Und so weiter. Ich erklärte, ohne einen Rechtsbeistand nichts auszusagen. Dabei wurde ich bewußt frech und erzielte damit auch eine gewisse Wirkung. Nach einigem Hin und Her ging plötzlich die Tür auf und Leutnant Copper kam herein. Er legitimierte sich, und alles Mißtrauen seitens der Holländer war im Handumdrehen verflogen. Draußen warteten Major Stevens und Captain Best. Es folgten höfliche Worte der Entschuldigung – die Geschichte sei ihnen sehr peinlich, und alles beruhe nur auf dem Versehen, den Treffpunkt verwechselt zu haben. Mir war natürlich klar, daß unsere britischen »Freunde« dies alles nur veranlaßt hatten, um vollkommen sicherzugehen.

Am Nachmittag erreichten wir Den Haag. In der Dienststelle von Major Stevens begann nach einer kleinen Erfrischung sogleich die Verhandlung. Wir einigten uns auf folgende Punkte: Beseitigung Hitlers und seiner engsten Mitarbeiter; sofortiger Friedensschluß mit den Westmächten; Wiederherstellung der österreichischen, tschechoslowakischen und polnischen Selbständigkeit; Aufgabe der deutschen Autarkie und Planwirtschaft sowie Rückkehr des Reiches zum Goldstandard. Man verkannte andererseits nicht, daß dem deutschen Bevölkerungsüberschuß ein Notventil geöffnet werden müsse, möglicherweise durch Rückgabe der Kolonien.

Das Ergebnis dieser Aussprache wurde schriftlich niedergelegt und diente als Grundlage für ein Telefongespräch, das Major Stevens mit seiner Londoner Zentrale führte. Nach etwa einer halben Stunde kam er zurück und erklärte, London stehe dem bisherigen Verhandlungsergebnis positiv gegenüber; es müsse jedoch noch mit Außenminister Lord Halifax gesprochen werden, man könne aber im Laufe des Abends mit einer Entscheidung rechnen. Wichtig sei indessen auch unsere bindende Zusage, nämlich die endgültige und termingebundene Entschließung der deutschen Opposition.

Die Konferenz hatte etwa dreieinhalb Stunden gedauert, und ich hatte inzwischen wirklich, trotz des verschluckten Aspirin-Päckchens, Kopfschmerzen bekommen. Deshalb war ich während des Telefonats von Stevens einen Augenblick auf den Flur gegangen, wo sich eine Waschgelegenheit befand. Ich ließ mir gerade das kühlende Wasser über die Pulsadern laufen, als plötzlich Captain Best unvermutet hinter mir stand. »Tragen Sie immer ein Monokel?« fragte er mich, wie mir schien, ein wenig zu betont. Es war gut, daß ich den Kopf über das Waschbecken geneigt hielt und mein Gesicht von ihm abgewandt war. Ich spürte nämlich, wie mir das Blut in den Kopf stieg. Dann faßte ich mich aber schnell und entgegnete: »Denken Sie, die gleiche Frage wollte ich auch schon an Sie richten.« Wir lachten beide.

Anschließend fuhren wir in die Wohnung eines holländischen Mitarbeiters von Captain Best. Wir erfrischten uns und zogen uns in Ruhe um, denn zum Abendessen waren wir in Bests Privatwohnung eingeladen. Nun erschien auch Stevens wieder und erklärte, er habe soeben von London eine zustimmende Antwort bekommen. Aus der anschließenden Unterredung wurde mir klar, daß England den Krieg gegen Hitler als eine Sache auf Tod und Leben ansah und entschlossen war, ihn unter allen Opfern bis zum Ende durchzufechten.

Best hielt eine nette kleine Tischrede, die mein Freund de Crinis mit echtem Wiener Charme beantwortete. Das Abendessen war ausgezeichnet – selten habe ich so frische und schmackhafte Austern gegessen. Auch der Wein war von auserlesener Güte. Gegenseitige Trinksprüche wurden gewechselt. F. 479, der auch eingeladen war, bedeutete mir unauffällig, daß wir mit dem bisherigen Ergebnis sehr zufrieden sein könnten.

Am folgenden Morgen traf ich mit de Crinis im Badezimmer zusammen; er meinte in seiner gemütlichen Wiener Art: »Mei mei, haben die ein Tempo vorgelegt...« Wir genossen dann noch das reichhaltige holländische Frühstück, das eine gute Grundlage für die letzte Besprechung bildete. Diese fand in den Geschäftsräumen der holländischen Firma N. V. Handelsdienst voor het Continent im Nieuwe Uitleg 15 im Haag statt. Es war dies eine Tarnfirma des englischen Secret Service. Hier übergab man uns noch ein englisches Sende- und Empfangsgerät, und es wurde ein Spezialkode verabredet. Das Rufzeichen war ON 4. Von Leutnant Copper erhielten wir überdies eine Bescheinigung, in der alle holländischen Dienststellen ersucht wurden, dem Inhaber zu erlauben, eine geheime Telefonnummer im Haag anzurufen.

Ich glaube, es war 556331. Wir sollten von nun an gegen unangenehme Überraschungen gefeit sein. Captain Best begleitete uns noch bis in die Nähe der deutschen Grenze. Den nächsten Termin wollten wir auf dem Funkweg vereinbaren.

Nach Berlin zurückgekehrt, schlug ich vor, durch weitere hinauszögernde Verhandlungen unter Einschaltung eines zuverlässigen Generals die Sache weiterzutreiben und möglichst bis London vorzudringen. In meinem Innern spielte ich mit dem Gedanken, vielleicht doch noch einen tragbaren *modus vivendi* herauszufinden; die Sache war aber bereits zu weit gediehen.

Die Funkverbindung mit unseren englischen Partnern funktionierte ausgezeichnet. Innerhalb einer Woche hatten sie dreimal nach dem nächsten Besprechungstermin gefragt. Ich war inzwischen nach Düsseldorf zurückgekehrt und wartete seither vergeblich auf eine neue Weisung aus Berlin. Es drohte nun die Gefahr, daß der Faden abriß. Ich entschloß mich deshalb, eigenmächtig zu handeln, und verabredete ein kurzes Treffen für den folgenden Tag. Wir einigten uns auf ein in der Nähe der Grenze gelegenes holländisches Café, Zeitpunkt 7.11.39, nachmittags zwei Uhr.

Best und Stevens waren pünktlich erschienen. Die Absicht des Treffens auf meiner Seite bestand darin, die Gegenseite zu beruhigen, denn ich merkte, daß sie ungeduldig wurde. Ich erklärte nun, daß die deutsche Oppositionsführung noch über die bisherigen Vorschläge berate. Es würde wohl darauf hinauslaufen, daß der führende deutsche General sich entschließe, gemeinsam mit mir nach London zu fliegen, um die Verhandlungen auf höchster Ebene weiterzuführen und abzuschließen. Best und Stevens begrüßten dies und versicherten, daß schon vom nächsten Tage ab auf dem holländischen Flugplatz Schiphol eine Sondermaschine ständig für diesen Zweck bereitgehalten werde.

In Düsseldorf erhielt ich auf Rückfrage aus Berlin den Bescheid, Hitler habe sich noch nicht entscheiden können, wie der Fall weiter zu behandeln sei; er neige mehr dazu, den Faden nunmehr abreißen zu lassen. Doch mich reizte das Spiel, und so nahm ich wieder die Verbindung mit dem Haag auf und bestellte die beiden Engländer für den nächsten Tag in dasselbe Café bei Venlo. Ich hatte noch keine Ahnung, wie ich mich dieses Mal herausschwindeln sollte. Um aber kein Mißtrauen aufkommen zu lassen, mußte ich eine neue stichhaltige Begründung für die Hinauszögerung der Sache suchen. Ich verbrachte eine unruhige Nacht. Auf Berlin war ich verärgert, obgleich ich wußte, daß man dort guten Grund hatte, zu zögern: Hitler hatte den Frontalangriff im Westen auf den 14. November 1939 festgesetzt. Daß er diesen Plan dann geändert hat, mag auf ungünstigen Wetterverhältnissen beruht haben, andererseits räumte mir Himmler später die Möglichkeit ein, daß auch meine damaligen Besprechungen mit den Engländern und mein Bericht über die entschlossene Haltung Englands Hitler schwankend gemacht hatten.

Beim Frühstück überflog ich die Morgenzeitungen – in Schlagzeilen war eine Vermittlungsaktion der holländischen Königin wie auch des belgischen Königs gemeldet. Darin sah ich die Lösung, wie ich meine Gesprächspartner im Haag hinhalten könnte. Ich vermochte nun zu erklären, die Oppositionsführung wolle zunächst die Entscheidung Hitlers in dieser neuen Lage abwarten. Am Vormittag hatte ich noch eine Unterredung mit dem in Aussicht genommenen »General«, dem »Führer der Opposition«. In Wirklichkeit war er ein Industrieller (ehemaliger Offizier) und SS-Führer.

Am Mittag passierte ich abermals die Grenze. Diesmal mußte ich etwa eine Stunde in dem holländischen Café warten. Ich merkte, wie ich von verschiedenen Zivilisten beobachtet wurde, woraus ich schloß, daß die Gegenseite wieder mißtrauisch und vorsichtig geworden war. Endlich erschienen meine Verhandlungspartner. Die Besprechung verlief ziemlich kurz, doch gelang es mir erneut, noch einmal das Mißtrauen zu zerstreuen. Danach verabredeten wir uns für den nächsten Tag.

Abends meldete sich in Düsseldorf ein bekannter SS-Führer bei mir, dem ein Spezialkommando unterstand. Er erklärte, er sei auf Weisung von Berlin gekommen und habe bereits am Nachmittag unauffällig meinen Grenzübertritt gesichert. Er habe dabei festgestellt, daß der betreffende Grenzabschnitt sowohl von holländischer Polizei als auch von Geheimagenten völlig blockiert sei. Hätte man mich verhaftet, wäre es für sein Kommando äußerst schwer gewesen, mich wieder herauszuholen. Er habe aber den Befehl gehabt, mich unter keinen Umständen in die Hände der Gegner geraten zu lassen. In einem solchen Falle wäre es dann wohl zu einer bösen Auseinandersetzung gekommen. Mir wurde bei dieser Mitteilung nun doch etwas mulmig zumute, vor allem, wenn ich an den folgenden Tag und die Möglichkeit dachte, meine Gegenspieler weiter ins holländische Landesinnere oder gar nach London begleiten zu müssen.

In derselben Nacht wurde ich durch einen Anruf aus Berlin geweckt. Am Telefon meldete sich Himmler: »Wissen Sie eigentlich, was passiert ist?« fragte er mit erregter Stimme. Ich war noch völlig verschlafen und erwiderte kurz: »Nein, Reichsführer.« Und darauf Himmler: »Heute abend nach Schluß der Ansprache im Bürgerbräukeller in München ist ein Attentat auf den Führer verübt worden. Der Führer hatte jedoch den Saal einige Minuten zuvor verlassen. Die Explosion wurde durch eine Höllenmaschine verursacht, dabei wurden einige alte Parteigenossen getötet. Es handelt sich hier bestimmt um einen Anschlag des englischen Secret Service.« Hitler habe ihm, Himmler, nun sofort den Befehl erteilt, meine englischen Gegenspieler am Verhandlungsort in Holland zu arretieren und nach Deutschland zu bringen. Eine Grenzverletzung sei ihm in einem solchen Falle gleichgültig. »Das zu Ihrem Schutz abgestellte Sonderkommando können Sie zur Durchführung des Befehls einsetzen. Haben Sie alles verstanden?«

Es wäre sinnlos gewesen, zu widersprechen oder gar irgendwelche Einwände zu machen. Ich setzte mich deshalb sogleich mit dem Leiter des Sonderkommandos in Verbindung. Er schüttelte den Kopf und meinte, daß es im Hinblick auf die holländischen Grenzsicherungen wohl kaum ohne ein Feuergefecht abgehen werde. Unsere Chance könne nur im Überraschungsmoment liegen. Wenn ich mit den Engländern erst einmal das Café betreten hätte, sei es zu spät. Es müsse schon in dem Augenblick gehandelt werden, wo der Buik anrolle. Dann müsse das Sonderkommando die Grenzschranke durchbrechen und die Briten auf offener Straße festnehmen. Er habe sich bereits tags zuvor den Buik genau angesehen, damit man ihn sogleich wiedererkennen würde. In einem blitzschnellen Rückwärtsgang sollte dann die deutsche Grenze wieder erreicht werden. Auf diese Weise sichere man sich ein freies Schußfeld nach allen Seiten. Links und rechts der Straße würden einige Männer des Sonderkommandos die Flankendeckung übernehmen. Ich selbst solle zwar in dem vereinbarten Café auf die Engländer warten, doch mich so placieren, daß ich deren Ankunft vom Fenster aus beobachten könne. Sobald sich der Buik nähere, solle ich zwecks Begrüßung auf die Straße treten und sofort mit meinem Wagen wegfahren. Alles andere sei Sache des Sonderkommandos. – Ich bat abschließend, mich den zwölf Angehörigen des Kommandos vorzustellen, damit bei einer möglichen Schießerei keine Verwechslung mit Captain Best eintrete. Dieser hatte fast die gleiche Figur wie ich, trug überdies einen meinem sehr ähnlichen Mantel sowie ein Monokel.

Am anderen Tage überschritt ich zwischen 13 und 14 Uhr mit meinem früheren Begleiter die holländische Grenze bei Venlo. Draußen auf den Straßen herrschte an jenem Tag starker Verkehr, darunter auffallend viel Zivilisten, von Polizeihunden begleitet. Ich war ein wenig nervös und bestellte in dem Venloer Café einen Aperitif. Würden Best und Stevens kommen? Sie ließen ziemlich lange auf sich warten – die Uhr zeigte bereits 15.00, und noch immer war nichts von ihnen zu sehen. Plötzlich zuckte ich zusammen – blitzschnell brauste ein grauer Wagen in voller Fahrt heran. Ich war schon aufgesprungen, da packte mich mein Begleiter am Arm: »Irrtum, es ist ein anderer.« Ich blickte bedenklich zum deutschen Zollhaus hinüber – würde sich das dort versteckte SS-Kommando nicht auch täuschen? Aber es blieb alles ruhig. Schließlich bestellte ich mir einen starken Kaffee, und gerade hatte ich den ersten Schluck genommen, da stieß mich mein Begleiter an: »Jetzt kommen sie!« Wir schlenderten bewußt gemächlich nach draußen. Die Mäntel ließen wir hängen. Dem Wirt, der uns mittlerweile schon kannte, sagte ich, daß unsere Gäste eingetroffen seien.

Der Buik schwenkte stark bremsend von der Landstraße ab, dem Parkplatz hinter dem Café zu. Ich war noch etwa zehn Schritte von dem Wagen entfernt, als ich das Auspuffgeknatter unseres Kommandoautos hörte. Und schon fielen Schüsse. Dann laute, brüllende Stimmen, offensichtlich von der konsterniert hin und her hastenden holländischen Grenzpolizei. Im gleichen Moment sprang Leutnant Copper aus dem Buik, zog einen schweren Dienstcolt aus der Tasche und legte auf mich an. Ich war unbewaffnet und sprang zur Seite. Im gleichen Augenblick raste der Kommandowagen um die Hausecke. Copper kehrte sich dem gefährlicheren Ziel zu und schoß hintereinander einige Male in die Windschutzscheibe. In einem Bruchteil von Sekunden sah ich das Aufsplittern der Scheibe und glaubte schon, daß einer der Schüsse den Fahrer oder den neben ihm sitzenden Kommandoführer getroffen habe. Doch schon sprang der Kommandoführer mit einem Riesensatz aus dem Auto, und nun begann ein regelrechtes Pistolenduell zwischen ihm und Copper. Plötzlich ließ Leutnant Copper die Pistole sinken und stützte seinen Körper auf die Knie. Ich stand noch immer in seiner Nähe. Da fuhr mich die rauhe Stimme des Kommandoführers an: »Nun hauen Sie doch endlich ab!« Ich sauste um die Hausecke in Richtung meines Wagens und sah noch im letzten Augenblick, daß Best und Stevens wie ein Bündel Heu aus ihrem Wagen gehoben wurden. Hinter der Hausecke erwartete mich ein neues Verhängnis: ein baumlanger SS-Unterführer packte mich an der Brust (der Betreffende war gegen jede Anordnung erst in letzter Minute dem Kommando zugeteilt worden und verwechselte mich mit Captain Best). Ich stieß ihn mit einem Ruck zurück und schrie: »Mann, nehmen Sie die Pistole weg!« Doch statt dessen legte er auf mich an. Im selben Moment, als er abdrückte, sauste eine Faust auf seinen Arm, und der Schuß ging haarscharf an meinem Gesicht vorbei. Der zweite Kommandoführer war mir in letzter Sekunde zur Hilfe gekommen.

Ich sprang nun in meinen Wagen und fuhr blitzschnell der deutschen Grenze zu. Das Überraschungsmanöver war ohne nennenswerte Gegenaktion der holländischen Polizei gelungen. Es war verabredet, daß sich alle Beteiligten nach Erledigung des Auftrages so schnell wie möglich wieder in Düsseldorf einfinden sollten. Eine halbe Stunde nach mir traf das Sonderkommando mit den Gefangenen ein. Bei Leutnant Copper handelte es sich, wie sich nunmehr ergab, in Wirklichkeit um den holländischen Generalstabsoffizier Klop. Der Verwundete wurde sofort in ein Düsseldorfer Hospital eingeliefert, erlag jedoch wenig später seinen Verletzungen. Best, Stevens und der Fahrer wurden nach Berlin und dann in das Konzentrationslager Sachsenhausen übergeführt. Zwei Tage später begannen die Vernehmungen; sie wurden von erfahrenen Abwehrspezialisten durchgeführt. Ich habe selber dem Verhör mehrmals beigewohnt und mich überzeugt, daß Best und Stevens korrekt behandelt wurden. Nachdem Stevens jedoch einen Selbstmordversuch gemacht hatte, wurden beide Gefangenen nachts an lange Ketten gefesselt, damit die Posten bei jedem Geräusch aufmerksam würden, um einen zweiten Selbstmordversuch verhindern zu können. Vierzehn Tage später bei einem zufälligen Besuch im Lager sah ich die Ketten. Ich veranlaßte sofort, diese zu entfernen. Captain Best scheint übrigens davon überzeugt zu sein, ich hätte Briefe an seine Frau zurückbehalten. Er konnte nicht wissen, daß dies auf Befehl Hitlers in der Abteilung des Gestapochefs Müller geschah.

Die Vernehmungsergebnisse mußten jeden Tag Hitler vorgelegt werden, der dann seine Anweisungen für die Fortsetzung der Verhöre sowie für die Behandlung des Falles in der Presse gab. Dabei verfolgte er deutlich das Ziel, das Attentat im Bürgerbräukeller als ein Werk des Secret Service hinzustellen, bei dem Best und Stevens ihre Hände im Spiel gehabt hätten.

Die Ermittlungen wurden zu einem Gesamtbericht verarbeitet und zeigten klar, daß der britische Nachrichtendienst in den Niederlanden seit langem ein ausgedehntes, gegen Deutschland gerichtetes Agentennetz unter der Leitung von Best und Stevens aufgebaut hatte; sie ergaben ferner eine enge Zusammenarbeit des niederländischen militärischen Geheimdienstes mit den Engländern. Aus der Tatsache, daß kurz nach dem Venlo-Zwischenfall der Chef des niederländischen militärischen Geheimdienstes seines Postens enthoben wurde, konnten wir schließen, daß die niederländische Regierung selbst die geschilderte Zusammenarbeit der Geheimdienste als den Neutralitätsgrundsätzen widersprechend ansah.

Best und Stevens haben nach dem Zusammenbruch 1945 ihre Freiheit zurückerlangt. Inzwischen hatte ich wiederholt versucht, sie auf dem Wege eines Austauschverfahrens (von Agenten) freizubekommen. Alle meine Versuche scheiterten jedoch immer wieder daran, daß Himmler die Freilassung dieser Männer ausdrücklich ablehnte und mir im Jahre 1944 sogar verbot, überhaupt noch einmal darüber zu sprechen. Hitler habe sich, so erklärte er, immer noch nicht mit dem »Versagen« der Geheimen Staatspolizei abgefunden (gemeint war der Mißerfolg bei der Ermittlung der von ihm vermuteten Hintermänner Elsers, des Attentäters im Münchener Bürgerbräukeller). Hitler halte Best und Stevens nach wie vor für Mitwisser. Himmler schloß: »Rühren Sie nicht mehr an diese Geschichte, sonst steigt der Prozeß gegen die beiden Engländer doch noch.«

Captain Best, der nach dem Kriege seine Gefangenschaft in Deutschland in einem Buch geschildert hat, scheint nicht zu wissen, in welcher Gefahr er und Stevens damals ständig geschwebt haben.

DAS ATTENTAT IM MÜNCHENER BÜRGERBRÄUKELLER

Verhaftung des Attentäters – Ordensverleihung an das Venlo-Kommando – Tafelrunde in der Reichskanzlei – Hitler über den Krieg mit England – Experimente mit dem Täter Elser

Berlin war immer eine nervöse und gehetzte Stadt. Jetzt aber schlug mir im Amt eine Atmosphäre geradezu hektischer Erregung entgegen. Soeben war die Kommission zur Aufklärung des Bürgerbräu-Attentats aus München eingetroffen, und der gesamte Fahndungsapparat der Geheimen Staats- und Kriminalpolizei lief auf höchsten Touren, um die Hintermänner des Anschlages zu ermitteln. Dies sei deshalb erwähnt, weil oft behauptet worden ist, das Bürgerbräu-Attentat sei von Heydrich, Himmler oder gar Hitler selbst gestellt worden. Bei einer so ausgedehnten Fahndungsaktion wäre es ausgeschlossen gewesen, daß nicht an irgendeiner Stelle etwas davon durchgesickert wäre.

Bisher war nur der Konstrukteur der Höllenmaschine gefaßt worden. Es war der Schreiner Georg Elser, der beim Versuch, in Konstanz die Schweizer Grenze zu überschreiten, verhaftet wurde. Er hatte unter der Last der Indizien gestanden, in einer Säule des Bürgerbräukellers seine Höllenmaschine mit Zeitzünder eingebaut zu haben. Es handelte sich um einen genial umkonstruierten Wecker, der mit einer Explosivmasse gekoppelt war. Elser hatte erklärt, zwei unbekannte Personen hätten ihm bei der Vorbereitung des Anschlages geholfen und versprochen, später im Ausland für ihn zu sorgen. Dies hatte Hitler zu dem Verdacht geführt, die beiden Hintermänner könnten nur Major Stevens und Captain Best gewesen sein. Andererseits glaubte er aber auch, die »Schwarze Front«, eine Organisation Otto Strassers, könne dahinterstecken. Jedenfalls drohte er, sowohl Elser als auch die beiden Offiziere des Secret Service in einem Schauprozeß aburteilen zu lassen.

Inzwischen wurde das gesamte Venlo-Kommando in die Reichskanzlei berufen. Im Hofe des Gebäudes war eine Ehrenkompanie der SS angetreten. Die zwölf Männer des Sonderkommandos und ich hatten uns militärisch in Linie im Empfangssaal aufgestellt. Als Hitler den Raum betrat, musterte er zuerst jeden von Kopf bis Fuß. Darauf hielt er eine kurze Ansprache: Er erkenne die gezeigten Leistungen an und freue sich über die rücksichtslose Einsatzbereitschaft; Deutschland habe der alten Tradition des Secret Service noch nichts Gleichwertiges entgegenzusetzen, doch gerade darum gelte es, den Helm fester zu binden. Zum ersten Male verleihe er Mitgliedern des Geheimdienstes militärische Auszeichnungen zum Beweis dafür, daß der Kampf an der geheimen Front ebenso wichtig sei wie der mit den Waffen. Dann reichte er jedem von uns die Hand und zeichnete mich und drei andere mit dem EK I, die übrigen mit dem EK II aus. Als wir die Reichskanzlei verließen, salutierte die Leibstandarte mit präsentiertem Gewehr. Ich muß gestehen, daß diese Zeremonie mich damals stark beeindruckte.

Am folgenden Tage wurde ich für abends neun Uhr zum Vortrag bei Hitler bestellt. Heydrich riet mir, mich zuvor beim Gestapochef Müller genau über den Stand der Verhöre des Attentäters Elser zu unterrichten. Hitler könne möglicherweise dahingehende Fragen stellen. Ich nutzte die Gelegenheit, Müller davon zu überzeugen, daß Best und Stevens unmöglich etwas mit der Sache zu tun haben könnten. Er meinte resigniert: »Vielleicht haben Sie recht, aber Hitler hat sich in diese Kombination so verrannt, daß nicht mal ein Heydrich oder Himmler ihn umstimmen könnte.« Ich fragte ihn interessiert, wer nun seiner Meinung nach hinter Elser stecke. Er kniff die Augen zusammen und erwiderte: »Ich komme einfach nicht mit dem Kerl weiter, er ist zu verstockt und bleibt immer bei seiner ersten Aussage – er hasse Hitler, der seinen Bruder als Kommunisten in ein KZ gesperrt habe. Dann behauptet er wieder, ihm habe die aufregende Bastelarbeit an der Höllenmaschine einfach Spaß gemacht, wobei er dann immer das Bild des zerfetzten Körpers Hitlers vor sich gesehen habe. Sprengstoff und Zünder seien ihm von den beiden Unbekannten in einem Münchener Café zugesteckt worden. Es kann schon sein«, meinte Müller schließlich, »daß der Strasser mit seiner Schwarzen Front die Finger im Spiele hat.« Müller hielt inne und sah nachdenklich vor sich hin. Ich bemerkte, wie übernächtigt er aussah und daß die Knöchel über dem breiten Rücken seiner rechten Hand rot angeschwollen waren. Dann schaute er mich ein wenig von unten herauf an. In seinen Augen lag ein böser Glanz. »Bisher habe ich noch jeden kleingekriegt, den ich mir vorgenommen habe ...«, sagte er. Mich fröstelte. Müller merkte es und fügte betont hinzu: »Hätte der Kerl meine Ohrfeigen schon früher bekommen, würde er sich diesen Unsinn erst gar nicht ausgedacht haben.« – Das war Müller. Er spielte kein Theater, das war seine Natur. Er würde auch weiter versuchen, sein Opfer mit allen Mitteln zum Sprechen zu bringen.

Anschließend fuhr ich in die Reichskanzlei. Im Vorraum zum großen Speisesaal warteten die Gäste in zwanglosen Gruppen, unter ihnen Heydrich und Himmler. Ich hatte zuvor einen Bericht über die Venlo-Aktion für Hitler abgeben lassen, den dieser noch vor dem Abendessen zu lesen wünschte. Ich unterhielt mich noch einen Augenblick mit Himmler und Heydrich darüber, als sich die Tür öffnete, die zu den Privaträumen Hitlers führte. Er kam mit betont langsamen Schritten, sich dabei noch mit seinem Adjutanten unterhaltend, auf uns zu und begrüßte Heß, Himmler, Heydrich und mich durch Handschlag. Zu den anderen gewendet, hob er die Hand. Die Sitzordnung im Speisesaal wurde lautlos und schnell durch die Adjutanten geregelt. Rechts neben Hitler saß Himmler, daneben ich, dann Heydrich und zur Linken Keitel und Bormann.

Hitler wandte sich sogleich an mich und sagte mit seiner gutturalen Stimme: »Ihr Bericht über die Venlo-Aktion ist recht interessant.« Dann entstand eine Pause. Hitlers Gesicht war an jenem Abend unnatürlich rot und verschwollen; er schien erkältet zu sein. Zu Heß hinübergebeugt, klagte er über den tiefen Luftdruck und fragte ihn nach dem Barometerstand in Berlin. Damit war die Stille durchbrochen und ein Gesprächsthema gefunden. Man unterhielt sich über den Luftdruck. Hitler aber hörte jetzt kaum zu. Nach einer Weile wandte er sich plötzlich mit den Worten an Himmler: »Schellenberg glaubt nicht, daß die beiden Engländer etwas mit Elser zu tun haben.« Und Himmler darauf: »Ja, mein Führer, aber das ist nur seine Auffassung.« Ich schaltete mich nun in das Gespräch ein und erklärte ganz offen, daß ich ein Zusammenspiel Best-Stevens-Elser für ausgeschlossen hielte: ich könne freilich nicht behaupten, daß der englische Nachrichtendienst nicht durch andere Kanäle mit dem Attentäter in Verbindung gestanden habe. Hitler erwiderte zunächst nichts. Dann wandte er sich an Heydrich: »Ich möchte wissen, um was für einen Typ es sich bei diesem Elser handelt. Man muß den Mann doch irgendwie klassifizieren können. Berichten Sie mir darüber. Im übrigen wenden Sie alle Mittel an, um diesen Verbrecher zum Reden zu bringen. Lassen Sie ihn hypnotisieren, geben Sie ihm Drogen; machen Sie Gebrauch von allem, was unsere heutige Wissenschaft in dieser Richtung erprobt hat. Ich will wissen, wer die Anstifter sind, ich will wissen, wer dahintersteckt.«

Nun erst wandte er sich seiner Diätkost zu. Er aß schnell und hastig und ohne besondere Eleganz. An diesem Abend bestand seine Mahlzeit aus gekochten Maiskolben, die er fest in beide Hände nahm und abnagte. Als zweiter Gang wurde ihm ein gehäufter Teller Kaiserschmarren gereicht. Während des Essens sprach er nicht. Doch kaum hatte er das Gericht verspeist, wandte er sich an seinen Adjutanten: »Mir fehlt noch immer der Bericht Jodls.« Als das Schriftstück gebracht wurde, begann er es unter tiefem Schweigen der ganzen Tischgesellschaft mit der Lupe zu studieren. Währenddessen machte er einzelne Bemerkungen über den Stahlausstoß der französischen Industrie, über leichte und schwere Geschütze, über die Bestückung der Maginotlinie und die Überlegenheit der deutschen Panzerwaffe. »Wir besitzen ein Vielfaches an automatischen Waffen, vor allem das neue 8,5-cm-Geschütz, das uns eine klare Überlegenheit sichern wird, von der Luftwaffe gar nicht erst zu reden. Nein, seitens der Franzosen fürchte ich gar nichts.« Er reichte dem Adjutanten den Bericht mit dem Bemerken zurück: »Legen Sie ihn mir für die Nacht zurecht; ich möchte ihn noch einmal durcharbeiten.« Offenbar war dieses Selbstgespräch indirekt an die anwesenden Vertreter der Wehrmacht gerichtet, da, wie ich hörte, die für Mitte November angesetzte Offensive im Westen zum Teil auch auf Drängen der Generalität verschoben worden war.

Eine Weile herrschte wieder Stille. Nun griff ich eine der Bemerkungen Hitlers auf – unter den vorwurfsvollen Blicken der Tafelrunde, daß ich als Jüngster es wagte, das Schweigen zu brechen. »Und wie beurteilen Sie, mein Führer, die Aufrüstung Englands? Es scheint mir sicher, daß England kämpfen wird.« Hitler sah mich einen Moment lang verwundert an. Dann griff er die Frage auf. Ihn interessiere zunächst nur die Stärke des englischen Expeditionsheeres auf dem Kontinent, entgegnete er, die Produktionsstätten auf der Insel werde die deutsche Luftwaffe schon vernichtend zu treffen wissen. Ich wandte ein, ohne Zweifel werde die englische Luftabwehr von der ansehnlichen Flotte unterstützt werden. »Die Flotte«, erwiderte Hitler, »wird durch andere Maßnahmen von uns in Anspruch genommen werden. Unsere Luftwaffe wird sogar noch Zeit haben, die englischen Küsten mit Minen zu verseuchen. Und dann vergessen Sie nicht, mein Lieber, wir werden U-Boote bauen, U-Boote und wieder U-Boote. England wird uns diesmal nicht aushungern und auf die Knie zwingen.« Dann schwieg er einen Augenblick und fragte: »Was haben Sie eigentlich bei Ihren Unterhaltungen mit den beiden Engländern im Haag über die Haltung Großbritanniens erfahren können?« – »Nach deren Äußerungen zu schließen«, entgegnete ich, »werden die Engländer, wenn es den Deutschen gelingen sollte, die Insel niederzukämpfen, von

Kanada aus weiterfechten. Das würde ein Bruderkampf auf Leben und Tod werden, und Stalin ...« – ich wollte noch sagen: »würde der lachende Dritte sein.« In diesem Moment trat mich Himmler so heftig gegen das Schienbein, und Heydrich warf mir einen solch wütenden Blick zu, daß ich den Rest des Satzes verschluckte. Doch dann fügte ich, als ob mich der Teufel ritte, noch hinzu: »Ich weiß nicht, ob nach Godesberg und München die Wendung unserer Politik England gegenüber wirklich nötig war.« – Ich merkte, wie sich alle Anwesenden über meine Frechheit entsetzten. Heydrich wurde weiß bis zur Nasenspitze, Himmler sah auf den Tisch und spielte mit ein paar Brotkrumen. Hitler blickte mich sekundenlang starr an und sagte dann: »Ich habe ursprünglich mit England gehen wollen, aber England hat mich stets zurückgestoßen. Es ist schon richtig, es gibt nichts Schlimmeres als einen Streit in der Familie. Es ist bedauerlich, daß wir zu einem Kampf innerhalb derselben Rasse auf Leben und Tod gezwungen werden und der Osten nur darauf wartet, bis sich Europa verblutet. Deshalb will ich und darf ich England auch nicht vernichten.« Danach wurde seine Stimme durchdringend und scharf: »Aber England wird eines Tages von seinem hohen Roß heruntersteigen und Herr Churchill einsehen müssen, daß Deutschland auch ein Recht zum Leben hat, und so lange werde ich gegen England kämpfen. Mehr will ich nicht. Alsdann wird der Zeitpunkt kommen, wo England sich mit uns arrangieren muß. Es soll ruhig See- und Kolonialmacht bleiben, aber auf dem Kontinent wird es mit uns zusammenwachsen und eine Einheit bilden müssen. Dann beherrschen wir Europa, und der Osten bedeutet keine Gefahr mehr. Das ist mein Ziel.«

Nun wechselte Hitler das Thema und fragte, sich an Heydrich wendend: »Haben Sie schon mit Ribbentrop über die Note gesprochen, die uns Holland wegen des verstorbenen Generalstabsoffiziers Klop geschickt hat?« Er lachte. »Die Holländer sind Dummköpfe. Damit geben sie uns einen Trumpf in die Hände, den ich zur gegebenen Zeit ausspielen werde; sie bestätigen unfreiwillig, daß nicht wir, sondern sie zuerst die Neutralität verletzt haben.« Nach ein paar weiteren Bemerkungen darüber stand er plötzlich ruckartig auf, machte eine Verbeugung zu der Tischrunde und sagte zu Himmler, Heydrich und mir: »Bitte bleiben Sie noch.«

Wir begaben uns in einen der angrenzenden Räume mit einer bequemen Sitzecke und einem Kamin. Während wir schon saßen, blieb Hitler noch immer vor uns stehen, kreuzte die Arme über der Brust und wippte auf Zehenspitzen und Absätzen hin und her. Dies besonders dann, wenn er dem Gespräch einen besonderen Akzent zu geben wünschte. Ab und zu nahm er einen Schluck Pfefferminztee, während er uns Sekt reichen ließ. (Obwohl er selber keinen Alkohol trank, enthielt er ihn seinen Gästen niemals vor.) Fast eine Stunde lang redete er dann nur auf Himmler ein, der mit schräggeneigtem Kopf neben ihm stand – ein Amüsement für die Adjutanten. »Nun guck dir mal den Heini wieder an; er rutscht dem Alten bald in die Ohren.« Von dem gedämpften Gespräch zwischen beiden konnten wir im übrigen kein Wort verstehen.

An einem der folgenden Tage war ich bei einer Besprechung zugegen, die Heydrich mit Müller führte. Müller berichtete, daß sich drei Fachärzte eine Nacht und einen Tag lang mit Elser beschäftigt hätten. Man habe ihm beachtliche Mengen Pervitin eingespritzt, seine Aussage sei jedoch immer die gleiche geblieben. Dann habe er, Müller, einen anderen Weg eingeschlagen, um herauszubekommen, ob Elser tatsächlich selber der Erbauer der Höllenmaschine gewesen sei. Er habe für ihn eine Schreinerwerkstätte einrichten lassen und ihm befohlen, seine Teufelsapparatur noch einmal herzustellen. Elser habe daraufhin innerhalb kurzer Zeit das genaue Gegenstück angefertigt und es in eine Holzsäule eingesetzt. Es sei ein Meisterstück geworden. Heydrich interessierte die Arbeit Elsers so sehr, daß er sie zu sehen wünschte und mich bat, mitzukommen. Ich sah den Attentäter zum ersten Male. Es war ein kleiner, schmächtiger Mann, etwas blaß, mit hellen Augen und einer hohen Stirn – ein Typ, wie man ihn zuweilen unter qualifizierten Handwerkern antrifft. Er sprach unverfälschte schwäbische Mundart, dabei zeigte er sich schüchtern und zurückhaltend ängstlich. Auf Fragen gab er nur widerwillig Antwort, doch taute er auf, wenn man ihn wegen seiner Handfertigkeit lobte; dann erläuterte er sein nachgefertigtes Modell redselig und mit allem Eifer.

Von seiner Aussage bezüglich der beiden Unbekannten, mit denen er sich in einem Münchener Lokal getroffen haben wollte, wich Elser nicht ab. Müller gab jedoch nicht auf. Am Nachmittag ließ er vier bekannte Hypnotiseure rufen, es gelang jedoch nur einem, Elser in einen hypnotischen Schlaf zu versetzen, wobei er wiederum bei seinen bisherigen Angaben blieb. Nicht uninteressant dürfte das Urteil dieses Hypnotiseurs sein: Bei Elser handele es sich um einen Fanatiker, einen sektiererischen Einzelgänger mit der Zwangsvorstellung, seinen Bruder rächen zu müssen. Hinzu komme ein Geltungskomplex, auf technischem Gebiet etwas Besonderes zu leisten. Schließlich vereinige sich dieser Geltungskomplex mit dem Drang, sich durch die Beseitigung Hitlers berühmt zu machen und zugleich Deutschland von dem »Übel Hitler« zu befreien.

Himmler war keineswegs mit diesem Ergebnis zufrieden. Fast hilfesuchend sagte er zu mir, bevor er zu Hitler zum Vortrag ging: »Schellenberg, um das geht es doch nicht, wir müssen die Hintermänner finden. Hitler glaubt einfach nicht daran, daß Elser das Attentat allein verübt hat.«

Der von Hitler angekündigte »große Prozeß« gegen Elser und Genossen fand niemals statt. Elser selbst wurde in Haft behalten und kam Ende des Krieges in einem Konzentrationslager um.

BEITRAG ZUM PORTRÄT HITLERS

Hitlers Messiaskomplex – Machtwille und Suggestionskraft – Rassenwahn und Judenhaß – Sein gesundheitlicher Verfall – Lieber Untergang als Kompromiß

Da ich mit Hitler auch während der folgenden Jahre häufig zu tun hatte, müßte ich eigentlich imstande sein, ein annäherndes Bild von ihm zu zeichnen. Ich zweifle jedoch, ob ich dazu in der Lage bin. In jedem Falle will ich versuchen, einige Farbnuancen beizutragen.

Neben einem teils wirklich gediegenen, zum anderen aber dilettantenhaften, von kleinbürgerlichem Horizont begrenzten Wissen verfügte Hitler über einen witterungsähnlichen politischen Instinkt, verkoppelt mit der Zwangsvorstellung, die Vorsehung habe ihn dazu ausersehen, in der Geschichte des deutschen Volkes etwas ganz Besonderes zu leisten. Hinzu trat eine oftmals von keinen moralischen Skrupeln gehemmte blitzschnell reagierende Entschlußkraft, mit der er, solange ihm das Glück hold war, nicht nur das deutsche Volk, sondern eine Zeitlang auch beinahe die ganze Welt verblüffte. Seinen »Messiaskomplex« steigerte er noch durch seinen Macht- und Geltungstrieb und den »Willen zur Härte«. Im Sinne Nietzsches, so, wie er ihn verstand, räumte er dem Menschen die Möglichkeit ein, sich zum »Übermenschen« zu entwickeln. (So hatte er sich auch eingehend mit der Lebensgeschichte Napoleons und Bismarcks befaßt, und in einem kleinen Kreise hörte ich ihn einmal die Bemerkung machen: Wie anders doch die Geschichte verlaufen wäre, wenn Friedrich der Große Maria Theresia geheiratet hätte.)

An einen persönlichen Gott glaubte er nicht, er hielt sich nur an das ewige Blutband der Geschlechter ohne ein Fortleben nach dem Tode. Oft zitierte er aus der Edda: »Alles wird vergehen, übrig bleibt nichts als der Tod und der Taten Ruhm.« Nicht zuletzt war es bei Hitler die Kraft seiner Suggestion, die ihn in den Stand setzte, sich zwölf Jahre lang zum Beherrscher eines Achtzig-Millionen-Volkes zu machen. Und er verstand es, diese Suggestionskraft zu gebrauchen – nicht allein dadurch, daß er viele in seiner Umgebung auf diese Weise zu unterjochen und hörig zu machen pflegte, er nutzte sie auch allzu gern, um seinen Zuhörern von sich den Eindruck eines überdurchschnittlichen Intellekts mit entsprechend fundiertem Wissen zu vermitteln. Diesen Eindruck suchte er noch durch die Kunst der Dialektik zu verstärken.

Wie meisterhaft ihm dies gelang, zeigte sich darin, daß er selbst die gewiegtesten Fachleute während einer Debatte aus dem Konzept bringen konnte. Die Gegenargumente fielen diesen dann meist erst ein, wenn sie bereits die Tür der Reichskanzlei hinter sich geschlossen und nach ruhiger Überlegung festgestellt hatten, wie dürftig in Wirklichkeit die Basis des Hitlerschen Wissens in solchen Fällen war.

Seine Vorliebe für die germanische Vorgeschichte, die Quellenforschung der nordischen Kultur und vor allem der arischen Völker war die Grundlage, auf die er seine Rassentheorie mit der Überlegenheit des Germanentums im wesentlichen stützte und seine Ablehnung jeder Rassenmischung gründete. Hierauf fußte auch seine ursprüngliche Konzeption, mit dem »germanischen Brudervolk« England zu einer Einigung zu kommen, und zwar in so weitgehender Weise, daß man das biologische und politische Potential beider Völker fusioniere, um es dem größten Gegner des Abendlandes, dem »kommunistischen Untermenschentum«, entgegenzuwerfen. Hierbei vergrub er sich in der festen Überzeugung, daß Stalin seit 1924 nach einem großangelegten Geheimprogramm die Völker der Sowjetunion systematisch rassisch vermische, wobei es ihm darauf ankomme, den mongoloiden Blutsanteil dominieren zu lassen. Keiner der zahlreichen geheimdienstlichen Berichte über die wirkliche Entwicklung in Rußland vermochte ihn von dieser Zwangsvorstellung abzubringen.

Über Hitlers Judenhaß hatte ich einmal Anfang der dreißiger Jahre mit einem älteren Corpsbruder, dem Arzt Dr. G., in München gesprochen. Diese Unterhaltung vermittelte mir eine erste Vorstellung, wie weit Hitlers einseitiger Fanatismus auf diesem Gebiet schon damals ging. Dr. G. war Anhänger des sogenannten »siderischen Pendels«, einer Kunst, die ihn angeblich auch befähigte, aus einer Anzahl Personen Juden und jüdische Mischlinge mühelos herauspendeln zu können. Hitler, so sagte er, habe ihm bereits zahlreiche solcher Aufträge erteilt.

Ein anderer, der Hitler in seinen judenfeindlichen Anschauungen noch bestärkte, war der österreichische Ingenieur Plaischinger. Dieser hatte gleichfalls im Banne der antisemitischen »Schönerer-Bewegung« in Wien gestanden. Von ihm übernahm Hitler den so oft zitierten Satz: »Die Juden sind die gefährlichsten Mikroben der reinen Dekomposition; sie können nur analytisch und nicht synthetisch denken.« Plaischinger vermittelte Hitler das Gedankengut für den inneren Aufbau und die Organisation der Partei auf der Grundlage des Hierarchie-Systems der katholischen Kirche. Von ihm stammten auch gewisse Ideen über »Großraumpolitik«. Daneben versorgte er Hitler mit militärischen Schriften, aus denen dieser seine Kenntnisse über Massen-und Volksheere, über die Bedeutung künftiger Spezialverbände sowie über Kamikaze-Flieger und ähnliches mehr schöpfte. Oftmals entwickelte Hitler solche Ideen selbständig mit vorausspürender Intuition weiter. Einmal war ich Zeuge einer Unterhaltung, in der er erklärte, daß es im Jahre Zweitausend überhaupt keine Infanterieverbände, sondern nur noch Einmannpanzer geben werde. Diese Panzer würden keinen flüssigen Brennstoff mehr brauchen, neuartige Angriffswaffen haben und innerhalb eines Aktionsbereiches von zweitausend Kilometern keinen Nachschub benötigen.

Hitlers Sendungsbewußtsein steigerte sich nach allem, was ich beobachten konnte, dann von Jahr zu Jahr so sehr, daß es mehr und mehr alle Zeichen einer krankhaften Besessenheit annahm. Nach Heydrichs Tod hatte ich Gelegenheit, Einblick in einige von den Leibärzten Dr. Morell und Dr. Brandt sowie von Dr. Stumpfegger gefertigte Gutachten zu nehmen und mich mit Professor de Crinis über den zunehmend bedenklichen Nervenzustand Hitlers zu unterhalten. Seit dem Jahre 1943 (nach Stalingrad und der Niederlage in Nordafrika) traten unter dem Druck der Nervenbelastungen die Zeichen der Parkinsonschen Krankheit in fortschreitendem Maße hervor, mit der schließlichen Folge einer kontinuierlichen Nervenparalyse. In dieser Zeit steigerte sich Hitlers Vernichtungswille gegenüber den Juden noch mehr. Öfter denn je erging er sich in Beschimpfungen gegen das »internationale Judentum«, in dem er die Hauptverantwortlichen für die Kriegskatastrophe sah. Aus diesem Blickfeld beurteilte er auch die Casablanca-Erklärung Churchills und Roosevelts (mit ihrer Forderung der bedingungslosen Kapitulation), die für ihn nichts anderes als »Handlanger der Juden« waren.

Mit seiner zunehmenden Erregbarkeit häuften sich auch die zahllosen Anweisungen und Befehle, mit denen er sämtliche Mitarbeiter, Behördenleiter und Dienststellen überschüttete. Dabei gab es selten einen wichtigen Befehl, den er nicht gleichzeitig zwei Personen oder zwei Dienststellen zur Durchführung gegeben hätte. Einen solchen Befehlsdualismus nannte er eine »natürliche Konkurrenz in der Arbeitsleistung«, »eine Sicherung zur Leistungssteigerung« und was er sonst für Ausdrücke dafür erfand. Ein anderes Mal sagte er: »Man muß die Menschen sich reiben lassen, durch Reibung entsteht Wärme, und Wärme ist Energie.«

Als ich Hitler Mitte 1944 nach längerer Zeit wieder einmal sah – ich hatte damals an einem Vortrag Himmlers im Führerhauptquartier teilzunehmen -, erschrak ich aufs heftigste. Die Augen, sonst dominierend in seinem Gesicht, blickten mich müde und glanzlos an. Der Rücken war auffallend stark gebeugt und die Bewegungen langsam und schwerfällig. Dabei zitterte sein linker Arm so stark, daß er ihn ständig mit der rechten Hand festhalten mußte. Nur seine Stimme war noch klar und voll.

Hitler streifte auf Grund von mir vorgelegter Geheimberichte einige Probleme auf dem Balkan, insbesondere das Verhältnis des jugoslawischen Generals Draga Mihailovic zu den Engländern, die Beziehungen der Engländer zu Tito sowie die Lage im Vorderen Orient. Danach sah er mich durchdringend an und sagte mit aufgebrachter Stimme: »Ich lese regelmäßig Ihre Egmont-Berichte*.« Dann folgte eine Pause. Die Worte klangen in der stickigen Luft des Bunkerzimmers anklagend und zugleich auch schon verurteilend. »Merken Sie sich eins, Schellenberg«, fuhr er grollend fort, »in diesem Krieg gibt es keinen Kompromiß, es gibt nur den Sieg oder den Untergang. Sollte das deutsche Volk versagen, dann wird es untergehen.« Und dann folgte der für mich unvergeßliche Satz: »Ja, dann soll es untergehen, dann soll es krepieren; denn die Besten des Volkes werden im Kampf gefallen sein, und der Rest soll dem biologisch Stärkeren Platz machen. Versagt das deutsche Volk, dann wird das Ende für Deutschland grausam sein. Aber mehr hat es dann nicht verdient.«

Hier stand der blanke Wahnsinn im Raum.

---

* Bei den Egmont-Berichten handelte es sich um eine Unterrichtung über die jeweilige weltpolitische Situation und die Lage Deutschlands. Eine Fülle von Material wurde zum Beweis dafür zusammengetragen, daß die Lage des Reiches außerordentlich ernst war und in keiner Weise den schönfärberischen offiziellen Propagandaparolen entsprach. Die Berichte gingen an alle in Betracht kommenden Führungsstellen und bedeuteten für mich eine schwere Belastungsprobe, da sie mir den Vorwurf des »Defätismus« einbrachten.

OPERATION WESERÜBUNG-ANGRIFF IM WESTEN UNTERNEHMEN SEELÖWE

Deutscher Aufmarschplan fällt in Feindeshand – Geheimhaltungsbefehl Nr. 1 – Geheimdienstvorbereitungen für »Weserübung« – Memorandum an die niederländische und belgische Regierung – Geheimdienst während der Westoffensive – Hitlers Zögern nach Dünkirchen – Vorbereitungen zur Invasion Englands – Befehl zurück – Hitlers Aquaphobie

Ich hatte nun endlich meine eigentliche Aufgabe, die Leitung der Gruppe IVE und damit die deutsche Spionageabwehr (Inland), übernommen. Kurze Morgenritte waren oftmals die einzige Entspannung während der nun beginnenden turbulenten Arbeitstage.

Gleich zu Beginn des Jahres 1940 gab es für unsere Abwehr eine unangenehme Nuß zu knacken: Der Operationsplan für die Westoffensive war in die Hände der Gegner gefallen! Hitler tobte. Sein Zorn richtete sich insbesondere gegen die militärische Abwehr unter Leitung von Admiral Canaris. Ein Offizier mit dem Befehl, den Aufmarschplan einer Wehrmachtskommandantur im Westen zu überbringen, hatte sich auf der Durchfahrt in Münster von einem ihm aus dem ersten Weltkrieg befreundeten Luftwaffenmajor dazu überreden lassen, die Fahrt zu unterbrechen und das Wiedersehen ein wenig zu feiern. Diese Feier wurde nun zu einem fröhlichen Gelage, und der Kurier versäumte den Anschlußzug. Um nun den Zeitverlust einzuholen, erbot sich der Luftwaffenmajor, seinen Freund mit einer kleinen Maschine nach Köln zu fliegen. Das Wetter wurde aber während der frühen Morgenstunden so schlecht, daß sich die Maschine infolge mangelnder Sicht verflog und schließlich bei Mecheln in Belgien notlanden mußte. Ein Versuch, die geheimen Dokumente sogleich zu vernichten, wurde durch eine allzu schnelle Verhaftung seitens der Belgier verhindert. Danach versuchten die Offiziere noch einmal, die wichtigen Papiere im Ofen der Polizeiwache zu verbrennen, aber leider war dieser kurz zuvor mit Kohle aufgefüllt worden, so daß die Pläne nur angesengt, aber nicht zerstört wurden. Die Belgier waren in der Lage, noch jeden Satz der Dokumente zu entziffern, doch glaubten sie anfänglich, daß es sich um eine bewußt gesteuerte Irreführung handele. In Wirklichkeit waren aber die Unterlagen echt, wenn auch für den Feind von beschränktem Wert; sie stellten nämlich nur eine von Hitler angeregte Neuauflage des alten Schlieffen-Planes dar. Indessen war General von Manstein in jenen Wochen ohnehin damit beschäftigt, einen neuen Operationsplan zu entwerfen, nach welchem dann auch später die Offensive im Westen abrollte.

Hitler witterte sogleich Verrat und wollte die beiden Offiziere kurzerhand beseitigen lassen. Die Ermittlungen vermochten aber keinerlei Beweise für vorsätzlichen Landesverrat zu erbringen. Es kostete Canaris alle Mühe, Hitler davon zu überzeugen, daß allenfalls Fahrlässigkeit und nicht mehr vorliege.

Kurz nach diesem Zwischenfall rief mich Himmler noch spät in der Nacht an und erteilte mir den Auftrag, sofort einen Befehlsentwurf über die Geheimhaltungspflicht für die Wehrmacht und sämtliche Verwaltungsstellen auszuarbeiten. Dabei redete er so aufgeregt, daß mir gar nicht recht klar wurde, was er eigentlich wollte. »Sie haben den Befehlsentwurf in zwei Stunden abzuliefern«, damit hängte er ein.

Eine halbe Stunde lang saß ich brütend vor meinem Schreibtisch. Schließlich arbeitete ich folgende Punkte aus: Jeder ist zur Geheimhaltung der ihm erteilten Aufträge verpflichtet; jeder darf nur so viel wissen, wie zur Erledigung seines Auftrages notwendig ist. – Als ich Himmler die Skizze vorlegte, äußerte er murrend seine Unzufriedenheit darüber und diktierte den Entwurf kurzerhand selbst. Später wurde er als »Befehl Nr. 1« allen Wehrmachts- sowie Zivilstellen zugeleitet und in der breiten Öffentlichkeit als solcher bekannt. Die Schattenseiten dieses Befehls äußerten sich sehr bald. Bei der Planung und Durchführung von Aufgaben entstand nun zwischen einzelnen Abteilungen oftmals eine solche Angst, daß sich selbst Amtschefs, die auf Zusammenarbeit angewiesen waren, kaum noch gegenseitig zu informieren wagten. Sinnlose Doppelarbeit und Mißerfolge waren vielfach das Ergebnis. Nicht selten auch wurde der Befehl von Hitler feindlichen Kreisen zu Tarnungszwecken benützt.

Anfang März 1940 kündigte sich mit dem Stichwort *Weserübung* eine Richtungsänderung in Hitlers strategischen Plänen an. Unter *Weserübung* waren alle Vorbereitungen zu verstehen, die zu einer Besetzung von Dänemark und Norwegen führen sollten. Damit wollte Hitler der Landung eines alliierten Expeditionskorps in Nordnorwegen und der Gefahr einer Absperrung der schwedischen Erzlieferungen an Deutschland rechtzeitig zuvorkommen. Das Gelingen einer solchen Aktion hing hier mehr als auf anderen Kriegsschauplätzen sehr wesentlich vom Wetter ab, weil ein umfangreicher Truppentransport über

See vorgesehen war. Deshalb mußte als erstes ein zuverlässiger Wetterdienst für die entsprechenden Operationsgebiete organisiert werden. Im Zusammenhang damit galt es, die Geheimverbindungen unserer Gegenspionage von Hamburg aus nach Norwegen zu aktivieren. Niederlassungen von deutsch-norwegischen Reedereien und Fischereibetrieben wurden mit Agenten durchsetzt, die regelmäßig die Wetterlage, getarnt als Kursnotizen auf den Fischmärkten, durchzugeben hatten. Um unsere Truppenansammlungen in den Küstengebieten geheimzuhalten, wurden die wichtigsten Einschiffungshäfen, Zufahrtsstraßen, der Zugverkehr und die Hotels der umliegenden Ortschaften aufs schärfste kontrolliert. Das Bild, das sich mir damals an der Ostseeküste bot, glich manchmal einem Zirkus, der gerade seine Zelte aufschlägt. Ich denke zum Beispiel an Stettin: Es herrschte ein Kommen, ein Gehen und Schimpfen. Soldaten suchten ihre Truppenteile, aufgeregte Nachschuboffiziere brachten die ganze Stadt durcheinander, und dazwischen die Fröhlichkeit und der Humor der Ostmärker, die dort als Gebirgstruppen eingeschifft wurden. Die guten Wiener und Steiermärker nahmen auch die ganze Geheimhaltung nicht so ernst; sie lachten und schwatzten laut über alle »Vorkommnisse«, und es hätte meines Erachtens nicht einmal eines geschulten Agenten bedurft, um das Ziel der Verschiffung zu erfahren. Mir ist es heute noch ein Rätsel, daß der feindliche Geheimdienst so zögernd von den Vorbereitungen zur *Weserübung* Notiz nahm, mit der Folge, daß die englische Flotte in Norwegen zu spät kam*.

Für den Fall, daß es zu kriegerischen Auseinandersetzungen kommen sollte, legte das Auswärtige Amt besonderen Wert darauf, daß Spezialkräfte zur Verfügung stünden, um die dänische Königsfamilie zu schützen. Doch bei der Besetzung Dänemarks fiel kaum ein Schuß, und der Widerstand in Norwegen war sehr bald gebrochen. Nur in Narvik hatten die Gebirgstruppen General Dietls verlustreich gegen ein starkes alliiertes Landungskorps zu kämpfen.

Ungefähr drei Wochen später wurde ich nach Stockholm geschickt. In Berlin herrschten nämlich Befürchtungen, ob nicht die Schweden

---

* Der Oberste Kriegsrat der Alliierten hatte in seiner Sitzung vom 28.3.1940 beschlossen, Deutschland in jedem Falle von der Erzzufuhr aus Schweden abzuschneiden und die norwegischen Gewässer zu verminen. Die Nachricht von diesem Beschluß erhielt Hitler aber erst einige Tage nach Beginn der Operation *Weserübung*.

nach der Besetzung Dänemarks und Norwegens ihre Neutralität als bedroht ansehen würden. Ich sollte deshalb über unsere geheimdienstlichen Verbindungen beruhigende Erklärungen abgeben, daß Deutschland die Neutralität Schwedens unter allen Umständen achten werde. Diese inoffiziellen Hinweise wurden durch Zusicherungen des Auswärtigen Amtes auf diplomatischem Wege ergänzt. Inzwischen hatte Canaris die schwedischen Militärdienststellen entsprechend zu beschwichtigen. Erst später erfuhr ich aus einem Gespräch mit Himmler, daß Hitler in der Not auf Schweden keine Rücksicht genommen hätte. Sobald Dietl sich bei Narvik auf schwedisches Gebiet hätte zurückziehen müssen, wozu er vom Führer für den äußersten Notfall ermächtigt gewesen sei, wäre Schweden so oder so in den Krieg hineingezogen worden.

Ehe ich nun auf den Angriff im Westen eingehe, muß ich zuvor noch einmal auf das Venlo-Unternehmen zurückkommen. Hitler hatte mir befohlen, mich wegen der Auswertung des Materials mit dem Reichsaußenminister in Verbindung zu setzen. Als ich mich bei Ribbentrop meldete, stand er mit verschränkten Armen hinter seinem Schreibtisch und reichte mir etwas kühl die Hand. »Was haben Sie mir vorzutragen?« fragte er mich ziemlich herablassend. Ich ärgerte mich über diese arrogante Art und begann schon mit Widerstreben meinen Vortrag. Er schien dies zu merken und wurde ein wenig liebenswürdiger. Wohlwollend forderte er mich nun auf, in einem kleinen angrenzenden Salon Platz zu nehmen. Nach Beendigung meines Vortrags meinte er: »Der Führer ist fest davon überzeugt, daß durch das Venlo-Material die Neutralitätsverletzung Hollands zugunsten Großbritanniens einwandfrei erwiesen ist, und er wünscht, daß ein entsprechender Bericht darüber angefertigt wird.« Danach drückte er auf die Klingel, und es erschien der damalige Unterstaatssekretär Gaus. Er war einer der engsten Mitarbeiter Ribbentrops, ein Meister auf dem Gebiet des Internationalen Rechts, und es gab im Auswärtigen Amt keinen Entwurf von Wichtigkeit, den Gaus nicht verfaßt oder redigiert hätte. Ribbentrop ersuchte ihn nun, die Frage der niederländischen Neutralitätsverletzung weiter mit mir zu besprechen und zu bearbeiten.

Es war um den 1. Mai herum, genau erinnere ich mich des Tages nicht mehr, als Heydrich mich anrief und von einer Stunde auf die andere die Vorlegung des Venlo-Berichtes forderte. Es war mir aber nicht möglich, den Bericht binnen so kurzer Frist in ausgefeilter Form fertigzustellen. Heydrich erregte sich darüber, und gemeinsam nahmen wir dann die Korrekturen vor. Noch am gleichen Abend mußte dieser Bericht Hitler vorgelegt werden. Am folgenden Morgen hatte ich mich wieder bei Ribbentrop zu melden. Ich fand seinen gesamten Mitarbeiterstab, mitten darunter Gaus, in strenger Klausur über der Abfassung des *Memorandums der deutschen Reichsregierung an die Niederlande und Belgien.* Niemand der Mitarbeiter durfte während dieser Zeit das Dienstgebäude in der Wilhelmstraße verlassen. Am Nachmittag wurde im Arbeitszimmer Ribbentrops Seite um Seite des Schriftstücks verlesen, wobei Ribbentrop zwischendurch immer wieder Bemerkungen über seine Erfahrungen mit dem britischen Geheimdienst machte. Er litt förmlich unter einer Art »Spionitis« bezüglich Englands. Jeder Engländer, der sich im Ausland aufhalte, behauptete er, sei mit Aufträgen des Secret Service versehen. Aus allem sprach dabei deutlich sein abgrundtiefer England-Haß. Und es war auch Ribbentrop, der jenen geschmacklosen Satz am Ende des Berichts des Reichsinnenministeriums (der dem Memorandum beigegeben wurde) einfügte:

»Diese für die Arbeit der britischen Agenten und deren verbrecherisches Treiben wichtigen Angaben der britischen Nachrichtenoffiziere werden die Grundlage für ein demnächst öffentlich durchzuführendes ordentliches Strafverfahren abgeben, das Aufschluß geben wird über die dunklen Pläne der obskuren, homosexuellen, ja sogar asozialen verbrecherischen Elemente des sogenannten ›Secret Intelligence Service‹.«

Gaus und ich erhoben Bedenken. Mit einer Handbewegung schnitt jedoch Ribbentrop jede weitere Erörterung ab und sagte: »Diesen britischen Kanaillen soll einmal alles gesagt werden.« Anschließend hatte ich noch die Unterschrift Himmlers und des damaligen Reichsinnenministers Frick einzuholen. Himmler empfing mich in seiner Wohnung und las bedächtig Wort für Wort. Bei den letzten Sätzen stutzte er: »Muß das sein? Das wirkt billig.« Er ließ sich sofort mit Ribbentrop verbinden, sprach lange über dies und jenes, und als er schließlich auf den eigentlichen Grund seines Anrufes kam, gab er nach.

In aller Frühe fuhr ich nach Starnberg zu Frick, der ohne Einwendungen unterschrieb. Als Ribbentrop die Unterschriften in den Händen hielt, klopfte er mir befriedigt auf die Schulter. Die Übermittlung des Memorandums an die niederländische und belgische Regierung oblag Unterstaatssekretär Gaus. Das geschah am 9. Mai 1940.

In den frühen Morgenstunden des 10. Mai 1940 begann der deutsche Angriff im Westen.

Unser Geheimdienst hatte gute Vorarbeit geleistet: Durch die Maginotlinie waren Feldtelefonkabel gelegt worden, über die unsere Agenten regelmäßig ihre Nachrichten an eine Sammelstelle in Saarbrücken weiterleiteten. Mitarbeiter, die in Zementfabriken – in Nancy, Saargemünd und Metz – beschäftigt waren, lieferten genaue Meldungen über die französischen Befestigungsanlagen und ihre Armierung. Verbindungsleute in den großen Rüstungswerken von Schneider-Creuzot informierten uns über die Ausrüstung der französischen Artillerie- und Panzerverbände; selbst aus dem Deuxième Bureau, der Zentrale des französischen Geheimdienstes, wurden uns Fotokopien von Geheimbefehlen und Operationsplänen zugespielt.

Inzwischen rollten die militärischen Operationen in den Niederlanden und Belgien nach dem neuen Manstein-Plan ab: unter Verzicht auf einen starken Flügel im Norden richtete sich der Hauptstoß auf die Nahtstelle zwischen der französischen Maginotlinie und dem Beginn der belgischen Befestigungsfront. Die stärkste Bastion der belgischen Festungswerke, das Fort Eben-Emael, wurde durch eine Spezialtruppe des Lehrregiments Brandenburg z. b. V. 800, das dem militärischen Geheimdienst angeschlossen war, sowie durch Fallschirmjäger und Pioniere in neuartiger Kampfweise erobert. Durch einen ähnlichen Handstreich wurde auch die große Scheidebrücke besetzt und so lange gehalten, bis die Fallschirmtruppen von nachstoßenden Verbänden des Heeres abgelöst wurden.

Während dieser Zeit, es war etwa um den 15. Mai, erhielt ich folgenden Auftrag: Mit einem Fachmann des Propagandaministeriums sollte eine möglichst umfassende, Verwirrung stiftende Propaganda gegen Frankreich gestartet werden. Den schnellsten und besten Erfolg versprach der Weg über den Rundfunk. Zufällig war der damalige Leiter des Saarbrücker Senders ein guter Bekannter von mir, der sich auch sogleich bereit erklärte, mitzuwirken. Von Saarbrücken aus wurden nun drei Sender auf höchste Frequenz gebracht, die, als französische Sender getarnt, fortlaufend »Nachrichten« ausstrahlten. Diese stützten sich zum Teil auf Informationsmaterial unserer französischen Agenten, zum anderen entstammten sie den eigenwilligen, doch höchst wirksamen Einfällen meines Saarbrücker Freundes. Ein Beispiel dafür, wie auf diese Weise der im Norden Frankreichs und wenig später im Pariser Becken einsetzende Flüchtlingsstrom in die von uns gewünschte

Richtung gelenkt wurde, stellte auch eine von uns gefertigte unscheinbare Broschüre der düsteren Weissagungen des mittelalterlichen Astrologen Nostradamus dar. Diese wurde durch Agentenkanäle, Funk-und Flugzeugabwurf unter das französische Volk gebracht. Wir wählten unter anderem Zitate, in denen Nostradamus »rauchende Feuermaschinen« prophezeite, die unter lautem Lärm über den Städten erscheinen und Schrecken und Vernichtung über die Menschen bringen würden. Von uns aus prophezeiten wir zusätzlich, daß nur der Süden und Südosten Frankreichs von solchem Unheil verschont bleiben werde. Panikartig schob sich daraufhin die Masse des Flüchtlingsstroms in die von uns angegebene Marschrichtung. Die deutschen Truppen erhielten dadurch die gewünschte Bewegungsfreiheit, während die Marschwege der französischen Armeen erheblich blockiert wurden.

Mit dem Vorstoß der Panzerarmee Guderian in Richtung Amiens, der Einnahme von Abbéville, schließlich mit der Kapitulation der belgischen Armee und dem vergeblichen Versuch englisch-französischer Verbände, die deutsche Umklammerung bei Arras zu durchstoßen, schien der Feldzug im Westen mit einem totalen Sieg beendet. Doch es blieb die ungelöste Frage: Wie konnte die Masse der britischen Expeditionsarmee sozusagen vor den Augen der deutschen Landser von Dünkirchen über den Kanal entkommen?

Hitler hatte am 29. Mai 1940 gegen den erbitterten Widerstand der militärischen Berater eine zweitägige Kampfpause angeordnet und überdies den deutschen schnellen Verbänden befohlen, sich auf den La-Bassée-Kanal zurückzuziehen. Damit wurde der Rückzug der Engländer auf die Britische Insel ermöglicht. Die Begründung Hitlers, daß mit seinem Befehl ein Sicherungsriegel gegen die französischen Truppen im Südwesten geschaffen werden sollte, entbehrte jeder beweiskräftigen Grundlage. Die geheimdienstliche Frontaufklärung wie auch die Lufterkundung hatten Unterlagen dafür erbracht, daß eine solche Gefahr in jenen Tagen nicht bestand. Warum hatte Hitler einen solchen Befehl gegeben?

Schon damals gab es darüber, auch in der Wehrmacht, verschiedene Versionen. So glaubten manche, es habe sich bei Hitler um mangelnde Entschlußkraft oder um Angst davor gehandelt, durch eine zu gewagte Operation den gesamten Erfolg aufs Spiel zu setzen. Die wirklichen Gründe sind aber in seiner rassen- und weltpolitischen Konzeption zu suchen. Wäre dies nur meine Überzeugung, könnte man sie vielleicht als phantastisch hinstellen, doch ich habe lange mit Himmler und

Heydrich darüber gesprochen, und sie haben mir (ich führe dies ausdrücklich als Quelle an) erklärt, Hitler habe damals noch fest an einen Kompromiß mit England geglaubt. Im Falle eines solchen Kompromisses -unter dem Druck der deutschen Siege – habe er wie Bismarck gegenüber Österreich 1866 dieses Mal mit England ein »Nikolsburg« abschließen wollen.

So erklärt sich auch Hitlers Haltung in der großangelegten Aktion *Seelöwe* zur Invasion Englands. Am 26. Juli 1940 begann die erste Sitzung zur Vorbereitung dieses Unternehmens, an der auch Keitel, Jodl, Raeder, Todt und andere teilnahmen. Himmler, der laufend informiert wurde, erzählte mir, daß man anfänglich mit einer Angriffsstärke von dreißig bis vierzig Divisionen, später reduziert auf fünfzehn Divisionen, rechnete, die aus dem Raum Dünkirchen-Cherbourg auf die Britische Insel vorstoßen sollten. Die vom Heer angeforderten Transportstärken lagen bei rund viertausend Schiffseinheiten – Landungsbooten, Schleppern, Transportschiffen.

Erhebliche Bedenken gegen die Aktion *Seelöwe* brachte Großadmiral Raeder vor; er wies auf die Gefahr hin, das gesamte Transportwesen durch die Beschlagnahme sämtlichen Schiffsraums lahmzulegen, und erklärte offen, daß er auch nicht an die von Göring behauptete Überlegenheit der deutschen Luftwaffe glaube. Trotz energischer Vorhaltungen Himmlers, der auf Grund der Berichte unseres Geheimdienstes die genaue Kapazität der englischen Jägerproduktion kannte, war Göring von seiner völligen Unterschätzung der englischen Produktionsziffern nicht abzubringen. Ganz im Gegensatz zu seiner sonstigen Selbstherrlichkeit griff Hitler Raeders Einwände sogleich auf, um auch hier, wie Himmler mir sagte, einen totalen Angriff gegen England hinauszuzögern. Die Meinungsverschiedenheiten zwischen Heer, Luftwaffe und Marine zogen sich bis September 1940 hin.

Inzwischen arbeiteten die unteren Organe mit höchster Intensität und preußischer Genauigkeit an den einmal erteilten Weisungen weiter. So erhielt auch ich Ende Juni 1940 den Sonderauftrag, im Rahmen der Operationsvorbereitungen *Seelöwe* ein Handbuch zusammenzustellen, das den deutschen Heeresverbänden für die Besetzung wichtiger militärischer, wirtschaftlicher und politischer Gebäude – beispielsweise des Kriegsministeriums, des Foreign Office und anderer – dienen sollte. Dieser Auftrag hatte großen Aufwand an Zeit und Geld erfordert. Nachdem das gesammelte Material vom Geheimdienst und dem wissenschaftlichen Forschungsamt des RSHA geprüft und schließlich von einem ausgesuchten Spezialistenstab überarbeitet worden war, wurde eine Auflage von zwanzigtausend Exemplaren gedruckt.

Im September 1940 hieß es dann plötzlich, die ganze Aktion *Seelöwe* sei abgeblasen.

In diesem Zusammenhang möchte ich ein Gespräch mit Himmler erwähnen, das mir zeigte, welch sonderbare Einflüsse bei Hitlers Entscheidungen oftmals unter der Oberfläche mitwirkten. Ich traute/meinen Ohren nicht, als mir Himmler sagte: »Es ist merkwürdig, Hitler hat eine seltsame Angst vor dem Wasser; er verbindet damit die Vorstellung von Unglück.« Himmler war der Meinung, damit erkläre sich auch eine instinktive Abneigung Hitlers gegen amphibische Aktionen wie das Unternehmen *Seelöwe.*

ENTFÜHRUNGSKOMPLOTT GEGEN DEN DUKE OF WINDSOR

Ribbentrops Meinung über den Herzog – Hitlers und Ribbentrops Pläne – Der Entführungsbefehl – Kontaktaufnahme in Spanien und Portugal – Scheinmanöver – Der Befehl wird zum Scheitern gebracht – Berichterstattung in Berlin

Es war im Juli 1940, ich hatte gerade die eingegangene Morgenpost erledigt, als mich einer meiner Freunde aus dem Auswärtigen Amt anrief und sagte: »Mein Alter verlangt schon dauernd nach Ihnen; ich nehme an, er wird sich in den nächsten Minuten bei Ihnen melden. Ich weiß nicht, was er will, aber allem Anschein nach handelt es sich um eine dringende Sache.«

Kurz darauf kam die sonore Stimme Ribbentrops durchs Telefon: »Sagen Sie, mein Lieber, könnten Sie nicht sofort einmal zu mir kommen?« – »Selbstverständlich«, entgegnete ich, »darf ich nur wissen, worum es geht, ich würde dann die entsprechenden Unterlagen mit bringen.« – »Nein, nein«, erwiderte Ribbentrop darauf eilig, »am Telefon läßt sich darüber nicht sprechen.«

Da ich Heydrichs pathologische Eifersucht nicht herausfordern wollte, unterrichtete ich ihn sogleich über das Gespräch. Prompt kam dann auch die Antwort: »Für diesen Idioten bin ich wohl kein Gesprächspartner mehr. Na, gehen Sie schon hin.« – Ich wollte mir Ribbentrops wegen bei Heydrich keine Schwierigkeiten einhandeln und versprach, ihn nach der Unterredung sogleich aufzusuchen.

Ribbentrop empfing mich mit einem ernsten Gesicht, wies mir einen Platz an und fragte nach ein paar Höflichkeitsphrasen ein wenig abrupt, wie ich mit Unterstaatssekretär Luther auskäme, ob ich in meiner neuen Stellung als Leiter der Spionageabwehr auch seitens des Auswärtigen Amtes hinsichtlich der Benutzung der diplomatischen Kurierlinien genügend Unterstützung erführe und ähnliches. Während er sprach, hatte ich, wie schon so oft, den Eindruck, daß nichts an diesem Menschen natürlich, daß alles nur Pose und einstudiert war – die Starre seines Gesichtsausdrucks, die Anstrengung, es zu einem Lächeln zu bewegen – das alles war nur Maske und krampfhaftes Bemühen, Linie zu halten.

Vorsichtig lenkte er dann auf das eigentliche Thema ein – er erkundigte sich nach meinen Verbindungen in Spanien und Portugal und fragte, ob ich auch mit der Polizei in diesen Ländern Kontakt hätte. Da ich nicht wußte, worauf er hinauswollte, hielt ich mit meinen Antworten etwas zurück. Danach fragte er mich unvermittelt: »Sie erinnern sich doch des Duke of Windsor? Sind Sie ihm bei seinem letzten Deutschlandbesuch vorgestellt worden?« Als ich verneinte, stellte er noch eine Reihe weiterer Fragen bezüglich der Person des englischen Herzogs, wobei er auf die Gründe seiner Abdankung hinlenkte. Der Duke of Windsor, meinte von Ribbentrop, sei unter allen prominenten Engländern der am meisten sozial und rechtlich denkende Mensch; doch dies habe der obersten Clique in London nicht gepaßt, und die ganze Eheangelegenheit sei nur ein willkommener Anlaß gewesen, diesen aufrichtigen und echten Freund Deutschlands über ein veraltetes Zeremoniell zu Fall zu bringen. »Der Führer und ich«, fuhr er fort, »haben diese Machenschaften damals sofort durchschaut, und unsere Überzeugung hat sich seitdem nur noch verstärkt.« – Ich wartete gespannt, worauf er eigentlich hinauswollte. »Seit seiner Abdankung«, fügte Ribbentrop eifrig hinzu, »wird der Herzog vom Secret Service scharf überwacht. Wir wissen, daß er sich seither wie ein Gefangener fühlt und immer wieder versucht, sich dieser Fessel zu entledigen, leider aber ohne Erfolg.« Nun machte er eine Pause und sah mich bedeutsam an. »Uns liegen Meldungen vor, wonach der Duke erwägt, diesem nervenraubenden Druck zu entkommen; man berichtet uns auch, daß sich der Herzog nach wie vor seine Sympathien Deutschland gegenüber bewahrt habe. Er soll sogar in einem kleinen Kreis von Freunden geäußert haben, sich ganz in Spanien niederlassen und seine alten freundschaftlichen Beziehungen zu Deutschland wieder aufnehmen zu wollen. Der Führer mißt diesen Berichten ernsten Wert bei, und wir haben überlegt, wie man Kontakt mit dem Herzog gewinnen könnte.« Ribbentrop verschränkte die Arme und ging ein paarmal nachdenklich vor mir auf und ab. Dann sagte er: »Unter Umständen wären Sie der geeignete Mann dafür.« Ehe ich mich noch von meinem Erstaunen erholen konnte, fuhr er eifrig fort: »Der Führer glaubt, daß man dem Duke gegebenenfalls ein Angebot machen könnte – etwa in der Weise, daß wir uns bereit erklärten, ihm im voraus eine Apanage auf zwanzig Jahre bis zu fünfzig Millionen Schweizer Franken auszusetzen. Natürlich nur«, ergänzte er hastig, »sofern er sich dazu versteht, durch eine Geste offiziell von den Machenschaften des britischen Königshauses abzurücken. Er könnte sich ja ein neutrales Land, beispielsweise die Schweiz, zum Wohnsitz wählen. Es müßte in jedem Falle ein Land sein, auf das Hitler eventuell politischen oder wirtschaftlichen Druck auszuüben vermag. Sollte sich der Duke dazu entschließen können, der Secret Service jedoch versuchen, ein solches Vorhaben zu durchkreuzen, dann verlangt der Führer, daß notfalls mit Gewalt gegen den Secret Service vorgegangen wird. Bei einer zögernden Haltung des Herzogs hingegen wäre es vielleicht zweckmäßig, etwas nachzuhelfen, wenn nötig auch durch Gewalt. Selbstverständlich darf ihm und seiner Frau dabei nichts zustoßen.« Ribbentrop blieb vor mir stehen und sah mich mit ernster Miene an. »Ich erteile Ihnen hiermit im Namen des Führers den Befehl, diesen Auftrag sofort durchzuführen.« – Einen Moment hielt er inne, um den Eindruck seiner Worte auf meinem Gesicht zu beobachten, dann fügte er noch hinzu: »Der Duke beabsichtigt in nächster Zeit einer Jagdeinladung an der spanischen Grenze Folge zu leisten. Das wäre wohl der Augenblick, über Ihre spanischen Freunde den ersten Kontakt mit ihm herzustellen. Für die Durchführung der weiteren Maßnahmen stehen Ihnen alle Hilfsmittel zur Verfügung; im übrigen haben Sie weitgehend freie Hand.«

Es verschlug mir fast den Atem, und ich hatte alle Mühe, ein paar Worte der Entgegnung zu finden. Dann fragte ich, ob ich noch um einige Aufklärungen bitten dürfe. Darauf Ribbentrop: »Ungern, machen Sie es kurz.« Ich wollte mich wegen der Zuverlässigkeit der Geheiminformationen erkundigen, doch Ribbentrop wehrte ab: »Höchst zuverlässige spanische Kreise. Die Einzelberichterstattung hat Sie nicht zu interessieren.« Ich machte noch einen Versuch und fragte: »Habe ich unter Umständen auch einen sich weigernden Herzog in ein anderes Land zu verbringen? Die ganze Aktion scheint mir doch nur Aussicht auf Erfolg zu haben, wenn sich der Duke damit einverstanden erklärt.« »Natürlich richtet sich die Anwendung von Gewalt in erster Linie gegen den Secret Service«, erwiderte Ribbentrop unwillig, »gegen den Herzog nur dann, wenn er im Falle innerer Unsicherheit und mangelnder Entschlußkraft handfeste Hilfestellung braucht. Sobald er erst einmal auf neutralem Boden und ein freier Mann ist, wird er uns dankbar dafür sein.« Ein freier Mann – dachte ich – in welchem neutralen Lande gäbe es denn keinen Secret Service?

»Ich werde dem Führer melden, daß Sie den Auftrag übernommen haben«, hörte ich Ribbentrops sonore Stimme sagen. Ich nickte und erhob mich. »Einen Moment noch, Schellenberg!« Ribbentrop nahm den Telefonhörer und ließ sich mit Hitler verbinden. Großzügig forderte er mich auf, über eine zweite Muschel mitzuhören. An der Stimme Hitlers war deutlich zu erkennen, daß ihm das ganze Gespräch unsympathisch war. Er reagierte kurz und ziemlich unfreundlich. Am Schluß sagte er: »Schellenberg soll sich vor allem über die Einstellung der Frau des Herzogs informieren; sie hat bekanntlich großen Einfluß auf ihn.« Der Herr Außenminister stand auf, machte eine Verbeugung vor dem Telefon und sagte: »Das ist alles, ich danke, mein Führer.« Wir besprachen nun noch kurz die Nachrichtenübermittlung. Ribbentrop bestand darauf, daß diese über die Vertretungen des Auswärtigen Amtes in Madrid und Lissabon geleitet werde.

Anschließend begab ich mich zu Heydrich. Er hörte mich an und meinte: »Mir paßt der ganze Film nicht. Doch wenn Hitler darauf besteht, wird es schwerhalten, ihn davon abzubringen. Im übrigen, wenn ich der Chef vom Secret Service wäre, würde ich Ihnen die Suppe schön versalzen.« – Der Sarkasmus Heydrichs war nicht gerade dazu angetan, meine ohnehin sehr schwache Begeisterung für den Auftrag anzufachen. Ich war mir klar darüber, daß das Ganze nur ein Produkt der Ribbentropschen Phantasie auf Grund seines England-Hasses war. Aber er hatte es schließlich fertiggebracht, hierfür den persönlichen Befehl Hitlers zu erwirken.

Der folgende Tag diente meinen Reisevorbereitungen. Zwischendurch rief mich Ribbentrop noch einmal zu sich und wollte wissen, ob ich mir schon einen Plan zurechtgelegt hätte. Er betonte erneut in der ihm eigenen wichtigtuerischen Weise, daß der geringste Verstoß gegen die Geheimhaltung vom Führer geahndet werde.

Am nächsten Morgen flog ich über Lyon und Marseille nach Madrid. Über Spanien lag eine solch brütende Hitze, daß ich schließlich einschlief. Plötzlich wurde ich von einem der Piloten (gleichzeitig Kurier des Geheimdienstes) geweckt. Unter uns lag Madrid, und bald darauf setzte die Maschine zur Landung an.

Nachdem ich mich in einer Wohnung des Geheimdienstes ein wenig ausgeruht hatte, fuhr ich auf Umwegen zur deutschen Botschaft, wo ich eine erste Unterredung mit dem damaligen Botschafter von Stohrer hatte. Der Botschafter erklärte mir, ihm seien die von Ribbentrop erwähnten Informationen zum Teil nicht unbekannt. Auch ihm sei berichtet worden, der Duke of Windsor habe sich während einer kleinen Abendgesellschaft im Kreise portugiesischer Freunde recht ungehalten wegen der ständigen Überwachung durch den Secret Service geäußert und dabei auch aus seinem Mißbehagen über seine Ernennung zum Gouverneur der Bahama-Inseln kein Hehl gemacht.

Der Duke solle es auch begrüßen, einmal wirklich ungestört mit seiner Frau leben zu können, und vielleicht sei ein längerer Aufenthalt bei spanischen Jagdfreunden die geeignete Gelegenheit dazu. Von Stohrer waren auch Gerüchte zugegangen, wonach der Herzog eine der ihm angebotenen Jagdeinladungen angenommen haben sollte. Lediglich über den Zeitpunkt habe sich der Duke noch nicht schlüssig werden können. Das Jagdgebiet liege angeblich in der Nähe der spanisch-portugiesischen Grenze. Das war an sich für mich nicht viel Ncues.

Am gleichen Tage setzte ich mich mit dem deutschen Polizeiattaché in Madrid in Verbindung; er war offiziell als Angehöriger der deutschen Botschaft akkreditiert. Neben der Pflege der Beziehungen zur spanischen Polizei erledigte er naturgemäß auch geheime Aufträge.- Madrid war seinerzeit einer der wichtigsten Plätze des deutschen Geheimdienstes. So umfaßte der militärische Sektor außer der aktiven Spionage und Gegenspionage rund hundert Angestellte, die im Gebäude der deutschen Botschaft untergebracht worden waren und dort eine der umfangreichsten Funkabhör- und Dechiffrierstellen bildeten, die wir überhaupt im Ausland unterhielten. Dieser Dienststelle war zugleich eine meteorologische Station mit Stützpunkten in Portugal, den Kanarischen Inseln sowie in Nord- und Südafrika angeschlossen; sie war von entscheidender Bedeutung für den Einsatz unserer aus der Biscaya und dem westlichen Mittelmeer operierenden Luft- und U-Boot-Waffe.

Am Abend war ich Gast des deutschen Botschafters. Wir sprachen nur noch wenig über meinen eigentlichen Auftrag. Von Stohrer erbot sich, mir eine Einladung in jene Kreise der spanischen Gesellschaft zu vermitteln, wo ich Gelegenheit haben würde, mir selber eine Meinung über das Gemunkel um den Herzog von Windsor zu bilden. Der Botschafter zeigte sich dann aber sehr erleichtert, als ich ihm erklärte, daß ich nach dem Stand der Dinge eine Gewaltanwendung gegenüber dem Herzog für inopportun hielte und allenfalls bereit wäre, bewußt eingefädelte Machenschaften des Secret Service mit Gewalt zu verhindern – aber auch nicht mehr. Ich merkte, wie mein Gastgeber daraufhin Vertrauen gewann und mir schließlich seine eigenen Sorgen klagte. Insbesondere sprach er über seine Schwierigkeiten mit Ribbentrop sowie mit der Auslandsabteilung der NSDAP. Er bat mich schließlich, ich möge ihn bei einer Rücksprache mit Ribbentrop doch vor allem gegen das Drängen Berlins auf einen Kriegseintritt Spaniens unterstützen. Man sehe in Berlin die Dinge zu sehr aus der eigenen Interessensphäre und versetze sich zu wenig in die wirkliche politische Lage Spaniens. Das wichtigste und stichhaltigste Argument Francos gegen die von Berlin gewünschte »europäische Blockbildung« seien die wirtschaftlichen Schwierigkeiten, in denen sich Spanien nach dem Bürgerkrieg befinde. Wenn Deutschland in der Lage wäre, entsprechende Hilfsquellen zu schaffen und Spanien in dieser Richtung zu befriedigen, sei zwar ein sehr entscheidendes, aber noch nicht das letzte Argument der zögernden Haltung Francos beseitigt. Trotz aller deutschen Waffenerfolge bestünden in Spanien noch Zweifel daran, ob England de facto überhaupt niederzuwerfen und zu besiegen sei. Es war mir klar, daß von Stohrer mich als Sprachrohr benutzen wollte, Berlin vor allzu optimistischen Erwartungen hinsichtlich eines Kriegseintritts Spaniens an deutscher Seite zu warnen.

Von Stohrer befand sich in einer wirklich unangenehmen Lage – einmal gegenüber den Spaniern, da er sich diesen gegenüber auf Weisung von Berlin wegen ihrer mangelnden Kriegsbereitschaft »souveränkühl« zu verhalten hatte, zum anderen gegenüber Hitler, der ihn seither nicht mehr ausstehen konnte und nur noch den »törichten Botschafter« nannte.

Aus Lissabon war bisher noch keinerlei Nachricht für mich eingetroffen. Es schien, als ob der Duke of Windsor es nicht sehr eilig mit seinem Jagdausflug hätte. Ich selber rechnete nun schon damit, daß die ganze Geschichte ins Wasser fallen würde. Zuvor aber wollte ich mich noch an Ort und Stelle davon vergewissern. Nachdem ich mir bei spanischen Freunden Rückendeckung im Falle etwaiger Grenzschwierigkeiten verschafft hatte, fuhr ich nach Portugal.

In Lissabon nahm ich bei einer holländisch-jüdischen Emigrantenfamilie Quartier. Da diese öfter ausländischen Besuch hatte, fiel meine Anwesenheit den übrigen Hausbewohnern nicht weiter auf. Ehe ich mich dann am späten Nachmittag zur deutschen Botschaft begab, suchte ich meinen japanischen Freund auf, der mir bei meinem ersten Spionageunternehmen in Dakar schon gute Dienste geleistet hatte. Er versprach mir auch sogleich, einen exakten Lageplan über das Haus des Duke in Estoril zu beschaffen – über die Zahl der Eingänge, Einzelheiten über die Dienerschaft, welche Etagen belegt seien und wie es um die Bewachung stehe. Der Japaner behielt während unserer Unterredung immer das gleiche höfliche Lächeln, und nichts in seinem Gesicht verriet, wie er über die Angelegenheit wirklich dachte.

Am Abend bummelte ich noch ein wenig durch die Stadt und schritt dann langsam den steilen Weg zur deutschen Gesandtschaft hinauf.

Von der Höhe aus hatte ich einen herrlichen Blick über Lissabon bis zum Hafenviertel und zur Mündung des Tejo. Mit dem deutschen Gesandten Frhr. von Hoyningen-Huene sprach ich gleichfalls ganz offen über meinen Auftrag. Er hatte zwar auch von diesen und jenen Unmutsäußerungen des Herzogs gehört, hielt sie aber mehr oder weniger für ausgesprochenen Sensationsklatsch. Er ergänzte diese seine Auffassung noch mit der Bemerkung, er würde es sehr begrüßen, wenn das deutschportugiesische Verhältnis nicht durch eine Gewaltaktion belastet würde. Auf Grund entsprechender Weisungen wollte er mir jedoch gestatten, für meine Berichte nach Berlin die technischen Hilfsquellen der Gesandtschaft in Anspruch zu nehmen. Wir kamen dann auf die Verhältnisse in Portugal im allgemeinen zu sprechen. Von Huene erzählte, wie groß die Furcht der Portugiesen sei, England und Amerika könnten eines Tages Portugal als Brückenkopf für einen Großangriff auf den Mittelmeerraum und Nordafrika benützen. – Zwischen den Engländern und uns war damals ein regelrechter Wettlauf um den Einfluß auf die portugiesische Abwehrpolizei im Gange. Diese wiederum arbeitete selbst mit einem nach allen Seiten ausgelegten großen Zuträgernetz. Wenn man das Kräfteverhältnis zwischen unserem und dem englischen Nachrichtendienst verglich, so war letzterer zweifellos besser fundiert und auch stärker. Dennoch war es erstaunlich, wieviel wir in den letzten Jahren in Portugal schon an Boden gewonnen hatten.

Als von Huene beiläufig auf den Venlo-Fall zu sprechen kam, war es mir interessant zu hören, daß man damals in England und Frankreich wirklich an die angeblichen Umsturzbewegungen seitens maßgebender deutscher Wehrmachtsoffiziere geglaubt hatte. Aus derselben zuverlässigen Quelle wollte der Gesandte auch wissen, daß sich vor allem Frankreich zu einer recht leichtfertigen Beurteilung der inneren deutschen Situation habe verleiten lassen. Den irrigen Glauben, das Dritte Reich sei durch eine unzuverlässige Wehrmachtsführung bereits unterminiert und so morsch, daß man kaum noch mit einem ernsthaften Gegner zu rechnen brauche, habe Frankreich dann bitter bezahlen müssen.

Am nächsten Tag traf ich wieder mit meinem japanischen Mitarbeiter zusammen. Er hatte bereits gute Arbeit geleistet. Ich erhielt die versprochene Lageskizze und einen Bericht über den Tagesablauf im Hause des Herzogs sowie über den Sicherungsdienst, der sich teils aus portugiesischer Polizei, teils aus Engländern zusammensetzte. Es war mir sogleich klar, daß mein Ansatzpunkt bei der portugiesischen Überwachungsmannschaft liegen mußte. Und hier konnten mir nur meine ortsansässigen Freunde und Geld helfen.

Schon nach zwei Tagen war es gelungen, die portugiesischen Polizisten durch eigene zuverlässige Leute zu ersetzen und ein dichtes Nachrichtennetz um die Wohnung des Herzogs zu ziehen. Auch ein Teil des Dienstpersonals konnte gewonnen werden. Nach kurzer Zeit gab es im Hause des Duke kein Ereignis und kein bei Tisch geführtes Gespräch mehr, das ich nicht abends in einem entsprechenden Bericht hätte nachlesen können. Als Gegenkontrolle hatte ich noch eine andere Quelle angezapft, die in die obere portugiesische Gesellschaft führte und aus der ich weitere Informationen über die Äußerungen des Herzogs erhielt. Daraus gewann ich dann folgenden Gesamteindruck:

Der Duke schien in der Tat den geplanten Jagdbesuch aufgegeben zu haben. Hingegen hatte er erneut Bemerkungen wegen der lästigen Überwachung fallen lassen, auch darüber, daß er einen Aufenthalt in Europa der Ernennung zum Gouverneur auf den Bahama-Inseln vorziehen würde. Von einer etwaigen Absicht jedoch, ohne Zustimmung der englischen Regierung ein anderes Land aufzusuchen, war nicht die Rede gewesen. Übereinstimmend deuteten hingegen die Berichte auf den labilen Gesundheitszustand des Herzogs hin. Und darin sah ich nun eine Möglichkeit, seine Aversion gegen die Überwachung seitens des Secret Service zu schüren. Ich mußte ja schließlich irgend etwas tun, um Berlin gegenüber mein Gesicht zu wahren.

Mir half ein höherer portugiesischer Polizeibeamter, der dem Duke erklärte, es lägen Warnungen vor, die eine verstärkte Überwachung seiner Person durch die portugiesische Polizei notwendig machten. Um diesem Gerücht Nachdruck zu verleihen, ließ ich in derselben Nacht einige Steine durch ein Fenster des Hauses werfen, mit der Folge, daß eine beträchtliche Unruhe hervorgerufen und eine fieberhafte Untersuchung eingeleitet wurde. Mittels einer Flüsterpropaganda wurde überdies unter den Angestellten des Hauses verbreitet, an allem trage nur der Secret Service die Schuld, der überall störend in das Privatleben des Herzogs einzugreifen versuche. Einige Tage darauf wurde im Hause des Duke ein Blumenstrauß mit einem verschlossenen Umschlag abgegeben. In dem Brief war zu lesen: »Seien Sie vorsichtig vor den Machenschaften des Secret Service – ein portugiesischer Freund, der es gut mit Ihnen meint.«

Natürlich vermochten solche Mätzchen keinen allzu großen Eindruck hervorzurufen, aber man diskutierte darüber, und es entstand auch ein gewisses Mißtrauen nach allen Seiten. Am wichtigsten für mich aber blieb, daß überhaupt etwas geschehen war, worüber ich nun mit entsprechender Färbung nach Berlin berichtete.

Inzwischen war mehr als eine Woche vergangen. Mein japanischer Freund riet mir zur größten Vorsicht. Der Secret Service, sagte er, habe Wind bekommen. Er schien recht zu haben. Eines Tages merkte ich, wie sich ein paar englische Agenten an meine Fersen hefteten. Ich war mit einer Taxe unterwegs und brauchte fast zwei volle Stunden, um meine Verfolger abzuschütteln. Dies gelang mir schließlich, indem ich blitzschnell in der Fatima-Kirche verschwand und dort durch einen kleinen Seitenausgang entschlüpfte.

Nach einer weiteren Woche erreichte mich ein von Ribbentrop gezeichnetes Telegramm: »Der Führer befiehlt, daß nunmehr eine Entführungsaktion vorzubereiten ist.« – Das war ein Torpedo, mit dem ich nicht mehr gerechnet hatte. Als ich anschließend mit dem deutschen Gesandten darüber sprach, wurde er sichtbar nervös. Ich versicherte ihm jedoch, daß ein Kidnapping für mich nicht in Frage komme, wenngleich ich noch nicht wisse, wie ich mich weiter verhalten solle, ohne mich der Gefahr einer Befehlsverweigerung auszusetzen. Um mich von meinen Sorgen abzulenken, entschloß ich mich, zunächst einmal mit von Huene und seiner Frau eine Ausstellung mit Volksbelustigung in Lissabon zu besuchen. Doch das leidige Telegramm wollte mir nicht aus dem Kopf.

Noch am selben Abend traf ich mich wieder mit meinem japanischen Freund und deutete ihm meine neuerlichen Schwierigkeiten an. »Befehl ist Befehl, Sie werden sich daran halten müssen«, erwiderte er unbewegt. Ich schwieg, denn ich empfand es irgendwie peinlich, daß er mich an meine Pflicht mahnte. Ich suchte ihm schließlich meine Lage zu erklären. Daraufhin fragte er – und dabei lag ein Schimmer von Spott in seinen Augen -: »Worüber wollen wir nun eigentlich sprechen? Über die Durchführung des Befehls oder über dessen Umgehung?« Als ich schwieg, meinte er: »Wie Sie es Ihrem Führer gegenüber vertreten wollen, ist Ihre Sache. Überlegen wir uns also, wie man den Befehl umgehen kann.« Und nun gab er mir allerlei Ratschläge, wie ich mich aus der Affäre ziehen könnte. »Vielleicht haben Sie auch Glück«, sagte er zum Schluß, »und der Duke verliert doch noch die Nerven.«

Unentschlossen verließ ich ihn und traf mich in einem kleinen Restaurant mit einem portugiesischen Freund. Ich war schon so unmutig und müde geworden, daß ich das heillose Thema überhaupt nicht mehr anschneiden wollte. Dann tat ich es aber doch und ging, um die Meinung meines Gegenübers herauszufordern, einfach aufs Ganze: »Übermorgen muß ich den Duke of Windsor über die spanische Grenze bringen. Kann ich auf Ihre Hilfe rechnen?« – Mein Freund sah mich entgeistert an und schüttelte den Kopf. Schließlich sagte er: »Ohne mich. Das kann ich nicht verantworten. Die Geschichte ist mir auch zu gefährlich. Überdies verstehe ich nicht, was Ihnen ein mit Gewalt verschleppter Duke of Windsor nützen soll. Und glauben Sie nur nicht, Deutschlands Ansehen damit heben zu können. Im übrigen ist die ganze Geschichte heller Wahnsinn, bleiben Sie lieber mit den Füßen auf dem Boden.«

Ich atmete auf, im Grunde hatte ich keine andere Antwort erwartet. Wir besprachen nun einen Plan, wie man die Undurchführbarkeit des Entführungsauftrages nach außen demonstrieren und ich entsprechend nach Berlin berichten könnte.

Am folgenden Morgen wurde die portugiesische Überwachungsmannschaft erheblich verstärkt – mehr als zwanzig Polizisten marschierten vor dem Hause des Herzogs auf. Auch der interne Überwachungsdienst der Engländer wurde mit Hilfe meines Freundes in Bewegung gebracht. Darüber machte ich nun einen längeren Bericht für Berlin und bat um umgehende Weisung, wie unter diesen Umständen operiert und ob notfalls von der Waffe Gebrauch gemacht werden solle. Nach zwei Tagen kam die Antwort: »Sie haben Ihre Maßnahmen nach Lage der Sache zu vertreten.« – Ich glaubte eine Ernüchterung in dieser Formulierung zu erkennen und begann mich nun etwas erleichtert zu fühlen.

Inzwischen rückte der Termin der Abreise des Herzogs nach den Bahama-Inseln näher. Aus London war bereits ein führender Vertreter des Secret Service, Sir Walter Monckton, eingetroffen, angeblich um die Abreise des Duke möglichst zu beschleunigen. Ich nutzte dies aus, um nach Berlin zu berichten, ein englischer Agent habe durchblicken lassen, daß zwischen dem Herzog und dem Secret Service in den letzten Tagen schwere Spannungen wegen der Abreise nach Westindien entstanden seien. Daraufhin habe der Secret Service den Herzog mit der Warnung unter Druck gesetzt, er befinde sich in Portugal von seiten ausländischer Geheimdienste in allergrößter Gefahr. Ich hatte nämlich inzwischen das Gerücht lancieren lassen, wenige Stunden vor der festgesetzten Abfahrt werde auf dem Dampfer eine Zeitbombe explodieren. Die portugiesische Polizei griff dieses Gerücht, mit dem ich praktisch der Abreise des Herzogs im Sinne des Secret Service noch ein wenig nachhalf, sofort auf und begann fieberhaft das Schiff nach einem so gefährlichen Objekt zu durchsuchen. Auf den Duke und seine Frau schien dies alles aber keinerlei Eindruck zu machen. – Ich beobachtete von der deutschen Gesandtschaft aus mit einem Fernglas das im Hafen vor Anker liegende Schiff und sah, wie das Herzogspaar, begleitet von Sir Walter Monckton, pünktlich und ruhig an Bord ging. -

Und damit endete mein denkwürdiger Auftrag.

Nun galt es noch, mich in Berlin zu rechtfertigen. Konnte ich Hitler selbst Bericht erstatten, würde schon alles gutgehen. Sollte sich jedoch Ribbentrop zuerst einschalten, hegte ich größte Bedenken. Natürlich war es Ribbentrop, der mich nach meiner Ankunft in Berlin sofort zu sich rufen ließ. Er reichte mir so kühl und lässig die Hand, daß sich meine Befürchtungen nur noch steigerten. Mit knappen Worten forderte er mich auf zu berichten. Als ich geendet hatte – sonderbarerweise hatte er mich ganz gegen seine sonstige Gewohnheit nicht ein einziges Mal unterbrochen –, sah er eine Weile auf seinen Schreibtisch und sagte dann mit resignierter Stimme: »Der Führer hat Ihre Telegramme sämtlich gelesen. Ich habe Ihnen nun in seinem Auftrage mitzuteilen, daß er trotz seiner Enttäuschung über den Ausgang der Angelegenheit mit den von Ihnen getroffenen Entscheidungen einverstanden ist und sie billigt.« Mir fiel ein Stein vom Herzen, und ich muß ehrlich gestehen, daß diese Reaktion Hitlers einen gewissen Respekt bei mir hinterließ.

Am Nachmittag erstattete ich Heydrich Bericht. »Es wäre besser gewesen, Sie hätten diesen Auftrag gar nicht übernommen«, sagte er mißbilligend.

Wie ich später während meiner Vernehmung im Sommer 1945 merkte, hatte der Secret Service nicht herausbekommen, daß ich damals überhaupt in Portugal gewesen war.

JAPANISCHER »SPIONAGEMARKT« IN EUROPA

Polnische Geheimdienstkuriere auf dem Weg nach Berlin – Die mandschurische Gesandtschaft – Ein guter Fang im Tiergarten – Japanische Zusammenarbeit mit polnischem Geheimdienst – Nachrichtenhandel in Stockholm

Es war kurz nach meiner Rückkehr aus Portugal, als wir aus unserer Warschauer Dienststelle folgende Blitzmeldung erhielten: »Y3 – In den nächsten Stunden wird hier ein wichtiger Kurier der polnischen Widerstandsbewegung in Richtung Berlin abfahren. Name, Aussehen, Ziel und Zweck der Reise konnten nicht ermittelt werden. Höchstwahrscheinlich wird er den Abendschnellzug benutzen.«

Das war viel und nichts. Wie sollte man aus dem Schnellzug Warschau-Berlin unter den Hunderten von Reisenden ohne einen äußeren Anhaltspunkt den einen Verdächtigen herausfinden? Mir kam der Gedanke, ein »fliegendes Kommando« einzusetzen, eine Gruppe von Spezialisten, die sowohl im Zuge selbst als auch an allen größeren Haltestellen die Reisenden zu beobachten hatten. Inzwischen gab ich Y3 in Warschau die Weisung, weiterzuforschen.

In der Nacht meldete der Kommandoführer der Spezialtruppe, auf der Strecke Posen-Berlin seien insgesamt sechs Personen als verdächtig eingekreist und einer genauen Kontrolle unterzogen worden. Einer von ihnen, namens Neb, habe sich zwar auf Grund entsprechender Papiere als Pole ausgewiesen, auch bei einer Leibesvisitation und bei einer Durchleuchtung seiner Geschäftspapiere sei nichts Verdächtiges festgestellt worden, der Sprachenspezialist des Kommandos sei aber der Meinung, daß seine Ausdrucksweise russisch gefärbt sei und irgend etwas bei ihm nicht stimme. Zuerst habe er als Reiseziel Frankfurt an der Oder und dann Berlin genannt und als Grund der Reise: Besprechungen mit einer Außenstelle des japanischen Mitsui-Konzerns. Mit Neb zusammen im Abteil reise ein gewisser K., der gleichfalls den Mitsui-Konzern in Berlin aufsuchen wolle, im Gegensatz zu seinem Begleiter aber sicher und bestimmt auftrete. Eine Gepäckkontrolle habe nichts Verdächtiges ergeben, von einer Leibesvisitation bei ihm habe man abgesehen.

Als Ergebnis blieb nur das Mißtrauen des Kommandoführers: »Glauben Sie mir, der Neb ist bestimmt nicht hasenrein, und K. hat mit ihm zu tun.« – Der Beamte war ein alter, erfahrener Fuchs auf seinem Gebiet, und es erwies sich bald, daß er auf der richtigen Fährte war. Am Mittag bekam ich die Meldung, Neb habe sich von seinem Reisebegleiter getrennt und sei in einem Hotel in der Nähe des Stettiner Bahnhofs abgestiegen. K. sei nach Berlin-Steglitz weitergefahren und dort in einer kleinen Privatwohnung verschwunden. Die übrigen Beschatteten schieden nach gründlicher Prüfung als Verdächtige aus. Um so enger zogen wir nun das Netz um Neb und K.,

Die Wohnung des K. gehörte einem Angehörigen der Berliner Gesandtschaft von Mandschukuo. Ich ließ sofort das Telefon überwachen. Aber K. war offensichtlich durch die Zugkontrolle mißtrauisch und äußerst vorsichtig geworden. Er verließ während der ersten drei Tage überhaupt nicht das Haus und bat N. nur einmal über das Telefon, zu ihm zu kommen. Der Besuch dauerte etwa eine halbe Stunde. Darauf kehrte N. in sein Hotel zurück und fragte von dort aus fernmündlich bei der mandschurischen Gesandtschaft an, ob er einmal vorbeikommen könne. »Nein, besser nicht. Ihr Begleiter soll übermorgen mit Ihnen an der bekannten Stelle im Tiergarten Spazierengehen; er kann sich mit Nicol auf einer Bank unterhalten.« Das klang schon recht aufschlußreich.

Am nächsten Vormittag suchte N. seinen Reisebegleiter K. wieder in dessen Wohnung auf. K. selber hatte seinen Bau noch immer nicht verlassen. Er empfing keinen Besuch und machte auch keine Besorgungen. Er blieb einfach wie ein Maulwurf in seinem Loch verborgen. Am gleichen Abend traf sich N. in seinem Hotel mit einer Frau. Es war die Köchin der mandschurischen Gesandtschaft. Von einem jungen Berliner, der in der Gesandtschaft als Gehilfe des Hausmeisters tätig war, erfuhren wir, daß diese Köchin gebürtige Polin sei, aber einen mandschurischen Paß besitze. Außer ihr befänden sich noch weitere sechs Polen mit entsprechenden Ausweispapieren im Dienst dieser Gesandtschaft. Den Namen Nicol hatte er noch nie gehört. Entsprechende Rückfragen beim Auswärtigen Amt und der Fremdenpolizei brachten auch keinen Aufschluß darüber. Es mußte sich also um einen Decknamen handeln. Ich stand nun vor der Frage, sollten wir während des Spaziergangs im Tiergarten zugreifen oder N. und K. noch länger beobachten lassen? – Vielleicht war Nicol ein exterritorial geschütztes Mitglied der mandschurischen Gesandtschaft oder gar ein Japaner? Das würde zu Unannehmlichkeiten führen.

Y3 hatte inzwischen berichtet, er habe in Warschau nichts mehr herausbringen können. Auf Grund unserer Beobachtungen glaubte ich jedoch mit Gewißheit annehmen zu können, daß es sich um eine Zusammenarbeit des Geheimdienstes innerhalb der polnischen Widerstandsbewegung mit dem japanischen Geheimdienst handeln mußte. Denn mandschurische Gesandtschaft bedeutete praktisch »japanische Botschaft«. Ich entschloß mich zuzupacken. Es ging nur noch um den richtigen Augenblick. Wir wußten noch nicht, ob bei dem Treffen im Zoo der Austausch des Geheimmaterials mündlich oder durch Aushändigung von Dokumenten vor sich gehen würde. Im letzteren Falle mußten wir im Augenblick der Übergabe zugreifen, denn ein längeres Zögern hätte eine Leibesvisitation notwendig gemacht, die wegen der Exterritorialität der Beteiligten möglichst vermieden werden mußte. Sollten sich die Partner auf eine mündliche Unterhaltung beschränken, mußten unsere Leute versuchen, soviel wie möglich davon mitzubekommen.

Ich nahm zuerst Kontakt mit dem zuständigen Dezernenten der Berliner Tiergartenverwaltung auf. Am nächsten Morgen übernahmen unsere »Gärtner« den Dienst im Zoo, angetan mit grüner Schürze und wohlausgestattet mit Gartengeräten. Pünktlich um zehn Uhr erschien K. mit einem Taxi. Während er zahlte, streiften seine Augen schnell das umliegende Gelände. Dann schlug er als harmloser Spaziergänger einen der Promenadenwege ein. Und nun – für die Beamten ein Rätsel, woher der Mann so plötzlich kam – trat aus einem Nebenwege Nicol heraus. K. schien ihn offensichtlich zu kennen. Das übrige spielte sich jetzt sehr schnell ab. Nach flüchtiger Begrüßung zog K. ein Päckchen aus der Hosentasche und überreichte es dem anderen. In diesem Moment wurden beide verhaftet. Wenig später ereilte N. das gleiche Schicksal, und um sicherzugehen, nahmen wir auch die Köchin sowie sämtliche mit mandschurischen Pässen ausgestattete Polen der Gesandtschaft unmittelbar von der Straße weg in Gewahrsam. Da ich in diesem Falle die Exterritorialität mißachtet hatte, beriet ich mich sogleich mit Unterstaatssekretär Luther vom Auswärtigen Amt über etwaige Entschuldigungsgründe, die notfalls vorzubringen seien. Wir hätten beispielsweise die Verhaftungen als einen Irrtum bezeichnen können, doch dazu hatten wir, wie sich bald herausstellte, keine Veranlassung mehr, denn N. und Nicol hatten uns dafür zuviel Belastungsbeweise in die Hand gegeben.

Der Inhalt des überreichten Päckchens war eine mittelgroße, fast neue Kleiderbürste mit einem silbernen Rücken und eine neue Tube Zahnpasta. Wir rätselten erst längere Zeit herum, dann entdeckten wir, daß sich der Rücken der Kleiderbürste durch einen seitlichen Druck verschieben und von dem übrigen Teil trennen ließ. Das Holzstück, auf dem die Haarborsten verleimt waren, wies kleine Vertiefungen auf – ein Versteck für winzige Aluminiumröhrchen mit schon entwickelten Mikrofilmstreifen. Eine entsprechende Entdeckung machten wir bei der Untersuchung der Zahnpastatube. Insgesamt hielten wir vierzig Mikrofilme in Händen. Abzüge und Vergrößerungen ergaben drei Aktenbände geheimdienstlichen Informationsmaterials. Ein Teil befaßte sich in französischer und englischer Sprache mit der politischen Gesamtsituation im zweigeteilten Polen. Eine in polnischer Sprache gegebene Darstellung enthielt eine vorzüglich aufgebaute, objektive Analyse der von den beiden Besatzungsmächten begangenen psychologischen Fehler und Versäumnisse, wobei die Russen noch schlechter wegkamen als wir. Der weitere Inhalt des Materials beschäftigte sich mit System, Planung und Ausbau der polnischen Widerstandsarmee; dies war offensichtlich eine Spekulation auf finanzielle Unterstützung seitens befreundeter Geheimdienste. Der letzte Teil des Berichts brachte Meldungen über Stärke und Verteilung der deutschen Besatzungsarmee, ergänzt durch eine Fülle von exaktem statistischem Material. Im Oberkommando der Wehrmacht war man über einen so genauen und übersichtlichen Bericht nicht wenig überrascht, zumal die zahlenmäßigen Angaben bis ins kleinste stimmten. Eine Erklärung vermochten wir nur in der Mitwirkung der polnischen Frauen zu finden. Gewisse Hinweise auf erst geplante militärische Maßnahmen ließen sich nur daraus herleiten, daß sich höhere deutsche Offiziere durch Polinnen hatten aushorchen lassen.

Ein so umfassender Bericht konnte nur das Ergebnis eines weit ausgelegten Informationsnetzes sein und war ein eindeutiger Beweis sowohl für die Betriebsamkeit der polnischen Widerstandsbewegung als auch für die konspirative Begabung des polnischen Volkes insgesamt. Besonders interessant für mich war, festzustellen, daß die polnische Widerstandsarmee im Begriff war, ihren Nachrichtendienst in Anlehnung an den japanischen Geheimdienst aufzubauen. Es galt nun, das Zentrum des polnischen Spionagerings zu ermitteln. In jedem Falle reichte das erbeutete Material aus, um zumindest K. als Hauptfigur der aktiven Spionage zugunsten Polens zu überführen. N. spielte nur eine Nebenrolle; er zeigte sich während der Vernehmungen auch verhältnismäßig zugänglich und hatte bereits nach sechs Stunden alles, was er wußte, ausgesagt. Er war zwischen einem Warschauer Hauptagenten der polnischen Widerstandsbewegung und einer ukrainischen Gruppe ständig Kurier gewesen. Bei der letzteren handelte es sich um die sogenannte »Melnik-Gruppe«, die damals offiziell mit uns sympathisierte. K. hingegen war eine härtere Nuß, durch und durch polnischer Nationalist. Nach zwei Tagen kam der Vernehmungsspezialist zu mir und beklagte sich, er komme mit K. nicht weiter. »Geben Sie mir doch gegen diesen verstockten Polen endlich freie Hand.« Ich befahl ihm, mir K. selbst vorzuführen, da ich davon überzeugt war, daß wir bei ihm mit den Müllerschen Methoden nicht den geringsten Erfolg haben würden.

Kurz darauf wurde K. in mein Zimmer geführt. Vor mir stand eine große, stattliche Erscheinung mit einem gutgeschnittenen Gesicht und in jeder seiner Bewegungen Offizier der polnischen Armee. Er wußte, mit wem er sprach, und verhielt sich zuerst sehr zurückhaltend. Ich behandelte ihn als Offizier, erklärte ihm meine Lage und bat ihn, sich einmal an meine Stelle zu versetzen. Unter anderem betonte ich, Verständnis dafür zu haben, wenn er seine Aussage so halte, daß er dabei niemanden seiner Kameraden verrate. Andererseits aber reiche das Material aus, ihn als Spion erschießen zu lassen. Mir war es, wie gesagt, darum zu tun, an die Zentrale des Geheimdienstes heranzukommen, und deshalb versuchte ich, ihm nun folgende Brücke zu bauen: Ich bedeutete ihm, daß seine Aussagen schon deshalb keinen Verrat mehr darstellen würden, weil die Zentrale in Warschau ohnehin bereits durch die mandschurische Gesandtschaft gewarnt und die polnische Widerstandsarmee an ihren gefährdeten Stellen sicher schon umorganisiert worden sei. Er gab zu, daß er schon vier Tage überfällig sei und daraufhin Ausweichmaßnahmen automatisch in Kraft getreten seien. Die Bestätigung hierfür erhielten wir, als wir gleich nach der Auswertung des erbeuteten Materials nach dem technischen Laboratorium der polnischen Widerstandsarmee in Warschau fahndeten: Dieses modern eingerichtete Institut war zwei Tage zuvor verlegt worden. Der Leiter, Professor P. von der Technischen Hochschule in Warschau, war gleichfalls verschwunden. Wir vermuteten, daß er mit Hilfe des japanischen Geheimdienstes ausgewichen war.

Für die Fortsetzung des Gesprächs mit K. war jetzt eine Basis gewonnen, auf der wir uns finden konnten. Er zeigte sich nun auch zugänglicher und aufgeschlossener. Über die Warschauer Geheimzentrale verriet er mir allerdings nichts. Hingegen begann er zu meiner Überraschung, mir in andere geheimdienstliche Zusammenhänge Einblick zu gewähren. Er tat dies sicher nicht aus Angst. Das Motiv sah ich vielmehr in seinem freimütigen Geständnis: »Ich hasse zwar die Deutschen als Unterdrücker Polens, mehr aber noch die Russen.« Diese Einstellung mag ihn schließlich auch dazu bewogen haben, in unserem Auftrag nach Rußland zu gehen und dort bis 1945 für unseren Geheimdienst zu arbeiten.

Was ich bezüglich der Zusammenarbeit der Polen mit dem japanischen Geheimdienst nach der Unterredung mit K. noch ergänzend zu ermitteln vermochte, ergab folgendes Bild: Die Japaner unterhielten besonders ausgebaute Nachrichtenzentralen in Belgrad, Vichy und Stockholm. Als eine ihrer Kurierumschlagstellen fungierte Berlin. Schon frühzeitig hatte der japanische Geheimdienst genaue Kenntnis vom Aufbau der polnischen Widerstandsarmee bekommen, die sich zunächst mehr aus losen Widerstandsgruppen als aus geschlossenen Einheiten ehemaliger Offiziere und Mannschaften zusammensetzte. Das japanische Interesse an einer Zusammenarbeit mit der polnischen Untergrundarmee bestand darin, in Polen eine breite Plattform für ihren eigenen Informationsdienst zu finden. Die Japaner bedienten sich gern dieser Umwege, da sie sich auf solche Weise selber kaum zu exponieren brauchten; sie pflegten die einheimische Bevölkerung unter finanzieller Unterstützung für sich einzuspannen. Das zweigeteilte Polen war für den japanischen Geheimdienst ein besonders wichtiges Aktionsgebiet -es konnte nämlich nach zwei Seiten ausgenutzt werden: sowohl gegen Deutschland als auch gegen Rußland. Dabei spielte weder Geld noch die großzügige Ausstattung mit Diplomatenpässen noch gar eine Naturalisierung ausländischer Agenten eine Rolle.

(Ende 1943 erfuhr ich beiläufig aus einem Gespräch mit dem damaligen japanischen Militärattaché in Berlin, General Komatsa, man habe sich auf Seiten der Japaner sehr gewundert, daß die Deutschen nach dem Fall K. nicht auch eine Zusammenarbeit mit ihnen gesucht hätten, vor allem zum Ausbau eines gemeinsamen Geheimdienstes gegen Rußland.)

Es mag nicht uninteressant sein, an dieser Stelle noch einmal kurz die Arbeitsmethoden des japanischen Geheimdienstes zu streifen: Nach Aussage der von uns inhaftierten Polen stellte das erbeutete Material nicht die einzige Ausfertigung dar, ein Doppel war an die »Umschlagstelle« Rom, an den General des Jesuitenordens Ledochovsky, gegangen. Wir konnten jedoch aus den Aussagen nicht entnehmen, welcherart die Form der Zusammenarbeit mit diesem Orden war; wir mußten aber annehmen, daß es sich um eine systematische Zusammenarbeit handelte. Das von uns an der Berliner Umschlagstelle kassierte Material sollte nach Stockholm weitergeleitet werden, und zwar an die Anschrift eines ehemaligen polnischen Offiziers, der gleichfalls im Dienste der japanischen Gesandtschaft stand. In unserer Kartei wurde dieser Pole als Agent des russischen Geheimdienstes geführt. Nun ließen wir ihn auf Grund der neuen Informationen entsprechend in Stockholm überwachen: er ging in der japanischen Gesandtschaft ein und aus. Hin und wieder besuchte er auch die russische Vertretung. Kein Wunder -es entsprach dies der Arbeitstechnik des japanischen Gesandten Onodera, einer Schlüsselfigur des japanischen Geheimdienstes in Europa. Onodera pflegte nämlich mit dem bei ihm eingehenden Informationsmaterial, das bereits von den japanischen Zentralen in Vichy, Rom oder Belgrad ausgewertet worden war, im wahren Sinne des Wortes einen Tauschhandel zu treiben. Man muß ihm gerechterweise zubilligen, daß er dabei nur »einwandfreies« Material auf den Markt brachte. Von seinen Handelspartnern verlangte er die gleiche »Seriosität«. Wer dieser Spielregel nicht nachkam, wurde als Partner ausgeschieden. Als ich feststellte, daß Onodera nicht nur den russischen, sondern auch den englischen Geheimdienst in gewissen Abständen versorgte, schaltete ich mich über einen meiner Stockholmer Agenten gleichfalls in den Handel ein. Dabei gab mein Mitarbeiter vor, im Dienste des italienischen Geheimdienstes zu stehen. Wir traten zuerst als »Lieferanten« auf. Das Material für Herrn Onodera mußte, um nicht gleich sein Mißtrauen zu erwecken, sehr sorgfältig gewählt und gemischt werden – echtes, aber weniger wichtiges, und falsches, irreführendes Material. Was ich im Tausch zurückempfing, war oftmals verblüffend. So lieferten die Sowjets beispielsweise ausgezeichnete Informationen über England; zum Teil stammte das Material unmittelbar aus dem englischen Kriegsministerium. Ich konnte mir dies nur auf folgende Weise erklären: Die Russen arbeiteten damals schon eng mit dem rotchinesischen Geheimdienst zusammen, der wiederum Beziehungen zu englischen Diplomatenkreisen hatte. Das Material war zum Teil so wichtig, daß ich es nicht zur Auswertung in die englische Abteilung unseres Amtes schickte, sondern persönlich bearbeitete. Ich werde an anderer Stelle noch darauf zurückkommen.

Der japanische Gesandte in der Schweiz, Okamoto, versuchte es seinem Stockholmer Kollegen gleichzutun und einen ähnlichen »Markt« zu gründen. Ihm fehlte aber anscheinend das Geschick

Onoderas, so daß der Handel über ihn nie recht in Gang kam. Wir konnten Okamoto auch ein wenig besser in die Karten sehen, da es uns gelungen war, den von ihm benutzten Diplomatenkode zu knakken und seine sämtlichen Telegramme mitzulesen.

Der Fall K. fand seinen Abschluß damit, daß die mandschurische Gesandtschaft erst sechs Wochen später mit der Nachfrage nach dem Verbleib »ihrer Staatsbürger« an uns herantrat. Wir gaben die Verhafteten daraufhin frei; sie verschwanden sämtlich auf dem Balkan.

VERSTÄRKUNG DER ABWEHR

Waffenstillstandsverhandlungen in Wiesbaden – Spanischer Staatsbesuch – »Unternehmen Felix« – Molotow in Berlin – Forderungen Stalins – Frontwendung Hitlers – Sowjetischer Spionagevorstoß in unsere Dienststellen – Verstärkung und Modernisierung der Abwehr – Industrie-, Wirtschafts- und Gesellschaftsspionage – Heydrich über Canaris

Inzwischen war ich mit einem Auftrag Heydrichs nach Wiesbaden geschickt worden. Dort sollte die deutsch-französische Kommission zur Fortsetzung der Waffenstillstandsverhandlungen tagen. Es galt, die ausländischen Teilnehmer ein wenig unter die Lupe zu nehmen. »Der Führer«, so hatte mir Heydrich erklärt, »ist voller Mißtrauen.« Der Chef der französischen Delegation, General Huntziger, sei zwar an sich ein achtungswürdiger Offizier, dennoch glaube Hitler, daß es ratsam wäre, seine Absichten während der Verhandlungen zu erkunden.

An Ort und Stelle ließ ich mich zuerst über die Raumeinteilung des für die Kommission vorgesehenen Gebäudes unterrichten. Anschließend überlegte ich mit unserem Wiesbadener Dienststellenleiter, wie wir am unauffälligsten an die französischen Verhandlungspartner herankommen und ihre internen Gespräche mithören könnten. Es schien zweckmäßig, weibliche Vertrauenspersonen über eine neutrale Stelle als Bürokräfte in die Kommission einschleusen zu lassen. Diese sollten dann versuchen, sich möglichst mit einigen Angehörigen des französischen Stabes anzufreunden, vor allem mit jener Person, die für die Aufbewahrung der Dokumente zu sorgen hatte. Unser Plan glückte. Fast Abend für Abend vermochten wir mit Hilfe nachgefertigter Schlüssel in eins der Badezimmer und den dort stehenden Aktentresor zu gelangen. Nach einer Woche hatten wir die Fotokopien aller wichtigen Berichte General Huntzigers in den Händen. Das Material erwies sich als Gegenkontrolle für den Verhandlungsgang und die von der deutschen Delegation einzuschlagende Taktik als äußerst nützlich. Denn die von General Huntziger in den Besprechungen angeführten Zahlen über noch vorhandene Waffenvorräte oder seine Angaben über den Ausbildungsstand der verschiedenen Jahrgänge waren immer zugunsten Frankreichs gefärbt, und man ging damals wohl kaum in der Annahme fehl, daß Huntziger als Patriot dabei an den Augenblick dachte, wo Frankreich wieder in der Lage sein würde, neue Verbände auszurüsten. Diese Absicht mag ihn auch veranlaßt haben, General Weygand ständigen Einblick in die Verhandlungen zu geben. Mit diesen Tendenzen hing es zusammen, daß etwa ein Jahr später General Weygand auf Befehl Hitlers in Haft genommen wurde. Hitler befürchtete nämlich seine Flucht. Nach der Festnahme durch ein fliegendes Kommando von der Landstraße weg rief Himmler bei mir an: er sei eben beim Führer und spreche von dessen Apparat aus. Er sagte dann, ich sei von Hitler bestimmt worden, alles zu tun, damit Weygand eine ritterliche Behandlung widerfahre. Hitler habe sich nämlich entschlossen, den General auf der SS-Offiziersschule Ravensburg zu internieren, und erteile mir den Befehl, persönlich dorthin zu fahren, um mit dem Kommandanten alles bis in die letzte Einzelheit zu besprechen – Bücher, Diätwünsche, Ausstattung der Räume. Kurzum, jeder zu ermöglichende Wunsch solle beachtet werden. Wörtlich hieß es in diesem Befehl: »Sie haben dafür Sorge zu tragen, daß bei General Weygand absolut der Eindruck entsteht, daß er von der Waffen-SS mit Ritterlichkeit behandelt wird.«

Nachdem dann der deutsch-französische Waffenstillstandsvertrag in Kraft getreten war, begann in Berlin eine nicht mehr abreißende Kette von ausländischen Staatsbesuchen, unter anderen der des spanischen Innen- und späteren Außenministers Serano Suñer. Ich erhielt in diesem Falle den etwas sonderbaren Auftrag, Suñer sowie seine gesamte Begleitung genau zu beobachten, und zwar rein im Hinblick auf deren psychologische Reaktion: Bei welchen Gesprächen zeigen sich die Spanier interessiert, bei welchen gelangweilt, wo versuchen sie sich durch Fragen ein eigenes Bild zu machen, und ähnliches. Man wollte bei diesem Besuch die Einstellung Spaniens zu dem von Hitler geplanten Unternehmen *Felix* abtasten, mit dem dieser beabsichtigte, Gibraltar zu erobern und sich U-Boot-Stützpunkte in den spanischen Häfen Afrikas sowie auf den Kanarischen Inseln zu sichern. Suñer war ein sehr versierter Verhandlungspartner und wich den massiven Vorstößen Ribbentrops immer wieder sehr geschickt aus. Gelegentlich eines Essens, als Ribbentrop einen Trinkspruch mit einer besonders plumpen Anspielung auf die Kanarischen Inseln verband, bemerkte ich allerdings, daß Suñer leichenblaß wurde und in seiner Erwiderung diese Anspielung deutlich spürbar überging.

Als Ribbentrop keinen Boden gewann, versuchte Himmler wiedergutzumachen, was der Außenminister seiner Meinung nach verpatzt hatte. Einen ganzen Tag lang bemühte er sich, mit allem ihm zur Verfügung stehenden Charme auf den Spanier einzuwirken. Von meinem Beobachtungsposten aus hatte ich jedoch den Eindruck, daß sich Suñer dabei schrecklich langweilte. Wäre Himmler seiner knappen prosaischen Art treu geblieben, hätte er vielleicht mehr Eindruck auf den spanischen Minister gemacht. Die nüchterne Reaktion Suñers veranlaßte Hitler zu der Bemerkung, die Geschichte werde diesen »süffisanten Jesuitenzögling« noch einmal eines Besseren belehren.

Im engsten Kreise erwog Hitler später, das Unternehmen *Felix* notfalls auch gegen Spanien durchzuführen. Zu dieser Zeit wurde mir ein Geheimbericht über Vorbereitungen vorgelegt, die ein deutsches Spezialkommando in Spanien hinsichtlich etwaiger Aufmarschplätze, Versorgungslager, Nachrichtenwege und Straßensicherungen getroffen hatte. Eine besondere Rolle spielten in diesem Bericht die Artilleriestellungen gegenüber Gibraltar. Hitler äußerte sich bei Vorlage des Berichts, er wolle eine geballte Masse von Stukas einsetzen, dabei sollten Stukabomben den Felsen von Gibraltar so sprengen, daß die feindlichen Batterien durch das herabfallende Geröll verschüttet würden. Wie geschickt es Franco schließlich doch verstand, der Gefahr, in den Krieg hineingezogen zu werden, auszuweichen, ist zur Genüge bekannt.

Während dieser Zeit schwebten auch Versuche Hitlers, mit Rußland zu einer politischen Einigung zu kommen, die ihm die Entscheidungsfreiheit dem Westen gegenüber sicherte. Himmler erzählte mir, er habe Hitler immer wieder auf die Unberechenbarkeit und Gefährlichkeit der Sowjets als Partner hingewiesen und ihn unter anderem an das jüngste Verhalten Rußlands in Bessarabien und der Bukowina erinnert. König Carol von Rumänien hatte auf Anraten Hitlers diese Gebiete an Rußland abgetreten. Nachdem Deutschland ein Abkommen mit Rumänien über die Entsendung einer »Lehrtruppe« nach Bukarest getroffen hatte*, reagierte Moskau, indem es rumäni-

---

* Hierbei spielte auch die Sicherung der rumänischen Ölfelder eine Rolle. Wir hatten nach dem Beginn unseres Angriffs auf Norwegen über einen Agenten in Paris, der mit der Telefonistin des französischen Ministerpräsidenten Paul Reynaud zusammenarbeitete, zunächst den Inhalt der bereits erwähnten Resolution des Obersten Rates der Alliierten vom 28.3.1940 erfahren, wonach auch eine Unterbindung der rumänischen Erdöllieferungen an Deutschland vorgesehen war. Das Original fiel während des Frankreichfeldzuges in deutsche Hände. Die Alliierten hatten beschlossen, durch Sprengstoffanschläge auf die Ölfelder die Förderung zu drosseln. Heydrich hatte daraufhin sofort das Erdölgebiet durch Kommandos des Geheimdienstes sichern lassen. Diese Absicherung hatte sich bisher bewährt, jetzt aber wünschte Hitler vorsorglich noch die Einleitung militärischer Schutzmaßnahmen.

sche Inseln im Donaudelta unter dem Vorwand besetzte, es handele sich hierbei noch um bessarabisches Gebiet. Damit beherrschten die Sowjets den Donauausgang zum Schwarzen Meer.

Trotz des dadurch entstandenen Mißtrauens wollte Hitler jedoch Rußland noch einmal auf die Probe stellen. Ribbentrop schrieb nun in seinem Auftrag einen Brief an Stalin, in dem er durchblicken ließ, daß Deutschland einen Beitritt Rußlands zum Dreierpakt begrüßen würde. In seiner Antwort war Stalin zwar sehr höflich, doch in der Sache selbst spürbar zögernd. Er regte schließlich eine Besprechung mit dem sowjetischen Außenminister an. So kam es zum Besuch Molotows in Berlin am 13. November 1940. In seiner Begleitung befand sich der neuernannte Botschafter Dekanossow, ein Landsmann und Vertrauter Stalins. Dekanossows Ernennung zum Botschafter in Berlin betrachteten wir mit großer Sorge, denn wir waren uns klar darüber, daß dies eine Verstärkung der Tätigkeit des russischen Geheimdienstes sowohl in Deutschland als in den von uns besetzten Gebieten nach sich ziehen würde.

Für die Reiseroute Warschau-Berlin oblag mir die Sicherung des russischen Staatsbesuches. Wegen der Schutzmaßnahmen auf deutschem Gebiet machte ich mir keine Sorgen, auf der polnischen Strekke mußte man jedoch mit Überraschungen rechnen. Die Sowjets brachten gleichfalls solche Bedenken zum Ausdruck. Die gesamte Eisenbahnstrecke wurde daraufhin durch Doppelposten abgesichert, überdies ließen wir Spezialeinheiten die Schienenstränge abschreiten. Dabei ordneten wir eine umfangreiche Grenz-, Hotel- und Zugkontrolle an. Hand in Hand damit ging eine indirekte Überwachung der gesamten Begleitung Molotows; es wäre nämlich nicht das erste Mal gewesen, daß die Russen eine solche Gelegenheit benutzten, unbemerkt Agenten ihres Geheimdienstes einzuschmuggeln. Unser Verdacht war auch diesmal nicht unbegründet – drei Personen der Begleitung konnten wir nicht identifizieren, und es waren gerade sie, die in Berlin mit allen möglichen Stellen sofort Kontakt aufnahmen. Einmal wollten wir zugreifen, es gelang dem Russen aber, das exterritoriale Gebiet seiner Botschaft zu erreichen und dort zu verschwinden.

Molotow kehrte nach vier Tagen wieder nach Moskau zurück. Wenig später wurde dem deutschen Botschafter Graf von der Schulenburg eine Note überreicht, in der unter anderem um eine Stellungnahme und Klärung hinsichtlich folgender Details gebeten wurde: Die Sowjetunion beanspruche die Einbeziehung Finnlands in ihr Interessengebiet, sie gedenke in Bulgarien militärische Garnisonen einzurichten und mit diesem Land ähnliche Verträge abzuschließen, wie dies zwischen Deutschland und Rumänien geschehen sei. Ferner beabsichtige Rußland, Stützpunkte in den Dardanellen sowie südlich Batum-Baku zu fordern – und falls sich die Türkei weigere, sollten Deutschland, Sowjetrußland und Italien gemeinsame Maßnahmen zur Verwirklichung dieses Zieles beraten. Des weiteren solle Deutschland eine Mittlerrolle wegen der Sachalin-Differenzen zwischen Rußland und Japan übernehmen. Wenn in diesen Punkten befriedigende Zusicherungen gemacht werden könnten, sei die Sowjetunion bereit, dem Dreimächtepakt beizutreten.

Die Antwort, die Hitler am 22. Juni 1941 gab – bis dahin hatte er überhaupt nicht darauf reagiert –, ist bekannt: es war der militärische Angriff auf Rußland. Schon im September 1940 hatte er die Ostfront um zwanzig Divisionen verstärken und sich Aufmarschpläne gegen Rußland vorlegen lassen. Die endgültige Entscheidung, gegen den Osten zu marschieren, fiel bereits wenige Wochen nach dem Besuch Molotows. Damals ließ Heydrich mir gegenüber in einer Unterredung einiges über die neue »Frontwendung« Hitlers durchblicken. Hitler habe, so sagte er, seine Zukunftspläne über einen zu bildenden »euro-afrikanischen Raum« endgültig aufgegeben. Das neue Stichwort sei nun »euro-asiatischer Raum«. Dabei schien selbst Heydrich von einem gewissen Unbehagen ergriffen; ich schloß dies aus seiner Äußerung: »Diese Briten sind doch zu verbissen, sie wollen einfach keine Einsicht zeigen.« Einige Monate später erfuhr ich, daß Hitler am 18. 12. 1940 den Wehrmachtsbefehl *Barbarossa* – Angriff auf die Sowjetunion – unterschrieben hatte.

Mir war inzwischen eine zweimonatige Kur in Karlsbad verschrieben worden. Doch zu einer Erholung und Genesung kam ich nicht. Ständig wurden mir Akten nachgeschickt, und schließlich brach ich meine Kur vorzeitig ab und kehrte nach Berlin zurück. Dort empfing man mich sogleich mit der Nachricht, der russische Geheimdienst habe sein Netz beachtlich verdichtet und arbeite auf hohen Touren. Es gelte, nunmehr eine entsprechende Gegenaktion zu starten und an einigen Orten, vor allem in Breslau, zuzugreifen. Nachdem ich das betreffende Aktenmaterial überprüft hatte, entschied ich mich, noch eine Weile zuzuwarten und die Ausspähung fortzusetzen. Meine Mitarbeiter warnten mich, doch ich ließ mich nicht belehren, und so gelang den Sowjets ein Coup, der sich im Hinblick auf unsere Pläne im Osten besonders nachteilig gegen uns auswirkte.

Unsere Breslauer Abwehrstelle wurde von einem tüchtigen Beamten geleitet, der seit Jahren als Ostspezialist mit ausgezeichneten russischen und polnischen Sprachkenntnissen den östlichen Raum bearbeitete. Sein Partner im militärischen Abwehrsektor war ein ebenso befähigter Mann. Beide hatten uns mit ihren Meldungen schon recht gute Dienste geleistet. Dennoch hatte ich früher bereits den Eindruck gehabt, als versuchten sie, Berlin ab und an Sand in die Augen zu streuen. Und so hatte ich, mehr routinemäßig, vor meiner Karlsbader Kur angeordnet, die Arbeitsergebnisse dieser beiden besonders zu prüfen und sie unter eine interne Überwachung zu stellen. Nunmehr berichtete man mir, daß in der Wohnung der Beamten sehr viel Fremde aus- und eingingen und meistens russisch gesprochen werde. Überdies falle auf, daß beide Familien auf recht großem Fuße lebten. Wir verglichen die Spesengelder und fragten uns, wer wohl diesen auffallenden Lebenszuschnitt bezahle. Kurz darauf meldete unser Dienststellenleiter aus Breslau, sein Dienstwagen sei auf der Straße aufgebrochen und eine Aktentasche mit wertvollen Aufzeichnungen daraus gestohlen worden. Ehe wir nun zupackten, waren beide, unser Mann und sein Kollege vom militärischen Abwehrsektor, spurlos verschwunden. Und mit ihnen die wichtigsten Unterlagen beider Dienststellen.

Die Frau unseres Dienststellenleiters – die andere starb ganz plötzlich – erklärte während ihrer Vernehmung, ihr Mann habe sich zwar mit dem russischen Geheimdienst eingelassen, jedoch in der Absicht, Deutschland einen großen Nutzen zu erweisen. Er habe es nicht gewagt, vorher hierfür eine Genehmigung der Berliner Zentrale einzuholen, da man ihm diese sicherlich verweigert hätte.

Inzwischen wurde das ganze Haus von Fachleuten durchsucht. Das wenige, was wir fanden, waren Fetzen zerrissener Schriftstücke, die in einem Reisenecessaire lagen. Nach den Feststellungen des Kriminaltechnischen Instituts handelte es sich um Reste verschiedener an die Ehefrau gerichteter Abschiedsbriefe, unter anderem mit dem Schlußsatz: »Du kommst nach.« Die Frau leugnete, einen solchen Brief ihres Mannes je gesehen zu haben, und bestritt, daß es überhaupt die Schrift ihres Mannes sei. Das Urteil der Schriftsachverständigen lautete, die Schriftzüge wiesen in jedem Falle eindeutig darauf hin, daß der Briefschreiber unter starkem Alkohol oder unter Drogeneinwirkung gestanden habe. Ich ließ daraufhin eine umfassende Suchaktion einleiten, jedoch ohne Erfolg. Die beiden waren und blieben verschwunden.

Wir haben auch nie feststellen können, ob sie Verrat geübt hatten oder von den Russen verschleppt und gar umgebracht worden sind.

Ein anderer Einbruch und Schlag gegen mich gelang den Sowjets auf dem Sektor unserer Wirtschaftsspionage. Dort arbeitete ein älterer, schwer zuckerkranker Inspektor L., wegen seiner Gutmütigkeit in seiner Dienststelle allerseits »Onkel Willy« genannt. Er war verheiratet und führte ein einfaches bürgerliches Leben. Nur eine Leidenschaft hatte er – das Pferderennen. Im Jahre 1936 hatte er zum erstenmal auf einem Rennplatz gewettet und sogleich Geschmack an der Sache gefunden, obgleich er dabei einen großen Teil seines monatlichen Einkommens verspielt hatte. Bekannte gaben dem Enttäuschten gute Tips, und Onkel Willy tröstete sich damit, der Verlust werde sich bald wieder wettmachen lassen. Er setzte wieder, verlor und hatte kein Geld mehr. Verzweifelt und ratlos wollte er gerade den Rennplatz verlassen, als er von zwei Männern angesprochen wurde, die offenbar sein Mißgeschick beobachtet hatten. »Na, wat denn«, meinte einer von beiden, der sich als Metzger ausgab, »det is mir früher ooch schon passiert, deshalb müssen Se nich gleich den Kopp hängen lassen.« Der Metzger zeigte Verständnis für Onkel Willys Liebhaberei und bot ihm hilfsbereit einen kleinen Geldbetrag an unter der Bedingung, an einem Gewinn müsse er mit fünfzig Prozent profitieren. Onkel Willy ging darauf ein, doch wieder hatte er Pech und verlor. Er erhielt einen neuen Vorschuß und gewann. Doch dieses Geld benötigte er nun dringend für den Unterhalt seiner Familie. Jetzt präsentierte der Metzger die Rechnung. Er forderte sämtliche Beträge zurück, und da Onkel Willy zur Zahlung nicht in der Lage war, drohte er ihm mit einer Anzeige bei der vorgesetzten Behörde. Während dieser Aussprache wurde L. unter Alkohol gesetzt und dazu gebracht, sich den Bedingungen seiner hilfsbereiten »Freunde« zu fügen. Gegen Zahlung eines neuen Darlehens versprach er, aus der Zentrale unseres Geheimdienstes Informationen beizubringen. Von nun ab stand er im Dienst der Russen. Jahrelang wurde er so glänzend geführt, daß nach außen niemand etwas von seiner zusätzlichen Einnahmequelle merkte. Er durfte seiner Leidenschaft bei Pferderennen zwar frönen, doch achtete man sorgfältig darauf, daß sich sein Lebensstandard nicht änderte. Sein wachsendes Bankkonto wurde so raffiniert angelegt, daß auch hier kein Verdacht entstehen konnte. Es war der Metzger, der als Zwischenperson für ihn auftrat und das notwendige Geld abhob.

L. hat den Russen im Laufe der Zeit so umfangreiches und wichtiges Material zugespielt, daß wir auf manchen Gebieten wesentliche Umstellungen vornehmen mußten. Während seiner Vernehmung bekannte er, daß er nicht nur mündliche Informationen, sondern auch wichtige Dokumente an seine Partner geliefert hatte. Die Schriftstükke pflegte er im Futter seines Hutes zu verstecken. Der wohlsituierte Metzgermeister trug den gleichen Hut, und jeweils beim Verlassen eines Lokals wurden die Hüte unbemerkt ausgetauscht. Die Meldungen gingen noch in der gleichen Nacht aus einem Berliner Hinterhaus, in dem die Sowjetagenten eine Funkstation eingerichtet hatten, nach Moskau weiter. Der Funker selbst war ein in Moskau geschulter Kommunist, der nicht nur Mitglied seiner Partei, sondern auch der NSDAP, der NSV und DAF war. In seiner Umgebung kannte man ihn als eifrigen Nationalsozialisten. Eines Tages jedoch erkrankte er und mußte operiert werden. In der Narkose sprach er von einer notwendigen Änderung des Geheimkodes und rief zwischendurch einige Male: »Warum melden sich die in Moskau nicht?« Der ihn behandelnde Arzt ging persönlich zu Müller und machte Meldung darüber. Der nunmehr aufgedeckte Spionagering umfaßte insgesamt sechzehn Personen, und zu ihnen gehörte auch Onkel Willy. Er wurde mit acht anderen Komplizen standgerichtlich erschossen. Da Himmler strikte Geheimhaltung des Falles anordnete, verbreiteten wir in der Dienststelle, Onkel Willy sei auf einer Dienstfahrt nach Warschau, offenbar in einem Anfall von Koma diabeticum, aus dem Zuge gestürzt und tödlich verunglückt. Und ich glaube, daß bis heute niemand außer den damals Beteiligten etwas über die wahren Hintergründe erfahren hat.

Der Fall Onkel Willy war eine typische Musterarbeit der Sowjets: Für die Führung von Agenten benutzen sie meist nur Kräfte, die zuvor auf diesem Gebiet gründlich geschult worden sind. Bei der Bearbeitung ihrer Opfer lassen sie sich Zeit; sie übereilen nichts und verlangen auch nichts Unmögliches; sie bleiben mit beiden Beinen auf der Erde.

Kurze Zeit nach meiner Rückkehr aus Karlsbad lud mich Heydrich eines Tages in seine Jagdhütte ein. Wir wollten ein paar ruhige Stunden dazu benutzen, um den Neuaufbau der Spionageabwehr, insbesondere im Hinblick auf den sowjetischen Geheimdienst, zu besprechen. Hauptthema waren der »präventive Abwehrschutz« und eine verstärkte Gegenspionage. Es galt vor allem, die Schwerpunkte der feindlichen

Spionage rechtzeitig zu erkennen und durch erhöhten Einsatz von Agenten in den Geheimdienst der Gegner einzudringen. Notwendig erschien vor allem auch, in den Grenzländern Rumänien, Ungarn, Polen und Finnland ein stärkeres Abwehrnetz zu spannen. Ein Problem bildeten jedoch noch die Tausende in Deutschland lebenden russischen Emigranten – ein nicht unwesentliches Rekrutierungsdepot der sowjetischen Geheimzentrale. Wir beabsichtigten nun, auch unsererseits aus diesem Depot zu schöpfen, dabei möglichst viele für die Sowjets arbeitende Agenten »umzukehren« und sie nach dem russischen Dreiersystem für uns anzusetzen. Ohne einen intensiven Ausbau des technischen Nachrichtenwesens mußten aber solche Maßnahmen Stückwerk bleiben. Einmal war es notwendig, den gesamten Post- und Telefonverkehr mit dem Ausland durch moderne Mittel zu kontrollieren, zum anderen galt es, den Funkverkehr unter Ausnutzung der neuesten Errungenschaften der Hochfrequenztechnik zu einem Schwerpunkt unserer Spionageabwehr auszubauen. Auch mußten spezielle Peiltrupps auf breiterer Grundlage geschult werden, um die Standorte der feindlichen Agentensender durch Einpeilung aufzuspüren. (Auf diese Weise gelang es später, den großen sowjetischen Spionagering *Rote Kapelle,* auf den ich noch zu sprechen komme, aufzudecken.)

Über die Zuständigkeit für die Funkabwehr gab es zwischen der Wehrmacht und Himmler ernste Differenzen. Mir schien es zweckmäßig, es bei der Zuständigkeit der Wehrmacht zu belassen, da diese ohnehin über die erforderlichen personellen und materiellen Hilfsmittel verfügte. In diesem Falle ergriff auch Heydrich erstaunlicherweise die Partei der Wehrmacht und vermochte sich damit bei Himmler durchzusetzen.

Wachsende Sorge bereitete uns überdies der Schutz der Betriebe. Im Jahre 1943 erreichte die Zahl der ausländischen Arbeitskräfte, die selbst in den geheimsten Produktionsstätten tätig waren, mehr als sechs Millionen. Bislang war in jeder wichtigen Fabrik ein politischer und ein militärischer Abwehrbeauftragter tätig. Dieser doppelspurigen Arbeit machte ich durch eine neue Werkschutzorganisation ein Ende. Verantwortlich war nunmehr nur noch ein Werkschutzleiter. In den Rüstungsbetrieben bildete der Werkschutz eine militärähnliche, teilweise uniformierte Truppe zur Bekämpfung von Sabotage, Sprengstoffanschlägen und Brandstiftung. Nach langwierigen Verhandlungen gelang es, die Fachgruppen der Industrien für eine Beteiligung an den Kosten der Ausbildung und Ausrüstung heranzuziehen.

Hand in Hand damit ging der Aufbau einer Industrie- und Wirtschaftsspionageabwehr. Erstere umfaßte den Bereich der Produktionsstätten, letztere breitete sich über das weite Feld des Handelsmarktes aus. Rein kriminalistisch ausgebildete Beamten genügten den hier zu stellenden Anforderungen nicht. Es hieß die Wirtschaftsführer selbst, die Chefs der Industrie- und Handelsverbände, in die Abwehrarbeit einzuspannen. Natürlich mußte in einem solchen Falle der Verdacht einer Zusammenarbeit mit dem Geheimdienst vermieden werden. Heydrich, der – wie er selbst zugab – nicht viel von wirtschaftlichen Dingen verstand, ließ mir hier freie Hand. Und so kaufte ich im Zentrum Berlins ein geeignetes Haus und richtete darin einige bequeme Räume für einen Wirtschaftsklub ein. In kurzer Zeit war es mit Hilfe des Wirtschaftsministeriums gelungen, etwa hundert der prominentesten deutschen Wirtschaftsführer für die ihnen zugedachte Aufgabe zu gewinnen. Aus diesem Kontakt zog ich selbst recht nützliche Erkenntnisse, die mir später sehr zugute kamen, als ich die Auflösung des mit amerikanischem Kapital gegründeten Standard-Elektrik-Konzerns zu verhindern hatte. Der Konzern umfaßte zahlreiche deutsche Firmen, wie die Lorenz-AG, Mix & Genest oder Tungsram, die für unsere Kriegsproduktion von größter Bedeutung waren. Der Direktor einer dieser Firmen hatte eine Jüdin zur Frau, und Rassenfanatiker versuchten die Gestapo auf ihn zu hetzen. Der gesamte Konzern war dadurch gefährdet. Um das wichtige Unternehmen zu erhalten, erreichte ich über Heydrich und Himmler die Genehmigung zum Eintritt in den Aufsichtsrat – eine Schutzmaßnahme sowohl für den Direktor als für den Konzern selbst.

Welche Bedeutung der wirtschaftlichen Spionageabwehr beigemessen werden mußte, bewies die Bemerkung eines Offiziers des Secret Service: »Was Shell in Hamburg heute erfährt, weiß morgen London.« So wurden die Engländer beispielsweise durch eine genaue Beobachtung des Marktes der Shell-Company darüber informiert, daß unsere Wehrmacht Anfang 1939 an der tschechischen und polnischen Grenze Benzinnachschubstellen einrichtete – eine Tatsache, aus der mit Sicherheit auf operative Aktionen geschlossen werden konnte.

Schließlich gab es noch einen Bereich, der – obgleich sehr wichtig – von unserer Spionageabwehr erstaunlicherweise bisher nur stiefmütterlich behandelt worden war. Es war dies das Gebiet der Gesellschaftsspionage. Zwar arbeitete man in Berlin und einigen anderen größeren deutschen Orten mit Gaststätten- und Hotelpersonal als Zuträgern, doch in Kriegszeiten erwies sich dies als völlig unzureichend. Wir brauchten Leute, die in der Lage waren, sich unter die Gesellschaft internationaler Hotels zu mischen, Kontakt aufzunehmen und unauffällig Fäden zu knüpfen. Über wieviel wichtige und im Kriege gefährliche Dinge im Kreise einer Gesellschaft geschwatzt wird, dafür lieferte uns *Salon Kitty* täglich neue Beweise. Doch es gab auch andere Schwatzbuden. Ein Paradebeispiel hierfür bot ein hoher Mitarbeiter Görings, der sich unter dem Rasiermesser in der Friseurstube des Hotels Kaiserhof allzu gern seiner Redseligkeit hingab. »Eine ganz phantastische Sache hat sich der Führer da ausgedacht...« Nach einer Stunde lag uns dann bereits ein Bericht über Äußerungen Görings oder über die neuesten Ereignisse in der Umgebung des Reichsmarschalls oder der Reichskanzlei vor. Als alle Versuche, Göring zu einem mahnenden Wort zu bewegen, scheiterten, luden wir den General vor. Er versprach, sich zu bessern, aber nach einigen Wochen fing er wieder an: »Eine ganz phantastische Sache...« Jeder einfache Bürger oder Soldat wäre schon bei der ersten Verfehlung dieser Art bestraft worden.

Im Laufe der Unterredung, die ich an jenem Abend in der Jagdhütte mit Heydrich hatte, machte dieser noch ein paar sehr scharfe kritische Bemerkungen über die militärische Abwehr und ihren Chef, Admiral Canaris. Wörtlich sagte er: »Nach meinem Gefühl hat Canaris den Angriffsbeginn des Westfeldzuges vom 10. Mai 1940 an den Feind verraten. Ich möchte aber jetzt noch nicht beim Führer gegen ihn vorgehen, es ist noch nicht an der Zeit. Doch der Tag wird kommen, wo er für alles das, was er dem Regime an Schaden zugefügt hat, seine Strafe erhalten wird. Bis dahin heißt es warten und Unterlagen sammeln.«

...Unterlagen sammeln – das war Heydrichs Taktik, um den anderen in die von ihm erstrebte Abhängigkeit zu bringen. Ich wußte, daß er diese Methode auch schon gegen mich einzuleiten begonnen hatte. Die Handhabe dazu bot ich ihm unfreiwillig selbst. Als ich meine Frau* im Jahre 1940 kennenlernte, hatte ich für uns beide die entsprechenden Ahnenpapiere vorzulegen. Es ergab sich, daß meine künftige Schwiegermutter Polin war. Mit dieser Komplikation hatte ich nicht gerechnet. Ich wußte, wie man damals in führenden Kreisen über die Polen dachte, und machte mich auf Schwierigkeiten bei der Erlangung der Heiratspapiere gefaßt. Um Heydrich günstig zu stimmen, stell-

* Anmerkung: Schellenberg meint hier seine zweite Frau, die er 1940 heiratete. Von seiner ersten Frau war er geschieden worden.

te ich wichtiges Vortragsmaterial zusammen und bat ihn anschließend um seine persönliche Hilfe. Zu meiner Überraschung ging er auch darauf ein und sagte mir sogar zu, Himmler zu überreden, mir eine Sondergenehmigung zu erteilen. Er bat mich, ihm für diesen Zweck die Ahnenpapiere meiner künftigen Frau (die mütterlicherseits in polnischer Sprache abgefaßt waren) nebst zwei Bildern an die Hand zu geben. Nach vier Tagen erhielt ich eine Abschrift des Himmlerschen Befehls an das Rasse- und Siedlungsamt mit dem Vermerk, daß die Ehe zu genehmigen sei. Heydrich überreichte mir mit seinen Glückwünschen diesen Befehl persönlich und gab mir zugleich die beiden Bilder zurück. Ich sah, daß Himmler mit Grünstift die nachgezogenen Augenbrauen und das Rouge auf den Lippen meiner Braut als »übertrieben« moniert hatte. Es war mir nicht recht klargeworden, was Heydrich und Himmler bewogen haben mochte, mir so schnell diese Ausnahmegenehmigung zu gewähren. Kurz nach meiner Heirat sollte ich es durch Zufall erfahren.

Eines Tages legte mir meine Sekretärin versehentlich eine »Geheime Reichssache« vor. Bekanntlich durften solche Vorgänge nur unter strengen Verschlußvorschriften von Behördenleiter zu Behördenleiter weitergegeben werden. Da mir täglich viele Geheime Reichssachen durch die Hände gingen, öffnete ich die Mappe und stellte fest, daß es sich um einen Geheimbericht der Staatspolizei, Leitstelle Posen, für Gestapochef Müller handelte. Zu meinem Erstaunen befaßte sich dieser Bericht mit der Überwachung der Angehörigen meiner Frau in Polen. Die Ermittlungen hörten aber keineswegs bei den nächsten Familienangehörigen auf; selbst die Schwester meiner Schwiegermutter, die mit einem jüdischen Mühlenbesitzer in dem von den Russen besetzten polnischen Teil lebte, war mit einbezogen worden. Mein Verdacht, daß Heydrich auf diese Weise ein Druckmittel gegen mich in die Hand zu bekommen suchte, verstärkte sich noch, als mein Schwiegervater plötzlich nach Kalisch ins Gouvernement versetzt und gleichfalls unter Überwachung gestellt wurde.

ADMIRAL CANARIS

Mein Antrittsbesuch – Waagschale Heydrich-Canaris – Das Zehn-Punkte-Programm – Canaris gibt nach

Nach der Übernahme meines neuen Amtes IV E hatte ich auch dem Chef der militärischen Abwehr, Admiral Walter Wilhelm Canaris, einen Antrittsbesuch zu machen. Er war damals etwa fünfzig Jahre alt, sah aber mit seinem weißen Haar und der etwas gebückten Haltung bedeutend älter aus. Sehr eindrucksvoll wirkten sein schöner Kopf und seine freundlichen Augen mit den buschigen Brauen.

Canaris bot mir auf einem verschlissenen Sofa einen Platz an und setzte sich selbst auf einen alten Holzstuhl. In einer Ecke des Arbeitsraumes stand ein rostiges Feldbett, dessentwegen sich Canaris lächelnd bei mir entschuldigte. Im Vergleich zu den anspruchsvollen Büros der politischen Führer wirkte dieser Raum geradezu spartanisch einfach.

Wenn Canaris Besuch empfing, zog er selten einen seiner Mitarbeiter hinzu. Seinen Gast pflegte er indessen, wie mich, auf das alte Sofa unmittelbar ins Licht zu setzen, wobei er seinen Stuhl so stellte, daß er selber im Schatten blieb. Als ich bei meinen späteren Besuchen einmal einen günstigeren Platz einnehmen wollte, drückte er mich sehr höflich wieder auf das Sofa zurück. Meist lud mich Canaris jedoch zu Besprechungen in seine Wohnung ein. »Im Dienst«, sagte er, »wird doch nur Unsinn geredet.« – »Wir sollten öfter privat zusammenkommen«, bemerkte er gleich bei meinem Antrittsbesuch, »denn ich hoffe doch einen ebenso guten Kontakt mit Ihnen zu finden wie mit Ihrem Vorgänger Best.«

Ich merkte jedoch sehr bald, daß der Admiral diese mehr persönliche Form mir gegenüber wählte, um mich als eine Art *Postillon d'amour* zu benützen, damit der dünne Faden zwischen ihm und Heydrich nicht vollends abriß.

Zu jener Zeit stand die Waagschale im Kräfteverhältnis Canaris-Heydrich noch gleich. Heydrich hatte sich eine Schatulle mit politischem Material gegen Canaris zugelegt, und Canaris verwahrte in seinem Panzerschrank die Geheimwaffen zum Gegenschlag: die Disziplinarakten Heydrichs aus der Marinezeit sowie Personalakten mit einem gefährlichen »Schönheitsfehler«: Eine der beiden Großmütter des hohen SS-Führers war Jüdin und Heydrichs Ariernachweis gefälscht. Ich brauchte Jahre, diese Zusammenhänge zu durchdringen, doch ganz hat sich der Schleier über das Verhältnis Heydrich – Canaris auch für mich nie gelüftet.

Daß Heydrich seinerseits beabsichtigte, mich als Zwischenfigur in seinem Schachspiel gegen den Admiral zu verwenden, hat er, anders als Canaris, nie zu verbergen gesucht. Er gab mir allerdings die Warnung mit auf den Weg, mich von dem »Listigen« nicht einlullen zu lassen.

Einige Monate nach der Besetzung Belgiens hatten sich die Spannungen zwischen Heydrich und dem Admiral durch einen Mißgriff der militärischen Abwehr wieder einmal verschärft. Diese hatte einen englischen Spionagering mit Verbindungen zu französisch-russischen Agenten festgestellt. Gleichzeitig stießen unsere Beamten auf dieselbe Gruppe. Wir einigten uns, daß zwei meiner Spezialisten sich noch weiter in das französische Netz einarbeiten sollten. Dessenungeachtet ließ der Abwehroffizier vom militärischen Sektor, ein Reserveleutnant, plötzlich an verschiedenen Orten eine Reihe Verdächtiger verhaften, darunter auch sieben unserer besten Vertrauensmänner. Wie zu erwarten war, wurde der gesamte feindliche Spionagering blitzschnell umorganisiert, und der Fisch, den wir bereits im Netz zu haben glaubten, schwamm davon.

Heydrich forderte daraufhin energisch eine klare Abgrenzung der Zuständigkeit zwischen unserer Abwehr und derjenigen der Wehrmacht. Ich übernahm es nun, ein sogenanntes »Zehn-Punkte-Programm« für die Zusammenarbeit aller Geheimdienste, ihre gegenseitige Abgrenzung und eine grundsätzliche Umorganisation auszuarbeiten. Bisher waren die sogenannten »Zehn Gebote« aus dem Jahre 1937 maßgebend gewesen. Nach dem neuen Entwurf mußte sich Canaris beachtliche Kompetenzabstriche gefallen lassen, und es sollte noch über ein Jahr dauern, ehe eine Einigung hierüber erzielt wurde.

Der wörtliche Text des neuen Zehn-Punkte-Programms steht mir nicht mehr zur Verfügung; ich kann seinen wesentlichen Inhalt aber an Hand privater Notizen aus der damaligen Zeit in gedrängter Form wiedergegeben.

Als Fernziel formulierte ich folgende Richtsätze für Zweck und Tätigkeit eines geheimen Meldedienstes im Ausland: Es ist ein selbständiges Zentralorgan zu schaffen, das sämtliche Sektoren auf politischem, militärischem, wirtschaftlichem und technischem Gebiet zu umfassen hat. Seine Aufgabe ist es, zuverlässiges – offizielles und geheimes – Informationsmaterial über das gesamte Ausland zu beschaffen, dieses systematisch auszuwerten und der obersten politischen und militärischen Führung sowie den jeweils interessierten Reichsministern ein objektives Bild über die gesamte außenpolitische Lage, die darin wirkenden Kräfte und Persönlichkeiten, über militärische Maßnahmen und Planungen neutraler oder feindlicher Staaten sowie über deren wirtschaftliches, technisches und biologisches Potential laufend und rechtzeitig zu vermitteln.

Als Nahziel formulierte ich nun in Stichworten folgende zehn Punkte:

1. Organisatorische und personelle Veränderungen notwendig. Bisherige Organisationsformen, vor allem in fremden Ländern, müssen aber wegen Personalmangels zunächst bestehen bleiben. Überstürzte Maßnahmen würden von gegnerischen Diensten auch zu schnell erkannt werden.

2. Schulung neuen Menschenmaterials, das erst nach Prüfung qualitativer Eignung zum Einsatz kommen darf. Die zur Zeit im Ausland lebenden Mitarbeiter sind zum großen Teil unbrauchbar. Nachwuchs möglichst aus allen Reichsressorts, aus der Wirtschaft und den freien Berufen heranziehen.

3. Umbau der Erfassungssektoren des Geheimdienstes. Zu unterscheiden ist zwischen Erfassungssektor (kämpfende Front) und Auswertungssektor (Generalstab); letzterer übernimmt die methodische Bearbeitung des gesamten Materials sowie die Beurteilung und Bewertung.

4. Systematische Entwicklung einer Spezialschulung nach den Richtlinien zu 2.

5. Allgemeine und spezielle Arbeitsgrundsätze für den Erfassungssektor und den Auswertungssektor. Aufklärungsarbeit über Notwendigkeit und Bedeutung eines Geheimdienstes für den Bestand eines Staates. In allen Reichsministerien Einrichtung von Verbindungsstellen. Leiter dieser Stellen sollen tunlichst einem »inneren Arbeitskreis« angehören; ihnen obliegt die Aufgabe, ihren gesamten Einfluß im In- und Ausland persönlich wie fachlich dem Geheimdienst nutzbar zu machen. Diese Leiter sollen ausschließlich dem jeweiligen Minister oder Staatssekretär oder mir persönlich verantwortlich sein. Zu ihrer weiteren Aufgabe gehört, den persönlichen Kontakt zwischen den Ministern und mir aufrechtzuerhalten.

6. Aufbau des »inneren Arbeitskreises«, das heißt Heranziehung mir persönlich verpflichteter Mitarbeiter zu geheimdienstlichen Zwekken. Strenge Auswahl der Mitglieder dieses Kreises. Bei Verrat To-

desstrafe durch ordentliche Gerichte (unter Ausschluß von Öffentlichkeit und Presse).

Ein »äußerer Arbeitskreis« soll alle Personen umfassen, die für Entgelt oder aus persönlichen Gründen für den Geheimdienst tätig werden. Hier gilt es, die ganze Skala der menschlichen Eigenschaften und Triebe nutzbar zu machen.

7. Aufbau einer neuen Sach- und Personalkartei.

8. Verwendung der modernen Technik als wichtigstes Instrument des Geheimdienstes.

9. Einrichtung einer Inspektions- und Kontrollgruppe, deren Mitglieder, unabhängig vom Dienstweg, ausschließlich an mich berichten, um mir eine Kontrolle nach jeder Richtung zu ermöglichen.

10. Das Ziel ist also: die Errichtung eines einheitlichen deutschen geheimen Meldedienstes (der zu einem integrierenden Bestandteil unserer Spitzengliederung sowohl auf dem politischen, militärischen wie wirtschaftlichen Gebiet werden muß). Organisatorisch muß er eine in sich geschlossene, eigenständige Position erlangen. Die neue Institution soll unmittelbar dem höchsten Regierungschef unterstehen.

Bei der Verwirklichung dieses Programms durfte ich folgende Erwägungen nicht aus den Augen verlieren: Die sich damals abzeichnende Entwicklung lief auf eine Eingliederung des gesamten Geheimdienstes in das organisatorische Gefüge des Reichssicherheitshauptamtes hinaus. Dies schien mir ein grundlegender Fehler zu sein, denn der Auslandsgeheimdienst hatte weder etwas mit der Sicherheitspolizei noch mit dem SD-Inlandsnachrichtendienst gemein. Deshalb hielt ich die Herauslösung des Amtes VI (Auslandsnachrichtendienst) aus dem Verband des RSHA und seine Verselbständigung für notwendig. Da es sich hierbei in erster Linie um eine innerpolitische Machtfrage handelte, mußte ich in Zukunft gegenüber der Wehrmacht (Canaris) und dem Auswärtigen Amt (Ribbentrop) besonders bedächtig vorgehen. Denn von dieser Seite war aus Kompetenzgründen heftiger Widerstand ohne Berücksichtigung des großen idealen Zieles zu erwarten. Es galt deshalb, mir in der Person Himmlers und Heydrichs starke Hilfen zu sichern. Gleichzeitig mußte ich jedoch beide davon überzeugen, daß eine Verselbständigung des gesamten Geheimdienstes weder für den einen noch den anderen eine Einbuße ihrer persönlichen wie machtpolitischen Position nach sich ziehen würde. Ich mußte ihnen im Gegenteil meinen Plan so schmackhaft machen, daß sich in der Praxis für sie sogar die Aussicht auf einen persönlichen Machtzuwachs bot, wobei ich für die erste Zeit die Bindungen des SS-Ordens unter keinen Umständen als gelockert hinstellen durfte.

Während der langwierigen Verhandlungen über das Zehn-Punkte-Programm kam es zwischen Canaris und Heydrich zu weiteren schweren Differenzen. Als Canaris schließlich in der Adjutantur Heydrichs erschien und um eine Aussprache bat, da Heydrich ihn telefonisch nicht mehr anhörte, ließ dieser ihm durch einen Adjutanten bestellen, er habe keine Zeit. Das war ein unglaublicher Affront – Heydrich schien sich bereits so sehr als der Stärkere zu fühlen, daß er sich nicht scheute, dies durch eine verletzende Kampfansage herauszukehren. Canaris verkannte auch nicht die nunmehr auf ihn zukommende Gefahr. Er rief mich eine Stunde später von seinem Büro aus an, weinte fast am Telefon und sagte mit klagender Stimme, er könne nicht fassen, daß so etwas ihm als dem weitaus Älteren von einem seiner früheren Seeoffiziere geboten werde. Er bat mich dann, noch einmal eine Vermittlerrolle zu übernehmen.

Ich sprach anschließend mit Heydrich darüber, der auch nach längerem Zureden in eine mündliche Aussprache mit Canaris einwilligte. Zur Bedingung machte er jedoch die Zustimmung des Admirals zu dem neuen Zehn-Punkte-Programm. Die Unterredung fand in einer Villa am Wannsee statt. Was dort besprochen wurde, darüber hat weder Canaris noch Heydrich je ein Wort verlauten lassen. Aber Canaris hatte grundsätzlich nachgegeben. Ich bemerkte damals bei ihm zum ersten Male, daß Zeichen einer inneren Ermüdung auftraten. Die voraufgegangenen Monate der eiskalten Taktik Heydrichs hatten ihre Wirkung getan. Fast schien es mir, als hätte er eine physische Angst vor Heydrich bekommen. Es mag allerdings sein, daß sein immer größer werdender Pessimismus hinsichtlich der Kriegslage mit zu seiner Gemütsverfassung beitrug. Immerhin dauerte es noch ein Jahr, bis er seine Unterschrift leistete, wobei ich zugebe, daß ich ab 1941 selbst retardierend wirkte. In einem Annex hatte ich nämlich in die vorgesehene Vereinbarung noch die Abgrenzung der Zuständigkeit des politischen Auslandsdienstes (den ich im Juni desselben Jahres übernahm) zur militärischen Spionage eingearbeitet. Ich ging dabei von dem Gesichtspunkt aus, Canaris aus der politischen Tätigkeit im Ausland auszuschalten. Ab Weihnachten 1941 verlangte ich allerdings von Heydrich, den endgültigen Abschluß der Vereinbarung bald herbeizuführen, da ich diese dringend bei meinen laufenden Besprechungen mit dem Auswärtigen Amt benötigte.

An den geschilderten Vorgängen war ich deshalb persönlich ganz besonders interessiert, weil Heydrich schon Ende 1940 äußerte, es sei bald an der Zeit, den bisherigen Amtschef des politischen Auslandsnachrichtendienstes zu verabschieden. »Würden Sie sich getrauen«, fragte er mich wörtlich, »einen Apparat wie den des Amtes VI während dieser Phase des Krieges organisatorisch und personell umzubauen? Glauben Sie nicht«, fuhr er fort, »daß Canaris die Zeit einer solchen Umstellung entscheidend für sich ausnutzen wird?« – Meine Antwort lautete: »Das ist eine Frage des politischen Machteinflusses zwischen Ihnen und dem Admiral.«

DIE GEBRÜDER VIETINGHOFF

Auf der Suche nach dem Kleeblatt – Anlaufstelle russische Handelsgesellschaft – Der große Auftrag – Geldversteck im Völkerschlachtdenkmal – Hitler mischt sich ein – Spion im Robert-Koch-Krankenhaus

Im Spätherbst 1940 meldete uns eine junge Baltendeutsche, daß zwei ihrer Landsleute, mit denen sie im Zuge der Rückwanderung nach Berlin gekommen sei, für den russischen Geheimdienst arbeiteten. Es handelte sich um die beiden Brüder Vietinghoff. Nach ihrer Aussage hatte sie mit dem noch nicht verheirateten Wilhelm Vietinghoff ein Verhältnis gehabt, das aber von der Frau des anderen, die mit beiden Brüdern intim zusammenlebe, hintertrieben worden sei. Ihren Verdacht, daß die Vietinghoffs Agenten des russischen Geheimdienstes seien, stützte sie auf die Bemerkung ihres früheren Verlobten, er habe zusammen mit seinem Bruder einen wichtigen Auftrag für die Russen durchzuführen, der eine Menge Geld einbringen werde. Mit diesem Geld wolle er dann, um seiner Schwägerin ein für allemal auszuweichen, mit ihr ins Ausland gehen und sie dort heiraten. Seit ihrer Ankunft in Berlin sei aber ihr Verlobter mitsamt seinem Bruder und dessen Frau spurlos verschwunden.

Der Verdacht einer Denunziation lag in diesem Falle sehr nahe, dennoch entschlossen wir uns, der Sache nachzugehen. Zuerst versuchten wir einmal, die Wohnung des Kleeblatts zu ermitteln. Es gab in Berlin eine beträchtliche Anzahl von Personen gleichen Namens – sie wurden alle von uns überprüft, jedoch ohne Ergebnis. Ich wollte das Aktenstück schon ablegen lassen, als mir plötzlich wieder Bedenken kamen. Die drei konnten einen anderen Namen angenommen haben oder in einer anderen Stadt untergetaucht sein. Ich blätterte den gesamten Vorgang noch einmal durch und ließ anschließend einen meiner Spezialsachbearbeiter rufen. Lebten die Vietinghoffs unter falschem Namen in Berlin, dann galt es, die Hauptzentren des russischen Geheimdienstes – die russische Botschaft, die russische Handelsgesellschaft sowie verschiedene andere korrespondierende Einrichtungen – zu beobachten. Wenn die beiden Brüder im Dienste der Russen standen, dann mußten sie eines Tages dort auftauchen. Mit einer solchen Beobachtung konnte ich einen schon seit langem gehegten Plan verbinden, mir ein Fotoalbum sämtlicher bei den Sowjets ein- und ausgehenden Besucher anzulegen. Hatten wir Glück, dann würden auch die beiden Baltendeutschen auf unseren Fotos erscheinen.

Wir ließen nun gegenüber den verschiedenen russischen Gebäuden durch einen Strohmann Wohnungen mieten und etliche unserer Beamten, mit Feldstechern und Filmen ausgerüstet, dort einziehen. Nach einigen Tagen wurden mir abends die Filme vorgeführt. Es waren sehr viele uns interessierende Gesichter darunter, aber noch nicht die beiden Gesuchten.

Nach einer weiteren Woche erschien auf dem Film ein Mann, der hastig und mit ziemlich ängstlichem Gesichtsausdruck auf die russische Handelsgesellschaft zuschritt. Beim Verlassen des Gebäudes blieb er einen Augenblick unentschlossen vor der Tür stehen, offensichtlich unsicher, welchen Weg er wählen sollte. Als ich R 17 (die junge Baltendeutsche war inzwischen Agentin bei uns geworden) den Film zeigte, leuchteten ihre Augen haßerfüllt auf: »Das ist er.«

Voller Spannung warteten wir nun auf einen neuerlichen Besuch. Nach fünf Tagen erschien Wilhelm Vietinghoff zum zweitenmal vor der russischen Handelsgesellschaft und verschwand anschließend in einer Mietskaserne im Osten Berlins. Wie vermutet, hatte das Kleeblatt sowohl die Namen als auch die Pässe gewechselt. Der ältere Bruder hieß nun Egon Altmann, der jüngere Wilhelm Oberreiter; die Frau hatte sich den Namen Maria Schultze zugelegt. Das private Dreiecksverhältnis hatten sie hingegen aufrechterhalten: sie lebten gemeinsam in einer Wohnung, und wie es schien, in recht guten Verhältnissen. Im Hause lobte man die fleißigen Flüchtlinge, die sich in zäher Arbeit wieder eine Existenz geschaffen hätten. Egon und Wilhelm seien Vertreter einer Firma für Hotel- und Restaurantbedarf und hätten überdies viel mit Maklern zu tun. Die beiden Männer reisten viel, und Maria Schultze lebe sehr zurückgezogen.

Der Hinweis auf die Makler brachte uns auf eine interessante Fährte. Einer der Makler berichtete uns, Egon Altmann sei wegen Erwerbs eines Hotels an ihn herangetreten und wünsche auf diese Weise eine größere Erbschaft wertbeständig anzulegen. Es war dem Makler auch bereits gelungen, ein solches Hotel an die Hand zu bekommen. Verabredet war, Altmann solle eine Baranzahlung von zweihunderttausend Reichsmark leisten und das Restkaufgeld von dreihunderttausend Reichsmark als erststellige Hypothek im Grundbuch sicherstellen. Renovierung und Neuinstallierung des Hotels gingen zu Lasten des Käufers.

Die Sowjets ließen sich die Sache etwas kosten. Wir waren sicher, daß uns hier ein ansehnlicher Brocken zufallen würde. Aber noch tappten wir im dunkeln, welchem Zweck dieses Hotel dienen sollte. Unsere Neugier wurde lange auf die Probe gestellt, denn die Sowjets gingen äußerst behutsam vor. Wir warteten zwei volle Wochen, doch es geschah nichts. Dann meldete sich plötzlich eines Abends der Leiter eines unserer Spähkommandos und berichtete: Maria Schultze habe nachmittags durch einen Knaben einen Brief zugestellt bekommen. Das Kind sei in der Nähe der Wohnung von einem Fremden angesprochen und für den Botengang mit einem guten Trinkgeld beschenkt worden. Maria habe dann um 21 Uhr die Wohnung verlassen und sei in ein Taxi gestiegen. Sie werde im Augenblick von einer Streife verfolgt.

Nach zwanzig Minuten kam ein Anruf, Maria Schultze sei am Bahnhof Bellevue ausgestiegen und dann schnell in eine langsam an ihr vorüberfahrende dunkle Limousine übergewechselt. Bei der weiteren Verfolgung über die Avus nach Wannsee sei die Spur dann aber verlorengegangen. Drei Stunden später meldete der Beobachtungsposten vor dem Hause der Vietinghoffs, Maria sei zu Fuß in ihre Wohnung zurückgekehrt.

Ich war ärgerlich, daß man für die Verfolgung keinen schnelleren Wagen benutzt und auch nicht einmal die Nummer der Limousine festgestellt hatte. Überdies dauerte mir die Fahndung zu lange. Ich brauchte die Beamten dringend für andere Zwecke. Deshalb suchte ich nun nach einem Weg, auf dem wir den Fall schneller vorantreiben konnten. Vielleicht, so überlegte ich mir, ließe sich das Kleeblatt an seiner schwächsten Stelle packen – das war der jüngere Vietinghoff und ehemalige Verlobte von R 17. Ich konnte ihm beispielsweise ein sorgenfreies Leben mit R 17 im Ausland versprechen und ihn so möglicherweise zum Reden bringen und vielleicht sogar als Gegenkraft gegen seinen Bruder und seine Schwägerin verwenden.

Noch am gleichen Tage vermochten wir ihn unbemerkt in unsere Hand zu bringen. Beim Überqueren einer Straße wurde er von einem »Taxifahrer« nach dem Weg gefragt, und wenige Sekunden später saß er zwischen zwei unserer Beamten im Fond des Wagens. Als er mir vorgeführt wurde, zeigte er sich äußerst nervös und zerfahren. Ich behandelte ihn mit Absicht ziemlich verächtlich; ihn geringschätzig musternd sagte ich: »Nun, Sie Verräter, was haben Sie mir zu berichten? Wenn Sie die Wahrheit sprechen, will ich Gnade vor Recht ergehen lassen. Versuchen Sie aber, mich auch nur in einem Punkt zu belügen, dann sind Sie sehr bald ein toter Mann.«

Die Reaktion war ein bitterliches Weinen. Als er zu sprechen begann, schob er alle Schuld auf die Frau seines Bruders – sie sei ein Teufel, sie sei es, die ihren Mann und ihn ins Unglück gestürzt habe. Schon vor ihrer Ehe habe sie mit dem sowjetischen Geheimdienst in Verbindung gestanden, der große Stücke auf sie halte. Deshalb sei ihr auch ein so wichtiger Auftrag anvertraut worden; sie halte ihren Mann völlig in der Hand, er sei ihr hörig und tue alles, was sie verlange. Als fanatische Kommunistin würde sie bei einem Verrat auch nicht davor zurückschrecken, ihren Mann oder ihn den Russen auszuliefern. Nun fiel auch der Name von R 17. Zum Schutze gegen sie habe Maria vorgeschlagen, eine Namensänderung vorzunehmen.

Als Wilhelm Vietinghoff über den »großen Auftrag« berichtete, gewann er langsam seine Fassung wieder. Da die Sowjets eine verschärfte Überwachung ihrer offiziellen Berliner Dienststellen fürchteten, seien sie auf den Gedanken gekommen, ein Hotel anzukaufen, das künftig als Kurieranlaufstelle und gleichzeitig als Vorprüfungsstelle für die zahlreichen eingehenden Meldungen, insbesondere die militärischen Informationen, dienen sollte. Als Fachkräfte seien fünf russische Offiziere vorgesehen, die man in das Hotelpersonal einzubauen gedenke. Maria habe man die Überwachung des Kurierwesens, seinem Bruder den Hotelbetrieb und ihm die Entwicklung von Filmen übertragen. Der Kaufpreis für das Hotel solle Maria in den nächsten vierzehn Tagen zugehen. Einzelheiten darüber wisse er noch nicht. Die Russen seien in letzter Zeit äußerst vorsichtig geworden und hätten ihnen auch verboten, je wieder eine der russischen Dienststellen zu betreten. Wir hatten also den jüngeren Vietinghoff gerade noch im letzten Augenblick auf den Film bekommen.

Ich stellte dem Verhafteten nun anheim, sein Leben dadurch zu retten, daß er von nun ab für uns arbeite, dabei verhehlte ich ihm nicht, daß die Sowjets erst kürzlich einem abtrünnigen Agenten ihre Rechnung präsentiert hätten – das Opfer sei in einem völlig demolierten Auto tot aufgefunden worden. Er zögerte einen Augenblick, doch als ich ihm zusicherte, ihn vor einem solchen »Unglücksfall« zu schützen, streckte er mir zum Einverständnis die Hand hin. Daraufhin besprachen wir eingehend, wie er sich hinfort zu verhalten und in welcher Weise er uns unauffällig die gewünschten Nachrichten zu übermitteln habe. Ich wußte, daß ich mit diesem nervenschwachen Mann ein gewisses Risiko einging, und baute ihm deshalb noch eine Brücke: »Wenn Sie eines Tages glauben, den Druck nicht mehr aushalten zu können, dann kommen Sie sofort zu mir und stellen sich unter unseren Schutz, vorausgesetzt, daß Sie uns nicht zu bluffen versuchen.«

Das Gegenspiel begann. Nach vier Tagen meldete uns Wilhelm, Maria habe einen Brief bekommen. Darin sei ihr befohlen worden, am folgenden Morgen mit einem bestimmten Zug nach Leipzig zu fahren. Mittags habe sie in einem näher bezeichneten Lokal zu essen und am Nachmittag das Völkerschlachtdenkmal zu besichtigen. Beim dritten Mauervorsprung auf der rechten Seite des Eingangs zum Denkmal befinde sich eine kleine Höhlung, in der sie ein Päckchen finden werde. Dieses Päckchen, das auch weitere Weisungen enthalte, dürfe sie aber erst bei Einbruch der Dunkelheit an sich nehmen; um diese Zeit sei meistens niemand mehr in der Nähe des Denkmals anzutreffen. Anschließend habe sie zu Fuß zur Stadt zurückzugehen und in derselben Nacht wieder nach Berlin zurückzufahren. Diese Verhaltensmaßnahmen waren offensichtlich vorgeschrieben worden, um sie genau kontrollieren zu können.

Tags zuvor fuhren zwei unserer Beamten nach Leipzig, um noch in der Nacht den Mauervorsprung zu untersuchen. Tatsächlich fanden sie die Höhlung und auch das Päckchen, eingewickelt in altes Zeitungspapier. Von außen hätte es niemand bemerken können. Die Beamten hatten Weisung, den Fund liegenzulassen und Maria zu beobachten. Wie befohlen, erledigte Maria ihren Auftrag und verschwand nachts mit dem Päckchen in ihrer Berliner Wohnung.

Am nächsten Abend rief Wilhelm wieder bei uns an. Er teilte mit, in dem Päckchen hätten sich, in Leinen eingewickelt, vierhunderttausend Reichsmark befunden. Nach Auffassung Marias habe das Geld mindestens schon ein Jahr lang in dem Mauerriß des Denkmals gelegen. Weisungen seien jedoch in dem Päckchen nicht enthalten gewesen. Am Morgen sei wieder ein Brief gekommen mit Angaben, wie das Geld zum Ankauf des Hotels verwendet werden solle. Als Anlage habe auch ein Darlehensvertrag eines privaten Finanzierungsbüros beigelegen.

Dieser Entwurf trug – wie wir später feststellten – keinerlei verdächtige Merkmale. Um Komplikationen zu vermeiden, verzichteten die Sowjets auf die Eintragung einer Sicherungshypothek; der Kaufvertrag, die notarielle Auflassung sowie die erforderliche Grundbucheintragung sollten spätestens innerhalb zwei Wochen erledigt werden.

Wir informierten nun den Makler, den Verkäufer des Hotels sowie den Notar. Inzwischen hatte ich über den gesamten Sachverhalt nach oben berichtet und die Erlaubnis erhalten, zu warten und die Ausspähung bis zum nächsten Treffen Marias mit ihrem Auftraggeber fortzusetzen. Wir wollten unter allen Umständen die übrigen Mitwirkenden identifizieren. Wilhelm hatte uns erklärt, daß Maria den Verbindungsmann selber nicht genau kenne, sie wisse nur, daß dieser ein Russe sei, der kaum Deutsch spreche.

Kurz darauf wurde Maria zum Bahnhof Tiergarten bestellt, und zwar auf den Bahnsteig, auf dem die Schnellzüge in Richtung Westen abfuhren. Ich ordnete eine umfangreiche Überwachung an. Maria erschien pünktlich, ging fast eine Stunde lang auf dem Bahnsteig hin und her, ohne aber von jemandem angesprochen zu werden. Wilhelm berichtete, sie sei unruhig in die Wohnung zurückgekehrt, habe lange mit seinem Bruder beratschlagt und schließlich erwogen, ob man nicht ihn, Wilhelm, entgegen dem ausdrücklichen Befehl doch noch einmal in die russische Handelsgesellschaft schicken solle.

Jetzt trat ein Ereignis ein, das meinen weiteren Plan plötzlich durchkreuzte. Himmler hatte sich über den Fall gesprächsweise mit Hitler unterhalten. Letzterer regte sich über die subversive Tätigkeit des russischen Botschafters Dekanossow so auf, daß er befahl, die Sache sofort zu einem demonstrativen Abschluß zu bringen. »Die Sowjets sollen wissen, daß wir ihre verstärkte geheimdienstliche Tätigkeit durchschauen. Im übrigen paßt mir eine solche Verhaftung zur Zeit recht gut in meine Gesamtpläne.« – Es war dies Ende November 1940.

Mein Versuch, mit Gegenargumenten Zeit zu gewinnen, schlug fehl. Auch Heydrich, der mich unterstützte, konnte nichts erreichen. Es blieb bei Hitlers Entscheidung.

Am folgenden Tage wurden Egon und Maria Vietinghoff auf der Straße verhaftet. Wilhelm sollte noch eine Zeitlang in der Wohnung die Stellung halten und bei Nachfragen die Sowjets durch die Mitteilung beruhigen, Maria habe wegen einer akuten Blinddarmentzündung ins Robert-Koch-Krankenhaus eingeliefert werden müssen. Zu Wilhelms Schutz wurden drei Beamte in seiner Wohnung postiert. R 17 übernahm unterdessen die Rolle der Blinddarmerkrankten im Hospital. Und nun nahm der Fall eine Wendung, mit der wir am wenigsten gerechnet hatten: Natürlich konnten wir R 17 nicht operieren lassen; wir mußten also die beiden Vertrauensärzte entsprechend informieren. Einer von beiden, und zwar der Oberarzt, war Agent des russischen Geheimdienstes, der die Sowjets sofort ins Bild setzte. – Wir haben dies leider erst später erfahren, als der Oberarzt bei der Aufdekkung des sowjetischen Spionagerings *Rote Kapelle* wegen Landesverrats verhaftet wurde.

Nach einiger Zeit, als die Sowjets sich nicht mehr bei Wilhelm meldeten, schickte ich ihn noch einmal in die russische Handelsgesellschaft, um dort »Bericht zu erstatten«. Er wurde auch sehr höflich empfangen und erhielt den Bescheid, man werde von sich hören lassen, sobald Maria aus dem Krankenhaus entlassen sei.

Egon Altmann brach während der Vernehmung völlig zusammen. Maria hingegen blieb störrisch und feindselig bis zur letzten Minute und weigerte sich auch, irgendwelche Angaben über ihre schon seit acht Jahren dauernde Zusammenarbeit mit dem sowjetischen Geheimdienst zu machen. Sie wurde mit ihrem Mann zusammen vom Volksgerichtshof zum Tode verurteilt. Ich erreichte es aber, daß Egon noch kurz vor der Hinrichtung begnadigt wurde. Dem jüngeren Vietinghoff gegenüber wahrte ich mein Versprechen. Wir hielten noch längere Zeit unsere schützende Hand über ihn. Nur einmal versuchten die Sowjets durch einen inszenierten Streit auf der Straße an ihn heranzukommen, doch ohne Erfolg. Danach ließ ich ihn in Deutschland und den besetzten Gebieten reisen, um seine Spur zu verwischen.

R 17 setzten wir, da sie über ausgezeichnete Sprachkenntnisse verfügte, zuerst auf die Japaner und dann auf die Sowjets an. Später arbeitete sie sogar für uns in Rußland und schickte uns über Finnland und Schweden wertvolle Informationen. Über ihr Schicksal nach Kriegsende ist mir nichts bekannt geworden.

DER FALL RICHARD SORGE

Erster Verdacht gegen Sorge – v. Ritgen interveniert – Meisinger Polizeibeauftragter in Tokio – Sorge *berichtet dem deutschen Geheimdienst – Seine Verhaftung – Spion für Moskau*

Es war im Sommer 1940, als mich der Leiter des Deutschen Nachrichtenbüros (DNB), Herr v. Ritgen, ansprach und mich um eine Unterredung wegen Richard Sorge bat. Der Genannte lebte seit 1934 in Ostasien und arbeitete in den folgenden Jahren unter anderem auch für das Deutsche Nachrichtenbüro und als Korrespondent der *Frankfurter Zeitung.* Nun war der Verdacht der Illoyalität gegen ihn aufgetaucht – es war die Auslandsorganisation der NSDAP, die zuerst ihr Mißtrauen gegen Sorge äußerte und dabei auf dessen politische Vergangenheit hinwies. Herr v. Ritgen, mit dem Sorge eine persönliche Korrespondenz führte, bat mich nun, doch einmal Einsicht in die über Sorge geführten Geheimakten sowohl beim Amt III als auch beim Amt IV zu nehmen.

Ritgen, der offensichtlich nicht gern auf Sorges Mitarbeit beim DNB verzichten wollte, verwies hinsichtlich der Zweifel an Sorges politischer Zuverlässigkeit auf dessen Zusammenarbeit mit Professor Haushofer in München. In der geopolitischen Zeitschrift Haushofers sei eine längere Aufsatzreihe Sorges über die *Revolte der jungen Offiziere* erschienen, seiner Meinung nach bisher das Beste, das je über die Hintergründe der damaligen Spannungen zwischen Armee und Wirtschaft in Japan geschrieben worden sei. Ritgen rühmte überdies die vorzügliche Kenntnis Sorges von Land und Leuten in Ostasien sowie seinen geschulten Blick für die politischen Zusammenhänge im gesamten östlichen Raum. So habe er das Kräfteverhältnis zwischen den Mächten China–Japan–Rußland auf der einen sowie Amerika–England auf der anderen Seite in den Grundzügen stets richtig erkannt und beurteilt.

Ich sah mir daraufhin die Akten an. Irgendein Grund, gegen Sorge vorzugehen, war jedoch aus den Unterlagen nicht zu ersehen. Das Aktenbild über seine Vergangenheit stimmte mich zwar nachdenklich – er hatte mit zahlreichen unserem Nachrichtendienst bekannten Kominternagenten offensichtlich in engem Kontakt gestanden. Andererseits hatte er während der zwanziger Jahre auch gute Beziehungen sowohl zu deutschnationalen als auch zu rechtsradikalen und nationalsozialistischen Kreisen unterhalten, unter anderem zu Stennes, einem ehemaligen SA-Führer, der später nach seinem Ausschluß aus der Partei nach China geflohen und dort Militärberater Tschiang Kai-scheks geworden war. Wir wußten, daß Stennes von China aus noch engen Kontakt mit der Schwarzen Front Otto Strassers unterhielt; Heydrich verdächtigte ihn außerdem, mit den Russen zu liebäugeln.

Als ich mit v. Ritgen über mögliche Querverbindungen Sorges sprach, meinte er: Wenn dieser wirklich Verbindung zu fremden Geheimdiensten haben sollte, dann müßte es uns doch gelingen, Mittel und Wege zu finden, uns entsprechend abzusichern, gleichzeitig aber von Sorges Sachkenntnis zu profitieren. Ich sagte v. Ritgen schließlich zu, Sorge vor Angriffen der Partei hinfort zu schützen, sofern er sich bereit erkläre, neben seiner journalistischen Tätigkeit für uns zu arbeiten. Er solle dem Geheimdienst von Zeit zu Zeit Informationen über Japan, China und die Sowjetunion liefern; dabei stellte ich v. Ritgen anheim, selber darüber nachzudenken, in welcher Weise er die Nachrichtenverbindung entsprechend ausbauen wolle.

Als ich Heydrich davon unterrichtete, billigte er meinen Plan nur mit der Maßgabe, daß Sorge ab sofort überwacht werde. Heydrich war skeptisch und rechnete damit, daß Sorge uns mit Irreführungsmaterial beliefern könnte; seine Informationen sollten deshalb nicht durch den normalen Geschäftsgang laufen, sondern einer besonderen Prüfung unterzogen werden. Der ganze Fall sollte aber auch noch einmal mit Jahnke besprochen werden.

Ich muß gestehen, daß ich die von Heydrich verlangte sofortige Überwachung Sorges fahrlässigerweise verzögert habe. Allerdings wurde die Einleitung einer solchen Überwachung dadurch erschwert, daß schriftliche Anweisungen in diesem Falle nicht herausgegeben werden durften und zum anderen unsere Mitarbeiter in Japan hierfür noch zu jung und unerfahren waren. Als ich mit Jahnke darüber sprach, wich er mir sonderbarerweise aus, indem er so tat, als kenne er Sorge nicht näher. Ich wußte aber, daß er durch Ritgen informiert war, drang jedoch nicht weiter in ihn.

Um diese Zeit wurde der schon erwähnte Kriminaldirektor Meisinger von Heydrich als Polizeibeauftragter nach Tokio geschickt. Mit dieser Versetzung Meisingers hatte es eine besondere Bewandtnis, an der ich ohne meinen Willen teilhatte. Der Kriminaldirektor glaubte einmal Anlaß zu haben, mich bei Heydrich wegen meiner »Unzuverlässigkeit« ins Licht zu rücken. (Ich hatte in Wien in der Tat jemanden zu

Unrecht abgedeckt.) Ich schützte mich auf meine Art und begann langsam ein Netz über ihn zu werfen. Er war in meinen Augen ein Verbrecher. Nach dem Polenfeldzug hatte man ihn zum Polizeikommandanten in Warschau gemacht. Es war mir nun ein leichtes, über Freunde in Polen Beweise für die bestialischen Taten Meisingers in Warschau zu erbringen. Dieses Material gab ich Müller mit dem Hinweis, es sei gelegentlich bei mir angefallen. Müller fing den Ball sofort auf, und es folgte eine genaue Untersuchung der Vorgänge in Warschau. Dabei kamen so unglaubliche Dinge zutage, daß Himmler nach Abschluß der Ermittlungen sogleich entschied: Standgericht und Erschießen. Hier schaltete sich Heydrich ein und rettete ihn, indem er diesen primitiven Kriminalisten als deutschen Polizeibeauftragten nach Tokio schickte. Die einzige Erklärung dafür war der Umstand, daß Meisinger auf Grund seiner langjährigen Polizeierfahrung und der Zusammenarbeit mit Müller die Schliche der Komintern recht gut kannte.

Nachdem nun einmal seine Abordnung nach Tokio beschlossene Sache war, beauftragte ich Meisinger notgedrungen, eine Überwachung Sorges einzuleiten und mir regelmäßig telefonisch Bericht zu erstatten. Statt sich nun aber seiner eigentlichen Aufgabe zu widmen, gab er sich einem bequemen Leben hin und spielte plötzlich die Rolle eines Biedermanns. Er berichtete zwar regelmäßig über »Post« – diesen Decknamen hatten wir für Sorge verabredet –, doch ich wüßte nicht, daß seine Meldungen mir gegenüber jemals anders als positiv gewesen wären. Meisinger betonte ständig das gute Renommee, das Sorge sowohl bei der deutschen Botschaft in Tokio als auch bei den japanischen Dienststellen genoß. Ich möchte jedoch nicht unerwähnt lassen, daß seine Telefongespräche zum Teil auch bei Müller einliefen, der sich mit seinem Landsmann in urbayrischem Dialekt unterhielt, den kaum jemand verstand.

Auf Grund dieser Berichte war ich zunächst beruhigt, zumal mir das von Ritgen übermittelte Informationsmaterial Sorges brauchbar erschien und nicht den Verdacht von Spielmaterial erweckte. Den ersten Schock erhielt ich im Frühjahr 1941. Damals hielt sich eine japanische Polizeiabordnung in Berlin auf. Bei den zahlreichen Besprechungen fragte mich plötzlich der Chef dieser Abordnung, ob Meisinger bestimmte geheime Überwachungsaufträge bezüglich deutscher Staatsangehöriger in Japan habe. Ich verneinte dies. Im Laufe der Unterhaltung bemerkte der Japaner noch einmal beiläufig, er halte es für klüger, wenn Meisinger in einem solchen Falle mit den japanischen Dienststellen zusammenarbeite, die ihm jederzeit mit ihren Erfahrungen zur Verfügung stünden. Aus diesen Bemerkungen wurde mir klar, daß Meisinger äußerst ungeschickt an seinen Auftrag gegangen war und das Mißtrauen der Japaner erweckt hatte.

Zu jener Zeit hatte uns Sorge gerade eine Lagebeurteilung übermittelt, wonach er den Beitritt Japans zum Dreimächtepakt als eine bloße politische Manipulation bezeichnete, der für Deutschland keine reale militärische Bedeutung zukomme. (Nach Beginn des Rußlandfeldzuges wies er auch darauf hin, daß Japan an seinem Nichtangriffspakt mit Rußland unter allen Umständen festhalten werde; der Krieg in China beanspruche Japans Rüstungspotential in höchstem Maße, und vor allem die Marine verlange vordringlich die Sicherung des südpazifischen Raumes. Er folgerte dies aus der Versorgung der japanischen Armee mit Öl und Betriebsstoff, die er damals für ein halbes Jahr als ausreichend bezifferte. Daß die Flotte und Marine größere Vorräte horteten, deutete nach seiner Meinung eindeutig auf eine Verlagerung des Schwerpunktes der aktiven Kriegführung hin. Im Jahre 1942 zeigte sich, wie zutreffend diese Meldungen waren; sie wurden jedoch nicht mehr verwertet, da Himmler nach Heydrichs Tod die Verantwortung für die Quellenangabe Hitler gegenüber nicht mehr übernehmen wollte.)

Nach meiner Meinung ist es nicht unwahrscheinlich, daß Meisinger, ohne es zu ahnen, derjenige war, der die Japaner überhaupt erst auf die Spur dieses gegen sie arbeitenden Agenten gebracht hat.

Am 18. Oktober 1941 wurde Sorge von den Japanern verhaftet. Die japanische Funkabwehr hatte inzwischen monatelang den Geheimsender Sorges abgehört, ohne jedoch den Kode entschlüsseln oder den Standort des Senders aufspüren zu können. Über diesen Sender waren allein im Jahre 1940 nicht weniger als dreißigtausend chiffrierte Wortgruppen in direktem Funkverkehr nach Moskau durchgegeben worden. Der Funker Sorges war der in Rußland geschulte Deutsche Max Klausen, der die Sendungen meistens von einem kleinen Segelboot aus vornahm und so beliebig seinen Standort zu wechseln vermochte. Der Schaden, den Sorge und Klausen den Japanern zugefügt hatten, war außerordentlich; sie wurden denn auch beide zum Tode verurteilt.

Das Gesamtbild, das die Japaner im Zuge ihrer Ermittlungen und des Verhörs erhielten, bestätigte die konsequente Fortsetzung alles dessen, was an sich über das Vorleben Sorges aktenmäßig bereits bekannt war, uns aber damals, wie schon erwähnt, nur Indizien, jedoch keinen greifbaren Beweiswert für eine Zusammenarbeit mit den Sowjets an die Hand gab. Als wir die Beweise hatten, war es zu spät. Denn Sorge hatte nicht nur gegen die Japaner, sondern auch gegen Deutschland in großem Umfange Spionage für Sowjetrußland getrieben. Unter anderem hat er den Zeitpunkt des deutschen Angriffs auf Rußland sowie die Tatsache verraten, daß Japan nicht in den Krieg gegen Rußland eintreten werde. Daraufhin hatte Rußland seine sibirischen Divisionen frei machen und an seine Westfront gegen Deutschland werfen können.

Sorge war ein Einzelgänger gewesen, der auf Grund seines Herkommens (seine Mutter war Russin und sein Vater hatte jahrelang in Rußland gelebt) vielleicht an eine echte Aussöhnung Rußlands und Deutschlands über die neue (kommunistische) Gesellschaftsordnung glaubte. Den Nationalsozialismus und Faschismus lehnte er nicht nur ab, er muß beide im Grunde seines Herzens zutiefst gehaßt haben. Warum ihm der russische Geheimdienst so großzügige individuelle Freiheiten ließ – im Gegensatz zu der sonstigen Gewohnheit, seine Agenten durch scharfe Direktiven zu steuern -, vermag ich mir nur dadurch zu erklären, daß man Sorge charakterlich richtig einschätzte. Man wußte wohl, daß Sorge nur in der von ihm »verachteten Freiheit« seiner westlich-individuellen Erziehung Nützliches zu leisten vermochte. Und daß er weder in seinem Geständnis noch während seiner langen Haft in Japan jemals eine Mitarbeit mit Berlin zugegeben oder auch nur einen Hinweis dahingehend gemacht hat, mag gleichfalls auf seine starke Individualität und Eigenwilligkeit zurückzuführen sein – er war dem früheren U-Boot-Kommandanten und Pour-le-mérite-Träger v. Ritgen persönlich verbunden, und im Rahmen seines politischen Spiels blieb eine solche private Freundschaft für ihn tabu. – Dies ist ein Rückschluß, den ich auf Grund der von ihm gelieferten Geheiminformationen ziehen zu können glaube, denn Sorge hat, trotz seiner Abneigung gegen das nationalsozialistische Regime, nicht ein einziges Mal den Versuch gemacht, unseren Geheimdienst durch Spielmaterial irrezuführen.

Im Verlauf der Ermittlungen gegen Sorge durch die japanischen Behörden geriet auch der damalige deutsche Botschafter in Tokio, Generalmajor Eugen Ott, in den Verdacht, Sorge Beistand geleistet zu haben. Er hatte in freundschaftlicher Beziehung zu Sorge gestanden und gab zu, Sorge habe womöglich wertvolle Informationen aus dieser Freundschaft gewinnen können. Nach sorgfältiger Prüfung ergab sich jedoch, daß auf Seiten Otts eine strafbare Mitwisserschaft nicht vorlag und der Botschafter offensichtlich durch Sorge ausgenutzt worden war. Ich vertrat diesen Standpunkt auch gegenüber Himmler und Ribbentrop. Bei Hitler hingegen gelang es nicht, ein gegen Ott gefaßtes Mißtrauen restlos zu beseitigen. Er war und blieb der Auffassung, daß die Position eines Botschafters keine Freundschaften dulde, in der offen und hemmungslos politische Probleme erörtert würden. Wir sahen es damals als einen Gewinn an, daß Hitler sich auf ein so sachliches Urteil sowie auf die Rückberufung Otts beschränkte. Sorge wurde im Oktober 1944 zusammen mit dem früheren Privatsekretär des Fürsten Konoye, Ozaki, gehängt.

VERFOLGUNG OTTO STRASSERS UND RUDOLF HESS

Hitlers Haß gegen Strasser – Befehl zu seiner Liquidierung – Die zwei Teufelsflaschen – Vergebliche Fahndung in Portugal – Rückkehr nach Berlin – Heß nach England geflogen – Massenverhaftungen – Rätselraten um die Motive

Seit dem Attentat im Bürgerbräukeller war zu erwarten, daß Hitler eines Tages zu einem Schlag gegen Otto Strasser ausholen würde. Im April 1941 schien es soweit zu sein. Eines Morgens rief mich plötzlich Himmler auf der Konferenzleitung an und befahl mir mit knappen Worten, mich für den Nachmittag zum Vortrag bei Hitler bereitzuhalten. »Unterlagen?« – »Nein.« – Ich wagte nichts mehr zu fragen und rief Heydrich an. Dieser wußte, worum es ging, wollte aber am Telefon nicht darüber reden.

Als ich mich kurz darauf bei ihm einfand, saß er wie gewöhnlich hinter einem Stoß Akten. Entgegen seiner sonstigen Gewohnheit, Aufträge zu erteilen und zugleich weiterzuarbeiten, schlug er den Aktendeckel zu und begann sogleich zu reden: »Seit einigen Wochen sind wir aus zuverlässiger Quelle darüber informiert, daß sich Otto Strasser in Portugal aufhält. Hitler haßt diesen Mann, wie Sie wissen, zutiefst und sieht in ihm nicht nur einen Abtrünnigen von der nationalsozialistischen Idee, sondern auch wie früher in seinem Bruder Gregor einen Verräter an seiner Person. Er ist davon überzeugt, der noch lebende Otto Strasser arbeite seit dem Anschlag im Bürgerbräu weiterhin mit allen Mitteln daran, ihn durch ein Attentat aus dem Wege zu räumen.« Heydrich griff nach seinem Mantel, und während wir zusammen zur Neuen Reichskanzlei hinübergingen, erging er sich in auffallend hitziger Weise gegen die Schwarze Front, die, wie er behauptete, in Anlehnung an Moskauer Emigrantenkreise einem Nationalbolschewismus huldige. »Ich bin mir noch nicht im klaren, ob Strasser nicht ein doppeltes Spiel treibt und auch für Stalin arbeitet. Ich habe bereits einen früheren Angehörigen der Schwarzen Front sowie den Ihnen auch bekannten Standartenführer B. auf Strasser angesetzt. B. ist der Auffassung, daß sich Strasser zur Zeit in Portugal befindet.« Ich fragte mich indessen, was ich mit der Sache zu tun haben könnte.

»Hitler ist mit unseren bisherigen Ermittlungen aber nicht zufrieden und drängt auf eine schnelle Liquidierung Strassers«, erläuterte Heydrich weiter. »Himmler und ich sind uns nun einig geworden, Sie nach Portugal zu entsenden. Der Führer will aber zuvor noch mit Ihnen sprechen.«

Ich erschrak. Auch vermochte ich mir nicht zu erklären, warum man gerade mich, der ich über die Einzelheiten nicht das geringste wußte, für diese Aufgabe ausersehen hatte. Der schon erwähnte Standartenführer B., ein besonderer Vertrauter Heydrichs, wäre weit besser dafür geeignet gewesen. Er hatte schon ähnliche Befehle zu aller Zufriedenheit durchgeführt, und ich wußte, daß er ein guter Kenner nicht nur der Schwarzen Front, sondern auch der Moskauer Emigrantenclique war.

Wir gingen den langen Gang in der Neuen Reichskanzlei entlang. Eine tiefe Stille lag zwischen den Säulen, und nur ab und an hörte man ein dumpfes Sprechen oder das Zusammenklappen der Absätze salutierender Posten. Himmler saß bereits mit seinem Führer in einer Ecke des riesigen Arbeitszimmers, als uns Heydrich unter militärischer Ehrenbezeigung zum Rapport meldete. Beide blieben noch einen Augenblick über eine vor ihnen liegende Landkarte gebeugt, dann kam Hitler auf uns zu und begrüßte uns durch Handschlag. »Haben Sie in der Sache Strasser noch etwas Neues erfahren?« Heydrich verneinte. Hitler blickte nachdenklich vor sich hin. Plötzlich hob er den Kopf und sah mich durchdringend an. »In Ihrem Dienst unterstehen Sie wie jeder Soldat an der Front den Befehlen Ihrer Vorgesetzten«, sagte er völlig unvermittelt. »Der Ihnen jetzt von mir erteilte Befehl unterliegt der strengsten Geheimhaltung und erfordert notfalls den Einsatz Ihres Lebens.«

Meine Gedanken wirbelten völlig durcheinander – blitzhaft tauchte auch das mir seinerzeit befohlene Kidnapping des Herzogs von Windsor vor mir auf. Ich ahnte, daß man mich hier für ähnliche Pläne gebrauchen wollte. Indessen erging sich Hitler in einer Schimpfkanonade gegen den »Verräter« Strasser, der Kerl sei eine latente Drohung und müsse, gleich mit welchen Mitteln, ausgelöscht werden.

»Ich erteile Ihnen hiermit den Auftrag, diese Aufgabe durchzuführen.« Noch völlig verwirrt antwortete ich: »Jawohl, mein Führer.« Das waren die einzigen Worte, die ich überhaupt zu äußern Gelegenheit hatte. Ohne die Augen von mir abzuwenden, fuhr er in demselben befehlenden Ton fort: »Sobald Sie seinen Aufenthaltsort festgestellt haben, ist Strasser zu beseitigen.« Er wandte sich daraufhin an Heydrich: »Ich erteile Ihnen alle Vollmachten zur Durchführung dieses Befehls.« Dann streckte er uns beiden die Hand hin und verabschiedete uns.

Draußen warteten wir noch auf Himmler, der uns dann bat, in sein Arbeitszimmer zu kommen. In dem nun folgenden Gespräch zwischen Himmler und Heydrich wurde mir deutlich, daß beide bereits einen fertigen Plan hatten, wie die »Mission« Strasser praktisch durchzuführen sei. Ich war wieder erstaunt, wie sehr sich Heydrich dabei ereiferte – wußte Strasser etwa über ihn persönliche Dinge, die ihm, solange dieser lebte, gefährlich werden konnten?

Nun meldete der Adjutant, daß Dr. St. bereits seit einer halben Stunde warte. Heydrich erklärte mir, Dr. St. sei Dozent einer Universität und eine der größten Kapazitäten auf dem Gebiet der Bakteriologie. Zur Zeit arbeite er an vorbereitenden Abwehrmaßnahmen für den Fall eines Bakterienkrieges. »Dr. St. wird Ihnen ein Mittel überreichen und eine Anleitung dazu geben. Was wir damit vorhaben, darüber darf in seiner Gegenwart nicht gesprochen werden.«

Dr. St. war ein Mann von etwa Mitte dreißig. Er trat selbstsicher auf und begann sogleich mit seinem Vortrag – kühl und nüchtern wie in einer Vorlesung. Er habe auf Befehl ein besonders schnell wirkendes Bakterienserum hergestellt, von dem ein Tropfen genüge, um einen Menschen mit einem Sicherheitskoeffizienten von tausend zu eins vom Leben zum Tode zu befördern. Ein Spurennachweis sei ausgeschlossen. Das Mittel wirke, je nach der Konstitution des Betreffenden, innerhalb von zwölf Stunden durch Auftreten typhusähnlicher Erscheinungen. Auch bei Eintrocknung verliere das Mittel seine Wirkung nicht. Ein Tropfen, in ein Mundspülglas gebracht, genüge, um bei späterem Gebrauch des Glases die vertrocknete Masse wieder aktiv werden zu lassen.

Mir standen buchstäblich die Haare zu Berge, zumal wenn ich in die leuchtenden Augen des dozierenden Wissenschaftlers blickte, der – obgleich er recht kühl und sachlich sprach – sich förmlich an seinen Erläuterungen berauschte. Heimlich beobachtete ich Himmler – er schien ebenso wie ich den Ausführungen nicht ohne Schaudern zu folgen. Offenbar bekam er Angst vor der eigenen Courage. Heydrich hingegen zeigte sich unberührt. Zu meinem Entsetzen zog der Vortragende auch noch zwei Fläschchen aus der Tasche und stellte sie vor uns auf den Tisch. Erschrocken betrachtete ich die farblose Flüssigkeit und blickte ängstlich auf den Verschluß: es war ein gläserner Stöpsel, der als Tropfer benutzt werden konnte. Schließlich unterbrach Heydrich den Redefluß des noch Weiterdozierenden mit den Worten: »Danke, warten Sie draußen.«

Als er den Raum verlassen hatte, wandte sich Heydrich an Himmler: »Ich glaube, Reichsführer, weitere Erörterungen sind überflüssig. Schellenberg muß sehen, wie er in der Praxis mit der Sache fertig wird.« Wir erhoben uns. Ich nahm behutsam die beiden Fläschchen, hielt sie krampfhaft senkrecht in meiner Tasche und verschwand. In mein Büro zurückgekehrt, verschloß ich sie sogleich in meinem Panzerschrank. Ich schaltete Meldelicht sowie Telefon ab und ließ mich erschöpft in meinen Lehnstuhl fallen. Was sollte ich tun? Meine Gedanken kreisten wie ein Karussell. Zwischendurch begab ich mich mindestens noch zwei- oder dreimal zum Panzerschrank und überzeugte mich, ob die Teufelsflaschen noch dort waren. Plötzlich kam mir die Frage, warum hat dir dieser Schreckensmensch zwei von diesen Flaschen gegeben, wo doch ein Tropfen genügt...? Will man dich etwa als Versuchskaninchen für die Erprobung eines Mittels zum künftigen Bakterienkrieg benützen?

Ich setzte mich nun mit dem schon genannten Standartenführer B. in Verbindung, der auch sogleich erschien und mir mit seiner näselnden Stimme einen systematisch aufgebauten Vortrag über die Schwarze Front hielt. Er war ein wirklich mit allen Wassern gewaschener Spezialagent Heydrichs, der über eine umfangreiche Personalkenntnis, vor allem in russischen Agentenkreisen, verfügte. Ich hätte ihm gern über meinen unheimlichen Auftrag Mitteilung gemacht, und es lag mir dies auch schon auf der Zunge. Dann merkte ich aber, daß er von Heydrich nur den Befehl erhalten hatte, mich über den Sachstand aufzuklären, und nicht einmal wußte, daß ich nach Portugal reisen sollte. Schließlich traf ich stumpfsinnig meine Vorbereitungen. Diesmal gab es keinen Diplomatenpaß. Ich erhielt einen ganz billigen Agentennamen. Und was geschieht, so fragte ich mich, wenn man beim Zoll die beiden Fläschchen bei dir findet? Sie einfach irgendwo hinzustellen oder in einen Fluß zu werfen, war nicht möglich – das wäre ein Verbrechen gewesen. Der Inhalt reichte aus, um die gesamte Wasserversorgung einer Millionenstadt tödlich zu infizieren.

Allmählich wurde mein Kopf klarer, und ich baute mir folgenden Plan auf: Zuerst mußten die Fläschchen mit einer sicheren Stahlhülle gegen Druck und Stoß versehen werden. Ein solcher Panzer bot mir gegebenenfalls auch die Möglichkeit, sie einfach während des Fluges ins Meer zu werfen. Der Auftrag konnte hernach auf andere Weise erledigt werden. Mochte ein gekaufter Agent dann die Beseitigung Strassers übernehmen. Der Gedanke, die Flaschen ins Meer zu versenken, schaffte mir einige Beruhigung. Dr. St. hatte erläutert, daß der Inhalt höchstens zwei Jahre »lebensfähig« sei. Die Stahlmäntel besaßen eine Lebensdauer von zwanzig bis dreißig Jahren. Demnach konnte ich sie ruhigen Gewissens dem Meer übergeben.

Ich setzte mich sofort mit dem Chef der technischen Abteilung des Geheimdienstes in Verbindung. Er betrachtete sinnend die beiden Fläschchen, die ich behutsam auf meinem Schreibtisch vor ihm aufgebaut hatte. Nach einer Weile meinte er, die Sache mit den Stahlhüllen ließe sich schon machen, nur brauche er sechsunddreißig Stunden Zeit dazu. Der Vortrag, dem ich nun folgte, war mir weit sympathischer als jener vor wenigen Stunden. – »Ich werde Ihnen zwei Stahletuis liefern, die innen mit einer Rohgummipolsterung versehen sind. Die elastische Gummimasse schützt vor jedem Stoß und umgibt Stöpsel und Flaschenhals so innig, daß ein Aufgehen des Verschlusses unmöglich wird. Sollte die Gefahr eines Auslaufens doch eintreten, so wird die Flüssigkeit durch die poröse Masse aufgesaugt. Im übrigen wird das Stahletui so verschraubt, daß ein Sperriegel ein zufälliges Aufgehen unmöglich macht.«

»Und wie lange widersteht ein solches Etui dem Einfluß des Meerwassers?«

»Wenn wir Edelstahl verwenden, fast unbegrenzt.«

Ich war zufrieden.

Nach achtundvierzig Stunden schob ich die beiden Flaschen in den hellglitzernden Etuis in meine Hosentasche und machte mich auf den Weg nach Portugal. Vorsorglich hatte ich einen unserer Agenten zum Flughafen bestellt, um im Falle einer Leibesvisitation in Lissabon die Fläschchen an ihn »abtreten« zu können. Aber der portugiesische Zoll ließ mich unbehelligt. Die Etuis deponierte ich sogleich im Safe einer unserer Nebenstellen. Ein paar Tage später hatte ich bereits eine Großfahndung nach Otto Strasser eingeleitet, dessen Steckbrief ich innerhalb eines Kreises von etwa tausend Personen zirkulieren ließ. Die mir von Heydrich angegebenen Adressen wurden besonders überwacht. So hätte ich Strasser, wenn er sich überhaupt in Lissabon aufhielt, ins Netz bekommen müssen. Nach zwölf Tagen hatten wir aber noch nicht die geringste Spur von ihm. Die Finanzierung einer so umfangreichen Fahndung kostete täglich eine ansehnliche Summe Geldes. Jeden zweiten Abend hielt ich in der Wohnung eines portugiesischen Freundes Zahltag. Hätte die Angelegenheit nicht einen so unsympathischen Hintergrund gehabt, wäre das Ganze für mich eine interessante Abwechslung gewesen. Ich konnte an einem solchen Zahltag nämlich recht gute Erfahrungen sammeln, auf welch geschickte Art man geschröpft werden kann.

So hatte beispielsweise ein Polizeibeamter seine Freundin zur Fahndung mit herangezogen, worauf ich auch Wert legte, denn je breiter die Ermittlungsbasis, desto besser. Daß er aber für sie zusätzlich zwei Paar Schuhe, die für unsere Zwecke durchgelaufen sein sollten, als Entgelt verlangte, erschien mir ebenso kurios wie geschäftstüchtig.

Nach zwei Wochen begann ich Berlin vorsichtig darauf aufmerksam zu machen, daß sich Strasser unmöglich in Portugal aufhalten könne. Dabei schlug ich vor, die von mir aufgebaute Organisation ohne mich weiterlaufen zu lassen. Mit Spannung sah ich einer Antwort entgegen. Nach zwei Tagen kam per Funk: »Mit Vorschlag einverstanden, Heydrich.«

Ich machte einen Luftsprung. Dem Leiter unserer Dienststelle in Lissabon gab ich Anweisung, noch drei Wochen zu warten und – sofern Strasser nicht aufgetaucht sei – einen Motorbootausflug in die See zu unternehmen, die beiden Stahletuis mitzunehmen und sie möglichst weit von der Küste entfernt ins Meer zu werfen. Er mußte mir dies mit seinem Ehrenwort versprechen. Sollte Strasser in der Zwischenzeit aber in Lissabon auftauchen, möge er mich sogleich per Funk aus Berlin rufen lassen. Wir wollten alsdann die zu treffenden Maßnahmen erneut besprechen.

Ich kehrte auf dem schnellsten Wege nach Berlin zurück. Nach einigen Wochen wurde auf meinen Vorschlag die Fahndung eingestellt. Hitler hatte sein Augenmerk zu diesem Zeitpunkt auf weit wichtigere Dinge zu richten – sein Stellvertreter Rudolf Heß war nach England geflogen. Diese Nachricht schlug wie eine Bombe in Berlin ein. Es war der 10. Mai 1941.

Ich wurde nun zu einer kaum mehr abreißenden Kette »von Besprechungen zwischen Himmler und Heydrich herangezogen Hitler selbst, hieß es, sei durch das Ereignis völlig konsterniert und kaum noch einer Reaktion fähig. In dieser Verfassung Hitlers gelang es Reichsleiter Martin Bormann, einen entscheidenden Vorstoß zu machen, mit dem er sich fortan das Vertrauen Hitlers sicherte. Er erfand die These: »Heß ist verrückt geworden.« Er war es auch, der Hitler dazu brachte, diese Erklärung in das erste offizielle Kommuniqué aufzunehmen. Man hatte dabei allerdings nicht bedacht, daß nun allerseits die Frage laut wurde, wie denn ein Irrer so lange Stellvertreter des Führers habe sein können. Als ich Himmler gegenüber solche Bedenken äußerte – ich sagte wörtlich, das deutsche Volk sei zu intelligent, um so etwas zu glauben -, wiegte Himmler den Kopf und meinte: »Jetzt ist es zu spät.«

Nun überstürzten sich die Exekutivanweisungen Hitlers. Müller war dabei in seinem Element. Er konnte auf der ganzen Klaviatur seines Apparates herumspielen und sparte nicht, von seinen Vollmachten ausgiebig Gebrauch zu machen. Vom Adjutanten über seine Freunde bis zum Chauffeur des ehemaligen Stellvertreters Hitlers wurden alle verhaftet. Am liebsten hätte Müller auch noch das gesamte Flugplatzpersonal sowie die technischen Direktoren der Flugzeugfirma Messerschmitt eingesperrt, da Heß in einer Messerschmitt-Maschine geflogen war. Und wenngleich er sich auf einen kleineren Rahmen beschränkte, so ergriff seine Verhaftungswelle dennoch viele, die nicht im entferntesten daran gedacht hatten, in diesen Fall einbezogen zu werden.

Berichten des Inlandsnachrichtendienstes zufolge sollte Heß ein »stiller Förderer« und Anhänger des Anthroposophen Rudolf Steiner gewesen sein. Prompt wurden denn auch aus diesen Kreisen zahlreiche Menschen in Haft genommen. Doch damit nicht genug – die Berichte ergaben weiterhin, daß Heß ständige Beziehungen zu Astrologen, Hellsehern, Magnetopathen sowie Naturheilkundigen gepflegt und seinen Flug auf Grund astrologischer Ratschläge berechnet habe. Daraufhin wurden Müllers Kollektivverhaftungen auch auf diese Gruppen ausgedehnt. Ich vermochte damals nur den Kopf zu schütteln. Wußte man denn nicht vorher zur Genüge, daß Heß in dieser Richtung besondere Schwächen gezeigt hatte, die von Fachleuten schon als pathologisch bezeichnet worden waren? Und daß auch Hitler bis dahin der Astrologie einiges Interesse entgegengebracht hatte, wurde geflissentlich übersehen. (Nach dem Verschwinden seines Stellvertreters schlug seine Neigung in eine kompromißlose Antipathie um, und die ganze Astrologie wurde radikal verfolgt.)

Ich weiß mich noch sehr wohl zu erinnern, mit welch innerem Widerstreben Himmler, der ebenfalls mit mystischen Prophezeiungen liebäugelte, damals der Kollektivaktion gegen die Astrologen und Hellseher gegenüberstand und mit welch unverhohlener Freude Heydrich, der davon wußte, in seiner Gegenwart Müller die bis ins Detail gehenden Anordnungen Hitlers auseinandersetzte. Oft genug schon hatte sich Heydrich bei mir beklagt, daß Himmler mal wieder in diesem oder jenem Falle zaudere, weil er zu tief in sein Horoskop geblickt habe. Bei einem der Telefongespräche, die nach dem Fall Heß zwischen Himmler und Heydrich geführt wurden, hörte ich letzteren wörtlich sagen: »Dem einen, Reichsführer, machen die Sterne auf den Schulterstücken Sorgen, dem anderen die am Himmel. Es fragt sich, mit welchen man besser zusammenarbeiten kann.« – Überflüssig zu sagen, daß er dabei nach dem Sprichwort handelte: Den Sack schlägt man, den Esel meint man.

Unser Geheimdienst vertrat die Auffassung, Heß könne durch einen seit Jahren an ihn herangeführten Mitarbeiter des Secret Service zu seinem Entschluß, nach England zu fliegen, bewogen worden sein. Auch ein gewisser Professor G., ein Spezialist für Schilddrüsenerkrankungen, der auf Heß einen entscheidenden Einfluß ausgeübt haben sollte, könne eine Rolle mitgespielt haben. Es müßte überdies in Betracht gezogen werden, daß Heß als Auslandsdeutscher (in Ägypten aufgewachsen) in seiner Jugend britisch beeinflußt worden sei. Doch das alles zusammen erklärte uns den Fall noch nicht hinreichend.

In einer Unterredung mit Heydrich vertrat ich die Ansicht, Heß hätte sich wahrscheinlich in eine Art Messiasgedanken hineingesteigert, da er ja als intimster Freund Hitlers jahrelang in dessen Gedankengängen gelebt und unter dem Einfluß der Hitlerschen Idee vom »englischen Brudervolk« gestanden habe. Entsprechende Äußerungen seien in intimen Kreisen von seiner Seite oft genug gefallen. Heydrich war, obgleich er meine Offenheit kritisierte und sagte, ich müsse noch viel lernen, nüchtern genug, meine Meinung an sich gelten zu lassen; jedoch versteifte er sich in erster Linie auf die Vermutung, daß der Secret Service seine Hand im Spiele habe und wir diese Spur weiterverfolgen müßten. Dann fügte er noch ein paar sonderbare Sätze hinzu, die ich wörtlich wiedergeben möchte: »Sollten diese Meldungen [den Secret Service betreffend] richtig sein, dann könnte uns seitens dieser Kreise auch noch an anderer Stelle empfindlicher Schaden zugefügt werden. Es sollte mich nicht wundern, wenn wir eines Tages weitere ähnliche Überraschungen erlebten. Ich bin überzeugt, daß der Secret Service so weit plant.« Und dann kam der Satz: »Na, und die Russen sind nicht weniger dumm.«

Die Version, Hitler selbst habe Heß mit dem geheimen Auftrag nach England geschickt, ein letztes Friedensangebot zu machen, muß ich auf Grund unserer Ermittlungen als ausgeschlossen bezeichnen. Ungeklärt und unbewiesen sind auch die Behauptungen geblieben, wonach Heß oder Professor Haushofer in der Schweiz vorbereitende Besprechungen geführt haben sollen.

Obwohl zwischen dem Flug nach England und der Entscheidung Hitlers über den bevorstehenden Angriff auf Rußland ein innerer Zusammenhang bestand, war kaum zu befürchten, daß Heß zum Verräter strategischer und operativer Planungen werden könnte. Dafür bürgte sein »Idealismus«.

Ich hatte in der Folgezeit immer wieder Informationen über sein Verhalten und seinen geistigen Zustand einzuziehen. Es war Himmler, der dafür besonderes Interesse zeigte und mich, ohne Wissen Hitlers, beauftragte, eine Postverbindung zwischen Heß und seiner Frau herzustellen. Die Briten ließen einen Briefwechsel in beschränktem Maße zu. Die Post wurde über das Internationale Rote Kreuz in der Schweiz geleitet. Ein großer Teil der Briefe trug rein persönlichen Charakter und zeigte eine große Verehrung und Liebe zu Frau und Sohn. Im übrigen war der Inhalt für uns nur schwer verständlich. Ich wunderte mich damals sehr, daß die britische Zensur nicht schärfer gehandhabt wurde; sie mochte aber auf Grund von eingehenden Vernehmungen zu der Ansicht gelangt sein, daß es sich bei diesen Mitteilungen vielfach mehr um mystische, ja manische Ideen als um wichtig zu nehmende Informationen handele. Heß zitierte immer wieder alte Weissagungen und hellseherische Bilder. Dabei berief er sich auf frühere Horoskope, deren Voraussagen durch das bisherige Schicksal seiner selbst, seiner Familie, aber auch Deutschlands bestätigt worden seien. Seine Frau ging in rührender Weise darauf ein, ohne daß ich sagen könnte, wie ihre sachliche Einstellung dazu war.

Bitter gestaltete sich das Schicksal des ersten Adjutanten von Heß. Er wurde die Zielscheibe der Hitlerschen Wut wie auch fortgesetzter Intrigen Bormanns. Heydrich versuchte wiederholt, ihn durch geschickte Gegenzüge freizubekommen; wenn ihm dies nicht gelang, so trug meines Erachtens Müller die Schuld daran. Dieser folgte kompromißlos den Anordnungen Bormanns, in dem er schon damals den Nachfolger Heß' vermutete und dessen stärkere Dynamik und Durchschlagskraft er einkalkulierte. Der Adjutant mußte bis zum Kriegsende in einem KZ ausharren, ohne daß ihn dies nach dem Zusammenbruch vor weiteren Strafmaßnahmen seitens der Alliierten bewahrt hätte.

GESELLSCHAFTSSPIONAGE

Berichte aus dem Belgrader Außenministerium – Überwachung des jugoslawischen Militärattaches – Die Freundinnen des Oberst V. – Seine Taktik -Operationen auf dem Balkan

Seit Monaten erhielten wir fortlaufend Informationen über die in Belgrad eingehenden Geheimberichte der jugoslawischen Auslandsvertretungen. Von ganz besonderem Interesse waren dabei die Berichte des jugoslawischen Militärattachés in Berlin, Oberst V.; sie wurden uns in Abschrift direkt von einem Agenten im Belgrader Außenministerium geliefert.

Der Militärattaché bewies in seiner geheimen Berichterstattung eine so umfassende und zutreffende Kenntnis unserer militärischen und politischen Planung, daß wir uns immer wieder über die Herkunft seines Materials den Kopf zerbrachen. Einen dieser Berichte – mit authentischen Zahlen über die deutsche Bomber- und Jägerproduktion und vielen technischen Einzelheiten – legten wir Feldmarschall Keitel vor, der sogleich erregt damit zu Hitler lief. Dessen Reaktion war eine wütende Schimpferei über die Unvorsichtigkeit der deutschen militärischen Kommandostellen und die schlechte Geheimhaltung in unserer Rüstungsindustrie. Hitler befahl, daß Admiral Canaris sich unverzüglich mit Himmler zu beraten und die weitere Bearbeitung des Falles ab sofort an diesen, also an unsere Dienststelle, abzugeben habe.

Heydrich hatte mir daraufhin bezüglich der Person des jugoslawischen Obersten ungeachtet dessen Exterritorialität als Militärattaché freie Hand zugesichert, und ich besprach mit dem Abteilungschef für Südosteuropa alle Einzelheiten der nunmehr zu treffenden Maßnahmen. Zwar hatte der jugoslawische Geheimdienst in letzter Zeit seine Stützpunkte in Deutschland merklich verstärkt (sie lagen hauptsächlich bei den Konsulaten), doch erschien es uns unmöglich, daß solche Informationen ohne die Hilfe sympathisierender oder bezahlter Kräfte innerhalb höherer Wehrmachtskreise hätten gewonnen werden können. Zunächst mußte deshalb V. unter eine lückenlose Überwachung, sowohl offiziell wie privat, gestellt werden. Die ersten Resultate waren aber zu mager, um darauf einen Verdacht gründen zu können. Verglichen mit dem gesellschaftlichen Umgang der Angehörigen anderer diplomatischer Vertretungen, pflegte Oberst V. nur geringen privaten Verkehr. Mit deutschen Wehrmachtsoffizieren sowie Angehörigen des

Diplomatischen Korps traf er zwar öfter im Rahmen offizieller Veranstaltungen zusammen, doch von intimen Gesprächen konnte hier kaum die Rede sein; allenfalls hätte V. bei solchen Begegnungen irgendeine Bestätigung oder einen geheimen Fingerzeig erhalten können. Diese Hinweise konnten aber unmöglich die Basis der umfangreichen Berichterstattung des Militärattachés sein.

Wir tappten noch eine Weile im dunkeln. Die Telefonüberwachung schien auch nichts Verdächtiges zu ergeben – oder sollte man dem Verhältnis, das V. zu der Tochter des Besitzers eines Berliner Restaurants unterhielt, doch einmal näher nachgehen? Den Gesprächen nach bestand zwischen beiden eine ehrliche Zuneigung. Ab und an telefonierte V. zwar auch mit zwei anderen Damen der oberen Berliner Gesellschaft, doch es handelte sich in allen diesen Fällen lediglich um Verabredungen zu einem Rendezvous.

Plötzlich kam dann doch Bewegung in die Sache: Ein Unbekannter meldete sich eines Tages bei V. am Telefon. »Kommen Sie bitte wie immer; ich habe die Sache soweit fertiggestellt und glaube, es wird alles gutgehen.« Wer war dieser Mann, der ohne Nennung seines Namens ein solches Gespräch führte? Gespannt verfolgten wir die weitere Überwachung.

Eines Nachmittags begab sich V. in ein modernes Mietshaus und suchte dort eine Wohnung im dritten Stockwerk auf. Unsere Beobachter waren ihm bis zur ersten Etage gefolgt. Und was nun geschah, konnte später nie völlig geklärt werden. War es ein Zufall oder eine Vorsichtsmaßnahme, daß sich in dem Augenblick, als V. den Flur der dritten Etage betrat, dort ein Mann aufhielt, der im Zwielicht des Treppenhauses durch seine frappierende Ähnlichkeit mit V. unsere Beamten einer Identitätstäuschung anheimfallen ließ? Jeder von beiden begab sich nun in eine der rechts und links des Flures liegenden Wohnungen. V. – so meinten die Beamten – sei in der auf der rechten Seite gelegenen Wohnung verschwunden. Sie gaben diese Nachricht der Ablösung weiter. Als der Doppelgänger nach einiger Zeit die rechte Wohnung verließ, folgte man seiner Spur. Erst nach drei Tagen stellten wir fest, daß wir auf falscher Fährte liefen. Während dieser Zeit hatte V. unbeobachtet weiterarbeiten können.

Wir richteten nunmehr unser Scherenfernrohr auf den Wohnungsinhaber zur Linken. Er war höherer Beamter des Luftwaffenministeriums, der vor allem bei Lieferungen von Flugzeugen und Flugzeugmaterial an andere Länder eingeschaltet wurde und die jeweilige Übernahmekommission der fremden Regierung in Berlin betreute. Es schien, als wären wir der Lösung des Rätsels schon ziemlich nahegekommen. Inzwischen aber hörten wir noch ein sehr interessantes Telefongespräch ab, das V. mit seiner Freundin Jutta führte; sie hatte aus der Gaststätte ihres Vaters angerufen und schmollte, weil sie so lange nichts von V. gehört hatte. Überraschenderweise fuhr V. sie diesmal ziemlich barsch an und sagte: »Ich brauche die Sache bis heute abend, ich muß während der Nacht unbedingt arbeiten.« Jutta war gekränkt. »Ach, du schreibst heute nacht doch nicht...« – »Bis heute abend verlange ich die Unterlagen«, schnitt ihr V. das Wort ab und hängte ein.

Am Abend begab sich Jutta in V.s Wohnung. Nach einer Viertelstunde ging sie wieder. V. hingegen verließ die Wohnung nicht, empfing jedoch um Mitternacht den kurzen Besuch eines Gehilfen der jugoslawischen Botschaft. Aller Wahrscheinlichkeit nach hatte er in jener Nacht wieder einen seiner ausgezeichneten Berichte abgefaßt. Die Bestätigung erhielten wir denn auch wenige Tage später in Form einer Kopie aus Belgrad. Wir resümierten: Bis jetzt kamen als Lieferanten des Materials der Luftwaffenbeamte und die Wirtstochter in Frage. Und wie stand es mit den beiden anderen Frauen?

Inge war die Schwester eines deutschen Generals; sie verkehrte in Kreisen der Schwerindustrie und mit höheren Wehrmachtsangehörigen. Sie war eine finanziell unabhängige, mondäne Frau und hatte einen größeren Kreis von Verehrern um sich, mit denen sie öfter in ihrer Wohnung Bridge spielte. Sie machte auch niemandem gegenüber ein Hehl daraus, daß sie mit V. befreundet sei.

Vera war die Frau eines Ingenieurs, der in zivilen wie in militärischen Kreisen einen guten Namen hatte. Der Ehemann lebte nur seiner Arbeit und gestattete seiner Frau ein freies und großzügiges Leben. Anscheinend hatte sich das Paar schon so auseinandergelebt, daß der Ehemann an der engen Freundschaft mit V. keinen Anstoß nahm.

Obwohl mir einer meiner Mitarbeiter bei diesem Stand der Ermittlungen zur Verhaftung der Verdächtigen riet, zögerte ich, da ich immer noch an andere Quellen glaubte. Inzwischen drängte aber dieser fortlaufende Verrat, der uns beträchtlichen Schaden zufügte, die bisherigen Quellen abzudichten, und zwar um so mehr, als ich von den erheblichen Spannungen in Südosteuropa wußte und von der Möglichkeit eines militärischen Eingreifens Hitlers auf dem Balkan unterrichtet worden war. Mir war nämlich die Zusammenstellung eines Handbuches für Jugoslawien und Griechenland übertragen worden, das den

Verbänden der Waffen-SS und Polizei zur Grundlage ihrer Tätigkeit in diesen Ländern im Kriegsfalle dienen sollte. Es enthielt neben einer Darstellung der jüngsten politischen Ereignisse eine umfassende Liste aller Personen, deren Verhaftung uns notwendig erschien.

Inzwischen waren die Italiener mit ihrem Feldzug gegen Griechenland in Albanien in eine verzweifelte Lage geraten. Es kamen immer tollere italienische Anforderungen an uns, sie zu entlasten. Hitler reagierte darauf mit der Bemerkung: »Ich werde meinen treuesten Freund nicht im Stich lassen.« Die deutsche »Gruppe List« marschierte daraufhin in Bulgarien ein. Die eine Woche später folgende Landung der Engländer im Pyräus kam uns nicht überraschend, da wir durch unseren Geheimdienst in Griechenland über die englisch-griechischen Pläne genau informiert waren. (Zu unseren geheimdienstlichen Vorbereitungen in Griechenland gehörte auch die Entsendung einer Gruppe von SS-Leuten auf den Berg Athos. Sie hatten sich zu Tarnungszwecken lange Bärte wachsen lassen und sollten das geistliche Oberhaupt der Mönchsrepublik für uns mit dem Versprechen gewinnen, Metropolit von Griechenland zu werden. Das Unternehmen scheiterte aber. Mit dem Leiter der Gruppe, einem früheren Schilehrer, wurde auf dem Berg Athos nicht Schi, sondern Schlitten gefahren.)

Bevor es dann zu kriegerischen Verwicklungen mit Griechenland kam, erzwang Hitler am 25. März 1941 den Beitritt Jugoslawiens zum Dreimächtepakt. Dieser Scheinerfolg wurde jedoch durch die Militärrevolte vom 27. März 1941 in Belgrad wieder zunichte gemacht. Noch im selben Monat schloß Stalin mit Jugoslawien einen Freundschaftspakt. Daraufhin ordnete Hitler den Angriff auf Jugoslawien für den 6. April 1941 an.

Zwei Tage vor Beginn dieses Angriffs erhielt ich plötzlich die Meldung: V. hat die deutschen Offensivpläne, die Stärke der Heeresgruppen, die Zusammenstellung der Armeen und selbst die von Hitler geplante Bombardierung Belgrads als dringende Warnmeldung an den jugoslawischen Generalstab weitergegeben. Hitler, der über Keitel davon erfuhr, geriet in Raserei, auch gegen mich, der ich den verdammten Kerl noch nicht eingesperrt hätte. Jetzt galt es für mich, blitzschnell zu handeln, wußte ich doch aus Erfahrung, was solche Wutausbrüche Hitlers bedeuten konnten. Innerhalb zwei Stunden ließ ich sämtliche Mitglieder des jugoslawischen Geheimdienstes im Reich sowie in den besetzten Gebieten verhaften, darunter auch Oberst V.

Der Militärattaché war schätzungsweise vierzig Jahre alt, von hoher Gestalt und in seinem Auftreten ruhig und beherrscht. Seine Vernehmung dauerte mehrere Tage. Ohne Umschweife vermittelte er uns einen detaillierten Einblick in seine geheimdienstliche Tätigkeit, wohl wissend, daß mit dem Beginn unserer militärischen Aktion gegen Jugoslawien eine Berufung auf seine Exterritorialität in der Praxis hinfällig geworden war. Er sorgte sich nur um das Schicksal seiner Freundin Jutta, nahm hier alle Schuld auf sich und behauptete, sie habe ihm zwar gewisse Angaben vermittelt, doch ohne zu wissen, für welchen Zweck. Ich hatte zwar Jutta und die beiden anderen Freundinnen des V. durch Spezialisten vernehmen, aber nicht verhaften lassen; sie gaben alle drei zu, mit V. befreundet gewesen zu sein, doch seine Entlarvung als Spion versetzte sie in Staunen und Schrecken. Sie betonten, sich mit ihm über nichts anderes unterhalten zu haben als über das, was man ohnehin in ihren Kreisen allgemein diskutiere. Wir erlebten hier ein paar typische Fälle der »Gesellschaftsspionage«.

Jutta hatte sich ab und an mit ihrem Vater über Äußerungen der Gäste seines Lokals unterhalten. Oft waren dies Angehörige der Waffen-SS, die auf dem Wege zu ihrem Standort nach Berlin-Lichterfelde waren. Ihren Gesprächen war zu entnehmen gewesen, daß sich ihre Einheiten auf eine »große Aktion« vorbereiteten. Eisenbahnarbeiter, die im Stadtviertel Juttas wohnten, hatten ganz offen von »Mehrarbeit« und »zahlreichen Militärtransporten« gesprochen. Andere Wirtshausbesucher fügten weitere Mosaiksteinchen hinzu. All das hatte Jutta, auch wegen ihres Geliebten, in Sorge und Angst versetzt. Von V. nach den Gründen ihrer Bedrückung gefragt, hatte sie ihm alles, was sie gehört hatte, erzählt. Er fand die Angaben Juttas im Rahmen seiner Gesamtbeobachtung interessant und bat sie, hinfort ähnliche Gespräche zu notieren. Als Begründung gab er an, er habe es sich zur Lebensaufgabe gemacht, die Ausweitung des Krieges und weiteres Blutvergießen zu verhindern. Jutta fühlte sich getröstet, irgendwelche Notizen machte sie jedoch nicht. Auch an jenem Abend, als sie V. in seiner Wohnung besuchte, hatte sie ihm wieder nur mündlich berichtet.

Die beiden anderen Frauen waren für V. insofern eine wertvolle Nachrichtenquelle, als sie bedenkenlos über alles plauderten, was in ihren Kreisen gerade aktuell war. V. war dann gewandt genug, durch psychologisch geschickte Fangfragen noch einiges mehr herauszuholen. Mit dieser Taktik war es ihm gelungen, beispielsweise nicht mehr und nicht weniger als die genaue Monatsziffer unseres gesamten Ausstoßes an Panzern in Erfahrung zu bringen. Für die verschiedenen Spezialgebiete (militärisch, politisch, technisch) hatte sich V. eine

Kartei mit einem Punktsystem angelegt. Erreichte eine Information nicht die nötige Zahl von fünfzig Punkten, verwandte er sie auch nicht in seinen Berichten nach Belgrad. Mit diesem klug durchdachten Prinzip war es ihm gelungen, durch genaue Analyse des Berliner Klatsches aller Gesellschaftskreise ausgezeichnetes Nachrichtenmaterial zu sammeln. Er hatte im Laufe der Zeit darin eine solche Fertigkeit gewonnen, daß er sich mit Hilfe ergänzender Statistiken und fachlicher Unterlagen immer sehr bald ein geschlossenes Bild machen konnte. Sein detailliertes Wissen erwies sich bei zahlreichen gesellschaftlichen Begegnungen – so auch mit Mitgliedern der Abnahmekommission des Luftfahrtministeriums oder des Luftwaffenführungsstabes – als überaus nützlich. Es genügte ihm, nebensächliche und harmlos erscheinende Fragen beantwortet zu bekommen, um wichtige Folgerungen daraus ziehen zu können. Die von Hitler angeordnete Bombardierung Belgrads hatte er beispielsweise folgendermaßen kombiniert: Bei der Abnahme von Ersatzteilen für Junkersflugzeuge hörte er, wie ein Flieger – mit einem Blick auf ihn – recht laut zu einem seiner Kameraden sagte: »Denen wird es in wenigen Tagen auf die Bumsköpfe rauschen.« Voller Sorge erkundigte er sich am Abend bei Vera, was denn eigentlich los sei, man munkele so einiges über Belgrad. Seine Freundin bestätigte, daß Adolf in Griechenland Benito unter die Arme greifen müsse; ihr Mann sei der Auffassung, daß dies kein besonderes Problem darstelle, die Luftwaffe sei im Augenblick so stark, daß sie jeden Widerstand brechen könne.

Der Beamte des Luftfahrtministeriums aus der dritten Etage links war an sich ein argloser und harmloser Wicht, der aber öfter mal mit V. gefrühstückt und dann auch »geplaudert« hatte.

Die vorzüglichen Informationen, die der Oberst auf diese Weise erhielt, hatten ihn nicht einen Pfennig gekostet. Diese »billige« Chance, gutes Material zu bekommen, wollte ich mir meinerseits nicht entgehen lassen. Die beiden Damen der oberen Gesellschaft erhielten nun von mir den Auftrag, genauso an mich zu berichten, wie sie dies vorher gegenüber V. getan hatten. V. selbst und seine Freundin Jutta erklärten sich bereit, gleichfalls für uns zu arbeiten. Der ehemalige jugoslawische Oberst, der fließend Italienisch sprach, leistete uns bald in Italien wertvolle Dienste.

Am 17. April 1941 streckte die jugoslawische Armee die Waffen, und am 1. Mai 1941 waren auch die Operationen gegen Griechenland im wesentlichen abgeschlossen. Stalin war, wie wir aus Berichten unserer Geheimdienste ersahen, die kriegerische Verwicklung Deutschlands auf dem Balkan höchst gelegen gekommen. Er sah darin ein Engagement Deutschlands auf längere Sicht und damit eine Entlastung für die Sowjetunion. So war auch sein Freundschaftspakt mit Jugoslawien zu verstehen. Er handelte in Wirklichkeit nicht anders als ein Torero, der den Stier an sich vorbeirasen läßt, indem er dessen Wut durch Schwenken des roten Tuches geschickt auf einen anderen Gegner lenkt. Dies bestätigte sich bereits Ende April 1941, als dem jugoslawischen Gesandten im sowjetischen Außenministerium mitgeteilt wurde, seine Mission sei beendet, da ja Jugoslawien kein souveräner Staat mehr sei.

AM VORABEND DES KRIEGES MIT RUSSLAND

Spannung in Berlin – Canaris warnt – Hitler über den Zweifrontenkrieg – Verhandlungen mit der Wehrmacht über Einsatz von Polizei- und SD-Verbänden – Vereinbarung Heydrich-Wagner – Tagung der Ic-Offiziere und Polizeikommandeure – Vorbereitung zur Proklamation Hitlers – Horia-Sima-Affäre – Polizeibericht über sowjetische Spionage – Gespräch bei Horcher – Austausch der Diplomaten

Der Frühling 1941 ging fast unbemerkt an den Berlinern vorüber. Die Reichshauptstadt schien immer mehr einem Hexenkessel zu gleichen. Es war, als spürten alle die schweren Gewitterwolken, die sich im Osten zusammenballten. So kamen auch Canaris und ich beim gemeinsamen Morgenritt zwangsläufig immer wieder auf den bevorstehenden Krieg mit Rußland zu sprechen. Wir waren uns darüber einig, daß die damalige Auffassung des Generalstabes, wir könnten kraft unserer militärischen und technischen Überlegenheit den Feldzug innerhalb von zehn Wochen siegreich beenden, sehr leichtfertig sei. Als wir dabei unsere Informationen austauschten, stritten wir uns allerdings über die Produktions- und Transportkapazität Rußlands. Ich war auf Grund entsprechender Unterlagen der Meinung, der Produktionsausstoß der russischen Schwerindustrie an Panzern müsse weit über der von Canaris geschätzten Ziffer liegen, auch in der Konstruktion würden die Russen mit überraschenden Neuerungen aufwarten. Ich stützte diese Vermutung auch auf Bemerkungen Angehöriger der sowjetischen Wehrmachtskommission, die im März 1941 Deutschland besucht hatte. Hitler befahl damals, wohl um den Russen zu imponieren, der Kommission nicht nur unsere modernen Panzerschulen und Panzerfabriken zu zeigen, sondern dabei auch die Geheimhaltungsvorschriften weitgehend zu lockern. Nach der Besichtigung zweifelten die Russen, daß wir ihnen alles gezeigt hätten, und äußerten, ihnen sei entgegen dem Hitlerschen Befehl einiges vorenthalten worden. Hieraus schloß ich, daß sie, gemessen an ihren eigenen Panzern, unsere vorgeführten Modelle nicht für die neuesten Typen hielten. Wir hatten damals aber tatsächlich noch nichts Besseres aufzuweisen; die Russen dagegen konnten schon 1941 ihren überlegenen T 34 massenweise in den Kampf werfen.

Canaris behauptete im übrigen auch, einwandfreie Unterlagen darüber zu besitzen, daß das Industriezentrum um Moskau mit den reichen Rohstoffvorkommen im Ural nur durch einen eingleisigen

Schienenstrang verbunden sei. Auf Grund der uns vorliegenden Berichte vertrat ich die gegenteilige Auffassung. Allein dieses Beispiel zeigt, wie schwer es durch die Zweispurigkeit unserer Geheimdienste der militärischen Führung gemacht wurde, diese widerspruchsvollen Informationen richtig in ihre operativen Planungen einzubauen. Und welche Ironie heute, wenn ich an das Gespräch mit Canaris denke, in dem er die Frage anschnitt, ob Heydrich denn ebenfalls der Ansicht zuneige, das Sowjetsystem könne nach wirksamen militärischen Rückschlägen von innen heraus zerbrochen werden. Hitler und Himmler, aber auch Teile der Generalität vertraten nämlich diese Auffassung. Canaris ließ durchblicken, daß er diesen Optimismus keineswegs teile. Er wollte mich offensichtlich durch dieses Gespräch dazu veranlassen, seine Auffassung Heydrich und über diesen den oberen Stellen näherzubringen. Sein eigener Einfluß in dieser Richtung, so äußerte er, sei bereits verbraucht.

Das erstemal, als ich Heydrich gegenüber dieses Thema aufwarf, erhielt ich nur die abweisende Antwort: »Ich glaube, Sie beide benützen Ihre Ausritte dazu, um sich langsam zu Klagevögeln zu entwikkeln.« Ein anderes Mal bekam ich eine der schärfsten Zurückweisungen, die mir je von ihm zuteil geworden ist: »Hören Sie endlich mit Ihren spießigen und defätistischen Bedenken auf.« Ich hatte vorsichtig geäußert, ob nicht Stalin unter dem Druck militärischer Mißerfolge seinen Parteiapparat doppelt aktivieren werde. Obgleich mich Heydrich so scharf zurückwies, schien es mir doch, daß er ein viel zu nüchterner Kopf war, um sich in seinem Innern nicht mit einer solchen Möglichkeit zu beschäftigen.

Je mehr der bevorstehende Krieg mit Rußland die Spannungen steigerte, desto nervöser und zerfahrener wurde Canaris. In unseren Gesprächen schnitt er wahllos ein Problem nach dem anderen an, sprang von der amerikanischen Bomberproduktion auf politische Geschehnisse in den Balkanländern über, um schließlich wieder bei Rußland zu landen. Es war wohl sein tiefer Pessimismus, den er auf solche Weise abzureagieren versuchte. Dieser Zustand steigerte sich oft so sehr, daß ich, wenn die Umstände nicht so ernst gewesen wären, am liebsten manchmal laut gelacht hätte. Er rief mich nämlich während dieser Zeit öfter an und redete so unzusammenhängend, daß nur jemand etwas davon zu begreifen vermochte, der Canaris genau kannte. Einmal drehte ich ein solches Telefongespräch doch ins Scherzhafte ab und meinte: »Es wäre wieder mal genügend Stoff vorhanden, um

Heydrich Vortrag über den Nachtgesang der ›Klagevögel‹ zu halten.« Erschrocken entgegnete er: »Ach, ich habe ganz vergessen, daß wir nicht *entre nous* sind, sondern an der Strippe hängen.«

Wenig später, ich glaube es war Anfang Mai, lud mich Heydrich zum Mittagessen ein. Er sprach zuerst über allgemeine dienstliche Dinge und kam dann auf den Rußlandfeldzug zu sprechen, wobei er einiges über Hitlers veränderte Beurteilung Englands als Kriegsgegner durchblicken ließ. Hitler neige jetzt – nach dem Mißerfolg der Göringschen Luftstrategie über der Britischen Insel – zu der Annahme, daß es England unter Umständen doch gelingen könnte, seine Aufrüstung mit Hilfe Amerikas zu beschleunigen. Deshalb forciere er mit allen Mitteln den Aufbau der U-Boot-Waffe; diese beabsichtige er so stark zu machen, daß sie die USA davon abschrecke, aktiv in den Krieg einzutreten. Selbst im Falle einer Kriegsbeteiligung der Vereinigten Staaten brauche aber mit einer Invasion auf dem europäischen Festland nicht vor anderthalb Jahren* gerechnet zu werden. Diese Zeit erscheine Hitler ausreichend, einen Angriff auf Rußland zu wagen, ohne damit praktisch in die Gefahr eines Zweifrontenkrieges zu geraten. Werde diese Zeit nicht ausgenützt, dann stünde man nicht nur einer Invasionsfront, sondern auch einem so starken Rußland gegenüber, daß wir kaum noch in der Lage sein dürften, einen Stoß aus dem Osten abzufangen. Die Vorbereitungen in Rußland seien so drohend, daß alsdann mit einem Angriff der Sowjets gerechnet werden müsse. Stalin könne jederzeit unsere Bindungen im Westen sowie in Afrika präventiv ausnützen. Jetzt gelte es zu handeln. Noch werde die geballte Kraft unserer Wehrmacht ausreichen, Rußland während dieser Atempause niederzuringen. Eine Auseinandersetzung mit der Sowjetunion sei, wenn man Europa sichern wolle, früher oder später sowieso un-

---

* Hitler stützte sich dabei vor allem auf die Berichte des Mannes, »der das Ohr an der lebendigen Entwicklung hat« – das war General von Boetticher, damals Militärattaché an der deutschen Botschaft in Washington. Dieser verkannte nicht nur die gesamte Situation in den USA sowohl politisch wie militärisch und wirtschaftlich, er vermittelte Hitler auch eine völlige Fehlbeurteilung der Produktionskapazität Amerikas. Selbst dem 1940 abgeschlossenen Bündnis zwischen den Vereinigten Staaten und Kanada wußte er eine harmlose Deutung zu geben. Hitler, der den größten Wert auf Boettichers Berichterstattung legte – wahrscheinlich weil sie ihm allzugut in sein Konzept paßte –, war einer anderen Meinung nicht mehr zugänglich. Es gelang damals weder Heydrich noch Canaris, Hitler von der einseitigen Darstellung Boettichers abzubringen.

vermeidlich. Darum sei es besser, eine solche Gefahr abzufangen, solange man noch das Gefühl habe, seiner eigenen Kraft vertrauen zu können. Der Generalstab gebe sich der Zuversicht hin, durch das Überraschungsmoment den Feldzug bis spätestens Weihnachten 1941 siegreich beenden zu können. Hitler bleibe sich aber der Schwere und Tragweite seines Entschlusses voll bewußt, deshalb wolle er auch jedes Mittel genützt wissen, um den Erfolg zu gewährleisten. Er habe deshalb die Verwendung von Verbänden der Sicherheits- und Ordnungspolizei in diesem entscheidenden Feldzug nicht nur erlaubt, sondern befohlen. Die Einheiten sollten, »im Kampfverband des Heeres«, vor allem in den rückwärtigen, teilweise aber auch, und dies sei erstmalig, in den Frontgebieten eingesetzt werden. Mit einer solchen Frontbewährung verbinde der Führer gleichzeitig den Gedanken, der Exekutive das Odium zu nehmen, sie bestehe aus Drückebergern, die froh seien, sich auf den Ordnungsdienst in der Heimat beschränken zu können. Dieser Gedanke Hitlers sei als Stärkung der Polizei gegenüber der Wehrmacht zu begrüßen und bringe auch personelle und etatmäßige Vorteile mit sich. Im rückwärtigen Gebiet solle die Aufgabe der Polizeiverbände sein, den Schutz der Truppe gegen Sabotage und Spionage zu übernehmen sowie wichtige Personen und Karteiunterlagen sicherzustellen. Überdies sei daran gedacht, die Polizei zur Unterstützung des gesamten Nachschubwesens, zur Sicherung der Rollbahnen, der Luftlandeplätze, Unterkünfte und Munitionslager heranzuziehen. Die neuartige Form des »Blitzkrieges« mache es notwendig, diese Verbände zu motorisieren, damit sie mit den schnellen Truppen des Heeres Schritt halten könnten. Alles dies sei mit dem Führer grundsätzlich besprochen, und alle Einzelheiten, besonders in technischer Hinsicht, seien mit dem zuständigen Generalquartiermeister des Heeres zu regeln.

Heydrich blickte eine Weile nachdenklich vor sich hin und fuhr dann fort: »Müller hat schon seit März eine Reihe von Besprechungen mit dem Generalquartiermeister General Wagner und dessen engstem Mitarbeiter, Oberleutnant von Altenstaedt, wegen der grundlegenden Absprachen und der Form einer gemeinsam herauszugebenden Anordnung geführt, sich aber dabei maßlos ungeschickt gezeigt. Er vermag nicht zu formulieren, beißt sich überdies in seiner typisch bajuwarischen Dickschädeligkeit an nebensächlichen Prestigefragen fest und behandelt seine Gesprächspartner quasi als ›Saupreußen‹. Wagner hat sich mit Recht bei mir deshalb über Müller beschwert; ich habe bereits angeordnet, daß Müller ausgeschaltet wird und Ihnen die Aktenunterlagen zugeleitet werden. Wagner ist auch bereit, Sie schon morgen zu empfangen, um die Besprechungen mit Ihnen allein – ohne Altenstaedt – fortzusetzen.«

Ich unterbrach Heydrich und fragte, wie er sich die Befehlsverhältnisse und die Versorgung unserer Verbände vorstelle. Er erwiderte, die Wehrmacht müsse uns natürlich in den weiten Räumen Rußlands volle Unterstützung gewähren, sowohl bei der Versorgung mit Betriebsstoff und Proviant als auch bei der Auffüllung des Wagenparks und der Benützung technischer Nachrichtenverbindungen. Das andere Problem bestehe darin, daß bei Aufrechterhaltung der Selbständigkeit in der praktischen Arbeit die Befehlsverhältnisse richtig ausbalanciert würden. Letzteres erscheine ihm das schwierigste Kapitel. An dieser Frage seien die Verhandlungen zwischen Wagner und Müller auf ein totes Gleis geraten. Wagner vertrete den Standpunkt, daß im Frontgebiet nur einer befehlen könne. Hier habe er recht, denn es ginge nicht an, innerhalb der Front einen wilden Haufen herumlaufen zu lassen. Im Kampfgebiet sei eine taktische und damit befehlsmäßige Unterstellung unvermeidlich. In die Gesamtoperationen der Wehrmacht hätten sich unsere Einheiten organisch einzufügen, in den Operationsgebieten und den rückwärtigen Heeresgebieten werde man aber die schwierige Unterscheidung zwischen fachlicher Befehlsgewalt und praktischem Unterstellungsverhältnis locker behandeln können. Heydrich fügte schließlich noch hinzu: »Wie die fachliche Selbständigkeit zum Ausdruck kommen soll, hängt weitgehend von Ihrer geschickten Formulierung ab.« Damit war das Gespräch beendet.

Noch am gleichen Tage studierte ich die entsprechenden Unterlagen und machte mir über die wesentlichen Punkte eine Skizze. Damit ging ich am nächsten Nachmittag zu Wagner. Zuerst wurde ich von Oberleutnant von Altenstaedt empfangen, mit dem ich aber nur allgemeine Dinge besprach. Ich konnte verstehen, daß seine etwas betont offiziersmäßige Haltung Müller ein Dorn im Auge gewesen war.

Der Generalquartiermeister selbst war ein Mann Mitte fünfzig, ruhig und sachlich, wenn auch nicht ohne Temperament. Er stellte mir zunächst ein paar persönliche Fragen nach meiner Herkunft, meinem Beruf und fragte: »Wie sind Sie eigentlich in den Apparat [er meinte meine Dienststelle] hineingekommen?« Ich sprach von einer Kette von Zufällen, die das Leben nun einmal an jeden Menschen herantrage. Dann gingen wir zur Sache über. Ich legte ihm meine Auffassung unter Betonung der Schwerpunkte dar, wie ich sie auf Grund der Aktenunterlagen sähe. Ich fügte hinzu, daß es im Augenblick Zeitverlust bedeute, auf Prestigefragen herumzureiten. Meine Absicht sei es, so schnell wie möglich eine beiderseits befriedigende Lösung zu finden. Im Laufe des Gesprächs blieben wir aber doch wiederum an der fachlichen Selbständigkeit, der Frage eigener Befehlswege und der taktischen Unterstellung in den verschiedenen räumlichen Abschnitten hängen*.

Ich vertrat den Standpunkt, daß die Gebiete, für die bereits eine Zivilverwaltung vorgesehen sei, für keine Seite ein Problem darzustellen brauchten, da ja dort die gleichen Unterstellungsverhältnisse wie in den besetzten Gebieten gelten würden. Hinsichtlich der Frontgebiete bestünde wohl kein Zweifel, daß hier der Gesichtspunkt der operativen Kampfführung sowie die befehlsmäßige totale Unterstellung der mobilen Einheiten der Sicherheitspolizei und des SD unter die jeweiligen Frontkommandeure des Heeres maßgebend sein müsse. In den rückwärtigen Gebieten, also in den Operations- und rückwärtigen Heeresgebieten, erschiene mir ein totales Unterstellungsverhältnis aber nicht mehr erforderlich und entspräche auch nicht dem Sinn des Einsatzes dieser mobilen Verbände, da die vorgesehenen Spezialeinheiten sich fachlich mit ganz anderen Aufgaben zu befassen hätten und deren Verselbständigung deshalb notwendig wäre, weil sie nicht nach heerestaktischen Befehlen operieren sollten.

General Wagner stimmte schließlich meinen Ausführungen im wesentlichen zu. Wir gingen dann noch in die technischen Details. Ich erbot mich nun, unter Einhaltung der so vorgezeichneten Linie einen Befehlsentwurf anzufertigen, den ich ihm ohne vorherige Rücksprache mit Heydrich vorlegen würde, damit er, Wagner, die ihm noch notwendig erscheinenden Änderungen anbringen könne. Der Generalquartiermeister war hochbefriedigt.

Bei der Ausarbeitung stellte ich eine Art Präambel an die Spitze. Darin faßte ich die einzelnen Teile des Führerbefehls über den »Einsatz von mobilen Einheiten der Sicherheitspolizei und des SD im Kampfverband des Heeres zur Sicherung der rückwärtigen Gebiete unter Brechung jeglichen Widerstandes« zusammen. Diese Präambel machte ich als Willens-

---

* In seinem ersten Handmanuskript sagt Schellenberg: »Der springende Punkt blieb – wem unterstehen die Einsatzk. taktisch und befehlsmäßig in den verschiedenen Räumen? – das heißt also im Kampfgebiet und im rückwärtigen Heeresgebiet.«

äußerung des Führers zur juristischen Grundlage für den gesamten Entwurf, worauf sich die weiteren Abschnitte sinngemäß aufbauten.

Zwei Tage später legte ich dem General das Ergebnis vor. Er und Altenstaedt studierten den Entwurf genau. »Einverstanden«, sagte er, »genau, wie wir es im einzelnen besprochen haben. Hoffentlich wird Ihr Chef nichts mehr daran herumzunörgeln haben.«

Als ich Heydrich darüber Vortrag hielt, blieb sein Gesicht unbewegt; es zeigte weder Ablehnung noch Zustimmung. Mit der Bemerkung, er wolle sich die Sache noch einmal in Ruhe überlegen, verabschiedete er mich. Am folgenden Tag rief er mich an und erklärte: »Ich bin mit dem Befehlsentwurf im großen und ganzen einverstanden. Bevor ich ihn aber mit Wagner zusammen unterzeichne, möchte ich noch Aufklärung über einige Punkte haben. Ihre Ausdrucksweise ist verschiedentlich, vor allem hinsichtlich der Brennstoffversorgung und der Benützungsmöglichkeit technischer Nachrichtenverbindungen, zu unklar. Am besten wird es sein, Sie begleiten mich in die Bendlerstraße, wir können notfalls an Ort und Stelle noch einige Änderungen vornehmen.«

Wagner und Heydrich begrüßten sich etwas steif und formell, gewannen aber im Verlauf des anfänglich privaten Gesprächs recht guten Kontakt. Als jedoch der Befehlsentwurf Satz für Satz durchgesprochen wurde, erhob Heydrich mehrfach Widerspruch. Sobald er irgendeine Abänderung wünschte, sträubte sich Wagner lebhaft. Schlug dieser hier und dort eine andere Formulierung vor, dann war es Heydrich, der sich weigerte. Ich meinerseits verfolgte stur meine Linie und war gegen jede Form der Abänderung. Zwar machte ich mir hier und da innerlich einen Vorwurf, denn zuweilen schien ein klarerer Ausdruck schon am Platze. Doch ich dachte mir: Beginnt erst einmal in einem Punkte eine Korrektur, dann ist kein Ende abzusehen. Schließlich zückten dann Wagner und Heydrich ihre Federhalter und unterzeichneten, ohne daß auch nur ein Wort geändert worden wäre. Mündlich wurde noch verabredet, daß der Befehl im Original unter Verwendung des Briefkopfes *Der Oberbefehlshaber des Heeres* für den Heeressektor erscheinen sollte, während Heydrich noch offenließ, ob auf der anderen Seite der Befehl mit *Reichsführer SS* gezeichnet werden würde. Beide waren offensichtlich mit dem Ergebnis zufrieden.

Zu meiner und Wagners Überraschung bat Heydrich abschließend den General noch um eine Unterredung unter vier Augen. Als ihn Wagner erstaunt ansah, entgegnete Heydrich: »Es handelt sich um einen Führerbefehl.« Wagner nickte und sagte: »Ach so, ja.«* Ich sah aber, wie sich sein Gesichtsausdruck völlig veränderte. Kühl und ernst blickten seine Augen, er richtete sich unwillkürlich in dem schweren Ledersessel auf. Heydrich wartete, bis ich das Zimmer verließ.

Ich ging eine ganze Weile auf dem Flur auf und ab. Durch die massiveichene Doppeltür Wagners hörte ich einige Male im Vorbeischreiten, wie sich die Stimmen dahinter zu einer recht erheblichen Lautstärke entwickelten. Nach einer halben Stunde traten beide auf den Gang - Heydrich, wie immer, unberührt und mit weitausholender Bewegung, Wagner mit verhaltenen Schritten und geröteten Wangen. Die Verabschiedung verlief kurz und militärisch.

Auf der Rückfahrt zur Wilhelmstraße wurde anfänglich kein Wort zwischen Heydrich und mir gesprochen. Schließlich bemerkte er nur kurz: »Wagner hat sich sehr geschickt verhalten, die Wehrmacht könnte sich keinen Besseren auf diesem Posten wünschen. Ich bin froh, daß Sie die Verhandlungen mit ihm so rasch beendet haben.«

Bevor wir uns trennten, bat er mich noch, ihm sofort die Aktenunterlagen bezüglich der mit Wagner geführten Besprechungen auszuhändigen. »Ich brauche sie zum Vortrag bei Himmler. Für Sie ist der Vorgang abgeschlossen. Weitere Einzelheiten werde ich mit Müller besprechen.«**

---

* Schellenberg schreibt in seinem ersten Handmanuskript an dieser Stelle: »Heydrich wies darauf hin, daß er gern noch mit Wagner unter vier Augen hinsichtlich des ja auch ihm sicher schon bekannten Führerbefehls sprechen wolle. Wagner bejahte die Kenntnis, mir selbst war nicht klar, um welchen Führerbefehl es sich handelte. Ich traf sofort Anstalten, das Zimmer zu verlassen.«

** Die Anklage hat Schellenberg vor dem Nürnberger Gericht vorgeworfen, er sei der einzige Verfasser des Abkommens zwischen der deutschen Wehrmacht und der SS gewesen, das den »Einsatzgruppen« die Erlaubnis gab, die deutsche Armee bei ihrem Vormarsch im Osten zu begleiten und alle in den besetzten Sowjetgebieten vorgefundenen Juden zu töten. Schellenberg hat auf diesen Vorwurf damals folgendes erwidert: »Ich bin rückschauend zu der Überzeugung gekommen, daß sowohl Heydrich als auch Wagner ebenso wie die Oberbefehlshaber der Heeresgruppen der Armee von dem Zweck der Einsatzgruppen Kenntnis hatten, der weit über den in der schriftlichen Vereinbarung selbst angegebenen Zweck hinausging. Aus den Verhandlungen gegen Ohlendorf ist aber bekannt, daß der Befehl [Endlösung der Judenfrage] als ein nur mündlicher Befehl Hitlers an die Führer der Einsatzgruppen wieder nur mündlich weitergegeben worden ist unter gleichzeitigem Hinweis auf strenge Geheimhaltung. Mir ist weder von diesem Befehl Hitlers noch über den Inhalt der späteren Einsatzgruppenberichte etwas bekannt geworden.«

Wir sollten nun aus dem überstürzten Tempo der auf volle Touren gebrachten Kriegsmaschinerie nicht mehr herauskommen. Die Stunde des großen Generalangriffs rückte spürbar näher und näher. Die geheimdienstlichen Fronten waren schon in Bewegung geraten. Intensive Aufmerksamkeit erforderte die Verschleierung unseres Aufmarsches gegen Rußland. Besonders gefährdete Stellen, wie Verschiebebahnhöfe und Grenzübergangsstellen, mußten vor Spionage gesichert werden. Es galt ferner, feindliche Informationsverbindungen abzuschneiden; wir bedienten uns ihrer nur noch, um einige Falschmeldungen, wie beispielsweise über Transportverschiebungen nach dem Westen zur Vorbereitung der wiederaufgenommenen Aktion *Seelöwe,* zu lancieren. Inwieweit die Sowjets an diese Irreführung glaubten, mag daran gemessen werden, daß noch am 21. Juni 1941 russische Infanteriebataillone in der Zitadelle von Brest-Litowsk mit Musik Parademarsch übten.

Im Aufmarschgebiet des Gouvernements tauchten immer wieder neue Schwierigkeiten auf, die noch durch eine Kontroverse mit dem Amt Canaris verschärft wurden. Die militärische Abwehr bediente sich mit Erfolg der ukrainischen Minderheitenführer Melnik und Bandera, während Müller sich auf die Meinung versteifte, daß diese lediglich eigene politische Ziele verfolgten und deren Unterstützung nur zur Beunruhigung der Polen führen könne.

Canaris und Heydrich wurden laufend von Hitler bedrängt, neues Material über den Stand der russischen Gegenmaßnahmen vorzulegen. Nicht nur bei uns, sondern auch in allen anderen Führungsstellen breitete sich so allmählich eine wie mit Elektrizität geladene Atmosphäre aus. Ich habe später allzuoft aus diesen Kreisen Menschen erlebt, die durch die sich immer mehr überstürzenden Befehle Hitlers außerstand gesetzt wurden, in dem Durcheinander die wirklich entscheidenden und wesentlichen Dinge herauszugreifen und sich auf sie zu konzentrieren. Im Laufe der Zeit trat dann eine solche Überanstrengung ein, daß man oft ungeachtet aller realen Vernunft einfach alles nach Schema F behandelte. Auf unserem Gebiet lag es vielfach nicht anders. Kein Wunder, wenn sich Hitler deshalb öfter über eine schlechte Arbeitsmethode der Abwehr mokierte. So habe ich bis Ende 1944 häufig folgenden Satz zu hören bekommen: »Die Abwehr legt immer ein Sammelsurium von Einzelmeldungen vor und überläßt es mir, das auszusuchen, was mir paßt. Man muß den Leuten eine bessere Arbeitsweise beibringen.«

Canaris seinerseits schimpfte während unserer Morgenritte unverblümt auf die oberste Wehrmachtsführung – es sei gröbster Leichtsinn, einen Mann wie Hitler noch durch fachliche Argumente, der Rußlandfeldzug werde innerhalb weniger Monate beendet sein, zu bestärken. Er könne einen so leichtfertigen Optimismus nicht teilen. Und wenngleich er wisse, daß er sich mit seinen ständigen Warnungen immer unbeliebter mache, wolle er nicht schweigen. Erst kürzlich habe er noch mit Keitel darüber gesprochen, sich aber nur die Abfuhr geholt: »Mein lieber Canaris, von der Abwehr mögen Sie etwas verstehen, als Marinemann wollen Sie uns aber doch keine Lektion über strategische Planungen erteilen.« Bei dieser Gelegenheit kam Canaris auch zum ersten Male auf den Einsatz von Verbänden der Sicherheitspolizei und des SD im Rahmen des Kampfverbandes des Heeres zu sprechen und äußerte, daß dies zu erheblichen Schwierigkeiten führen müsse. Ich riet ihm, doch einmal mit Heydrich darüber zu reden. Meine Anregung führte zu einer Aussprache zwischen beiden mit dem Ergebnis, daß eine gemeinsame Tagung mit dem Ic/AO und möglichst vielen Ic-Offizieren der Heeresgruppen und Armeen neben den Kommandeuren der beteiligten Polizei- und SD-Einheiten (Einsatzgruppen und Einsatzkommandos) stattfinden sollte. Nach meiner Erinnerung fiel diese Tagung in die erste Junihälfte; sie diente neben einzelnen Fachvortragen in großen Zügen auch der Darlegung des gesamten operativen Feldzugplanes. Das Heer wurde durch Generalquartiermeister Wagner vertreten, der sich bei der Erläuterung technischer Fragen der gegenseitigen Zusammenarbeit auf den mit Heydrich vereinbarten Befehlsentwurf stützte. Canaris und Heydrich behandelten Spezialfragen einer engen Tuchfühlung zwischen den eingesetzten Kommandos der Sicherheitspolizei und des SD sowie der sogenannten »Abwehrtrupps« des militärischen Geheimdienstes.

Wenige Tage später hatte ich mich mit Heydrich bei Himmler zum Vortrag zu melden. Es sollte die Spionageabwehr gegen Rußland besprochen werden. An mich gewandt sagte Himmler: »Der Führer beabsichtigt, am Tage des Beginns des Rußlandfeldzuges eine Proklamation an das deutsche Volk zu erlassen. Ebenso wie vor dem Westfeldzug soll der Proklamation ein Bericht des OKW, gegebenenfalls ein Exposé des Auswärtigen Amtes, vor allem aber auch ein Bericht des Chefs der Polizei beigefügt werden. Der Führer will im übrigen in seiner Verlautbarung die Horia-Sima-Affäre in Rumänien erwähnen. Fertigen Sie mir sofort einen Entwurf an.« Mit einem Blick zu Heydrich fuhr er fort: »Horia Sima ist für uns ein heißes Eisen; soll ich versuchen, den Führer davon abzubringen?« Heydrich wurde sichtlich unruhig und erwiderte, er halte die Erwähnung dieser Affäre für höchst überflüssig. Am Schluß wandte er sich sogar sehr scharf dagegen. »Wozu denn das Ganze?« fragte er unwillig. »Was will der Führer damit gegen Rußland bezwecken?« Himmler begann nervös mit seinem Ring zu spielen, schließlich sahen sie mich beide so an, als ob sie eine Antwort von mir erwarteten. »Vielleicht will Hitler«, sagte ich, »die Sache in seiner Proklamation so hinstellen, als ob der Aufstandsversuch der Eisernen Garde ein Machwerk des sowjetischen Geheimdienstes gewesen wäre, und damit gleichzeitig unseren Verbündeten Marschall Antonescu beruhigen, daß Vorfälle wie die Horia-Sima-Affäre nicht mehr vorkommen würden.«* Himmler beendete schließlich das Gespräch, indem er sagte: »Man muß es dem Führer überlassen, wie er es letztlich machen will.«

Mir standen für meinen Auftrag zum Entwurf eines Polizeiberichts nur vierundzwanzig Stunden zur Verfügung, dabei hatte ich noch das notwendige Material bei verschiedenen Stellen anzufordern und auszuwählen. Es war ein verwirrender Aktenberg, der sich immer höher um mich auftürmte. Zwischendurch rief mich stets wieder Himmler an, der jedesmal, wenn Hitler noch irgend etwas wissen wollte, sogleich ans Telefon lief und mich nun mit diesen Fragen und guten Ratschlägen bombardierte, unter anderem, wie man in dem Bericht am besten

---

* Horia Sima war der Führer der sogenannten Eisernen Garde in Rumänien. Heydrich hatte ihn bei einem Umsturzplan gegen den rumänischen Staatschef Marschall Antonescu unterstützt. Ich hatte Heydrich damals gewarnt. Der Umsturzplan schlug auch prompt fehl. Horia Sima und Hunderte seiner Anhänger entgingen nur nach langwierigen Verhandlungen unsererseits mit Antonescu der Aburteilung. Auf Grund eines Gnadenaktes des Marschalls wurden sie zuerst in einem deutschen Konzentrationslager eingesperrt und später in einer Agentenschule untergebracht. Hitler, der sich seit September 1940 ganz auf Marschall Antonescu festgelegt hatte, war über die eigenmächtige Einmischung Heydrichs in den Putsch der Eisernen Garde maßlos erregt.
Als es im Jahre 1942 Horia Sima gelang, nach Italien zu fliehen und dort spurlos unterzutauchen, geriet Hitler in eine solche Raserei, daß er sich dazu verstieg, von der SS als von der »Schwarzen Pest« zu reden, die er auch noch ausradieren werde, wenn sie nicht pariere. Ribbentrop nützte diese Schlappe Himmlers und Heydrichs sogleich aus, um Hitler zu berichten, daß die Stapo die Flucht erst vierzehn Tage später gemeldet habe. Während dieser Zeit hatten wir gehofft, Horia Sima wieder einfangen zu können.

die Methodik des russischen Geheimdienstes herausstellen könne. Ein Vorteil für mich war, daß ich die Materie recht gut kannte, da ich fast alle Einzelvorgänge vorher selbst bearbeitet hatte. So gelang es mir, den Bericht pünktlich abzuliefern. Er wurde sodann mit der Unterschrift Heydrichs Himmler vorgelegt und bei Beginn der Ostoffensive in der Presse veröffentlicht*. Er beruhte auf authentischen und aktenkundig bewiesenen Ermittlungsergebnissen.

Am 21. Juni 1941 – gelegentlich eines Essens bei Horcher, an dem Heydrich und ich teilnahmen – unternahm Canaris noch einmal einen Vorstoß, um Heydrich vor der allzu optimistischen Einstellung im Führerhauptquartier zu warnen. Heydrich entgegnete, er sei am Vortage von Himmler über das jüngste Tischgespräch zwischen Hitler und Bormann unterrichtet worden. Bormann habe die ernste und nachdenkliche Stimmung, in der sich Hitler zur Zeit befinde, dem Sinne nach etwa mit folgenden Worten zu verscheuchen gesucht: »Mein Führer, Sie machen sich verständlicherweise große Sorgen. Die Auslösung eines solch gewaltigen Feldzuges zur rechten Zeit und mit den rechten Mitteln hängt doch allein von Ihnen und Ihrer Berufung ab. Die Vorsehung hat Sie zum Träger solch weitbestimmender Entscheidungen ausersehen, und kein anderer als ich weiß besser, mit welcher Sorge und Mühe Sie sich den kleinsten Problemen bei der Vorbereitung Ihrer Entscheidung gewidmet und darüber nachgegrübelt haben...« Der Führer habe sich diese Worte, ohne zu unterbrechen, angehört und dann erwidert: Man könne nur hoffen, daß er, Bormann, recht behalte. Aber bei so gewaltigen schicksalsschweren Entscheidungen wisse man nie, ob man auch wirklich alles richtig erwogen und vorausschauend berechnet habe. Er könne nur die Vorsehung bitten, daß sie, sich seiner als Mittler bedienend, für das deutsche Volk alles zum Guten wende. – Heydrich meinte dazu, diese Bemerkungen Hitlers seien doch recht aufschlußreich und zeigten, daß er selbst keineswegs so optimistisch sei wie seine engste militärische Umgebung.

Am nächsten Tage, es war der 22. Juni 1941, trat unsere Wehrmacht in der Dämmerung des Morgens an allen Teilen der Front von Finnland bis zum Schwarzen Meer zum Angriff gegen die Sowjets an.

Am Nachmittag erhielt ich einen Anruf aus dem Auswärtigen Amt, ich möge mich sofort wegen des Austausches des in Berlin akkreditierten sowjetischen Botschafters Dekanossow und seines Botschaftsperso-

* Vgl. Anhang

nals einschalten. Beabsichtigt war, den Austausch Zug um Zug an der bulgarisch-türkischen Grenze vorzunehmen, wo der deutsche Botschafter Graf von der Schulenburg mit seinem Stab aus Moskau eintreffen sollte. Der Sachbearbeiter des Auswärtigen Amtes teilte mir mit, Dekanossow habe soeben erklärt, er lehne eine Abreise aus Berlin ab, da zwei Angehörige des sowjetischen Konsulats in Danzig seit einigen Tagen verschwunden seien. Er wisse aus zuverlässiger Quelle, daß diese Leute von der Geheimen Staatspolizei verhaftet worden seien. Ohne die beiden Konsularbeamten aber könne kein Diplomatenaustausch vorgenommen werden.

Auf schnellstem Wege setzte ich mich mit Danzig in Verbindung und bat um Aufklärung. Unsere Danziger Dienststelle meldete, es handele sich um die Leiter eines umfassenden russischen Spionageringes, deren Verbindungen bis ins Gouvernement und bis Berlin reichten. Sie seien in Zusammenarbeit mit den Abwehrorganen der Wehrmacht verhaftet worden. Das von diesen beiden Agenten nach Moskau übermittelte Informationsmaterial habe sich auf Truppenverlegungen, Transportverschiebungen und auf Hinweise über die Stärke deutscher Aufmarschbewegungen in Ostpreußen und im Gouvernement bezogen. Auch Einzelheiten über unsere Ostseeflotte und ihre Bewegungen hatten zum Inhalt ihrer Meldungen gehört. Es stehe mit Sicherheit fest, daß sich der von den Agenten benutzte Sender noch im Raume Danzig befinde. Genaues habe man jedoch bisher noch nicht feststellen können, deshalb sei eine Fortsetzung des Verhörs der Verhafteten notwendig.

Am nächsten Morgen meldete sich der Sachbearbeiter aus Danzig bei mir in Berlin. Blaß und übernächtigt saß er vor mir und erläuterte noch einmal erregt alle Einzelheiten des Falles. Am Schluß erklärte er, er müsse zugleich die Mitteilung machen, daß er nicht in der Lage gewesen sei, die beiden Russen mitzubringen. Man möge dieserhalb notfalls ein Disziplinarverfahren gegen ihn einleiten. Nun war es an mir, zu erschrecken. Besorgt fragte ich, ob die Verhafteten denn nicht mehr lebten. Ich erfuhr nun, einer der Vernehmungsbeamten sei durch das hartnäckige Leugnen der Agenten in eine solche Wut geraten, daß einer von beiden nun mit einem zugeschwollenen blauen Auge dasitze. Ich rief sofort das Auswärtige Amt an und erklärte, die beiden Russen stünden zur Verfügung, es sei jedoch unmöglich, daß sie noch den Austauschzug in Berlin erreichten. Sie würden von Danzig per Flugzeug an die türkische Grenze nachgeschickt werden. Herr Dekanossow könne deshalb beruhigt abfahren. Wenn die beiden Konsularbeamten nicht rechtzeitig erscheinen sollten, könne er den Austausch unserer Diplomaten immer noch verhindern. Nach längerem Hin und Her wurde der Vorschlag von Dekanossow angenommen.

Ich ließ die beiden Agenten nun sofort aus Danzig holen und gewann damit noch genügend Zeit, daß sich einer meiner Abteilungschefs, der fließend Russisch sprach und den ich als Reisebegleiter vorgesehen hatte, einen Tag lang in Berlin mit ihnen beschäftigen konnte. Die Russen wurden nun in einem Berliner Hotel untergebracht, wo sie sich mit Wodka betrinken und ausschlafen konnten. Sie beklagten sich meinem Abteilungschef gegenüber in keiner Weise, im Gegenteil, der mit dem blauen Auge betonte öfter, er bedaure es, geleugnet zu haben, er hätte sich sonst viel ersparen können. Der andere betrachtete zwar den Fall als abgeschlossenes Kapitel, war aber keineswegs davon erbaut, nun mit dem Flugzeug dem Botschafter nachgeschickt zu werden. Dies, so meinte er, könne sie beide vor Herrn Dekanossow in ein schlechtes Licht bringen. Am nächsten Vormittag verließen die beiden Russen Berlin. Ich hatte sie mir noch einmal angesehen und den Eindruck gewonnen, daß an ihrem körperlichen Zustand nicht viel auszusetzen war. Je näher sie dann dem Ziel kamen, desto unruhiger wurden sie. Aus ihren Reden ging hervor, daß sie sowohl Angst vor Dekanossow als auch vor den Maßnahmen ihrer Moskauer Behörde hatten. Sie fürchteten, wie mir später der Reisebegleiter berichtete, daß ihr Versagen, begründet durch die Verhaftung und Preisgabe ihrer Aufträge, nicht ungestraft bleiben werde. Unser Beamter hatte schließlich noch alle Mühe, sie von einem Fluchtversuch abzuhalten.

Der Zug Dekanossows wartete bereits an der türkischen Grenze. Der deutsche Gegenzug ließ jedoch noch auf sich warten. Moskau hatte angeordnet, daß die deutschen Diplomaten so lange auf russischem Gebiet zu verbleiben hätten, bis die beiden Konsularbeamten eingetroffen seien. So dauerte es noch drei volle Tage, ehe der Austausch vorgenommen werden konnte.

ÜBERNAHME DES AUSLANDSNACHRICHTENDIENSTES

Meine nette Dienststelle – Gespräch mit Mehlhorn – Feinde und Intrigen – Amerikaner landen auf Island – Einschaltung der Gestapo in Amt VI – Die Polizeiattaches – Zuständigkeit der Ämter im RSHA – Heydrich soll Reichsprotektor werden

Im Juni 1941 war es endlich soweit, daß ich – zunächst als stellvertretender Amtschef mit dem Rang eines Ministerialrats und SS-Standartenführers – die Dienstgeschäfte des politischen Auslandsnachrichtendienstes (Amt VI) übernehmen konnte. Damit hatte ich das Ziel, das mir von Anfang an vor Augen geschwebt hatte, erreicht.

Mit nicht geringem Stolz betrat ich meinen künftigen Arbeitsraum, der mit allen Raffinements der Technik ausgestattet war. Neben einem großen Schreibtisch befand sich ein Rolltisch, auf dem mehrere Telefonapparate und Mikrofone standen. Unsichtbar waren in der Wandverkleidung sowie unter dem Schreibtisch und in der Lampe Abhörgeräte eingebaut, so daß jedes Gespräch und jedes Geräusch automatisch aufgenommen und registriert wurde. An den Fenstern fielen dem Eintretenden kleine Drahtquadrate auf; es waren dies elektrische Sicherungen, die ich abends beim Verlassen des Büros einschaltete und die sämtliche Fenster, Panzerschränke sowie die verschiedenen Eingänge des Büroraumes sicherten. Die bloße Annäherung an die durch Selen-Fotozellen gesicherten Räume löste automatisch einen Vollalarm aus, der innerhalb von Sekunden die bewaffnete Wachmannschaft herbeirief. Mein Schreibtisch selbst war wie eine kleine Festung: in ihm waren zwei Maschinenpistolen eingebaut, deren Läufe den Raum mit Kugeln bestreuen konnten. Sobald die Tür aufging, richteten sich die Läufe automatisch auf den Eintretenden. Im Falle der Gefahr hatte ich nur auf einen Knopf zu drücken, um die beiden Waffen in Aktion zu setzen. Mit einem zweiten Knopf vermochte ich gleichzeitig ein Sirenensignal auszulösen, wodurch das ganze Haus sofort von Wachtposten an allen Aus- und Eingängen blockiert wurde. Von meinem Dienstwagen aus konnte ich auf eine Entfernung von fünfundzwanzig Kilometern telefonieren und meinen Sekretärinnen fernmündlich diktieren. Wenn ich auf eine Mission in fremde Länder ging, mußte ich mir befehlsgemäß einen künstlichen Zahn einsetzen lassen, der eine genügende Menge Zyankali enthielt, mich innerhalb von dreißig Sekunden der Feindeshand zu entziehen. Außerdem trug ich einen Siegelring mit einem großen blauen Stein, unter dem sich eine weitere Kapsel mit Zyankali befand.

Am Tage meiner Vorstellung begrüßten mich meine künftigen Mitarbeiter mit sichtbar gemischten Gefühlen – einige schienen sich zu freuen, andere traten mir in offener Ablehnung gegenüber. Nach der Vorstellung beschäftigte ich mich sogleich mit Personalfragen und den mir notwendig erscheinenden Veränderungen.

Nach kurzer Zeit schon spürte ich jedoch den ungeheuren Druck der Verantwortung, die mir mit diesem Amt aufgebürdet wurde. Um mit mir selbst und meiner Aufgabe ins klare zu kommen, entschloß ich mich, zunächst einmal einige Tage fern von Berlin zu verbringen. So fuhr ich als Jagdgast zu dem bereits erwähnten Dr. Mehlhorn; er baute zu jener Zeit einen Teil der zivilen Verwaltung in den Ostgebieten auf. Ich hoffte, er würde mir auf Grund seiner langjährigen Erfahrungen einige Ratschläge geben können.

Während der ersten Tage schaltete ich erst einmal alles Dienstliche ab und ging mit Leidenschaft zur Jagd, zum Reiten und Fischen. Bis tief in die Nacht saß ich oft auf dem Hochsitz in einer alten Tanne, genoß den Sonnenuntergang und die abendliche Dämmerung. Und wie grausam störten dann plötzlich die hellsingenden Motoren der Flugzeuggeschwader, die der Front zubrausten, die sommerliche Stille.

Als ich ruhiger geworden war und mich genügend von der Berliner Atmosphäre distanziert glaubte, entwickelte ich Mehlhorn unter anderem auch meinen Plan eines einheitlichen Geheimdienstes, wie ich diesen schon meinen Gedanken zum Entwurf des »Zehn-Punkte-Programms« zugrunde gelegt hatte. Es kam daraufhin zwischen uns zu langen und hitzigen Diskussionen. Mehlhorn vertrat die Ansicht, es sei Unsinn, sich während eines Krieges an eine so umwälzende und gefährliche Reorganisation heranzuwagen. Wenn ich diesen Plan durchführte, säße ich mit der gesamten Verantwortung allein in einem Boot. Abstützung und Rücksichtnahme seitens Dritter dürfte ich dann keinesfalls mehr erwarten. Seiner Ansicht nach schätzte ich auch Himmler und Heydrich im Rahmen eines solchen Programms gänzlich falsch ein. Da bei ihnen nur rein machtpolitische Interessen im Vordergrund stünden, würden sie nur schwerlich von der Notwendigkeit der von mir geplanten Ausweitung des Amtes VI zu überzeugen sein. Vor allem solle ich mich vor Heydrich hüten, der in einer Erweiterung meiner Kompetenzen, wie sie die Verwirklichung solcher Pläne zwangsläufig mit sich brächte, eine Gefährdung seiner Machtposition sehen würde. »Beim ersten Rückschlag wird dieser Mann Sie rücksichtslos fallenlassen, Sie notfalls mit so gefährlichen Aufträgen zudecken, daß Sie mit dem Allerschlimmsten, nämlich mit dem Verschwinden, zu rechnen haben.« Er gab mir schließlich den Rat, den gesamten Auftrag zurückzugeben, das sei in jedem Falle weniger gefährlich als das, was mir sonst bevorstünde.

Am folgenden Tage lehnte ich nach reiflicher Überlegung Mehlhorns Ratschlag ab. Ich war in meinem Innern bereit, die neue Aufgabe zu übernehmen, und erklärte Mehlhorn, es würde mir mit Geschick und Fleiß schon gelingen, die von ihm befürchteten Schwierigkeiten auszuräumen. Von nun an versuchte Mehlhorn nicht mehr, mich von meinem Vorhaben abzubringen. Er war sogar bereit, mir nach bestem Vermögen zur Seite zu stehen.

Mit dem festen Willen, mich nun ganz dem Amt VI zu widmen, kehrte ich nach Berlin zurück. Zunächst bemühte ich mich, von allen Mitarbeitern der Zentrale sowie der Dienststellen im Ausland einen persönlichen Eindruck zu gewinnen. Bei jedem einzelnen Besucher hatte ich vorher dessen »Visitenkarte« in Gestalt seiner Personalakten studiert. Die Nachtstunden behielt ich mir für die Aktenarbeit und die laufende Berichterstattung vor. Kopfzerbrechen machten mir immer wieder die notwendigen Personalveränderungen, da das Reservoir an tüchtigen Beamten ziemlich erschöpft war. Mein oft recht rücksichtsloses Vorgehen in dieser Beziehung schaffte mir manche Feinde; sie waren es denn auch, die nun ständig bei Heydrich gegen mich intrigierten, so daß ich mir manchmal nicht wie ein Amtschef, sondern wie ein gejagter Hund vorkam und öfter an die Worte Mehlhorns erinnert wurde. Ich flüchtete mich schließlich in die Arbeit und zog langsam einen Spionagering nach dem anderen auf. Ich prüfte sämtliche Akten, und es gab keinen Bericht, der nicht von mir unterzeichnet worden wäre. Auf diese Weise stellte ich bald zahlreiche Mißstände fest. So waren bisher bei den Agentenmeldungen nicht einmal die einfachsten Unterscheidungen zwischen »Soll«- und »Ist«-Meldungen gemacht worden, geschweige denn, daß man von einer methodischen Arbeit im Verhältnis vom Erfassungs- zum Auswertungssektor hätte reden können.

Von der nunmehr durch mich eingeleiteten personellen Umbesetzung war kaum jemand erbaut, und so bildete sich eine regelrechte Fronde gegen mich, die ihre Verbindungen zur Parteileitung und zu den Reichsressorts nach Kräften ausnützte.

Allmählich deckte ich auch andere Mißstände auf. So kamen große Unregelmäßigkeiten in der Devisenzuteilung und in den Spesenabrechnungen ans Licht. Ich benützte diese Gelegenheit, eine Generalrevision zu beantragen. Damit wollte ich mir gleichzeitig eine Art »Eröffnungsbilanz« schaffen, so daß man mich nicht später für die Fehler der Vergangenheit verantwortlich machen konnte. Ich stand jedoch nunmehr vor der Schwierigkeit, daß ich der Finanzprüfungskommission aus geheimdienstlichen Gründen nicht in alle Vorgänge Einsicht geben konnte. Dies nahm Heydrich, auf Anraten seiner Amtschefs Müller und Streckenbach, zum Anlaß, den Leiter der Prüfungskommission anzuweisen, in allen Fällen, in denen ich mir Einschränkungen der Revision vorbehielt, »Verdachtsfälle« (mit dem Hintergedanken einer Verschleierung durch mich) zu sammeln und ihm vorzulegen. Es war typisch für ihn, daß er mir persönlich gegenüber niemals dieses Thema anschnitt. Es läßt sich leicht vorstellen, wie schwierig es für mich war, unter solchen Umständen einen Mann wie Heydrich für meine erstrebten Kompetenzerweiterungen zu gewinnen. Was er verlangte, war lediglich die Beschaffung geheimdienstlichen Informationsmaterials; er brauchte wertvolle und wichtige Ergebnisse auf diesem Gebiet, um sich an höherer Stelle damit in ein entsprechend gutes Licht zu rücken. Dennoch gelang es mir nach und nach, von ihm Vollmachten zur Verwirklichung meines Planes zu bekommen: so die Einrichtung von Verbindungsstellen zu den verschiedenen Ministerien und das Recht, unmittelbar den jeweiligen Ministern Vortrag zu halten, soweit es sich um eine notwendige Zusammenarbeit handelte. Es blieb nun meiner Geschicklichkeit überlassen, wie ich diese Vollmachten in Zukunft ausnutzte.

Inzwischen traten aber auch die ersten Rückschläge ein.

Die Amerikaner waren am 12. Juli 1941, für uns völlig überraschend, zur Unterstützung der Engländer auf Island gelandet. Das Amt Canaris hatte überhaupt keine Informationen darüber bekommen. Meiner Dienststelle war lediglich eine Meldung aus Dänemark zugegangen, die einen entsprechenden Hinweis hätte geben können; sie war aber bei Himmler hängengeblieben. Hitler erfuhr so das Ereignis erst durch die ausländische Presse, und dies auch noch reichlich spät, weil der Zeitungszubringerdienst des Propagandaministeriums schlecht funktioniert hatte. Er beauftragte nun Himmler, unsererseits unverzüglich einen Zeitungsdienst in den neutralen Ländern zu organisieren – eine Aufgabe, die in Kriegszeiten keineswegs einfach zu lösen war.

Ich lancierte Strohmänner in ausländische Verlagsunternehmen und benützte zur Beförderung die Lufthansa, das Mitteleuropäische Reisebüro und für Einzelfälle Sonderkuriere. Nach einigen Monaten synchronisierte ich dann die sinnlose Doppelarbeit auf diesem Gebiet mit den zuständigen Stellen des Auswärtigen Amtes und des Propagandaministeriums.

Dieser zusätzliche Auftrag hatte mich eine Zeitlang von der mir so dringlich erscheinenden Aufgabe abgelenkt, eine zusammenfassende Darstellung über den politischen Geheimdienst im Ausland anzufertigen. Ich entwarf nun ein entsprechendes Memorandum und unterstrich, daß uns alle natürlich gewachsenen Verbindungen zwischen dem Reichsgebiet sowie den besetzten Gebieten und dem Ausland – sei es im Bereich der Industrie, der Banken, der Landwirtschaft, der Kunst und Literatur, der Technik und Politik – interessieren müßten und im Wege einer geschickten, auch ehrenamtlichen Auftragserteilung mit dem Geheimdienst verkoppelt werden sollten. Wichtig dabei erschien, die Kontakte mit ausländischen Persönlichkeiten auf allen Gebieten auszunützen sowie die gewonnenen Erfahrungen auszuwerten. Dieses Memorandum war auch als Grundlage für eine generelle Anordnung des Reichsführers SS an sämtliche Dienststellen der SS und der inneren Verwaltung gedacht. Himmler hatte sich nämlich grundsätzlich bereit erklärt, solche Gedankengänge vor dem höchsten Führerkorps der SS und der Partei in einem Vortrag zu erläutern, sie daneben auch den einzelnen Fachministern nahezubringen und sich so für meine neuen Ideen einzusetzen.

In diesem Augenblick bekam ich eine kalte Dusche. Heydrich befahl mich zum Vortrag. Mit einigem Mißtrauen fuhr ich in die Wilhelmstraße. Unter den Linden stärkte ich mich noch mit einer Tasse Kaffee bei Kranzler, um mich auf den vermutlichen Kampf vorzubereiten. In der Adjutantur fielen mir sogleich die überanstrengten und blassen Gesichter der Mitarbeiter Heydrichs auf, die zwischen Aktenstößen, Schnellbriefen und Fernschreibern eine bienenhafte Emsigkeit entwickelten. Heydrich selbst setzte ein betont blasiertes Gesicht auf. Er arbeitete noch eine Weile in seinen Akten weiter, dann fragte er mit seiner hohen Stimme: »Haben Sie etwas Wichtiges?« Ich verneinte und dachte, schließlich habe er mich ja rufen lassen. »Sie haben doch Zeit, mit mir zu essen?« sagte er dann plötzlich. Ich konnte schlecht ausweichen und folgte ihm in die Eden-Bar. Erst nach dem Essen begann er unvermittelt von dem Zweck seines Anrufes zu sprechen. –

Müller habe ihn davon überzeugt, sagte er, daß der Sektor »Weltanschauliche Gegner« (die vom Ausland aus gegen Deutschland arbeiteten) in das Zuständigkeitsgebiet der Geheimen Staatspolizei falle. Dieses Sachgebiet solle, soweit es von meinem Amt im Rahmen der aktiven Gegenspionage bearbeitet werde, sofort Müller (Amt IV) unterstellt werden.

Was Heydrich hier verlangte, bedeutete für mich einen schweren Schlag; nicht weil der Sektor: Kirchen, internationales Judentum, Freimaurertum u. a., besonders wichtig für mich gewesen wäre – einesteils verzichtete ich sogar gern darauf – sondern was mir nicht gleichgültig sein konnte, war die Tatsache, daß Müller auf diese Weise das Recht erhielt, sich ein eigenes Nachrichtennetz im Ausland aufzubauen. Das bedeutete einmal einen Generalangriff auf mein »Zehn-Punkte-Programm«, von Heydrich und Müller gemeinsam gesteuert, außerdem noch eine Einschaltung von Gestapo-Agenten in den Auslandsdienst. Ich wußte, daß ich im Augenblick nichts an einem solchen Plan würde ändern können. Es war der ewig mißtrauische Heydrich, der meine Arbeit jetzt offensichtlich zu fürchten begann und sich entschlossen hatte, meinen schärfsten Gegner, Müller, an einer empfindlichen Stelle anzusetzen. Dennoch versuchte ich, Heydrich durch sachliche Argumente von seinem Vorhaben abzubringen. Ich wies auf die Probleme und Schwierigkeiten einer solchen Doppelspurigkeit hin, die jedem politischen Geheimdienst abträglich sei. Im übrigen sei die Devisenlage so angespannt, daß eine solche zusätzliche Belastung kaum verantwortet werden könne.

Heydrich erwiderte zuerst kein Wort. Dann widersprach er; seine Stimme klang knarrend und kurz: »Fachlich bleibt es hinsichtlich der Bearbeitung des Sektors ›Weltanschauliche Gegner im Ausland‹ bei meiner Entscheidung. Im übrigen mögen Sie die Priorität behalten. Müller wird sich Ihrer gesamten technischen Apparatur bedienen; auf diese Weise werden Sie über alle seine Pläne informiert sein. Sie können auch der Geldgeber bleiben. Diese Lösung gilt aber nur für jene Länder, in denen kein Polizeiattaché tätig ist. Für die übrigen Länder wünsche ich folgende Regelung zu beachten:

Die Polizeiattachés unterstehen, zusammengefaßt in einer Polizeiattachégruppe, mir persönlich. Sie und Müller sowie sämtliche anderen Stellen der SS und Polizei können diese Attachés mit Spezialaufträgen versehen. Ich räume Ihnen das Recht ein, den Leiter der Gruppe aus Ihrem Personalbestand auszuwählen. Und um das Gesicht zu wahren, werde ich verfügen, daß die Polizeiattachés bei ihrer Berichterstattung den Weg über ihre jeweiligen Missionschefs zu gehen haben. Solche Berichte sind in dreifacher Ausfertigung herzustellen – einer bleibt bei der Attachégruppe, einer geht an Müller und einer an Sie. Gehen Sie morgen zu Müller und sprechen Sie mit ihm über diese Kompromißlösung.« In freundschaftlicherem Ton fügte er noch hinzu: »Sie sind und bleiben für mich jedoch in allen Fragen, die das Ausland betreffen, der allein zuständige Bearbeiter und Berater.«

Wir sprachen dann noch über die unterschiedliche Stellung des Geheimdienstes in den verschiedenen besetzten Gebieten. Danach sollte ich für die gesamte politische Berichterstattung, mit Ausnahme von Spezialberichten über Wirtschaftsprobleme (zuständig Amt III) sowie über die Gegnerlage und Gegnerbekämpfung (Amt IV), nach wie vor verantwortlich sein. Holland, Dänemark, Norwegen sowie jene Teile Polens und Rußlands, die bereits unter Zivilverwaltung waren (Verwaltungsbereich der Reichskommissare), sollten als Reichsgebiet behandelt werden; es galten also dafür die gleichen Zuständigkeitsabgrenzungen wie im Inland. Für Frankreich, Italien und sämtliche Balkanländer sollte das Amt VI zuständig bleiben. Wegen des Balkans gab es noch einen besonderen Disput. Heydrich ließ mir aber schließlich für diese Länder freie Hand, wobei ich meinerseits betonte, daß ich selbstverständlich nichts mit irgendwelchen Exekutivmaßnahmen zu tun hätte. Zusammenfassend hatte ich also in besetzten Ländern das Recht, diese als Glacis zu benützen, für den Balkan und Frankreich war ich außerdem für die politische Berichterstattung zuständig. Die gleiche Lösung galt auch für Italien.

Am folgenden Tage fand dann die Besprechung mit Müller statt. Nach einigem Hin und Her konnte er sich nicht verkneifen, mir gegenüber die Katze aus dem Sack zu lassen: ob ich nicht doch bereit sei, das ganze Amt VI mit dem Amt IV zu verschmelzen, das er, Müller, dann in zwei große Sektoren »Inland« – »Ausland« aufteilen wolle. Ihm genüge im Verhältnis zu mir eine Primus-inter-pares-Stellung. Ich erteilte ihm eine klare Absage, mußte mich aber hüten, es dieserhalb zu einem offenen Bruch zwischen ihm und mir kommen zu lassen. Müller war ein Mann, der sich auf hinterhältige Weise zu rächen wußte. Als ich an einem der nächsten Tage Heydrich darüber berichtete, lud er mich anschließend zum Lunch ein. Er war auffallend guter Laune, und es sollte auch nicht lange dauern, bis ich die Gründe dafür erfuhr. Er erwähnte zum ersten Male, der Führer beabsichtige, den

Reichsprotektor von Böhmen und Mähren, Reichsminister Freiherrn von Neurath, abzulösen und an seiner Stelle ihn, Heydrich – zunächst als stellvertretenden Reichsprotektor -, einzusetzen. Ich war nicht wenig erstaunt und überrascht. Bormann, so berichtete Heydrich, unterstütze diese Kandidatur, Himmler hingegen sei nicht sehr begeistert darüber, wolle ihm aber keine Hindernisse in den Weg legen. Vielleicht, so meinte Heydrich, wünsche er auch nur Hitler gegenüber einen Meinungsstreit mit Bormann zu vermeiden. Heydrich erging sich dann in längeren Ausführungen über das Verhältnis Himmler-Bormann und sagte, er habe mit letzterem eine längere Unterredung gehabt und den Eindruck bestätigt gefunden, Bormann sei ein nicht zu unterschätzender Gegner, und es erscheine ihm sehr unklug, sich mit diesem zu verfeinden. Bormann habe sich inzwischen beim Führer so stark in den Vordergrund geschoben, daß es angebracht wäre, ihm auch unsererseits etwas mehr Aufmerksamkeit zu widmen, und zwar riet er mir, Bormann nicht nur wichtige Lageberichte, sondern auch ab und zu interessante Einzelmeldungen zugehen zu lassen. Im übrigen habe sich Bormann auch nach mir erkundigt und gefragt, ob er, Heydrich, nicht bereit sei, mich auf ein halbes Jahr in Bormanns Stab abzukommandieren. Mißtrauisch fragte er mich: »Wie kommt er darauf? Haben Sie etwa irgendwelche Querverbindungen dorthin?«

Das interne Verhältnis Bormann-Heydrich war bislang nicht besonders gut gewesen; sie kannten sich genau in ihren Stärken und Schwächen und operierten beide mit äußerster Vorsicht. Wenn Bormann nun die bevorstehende Ernennung Heydrichs zum stellvertretenden Reichsprotektor befürwortete, dann mußten besondere Gründe dafür vorliegen.

Heydrich sprach dann noch darüber, daß seine Ernennung im Augenblick noch nicht spruchreif sei, doch gelte es, sich schon jetzt Gedanken darüber zu machen. In jedem Falle wolle er seine Funktionen im RSHA beibehalten, zumindest für die nächste Zukunft. Dies ließe sich ja auch leicht von Prag aus bewerkstelligen, da ein täglicher Kurierdienst und Fernschreibleitungen für eine gute Verbindung sorgten. Ein Sonderflugzeug könnte ihn überdies innerhalb weniger Stunden nach Berlin bringen. Er äußerte noch, wie sehr ihn die neue Aufgabe reize, denn er sehne sich wieder einmal danach, etwas Neues aufzubauen. Bormann habe ihm bei dieser Gelegenheit angedeutet, daß dies auch ein großer Schritt nach vorn sei, vor allem dann, wenn es ihm gelänge, die mit Zündstoff geladenen politischen, wirtschaftlichen und sozialen Probleme in diesem Raum erfolgreich zu lösen. »In einem solchen Falle«, bemerkte Heydrich dazu wörtlich, »könnte ich auch ein Schrittmacher für Sie werden.« Diese Worte waren vielleicht wohlwollend gemeint, ich traute ihnen aber nicht recht. Schon zu oft hatte er mir in ähnlicher Weise Freundlichkeiten bezeugt und war wenig später so ausfällig geworden, daß ich aufstand und den Raum verließ. Ich konnte auch nie das Gefühl loswerden, daß es zwischen ihm und mir eines Tages zu einer Generalabrechnung kommen würde. Wenn er mich überhaupt bisher nicht schon ausgeschaltet hatte, dann einmal deshalb, weil es ihm trotz mehrfacher Versuche nicht gelungen war, einen Ersatz für mich zu finden; zum anderen mochte er wohl spüren, daß ich bereits bei Himmler einen Stein im Brett hatte.

Doch keiner konnte damals ahnen, daß alle Pläne Heydrichs schon ein Jahr später in nichts zerrinnen würden.

BESUCH IN NORWEGEN UND SCHWEDEN

Unterredung mit Reichskommissar Terboven – Wetterstation in Grönland – Himmlers Einstellung zu Schweden – Verstärkung unserer Abwehr in Stockholm – Agenten in der KP Schwedens – Meldung über Stalins 'Winterkriegspläne – Himmler und die Japaner – Das Wirtshaus in Madrid – Hitlers Rußlandpolitik

Ursprünglich hatte ich geplant, im Frühherbst 1941 nach Madrid zu fliegen. Ich wollte mich dort über den Stand unserer Organisation informieren und zugleich fachliche Fragen klären. Nun aber schob sich eine dringende Reise nach Norwegen dazwischen, da mit dem dortigen Reichskommissar Terboven Differenzen zu bereinigen waren. Heydrich erbot sich mitzufliegen. Für ihn war Norwegen auch deshalb interessant, weil er als Angehöriger der Luftwaffe von Stavanger aus Gelegenheit hatte, wieder mal heimlich einige Jagdeinsätze zu fliegen, um für das von ihm erstrebte EK I und das Deutsche Kreuz in Gold die erforderliche Anzahl Feindflüge vorweisen zu können.

Wir reisten in einem Sonderflugzeug, und es war bezeichnend, daß Heydrich während des ganzen Fluges Akten bearbeitete und zwischendurch seinen Adjutanten laufend Weisungen erteilte. Ich hatte mir vorgenommen, in Oslo vor einem ausgewählten Arbeitskreis einige Vorträge zu halten und mich im übrigen um unsere geheimdienstliche Arbeit in Norwegen zu kümmern. In diesem Zusammenhang interessierte ich mich besonders für die norwegischen Reedereien wegen ihrer noch bestehenden Handelsbeziehungen nach Übersee und Afrika.

Gleich nach unserer Ankunft wurden wir mit betonter Höflichkeit von Terboven empfangen. Der Reichskommissar und Heydrich waren an sich scharfe Gegner, und ich war gespannt, wie sich beide während der kommenden Verhandlungen verhalten würden. Der eigentliche Streitpunkt zwischen ihnen betraf das Unterstellungsverhältnis des Höheren SS- und Polizeiführers sowie des Befehlshabers der Sicherheitspolizei und des SD in Norwegen gegenüber den Zentralstellen in Berlin. Terboven fühlte sich nämlich als unumschränkter Herr in seinem Bereich und schaltete und waltete, wie es ihm paßte. Die deutsche Polizei betrachtete er nur als sein persönliches Hilfs- und Exekutivorgan; sie sollte ausschließlich nach seinen jeweiligen Befehlen handeln. Die zentralen Weisungen aus Berlin erklärte er offen als völligen Blödsinn, er sei allein dem Führer verantwortlich. Himmler und

Heydrich interessierten ihn nur als private Bekannte. Diese selbstherrliche Art glaubte er sich erlauben zu können, da er in einem engen Vertrauensverhältnis zu Göring stand. (Der Reichsmarschall hatte mit Terboven, als dieser noch Gauleiter im Ruhrgebiet war, Aktienpakete der deutschen Stahlindustrie – angeblich im Interesse des Reiches – mit Beschlag belegen lassen.)

Die Verhandlungen in Oslo hatten sich denn auch schon am ersten Tage festgefahren. Da auch geheimdienstliche Fragen mitspielten, ließ mich Heydrich hinzuziehen. Wir wünschten Terbovens Auffassung darüber zu hören, wie er sich die Arbeit des Geheimdienstes vorstelle und ob er etwa beabsichtige, von Norwegen aus sozusagen eine selbständige Abwehr aufzubauen. Hier rührten wir an eine sehr empfindliche Stelle. Terboven erfaßte sogleich die Situation. In bissig-humorvoller Umkehrung der Rollen interpretierte er Heydrichs Anspielung etwa mit folgenden Worten: »Herr Reichskommissar, wenn Sie meine Argumente nicht anerkennen wollen, dann wird der Geheimdienst so handeln, als ob es gar keinen Reichskommissar gäbe. Mit Ihren diesbezüglichen Beschwerden beim Führer werden Sie wohl kaum zum Zuge kommen. Der Reichsführer SS wird gewiß noch so viel Einfluß haben, um die Interessen der SS – der Sie, Herr Reichskommissar, ja auch angehören – über Ihren Kopf hinweg beim Führer zu vertreten.«

Als Heydrich noch mit der Antwort zögerte, schaltete ich mich ein und sagte: »Was Sie, Herr Reichskommissar, eben in der Rolle des SS-Obergruppenführers Heydrich äußerten, wäre vielleicht die Lösung des Problems.« Anschließend holte Heydrich zum Schlage aus: »Wenn wir uns hier über Zuständigkeiten streiten«, sagte er, »dann werden die Norweger wohl die lachenden Dritten sein; es könnte einen direkt reizen, sie in dieser Richtung zu unterstützen.«

Das war ein Torpedo. Terboven hatte verstanden. Er beendete sofort das Gespräch mit der Bemerkung, man könne ja am nächsten Vormittag noch einmal darüber reden. Heydrich verzog sein Gesicht zu einem zufriedenen Schmunzeln und zeigte sich von nun an in bester Laune.

Am Abend fand ein Essen bei Terboven statt. Der Reichskommissar ließ es an nichts fehlen und eiferte in allem seinem Gönner Göring nach. Zu vorgerückter Stunde artete dieses Festessen jedoch in ein Trinkgelage aus. Der Gastgeber selbst vertrug unheimliche Mengen Alkohol und zwang seine gesamte Umgebung, mit ihm Schritt zu halten. Der Clou des Abends bestand darin, daß Terboven seinen beiden Sekretärinnen befahl, auf Fahrrädern durch den Saal zu fahren, und dies unter dem Gejauchze einer reichlich angetrunkenen Männergesellschaft. Das Ganze machte nun den Eindruck einer billigen Zirkusvorstellung, und ich machte dann auch eine entsprechende laute Bemerkung, die Terboven gehört haben mußte. Er stand plötzlich auf, kam auf mich zu und sagte, sich steif vor mich hinstellend: »Hier, nehmen Sie dieses Glas Bier« – er hielt mir ein ganzes Litermaß vor -»und trinken Sie das auf der Stelle aus.« Ich entgegnete, daß ich aus gesundheitlichen Gründen seiner liebenswürdigen Aufforderung leider nicht nachkommen könne. Kaum hatte ich den Satz beendet, als er versuchte, das Glas über mich auszuschütten. Heydrich kam ihm jedoch zuvor und hielt ihn am Arm fest. Ich verließ daraufhin wortlos den Raum.

Um sich für das Geschehen des Vorabends zu entschuldigen, sagte er am folgenden Morgen beim Frühstück: »Es ist gestern abend wieder schrecklich gesoffen worden, und das mit dem Humpen kam daher, weil Sie zu nüchtern waren.« Anschließend wurde dann die Besprechung fortgesetzt. Terboven gab jetzt auf der ganzen Linie nach.

In den folgenden Tagen konnte ich nunmehr in Ruhe mein Arbeitspensum erledigen. Ich war von der Aktivität des britischen Geheimdienstes ziemlich beeindruckt, der bei den freiheitsliebenden Norwegern reiche Unterstützung fand und ganz methodisch die norwegische Untergrundbewegung als Informationsquelle für politische wie militärische Zwecke benützte. In einigen Fällen gelang es, ein Gegenspiel einzuleiten, aber wirklich gute Informationen waren für uns daraus nicht zu gewinnen. Einige Verratsfälle kosteten uns sogar wertvollen Mannschaftsbestand und auch größere Einbußen wie den Verlust von Fischkuttern und Funkausrüstungen.

Damals drangen Luftwaffe und Marine sehr darauf, eine Wetterfunkstation auf Grönland einzurichten, was eigentlich Aufgabe des militärischen Sektors gewesen wäre. Nach meiner Rückkehr warnte ich in Berlin davor, diesen Plan zu forcieren, und schlug vor, in jedem Falle sämtliche entsprechenden Vorbereitungen im Reich selbst zu treffen, um jegliche Spionage seitens norwegischer Widerstandskreise auszuschalten. Man hielt meine Warnung damals für übertrieben. Erst nachdem zwei Versuche fehlgeschlagen und kostbare Monate vergangen waren, ging man vorsichtiger ans Werk. Der dritte Versuch gelang denn auch. Die Wetterstation in Grönland arbeitete eine Zeitlang recht gut, wurde dann aber durch Funkpeilung des Feindes entdeckt und ausgehoben.

Von Oslo aus besuchte ich Stockholm. Ich hatte während der letzten Monate immer wieder darauf hingewiesen, daß Schweden das Haupteinfallstor des russischen Geheimdienstes sei. So hatten wir festgestellt – und ich war dieserhalb schon einige Male in Schweden gewesen -, daß nachweisbar zahlreiche Fälle von Schiffssabotage durch den sowjetischen Geheimdienst gelenkt worden waren. Für uns wurde die Abwehr dadurch erschwert, daß schwedisches Territorium meist nur als Durchgangsland, sozusagen nur als »Briefkasten«, benützt werden konnte. Noch schwieriger wurde unsere Arbeit, als sich Schweden auf eine Art »bewaffnete Neutralität« umstellte – ein Umstand, den Ribbentrop Hitler immer wieder in scharfmachender Weise vor Augen führte. Die Folge davon waren immer neue und spezialisiertere Aufträge Hitlers, aber auch seitens der Wehrmacht. Wir konnten diesen geheimdienstlichen Aufgaben im Laufe der Jahre jedoch immer weniger gerecht werden, nicht zuletzt auch deshalb, weil die Ribbentropsche Außenpolitik es den an sich wohlmeinenden Schweden nicht leicht machte, sich auf ihrem neutralen Kurs zu halten. Und so merkwürdig es auch klingen mag, hier war es Himmler, der mir sehr oft Hilfestellung leistete. Er empfand offene Sympathie für Schweden, die, wenn sie auch aus seinen romantischen nordischen Rassevorstellungen erwachsen mochte, doch ihren Einfluß auf Hitler nicht verfehlte. So ging diese Reise denn auch auf ein Anliegen Himmlers zurück. Er wünschte eine kleine, den Idealen des Rassegedankens zugewandte Gruppe in Schweden finanziell zu unterstützen, wobei diese Hilfeleistung nicht mit geheimdienstlichen Zwecken verquickt werden sollte.

Meine eigentliche Aufgabe in Schweden bestand aber darin, in die geheimdienstlichen Kanäle der Sowjets einzudringen. Es kam mir hierbei weniger auf Gegenspionage, das heißt auf eine aktive Bekämpfung der Russen, an; mein eigentliches Ziel war vielmehr, die »Hohe Schule« des Geheimdienstes zu reiten. Dies bedeutete, eigene zuverlässige Leute als umgekehrte Agenten in den fremden Geheimdienst einzuschmuggeln, um die Arbeitsergebnisse des Gegners unmittelbar an der Quelle mitzulesen. Die Stelle, an der ich meinen ersten Anker auswerfen konnte, war die Zeitung *Volkets Dagblad.* Der Herausgeber F. war aus der Kommunistischen Partei ausgetreten, hatte sich alsdann den Ideen des Faschismus und Nationalsozialismus zugekehrt, gründete schließlich selber eine Partei und hatte auch im Laufe der Zeit unter der Arbeiterschaft eine in die Tausende gehende Gefolgschaft gefunden. Ich wußte, daß F. in Geldschwierigkeiten war, und überlegte, wie ich ihn für unsere Zwecke gewinnen könnte. Zuvor mußte ich jedoch ganz sichergehen, daß er tatsächlich aus eigener Initiative und nicht etwa auf Weisung des russischen Geheimdienstes die Partei verlassen hatte, um so noch unauffälliger und intensiver für die Kommunisten arbeiten zu können. Es hieß deshalb, äußerst vorsichtig zu Werke zu gehen, um nicht den Schweden gegenüber den Verdacht zu erwecken, daß sich meine Maßnahmen gegen sie richteten. Ich entschloß mich daher, nicht unter einem Decknamen, sondern offen in Stockholm aufzutreten. Von der IKPK (Internationale Kriminalpolizeiliche Kommission) ließ ich mir einige Routinefragen mit auf die Reise geben, die mich legitimierten, Fachgespräche mit der schwedischen Geheimpolizei zu führen. Dies hatte natürlich den Nachteil, daß ich überall von gegnerischen Diensten überwacht werden konnte.

Die ersten Tage in Stockholm nutzte ich zur Entspannung aus. Während ich gemächlich durch die Straßen bummelte, regte sich in mir das befreiende Gefühl, einmal nicht unter dem Druck einer totalitären Maschinerie zu stehen, ja ich spürte sogar plötzlich zum ersten Male den Willen, mich selbst gegen das Gedröhn einer auf Hochtouren arbeitenden Organisation zu behaupten, die in Gang zu halten und ständig zu steigern den Männern an den Schalthebeln das wohlige Gefühl eines Machtrausches gab. Nicht, daß ich damals schon an dem Sieg des nationalsozialistischen Deutschlands gezweifelt hätte – ich selbst tat ja im Rahmen meiner Tätigkeit alles, um diesen Sieg zu sichern -, aber es war damals in Stockholm, daß in meinem Unterbewußtsein die ersten roten Signalzeichen aufleuchteten. Ehe sie aber auf mein Denken und Handeln einzuwirken begannen, hatte ich aus dem Geschehen des Krieges noch manche Lektion zu lernen.

Die nächsten Tage verliefen mit allerlei geheimdienstlichen Besprechungen. Unter anderem galt es vor allem Erkundungsaufträge hinsichtlich des Aufbaus russischer Partisanenverbände (Aushebung der Jahrgänge, Bedarf an Facharbeitern, Arbeitseinsatz russischer Frauen) zu erteilen. Welche Mittel und Wege hierbei oftmals benützt wurden, vermag sich die Phantasie kaum vorzustellen. List, Schnelligkeit sowie die Auswertung menschlicher Schwächen war immer ein Kampf im Dunkeln und wirkte deshalb oft so unheimlich, weil alles schweigend und höflich geschah.

Als ich merkte, daß ich genau beobachtet wurde, war ich schon entschlossen, mein Treffen mit F. aufzugeben. Es bot sich jedoch unauffällig noch eine Gelegenheit zu einer Unterredung mit ihm.

F. machte, wenngleich er körperlich nicht mehr sehr leistungsfähig schien, einen recht guten Eindruck auf mich. Ich subventionierte ihn kurzerhand mit einer größeren Summe Geldes, um ihn unter anderem zu animieren, mir alle vierzehn Tage einen Lagebericht zu senden. Es interessierte mich auch, wie man unter der Arbeiterschaft in Schweden über politische Tagesprobleme dachte. Hauptaufgabe aber war, in kürzester Zeit ein gut funktionierendes Zuträgernetz aufzuziehen, das F. zugleich für seine Zeitung ausnutzen konnte. Es kam mir dabei insbesondere auf die Erkundung an, inwieweit die KP Schwedens vom sowjetischen Geheimdienst durchsetzt war. Anfänglich reagierte F. ein wenig schwerfällig. Als ich ihm die Notwendigkeit auseinandersetzte, daß mindestens zehn seiner besten Anhänger wieder von ihm abzuspringen und in die Kommunistische Partei zurückzukehren hätten, schüttelte er den Kopf. Nachdem ich ihm aber meinen Plan näher erläutert und interessant gemacht hatte, erklärte er sich schließlich doch bereit, mit uns in diesem Sinne zusammenzuarbeiten. Ich versicherte ihm noch, daß er nicht gegen die Interessen Schwedens tätig zu werden brauche. Ein Problem blieb für mich jedoch noch, bei der Transferierung der für dieses Unternehmen notwendigen Mittel gegenüber den schwedischen Steuerbehörden die richtige Form zu finden. Ich entschloß mich schließlich, die Transaktion durch den Ankauf einer Druckerei für F.s Zeitung zu tarnen.

Die Investitionen brachten erstaunlich rasch hohe Zinsen ein. Schon wenig später vermittelte uns F. die alarmierende Nachricht, Stalin beabsichtige, noch im selben Winter (1941) zu einem entscheidenden Gegenschlag auszuholen. Die Wetterverhältnisse entwickelten sich für seine Absicht sehr günstig, und die für den Winterkrieg vorgesehenen Divisionen besäßen eine besonders hohe Kampfmoral. Die Meldung nannte auch den Einsatzraum, nämlich das Gebiet um Moskau (dem sich unsere Angriffsspitzen näherten), und bezeichnete es als höchst wahrscheinlich, daß es sich um Verbände aus Sibirien handele. Man spräche von einer dichten Zugfolge, mit der dieser Entsatz in ununterbrochenen Transporten herangeführt werde. Die Gesamtstärke wurde auf fünfzig bis fünfundsechzig Divisionen, versehen mit Winterausrüstung, geschätzt – darunter zwanzig vollmotorisierte, zum Teil gepanzerte Divisionen.

Diese Meldung erhielt ihre Bestätigung durch Nachrichten unserer Agenten hinter der russischen Front über das Auftreten neuer Verbände im Mittelabschnitt. Die Auswertungsabteilung des Generalstabes konnte aber auf Grund der Frontaufklärung und der Vernehmung von Kriegsgefangenen das Erscheinen dieser Verbände erst ungefähr ab Mitte Dezember feststellen. Gegen Ende Dezember sprachen dann die Meldungen von sehr starken Ansammlungen.

Die Information F.s stammte im wesentlichen aus intimen Unterhaltungen höherer Beamter der russischen Botschaft in Stockholm. Die Gewährsleute waren Mitglieder der Kommunistischen Partei in Schweden. Ergänzend erfuhr ich damals aus Gesprächen mit Japanern, daß sich die Russen in der Tat ganz und gar auf die Neutralität Japans verließen und es für risikolos hielten, ihre Divisionen von ihrer fernöstlichen Flanke abzuziehen. Welche zweideutige Rolle die Japaner dabei spielten, darauf werde ich im Folgenden noch eingehen.

Inzwischen bedrängte uns Hitler, über die Lage im Iran zu berichten. Es war der deutschen Führung unverständlich, daß die Russen bei der angespannten Lage ihrer Westfront im August 1941 hatten Kräfte frei machen können, um gemeinsam mit den Briten den Iran zu besetzen. Diese Schlappe folgte, nachdem bereits im April 1941 unsere Bemühungen, uns durch Entfesselung eines Aufstandes im Irak mit Hilfe des irakischen Politikers El Galaini im Orient zu behaupten, mangels ausreichender militärischer Unterstützung aus der Luft fehlgeschlagen waren. Nunmehr waren auch unsere Stützpunkte in Teheran und Täbris überrannt worden. (Später lieferten sie zunächst mittels langwieriger Kurierverbindungen über die Türkei dennoch gutes Informationsmaterial. Es dauerte aber noch ein ganzes Jahr, bis wir wieder die volle Funktionsfähigkeit hergestellt hatten.)

In Berlin herrschte nach meiner Rückkehr dicke Luft. Die ersten Fliegerangriffe auf die Reichshauptstadt hatten begonnen. Wir wohnten im Stadtviertel des Kurfürstendamms, unweit einer schweren Flakbatterie, in deren Nähe wir uns ziemlich sicher wähnten. Als eines Nachts die Luftschutzsirenen aufheulten, hielt ich es deshalb nicht für notwendig, die Kellerräume aufzusuchen. Das Flakfeuer wurde aber schließlich so heftig, daß mich meine Frau mahnte, uns in Sicherheit zu bringen. Noch unschlüssig trat ich ans Fenster und sah, von mehreren Scheinwerfern erfaßt, einen feindlichen Bomber über uns. Plötzlich hörte ich das Aufheulen und Sausen einer fallenden Bombe, und gleich darauf flog ich unter ohrenbetäubendem Lärm an die Wand. Über Schutt und Geröll stürzte meine Frau ins Kinderzimmer. In unserer Angst schalteten wir Licht ein und sahen, daß der Raum völlig verwüstet war. Über dem Bettchen unseres Buben steckte ein dicker Bombensplitter in der Wand, das Kind jedoch war unversehrt und lächelte uns staubgeschwärzt aus seinen Kissen an. Noch waren wir vor Erschütterung wie gebannt, als uns eine rauhe Stimme von der Straße her aufschreckte: »Fünfte Etage, Se sind woll varückt jeworden! Machen Se Ihre Bogenlampe aus, jenügt Ihnen een Ei noch nich?«

Am folgenden Tag lud mich Canaris nach dem Ausritt zum Frühstück ein. Wir waren allein; seine Familie weilte am Tegernsee. Er meinte, sein arabischer Hausgeist Mohammed, den er sich aus Afrika mitgebracht hatte, habe etwas Stärkendes für uns zubereitet. Der Admiral liebte es, als *vin d'honneur* vor dem Frühstück warmen Sekt reichen zu lassen. Zwei Glas genügten, um jeden, der dies nicht kannte, in eine euphorische Stimmung zu versetzen.

»Haben Sie schon etwas Neues aus Japan?« war dann seine erste Frage. »Sie waren in Stockholm doch sicher mit Japanern zusammen?« Vermutlich hatte er in Schweden durch einen seiner Vertrauensmänner hinter mir herspionieren lassen. Den Grund hierfür sollte ich später erfahren. Im übrigen ließ sich Canaris über das japanische Kriegspotential aus und fragte dann, ob Himmler dem Führer bereits Material vorgelegt habe, das geeignet sei, diesen in seiner vertrauensseligen Einstellung Japan gegenüber noch zu bestärken. Mir war darüber nichts bekannt. Wohl wußte ich, daß Himmler sich sehr stark für Japan interessierte und ein guter Kenner der japanischen Geschichte war. Vor Beginn des Rußlandfeldzuges hatte er sogar in einem grundlegenden Befehl verfügt, SS-Junker sollten die japanische Sprache erlernen. Sein Plan war, vierzig SS-Junker nach Ablegung eines entsprechenden Sprachexamens in das japanische Heer abkommandieren zu lassen, und zwar im Austausch gegen vierzig japanische Offiziersaspiranten. Er hatte mir darüber eine handgeschriebene Notiz zugeleitet und mir empfohlen, mich darum zu kümmern, da er bereit sei, mir später zwanzig dieser Männer für den Geheimdienst in Ostasien zu überlassen. In demselben Vermerk befahl er mir, mich eingehend mit der japanischen Geschichte, der japanischen Religion, dem Aufbau des Staatswesens sowie mit dem Einfluß des Katholizismus an japanischen Universitäten zu befassen. Infolge des Krieges mit Rußland wurde dieser Plan jedoch zurückgestellt.

In diesem Zusammenhang erzählte ich Canaris, daß es auch Himmler gewesen sei, der einem Angehörigen der japanischen Botschaft in Berlin, der eine Deutsche heiraten wollte, eine Eselsbrücke gebaut habe. Hitler hatte dem Japaner nämlich diese Heirat verweigern wollen. Daraufhin ließ Himmler die »Rassenphantasten« ellenlange Gutachten anfertigen und so lange darüber brüten, bis sie schließlich eine rettende Klausel fanden.

Ich hatte gehofft, Canaris durch meine Erzählung von der Stockholmer Reise abzubringen, aber mit seiner ihm eigenen Zähigkeit kam er doch wieder auf seine erste Frage zurück: »Was haben Sie nun mit den Japanern in Stockholm besprochen?« Ich wurde ärgerlich und bedeutete ihm, daß ich, selbst wenn ich mich in Stockholm mit Japanern getroffen hätte, nicht mit ihm darüber reden würde. Canaris spielte jetzt den Traurigen. Er sah vor sich hin, ohne jedoch das Thema aufzugeben. »Aber Sie haben doch einen guten Vertrauensmann bei den Japanern in Stockholm, mit dem haben Sie sich doch gewiß unterhalten.«

Worauf wollte er nur hinaus? Es stimmte, wir hatten in Stockholm einen gebildeten italienischen Mitarbeiter, der in der japanischen Gesandtschaft ein- und ausging und dort als Übersetzer tätig war. Im Laufe der Jahre hatte er in hohem Maße das Vertrauen der Japaner gewinnen können und gelangte auf Grund seiner Umsicht, Erfahrung und Sprachbegabung manchmal in den Besitz wertvoller Informationen. Ich hatte zwar in Stockholm Anweisung geben lassen, seine Spesen zu erhöhen, ihn aber persönlich nicht gesehen.

Canaris lenkte nun selber das Gespräch auf sein künftiges Reiseprogramm. Er wollte zuerst den Heeresgruppen an der Ostfront einen Besuch abstatten, anschließend auf den Balkan und möglichst bald wieder einmal nach Spanien fahren. Er schlug mir vor, diese Reisen mit ihm gemeinsam zu unternehmen. Für die Ostfront und den Balkan konnte ich mich nicht frei machen. Mit dem Besuch in Spanien erklärte ich mich einverstanden, denn dort galt es dringend nach dem Rechten zu sehen.

Nach meiner Rückkehr aus Stockholm hatte ich nämlich einen Inspektionsbericht meines Sonderbeauftragten in Spanien über unseren Geheimdienst vorgefunden – die Schilderung ließ mir fast die Haare zu Berge stehen. So war unter anderem in Madrid eine geheime Hauptfunkstelle in den hinteren Räumen eines Restaurants untergebracht worden. Führende Mitarbeiter hatten sich dieses Lokal zu einer Art »Hauptquartier« umbauen lassen, wo sie auch den umfangreichen Agentenverkehr abfertigten. Nach der Entlöhnung wurde jeweils eine gemeinsame Sauferei veranstaltet. Vorsorglich hatte man auch den Besitzer der Kneipe als Mitarbeiter angeworben und diesen schließlich sogar zum Kassenverwalter unserer kostbaren Devisen erhoben. Die Kasse des Geheimdienstes hatte ihren Platz direkt neben der Wirtskasse erhalten. Wenn nun der Herr Kassenverwalter betrunken war, was öfter vorkam, griff er zuweilen statt in seine in unsere Kasse und gab munter das notwendige Kleingeld in Devisen zurück. Es kam ihm auch nicht darauf an, als Quittung für die Agenten die Bons seiner Wirtskasse zu verwenden. Kein Wunder, daß die zuständige Polizeistelle über alle Vorgänge in dem lustigen Wirtshaus genau informiert war. Aber auch mit dieser schloß man schließlich einen Bund und feierte dann die Feste gemeinsam so, wie sie gerade fielen. Vereint waren dabei alle überzeugt, ein Anrecht auf eine solche Extraentschädigung zu haben und damit ganz und gar im Sinne von Treu und Glauben zu handeln. Daß es allerdings unter den Teilnehmern auch solche gab, die nach zwei Richtungen profitierten und laufend alles, was sie dort hörten, dem gegnerischen Geheimdienst meldeten, fiel weiter nicht auf. Inzwischen registrierte die feindliche Abwehr in aller Ruhe sämtliche Funksprüche. Die einzige positive Seite dieser Berichterstattung schien mir groteskerweise noch darin zu liegen, daß die »muntere Stube« überwiegend Unsinn gemeldet hatte. Mir kam deshalb der Gedanke, den Wirtshausbetrieb ruhig weiterlaufen zu lassen, um den Gegner irrezuführen, an anderer Stelle aber ein neues Team zusammenzustellen. Es war auch an der Zeit, den Sektor der Gruppe VI d (anglo-amerikanische Einflußsphäre) stärker auszubauen. Ein guter Kontakt bestand schon mit den Stellen in London. Eine zweite Verbindung führte ins spanische Außenministerium, die es uns ermöglichte, die Berichte und Telegramme der diplomatischen Vertreter Spaniens in den verschiedenen anglo-amerikanischen Ländern mitzulesen, wobei insbesondere die Berichterstattung des spanischen Botschafters in England, des Herzogs von Alba, interessierte. (Im Laufe eines Jahres gelang es, ebenso wie in Madrid, in die Außenministerien folgender Länder einzudringen: Portugal, Vichy-Frankreich, Rumänien, Bulgarien, Finnland und zeitweilig auch Schweden und Argentinien.)

Die geplante Spanienreise mußte aber im Hinblick auf die Ereignisse im Osten noch eine Weile verschoben werden. Gleich nach dem Gespräch mit Canaris ließ mich Heydrich rufen. Er zeigte sich erstaunlich liebenswürdig und lud mich zum Essen in seine Wohnung ein. Nach Tisch zog er ein kleines Notizbuch hervor und informierte mich zunächst eingehend über die Beauftragung Rosenbergs mit den Aufgaben des Ostministeriums und über die Ergebnisse der Konferenz vom 16. Juli 1941, in der die künftige Politik gegenüber Sowjetrußland grundsätzlich festgelegt worden war. An dieser Konferenz hatten unter dem Vorsitz Hitlers außer Rosenberg und Göring auch Keitel und Bormann teilgenommen. Die Beschlüsse zeigten schon damals mit aller Klarheit den Plan, das besiegte Rußland wie eine Kolonie aufzuteilen und zu verwalten. Und dies ohne jede Rücksichtnahme auf die Autonomiebestrebungen der Völker der Sowjetunion, die meines Erachtens allein eine sinn- und maßvolle Ausnutzung des gewaltigen Raumes überhaupt ermöglicht hätten. Hiermit war zugleich eine Erweiterung der Kompetenzen Himmlers als des höchsten Polizeichefs und eine noch stärkere Betonung seiner Machtbefugnisse verbunden. Heydrichs Schilderung machte die Systematik deutlich, mit der Hitler seine Unterwerfungspolitik gegenüber den »russischen Untermenschen« zu betreiben gedachte. Wörtlich sagte Heydrich: »Hitler wünscht den rücksichtslosen Einsatz aller Formationen des Reichsführers SS in Rußland. Es soll im Osten in kürzester Zeit ein starkes Nachrichtensystem aufgebaut werden, das in keiner Weise dem NKWD nachsteht. Dieses System muß so genau und kontinuierlich arbeiten, daß – gleich in welchen Teilen der Sowjetunion – nie mehr eine solche Führerpersönlichkeit wie Stalin hochkommen kann. Nicht die Massen des russischen Volkes sind gefährlich, sondern die ihnen innewohnende Kraft, solche Persönlichkeiten zu erzeugen, die ihrerseits in der Lage sind, aus ihrer Kenntnis der russischen Volksseele die Massen in Bewegung zu setzen.«

Glaubte etwa Heydrich selber an einen solchen Unsinn? Er mochte meine Skepsis bemerkt haben. Als ich nämlich vorsichtig meine Bedenken äußern wollte, schnitt er sie sogleich ärgerlich mit einer Handbewegung ab: »Ihre Aufgabe ist es jetzt, die geheimdienstliche Arbeit gegen Rußland entsprechend zu verstärken. Hitler legt besonderen Wert auf Informationen über die internen Anordnungen Stalins hinsichtlich der Organisierung eines Partisanenkrieges. Meinen ursprünglichen Plan, Sie vorübergehend an die Ostfront zu versetzen, habe ich deshalb fallenlassen. Ich kann Sie jetzt in Berlin nicht entbehren. [Heydrich hatte mir schon mehrmals damit gedroht, mich zu einer der Einsatzgruppen im Osten abzukommandieren.] Ich hatte übrigens Himmler von dieser Absicht berichtet und war erstaunt, wie sauer er darauf reagierte. Er scheint Sie offensichtlich zu protegieren, denn er hat sich in Ihrem Falle jede personelle Veränderung persönlich vorbehalten. Ich möchte wissen, wie Sie das fertiggebracht haben.« Hiernach machte er eine Pause und sah mich durchdringend an. »Merken Sie sich«, sagte er dann, »daß man Ihnen dies sowohl als Stärke aber auch als Schwäche auslegen kann.«

VERHÄLTNIS DEUTSCHLAND-JAPAN

Japan irritiert Hitler – Sonderauftrag an die Abwehr – Unser Geheimdienst in den USA – Erste Informationen über Japans Kriegspläne – Japans Eintritt in den Krieg

Seit dem Herbst 1941 war unser Verhältnis zu Japan undurchsichtig geworden. Hitler hatte sich schon einige Male bei Himmler beschwert, daß das Auswärtige Amt nicht in der Lage sei, über die Haltung Japans, insbesondere unter Berücksichtigung der japanisch-amerikanischen Verhandlungen, klare Informationen zu liefern. Ribbentrop wäre auch wohl kaum dazu imstande gewesen, denn der japanische Außenminister und sein Stellvertreter hatten gegenüber dem deutschen Botschafter in Tokio seit Anfang September 1941 jede Auskunft über den Stand der vorerwähnten Verhandlungen verweigert. Hitler war mit Recht über dieses verletzende Verhalten des Dreierpaktmitgliedes verärgert, und er rechnete schon mit der Möglichkeit, Japan wolle überhaupt neutral bleiben. Andererseits hatten wir Anhaltspunkte dafür, daß sich Japan auf einen Vorstoß in den Südraum vorbereite. Hitler hatte daraufhin Canaris und Heydrich beauftragt, ihm sofort darüber zuverlässige Informationen zu beschaffen. Nachdem es trotz aller Druckmaßnahmen Ribbentrops bisher nicht gelungen war, Japan in den Krieg gegen die Sowjetunion einzubeziehen, wirkten die neuen Nachrichten alarmierend. Mir wurde jetzt auch klar, warum mich Canaris so hartnäckig über mein Treffen mit Japanern in Stockholm hatte aushorchen wollen. Er wünschte zu erfahren, ob der politische Geheimdienst genaue Informationen über die geplanten Operationen der Japaner hatte. Als ich mit Heydrich darüber sprach, sagte er: »Dieser alte Fuchs liegt immer auf der Lauer.«

Da Heydrich betonte, daß keine Mittel gespart werden sollten, um das gewünschte Informationsmaterial für Hitler zu besorgen, nutzte ich sofort die Gelegenheit aus, und bat – auch mit dem Hintergedanken an mein Zehn-Punkte-Programm – um die Erlaubnis, mir unabhängig vom RSHA eine Devisenverwaltung aufbauen zu dürfen, die nur unter seiner und meiner Kontrolle zu stehen habe. Heydrich stimmte auch sofort zu.

Ich benachrichtigte nun alle Dienststellen, die Kontakte mit Japanern unterhielten – Ankara, Belgrad, Stockholm, Lissabon, Buenos Aires, Tokio, Schanghai und vor allem Vichy. Die französische Quelle war deshalb besonders interessant, weil die Japaner mit der Vichy-Regierung wegen der Besetzung Indochinas in engstem Gedankenaustausch standen. Heydrich selbst bat ich, sich seinerseits mit Frau von D. in Verbindung zu setzen, die eine Art politischen Teesalon in Berlin unterhielt und damals in der Gnadensonne Hitlers lebte. Ich wußte, daß dort zwei Angehörige der japanischen Botschaft verkehrten und mit befreundeten Damen der Berliner Gesellschaft in regem Gedankenaustausch standen. Auf diesem Wege hatte ich schon einmal recht gute Informationen bezogen, gedachte nun aber Heydrich vorzuschicken, da ich die Verantwortung für die Auftragserteilung an die etwas schwatzhafte Frau von D. nicht selbst übernehmen wollte. Im Hinblick auf die Wichtigkeit des neuen Auftrags schnitt ich vorsichtig auch das Thema der Wiederverwendung des Rittergutsbesitzers Jahnke an.

(Ab 1935 war der schon erwähnte Jahnke neben SA-Obergruppenführer von Pfeffer der persönliche Sachbearbeiter für geheimdienstliche Fragen bei Rudolf Heß geworden, der viele von Jahnkes Berichten Hitler vorlegte, bis Himmler und Heydrich, die eine persönliche Aversion gegen Jahnke hatten, ihn gegen den Widerstand von Heß kaltstellten. Nach dessen Englandflug war es auch Heydrich, der Hitler einflüsterte, Jahnke habe einen schlechten Einfluß auf Heß gehabt, und es sei nicht ausgeschlossen, daß er ein verkappter englischer Agent sei.)

Ich nahm also mit dem Thema Jahnke ein sehr heißes Eisen in die Hand. Unter Hinweis auf die unbestreitbaren Verdienste Jahnkes, vor allem während des ersten Weltkrieges, versuchte ich Heydrich klarzumachen, von welch großem Nutzen er uns gerade in diesem Falle wegen seiner guten Beziehungen zu Japan sein könne, selbst dann, wenn er ein umgekehrter Agent sein sollte. Man müsse ihn dann eben entsprechend vorsichtig behandeln. Ich schlug vor, Jahnke in die Schweiz zu schicken, da er dort über ausgezeichnete chinesische Verbindungen verfügte. (Die chinesische Frage war zu jener Zeit ein Kernproblem im Rahmen der amerikanisch-japanischen Gespräche.) Es gelang mir auch, eine Aussprache zwischen Heydrich und Jahnke zu arrangieren mit dem Ergebnis, daß Jahnke seither einer meiner engsten Mitarbeiter wurde.

Als ich mit ihm über den uns von Hitler erteilten Auftrag sprach, schlug er vor, den Schwerpunkt nicht nur auf Geheiminformationen japanischer Kreise zu legen; der amerikanische Partner sei nicht weniger wichtig. Ich gab sofort die mir von Jahnke in diesem Sinne angeratenen Ergänzungsaufträge hinaus. In den USA aber waren kaum mehr als spärliche Ansatzpunkte für eine geheimdienstliche Arbeit geschaffen worden. Der auf den europäischen Dampferlinien betriebene Kurierweg war schon seit Ende 1940 fast völlig zum Erliegen gekommen. Nach der Schließung unserer Konsulate im Juni 1941 wurde auch die Einschleusung von Mitarbeitern in die Vereinigten Staaten immer schwieriger. Seitdem waren die meisten geheimdienstlichen Verbindungen ins Schwimmen geraten, da an eine Ersatzorganisation, die die Auftragserteilung und Führung hätte übernehmen können, überhaupt nicht gedacht worden war. Nach meinen Beobachtungen herrschte auf dem militärischen Sektor ein ähnlicher Zustand. Canaris verfügte zwar noch über zwei oder drei intakte Verbindungslinien nach Nordamerika, doch im großen gesehen fehlte es auch hier an einem umfassenden organisatorischen Aufbau. Man hatte sich zu sehr auf das Geschehen in Europa konzentriert und die großen Kraftfelder in der übrigen Welt zu wenig beachtet. Dieser Fehler sollte sich denn auch bitter rächen.

Um die Lücke annähernd auszufüllen, vertrat ich Canaris gegenüber die Auffassung, nunmehr Mittelamerika stärker als Glacis zu benützen. Ich wußte durch den japanischen Geheimdienst, daß sich die Sowjets diesen Raum mit Mexiko als eine ihrer wichtigsten Ausgangspositionen gegen die USA ausgebaut hatten. Canaris zuckte mit den Schultern und meinte: »Wir haben da nicht viel.« Ich fragte mich indessen verzweifelt: Wo haben wir nun eigentlich genug?

Ich entschloß mich nun, aus dem Strom der Rückwanderer sprach- und landeserfahrene Deutsche auszulesen, zu schulen und sie später als Agenten mittels U-Booten wieder in die Vereinigten Staaten einzuschleusen. Doch dies war ein Programm, das erst in der Zukunft Resultate zeitigen konnte. Im Augenblick mußten wir uns auf jene Hilfsquellen beschränken, die uns sofort zugänglich waren.

Nach acht Tagen liefen nach und nach von allen Seiten die ersten Berichte ein; sie alle waren aber kaum mehr als Mosaiksteinchen, die es galt in langwieriger Arbeit zu einem exakten Gesamtbericht zusammenzusetzen. Inzwischen aber war Hitlers Nervosität schon bis aufs Äußerste gestiegen. Der japanische Außenminister Matsuoka war gestürzt worden. Hitler schien durch dieses Ereignis wegen der weiteren Haltung Japans noch unsicherer geworden zu sein und zu zweifeln, ob Japan überhaupt der Achse treu bleiben werde. Hatte etwa die japanische Regierung den Neutralitätsvertrag mit Sowjetrußland vom

13. April 1941 nur als vorsorgliche Rückendeckung geschlossen, um ihn als Trumpf bei einer schon beabsichtigten Einigung mit Amerika zu verwenden? In einem solchen Falle wäre der Dreierpakt nur noch als äußere Staffage anzusehen gewesen. Noch aber hatte Hitler den Wunsch, Japan zu seiner eigenen Entlastung aktiv in den Krieg zu verwickeln, nicht aufgegeben. Um auf seinen Achsenpartner einen Druck auszuüben, wurde Reichspressechef Dietrich beauftragt, in einer großen Pressekonferenz darzulegen, daß der deutsche Sieg in Rußland bevorstehe. Beabsichtigt war wohl eine Einwirkung auf Japan in dem Sinne, es möge sich beeilen, um bei der Verteilung des gigantischen russischen Kuchens nicht zu spät zu kommen.

Als ich nun Hitler einen Gesamtbericht über die Haltung Japans vorlegte, geriet er in helle Wut, die sich auch gegen mich persönlich richtete. Ich hatte nämlich dargelegt, daß die Japaner bei den Verhandlungen mit den Amerikanern in jedem Falle versuchen würden, ohne Krieg ihr Ziel zu erreichen und sich auf billigste Weise im ostasiatischen Südraum eine Basis für ihre Hegemonieansprüche zu schaffen. Meinen Hinweis auf den Schritt des Ministerpräsidenten Konoye, Roosevelt zwecks persönlicher Aussprache treffen zu wollen, faßte Hitler als eine persönliche Beleidigung gegen sich auf. – Ich muß hier gestehen, daß diese Berichterstattung auf unzulänglichen Informationen beruhte. In Wirklichkeit hatte Japan schon den Entschluß gefaßt, in den Krieg einzutreten. Mit Hilfe Jahnkes und von Ritgens konnte ich diese Scharte zum Glück noch zeitig genug auswetzen. Einer der fähigsten Mitarbeiter von Ritgens, Dr. Reichert, hatte über eine Nachrichtenverbindung Kairo-Istanbul noch die Meldung gebracht, daß während des ganzen Sommers in der Bucht von Gago japanische Manöver größten Stils mit Spezialverbänden der Luftwaffe stattgefunden hatten. Marine und Heer seien sich einig und fest entschlossen, in nicht allzu ferner Zeit den Krieg zu beginnen. Ihr strategischer Plan sehe jedoch allein einen Vorstoß in den pazifischen Raum vor, und dies setze die Aufrechterhaltung des Neutralitätspaktes mit Sowjetrußland voraus, da die Aktion nach Süden die japanischen Streitkräfte voll in Anspruch nehmen würde und es Japan nur zu gut ins Konzept passe, daß Rußland vollauf an der Front gegen Deutschland beschäftigt sei.

Diese Meldung in Verbindung mit einem Bericht Sorges löste eine heftige Debatte innerhalb der obersten deutschen Führung aus. Während eine Besprechung darüber noch im Gange war, konnte ich weitere Informationen aus Buenos Aires und Lissabon in das Konferenzzimmer hineingeben, die sich weitgehend mit der bisherigen Meldung deckten. Hinzu kam eine ergänzende Nachricht aus Tokio, daß die Insel Kiuschu seit August für sämtliche Ausländer gesperrt worden sei. Schließlich brachte auch Jahnke noch eine Nachricht aus dem japanischen Geheimdienst, die er durch chinesische Verbindungen hatte bestätigen lassen. Sie lautete, daß Hideki Tojo, der neue Ministerpräsident und Kriegsminister, nicht mehr an eine friedliche Einigung mit Roosevelt und Cordell Hull glaube. Der Entschluß, den mit einer Amerikanerin verheirateten ehemaligen Botschafter in Berlin Kurusu zu einem letzten Verhandlungsversuch nach Washington zu entsenden, enthalte einen *dolus eventualis* – die Entscheidung, gegen Amerika loszuschlagen, sei bereits Mitte Oktober 1941 mit ziemlicher Sicherheit gefallen.

Da wir über Einzelheiten des strategischen Planes sowie über den genauen Zeitpunkt des Losschlagens der Japaner nichts Genaues in Erfahrung bringen konnten, blieb Hitler den Meldungen gegenüber skeptisch. Er war aber unter dem Druck der Zeit so sehr an einer Kriegsbeteiligung Japans interessiert, daß es ihm schließlich gleichgültig war, wo sich Japan militärisch engagieren werde. Er gab deshalb den Befehl, den japanischen Geheimdienst wissen zu lassen, daß Deutschland jeder Art der japanischen Kriegsbeteiligung positiv gegenüberstehe, und ich glaube, ich gehe nicht fehl in der Annahme, daß diese geheimdienstliche Information dazu beitrug, die operativen Maßnahmen – den Startbefehl zum Auslaufen der gesamten japanischen Flotte zu den Operationen im pazifischen Südraum – schon im letzten Drittel des November ins Rollen zu bringen. Nachdem dann die japanische Marine sowie das japanische Heer beim deutschen Militär- und Marineattaché in Tokio vorgefühlt hatten, ob Deutschland im Falle eines Kriegsausbruches mit den angelsächsischen Mächten sich vertraglich verpflichtet, nur gemeinsam mit Japan einen Waffenstillstand oder Frieden zu schließen, beantwortete das Auswärtige Amt Anfang Dezember 1941 auf Weisung Hitlers diese Frage positiv.

Am 7. Dezember 1941 griff Japan den amerikanischen Flottenstützpunkt Pearl Harbour an. Am 11. Dezember erklärte Deutschland den Vereinigten Staaten von Amerika den Krieg.

Es ist unzutreffend, wenn behauptet wird, Hitler sei von dem Kriegseintritt Japans völlig überrascht worden. Himmler hat mir persönlich versichert, der Führer sei nur über die weiträumige Ausdehnung der

Operationen bis nach Hawaii verblüfft gewesen. Der Japanauftrag war im Amt VI die erste Feuertaufe für mich gewesen und hatte mich hart an den Rand der Absetzung gebracht. Ich hatte es nur der Hilfe Jahnkes, von Ritgens sowie Dr. Reicherts zu danken, daß ich noch einmal davongekommen war.

Unmittelbar nach dem Kriegseintritt Japans wurde der deutsche Vormarsch im Osten zum Stehen gebracht. Vergeblich hatten schon im Herbst einzelne Frontstäbe, die auf Grund ihrer inzwischen gesammelten Erfahrungen die drohende Gefahr des russischen Winters kommen sahen, die oberste Wehrmachtsführung gewarnt und auf die mangelnde Winterausrüstung der Truppe hingewiesen. Auch meine aus Stockholm bezogenen Informationen über den neuen Aufmarsch hinter der russischen Nord- und Mittelfront hatten zu wenig Beachtung gefunden. Man hatte sie als übertrieben und ungenau beiseite gelegt. Erst als die Frontaufklärung bestätigende Meldungen über ununterbrochene Truppenausladungen im Raum von Tula brachte, enthob Hitler den Generalfeldmarschall von Brauchitsch seines Postens als Oberbefehlshaber des Heeres und übernahm selbst den Oberbefehl. Während der nun folgenden Monate begann der erbitterte Abwehrkampf unserer Truppen nicht nur gegen einen verbissen und mit Todesverachtung anrennenden Gegner, sondern vor allem auch gegen den erbarmungslosen russischen Winter.

GEHEIMDIENST UND AUSWÄRTIGES AMT

Unterstaatssekretär Luther – Abkommen mit dem Auswärtigen Amt – Informationsabteilung des Auswärtigen Amtes – Ribbentrops Vorstellung von einem Geheimdienst – Differenzen über Förderung einer arabischen Untergrundbewegung

Neben meiner täglichen Arbeit hatte ich mir als dringendste Aufgabe die Errichtung von Verbindungsstellen in den verschiedenen Reichsressorts vorgenommen. Das wichtigste Ministerium war für mich in diesem Falle das Auswärtige Amt. Wir standen bereits in Verbindung mit Unterstaatssekretär Luther, der als Chef der Abteilung Deutschland eine ganz besondere Vertrauensstellung bei Ribbentrop einnahm. Beide kannten sich schon, bevor Ribbentrop in Amt und Würden war. Der Reichsaußenminister hielt von der Klugheit und Zuverlässigkeit seines Unterstaatssekretärs so große Stücke, daß er sich vor jeder wichtigen Entscheidung mit diesem beriet und ihm sogar den geheimen Auftrag erteilte, das Auswärtige Amt von Grund auf umzugestalten.

Die Ursprungsgründe dieser Beziehungen waren nur schwer durchschaubar. Heydrich, der von allen Intimitäten der obersten Zehntausend wußte, sagte mir, Ribbentrop habe Luther, als dieser noch Stadtverordneter in Berlin-Zehlendorf war, in einer nicht geklärten Unterschlagungsangelegenheit (mit Himmlers Unterstützung) aus der Patsche gezogen. Daß es Luther dennoch wagte, sich gegen die SS zu stellen und Ribbentrop sogar noch gegen diese aufzustacheln, entsprach weniger seiner politischen Überzeugung als einer gewissen Haßliebe. Er war zwar ein kluger, aber zugleich brutal impulsiver Mensch, dem es vor allem um die Macht zu tun war und der im Grunde sogar eine Schwäche für die SS hatte. Trotz allem riet mir Heydrich, mich an den Intimus Luther zu halten, da der Weg zu Ribbentrop allein über ihn führe. Er fügte jedoch hinzu: »Sie werden einen schweren Stand bei ihm haben; er pflegt Ihnen das Wort im Munde herumzudrehen. Informieren Sie mich laufend, damit ich Ihnen notfalls beispringen kann. Ich möchte nicht, daß Sie sich ausgerechnet an diesem Herrn festrennen. Es könnte auch sehr wohl sein, daß er Sie gegen mich benützen will.«

Ich machte mir nun von Anfang an über sämtliche Besprechungen mit Luther exakte Niederschriften, die über Heydrich an Himmler weitergingen. Gegenstand unserer Unterhaltungen waren Spezialfragen der Spionageabwehr, die Tätigkeit der Polizeiattachés im Ausland und weitere damit zusammenhängende Probleme.

Luther glich in keiner Weise dem Typ eines Beamten. Vielleicht hätte er besser in die freie Wirtschaft gepaßt. Ich hielt ihn nämlich für eine organisatorisch besonders begabte Persönlichkeit, wobei das kaufmännische Kalkül stets der Grundtenor aller seiner Überlegungen war. Wußte man dies und gelang es einem, seiner arroganten Angriffslust mit steter Höflichkeit zu begegnen, so konnte man schon mit ihm auskommen. Nachdem ich einige Differenzen zwischen ihm und der SS bereinigt hatte, ergab sich eine ganz erträgliche Gesprächsbasis. Dennoch mußte ich stets auf der Hut bleiben, denn seine Winkelzüge waren schnell, und er berechnete eiskalt. Gefühlshemmungen gab es bei ihm nicht. Ich fragte mich manchmal, wie die alten, ehrenwerten Berufsbeamten mit einem solchen Chef fertig wurden. Luther pflegte sie denn auch einfach in seiner Berliner Schnoddrigkeit mit »alte Kalkhaufen« zu bezeichnen. Im ganzen gesehen war dieser Mann für mich eine Art »graue Eminenz« mit einer Rücksichtslosigkeit, wie sie nur die Maschinerie eines totalitären Systems ans Ruder zu bringen vermag. – Meine besondere Stärke ihm gegenüber war, daß er mich als Brücke zu seinem größten Gegner Heydrich betrachtete. Dieser sagte mir einmal: »Er hat Angst vor mir, weil ich zu viel von ihm weiß.«

All diese Gründe mögen dazu beigetragen haben, daß schon nach wenigen Wochen zwischen uns und dem Auswärtigen Amt ein Vertrag zustande kam, der mit Luthers Unterstützung von Ribbentrop unterzeichnet wurde. Hiermit schloß sich eine Lücke, die schon allzu lange im Bereich des Geheimdienstes geklafft hatte. Durch das neue Abkommen wurden unserem politischen Geheimdienst folgende Rechte zugesprochen:

1. Die Institution der Polizeiattachés wurde ein für allemal anerkannt.

2. Der politische Geheimdienst erhielt die Befugnis, wichtige Mitarbeiter als Angehörige des Auswärtigen Dienstes zu führen. Diese sollten in die deutschen Missionen im Ausland eingebaut werden und von den diplomatischen Rechten Gebrauch machen, ohne dem Reichsaußenminister verantwortlich zu sein.

3. Der Geheimdienst durfte besonders gekennzeichnete Post (zuerst in Form grüner Briefumschläge, später in besonders markierten Kuriersäcken) als offizielle Diplomatenpost von allen Kurierstellen unserer auswärtigen Missionen befördern lassen. Die zentrale Kurierst-

elle im Auswärtigen Amt war für unseren Verkehr mit dem Ausland mitverantwortlich. Die Aushändigung dieser Post hatte unzensiert zu geschehen. (Einige Male versuchte ein Beamter des Auswärtigen Amtes – wahrscheinlich im Auftrage Luthers -, diese Bestimmung zu umgehen. In einem solchen Falle kannte ich kein Pardon. Der Betreffende wurde trotz seiner »Unabkömmlichkeit« schon nach wenigen Wochen zur Waffen-SS eingezogen und an die kämpfende Front versetzt.)

4. Es sollten ferner besondere Funkstationen eingerichtet werden, jedoch tunlichst nicht innerhalb der Missionsgebäude. In Eilfällen wurde dem Geheimdienst das Recht zugesprochen, den offiziellen Funkverkehr des Auswärtigen Dienstes zu benützen.

5. Wichtige politische Meldungen, die für den Missionschef des jeweiligen Landes von besonderer Bedeutung sein konnten, waren diesem informativ bereits an Ort und Stelle zur Kenntnis zu bringen.

Daß diese Abmachungen erst mitten in einem so gigantischen Kriege zustande kamen, zeigte wieder einmal, wie mangelhaft bei uns die geheimdienstlichen Vorbereitungen gewesen waren und wie sehr wir hinter ausländischen Abwehrdiensten nachhinkten. Als ich Heydrich den Vertrag zur Unterschrift vorlegte, war er nicht wenig erstaunt darüber, daß ich so viel Feld bei Luther gewonnen hatte. Er war im übrigen von seiner künftigen Aufgabe in Prag schon so in Anspruch genommen, daß er mir in meiner Arbeit immer mehr Freiheit ließ, ein Umstand, der mir bei der Durchführung meines Zehn-Punkte-Programms sehr zustatten kam.

Die Übereinkunft mit dem Auswärtigen Amt bildete nun die Grundlage für eine kontinuierliche Zusammenarbeit. (Nachdem später durch ein Dekret Hitlers vom 12. April 1944 ein einheitlicher geheimer Meldedienst geschaffen war, bereitete ich einen neuen Vertrag mit dem Auswärtigen Amt vor, den Ribbentrop erst nach langen, heftigen Auseinandersetzungen unterschrieb. Luther war zu jener Zeit schon gestürzt.)

Trotz unserer vertraglichen Abmachungen kam es aber durch den Zuständigkeitskomplex Ribbentrops immer wieder zu unerfreulichen Differenzen. Dies führte schließlich dazu, daß Himmler Ribbentrop offen bekämpfte und mir eines Tages den Auftrag erteilte, die Informationsabteilung III des Auswärtigen Amtes auf kaltem Wege langsam leerlaufen zu lassen. Ich zögerte die Ausführung zunächst noch etwas hinaus, da ich noch keine vollständige Übersicht über diesen geheimdienstlichen Sektor hatte gewinnen können. Zwar wußten wir, daß die Abteilung III – geleitet von einem Herrn Marschall von Bieberstein – einige in die Missionen eingebaute Mitarbeiter beschäftigte, die mit großen Devisenmengen und technischen Nachrichtenmitteln ausgestattet waren und geheime Informationen sammelten, doch dieser Apparat arbeitete so stümperhaft, daß er in seiner Berichterstattung nach oben direkt zur Gefahr wurde. Es waren nämlich so schon mehrfach ausgesprochene Falschmeldungen an die oberste Führung gelangt.

Als erste Maßnahme wurde der SS-Brigadeführer und Ministerialdirektor St. als Chef der gesamten Informationsabteilung im Auswärtigen Amt eingesetzt. St. mußte jedoch schon nach wenigen Monaten den Posten wieder aufgeben, da er Ribbentrop belastendes Material an uns weitergegeben hatte, ohne zu ahnen, daß einer seiner Mitarbeiter Ribbentrop davon verständigte. Dies führte zu schweren Auseinandersetzungen zwischen Ribbentrop und Heydrich, doch immerhin hatte ich inzwischen erreicht, daß ich durch St.s Tätigkeit einen Einblick in die Arbeitsweise der Informationsabteilung bekam.

Nunmehr übernahm der Gesandte Henke den Posten, ohne daß jedoch die Zustände in Abteilung III besser wurden. Wir mußten sogar, um zu verhindern, daß der gegnerische Geheimdienst zuviel Falschmeldungen durch diesen Kanal pumpte, zu einem ziemlich harten Exempel greifen. Ich hatte Himmler und Heydrich einen zu siebzig Prozent gefälschten Bericht über die Tätigkeit der polnischen Exilregierung in London vorlegen und diesen anschließend dem »Henke-Dienst« durch ausländische Strohmänner in die Hände spielen lassen. Ribbentrop reichte nach etlichen Tagen diesen Bericht mit dem Vermerk »äußerst wertvoll« an Hitler weiter. Hitler, der über Himmler entsprechend unterrichtet war, nahm sich Ribbentrop daraufhin eine Stunde lang unter vier Augen vor. Über das Ergebnis hat sich Ribbentrop aber wohlweislich ausgeschwiegen. Als er mich kurz darauf zum Vortrag zu sich bat – ich hatte mit ihm über geplante Verbindungsstellen in anderen Reichsministerien zu sprechen-, fragte er mich: »Was wollen Sie eigentlich damit? Sie beabsichtigen doch wohl nicht in den übrigen Reichsressorts ebenfalls einen Geheimdienst aufzubauen?« Ich versuchte ihm daraufhin klarzumachen, daß eine solche Verankerung des Geheimdienstes in allen Spitzenbehörden nicht zuletzt auch dem Auswärtigen Amt zugute käme, da die Informationsbasis auf diese Weise eine erhebliche Verbreiterung erfahre. Um ihm die Sache noch schmackhafter zu machen, fügte ich hinzu, es böte sich dadurch dem

Auswärtigen Amt die beste Gelegenheit, sich bei seiner Arbeit hinfort auch auf die gesamten Machtmittel des Reichsführers SS zu stützen. Und um den Verdacht auszuschalten, es könnte sich hierbei um eine Durchsetzung des Auswärtigen Amtes durch die SS handeln, schlug ich vor, den jeweiligen Chef des Geheimdienstes sowohl personell wie funktionell im Auswärtigen Amt selbst mitzuverankern.

Ribbentrop sah mich verwirrt an. Ich merkte an der Resonanz, daß er mich nicht verstand oder nicht verstehen wollte. Als ich dann auf die technischen Probleme – auf die Bedeutung des Funkwesens – zu sprechen kam, hörte er kaum noch zu. Deshalb wechselte ich die Taktik meines Vortrages. Ich wurde nun aggressiv, indem ich ihn an die Falschmeldungen und an seine Aussprache mit Hitler erinnerte. Ich schloß mit der Bemerkung, er könne nun entscheiden, welchen Weg er gehen wolle – mit oder gegen den Geheimdienst. In diesem Moment brauste Ribbentrop auf und verbat sich eine solche persönliche Drohung. Er habe stets versucht, ein erträgliches Arbeitsverhältnis zwischen uns zu schaffen, nun aber müsse er feststellen, daß wir nicht gewillt seien, sein Ministerium überhaupt noch als selbständiges Ressort anzuerkennen. Auf meinen Vorschlag, ihm meine Gedanken noch einmal schriftlich zu erläutern, antwortete er von oben herab: »Ich verzichte darauf.«

Ich lenkte nun ein und bat ihn, mir seinerseits den Standpunkt des Auswärtigen Amtes über den Aufbau und die Methode eines Geheimdienstes darzulegen, da ich nicht annehmen könne, daß der »Henke-Dienst« das Endprodukt seiner Vorstellungen auf diesem Gebiete sei. Damit hatte ich das Richtige getroffen. Ribbentrop legte sich mit weitausholender Gebärde in seinen Sessel zurück, und ich merkte, während er sprach, wie sich seine Spannung lockerte. Ich hätte mehr an seine Eitelkeit denken und ihn überhaupt zuerst reden lassen sollen. Was er nun entwickelte, war kurz gefaßt etwa dies:

Er stehe auf dem Standpunkt, daß man in der Welt höchstens zehn bis zwanzig besonders fähige und in erster Linie ausländische Mitarbeiter für solche Dienste heranziehen solle. Diese Männer seien finanziell so großzügig auszustatten, daß sie in der Lage wären, sich an den wichtigen politischen Schnittpunkten der Welt alles entscheidend Wissenswerte zu beschaffen. Detailfragen seien ja auch in einer großangelegten Außenpolitik von geringerer Bedeutung, es komme in erster Linie auf die grundsätzlichen Fragen an, und diese müsse man rechtzeitig erkennen. Abschließend bemerkte er noch, ich könnte doch in den Auswärtigen Dienst eintreten und mich dort dem Aufbau eines Geheimdienstes widmen, wie er ihn sich vorstelle. Diese Wendung des Gesprächs umging ich, indem ich versuchte, ihn vorsichtig von der Irrigkeit seiner geheimdienstlichen Vorstellungen abzubringen. Jetzt wurde sein Gesicht wieder auffallend müde. Es war so, daß dabei die eine Gesichtshälfte und das eine Auge völlig erschlafften. Ich habe später Professor de Crinis diese Beobachtung mitgeteilt. Er meinte, daß es sich um schwere funktionelle Störungen handele, die nicht nur nervlich bedingt seien, sondern mit einem Nierenleiden zusammenhingen.

Unser Gespräch zersplitterte nun in Einzelfragen. Ribbentrop ersuchte mich, ihm alle Meldungen über Frankreich und Französisch-Nordafrika zuzuleiten. Dem Wunsch Marschall Pétains, den in der Festung Königstein gefangenen General Giraud freizulassen, um diesen als Generalresident in Marokko einsetzen zu können, stand er völlig ablehnend gegenüber. Dann verdonnerte er General Franco in Grund und Boden, um anschließend auf den Inhalt einer Vorlage einzugehen, in der ich die Anregung zum Aufbau einer neuzubildenden arabischen Liga gegeben hatte, einer Untergrundbewegung, die von den Rifkabylen in Nordwestafrika über die Destour-Bewegung in Tunis bis nach Ägypten reichen sollte. Hauptmittler dieses Planes war ein arabischer Nationalist namens Fauzi Kauzi. Mir lag daran, diese Bewegung mit allen Mitteln zu fördern. Ich hatte mich auch bereits verpflichtet, Geld und Sprengstoff zu liefern. Mehr noch kam es mir aber auf die politische Bedeutung meines Vorschlages an, nicht zuletzt, um dem Geheimdienst ein Glacis für unsere Arbeit im gesamten nordafrikanischen Raum zu verschaffen. Da ich dieses Vorhaben für äußerst wichtig hielt, wollte ich es mit allen materiellen und politischen Machtmitteln des Reiches angepackt sehen. Um mich nach jeder Richtung abzudecken, hatte ich diese Idee auch an Himmler herangetragen, der sie wiederum mit Hitler besprach. Hitler ordnete jedoch wegen der politischen Bedeutung eine vorherige Aussprache mit Ribbentrop an. Dieser kehrte sich nun gegen den Plan mit der Begründung, wir griffen damit viel zu weit in die den Italienern vorbehaltene politische Einflußsphäre ein. Daraufhin wiederum Entscheidung Hitlers: »Nach Besprechung mit Ribbentrop abgelehnt.«

Ribbentrop war nun offensichtlich bestrebt, mir die Richtigkeit seiner ablehnenden Einstellung zu diesem Plan darzulegen, indem er sich auf entsprechende Gespräche mit Mussolini und dem italienischen Außenminister Ciano berief. Gewiß mochte eine Rücksichtnahme auf Italien für die offizielle Reichspolitik geboten sein, der nordafrikanische Raum war aber inzwischen so wichtig geworden, daß es gerade in einem solchen Falle notwendig gewesen wäre, die Weiche auf die geheimdienstliche Spur umzustellen. Ich versuchte nun, Ribbentrop davon zu überzeugen, daß er eine Kompromittierung der offiziellen Politik nicht zu befürchten brauche. Die Aktion müsse von vornherein so geleitet werden, daß im Falle eines Versagens die Spur verwischt, oder – falls dies nicht gelänge – das Unternehmen als das Werk einer »Gruppe unverantwortlicher politischer Phantasten« hingestellt würde. Sollte es im Reichsinteresse überdies erforderlich werden, nach außen hin von den Mitarbeitern abzurücken, dürfe man nicht davor zurückscheuen, sie der Strafverfolgung durch die zuständige Justiz preiszugeben. Der Putsch der Eisernen Garde in Rumänien könne hierfür als Musterbeispiel gelten.

Ribbentrop reagierte nicht. Ich unternahm noch einen letzten Vorstoß: Das Bestehen eines Geheimdienstes unter der Führung des Reichsführers SS sei schließlich ein Faktum, und es erscheine mir nicht klug, ihn eigene Wege gehen zu lassen. Ribbentrop machte daraufhin nur ein paar formelle Bemerkungen und verabschiedete mich kühl.

Ich wußte nun, daß wir mit diesem Manne wohl selten zu einer ersprießlichen Zusammenarbeit kommen würden; es fehlte ihm einfach an Verständnis für die Erfordernisse eines umfassenden, mit spezifischen Mitteln arbeitenden Geheimdienstes.

Welche gefährliche Kurzsichtigkeit, wenn man ein halbes Jahrhundert zurückdachte! Mir fiel wieder der Briefwechsel zwischen Bismarck und dem deutschen Gesandten in Paris während der Boulanger-Krise ein. Hier vertrat der Reichkanzler den Grundsatz, je angespannter die Beziehungen zweier Staaten seien, desto mehr hätten Diplomatie und Erkundungsdienst die Aufgabe, guten Kompromißlösungen die Wege zu ebnen, und sei es auch nur, um Zeit zu gewinnen. Zum ersten Male hatte mich diese Briefstelle während einer Dämmerstunde auf meinem letzten Flug nach Schweden nachdenklich gestimmt. Und seither war auch in mir der Entschluß gewachsen, alle Wege des Geheimdienstes dem Ziele dienstbar zu machen, zumindest mit den Westmächten Tuchfühlung zu halten.

Wie Ribbentrop persönlich von mir dachte, erfuhr ich aus gelegentlichen Bemerkungen über mich: »Der Führer hat schon recht, dieser Schellenberg ist wirklich ein entarteter Jurist, dazu ein unruhiger Geist, und man wird sich eines Tages noch mit ihm zu beschäftigen haben.«

VERBINDUNGSSTELLEN IN DEN REICHSRESSORTS

Reichswirtschaftsministerium, Reichsernährungsministerium, Reichsrüstungsministerium, Reichsverkehrsministerium, Reichspropagandaministerium, Reichserziehungsministerium, Reichspostministerium – Wannseeinstitut, Reichsstiftung – Agentenschulung

Ich hatte mich nun mit dem Aufbau einer Verbindungsstelle im Reichswirtschaftsministerium zu beschäftigen. Nachdem ich meine dahingehenden Pläne skizziert hatte, ging ich zunächst den Weg über den Chef der Außenhandelsabteilung unter dem Staatssekretär v. I. und fand bei ihm auch erfreuliche Unterstützung. Die daraufhin eingerichtete Kontaktstelle leitete ein Beamter, der unmittelbares Vortragsrecht beim Minister erhielt.

Neben dem Amt des Vierjahresplanes war das Reichswirtschaftsministerium der größte Devisenhalter und -Verteiler Deutschlands. Ich erreichte schon nach kurzer Zeit, daß mir ein besserer Schlüssel für unsere Devisenzuteilung zugebilligt wurde und ich so endlich des ewigen Feilschens um Devisen enthoben war. Es fanden nun alle vierzehn Tage gemeinsame Sitzungen im Reichswirtschaftsministerium statt, wobei die Gruppenchefs ihre laufenden Devisenansprüche anmeldeten, und zwar gestaffelt nach feststehenden Spesen und nach einmaligen Aufwendungen. Es wurde dann wie an der Börse gehandelt. Wir kauften gegen Reichsmark Devisen und Gold. Hier und da gaben wir nach, weil wichtigere Aufträge den Vorrang hatten; ungekehrt versuchte das Reichswirtschaftsministerium manchmal unsere Forderungen durch Ausweichvorschläge zu kürzen. Es kam aber selten zu Schwierigkeiten, die mich zum Eingreifen gezwungen hätten. Für besondere Anforderungen stand mir jederzeit der Weg zum Reichswirtschaftsminister selber offen. Damit hatte ich endlich einen der größten Engpässe des Geheimdienstes in befriedigender Weise beseitigen können. Daß ich nebenher noch eine zusätzliche Devisenquelle beim Amt des Vierjahresplanes hatte, ging niemand etwas an. Während mein Vorgänger monatlich eine Summe von einhunderttausend Reichsmark nicht überschreiten durfte, war es mir nach achtmonatiger Tätigkeit im Amt VI gelungen, diese Summe auf mehrere Millionen zu steigern und sogar die Vollmacht zu erhalten, in besonderen von Himmler und Hitler genehmigten Fällen ohne Limit zu arbeiten.

Die Zusammenarbeit mit dem Reichswirtschaftsministerium entwickelte sich auf einer erfreulich breiten Basis. Das neue Sonderreferat VI-Wi (Amt VI-Wirtschaft) besetzte ich mit entsprechend geschulten Volkswirtschaftlern und Juristen. Dem Referat lag auch die Bearbeitung der vom Reichswirtschaftsministerium selbst erteilten Aufträge ob. Nunmehr begann auch die Ausbildung von Spezialagenten eigens für die Wirtschaftsspionage in fremden Ländern. VI-Wi wurde gleichzeitig das Gelenk zwischen dem RWM und den übrigen Sektoren des Geheimdienstes – so auf dem Gebiet von Geldtransferierungen beim Aufbau oder Unterhalt von Tarnfirmen oder Bankunternehmen, Schmuggel von lebenswichtigen Rohstoffen für unsere Kriegsindustrie, Ausnutzung wirtschaftlicher Querverbindungen sowie Zuteilung von Devisen und Rohstoffkontingenten an Firmen, die als Gegenleistung besondere Aufträge für den Geheimdienst im Ausland zu erfüllen hatten. Hierfür ein Beispiel aus der Praxis:

In Südamerika erforderte der Aufbau von Spionageringen erhebliche Devisen. Die wirtschaftliche Durchdringung südamerikanischer Staaten durch deutsche Großfirmen brachte es mit sich, daß eingefrorene Kredite aufgetaut und kaschierte Devisenfonds wieder mobilisiert werden konnten. Dank der Vermittlung des RWM standen mir diese Betriebsmittel zur Verfügung. Als Gegenleistung bot ich den betroffenen Firmen einen entsprechenden Ausgleich innerhalb Europas an. Dieser Weg brachte außerdem eine bedeutende Arbeitsersparnis und vermied die nicht ungefährlichen Kurierlinien, die den scharfen englischen Kontrollen unterworfen waren. Jetzt genügte ein Funkspruch, um unseren Verbindungen in Südamerika die Betriebsmittel zuzuführen, mit deren Hilfe sie dann auch langsam die Arbeit gegen Nordamerika vorantreiben konnten.

Sehr wesentlich wurde im Zusammenwirken mit dem RWM unsere Verbindung zur chemischen Industrie. In diesem Rahmen machten wir uns auch den hohen Stand auf dem Gebiet der Hormonforschung und verschiedener Abwehrstoffe zunutze. Im Fernen Osten, im Vorderen Orient, in einzelnen Mittelmeerländern, den afrikanischen Kolonien und in Südamerika finanzierten wir unsere Geheimdienste teilweise mit solchen Lieferungen, angefangen bei Hormonpräparaten über Germanin und Aspirin bis zur harmlosen Schlaftablette.

Durch einen dänischen Forscher angeregt, arbeitete unsere chemisch-biologische Abteilung zusammen mit den IG-Farben an dem Versuch, Sexualhormonstoffe zu implantieren. Es ging um das Problem einer

Depotlagerung, die nicht nur Wochen, sondern etwa fünf bis sieben Jahre anhielt. Chemisch gesehen war dies weniger schwierig als rein technisch, es mußte nämlich zuvor eine Apparatur erfunden werden, die – ohne dem Körper zu schaden – nach der Implantation eine gleichmäßig dosierte und laufende Abgabe des Hormonstoffes garantierte. Unsere Ingenieure konstruierten einen zirka einundeinhalb Zentimeter großen Mechanismus, der im Zusammenhang mit der laufenden Zersetzung beziehungsweise Aufsaugung der Hormontablette mechanisch aus einem Zylinder durch Federdruck neue Hormonmasse zum Verbrauch im Körper freigab. Nach einigen Abänderungen war das Verfahren schließlich verwendungsreif. Da wir die Sache äußerst geheim hielten – die technischen Einzelheiten wurden auch den medizinischen Mitarbeitern nicht erklärt –, ist in Fachkreisen und in der Öffentlichkeit wenig darüber bekanntgeworden.

Im Rahmen der Verwendung für den Geheimdienst errichtete ich 1942 die Organisation *Sigismund,* teilweise von Jahnke gesteuert und getarnt durch die fiktive dänisch-schwedische Firma Hoab (Hormon-Aktia-Bolaget). Diese arbeitete mit angesehenen Professoren und Doktoren in Portugal, Brasilien, Argentinien und in der Türkei auf einwandfreier wissenschaftlicher Grundlage »hormonisch« zusammen. Es war dies eine Quelle, die uns eine Fülle systematisch ausgesuchter gesellschaftlicher Querverbindungen, Nachrichten und eine ganz hervorragende Devisen-Einnahmequelle brachte.

Leider litt unsere Arbeit auf dem Gebiet der Wirtschaftsspionage unter dem wachsenden Mangel an fachlich geschulten und fähigen Kräften. Überall machten sich die gesteigerten Anforderungen der Front bemerkbar, und allzuoft stand der richtige Mann am falschen Platz. Einige Beispiele dafür: Ein Wirtschaftsspezialist, der lange Jahre in Argentinien tätig gewesen war, saß als Schreiber in einem Divisionsstab an der Ostfront; ein hervorragender Kenner Portugals war Schütze in einer Flakbatterie; ein ausgezeichneter Fotochemiker, den ich dringend für Entwicklungsarbeiten in der technischen Abteilung benötigt hätte, war Küchengehilfe in einem Frontlazarett. (Erst im Jahre 1943 gelang es mit Unterstützung Himmlers, einen zweckmäßigen Austausch solcher Kräfte vorzunehmen.)

Ich hatte inzwischen auch ein recht gutes Verhältnis zu Reichsminister Funk gefunden, und es war lediglich eine Frage der Zeit, bis auch die anderen Ministerien in meinen Plan einbezogen werden konnten. Welch ein Unterschied im übrigen zwischen einer so organisch wachsenden Arbeit und dem, was ich auf dem militärischen Sektor des Geheimdienstes später kennenlernen mußte: Von zweiunddreißig größeren ausländischen Tarnfirmen des militärischen Geheimdienstes waren achtundzwanzig Schwindel- und Bankrottunternehmen; sie hatten praktisch ohne Gegenleistung jahrelang aus dem Steuer- und Devisentopf des Deutschen Reiches gezehrt.

Das nächste Ressort, das dem Referat VI-Wi angeschlossen wurde, war das Reichsernährungsministerium mit all seinen Untergliederungen und den jeweils korrespondierenden Dienststellen der Partei. Es wäre kurzsichtig gewesen, die Bedeutung dieses Sektors für den Geheimdienst zu unterschätzen, denn das Ressort hatte weitreichende Verbindungen zu allen europäischen Ländern. Es kontrollierte einen Geldumsatz, der etwa um das Sechsfache über dem der gesamten deutschen Schwerindustrie lag. Auch hier gewährleistete eine Verbindungsstelle in recht kurzer Zeit die Ausschöpfung aller Quellen. So bot der Getreidemarkt mit seinen oft sehr gerissenen Auf- und Verkäufern ein breites Feld für Querverbindungen, nicht zuletzt auch der weitreichende Unilever-Konzern, der den Fettspiegel ganz Europas maßgebend regulierte. Gerade aus diesen Kanälen kamen oft überraschend gute Meldungen.

Nach dem Ausscheiden des Reichsernährungsministers Darré führte Staatssekretär Backe das Ministerium. In Odessa geboren, kannte er Südrußland sowie den Kaukasus sehr gut aus eigener Anschauung; er war ein großer Freund des russischen Volkes, aber ein unversöhnlicher Gegner des sowjetischen Regimes. Durch ihn erfuhr ich zu meinem Erstaunen zum erstenmal von Versuchsgütern in Südrußland, die Deutschland in Form von Staatsdomänen gepachtet und entsprechend verwaltet hatte. Auf diesen Gütern waren Versuche großen Stils angestellt worden, deren Ergebnisse überwiegend einer Modernisierung der deutschen Landwirtschaft zugute kamen.

Das Referat VI-Wi hatte auch zu sämtlichen Dienststellen des Vierjahresplanes Fäden geknüpft, insbesondere zu den überall entstandenen schwarzen Märkten. Mit dem schwindenden Einfluß Görings, dem der Vierjahresplan unterstand, verlor dieses Amt seine ursprüngliche Bedeutung – die Fachressorts übernahmen nach und nach die Federführung, und damit wurde dieses einst so wichtige Gebilde allmählich auf ein totes Gleis geschoben. Für den Geheimdienst blieb es aber wichtig, die angebahnten Verbindungen aufrechtzuerhalten, nicht weniger auch zu dem Göringschen »Forschungsamt« – einem weitreichenden technischen Überwachungsapparat, den sich der Reichsmarschall schon sehr früh mit Hilfe ehemaliger Fachkräfte aus der Marine aufgebaut hatte. Das Amt betrieb in weltweitem Maßstabe die gesamte Telefon-und Funküberwachung. Selbst persönliche Geheimbotschaften Stalins konnten aufgefangen werden. Leider war aber die Auswertung seitens des Forschungsamtes nicht ganz ungefährlich, da dieser Stelle der Gesamtüberblick fehlte. Dennoch wurden die Berichte des Forschungsamtes von anderen Dienststellen zuweilen unbesehen übernommen. So hatten sich Hitler und Mussolini einmal in einem Telefongespräch in einer wichtigen Wirtschaftsziffer geirrt, und diese vom Forschungsamt mitgehörte falsche Zahl tauchte später in offiziellen Berichten immer wieder als *fait accompli* auf und führte bei den Fachinstanzen zu mancherlei Verwirrung. Im Jahre 1944 erklärte sich Göring bereit, das Forschungsamt dem Reichsführer SS zu unterstellen und damit praktisch dem Reichssicherheitshauptamt anzugliedern. Die Auslandsabteilung, das Funkabwehrwesen und die Dechiffrierabteilung sollten den Ämtern VI und VI-Mil angegliedert werden. Die entsprechenden Erlaßentwürfe und Überleitungsbefehle waren bereits in gegenseitigen Besprechungen geklärt worden. Der Schlußzeichnung durch Himmler und Göring stand nichts mehr im Wege. Da es sich aber um die Aufteilung eines komplizierten und umfangreichen Apparates mit mehreren tausend Angestellten handelte, drängte ich nicht auf die Schlußlösung, da mir die Agonie des Reiches schon genügend zusätzliche Arbeit gebracht hatte.

In einer schwachen Position befand ich mich gegenüber dem Rüstungsministerium unter der Leitung des Reichsministers Albert Speer. Von dieser Seite wurde ich so mit Anforderungen bombardiert, daß wir mit der Ausführung dieser Aufträge ständig nachhinkten. Verlangt wurden laufend Geheiminformationen über den jeweiligen Stand der modernen Kriegsindustrie in den feindlichen Ländern, eine Aufgabe, für die unsere personellen Kräfte und die fachlichen Unterlagen einfach nicht ausreichten. Zudem wurde die Zusammenarbeit oft dadurch bedroht, daß Heydrich oder Himmler – vom SD-Inlandsdienst aufgehetzt – Bedenken gegen die politische oder weltanschauliche Zuverlässigkeit der betreffenden Amtschefs im Rüstungsministerium erhoben. Meine steten Einwände brachten mir schließlich den Ruf ein, ich schützte weltanschaulich unzuverlässige Elemente. Bedenkt man, daß die Rüstung das Mark unserer Kriegführung war, so beleuchtet dies die Engstirnigkeit jener Kräfte, die mich wegen meiner Verbindung zu den Rüstungsfachleuten für den Geheimdienst als ungeeignet und gefährlich bezeichneten.

Weniger Probleme in der Zusammenarbeit brachte uns das Reichsverkehrsministerium. Der Austausch internationaler Fahrpläne, Absprachen über Güter- und Transitverkehr und anderes vermittelten eine Reihe guter Kontaktstellen mit anderen Ländern. Daneben galt es, reichseigene Firmen und Gesellschaften der Reichsbahn, wie die Mitropa, das Mitteleuropäische Reisebüro und verschiedene große Speditionsfirmen, personell wie materiell für den Geheimdienst methodisch einzuspannen. Besonders wertvoll war dabei die geheimdienstliche Unterstützung dieses Ministeriums in allen Spezialfragen des Bahnstreckenoberbaus sowie des Tunnel- und Brückenbaus, da hier mit deutscher Gründlichkeit und Genauigkeit umfangreiches statistisches und bautechnisches Material aus der ganzen Welt gesammelt worden war. Diese Unterlagen gaben bei Kommandounternehmungen in fremden Ländern, zum Beispiel bei Sprengungen, den Kommandoführern zuverlässige Anhaltspunkte an die Hand.

Mit Zustimmung des Reichsverkehrsministeriums unterhielt der Geheimdienst auch ein eigenes Reisebüro, das es ihm ermöglichte, seinen Kurierdienst – soweit er auf Fern- und Schlafwagenzüge angewiesen war – bei Tag und Nacht auf allen Strecken Europas sicherzustellen. Und ausgerechnet hier war eine weibliche Hilfskraft tätig, deren Vater, ein höherer Offizier im OKW, seit Jahren für den russischen Geheimdienst arbeitete. Nach der Besetzung Berlins durch die Russen hat diese Frau zahlreiche Mitglieder des deutschen Geheimdienstes den Sowjets ausgeliefert.

Zu heftigen Reibungen kam es bei der Einrichtung des Sonderreferats VI-Kult. In diesem Ressort wurden alle geistigen, wissenschaftlichen, kulturellen und propagandistischen Querverbindungen ausgenützt – ein Gebiet, auf dem sich die Einflußsphären des Reichspropagandaministeriums, des Reichspressechefs und des Auswärtigen Amtes überschnitten. Hier gab es einen regelrechten Kampf aller gegen alle: Goebbels, Dietrich, Ribbentrop und die Auslandsorganisation der NSDAP stritten sich um die Kompetenzen bezüglich der Auslandspresse und der Betreuung ausländischer Journalisten. Die verschiedenen Auslandspresseklubs des Propagandaministeriums sowie des Auswärtigen Amtes waren ein Sammelsurium von zum Teil fähigen, zum Teil aber auch gänzlich unfähigen Presseleuten aus den verschiedensten europäischen Ländern, manchmal versierten, oft aber jämmerlichen Feindagenten, denen es mehr aufs Faulenzen sowie auf gutes Essen und Trinken ankam.

Der Reichspressechef vertrat nun die törichte Auffassung, daß kein Journalist für den Geheimdienst tätig sein dürfe. Ich mußte mir schließlich die Berücksichtigung unserer Interessen über Himmler erzwingen. Erst unter dem neuen Staatssekretär Naumann wurde unsere Arbeit vom Propagandaministerium aus wesentlich erleichtert. Naumann, der das Vertrauen Himmlers besaß, setzte sich mit dem ihm eigenen Schwung stark für die Belange des Geheimdienstes ein, und es gelang ihm mit seiner geschliffenen, Goebbels fast ebenbürtigen Dialektik, unseren Interessen den gewünschten Raum zu verschaffen.

Ein Kapitel für sich bildete der sogenannte »Seehausdienst«. Dies war eine Funkabhörstelle des Propagandaministeriums, an der auch das Auswärtige Amt beteiligt war; sie lieferte Material für eigene propagandistische Entschlüsse zur Bekämpfung der Feindpropaganda. Mit seinen zahlreichen sprachkundigen Ausländern stellte aber der »Seehausdienst« eine direkte Brutstätte für gegnerische Nachrichtendienste dar. Müller, der diesen »Verein« ständig beobachtete, meinte, man könne hier nur in gewissen Grenzen abschirmen, im übrigen solle man den Laden im eigenen Saft schmoren lassen.

In das Arbeitsgebiet VI-Kult fielen auch die Beziehungen zur Reichsfilmkammer und zur Reichskulturkammer. Hier wurden Kontakte mit künstlerisch und geistig schaffenden Personen angebahnt. Beim Reichserziehungsministerium stand die Verbindungsstelle unter der Leitung eines Professors M. Sämtliche deutschen Austauschstudenten, alle Berufungen deutscher Professoren an ausländische Universitäten wurden registriert und die geeignet erscheinenden Personen als ehrenamtliche Mitglieder für den Geheimdienst gewonnen. Aus dem Kreis der Austauschstudenten wuchsen uns so allmählich recht gute Nachwuchskräfte zu. Die Brauchbaren unterstützten wir vielfach finanziell bis zum Abschluß des Studiums. Auch über viele wissenschaftliche und geistigkulturelle Verbände, die mit dem Reichserziehungsministerium zusammenhingen, ergaben sich gute Kontaktstellen, wobei die Beteiligten unmerklich in die Interessenssphäre des Geheimdienstes einbezogen wurden.

Das Reichspostministerium gingen wir vor allem von der Seite der Technik, des Funks wie des Fernsprechverkehrs an. Die Verbindungsstelle unterstand einem der höchsten Beamten dieses Ministeriums, einem engen Vertrauten des Ministers selbst. Hier wurden zahlreiche Erfinder und Ingenieure der Forschungsstelle der Reichspost mit Fragen der Radargeräte und der Kurzwellentechnik befaßt, einem Gebiet, dem meine ständige Sorge galt.

Zu erwähnen wäre schließlich noch die Auslandsorganisation der NSDAP. In den neutralen und besetzten Ländern waren es die Landesgruppenleiter, die unter Verzicht auf einen eigenen Geheimdienst in die Belange unseres Amtes eingespannt wurden. Von wirklichem Nutzen wurde die Auslandsorganisation für uns aber nur auf dem Gebiet der Rückwanderertransporte – der aus Übersee zurückkehrenden Deutschen und der Volksdeutschen. Wir hatten an diesen Menschen wegen ihrer wertvollen Sprachkenntnisse größtes Interesse, und es gelang auch, aus diesen Kreisen eine beachtliche Zahl guter Hilfskräfte zu gewinnen.

Allmählich erreichte der Geheimdienst auf diese Weise eine wenn auch noch nicht zufriedenstellende, so doch besser fundierte Basis. Langsam begann sich auch in breiteren Schichten die Einstellung zum Geheimdienst zu wandeln – die Masse der Informationen wuchs und wurde immer umfangreicher. Zu jener Zeit entstand erstmalig in mir die Idee, eine selbständige Arbeitsgruppe ähnlich dem Wannsee-Institut zu schaffen, die sich mit nichts anderem als der geheimdienstlichen Arbeit auf methodisch-wissenschaftlichem Gebiet befassen sollte. Das Wannsee-Institut umfaßte nämlich eine der größten russischen Bibliotheken. Der ursprüngliche Standort der Bücherei war Breslau. Der besondere Wert dieser einmaligen Sammlung lag darin, daß es sich um eine umfangreiche detaillierte Fachliteratur auf sämtlichen Wissensgebieten in der Originalsprache handelte. Ein Stab von Mitarbeitern, darunter namhafte Dozenten verschiedener Universitäten wie auch russische Professoren, unterstand dem Chef dieses Instituts, einem gebürtigen Georgier, der Inhaber einer deutsch-russischen Professur war. Sofern es sich um Spezialfragen handelte, wurde dem Institut geheimes Informationsmaterial zur Verfügung gestellt, das von den Spezialisten unter Heranziehung aller Unterlagen kritisch überprüft und mit einer Gesamtbeurteilung an uns zurückgereicht wurde. Die Fachleute des Instituts erhielten auch Gelegenheit, in die besetzten Ostgebiete zu reisen und dort systematische Forschungsarbeit zu betreiben, um sich lebendiges Anschauungsmaterial aus eigenen Beobachtungen und direkten Gesprächen mit der russischen Bevölkerung zu holen. So gelang es dem Institut schon 1942, den Nachweis zu liefern, daß jegliches von den Sowjets veröffentlichtes wissenschaftliches und statistisches Material in absichtlich irreführender Weise frisiert worden war.

Ich wollte nun gleichfalls ein Team akademisch geschulter Fachkräfte schaffen, das sich unter Verwertung des einschlägigen Informationsmaterials schwieriger Spezialprobleme annehmen und exakte Ausarbeitungen darüber anfertigen sollte. Damit wollte ich zugleich der unproduktiven Zersplitterung ein Ende machen. Bisher waren nämlich entsprechende Wünsche Hitlers – so, wenn er beispielsweise einen Bericht über das Problem des Kulakentums, die sozialen Maßnahmen Kemal Atatürks oder die Ölvorkommen in Amerika verlangte – vielfach kunterbunt an verschiedene, meist unzuständige Stellen geleitet worden, die sich dann zwar mit Bienenfleiß an die Arbeit machten, doch meist über zu spärliches Wissensmaterial verfügten und deshalb keine befriedigenden Berichte zu liefern vermochten. Es gab im Reich annähernd vierhundert wissenschaftliche Forschungsstellen und Institute, die sich mit geographischen, bevölkerungspolitischen, wirtschaftlichen oder sonstigen Fachproblemen befaßten; sie alle unterhielten einen ausgesuchten Mitarbeiterstab und wurden vom Reich durch Sondergelder subventioniert. Die von mir gedachte Arbeitsgruppe sollte nun sämtliche wissenschaftlichen Institute des Reiches unter Wahrung ihrer Selbständigkeit und Eigenart in einer »Reichsstiftung« zusammenfassen und die Arbeit unter Anwendung einer einheitlichen Technik auf aktuelle Probleme ausrichten. Diese Reichsstiftung sollte die Spezialanfragen der obersten Führung an die jeweils in Frage kommenden Fachinstitute verteilen, wobei die zentrale Sammlung des wissenschaftlichen Materials von besonderer Bedeutung war. Ich wollte so erreichen, daß der Geheimdienst schließlich auch die Finanzierung aller dieser Institute in die Hand bekam und durch diesen indirekten Einfluß die personelle Besetzung mitbestimmte. Es dauerte aber noch bis 1943, ehe dieser Plan verwirklicht werden konnte. Die Reichsstiftung wurde nach außen hin von der zuständigen Abteilung des Reichsinnenministers vertreten, in Wirklichkeit aber vom Geheimdienst, und zwar durch die von mir hierfür geschaffene Arbeitsgruppe VI-G (wissenschaftlich-methodischer Forschungsring). Die Gruppe brachte schon nach kurzer Zeit gute Arbeitsergebnisse, insbesondere auf dem Gebiet der Kartographie und Geologie. Unter anderem wurde von ihr russisches Kartenmaterial als gefälscht erkannt und berichtigt; für die kämpfende Truppe war ferner die Oberflächenforschung wegen der Anlage von Rollbahnen und Flugplätzen und der Markierung panzergängigen Geländes von erheblicher Bedeutung.

Bis hierher kam ich der Erfüllung meines Zehn-Punkte-Programms schon beachtlich näher. Ein stetiges Sorgenkind hingegen blieb das Problem der Agentenschulung, denn hier wirkte sich der Personalmangel am stärksten aus. Wir mußten uns auf diesem Gebiet weitgehend mit unzulänglichen Mitteln und Kräften behelfen. Ich entschloß mich daher, mich zunächst auf die technische, vor allem die funktechnische Ausbildung in größeren Agentenschulen zu beschränken. Daneben mußte dringend die Schulung für den Geheimdienst gegen Rußland verselbständigt und nach eigenen Gesichtspunkten im Rahmen des Unternehmens *Zeppelin* betrieben werden. Ich benötigte zu diesem Zweck eine zusätzliche Summe von dreißig Millionen Mark. Die entsprechende Eingabe wurde zuerst Heydrich und dann Himmler vorgelegt. Inzwischen aber hatte ich schon meine Pläne so weit betrieben, als wäre mir die Etaterweiterung bereits zugebilligt worden. Ich bekam deshalb einen nicht gelinden Schreck, als mich Himmler rufen ließ und Blatt für Blatt meiner Vorschläge mit mir durchging. Typisch für ihn war, daß er immer wieder wie ein Krämer an nebensächlichen Kleinigkeiten herumnörgelte. Unter anderem beanstandete er den zu teuren Ankauf des vorgesehenen Grundstücks. Nebenher wollte er Einzelheiten über die Anlage der Küche in einer solchen Schule wissen (meine Küche war ihm nicht modern genug). Er mutete mir sogar zu, mich mit dem Speisezettel zu befassen. Dabei erging er sich in sehr ernst gemeinten Ratschlägen und empfahl mir, dafür zu sorgen, daß es abends eine warme Mahlzeit gäbe. »Diese norddeutsche Sitte, Brot und Wurst oder sogar Käse abends aufzutischen, womöglich dazu noch ein kaltes Getränk, verbiete ich ein für allemal.« Er fügte noch erklärend hinzu, eine solche Verpflegung gebe keinerlei Kraft und sei die Ursache für viele Magenleiden. Vor allem sei auch auf strengste Abstinenz im Rauchen und Trinken zu achten. »Leute, die Sie mit braunen Fingern erwischen, sind für einen solchen Dienst ungeeignet, denn sie sind unbeherrscht.«

In diesem Zusammenhang wies er mich auch darauf hin, daß auf den Koch zu achten wäre. Er sei kürzlich an der Front gewesen, und bei dieser Gelegenheit hätten sich Landser bei ihm bitter über ihren vollgefressenen Koch beklagt, der aus dem vollen schöpfe und überdies einen Teil der Verpflegung nach Hause verschiebe. Er habe jetzt eine Einrichtung in einem KZ geschaffen, wo solche Art Köche und auch Verwaltungsbeamte ein Vierteljahr Gelegenheit hätten, ihr überflüssiges Fett wieder abzuschwitzen. Nebenher erhielten diese

Männer laufend Unterricht, wie man bei ehrlicher Ausnützung der Mittel schmackhaft für die Truppe kochen könne. Ein Dutzend solcher Küchenbullen sei bereits wieder an der Front, und er wisse, daß sie jetzt vorbildliche Truppenköche wären. Unter diesen und ähnlichen Begleitgesprächen erhielt ich endlich meine Vorlage als »genehmigt« zurück.

Unsere Hauptschulen lagen bei Belgrad, im Haag und bei Berlin. Die Außenstellen aller Schulen breiteten sich fächerförmig aus. Getrennt davon blieb die Schulung der Erfassungsabteilung der Länderreferate, die sich meist nur auf die Ausbildung von Einzelagenten in kleineren Gruppen beschränkte. In geringerem Umfange unterhielten die Ländergruppen auch eigene Schulen, deren Angehörige beiderlei Geschlechts nach einer Eignungsprüfung dem Erfassungsdienst zugeleitet wurden.

Im Rahmen der im Jahre 1940 getroffenen Vorbereitung für eine Invasion in England *(Seelöwe)* war auch eine aktive Zusammenarbeit mit der IRA (Irische Republikanische Armee) über eine Hauptverbindungsstelle in Dublin eingeleitet worden. Es bestand der Plan, durch entsprechende Ausbildung geeigneter irischer Freiheitskämpfer in Deutschland einen Kader zu schaffen, dessen Mitglieder dann in Irland eine Untergrundbewegung aufbauen sollten mit dem Ziel, Flugplätze und technische Einrichtungen, vor allem auch Hafenanlagen für die britische Wehrmacht unbrauchbar zu machen. Die Versorgung dieser Guerillatruppe mit dem erforderlichen Nachschub mußte sich in erster Linie auf dem Luftwege vollziehen. Gleichzeitig sollten auch Transport-U-Boote zum Einsatz kommen. Nach Aufgabe des Unternehmens *Seelöwe* wurde dieser Plan leider fallengelassen. Eines Tages sah man jedoch in einer solchen Aktion wieder ein geeignetes Störmoment gegen England. Man vergaß aber, daß die Zeit inzwischen fortgeschritten war. Der Plan wurde von unserem Amt übernommen. Wir stellten jedoch bald fest, daß die zum Einsatz bestimmten Iren vielleicht noch guten Willens, mittlerweile aber doch schon zu abgestumpft waren. Ein Versuch, Ersatz mittels eines U-Bootes aus Irland zu holen, schlug fehl. Zwischendurch kamen laufend Einwände vom Auswärtigen Amt, das sich die Oberleitung aller Aktionen hinsichtlich Irlands vorzubehalten wünschte, und ähnliche Verdrießlichkeiten mehr.

Im Jahre 1943 wurde dann schließlich noch ein Versuch mit zwei Iren als Fallschirmspringern gemacht. Die Landung gelang zwar, doch seitens der Polizei wurde eine solche Jagd auf sie veranstaltet, daß dieser Versuch ein rasches Ende fand.

STÜTZPUNKT DÄNEMARK

Heydrich wird Stellvertretender Reichsprotektor – Reise nach Kopenhagen – Besprechungen mit Klausen – Putschpläne dänischer Nationalsozialisten – Klausen lenkt ein – Europäischer Nachrichtenpool – Spannungen Himmler-Heydrich – Heydrich droht Canaris

Ende Februar 1942 lud Heydrich meine Frau und mich zu sich in seine Wohnung ein. An seiner Miene bei der Begrüßung merkte ich, daß etwas Besonderes geschehen war. Im Laufe der Tischunterhaltung flüsterte mir dann Heydrich plötzlich zu: »Ich bin's geworden.« Und während gleich darauf der Diener mit einer Flasche Sekt erschien, zeigte er mir die (noch nicht signierte) Ernennungsurkunde zum Stellvertretenden Reichsprotektor für Böhmen und Mähren. Ich las das Schriftstück aufmerksam durch und merkte sogleich, daß der Umfang der Vollmachten weit über die Funktionen eines Stellvertretenden Reichsprotektors hinausging. Auch gewann ich den Eindruck, daß Heydrich aus taktischen Gründen nur nach außen hin als Stellvertreter nominiert wurde, praktisch aber die Stellung eines Reichsprotektors erhielt. Dabei waren jedoch die ursprünglichen Machtbefugnisse dieses Amtes so durchlöchert, daß man darin deutlich die Vorbehalte Bormanns erkennen konnte. Da die Unterschrift Hitlers noch fehlte, vermochten wir noch Änderungen vorzunehmen. Anfang März 1942 wurde dann die Ernennung vollzogen.

Bei meinem ersten Besuch, den ich Heydrich in Prag abstattete, traf ich auch mit dem Führer der dänischen nationalsozialistischen Partei, Klausen, zusammen. Ich konnte diese Begegnung dazu benutzen, den Ausbau Dänemarks als geheimdienstliches Glacis gegen England und Rußland zu besprechen. Zum Teil waren schon recht gute Ansätze vorhanden, die es zu aktivieren galt. Klausen selbst war ein guter Rußlandkenner und baute dann auch nach den von mir gegebenen Richtlinien einen dänischen Geheimdienst auf, in dessen oberster Leitung ich mir den entscheidenden Einfluß zu sichern vermochte. Ich wählte diese vorsichtige Form der Zusammenarbeit, weil ich die ohnehin schon schwache dänische Partei nicht noch mit einer zusätzlichen Hypothek belasten wollte.

Einige Zeit später fuhr ich selbst nach Kopenhagen. Es war notwendig, die finanzielle Seite zu klären und den Geheimdienst stärker auf unsere Interessen auszurichten. Klausen, der an sich schon einen Teil der Geheimdienstgelder für seine Parteiarbeit mitverwendete, beabsichtigte nun auch noch einen innerdänischen Geheimdienst auf unsere Kosten aufzubauen. Das ging mir aber zu weit. Während der tagelangen Verhandlungen gerieten wir so aneinander, daß ich oft sehr scharf werden mußte. Ich spürte deutlich, daß dem Dänen meine Art der Verhandlung nicht lag und er mich auch instinktiv ablehnte. Wie bei Terboven in Norwegen stieß ich wohl auch deshalb auf Antipathie, weil ich mich beim Trinken zu sehr zurückhielt. Wahrscheinlich merkte Klausen auch, daß ich die Wirkung des Alkohols auf ihn beobachtete und berechnete. In die Enge getrieben, wurde er vielfach recht ausfällig und nannte mich, neben anderen Titulaturen, einmal einen »Fuchs mit drei Schwänzen«. Ich faßte ihn meinerseits auch nicht gerade mit Glacéhandschuhen an. Nach zwei Tagen änderte er seinen großtuerischen Ton und gab nach. Am dritten Tage versuchte er aber wieder zu bocken und auszubrechen. Herausfordernd meinte er, gewiß sei ein Geheimdienst sehr wichtig für Deutschland, doch ebenso wichtig sei ihm, Klausen, seine dänische Partei. Und nun verstieg er sich zu der abenteuerlichen Idee, die dänische Widerstandsbewegung habe sich mit Unterstützung der Engländer so stark gemacht, daß es höchste Zeit für einen Gegenschlag sei, indem man die jetzige unfähige Regierung mit Gewalt stürze und die dänischen Nationalsozialisten an ihre Stelle setze. Hierfür verlangte er ab sofort die Ausbildung von Sabotagegruppen und die Lieferung größerer Mengen Sprengstoff. Zum Schluß zeigte er mir noch eine Liste mit den Namen aller derer, die er dann einzusperren gedachte.

Mir blieb einen Moment die Sprache weg. Glaubte er wirklich, mich für eine solche Überrumpelungspolitik gewinnen zu können? Er erhitzte sich noch eine ganze Weile an diesem Thema, doch ich hatte das Empfinden, daß dies nicht allein Klausens eigene Gedanken waren, sondern daß vielmehr fanatische und auf Abenteuer ausgehende Berater dahintersteckten. Man wollte offensichtlich die Gelegenheit meines Besuches benützen, eine entsprechende Entscheidung herbeizuführen, um auf den Spitzen deutscher Bajonette das eigene Machtstreben zu befriedigen.

Nachdem Klausen dies alles vorgetragen hatte, brach ich die Besprechung ab. Angesichts der Gefahr, die uns aus solchen Plänen drohen konnte, hielt ich es für richtig, sofort mit unserem damaligen Gesandten in Kopenhagen Rücksprache zu nehmen, denn schließlich war Dänemark unser wichtigster Fleisch- und Fettlieferant und durfte gerade in dieser Phase des Krieges keinen Erschütterungen ausgesetzt werden. Der Gesandte drückte mir zwar seine Besorgnis aus, vermochte mir aber kein Rezept an die Hand zu geben, um die Hitzköpfe zu beruhigen. Daraufhin entschloß ich mich, das bewährte Mittel der Ermüdungstaktik anzuwenden.

Vor einer Fortsetzung der Gespräche mit Klausen telefonierte ich mit Heydrich, der die Situation sofort erfaßte und befahl, in Dänemark müsse Ruhe bewahrt werden und Klausen habe zu gehorchen. Zu dem erwarteten Kampf mit Klausen kam es aber nicht mehr. Schon vor Beginn der nächsten Besprechung war er angetrunken. Ich ließ ihn eine Weile sprechen und wartete auf den Augenblick, wo er sich selbst um Kopf und Kragen reden würde. Und dieser Augenblick kam: Wenn wir nicht endlich ernst mit unseren Plänen machten, rief er erregt, dann könne er uns ja einfach alles vor die Füße werfen. Ich forderte die anderen Anwesenden auf, den Raum zu verlassen. Dann sagte ich: »Es ist weder an der Zeit noch habe ich Lust dazu, mir Ihr trunkenes Geschwätz anzuhören. Was Sie beabsichtigen, liegt nicht im Interesse des Reiches. Wir können auch ohne Herrn Klausen auskommen. Dies ist mein letztes Wort, und versuchen Sie nicht noch einmal, die Führungsstellen des Reiches zu erpressen. Ich weiß nicht, ob Sie sonst noch Gelegenheit haben werden, die weitere Entwicklung als Zuschauer zu betrachten.«

Klausen war leichenblaß geworden und sackte förmlich in sich zusammen. Er begann jetzt zu jammern und klagte, es sei ja alles auch so schwer für ihn. Ich versuchte ihn nun zu trösten, blieb aber im übrigen hart. Und damit fand er sich schließlich ab.

Allmählich lernte Klausen, unseren Weisungen zu folgen. Es gelang ihm auch mit Hilfe einiger ausgesuchter Nachrichtenmänner, Kontakt mit kommunistischen Kreisen in Dänemark und auch in Schweden aufzunehmen. Einige zuverlässige Dänen vermochten sich sogar in Außenpositionen des russischen Geheimdienstes einzuschmuggeln. So entstand im Laufe der Zeit eine gut funktionierende Verbindung nach Rußland, die auf dem politischen Sektor ausgezeichnete Informationen erbrachte.

Während der folgenden Monate wurde es ein Teil meines persönlichen Arbeitsprogramms, in möglichst vielen europäischen Ländern »landeseigene Geheimdienste« aufzuziehen. Mir schwebte dabei sozusagen eine Föderation der europäischen Geheimdienste vor, die eine Art »Nachrichtenpool« bilden sollten. Ich dachte auch daran, Hand in Hand damit die bekannte Konsular-Akademie in Wien wieder ins Leben zu rufen. Dies war die frühere Ausbildungsstätte für die k. u. k. Diplomatenanwärter. Mein Plan war, diese Akademie insbesondere für den Nachwuchs aus Ost-, Südost- und Südeuropa wirken zu lassen. Mit Hilfe unserer guten Verbindungen zur arabischen Welt wollte ich auch die islamischen Volksteile auf dem Balkan wie auch die Turkvölker in der Sowjetunion mit einbeziehen. Als vordringlichste Arbeitsmaxime galt der entschlossene Einsatz aller Geheimdienste gegen Rußland, wobei die eigenen geheimdienstlichen Belange in erster Linie berücksichtigt werden sollten. Der ungarische, rumänische, kroatische, serbische, bulgarische und türkische Geheimdienst waren schon gewillt, die ersten Gehversuche mitzumachen. Nachdem sich die Anfänge einigermaßen konsolidiert hätten, sollten auch Spanien, Portugal und Frankreich gewonnen werden. In Italien war mit Schwierigkeiten zu rechnen; weder der militärische noch der politische Geheimdienst zeigten sich geneigt, auf diese Linie einzuschwenken. Schweden und die Schweiz kamen nach Lage der Dinge nicht in Betracht. In Finnland hatten dagegen meine Vorarbeiten schon einen gewissen Erfolg.

Ich trug meine damaligen Gedankengänge auch Heydrich vor. Er schüttelte den Kopf und sagte rundheraus, er halte nicht viel von solchen Plänen. So etwas müsse genauer durchdacht werden. Er lenkte auch bald auf ein anderes Thema über, das ihm offenbar näher am Herzen lag. Es ging um Spannungen, die neuerdings in seinem Verhältnis zu Himmler eingetreten waren. Er führte diese darauf zurück, daß Himmler wohl eifersüchtig auf seine Erfolge im Protektorat schaue, und offensichtlich passe es ihm auch nicht, daß der Führer mit seiner, Heydrichs, Amtsführung sehr zufrieden sei und sich am liebsten ohne Himmler oder Bormann mit ihm allein unterhalte. Heydrich nannte Himmler in diesem Gespräch einen »bürokratischen Steißtrommler«, der ihm einfach nicht die Butter aufs Brot gönne. Ich merkte aber, und Heydrich ließ dies auch durchblicken, daß ihm bei dieser Spannung dennoch nicht ganz behaglich zumute war. Noch decke ihn zwar der Erfolg seiner sachlichen Arbeit beim Führer, äußerte er, aber er sei sich doch nicht im klaren darüber, wie er die »Hemmschuhe« Himmler und Bormann beseitigen könne. Ein offener Vorstoß bei Hitler bleibe gefährlich, denn dieser reagiere darauf meistens negativ. Auch vertrete er in solchen Fällen vielleicht noch stärker den SS-Ordensgedanken (der Treue) als Himmler.

Heydrich kam nun auf die jüngsten Ereignisse an der Ostfront zu sprechen, insbesondere auf die mangelnde Versorgung der Truppe im letzten Winter, wobei er ganz hemmungslos auf die verantwortlichen Generäle im OKH und OKW zu schimpfen begann. »Wenn es nach mir ginge«, sagte er wörtlich, »dann würde ich für jeden hundertsten durch Erfrierung verstorbenen deutschen Soldaten einen der Schuldigen, vom Generalquartiermeister bis zum kleinen Transportführer, an die Wand stellen lassen.«

Ehe ich mich verabschiedete, schnitt er noch mein Verhältnis zu Canaris an. Er verlangte von mir, in Zukunft energischer und rücksichtsloser gegen diesen aufzutreten und eine noch klarere Abgrenzung zwischen den Sektoren des politischen und des militärischen Geheimdienstes zu ziehen. Offensichtlich hatte es zwischen ihm und Canaris wieder neue Differenzen gegeben. Er brachte zum Ausdruck, er sei diesmal unter keinen Umständen gewillt, Canaris nachzugeben, ganz gleich, wie die Sache ausgehe.

JAPANS ROLLE ZWISCHEN DEN FRONTEN

Subhas Chandra Bose – Japan als Mittler zwischen Deutschland und Rußland – Deutschland ah Mittler zwischen China und Japan – Jahnke wird verdächtigt

Im März 1942 weilte Subhas Chandra Bose, der Führer einer indischen Freiheitsbewegung, in Berlin. Bisher hatte das Amt VI seine fernöstlichen Verbindungen, soweit sie sich auf Indien bezogen, auf Sidi Khan, den Führer einer anderen kleineren indischen Freiheitsbewegung, gestützt. Zwischen beiden bestanden jedoch unüberbrückbare Gegensätze. Bose genoß zu jener Zeit in Indien beachtlichen politischen Einfluß und wurde deshalb auch von den Japanern hofiert. Da er durch seine hohen Geistesgaben und die Beherrschung moderner Propagandagrundsätze auch auf Himmler Eindruck machte, erwogen wir, ob wir nicht unsere Arbeit in Zukunft auf ihn ausrichten sollten. Er war mit dem Plan nach Berlin gekommen, die Aufstellung einer indischen Legion, die im Rahmen des deutschen Heeres Verwendung finden sollte, durchzusetzen. Himmler vermittelte ihm eine Unterredung mit Hitler. Dieser stimmte zwar der Gründung einer solchen Legion zu, im übrigen aber war Bose von der Aussprache tief enttäuscht. Hitler hatte erklärt, daß sein Interesse an Indien im Augenblick gering sei. In erster Linie wäre es doch wohl Japan, für das Indien in politischer und strategischer Beziehung von Bedeutung wäre. Zuerst müßten Südrußland und der Kaukasus fest in deutscher Hand und Persien durch deutsche Panzertruppen erreicht sein, erst dann wäre er bereit, sich mit Bose an einen Tisch zu setzen, um praktische Fragen der künftigen Entwicklung Indiens zu besprechen.

Inzwischen besuchte mich Jahnke, der gerade von einer Reise aus der Schweiz zurückgekehrt war. Es interessierte mich, seine Ansicht über Bose zu erfahren. Jahnke warnte mich – er wisse, daß Bose lange in Moskau gelebt, dort studiert und damals auch recht enge Beziehungen zur Komintern unterhalten habe. Ich selbst stellte während meiner verschiedenen Besprechungen mit Bose auch immer wieder den Einfluß der kommunistischen Schule fest, nämlich eine ganz auf Dialektik abgestellte Form eines gut trainierten Frage-und-Antwort-Spiels. Jedenfalls bekam ich Bedenken, die mich zur Vorsicht mahnten. Ich entschloß mich deshalb, Sidi Khan nicht aufzugeben und Bose dem Auswärtigen Amt zu überlassen. Im Jahre 1943 wurde Bose auf japanischen Wunsch mit einem deutschen U-Boot nach Japan gebracht. Nach seiner Abfahrt machte ich den Japanern in Berlin gegenüber kein Hehl aus meiner Skepsis. Sie erklärten mir jedoch, daß man eine Persönlichkeit wie Bose in Japan sehr gut gebrauchen könne. Ich benutzte die Gelegenheit, bei den Japanern wegen eines Kontaktes mit der polnischen Untergrundbewegung anzuklopfen. Ich erwähnte schon, daß sie gute Verbindungen auch zu jenen polnischen Kreisen unterhielten, die moskauhörig waren. Ich merkte jedoch sehr bald, daß die Japaner hier getrennte Wege zu gehen wünschten. So dachten sie auch nicht daran, uns in den von ihnen besetzten Teilen Chinas unsere geheimdienstliche Tätigkeit zu erleichtern. Die Aktivierung unserer Arbeit dort mußte deshalb auf die Chinadeutschen beschränkt bleiben.

Das Gespräch über Bose nahm Jahnke zum Anlaß einer sehr taktvollen, aber deutlichen Kritik an den Arbeitsmethoden unseres Geheimdienstes. Er selbst unterhielt nur ein kleines Büro mit wenigen Hilfskräften. Für die von ihm erbrachten Informationen ließ er sich auch nicht bezahlen, nur die reinen Auslagen bekam er erstattet, und diese waren in Anbetracht dessen, was er leistete, so gering, daß ich immer wieder in Staunen versetzt wurde. Er lehnte auch die hektische Betriebsamkeit in meinem Amt ab und äußerte mit einem entsprechenden Blick auf meinen großen Arbeitsraum: »Hier finde ich nicht die Ruhe, über wichtige Dinge mit Ihnen zu reden.« Er schien sehr viel Interessantes aus der Schweiz mitgebracht zu haben, und ich zögerte denn auch nicht, einer Einladung nach Pommern Folge zu leisten. Jahnke legte mir in der Tat Dokumente vor, wonach die Japaner im Laufe des Jahres versuchen würden, in einem Kompromißfrieden zwischen Deutschland und Rußland die Rolle eines Vermittlers zu übernehmen. Er berichtete, daß Japan der deutschen Kriegsentwicklung im Osten mit Skepsis gegenüberstehe. Auf Grund ausgezeichneter Unterlagen ihres Geheimdienstes hätten die Japaner eine genaue Kenntnis des wirklichen sowjetischen Kriegspotentials. Der Einsatz der sibirischen Armee in Verbindung mit neuen Verbänden im Mittelabschnitt habe ausgereicht, die deutsche Offensive nicht nur zu stoppen, sondern sogar beträchtlich zurückzuwerfen. Durch ausgeklügelte Maßnahmen im Rekrutierungs- und Aushebungswesen sowie durch verstärkte Verwendung mongolisch-chinesischer Arbeitskräfte sei ein erheblicher Teil der bisherigen Mannschaftsverluste wieder wettgemacht worden. Die Kampfverbände seien neu durchorganisiert, auch der Bandenkrieg laufe bereits auf vollen Touren und werde nicht nur einen erheblichen Teil der deutschen Sicherungskräfte binden, vielmehr auch eine stetige Gefahr für den langen Nachschubweg bleiben. Bis zum Winter 1942/43 werde die Verlagerung der russischen Kriegsindustrie abgeschlossen und ihre Produktion gesteigert sein. Die Japaner fürchteten nun, daß sich Deutschland abnutze und nicht mehr die Kraft habe, wirklich entscheidende Schläge zu führen, ehe auf der anderen Seite die anglo-amerikanische Kriegsmaschinerie einsetze. Noch bestehe begründete Aussicht, daß Stalin im Hinblick auf die zögernde Haltung der Alliierten hinsichtlich einer Invasion im Westen an einer Kompromißlösung interessiert sei. – »Auf jeden Fall«, bemerkte Jahnke, »müssen wir damit rechnen, daß man auf den verschiedensten Wegen mit entsprechenden Vorschlägen an uns herantreten wird. Ich fürchte nur, daß Ribbentrop der erste ist, der sich dagegenstemmt.«

Aus den Ausführungen Jahnkes konnte ich schließen, daß auch er schon zu diesem Zeitpunkt Zweifel hinsichtlich unserer Siegesaussichten im Osten hegte. Der Gedanke, wie man die Sache an Hitler herantragen könne, schien ihn dabei ganz besonders zu beschäftigen. »Himmler mit seinen romantischen Vorstellungen von einem Kolonialgebiet bis zum Ural dürfte nicht gerade der richtige Interpret dafür sein. Und Göring«, meinte er achselzuckend, »zählt kaum noch; sein Stern ist im Verblassen. Bormann vorzeitig in solche Pläne einzuweihen wäre noch bedenklicher, denn er ist im Augenblick der Undurchsichtigste in der Umgebung Hitlers. Es bleibt zunächst nur Heydrich übrig.«

Als ich Heydrich vorsichtig darüber informierte, ging er überraschenderweise sofort darauf ein. Schon wenig später teilte er mir mit, daß es ihm wahrscheinlich gelingen würde, Jahnke selbst mit Hitler zusammenzubringen. Als Hitler dann etwa Anfang April 1942 erstmalig durch Ribbentrop über eine Fühlungnahme der japanischen Marine mit dem deutschen Marineattaché in Tokio unterrichtet wurde, war dieser bereits durch Heydrich und Jahnke informiert worden. Ende Mai wußte Heydrich aber resigniert zu berichten, Ribbentrop habe sich mit seiner Auffassung bei Hitler durchgesetzt, und daraufhin sei Tokio offiziell über den deutschen Marineattaché eine Absage erteilt worden. Jahnke ließ jedoch nicht ab und drängte darauf, nunmehr Himmler vorzuschicken. Man müsse Hitler vorsichtig beibringen, daß ein Einlenken keinesfalls einen Prestigeverlust für ihn zu bedeuten brauche.

Die Japaner gaben ebenfalls nicht auf. Im Juni 1942 wiederholte der japanische Generalstab – diesmal über den deutschen Militärattaché in Tokio – sein Vermittlungsangebot. Offensichtlich wünschte man auf diese Weise den hemmenden Weg über Ribbentrop zu umgehen. Wahrscheinlich hatte auch Jahnke dem japanischen Geheimdienst einen entsprechenden Tip gegeben. Der Vorschlag lautete nun, man solle mittels eines deutschen Langstreckenflugzeugs eine japanische Kommission unter Leitung eines Armeegenerals nach Deutschland holen, um Gespräche über eine Aktivierung und Koordinierung der politischen und militärischen Interessen einzuleiten. Leider war damit die Andeutung verbunden, bei dieser Gelegenheit könnte das Problem eines deutsch-russischen Kompromisses erneut angeschnitten werden. Dadurch wurde Ribbentrop wieder auf den Plan gerufen mit dem Ergebnis, daß er diesen Vorschlag abermals torpedierte. Er bestellte den japanischen Botschafter Oshima zu sich und teilte ihm mit, der japanische Generalstab versuche ohne Wissen seiner Regierung zwischen Deutschland und Rußland einen Kompromißfrieden herbeizuführen. Daß der Generalstab in Tokio darin eine legitimierte Absage erblickte, war nur zu verständlich.

Nach der Niederlage von Stalingrad traten die Japaner nochmals an uns heran – diesmal durch ihren Außenminister Shigemitsu. Doch Hitler war weniger denn zuvor geneigt, darauf einzugehen.

Im Jahre 1944 führte ich längere Gespräche darüber mit dem japanischen Konteradmiral Kojima, der beim Angriff auf Singapur einen Schlachtkreuzer befehligt hatte und wegen hoher Tapferkeit ausgezeichnet wurde. Er war in einem U-Boot nach Deutschland gekommen, unverkennbar mit dem Auftrag, die letzten Chancen für einen Vermittlungsversuch zu sondieren. Er mußte aber bald feststellen, daß seine Mission aussichtslos war.

Bald darauf brachte Jahnke eine neue Überraschung aus der Schweiz mit. Dieses mal kam sie aus der Quelle des chinesischen Geheimdienstes, dessen Hauptverbindungen damals über Vichy und Bern liefen. In der Schweiz war ein besonders guter Bekannter Jahnkes tätig – der chinesische Minister Chi Tsai-hoo. Mit ihm und zwei seiner engsten Mitarbeiter hatte sich Jahnke getroffen. Bei dieser Gelegenheit war ihm vom chinesischen Geheimdienst der Plan unterbreitet worden, Deutschland solle sich als Mittler für einen Kompromiß zwischen China und Japan einschalten. Jahnke glaubte, daß es in einem solchen Falle am klügsten sei, wenn nach außen hin die Initiative als von deutscher

Seite, etwa über die recht einflußreichen Chinadeutschen kommend, hervorgehoben werde. Einzelheiten sollten erst besprochen werden, nachdem man vorgefühlt habe, ob die Japaner überhaupt grundsätzlich zur Erörterung eines solchen Planes bereit seien. Als Gegenleistung boten die Chinesen eine für beide Teile ersprießliche Form der geheimdienstlichen Zusammenarbeit an. Das war ein verlockendes Angebot, da der chinesische Geheimdienst zu jener Zeit ebenso ungehinderten Zutritt zum Kreml wie zur Downing Street hatte. Da wir auch hier wieder von vornherein Quertreibereien Ribbentrops befürchten mußten, stellten wir Erwägungen an, auf welche Weise wir ihn umgehen könnten.–

Kurz darauf trug ich Heydrich den Sachverhalt vor. Er verlangte eine schriftliche Zusammenfassung, die er Himmler vorlegte. Beide beratschlagten lange, wie die Sache am besten an Hitler heranzutragen sei. Himmler entschloß sich dann, dem Führer darüber mündlich Vortrag zu halten. Entgegen seiner brüsken Ablehnung hinsichtlich der japanischen Vermittlungsvorschläge hielt Hitler das chinesische Angebot für »sehr interessant«. Er zweifelte auch nicht an der ehrlichen Absicht Tschiang Kai-scheks, war aber der Meinung, daß es sehr schwer sein würde, die Japaner dafür zu gewinnen. Immerhin fand er sich bereit, Himmler den Fall zur weiteren selbständigen Bearbeitung zu überlassen. Dieser seinerseits beauftragte mich, einen Bericht anzufertigen, inwieweit Japan durch eine solche Kompromißlösung militärisch entlastet werden könnte. Noch ehe ich aber diesen Auftrag ausgeführt hatte, trat Ribbentrop auf den Plan. Hitler hatte wieder einmal seinen Außenminister nicht übergehen wollen und ihn, ganz entgegen der Absprache mit Himmler, angewiesen, den Fall mit dem japanischen Botschafter Oshima zu besprechen. Bevor sich die Japaner zur Sache äußerten, vergingen mehrere Monate. Dann schienen sie grundsätzlich bereit, in ein Gespräch einzutreten, sie verlangten jedoch unverzüglich die Bekanntgabe von Einzelheiten. Jahnke war durch die Art und Weise der Behandlung des Falles verärgert, ließ sich aber schließlich doch bestimmen, noch einmal in die Schweiz zu fahren, um mit den Chinesen Rücksprache zu nehmen.

Nach seiner Abreise erreichte mich eine Geheiminformation, die mich im ersten Augenblick nicht wenig bestürzte. Auf etwa dreißig Seiten wurden Verdachtsmomente aneinandergereiht, die im Endergebnis Jahnke als einen zur Spitzengruppe des Secret Service gehörenden englischen Agenten abstempelten. Seine Reisen in die Schweiz dienten angeblich nur dem Zweck, sich neue Weisungen zu holen, wie er mich zu beraten hätte. Ich leitete sofort einen umfangreichen Fahndungsdienst ein, um die Bewegungen Jahnkes in der Schweiz registrieren zu lassen. Wir konnten jedoch nichts Außergewöhnliches feststellen; auch die Berichterstattung Jahnkes hatte bisher in keinem Punkte Anlaß zu Verdacht gegeben. Ich entschloß mich deshalb, die Warnmeldung nicht nach oben weiterzugeben. Auch dann, wenn der Verdacht gegen Jahnke begründet gewesen wäre, hätte ich ihn trotzdem unter Vorbehalt weiterarbeiten lassen.

Nach Jahnkes Rückkehr gab ich ihm den Bericht kurzerhand zu lesen, beobachtete aber dabei aufmerksam sein Mienenspiel. Ich kannte ihn so gut, daß mir eine verdächtige Reaktion bestimmt aufgefallen wäre. Er blieb jedoch, während er las, völlig unbewegt und ruhig. Dann sah er mich an und sagte unbefangen: »Sie sind schließlich auch nur ein Mensch und können mir nicht in die letzte Herzfalte hineinsehen. Sie müssen selber wissen, ob Sie mir trauen dürfen oder nicht.« – Ich legte den Bericht beiseite und verlor darüber kein Wort mehr.

Als wir anschließend auf das chinesische Angebot zu sprechen kamen, merkte ich, daß Jahnke ziemlich enttäuscht war. Die Erklärung lag darin, daß sich die Chinesen neben einer Reihe wirtschaftlicher und politischer Ansprüche auch den Abzug aller japanischen Truppen sowie die Freigabe sämtlicher chinesischen Häfen als Ausgangsbasis für Verhandlungen ausbedungen hatten. In der Frage der Häfen sollten allerdings bestimmte japanische Interessen berücksichtigt werden. Mir erschienen diese Forderungen auch recht happig, und man konnte bei einem solchen Ausgangspunkt wohl kaum noch an eine Kompromißlösung denken. Trotzdem suchten wir gemeinsam nach einem Ausweg, indem wir die Vorschläge in mehrere kleinere Abschnitte aufgliederten.

Gegen Ende Juni stellten die Japaner nun ihrerseits eine Reihe von Rückfragen. Einige vermochte Jahnke sehr schnell zu beantworten, andere waren aber so prekär, daß sie einer Rücksprache mit Marschall Tschiang Kai-schek persönlich bedurften. Da uns der Weg über den Funk zu unsicher und kompliziert erschien, entschlossen wir uns, einen Spezialbeauftragten nach China zu entsenden. Inzwischen gaben wir uns alle Mühe, das Interesse der Japaner wachzuhalten. Um den September herum erklärten aber die Japaner ohne jegliche Begründung plötzlich ihr völliges Desinteressement an der ganzen Angelegenheit. Die Hintergründe ihrer ablehnenden Haltung waren unklar.

Wir unternahmen noch einen letzten, aber vergeblichen Versuch, das Gespräch in Gang zu halten. Doch die Tür war zugeschlagen. Wir vermuteten, daß die Absage mit der Entscheidung des japanischen Generalstabes zusammenhing, eine Landverbindung zwischen Hankau und Indochina herzustellen. Tatsächlich begann, bevor das Jahr zu Ende ging, Japans Offensive mit der Stoßrichtung Hinterindien.

UNTERNEHMEN ZEPPELIN

Geheimdienst in USA – Besatzungspolitik in Frankreich – Die verschiedenen Sparten der Aktion »Zeppelin« – Ausbildung von russischen Kriegsgefangenen – Die Wlassow-Armee – Verrat der »Drushina« – Reaktion auf Hitlers Rußlandpolitik – Geplante Vernichtungsschläge gegen die russische Industrie – Erfolge unseres Funkwesens

Große Sorge machten mir immer wieder die Folgen der mangelhaften geheimdienstlichen Vorbereitungen in den Vereinigten Staaten von Amerika. Sie wirkten sich nach dem Kriegseintritt der USA so empfindlich aus, daß man hier von dem trübsten Kapitel des deutschen Geheimdienstes sprechen kann. Es gab jetzt kaum noch intakte Verbindungen, nachdem die wichtigsten Kurierlinien vom FBI *(Federal Bureau of Investigation)* ausgehoben worden waren. Viele geheime Funkstellen gaben keine Antwort mehr. Zahlreiche Agenten und Agentinnen warteten auf eine Wiederherstellung des Kontaktes. Nach monatelanger Pause war die Mehrzahl, wie man in der Fachsprache sagt, »sauer« geworden, sie verhielten sich weiteren Aufträgen gegenüber uninteressiert oder ablehnend. Andere hatte man interniert. Auf dem militärischen Sektor sah es nicht besser aus. Was wir schließlich dennoch an Erfolgen zu erzielen vermochten, darüber soll später berichtet werden.

Gleich zu Anfang des Jahres 1942 hatte ich begonnen, Material über die Kapazität der amerikanischen Kriegsproduktion zu sammeln. Sämtliche Außendienststellen, insbesondere in Spanien und Schweden, mußten mir entsprechende Informationen liefern. Außerdem beschaffte ich mir von sämtlichen Fachressorts der Reichsministerien einschlägige Unterlagen. Mit der Auswertung des Materials wurden die besten Spezialisten betraut. Unsere besondere Aufmerksamkeit galt dem Aufbau der amerikanischen Luftwaffe sowie dem Ausbau der Schiffstonnage. Wir waren uns darüber im klaren, daß Großbritannien mit dem Kriegseintritt der USA in den vollen Genuß des amerikanischen Kriegspotentials gelangen und eine Invasion in Form eines Landungsunternehmens zuerst durch eine gewaltige Luftoffensive vorbereiten würde.

Nach drei Monaten legte ich Heydrich einen fertigen Bericht vor. Als er ihn las, veränderten sich seine Züge – verblüfft starrte er auf die Ziffern des von uns vorausgesagten Stahlausstoßes von zirka fünfundachtzig bis neunzig Millionen Tonnen. In anschaulicher Weise war dem die deutsche Kapazität einschließlich aller in Europa für uns erreichbaren Reserven gegenübergestellt – mit einem Spitzenwert von zweiundsechzig Millionen Tonnen. Die Schätzungen über die Jagd- und Bombenflugzeugproduktion, vor allem auch über den Schiffbau für das Jahr 1943 lagen etwa ein Viertel unter den Produktionsziffern, die dann 1943 effektiv von den Amerikanern erzielt wurden.

Heydrich legte diesen Bericht zuerst Himmler und dann Göring vor. Letzterer bestellte kurz darauf Heydrich und mich zu einer mündlichen Rücksprache, die jedoch, was mich betraf, überraschend schnell zu Ende war. Göring sah mich geringschätzig von oben bis unten an, gab mir den Bericht zurück und sagte: »Alles, was Sie da geschrieben haben, ist Quatsch. Sie lassen sich am besten auf Ihren Geisteszustand untersuchen.« – Heydrich blieb noch eine Weile und berichtete mir später, er habe den Vorstoß Görings gegen mich abzufangen versucht, jedoch ohne Erfolg. Übrigens war auf der ersten Seite des Berichts in Görings großer Handschrift zu lesen: Schellenberg spinnt.

Göring hatte den Bericht auch mit Hitler besprochen, der sich zuerst sehr aufgeregt, dann aber, offensichtlich unter Görings Einfluß, darüber lustig gemacht hatte. Immerhin schien ihm etwas an dem Bericht nicht geheuer zu sein. Er bezeichnete nämlich hinterher diese Form der Berichterstattung als »gemeingefährlich« und ordnete an, daß keine andere Dienststelle von der Ausarbeitung Kenntnis erhalten dürfe und etwaige Ausfertigungen einzuziehen seien. (In Nürnberg, wo ich Göring in einer Zelle gegenüberlag und gelegentlich ein paar Worte mit ihm wechseln konnte, sagte er mir einmal: »Sie haben damals doch nicht gesponnen.«)

Während wir mit unserer geheimdienstlichen Arbeit in den USA weit im Rückstand waren, überraschten uns die Amerikaner damit, wie schnell sie ihrerseits geheimdienstlich in Europa Boden gewannen. Ihr Hauptansatzpunkt war Vichy. Hier waren es vor allem ihre äußerst fähigen Beauftragten Gesandter Murphy und Admiral Leahy, die ich mit größter Sorge beobachtete. Meine entsprechenden Hinweise auf die politische Aktivität seitens dieser amerikanischen Vertreter wurden aber als einseitig übertrieben bezeichnet. Der Führer, so erklärte man mir, messe der politischen Betätigung der Amerikaner in Vichy keine große Bedeutung bei. (Tatsächlich aber bereitete Admiral Leahy damals schon den Abfall Nordafrikas von Marschall Pétain erfolgreich vor. Nach der überraschenden Landung der Alliierten in

Nordafrika bekamen dann Canaris und ich die volle Wut Hitlers zu spüren.

Maßgebend für die Meinungsbildung der obersten deutschen Führung über Frankreich waren die Berichte der Gestapo, welche dieses Land nur als ein gefährliches politisches Widerstandszentrum, gesteuert vom englischen Geheimdienst, schilderten. Mit ihrer einseitigen Darstellung vergifteten sie bei der höchsten Führung nicht nur die Atmosphäre gegenüber Frankreich, sie verschoben auch in bedenklicher Weise die gesamte Perspektive. Man war dann schließlich nicht mehr in der Lage, Politik von Polizei zu unterscheiden. So kam es, daß wir selbst die Rollen zwischen uns und den Amerikanern verteilten – mit unserer Parole »gnadenloses Durchgreifen« säten wir Haß, und die Gegner brachten entsprechend gute Ernte ein. So landeten letztlich auch die wenigen uns wohlgesinnten Franzosen zum größten Teil im Widerstand.

Andere Probleme, deren Auswirkungen unser Geheimdienst beobachtete, ergaben sich aus dem Wirrwarr der ungezählten deutschen Ämter und Dienststellen in Frankreich – der Militärbefehlshaber und Befehlshaber der einzelnen Waffengattungen, der riesigen Organisation Todt mit den Massen von Fremdarbeitern, der Waffenstillstandskommissionen, der Reichsbank, der Wirtschaftsstäbe, des Auswärtigen Amtes, des Gauleiters Sauckel mit der Rekrutierung von Arbeitskräften, der Gestapo mit ihren Referaten für Juden, Kirchen, Freimaurer und Rotspanier neben vielen anderen Organisationen. Und nicht zuletzt auch der undurchdringliche Bereich des »Königs aller Schwarzmärkte« (wie Hitler den Reichsmarschall Göring einmal genannt hat). In diesem großen Konzert spielte jeder seine eigene Tonleiter mit der Folge einer Katzenmusik, die an oberster deutscher Stelle bezeichnenderweise als melodisch empfunden wurde, vor der sich aber die musikalischen Franzosen mehr und mehr die Ohren verstopften. Den schärfsten Mißklang ergab schließlich das Kapitel der Geiselerschießungen. Seit dem Sommer 1941 war es zu Attentaten gegen einzelne Wehrmachtsangehörige in Frankreich gekommen. Diese Aktionen steigerten sich dann so sehr, daß unser damaliger Militärbefehlshaber auf Vergeltungsmaßnahmen drängte. Und damit begann eine nicht mehr abreißende Kette von Repressalien, Massenerschießungen und Deportationen.

Bei einem Dienstbesuch in Prag kam ich mit Heydrich auf diese Vorgänge zu sprechen. Ich warnte, daß man mit solchen Methoden allein der wachsenden Widerstandsbewegung in die Hand arbeite. Als ich bei dieser Gelegenheit auch meine Bedenken gegen die Person des Höheren SS- und Polizeiführers Oberg äußerte, zu dem Heydrich alte Bindungen hatte, holte ich mir aber eine scharfe Abfuhr. Heydrich verbat sich jegliche Personalkritik, erklärte sich schließlich aber doch bereit, einmal mit nach Frankreich zu fahren und die Dinge persönlich in Augenschein zu nehmen. In Paris hat er dann auch eine Unterredung mit Laval und dem französischen Polizeichef Bousquet geführt mit dem Ergebnis, daß die Repressalien in Form von kollektiven Geiselerschießungen aufhörten und die Maßnahmen wieder mehr auf den Einzelfall abgestellt wurden. Diese Linie versuchte ich im Juli 1942 dadurch zu unterbauen, daß ich Himmler vorschlug, die polizeiliche Exekutive im Rahmen der französischen Polizei versuchsweise eine Zeitlang Bousquet zu übertragen. Himmlers Bedenken waren zwar recht mannigfach, meiner Anregung stimmte er aber schließlich zu. Schon im August wurden dem Polizeichef die entsprechenden Erlasse und Verordnungen eröffnet. Ich verfolgte hierbei auch einen geheimdienstlichen Plan, auf den ich noch zurückkomme.

(Himmlers Einstellung entsprach nicht zuletzt auch seiner relativ gemäßigteren Einstellung zu Frankreich, über das er eine bessere Meinung hatte als Hitler, der sich nicht nur abfällig, ja oft genug sogar verächtlich über unseren westlichen Nachbarn äußerte. So erinnere ich mich an einen Besuch Himmlers in Paris. Er fuhr damals kreuz und quer durch die Stadt und äußerte sich unter dem Schmunzeln seiner Begleitung über die ihm besonders auffallenden Eindrücke. »Was ich hier sehe«, sagte er unter anderem, »erstaunt mich doch sehr – die Frauen sind alle hervorragend gewachsen und haben ein gutes Erscheinungsbild. Jedenfalls von Dekadenz keine Spur.« Seit Himmler seine Beobachtungen auch Hitler mitgeteilt hatte, pflegte dieser in seinen Monologen über das »dekadente Frankreich« die Französinnen hinfort mit der Bemerkung auszunehmen: »Die Frauen in Frankreich sollen sich ja noch gut gehalten haben.«)

Inzwischen traten, trotz der Erfolge unserer Sommeroffensive im Jahre 1942, an der Ostfront wachsende Schwierigkeiten auf, die damals aber nur den Eingeweihten erkennbar waren. Erneut wurden wir überrascht durch die ungebrochene Stärke der russischen Panzerwaffe und durch die sich nunmehr abzeichnende wohlorganisierte Planung des Bandenkrieges, der auf unserer Seite immer mehr Sicherungskräfte band. In diesem Zusammenhang eröffnete mir Himmler, der Führer sei mit den Ergebnissen der geheimdienstlichen Berichterstattung bezüglich Rußlands in keiner Weise zufrieden. Offensichtlich seien wir nicht in der Lage, den Geheimdienst so zu aktivieren, wie es die Kriegslage erfordere. Ich versuchte mich mit dem Hinweis zu verteidigen, daß die Versäumnisse der Vergangenheit nicht von heute auf morgen aufgeholt werden könnten. Dabei wies ich sowohl auf organisatorische wie personelle Mängel des Geheimdienstes hin. Zur Bekämpfung eines so riesenhaften Gegners wie Rußland sei ein Masseneinsatz von Agenten notwendig. Die bestehenden Nachrichtenverbindungen über Schweden, Finnland, den Balkan und die Türkei stünden zwar auf einem beachtlichen Niveau, reichten aber bei weitem nicht aus, um zuverlässige Gesamtübersichten zu gewinnen. Auch die deutschen Emigrantenkreise in Sowjetrußland und anderen Ländern, mit denen wir Kontakt hätten, lieferten kaum mehr als Mosaiksteinchen. Ich benötigte mindestens noch zwei- bis dreitausend geschulte Kräfte mit guten Sprachkenntnissen sowie eine stärkere Ausrüstung mit funktechnischen Mitteln. Auf diesem Gebiet würde zwar schon in Tag- und Nachtschichten gearbeitet, ohne daß jedoch der anfallende Bedarf annähernd gedeckt werden könne. Für einen erfolgreichen Masseneinsatz von Agenten sei aber eine viel umfassendere Ausrüstung mit Kraftwagen, Flugzeugen und Waffen erforderlich.

Himmler hatte mir schweigend zugehört und sagte dann nachdenklich: »Die Russen sind furchtbare Gegner, aber wir müssen sie kleinkriegen, ehe die anderen kommen.« Er versprach mir dann, mich weitgehend hinsichtlich einer stärkeren Aktivierung des Geheimdienstes zu unterstützen. Er forderte mich zugleich auf, einen umfassenden Bericht über den Stand der geheimdienstlichen Arbeit gegen Rußland vorzulegen.

Zur damaligen Zeit gliederte sich unsere Abwehr gegen die Sowjetunion in drei Sparten: Die erste umfaßte die Außenstützpunkte in fast allen Hauptstädten Europas sowie eine Reihe besonderer Meldeköpfe. Über einen von ihnen führten beispielsweise Verbindungen zu zwei Generalstabsoffizieren im Stabe des Marschalls Rokossowski. Nach der späteren Zusammenfassung des militärischen Sektors des Geheimdienstes und unseres Amtes VI übernahm ich noch einen anderen sehr bedeutenden Meldekopf, der unter der Leitung eines deutschen Juden stand und von diesem mit großen Erfolg geführt wurde. Er arbeitete zwar nur mit zwei Bürokräften, doch die technische Ausstattung seines Büros war so modern, wie ich sie mir als Endziel für die Organisation meines ganzen Amtes vorgestellt hatte. Alles war mechanisiert und technisiert; seine Nachrichtenfäden liefen über zahlreiche Länder, in denen er seine Informationen aus den verschiedensten Gesellschaftskreisen bezog. Vor allem brachte er auch schnelle und exakte Meldungen aus den höchsten Stäben der russischen Heeresleitung. Was dieser Mann leistete, war Meisterwerk. Oftmals berichtete er zwei bis drei Wochen vorher über geplante sowjetische Truppenbewegungen bis Divisionsstärke; dabei stimmten seine Angaben bis in alle Einzelheiten. Unserer obersten Spitze wurden dadurch rechtzeitige Gegenmaßnahmen ermöglicht. Richtiger gesagt: Sie hätten ermöglicht werden können, wenn Hitler mehr auf den Chef der Auswertungsabteilung Fremde Heere Ost gehört hätte. Es gab aber leider um Hitler herum eine geschlossene Clique, die ständig den Nachweis zu erbringen versuchte, die Berichterstattung des Amtschefs Fremde Heere Ost sei ein großangelegtes Spiel der Sowjets, die eine Zeitlang nachprüfbar echte Meldungen lieferten, um dann in einem besonders entscheidenden Zeitpunkt die oberste deutsche Führung zum Opfer einer durchschlagenden Irreleitung zu machen. Ich hatte alle Mühe, solche Unterstellungen immer wieder abzuwehren.

Die zweite Sparte umfaßte die Aktion *Zeppelin.* Hier wurden die bisher üblichen Regeln des Agenteneinsatzes gesprengt – der Schwerpunkt lag insbesondere auf dem Masseneinsatz. Aus den Gefangenenlagern wurden Tausende russischer Kriegsgefangener ausgewählt, geschult und durch Luftgeschwader mit Fallschirmen in der Tiefe des russischen Raumes abgesetzt. Ihre Hauptaufgabe neben einer laufenden Berichterstattung war die politische Zersetzung und Sabotage. Andere Gruppen waren zur Bekämpfung des Bandenkrieges in der Weise vorgesehen, sich als Agenten und Späher in die Organisation der sowjetischen Partisanenverbände einzuschleichen. Um den Erfolg zu beschleunigen, gingen wir auch dazu über, russische Kriegsgefangene unmittelbar aus dem Frontbereich als Freiwillige für diese Zwecke zu werben. Es wäre völlig unsinnig gewesen, Gefangene zwangsweise für einen solchen Agentendienst heranzuziehen, denn sobald sie hinter der russischen Frontlinie abgesetzt waren, hatten wir keine Kontrolle mehr über sie, so daß nur eine freiwillige Mitarbeit brauchbare Ergebnisse für uns bringen konnte. Natürlich mußten wir hierbei mit einer größeren Verlust- und Versagerquote rechnen als sonst. Dieses Risiko nahmen wir aber in Kauf. Bei den Kriegsgefangenen, die für einen Naheinsatz, das heißt für eine Verwendung bis zu vierhundert

Kilometern hinter der Front, vorgesehen waren, konnten wir vielfach auf eine langfristige Schulung verzichten. Solche Einsätze wurden von den Arbeitsgruppen Süd, Mittel und Nord selbständig geleitet. Die Hauptkommandos dieser Gruppen hatten engen Kontakt mit den zuständigen Wehrmachtsdienststellen und hielten Fühlung mit den Ämtern III und IV des Reichssicherheitshauptamtes.

Wegen ihrer Sprachkenntnisse erwiesen sich vor allem die Baltendeutschen als sehr geschickt, die geeigneten Kriegsgefangenen herauszufinden. Die ausgesiebten Personen wurden in besonderen Lagern zusammengefaßt, wo sie auf Grund der ihnen zugedachten Aufgabe besonders gut behandelt wurden. Nach den ersten Eignungsprüfungen erhielten sie praktisch den Status eines deutschen Soldaten und wurden, entsprechend einer Vereinbarung mit dem General der Freiwilligenverbände, Uniformträger der deutschen Wehrmacht. Sie erhielten alles, was das Herz eines Soldaten erfreuen mußte – gutes Essen, saubere Kleider und Unterkunft, Stadturlaub in Zivil, Lichtbildervorträge und selbst Rundfahrten durch Deutschland, um den Betreffenden einen Eindruck vom deutschen Lebensstandard zu vermitteln und in ihnen einen Vergleich mit den russischen Verhältnissen herauszufordern. Inzwischen prüften die Ausbildungsleiter und Vertrauenspersonen die wirkliche politische Einstellung dieser Männer: Inwieweit waren sie nur auf materielle Vorteile bedacht – oder stellten sie sich in der Tat aus politischer Überzeugung zur Verfügung?

Eine wertvolle Unterstützung bot uns die Wlassow-Armee, die sich die Befreiung Rußlands vom Sowjetregime zum Ziele gesetzt hatte. Mit General Wlassow und seinem Stab hatten wir besondere Abmachungen getroffen und ihm auch das Recht eingeräumt, einen eigenen Geheimdienst in Rußland aufzuziehen. Wir selbst wollten dabei nur an den Ergebnissen teilhaben. Diese Russen gingen deshalb auch mit einem ganz anderen Elan an ihre Aufgabe heran, da sie das Empfinden haben konnten, wirklich für sich und ihre Ideale zu arbeiten. Leider geschah dies sehr spät, da Hitler und Himmler den General erst anerkannten, als das bittere Ende schon allzu nahe herangekommen war. Die anfängliche Ausschaltung Wlassows war einerseits auf die grundsätzliche Einstellung zurückzuführen, auch nicht der kleinsten russischen Gruppe ein autonomes Recht einzuräumen, andererseits auf die Befürchtung, Wlassow insbesondere würde aus seiner militärischen Unterstützung beachtliche politische Forderungen herleiten. Hinzu kam ein unüberwindliches Mißtrauen; man fürchtete, der General treibe kein ehrliches Spiel und würde – zum Fronteinsatz gebracht – an einer entscheidenden Nahtstelle einem sowjetischen Einbruch das Tor öffnen. Das letztere Argument war Wlassow gegenüber bestimmt nicht gerechtfertigt. Im übrigen hätte man notfalls seine Armee so verwenden können, daß angelehnte deutsche Verbände eine entsprechende Sicherung boten. Auch hier machte sich wieder die übliche Zuständigkeitsmeierei breit, über die sich auch Wlassow schließlich lustig machte. Einmal fühlte sich das Heer für den General verantwortlich, dann wieder das Ostministerium Rosenbergs, oder es war Himmler, der den Führungsanspruch erhob, und Außenminister von Ribbentrop durfte natürlich dabei nicht fehlen. Am besten hätte man alle auf Kosakenpferde gesetzt und sie der kämpfenden Wlassow-Armee vorangeschickt.

Nach der psychologischen und propagandistischen Vorbereitung begann die fachliche Ausbildung der Freiwilligen, und zwar je nach der Art der künftigen Verwendung. Im Mittelpunkt stand eine systematische Funkausbildung. Hierbei war ein militärischer Drill nicht zu umgehen, da wir sonst den umfangreichen Lehrstoff nicht bewältigt hätten und mit der zu geringen Zahl der Lehrkräfte nicht ausgekommen wären. Mancherlei Verwirrung entstand dadurch, daß alle Freiwilligen neue Namen trugen. Für die Einsätze selbst war vom Luftführungsstab das Kampfgeschwader 200 zur Verfügung gestellt worden. Die damals noch neben und zum Teil auch gegeneinander arbeitenden Sektoren des politischen und militärischen Geheimdienstes mußten sich sowohl in die Flüge wie in die knappen Benzinvorräte teilen. Die Folge war, daß wir schließlich mehr ausgebildete Agenten hatten, als wir in den Einsatzgebieten absetzen konnten.

Um aber die Stimmung unter den zwangsläufig auf Wartestand gesetzten Freiwilligen nicht absinken zu lassen, schufen wir aus dieser Gruppe militärische Kampfverbände. Eine solche Einheit war die sogenannte *Drushina.* Sie stand unter der Führung des russischen Obersten Rodionow mit dem Decknamen *Gill* und sollte im Rahmen der Sicherung der rückwärtigen Heeresgebiete sowie beim Partisanenkampf und in Notfällen auch an der Front Verwendung finden. Ich habe mich mit Gill verschiedentlich unterhalten und konnte mich des Argwohns nicht erwehren, daß er in seiner antisowjetischen Einstellung schwankend geworden war. Die Art, wie er an den Fehlern der deutschen Führung gegenüber Rußland im allgemeinen – unter speziellem Hinweis auf die deutsche Propaganda vom russischen Untermenschentum

– und gegenüber der Bevölkerung und den Kriegsgefangenen im besonderen Kritik übte, hatte einen gewissen Unterton, der Verdacht erwecken mußte. Zur gleichen Zeit hatte ich ähnliche Unterhaltungen mit anderen gefangenen Offizieren, darunter mit einem Generalstabsoffizier und einem Ingenieur einer russischen Tiefbaugesellschaft. Beide stammten aus Moskau und waren im August 1941 bei Brjansk in deutsche Gefangenschaft geraten. Sie waren durch die verschiedenen Stufen unserer Spezialausbildung gegangen und als besonders intelligente und aufgeschlossene Mitarbeiter dem Unternehmen *Zeppelin* eingegliedert worden. Ich besuchte sie damals in ihrer Berliner Wohnung, wo sie als Zivilisten untergebracht waren. Der Generalstabsoffizier war ein geschulter Dialektiker, der Ingenieur mehr gefühlsmäßig eingestellt. Im Laufe unserer Unterhaltung zeigte sich, daß beide trotz ihrer Ablehnung des sowjetischen Systems doch der Meinung waren, daß Rußland letztlich diesen Krieg gewinnen werde. Sie leiteten diese Überzeugung keineswegs aus einer propagandistischen Beeinflussung ab. Der Erstere gründete seine Meinung auf die überragende Führerqualität Stalins, der andere sagte unter dem Einfluß von Alkohol rundheraus: »Ihr Deutschen werdet weder mit dem russischen Volk noch mit dem russischen Raum fertig werden. Selbst wenn alle Völker Rußlands mit eurer Hilfe unabhängige Nationalstaaten errichten könnten, würdet ihr damit nur eine Entwicklung hemmen, aber nicht aufhalten. Auch mit der Bewältigung der russischen Wirtschaftsprobleme würdet ihr kaum zu Rande kommen, große Teile Rußlands werden immer Notstands- und Zuschußgebiete bleiben. Diese Probleme vermag Rußland nur auf dem Weg eines fortschrittlichen Sozialismus zu lösen.«

Ich habe hierüber lange Diskussionen mit den russischen Mitarbeitern des Wannsee-Instituts geführt, weil mir klar wurde, daß die geschilderten Gespräche Fingerzeige hinsichtlich der Kampfmoral der Partisanen enthielten. Man bestätigte mir auch in vorsichtiger Weise, daß unsere Propaganda- und Besatzungspolitik nur dazu angetan sei, der russischen Führung Wasser auf die Mühlen zu leiten und die russische Bevölkerung den Partisanen in die Arme zu treiben. Diese russischen Wissenschaftler waren sogar der Auffassung, daß Stalin die harten deutschen Maßnahmen, wie beispielsweise den »Kommissarbefehl« (den Befehl, alle gefangenen Kommissare sofort zu erschießen), die Massenerschießungen durch die Einsatzkommandos sowie die umfangreichen Deportationen geradezu begrüße. Er betrachte sie als ein willkommenes Mittel, um nicht nur den Kampfgeist der Partisanen zu heben, sondern auch die von russischer Seite begangenen Grausamkeiten – rücksichtsloses Vorgehen gegen die eigenen Leute bei Kampfmaßnahmen und härteste Strafaktionen gegen den kampfunwilligen Teil der Bevölkerung – den Deutschen in die Schuhe zu schieben. Zugleich benütze Stalin auch den Partisanenkrieg als Deckmantel, um ein Liquidierungsprogramm des NKWD, das in der Vernichtung und Deportation unerwünschter Bevölkerungsteile wie Juden und Kulaken bestand, zu tarnen. Bei der Durchführung dieses Unternehmens sollten die NKWD-Kommandos mit den Führern der Partisanenkampfverbände keine Verbindung halten, sondern ausschließlich nach Sonderbefehlen aus Moskau handeln.

Himmler, dem ich hierüber berichtete, bemerkte, zu solch komplizierten Überlegungen hätten die Russen im Augenblick gar keine Zeit. Heydrich beschränkte sich auf die lakonische Bemerkung: »Passen Sie auf, daß Sie nicht von Stalin eines Tages einen Orden bekommen.« Immerhin ließ er sich aber einen schriftlichen Bericht von mir anfertigen, den er Hitler vorlegte. Wie mir Heydrich sagte, habe Hitler zuerst mit den Worten reagiert: »Kompletter Unsinn.« Dann aber sei er unsicher geworden und habe Heydrich mit der weiteren Bearbeitung dieser Materie beauftragt.

Ab Mitte 1942 kam die Aktion *Zeppelin* auf breiter Basis ins Rollen. Es konnte natürlich nicht ausbleiben, daß der NKWD unsere Pläne immer wieder zu stören, insbesondere von innen heraus zu zersetzen versuchte. So kam es auch in der Führung innerhalb der *Drushina* zu ernsten Verwicklungen, die mit einem dramatischen Verrat des Obersten Rodionow, alias Gill, endeten. Die *Drushina* war zu einer rücksichtslosen Durchkämmung eines russischen Partisanendorfes verwendet worden. Auf dem Rückmarsch wurde plötzlich die gesamte SS-Begleitmannschaft hinterrücks überfallen und niedergemetzelt. Auch nicht einer vermochte zu entkommen. Gill hatte schon vorher Verbindung zur Zentrale der Partisanenorganisation in Moskau aufgenommen und allmählich seine Untergebenen überredet, von uns abzufallen. Von einem versteckten Feldflughafen eines Partisanenstützpunktes aus flog er dann nach Moskau. Dort wurde er von Stalin persönlich empfangen und mit dem Stalin-Orden ausgezeichnet. Das war natürlich ein schwerer Schlag; man konnte aber mich nicht zur Verantwortung ziehen, da ich wiederholte Male an Himmler mit der Warnung herangetreten war, Gill aus der Partisanenbekämpfung herauszuziehen.

Dennoch blieben auf anderen Gebieten die Erfolge der Aktivierung im Rahmen der Aktion *Zeppelin* nicht aus. Vor allem konnten aus den zahlreichen russischen Kriegsgefangenen immer mehr technische Fachkräfte, wie Elektroingenieure, Chemiker, Hüttenbaufachleute und andere, herausgeholt und auf ihrem Wissensgebiet verwendet werden. Wir gewannen durch diese Spezialisten mancherlei Anregungen für unsere Rüstungsindustrie. Die für Sondereinsätze geeigneten Gefangenen wurden in Zivil eingekleidet und meist in Privatwohnungen untergebracht. Es handelte sich hierbei überwiegend um Einzelgänger, die so geführt wurden, daß Verratsmöglichkeiten auf ein Mindestmaß beschränkt blieben. Von diesen Agenten gelang es einem, sich als entflohener Kriegsgefangener ausgebend, bis zum Stab des Marschalls Rokossowski durchzudringen und von dort Nachrichten zu senden.

Ein weiterer Arbeitssektor umfaßte ursprünglich eine Art Planungsreferat des Unternehmens *Zeppelin,* das zunächst rein theoretisch alle Unterlagen darüber sammelte, wo und in welcher Weise man am besten an neuralgischen Punkten das russische Industrie- und Nachschubwesen entscheidend treffen und lahmlegen könne. Im Verlauf der Zeit wurden von diesem Referat auch Einzelaktionen durchgeführt. Hätten wir für unsere Zwecke mehr Flugzeuge gehabt, wären auch umfassendere Schläge gegen die russische Industrie möglich gewesen, denn die entsprechenden Vorbereitungsarbeiten waren in jeder Richtung technisch und fachlich abgeschlossen. Wir hätten unter anderem eine VI mit Hilfe eines Langstreckenbombers in der Nähe des Zielortes ausklinken können, um sie dann mit Hilfe eines Todespiloten in den Zielort hineinzusteuern. Es hatten sich auch schon genügend solcher Flieger zur Verfügung gestellt. Die Angriffe sollten vor allem gegen die Industriekombinate Kuibyschew, Tscheljabinsk, Magnitogorsk, aber auch in die Gebiete jenseits des Urals geflogen werden. Die Schlüsselpunkte der Industriegebiete waren auf Grund unseres Informationsmaterials durch kundige Techniker ausgezirkelt worden. Doch alle größeren Pläne scheiterten auch hier wieder an der mangelnden Einsatzfähigkeit unserer Luftwaffe. So blieb es nur bei kleineren Teilaktionen, die von Kommandounternehmen durchgeführt wurden und sich auf Sprengungen von Oberlandtransformatoren und Leitungsmasten beschränkten. Es waren dies aber nur Nadelstiche, die die russische Frontstärke kaum berührten.

Später stellten wir die geplanten Einsätze um. Nunmehr wurden ganze Einheiten im Rücken der russischen Front abgesetzt, die neben einer systematischen Verwirrungstaktik vor allem auch die Rückführung versprengter deutscher Truppenteile zu übernehmen hatten. Was hier geleistet wurde, war bemerkenswert. Nicht nur die riesigen Räume, in denen die Kommandos auf sich allein angewiesen waren, erforderten große Entbehrungen und Strapazen, besonders hart war außerdem der Einsatz in jenen Gebieten, die von NKWD-Bataillonen gesichert wurden. Es handelte sich hier fast ausschließlich um Scharfschützenabteilungen.

Auf dem Gebiet des geheimdienstlichen Funkwesens konnten wir mit der Steigerung unserer funktechnischen Produktion allmählich weitgespannter und erfolgreicher operieren. Für die Truppenführung war das Abhören des feindlichen Funkverkehrs zwischen Armeen, Divisionen und Regimentern von größtem Wert. Einen Spitzenerfolg verzeichneten wir, als es gelang, uns in die laufenden Funkverbindungen mit der Zentrale des russischen Geheimdienstes in Moskau einzuschalten. Hier wurde von uns ein umfangreiches Irreführungsspiel betrieben. Dies zwang schließlich Moskau, die Kodes zu wechseln und die Agenten neu auszurichten. Die Einbuße der Sowjets an Kräften, Zeit und Geld war in diesem Falle empfindlich. So weiß ich mich zu erinnern, daß im Verlauf dieses Funkspiels über sechzig russische Funkstationen von uns »umgedreht« werden konnten.

Die technische Vervollkommnung unserer Funkgeräte half uns auch, die Schwierigkeiten bei der Funkübermittlung aus der Tiefe des russischen Raumes zu überwinden. Unsere Agenten wurden nämlich in Gegenden gelandet, wo sie zwar manchmal verwandtschaftliche Beziehungen hatten, oft aber auch auf sich allein gestellt waren. Einige führten Fahrräder mit Tretaggregaten mit sich – das waren stromerzeugende Instrumente in der Tretvorrichtung des Fahrrades, in denen zugleich ein Sendegerät eingebaut war. Bei gleichmäßigem Treten der Pedale waren die Sendungen trotz der ungeheuren Entfernung geräuschlos und deutlich bei uns zu hören. Einem dieser Agenten gelang es sogar, mit einem russischen Truppentransport bis Wladiwostok zu gelangen, dort Truppenbewegungen zu beobachten und uns interessante Informationen zu senden. Die ungeheure Weite Rußlands bot den Agenten die Chance, sich monatelang unbehelligt kreuz und quer durch das Land zu bewegen. Schließlich fielen die meisten aber doch dem NKWD in die Hände. Sobald dieser nämlich von solchen Einsätzen Wind bekommen hatte, scheute er sich nicht, notfalls ganze Divisionen und geschlossene Partisanenverbände zum Aufspüren unserer Leute einzusetzen.

»ROTE KAPELLE«

Bekämpfung sowjetischer Spionage – Erste Funkpeilung – Zugriff in Brüssel – Der Kode wird geknackt – Massenverhaftungen in Berlin – Auf der Suche nach »Kent« und »Gilbert« – Erfolgreiche Umkehrung feindlicher Sender – Die Hydra lebt weiter

Der russische Botschafter in Berlin, Dekanossow, hatte, noch ehe er Deutschland verließ, in der Tat gute Vorarbeit geleistet. Aber erst Mitte des Jahres 1942 gelang es uns, in den größten sowjetischen Spionagering einzudringen, nachdem dieser im Sommer 1941 zum erstenmal schlagartig mit einem riesigen Funknetz in Erscheinung getreten war. Wir gaben diesem Ring damals den Namen *Rote Kapelle* (im Gegensatz zur *Schwarzen Kapelle* – dem Widerstandskreis um Admiral Canaris und General Oster, auf den ich noch zu sprechen komme).

Das Hauptverdienst an dem ersten großen Einbruch in diesen riesigen Spionagering kam unbestritten Müller zu. Ich selbst hatte auf Bitten Müllers den vorläufigen Sammelbericht redigiert. Als Grund hierfür gab Müller zu jener Zeit an, er habe den Eindruck, Himmler wolle im Augenblick sein Gesicht nicht sehen. Daß sich Müller aber in Wirklichkeit schon damals von der Bekämpfung des sowjetischen Geheimdienstes zu distanzieren wünschte, indem er mir die Unterschrift unter dem Bericht zuschob, wurde mir erst später klar. Ich werde diese Haltung Müllers noch in einem gesonderten Kapitel beleuchten.

Im Juli 1942 wurde ich wegen dieses Berichts nach Ostpreußen ins Hauptquartier bestellt. Zu meiner Überraschung fand ich dort auch Admiral Canaris vor, der – was ich nicht wußte – gleichzeitig über die *Rote Kapelle* berichten sollte. Der Reichsführer SS war an jenem Tage besonders schlechter Laune. Nach meinem Vortrag begann er die ersten für Hitler bestimmten Abschnitte meiner schriftlichen Ausarbeitung durchzulesen und mich auf seine Weise regelrecht abzukanzeln. Wütend sagte er: »Das ist typisch, Verdienste der anderen schmälern und sich selbst ins große Licht setzen – eine minderwertige Haltung, das können Sie auch Müller sagen.« Er regte sich auf, weil seiner Meinung nach die Verdienste der militärischen Abwehr an der Aufdeckung des Falles nicht genügend berücksichtigt worden waren. Zu allem Unglück ließ er nun noch Canaris hereinrufen und sich von diesem in allen Einzelheiten über die Mitarbeit der militärischen Funkabwehr Bericht erstatten. Er wurde nun, in Gegenwart von Canaris, noch ausfallender gegen mich, wobei er vergaß, daß eigentlich nicht ich, sondern Müller für die Berichterstattung zuständig war. Canaris glaubte sich nach Beendigung der Besprechung bei mir quasi für Himmlers Grobheiten entschuldigen zu müssen, er äußerte, wie leid es ihm tue, daß ich sozusagen den Blitzableiter für Himmlers Vorwürfe hätte abgeben müssen, er hoffe aber doch, daß er dies durch seine Abschlußworte Himmler gegenüber entsprechend betont und hervorgehoben habe. Hitler, der am selben Abend von Himmler informiert wurde, geriet über die einseitige Fassung des Berichts so in Rage, daß er weder mich noch Canaris empfangen wollte.

Und nun zu der *Roten Kapelle* selbst: Ihr Funknetz überspannte den gesamten europäischen Raum und erstreckte sich von Norwegen über die Schweiz bis zum Mittelmeer und vom Atlantik bis zur Ostsee. Die ersten »Musiker« – so wurden die Funker von uns genannt – waren Angehörige der sowjetischen Botschaft in Paris, die sich beim Einmarsch der deutschen Truppen nach verschiedenen Ländern absetzten. Aufmerksam wurden wir hierauf, als kurz nach Beginn des Ostfeldzuges im Rahmen der damals besonders aktivierten Funkabwehr einer Überwachungsstelle ein Sender auffiel, dessen funktechnische Peilung zunächst in den belgischen Raum wies. Der Fall führte zu Besprechungen zwischen dem Chef der Funkabwehr, General Thiele, Admiral Canaris, Müller und mir. Wir einigten uns, die Suche nach dem unbekannten Sender mit vereinten Kräften auf breiter Basis zu betreiben. Bald darauf stießen wir auf einen anderen Sender, der im Raum Berlin arbeiten mußte. Doch ehe wir den Standort ermitteln konnten, stellte dieser »Musiker« sein Konzert ein. Immerhin hatten die technischen Messungen erbracht, daß die Gegenfunkstation im Raum von Moskau zu suchen war. Es mußte sich nach Ansicht unserer Spezialisten um ganz neuartige Kurzwellenfunkgeräte und um einen besonders raffiniert verschlüsselten Kode handeln.

Inzwischen hatte Müller eine besondere Funkabwehrstelle eingerichtet, die speziell den belgischen und nordfranzösischen Raum zu beobachten hatte. Die ersten Spuren liefen in einen Vorort von Brüssel. Nach vorheriger Abstimmung mit Canaris wurde Ende 1941 beschlossen, dort einen Zugriff zu riskieren. Bei dieser Aktion gelang es, zwei Offiziere des russischen Geheimdienstes festzunehmen. Einer von ihnen war Leiter einer Informationsstelle, der zweite ein ausgebildeter Funker. Hinzu kam noch Sophia, eine Russin, die als Chiffreur tätig war. Diese Spionagegruppe bewohnte gemeinsam eine kleine Villa, in der auch die geheime Funkstation eingebaut war. Die Vernehmungen gestalteten sich deshalb recht schwierig, da alle drei die Aussage verweigerten und verschiedentlich Selbstmordversuche anstellten. Die mitverhaftete belgische Hausangestellte gehörte zwar nicht mit zum Team, sie wurde aber durch ihre Aussage im wahren Sinne des Wortes die Schlüsselfigur für uns. Sie erinnerte sich nämlich, daß die Verhafteten häufig Bücher lasen, und vermochte uns sogar noch einige Titel zu nennen. Da auch wir vielfach ein Kodeverfahren benutzten, dessen Ziffern und Worte aus Sätzen verschiedener Bücher zusammengestellt wurden, leiteten wir nun eine umfangreiche Suche nach den Exemplaren ein, deren Titel wir noch nicht kannten, für die wir jedoch gewisse Anhaltspunkte hatten. Sämtliche Buchhandlungen und Verlage in Belgien und Nordfrankreich wurden praktisch auf den Kopf gestellt. Inzwischen taten wir alles, um den Zugriff in der Villa zu verschleiern, denn wir hofften, daß nach der Verhaftung der Agenten vielleicht noch einige Unteragenten auftauchen würden. Aber insoweit rührte sich nichts. Unterdessen arbeitete die mathematische Abteilung der Funkabwehr sowie des Dechiffrierdienstes des OKW fieberhaft an einem in der Villa gefundenen halbverkohlten Rest eines bereits chiffrierten Funkspruches. Sie kam zu der Feststellung, daß dem Kode ein französischer Buchschlüssel zugrunde liegen mußte. Aus einem winzigen Bruchteil des verkohlten Papierfetzens hatten die Spezialisten nach mühseliger Feinarbeit das Wort *Proctor* rekonstruieren können. Nunmehr mußte herausgefunden werden, in welchen Büchern dieses Schlüsselwort vorkam. Nach drei Monaten hatten wir ein solches Buch ermittelt. Und nun machten sich in der Dechiffrierabteilung des OKW die Fachleute an die Arbeit, um den Kode zu knacken. Tatsächlich konnten denn auch die in Brüssel vorgefundenen und inzwischen neu aufgefangenen Funksprüche jetzt entziffert werden. Es bestätigte sich, daß wir es mit einem sehr weit verzweigten Netz des sowjetischen Geheimdienstes zu tun hatten, dessen Fäden über Frankreich, Holland, Dänemark, Schweden nach Deutschland und von dort nach Rußland liefen. Der wichtigste Hauptagent funkte unter dem Decknamen »Gilbert«; ein anderer arbeitete unter der Funkbezeichnung »Kent«. In Deutschland selbst waren zwei Hauptagenten unter den Decknamen »Coro« und »Arvid« tätig, deren Informationen nur aus den höchsten deutschen Stellen kommen konnten.

Unsere gesamte Abwehrorganisation arbeitete auf Grund der gewonnenen Teilergebnisse nunmehr auf vollen Touren. Doch die Zeit verrann, und wir kamen nicht mehr weiter. Es war uns noch nicht gelungen, an die beiden deutschen Hauptagenten heranzukommen. Plötzlich stieß die Dechiffrierabteilung beim Aufarbeiten der schon vor dem Zugriff in Brüssel aufgefangenen Funksprüche auf eine Weisung Moskaus, nach der »Kent« schon im Herbst 1941 nach Berlin beordert worden war, um dort drei Adressen anzulaufen. Damit war der zweite entscheidende Einbruch in diesen riesigen Spionagering erzielt, denn die Adressen waren genau angegeben. Daraufhin wurden, nach Abstimmung zwischen General Thiele, Admiral Canaris, Oberst von Bentivegni (im Amt Militärische Abwehr) und mir, mehr als fünfzig Personen unter Überwachung gestellt. Nach ungefähr einem Monat entschlossen wir uns, einen Teil der Verdächtigen festzunehmen. Den Rest ließen wir vorerst noch ungeschoren, um noch tiefer in den Ring eindringen zu können. Das Ergebnis der Verhaftungen und der ersten Vernehmungen traf uns in dieser Phase des Krieges gegen Sowjetrußland wie ein Donnerschlag. Ich will hier nur einige der Beteiligten nennen. Zu ihnen gehörte der Oberstingenieur Becker, eine entscheidende Fachkraft für die flugtechnische Entwicklung unserer Bomber- und Jägerfabrikation. Er war Parteigänger der Sowjets und gab regelmäßig an eine Zentralfunkstelle im Norden Berlins die geheimsten Informationen zur Weiterleitung nach Moskau durch. Ferner ergaben die Ermittlungen, daß fünf Personen des Luftwaffengeneralstabes, die mit aktiven Führungsaufgaben betraut waren, mit Becker zusammenwirkten. Hauptfigur aber war der Oberleutnant Schulze-Boysen, die fanatischste Triebkraft des Berliner Spionagerings. Er lieferte nicht nur wichtiges Informationsmaterial an den Feind (er hatte das Referat Abwehr im Luftfahrtministerium inne), er war überdies noch propagandistisch tätig. Dabei ging er einmal sogar so weit, im Norden Berlins in voller Uniform zu erscheinen und beim Morgengrauen einen Unteragenten der *Roten Kapelle* mit der Pistole zu bedrohen, da er mit dessen Tätigkeit als Propagandist in seiner Arbeitsstätte, einer Berliner Fabrik, unzufrieden war. Aber nicht nur hohe Wehrmachtsangehörige waren in diesem Spionagering vertreten, fast in jedem Reichsministerium saß ein Verbindungsmann. Im Reichswirtschaftsministerium waren es der Oberregierungsrat Arvid Harnack und seine Frau Mildred, eine gebürtige Amerikanerin. Harnack war maßgebender Sachbearbeiter für die Rohstoffplanung und belieferte die Sowjets so umfassend mit Material, daß man in Moskau besser über unsere Rohstofflage Bescheid wußte als beispielsweise der zuständige Beamte im Rüstungsministerium, der in Kompetenzstreitigkeiten verwikkelt wurde und vielfach nicht die notwendigen Auskünfte erhielt. Im Auswärtigen Amt sicherte der Legationsrat von Scheliha die Interessen des feindlichen Geheimdienstes. Er bewegte sich auf dem Parkett der von mir schon geschilderten Gesellschaftsspionage. Von Scheliha gab nicht nur Informationen über das, was im Auswärtigen Amt geplant war, an die Sowjets weiter, er sammelte auch, da seine Wohnung ein beliebter nächtlicher Treffpunkt der gesamten Diplomatenwelt war, methodisch alle möglichen Steinchen, um sie, aneinandergefügt, Moskau zu übermitteln.

Natürlich interessierten uns auch die Motive dieser Intellektuellen. Geld war für sie unwichtig. Wie aus den Vernehmungsprotokollen ersichtlich, beschränkte sich ihr Widerstand auch nicht auf die Bekämpfung des Nationalsozialismus schlechthin, sie hatten sich zum Teil auch innerlich von der Geisteshaltung des von ihnen als krank empfundenen Westens soweit abgekehrt, daß sie das Heil der Menschheit überhaupt nur noch im Osten sahen.

Inzwischen griff der Arm der Gestapo immer weiter und weiter. Der Kreis der Verdächtigen war mittlerweile so groß geworden, daß wir eine eigene »Abwehrabteilung Rote Kapelle« aufbauen mußten. Auf keinem Gebiet des Geheimdienstes wurde so erbittert gefochten wie in diesem Kampf gegen die Sowjets, der sich über alle Räume Europas erstreckte. Immer wieder tauchten neue Sender auf, und immer wieder liefen neue Fahndungen an – in Paris, Brüssel, Kopenhagen, Stockholm, Budapest, Wien, Belgrad, Athen, Istanbul, Rom und Barcelona. Die Technik der Sender und ihre Tarnung wurden immer raffinierter. Es war ungemein schwierig, insbesondere in den neutralen Ländern, unsererseits eine zusätzliche Verstärkung des Personals durch geschulte Funktechniker und Peilagenten sowie vor allem die notwendige technische Apparatur in getarnter Form unterzubringen und zur Abwehr anzusetzen.

Als eines Tages in Marseille ein neuer Sender auftauchte, vermutete die Funkabwehr, daß es sich hierbei um einen Ersatz für den ausgehobenen Brüsseler Sender handele. Gleichzeitig stieß die Abwehr im Rahmen einer großen Ermittlungsaktion in Paris auf einen Kreis von Personen, die uns Angaben über »Kent« machten und es uns dadurch ermöglichten, diesen Agenten zu identifizieren. Er reiste unter verschiedenen Decknamen mit einem südamerikanischen Paß. Auch »Gilberts« wirklicher Name konnte ermittelt werden – es handelte sich bei ihm um einen in Moskau langjährig geschulten deutschen Kommunisten. Nachdem wir diese Anhaltspunkte bekommen hatten, begann in ganz Europa eine Generalfahndung nach diesen beiden Agenten. Die Jagd dauerte viele Monate, dann aber gelang es, »Kent« in Marseille auf die Spur zu kommen. Zum Verhängnis wurde ihm seine Bindung an eine Ungarin. Sie hatten ein Töchterchen, und Kent hing mit allen Fasern an dieser Frau und seinem Kind. Als wir die Wohnung der Frau ermittelt hatten, konnten wir mit Sicherheit damit rechnen, daß er dort auftauchen würde. Wir brauchten auch nicht lange zu warten – wenige Zeit später erschien »Kent« und wurde verhaftet. Da er alles für die Frau und das Kind zu opfern bereit war, stellte er sich uns zur Verfügung. Wir waren jetzt in der Lage, einen Hauptsender der *Roten Kapelle* umzukehren und uns zum ersten Male in den Funkverkehr der Zentrale Moskaus einzuschalten. Mehrere Monate lang glückte es uns, auf diese Weise wichtiges Irreführungsmaterial in den russischen Geheimdienst hineinzupumpen und dadurch drüben erhebliche Verwirrung zu stiften. An der Zusammenstellung des Täuschungsmaterials arbeitete eine von Müller gebildete und von ihm geleitete Spezialgruppe, die ich jedoch ab Ende 1943 mit allen Mitteln bekämpfen mußte. Müllers Rolle im weiteren Verlauf des Krieges werde ich später noch näher beleuchten.

Nach und nach gingen uns auch an anderen wichtigen Plätzen Europas rote Musiker ins Netz, und schließlich standen über sechzig Sender mit vertauschten Rollen im Funkverkehr mit Moskau. Natürlich merkten die Sowjets allmählich das Spiel und versuchten, ihm mit allen Mitteln zu begegnen. Dabei entwickelten sie ein so fein ausgeklügeltes System, daß wir es später nach dem Vormarsch der Alliierten in Italien von Rom aus selber mit Erfolg benützten.

Indessen ging die Fahndung nach »Gilbert« nur äußerst langsam vorwärts. Kaum hatten sich unsere Peilgruppen mühevoll an seinen Sender herangepirscht, begann er den Verkehr einzustellen und, als ob er uns zum Narren hielte, an einer anderen nur unweit entfernten Stelle aufs neue zu musizieren. Es war dies der wohldurchdachte Versuch, unsere Funkabwehr zu verzetteln. Aber »Gilbert« scheiterte schließlich doch an der Zähigkeit unserer Fahndungsbeamten. Im Rahmen der Aufdeckung kommunistischer Widerstandsgruppen in Belgien waren wir durch Vernehmungen auf einen Mann gestoßen, der früher als Unteragent für »Gilberts« Funkstelle tätig und zugleich dessen rechte Hand gewesen war. Bei diesem Unteragenten handelte es sich um einen in Moskau geschulten Spezialkurier, der schon lange in Belgien lebte. Zur damaligen Zeit führte er eine Leitfunkstelle, welche die Verbindung zwischen dem *Roten Maquis* und der belgischen Widerstandsbewegung unterhielt. Der Sender dieses Agenten war seitens der Sowjets von dem Leitverkehr abgeschaltet worden, und er hatte, da er in einer wichtigen deutschen Dienststelle arbeitete, von der Zentrale die Erlaubnis erhalten, direkt mit Moskau zu verkehren. Nach seiner Verhaftung wurde er von uns umgedreht und, um kein Mißtrauen zu erwecken, im Gegenspiel mit echtem Material von uns versorgt. Wir verfolgten dabei die Absicht, ihn wieder Anschluß an die Hauptfunkstelle »Gilberts« finden zu lassen. Das echte Material erweckte zwar das Interesse »Gilberts«, er blieb aber dennoch äußerst vorsichtig. Zu jener Zeit hatte er sein Hauptquartier in Paris aufgeschlagen. Als wir ihn schließlich ausheben wollten, blieb nur sein Sekretär im Netz hängen. »Gilbert« selbst war zum Zahnarzt gegangen. Der Name des Zahnarztes war unbekannt. Nun begann eine wilde Jagd durch ganz Paris, denn wir mußten »Gilbert« in die Hand bekommen, ehe er gewarnt wurde. Im letzten Moment erfuhren wir durch die Concierge eines benachbarten Hauses die Anschrift des Zahnarztes. Gerade in dem Augenblick, als »Gilberts« Zahnbehandlung beendet war, setzten wir unsere Zangen an. Er streckte erstaunlich schnell die Waffen und erklärte sich gleichfalls bereit, seine umfangreiche Sendestation in unseren Dienst zu stellen. Aus verschiedenen Reaktionen merkten wir, daß die Russen nun äußerst mißtrauisch geworden waren und eine besondere Auswertungsstelle gebildet hatten, die das echte Informationsmaterial vom falschen zu sondern hatte. Wir lieferten daraufhin, länger, als es uns eigentlich genehm war, unter mancherlei Bedenken echtes und gutes Material und schläferten auf diese Weise die gegnerische Auswertungsstelle langsam wieder ein. Alsdann begann das Spiel von neuem.

Eine wirkliche Zerstörung dieses hydraähnlichen Spionageringes *Rote Kapelle* ist uns jedoch bis zum Ende des Krieges niemals gelungen.

DAS ATTENTAT AUF HEYDRICH

Abwehrtagung in Prag – Reise nach Holland – Der Anschlag – Intrigen im Führerhauptquartier – Bestattungsfeierlichkeiten – Reaktion Canaris' – Hitlers und Himmlers Ansprachen – Großfahndung und Vergeltungsmaßnahmen – Das Geheimnis bleibt gewahrt – Gespräch mit Himmler

Im Mai 1942 veranstaltete Heydrich für sämtliche Abwehrstellenleiter und führenden Offiziere des Amtes Ausland und Abwehr im OKW eine Arbeitstagung auf dem Hradschin in Prag. Um nach außen das Dekorum zu wahren und das gute Einvernehmen zwischen den verschiedenen Geheimdienststellen zu betonen, sollte auf dieser Tagung die neue Arbeitsvereinbarung, nämlich die schon erwähnten »Zehn Gebote« in ihrer neuen Fassung, verkündet werden. Sämtliche Geladenen waren persönliche Gäste Heydrichs als Stellvertretenden Reichsprotektors von Böhmen und Mähren. Die Tagung war mit großer Umsicht vorbereitet und bis in alle Einzelheiten von Heydrich persönlich arrangiert worden. So fand jeder Gast in seinem Hotelzimmer ein Erinnerungsgeschenk in Form eines kunsthandwerklichen Gegenstandes aus Böhmen und eine Flasche Slibowitz vor. Den Vorsitz der Tagung führten Heydrich und Canaris gemeinsam, sie wurde aber ein einseitiger Erfolg für Heydrich. In der neuen Arbeitsvereinbarung mußte Canaris neben vielen anderen Punkten die ausschließliche Zuständigkeit des Amtes VI in Fragen des politischen Geheimdienstes im Ausland anerkennen. Er sicherte auch zu, alle Maßnahmen zu treffen, um diesen Anspruch verwirklichen zu helfen.

Anschließend hatte ich eine längere Unterhaltung mit Canaris, in der er etwas resigniert erklärte, es sei zwar nun eine Lösung gefunden, dennoch könne er das Gefühl nicht loswerden, daß Heydrich den Generalangriff auf ihn noch immer nicht eingestellt habe. Auch ich hatte den Eindruck, daß Heydrich unvermindert darauf abzielte, Canaris systematisch zu zermürben, und ich bin heute noch davon überzeugt, daß der Admiral schon im Laufe des Jahres 1942 von der Bühne hätte abtreten müssen, wenn Heydrich nicht umgekommen wäre.

Ich blieb nach Abschluß der Tagung noch zwei Tage in Prag, um mit Heydrich interne Fragen zu besprechen. Es fiel mir auf, daß er wiederholt auf sein immer schlechter werdendes Verhältnis zu Himmler und Bormann zurückkam. Die Spannungen, meinte er, seien so stark geworden, daß er erwäge, mich unter irgendeinem Vorwand in die unmittelbare Nähe Hitlers zu lancieren, um, wie er wörtlich sagte, jemanden zu haben, der sich dort oben einmal für ihn umschaue. Ich versuchte ihm diesen Plan auszureden, doch er kam stets wieder darauf zurück. Schließlich einigten wir uns auf eine Abkommandierung auf sechs Wochen, doch dazu sollte es nicht mehr kommen.

Nach dem Besuch in Prag war ich mit einigen Fachleuten nach Holland gefahren. Es lagen damals interessante Berichte über die Arbeitsweise der holländischen Widerstandsbewegung vor; mir wurde darin versprochen, fünf niederländische Widerstandskämpfer zur Verfügung zu stellen, die in England sorgfältig ausgebildet und durch Fallschirmabsprung wieder in Holland als Agenten gelandet worden waren. Unsere Abwehr hatte sie erkannt und festgenommen. Nun waren sie bereit, als umgedrehte Agenten für uns zu arbeiten. Ihre Zuverlässigkeit schien gewährleistet. Überdies war von ganz besonderem Interesse die in diesem Zusammenhang aufgedeckte technische Zusammenarbeit zwischen der Leitstelle in London und den Widerstandsgruppen in Holland. Die englischen Flugzeuge flogen damals in einen zuvor festgelegten Einsatzraum. Zwischen den Piloten und den im Gelände wartenden Agenten kam es mit Hilfe eines neuartigen Ultrakurzwellengerätes zu einer Sprechverbindung, durch die nicht nur Informationen ausgetauscht wurden; man schleuste auf diesem Wege auch Flugzeuge über zuvor ausgemachte Stellen zum Abwurf von Waffen, Sprengmaterial und Geld. Wir wollten uns nun in Holland die neuen Geräte ansehen.

Während einer Arbeitsbesprechung im Haag meldete dann plötzlich der Fernschreiber, daß auf Heydrich in Prag ein Attentat verübt worden und dieser schwer verletzt sei. Zugleich wurde meine sofortige Rückkehr nach Berlin verlangt. In mir tauchte damals blitzartig die Erinnerung an die mir von Heydrich geschilderten Spannungen zwischen ihm und Himmler sowie Bormann auf, und ich konnte beim Gedanken, wer hinter diesem Attentat stecke, nicht umhin, meinen Verdacht in diese Richtung zu lenken. Es bestand auch kein Zweifel für mich, daß es Charakteren vom Schlage Himmlers und Bormanns bei den Erfolgen Heydrichs, der ihnen an Geist und Einfallsreichtum weit überlegen war, auf die Dauer unheimlich werden mußte. Hitlers allerengster Führungskreis, der stets dadurch regierte, daß er die verschiedenen Kräfte gegeneinander ausspielte, wußte genau, daß diese Taktik bei Heydrich nicht verfangen würde. Heydrich ließ sich einfach nicht überspielen und hielt auch die erforderlichen Mittel ständig bei der Hand, um auf jede Situation blitzschnell reagieren zu können. Ich bin sogar davon überzeugt, daß sich Bormann, sofern Heydrich am Leben geblieben wäre, eines Tages in den Fangnetzen dieses Mannes verstrickt hätte und von seiner stolzen Höhe herabgestürzt wäre. Doch es kam anders.

Bei unserem letzten Treffen hatte mir Heydrich folgendes Erlebnis erzählt:

Während seiner letzten Reise ins Führerhauptquartier sollte er Hitler über bestimmte Wirtschaftsfragen des Protektorats und die von ihm dazu ausgearbeiteten Vorschläge berichten. Nachdem er schon längere Zeit vor dem Befehlsbunker Hitlers gewartet habe, sei plötzlich Hitler in Begleitung von Bormann herausgekommen. Heydrich habe vorschriftsmäßig gegrüßt und erwartet, daß Hitler ihn nun ansprechen und zum Vortrag bitten werde. Der Führer habe ihn aber statt dessen einen Augenblick lang unwillig angesehen und ihn wortlos stehenlassen. Daraufhin habe Bormann den Führer mit einer Handbewegung wieder in den Bunker lanciert. Und an diesem Tage sei Heydrich auch nicht mehr von Hitler empfangen worden. Am nächsten Tage habe ihm Bormann eröffnet, der Führer lege auf Heydrichs Vortrag keinen Wert mehr, da er sich über die mit Heydrich zu besprechenden Sachprobleme bereits klargeworden sei. In der Form sei Bormann zwar äußerst höflich geblieben, doch sei die eisige Kälte auf der ganzen Linie deutlich zu spüren gewesen. Ein Versuch Heydrichs, doch noch zu Hitler vorzudringen, sei gescheitert. Am übernächsten Tage habe er unverrichteterdinge nach Prag zurückfliegen müssen.

Seitdem hatte Heydrich das deutliche Empfinden – dies äußerte sich in einer auffallenden Unruhe -, daß ein entscheidender Schlag gegen ihn bevorstand. Dabei glaube ich nicht einmal, daß ihn das Faktum als solches so sehr bewegte, als vielmehr die Frage, wann und wie dieser Schlag geführt werden würde. Dies war schließlich auch der Grund, warum er mich eine Zeitlang im Führerhauptquartier wissen wollte. Nein, ich glaubte an kein Attentat tschechischer oder sonstiger ausländischer Kreise. Ich war innerlich überzeugt, daß Heydrich der geheimen Feme des allerengsten Führungskreises (Hitler-Bormann-Himmler) zum Opfer gefallen war.

Von Holland flog ich unverzüglich nach Berlin. Wie ich hörte, waren die Chefs der Ämter IV und V, Müller und Nebe, sofort an den Tatort geeilt. Ich hielt mich absichtlich zurück. Wenig später meldete

Müller, Heydrich sei in ein Prager Hospital gebracht worden und befinde sich noch immer ohne Bewußtsein. Zahlreiche Splitter hätten Entzündungsherde gebildet, vor allem sei die Milz gefährlich verletzt worden. Am siebten Tage trat dann eine allgemeine Sepsis ein, die rasch den Tod herbeiführte. An der ärztlichen Behandlung unter der Oberleitung Professor Gebhards, des Leibarztes Himmlers, ist später von anderen Fachärzten Kritik geübt worden. Soweit ich mich erinnere, hätte man versuchen können, die Milz herauszuoperieren, um damit rechtzeitig den Hauptherd einer zu erwartenden Sepsis zu entfernen.

Auf Grund der Informationen, die ich von Müller erhielt, und des späteren Studiums der Ermittlungsakten ergab sich folgendes Bild: Heydrich hatte sich wie immer am späten Vormittag auf seinem Landsitz in der Nähe Prags mit seinem großen Mercedeswagen abholen lassen, um sich zum Hradschin zu begeben. Er saß wie gewöhnlich neben dem Fahrer. Etwa an der Stadtgrenze machte die Straße eine scharfe Biegung, die den in rasender Fahrt ankommenden Wagen zum Bremsen zwang. Ich kannte diese Stelle genau, da ich sie oft genug mit Heydrich zusammen passiert hatte. An diesem Punkt, wo der Wagen seine Geschwindigkeit auf etwa dreißig Stundenkilometer mäßigen mußte, warteten drei Männer. Einer hatte sich etwa fünfzehn Meter außerhalb der Biegung postiert; der Haupttäter stand direkt an der Kurve, der dritte etwa fünfzehn Meter dahinter. Alle drei hatten Fahrräder bei sich, die sie gegen eine Mauer gelehnt hatten. In der Kurve bremste der Wagen noch stärker als sonst ab, da der erste Attentäter vor den Wagen sprang und mit einem Revolver planlos in die Gegend schoß. Der Fahrer, hierdurch unsicher geworden, verlangsamte die Fahrt nahezu auf Schrittgeschwindigkeit. In diesem Augenblick ließ der Hauptattentäter eine Kugel in der Größe einer Kegelkugel rollen, deren Sprengladung fast genau unter dem Wagen zur Explosion kam und das Fahrzeug trotz seiner schweren Panzerung total demolierte. Der Fahrer trug nur stark blutende Fleischwunden davon, die Hauptladung hatte Heydrich getroffen, der, obgleich schwer verwundet, noch seinen Fahrer anbrüllte: »Mensch, gib Vollgas!« Doch der Wagen rührte sich nicht mehr von der Stelle. Heydrich sprang dann noch aus dem Auto und schickte ein paar Schüsse hinter den fliehenden Attentätern her. Daraufhin brach er bewußtlos zusammen. Das Schicksal wollte es, daß er an jenem Tage nicht von seinem alten, bewährten Chauffeur begleitet war; dieser hätte sich bestimmt nicht durch den ersten vorspringenden Attentäter erschrecken lassen.

In langwierigen Untersuchungen stellten Spezialisten des Kriminaltechnischen Instituts fest, daß es sich um eine bis dahin gänzlich unbekannte und völlig ungewöhnliche Konstruktion einer Kugelbombe handelte. Die Kugel selbst war eine amorphe, höchst explosive Sprengmasse mit einem Zünder, der ebenfalls eine völlige Neuheit darstellte. Der Mechanismus war auf eine Entfernung von sieben Metern eingestellt worden, und die Auslösung zeigte, daß die Konstruktion haargenau funktioniert hatte. Die Sprengstoffmasse selbst soll angeblich englischer Herkunft gewesen sein, was aber an sich nichts über die Drahtzieher dieses Attentats zu besagen braucht. Wir selbst benutzten im eigenen Dienst fast nur erbeuteten englischen Sprengstoff, da dieser knetbar war und auch eine größere Wirkung erzielte.

Sogleich nach der Nachricht vom Tode Heydrichs begab ich mich nach Prag. Der Leichnam war im Vorhof des Hradschin aufgebahrt worden. Mitarbeiter aus Heydrichs nächster Umgebung hatten die Ehrenwache zu übernehmen. Für mich war dies bei 38 Grad im Schatten in großer Uniform und Stahlhelm eine erhebliche körperliche Anstrengung, denn nur alle zwei Stunden erfolgte eine Ablösung. Nach drei Tagen wurde der Sarg in einem feierlichen Zug von der Prager Burg zum Bahnhof geleitet und nach Berlin übergeführt. Die Bevölkerung folgte dem Geschehen mit großer Aufmerksamkeit. Auffallenderweise hatten zahlreiche Häuser mit schwarzen Fahnen geflaggt.

In Berlin fand dann nach einem Trauerakt in der Reichskanzlei und Ansprachen Hitlers und Himmlers das Staatsbegräbnis statt. In seiner Trauerrede nannte Hitler Heydrich den »Mann mit dem eisernen Herzen«. Mir erschien damals, inmitten von Ministern, Generalen, Diplomaten und höchsten Parteiführern, das Ganze wie eine Schaustellung aus der Zeit Cesare Borgias. In dieses Bild fügte es sich ein, daß ausgerechnet Canaris, als der Sarg in die Erde gesenkt wurde, Tränen weinte und mit belegter Stimme sagte: »Er war doch ein großer Mann, ich glaube, ich habe einen Freund in ihm verloren.«

Kurz darauf erklärte mir der Admiral, nach dem Tode Heydrichs müßten wir noch stärker zusammenarbeiten, da wir der Führung gegenüber in ein und demselben Boot säßen. Ich erwiderte, daß dies dann aber auf Gegenseitigkeit beruhen müsse und ich im Interesse der Sache meinen eigenen Weg gehen würde, wenn ich feststellte, daß er, Canaris, zwar besten Willens sei, sich dies aber in der Praxis nicht auswirke. Er resignierte und sagte: »Sie sind genauso unnachgiebig wie Heydrich.«

Himmler hatte die Bestattungsfeierlichkeiten zum Anlaß genommen, sämtliche Amtschefs des RSHA um sich zu versammeln. Nachdem er die Verdienste Heydrichs, die Vorzüge seines Charakters sowie den Wert seiner Arbeit gewürdigt hatte, bezeichnete er es als unmöglich, daß ein anderer jemals in der Lage sein würde, den von Heydrich geschaffenen riesigen Apparat des RSHA so zu beherrschen, wie dieser selbst es vermocht habe. In Übereinstimmung mit dem Führer wolle er vorerst selbst die Leitung des RSHA übernehmen, bis man sich über einen geeigneten Nachfolger schlüssig geworden sei. Er kritisierte anschließend das eifersüchtige Gegeneinanderarbeiten und die Zuständigkeitshascherei der Ämter, kanzelte die Amtschefs ab und wandte sich zuletzt auch an mich, den »Benjamin« im Führerkorps. Ich zog schon in Erwartung einer kalten Dusche die Schultern zusammen und war baß erstaunt, als mich an Stelle eines moralischen Wassergusses ein Strahl der Himmlerschen Gnadensonne traf. Er lächelte mich wohlwollend an, äußerte, daß ich das schwierigste Amt hätte, und erklärte, er werde unbegründete Angriffe auf mich künftig nicht dulden. Mir blieb es rätselhaft, warum ich plötzlich eine solche Förderung von Himmlers Seite erfuhr. Eine Genugtuung darüber konnte ich kaum empfinden, denn ich hatte schon allzu oft erfahren, wie schnell die Wetterzeichen nach solchen Äußerungen wechselten.

Am Abend nach dieser Ansprache Himmlers rief Hitler noch einmal alle Amtschefs zusammen. Im ehemaligen Arbeitszimmer Heydrichs würdigte er den Lebenslauf des Verstorbenen und verpflichtete dann »die Gesamtheit der SS-Führer, in Erinnerung an den Toten das Beste an menschlichem Verhalten herzugeben«. Er beendete seine Rede mit der Ermahnung, daß unser Wahlspruch zu lauten habe: »Recht oder Unrecht – mein Vaterland«, ganz abgesehen von dem alle verbindenden Leitwort des Ordens: »Meine Ehre heißt Treue.«

Nach dem Attentat setzte sofort eine mit allen technischen und kriminalistischen Mitteln ausgerüstete Großfahndung ein. Man suchte die Attentäter unter der tschechischen Widerstandsbewegung. Spuren wurden gesichert, Verdächtige verhaftet, Schlupfwinkel ausgehoben, Repressalien verübt – kurzum, die polizeiliche Exekutive führte einen Riesenschlag gegen die gesamte tschechische Widerstandsbewegung. Hinsichtlich der Urheberschaft des Attentats gab es schließlich vier verschiedene Versionen: eine war, daß der Secret Service seine Hand im Spiel gehabt habe – die drei Attentäter seien mittels Fallschirm in der Nähe von Prag gelandet worden. Müller meinte, diese Version sei insofern nicht so abwegig, da ja schließlich die gesamte tschechische Widerstandsbewegung, abgesehen von Moskau, auch von England gesteuert und subventioniert werde. Aber weder diese noch eine der anderen Versionen führte dazu, daß die Attentäter ermittelt und die Zusammenhänge aufgeklärt werden konnten. Die Gestapo, unterstützt durch Verbände der Ordnungspolizei, ging schließlich dazu über, etwa einhundertundzwanzig Angehörige der tschechischen Widerstandsbewegung, die sich bewaffnet in eine kleine Prager Kirche zurückgezogen hatten, zu belagern.

Es waren mehrere Wochen vergangen, als ich von Himmler den Befehl bekam, mich zu Müller zu begeben und mich über den Stand der Ermittlungen zu informieren. Müller zeigte sich aber anfänglich sichtlich abgeneigt, mit mir über den Fall zu reden. Er fragte mich vielmehr ein wenig mürrisch: »Haben Sie irgendwelche Informationen, die mir helfen könnten?« Ich verneinte. Mir schien, daß sich Müller in seiner Haut nicht wohlfühlte. Irgend etwas stimmte nicht. Schließlich äußerte er, man habe zwar Spuren hinsichtlich des Ursprungs des Attentats gefunden und glaube auch, die Namen der Mörder zu kennen, doch dies seien letzten Endes nur unzureichende Indizienbeweise. Und offensichtlich um sich zu salvieren, schloß er: »Hoffentlich erwischen wir die Mörder in der Kirche. Morgen werden wir das Nest ausheben. Damit wird der Schlußstrich unter den ›Ermittlungsvorgang Heydrich‹ gezogen.«

Am folgenden Tag begann der Angriff auf die Prager Kirche. Die Widerstandskämpfer verteidigten sich bis zum äußersten. In den Akten las ich dann darüber die Schlußnotiz: »Nach verlustreichem Kampf wurde die Kirche eingenommen, von den Widerstandskämpfern ist keiner lebend in deutsche Hand gefallen.« Und damit war, wie Müller gesagt hatte, der Vorgang Heydrich abgeschlossen. Da es auffallenderweise unter den hundertundzwanzig Mann auch nicht einen einzigen lebenden Verwundeten gab, blieb das Geheimnis, wer die Attentäter waren und wer hinter den Kulissen die Regie geführt hatte, bewahrt.

»Heydrich war schon ein ›Mann mit eisernem Herzen‹, wie es ihm der Führer in seiner Totenrede bestätigt hat. Auf der Höhe seiner Macht hat ihn das Schicksal wissend hinweggenommen.« Das waren für mich sonderbare Worte aus dem Munde Himmlers. Eines Tages fehlte auch die Totenmaske Heydrichs, die dieser in seinem Arbeitszimmer aufgestellt hatte. Als ich ihn ein wenig erstaunt fragte, warum er sie entfernt habe, erhielt ich die beinahe klassische Antwort: »Das Leben verträgt Totenmasken nur in bestimmten Zeiten und zu besonderen Anlässen – sei es der Erinnerung oder des Beispiels.«

Nach diesen Worten bat mich Himmler, in einem bequemen Sessel Platz zu nehmen. Dies war stets ein Zeichen besonderen Vertrauens, aber auch ein Hinweis, daß die Unterhaltung eine persönliche Note tragen würde. Nach ein paar fachlichen Fragen ging er auch sogleich auf sein Ziel los: »Ich habe mich mit dem Führer wiederholt über die Nachfolge Heydrichs unterhalten.« Er sah mich nun mit ein wenig geneigtem Kopf und listigem Blick hinter den glitzernden Brillengläsern an und fuhr fort: »Sie selbst kommen für die Nachfolge nicht in Betracht; der Führer hält Sie für zu jung, und ich halte Sie für zu weich.« Nach diesen Worten entstand eine etwas unbehagliche Pause. Danach änderte Himmler abrupt das Thema: »Sagen Sie mir einmal ganz offen, in welchem Verhältnis Sie zuletzt zu Heydrich standen? Ich bin zwar recht gut informiert, ich möchte aber von Ihnen selbst Näheres wissen.« Und nun begann er in seiner schulmeisterlichen Art, verschiedene Fragen an mich zu richten: »Haben Sie sich einen eigenen Arbeitskreis aufgebaut, der sich nicht nur auf die Ämter des Reichssicherheitshauptamtes beschränkt, sondern darüber hinaus auf die Ministerien erstreckt?« Ohne meine Antwort abzuwarten, fragte er weiter: »Und hatten Sie damit gerechnet, daß sich Heydrich auf dem Weg über seine Funktionen als Reichsprotektor allmählich vom Reichssicherheitshauptamt entfernen werde?« – Und nun kam die verblüffendste Frage: »Haben Sie Heydrich eingeredet, er sei der einzige Mann, der einmal als Nachfolger des Führers in Frage käme? Heydrich selber hat mir gegenüber, wenn auch nur bruchstückweise, derartiges verlauten lassen. Bitte erklären Sie sich hierzu.«

Ich fühlte, daß ich in einer ungeheuren Gefahr schwebte, und es erforderte meine ganze Konzentration, mich vor dem Sturz in eine Fallgrube zu retten. Ich versuchte Himmler davon zu überzeugen, daß das Verhältnis zwischen Heydrich und mir überwiegend gespannter Art gewesen sei und es wohl nicht in meinem Interesse gelegen haben könne, Heydrich auf einer noch höheren Stufe der Macht zu sehen. Um dies zu unterbauen, brachte ich zahlreiche Beispiele, die nach und nach Himmlers Mißtrauen aufzulösen schienen. Jedenfalls erklärte er, ich würde, unabhängig davon, wer zum Chef des RSHA bestimmt werde, zwar organisatorisch weiterhin im Amt VI verbleiben, im übrigen aber ihm persönlich unterstellt werden. Im Augenblick war mir nicht klar, ob ich damit die Treppe hinauf- oder heruntergefallen war.

Es schien mir, als wollte er mich hinfort unter seiner persönlichen Kontrolle behalten. Denn nur so vermochte ich mir auch seine nunmehr folgenden gesundheitlichen Anweisungen zu erklären: »Versuchen Sie völlig abstinent zu leben«, sagte er, ehe er mich verabschiedete, »in Zukunft wird Sie Kersten [Himmlers persönlicher Arzt] unter Aufsicht nehmen. Er wird Sie untersuchen, und wenn er es für richtig hält, wird er Sie regelmäßig ebenso wie mich behandeln. Er hat schon Wunderdinge geleistet, und seine Behandlung dürfte für Sie gewiß von großem Vorteil sein. Kersten ist Finnländer, mir persönlich treu ergeben. Sie brauchen also keinerlei Bedenken zu haben. Vielleicht sind Sie etwas vorsichtig mit ihm, da er manchmal zuviel redet. Hinzu kommt seine große Neugierde. Aber sonst ist er gutartig und äußerst hilfsbereit. Nun, Sie werden ja selbst sehen.«

SPANIEN UND PORTUGAL

Personalpolitik Himmlers – »Tamany Hall« – Abwehrtagung in Madrid – Canaris und Hitlers Befehle – Abwehrkampf um Gibraltar – Ausweichvorbereitungen in Spanien und Portugal – Unser Geheimdienst in Südamerika

Die erwähnte Unterhaltung mit Himmler, die für mich persönlich eine neue Phase einleitete, hatte zur Folge, daß er mich von jetzt an fast jeden zweiten Tag anrief. Er informierte mich über Meinungsäußerungen und Entscheidungen Hitlers sowie dessen engerer Umgebung. Abgesehen von dem Einblick, den ich so in die geistige Sphäre des höchsten Führungsgremiums bekam, erhielt ich dadurch auch interessante Aufschlüsse über die Art und Weise, wie Himmler selbst zu arbeiten pflegte. Ich erkannte nun immer mehr, daß er es war, der es bewußt darauf anlegte, vorsichtig aus der Kulisse heraus eine neue Reichsführung zu schaffen. Natürlich geschah dies bei seinem Treueverhältnis gegenüber seinem Führer nur mit Zustimmung Hitlers. Sein Ziel dabei war, in sämtlichen Führungsstellen des Reiches und der Reichsgaue – ganz gleich, ob es sich um Ministerien, öffentliche Körperschaften oder um Wirtschaft, Handel und kulturelle Einrichtungen handelte, die maßgebenden Posten mit SS-Männern zu besetzen. Dieser Prozeß war zu jener Zeit schon sehr weit fortgeschritten, und man vermag sich eine Vorstellung zu machen, welche Machtfülle sich damit bei Himmler als Reichsführer SS konzentrierte. Ich wußte freilich damals noch nicht, daß Himmler mit diesem Konzept zugleich die Absicht verfolgte, auch mich zu »machen«. Ich merkte nur, daß sich mir mehr und mehr Türen öffneten und mir allerseits plötzlich erstaunlich viel Unterstützung zuteil wurde. Ich war oft ein wenig beschämt, daß es fortan nicht mehr meine persönliche Leistung allein war, die mir die Wege ebnete, sondern ein Hebelwerk hinter der Kulisse, das mich steuerte. Es verging kaum eine Woche, in der mich nicht der persönliche Referent Himmlers anrief und sagte: »Bitte suchen Sie den Reichsminister X auf« oder »Essen Sie am Wochenende mit Generaloberst Y.« Oftmals waren es auch führende Wirtschaftler oder bekannte Wissenschaftler, mit denen ich mich treffen sollte. Später erzählte mir Himmler, diese Kontaktaufnahme mit den wichtigsten Spitzenkräften aus Staat, Wehrmacht, Wirtschaft und Partei sei mit einer Art Testverfahren verbunden gewesen. Er habe jede der betreffenden Persönlichkeiten, mit denen er mich zusammengebracht habe, anschließend ausführlich nach ihrem persönlichen Eindruck über mich befragt und sich dann entsprechende Testziffern gemacht – eine Form der Kontrolle, wie sie dem SS-Orden eigentümlich war.

Zur Kennzeichnung der geistigen Sphäre jener Tage innerhalb des obersten Führungskreises möge folgendes Beispiel aus einem Gespräch zwischen Hitler und Himmler dienen: Hitler erörterte die Persönlichkeit und Stellung des amerikanischen Präsidenten F. D. Roosevelt. Dieser sei, so sagte er unter anderem, ein kranker Mann, der selber kein eigenes politisches Konzept habe; er werde vielmehr von dem jüdisch gelenkten demokratischen Parteiapparat, der sogenannten *Tamany Hall,* als Strohmann vorgeschoben. Und diese *Tamany Hall* sei nichts anderes als eine Korruptionsmaschine ersten Ranges, in der sich sämtliche Gesellschaftskreise bis zur Unterwelt vereinigten. Geld und immer wieder Geld, gleich, in welcher Form der Bestechung und Korruption, sei das Motto dieses verderbten Vereins. Er, Hitler, verlange vom Geheimdienst, daß dieser, gleich, was es koste, in die *Tamany Hall* eindringe, denn er sei überzeugt, daß zwischen ihr und der internationalen Unterwelt trotz des Krieges Verbindungen bestünden. Diese sollten von uns ausgenützt werden, um irgend etwas gegen Roosevelt zu starten – angefangen vom Korruptionsskandal bis zum Attentat. Zur Ausführung dieses Befehls sollte ich mich vor allem auch der Hilfsquellen des Chefs der Reichskriminalpolizei, Nebe, zugleich in dessen Eigenschaft als Mitglied der Internationalen Kriminalpolizeilichen Kommission, bedienen.

Nun setzte ein Durchstöbern aller Karteien der Reichskriminalpolizei ein. Das Justizministerium überprüfte sämtliche Gefängnisinsassen, und dies geschah gleichzeitig auch in allen von Deutschland besetzten Ländern, mit dem Ziel, die internationalen Verbrecher namentlich zu erfassen. Dabei galt es, vor allem bekannte Hochstapler, Rauschgiftschmuggler und Mädchenhändler auszusortieren und auf ihre internationalen Querverbindungen hin zu überprüfen. Es war an sich recht interessant, festzustellen, wie hoch in dieser Schicht der Anteil verbrecherischer Intelligenz war. Diese gerissenen Elemente witterten bei der Auswahl sogleich Morgenluft und phantasierten plötzlich die tollsten internationalen Querverbindungen zusammen, um in die ersehnte Freiheit zu gelangen. Schließlich wurden dreißig Häftlinge, darunter sechs Frauen, in die engere Wahl gezogen. Einige von ihnen ließ ich mir vorführen und kam zu der Überzeugung, daß diese Galgenvögel einen von uns erteilten Auftrag sofort dem gegnerischen Geheimdienst verraten und verkaufen würden und somit der ganze Hitlersche Befehl barer Unsinn sei. Vorsichtig trug ich diesen meinen Standpunkt nun an Himmler heran. Nach einigem Zögern fragte er mich schließlich, wie man den Vorgang am besten ad acta legen könne. Damit fand dieser groteske Befehl Hitlers seinen Abschluß.

Ich wollte nun die schon lange hinausgeschobene Reise nach Spanien und Portugal unternehmen, denn Canaris beabsichtigte, mich an der Tagung seiner sogenannten »Kriegsorganisation Spanien-Portugal« in Madrid teilnehmen zu lassen. Der Admiral hatte sehr viel Freunde auf der Iberischen Halbinsel und war überhaupt ein ausgezeichneter Spanienkenner. Als Reiselektüre hatte er für uns beide einen englischen Geschichtsroman *Wellington in Spanien* mitgenommen, über den wir dann in einer spanischen Sommernacht diskutierten. Hierbei merkte ich, wie gründlich er über spanische Geschichte Bescheid wußte. Ich meinerseits versuchte ihm mit meinem Wissen über Goya und Velasquez pari zu bieten.

Diesmal sollte Canaris im Auftrage Hitlers die Gesamtlage in Spanien genau sondieren und versuchen, durch Beeinflussung spanischer Wehrmachtskreise die immer noch starrsinnige und ablehnende Haltung Francos aufzulockern. Es ist aber eine erwiesene Tatsache, daß Canaris solchen ihm von Hitler erteilten Befehlen nie ernstlich nachkam. Ich selber erlebte, wie er sich derartiger Befehle zu entledigen pflegte: An einem Abend sollte er mit dem spanischen Generalstab eine entscheidende Aussprache im Sinne des Hitlerschen Auftrages führen. Aber schon nachmittags gegen drei Uhr, also Stunden vor der Zusammenkunft, diktierte er die Besprechungsniederschrift. Darin wurden nun alle Argumente der Spanier fein säuberlich zusammengestellt und – als ob die Besprechung schon stattgefunden hätte – entsprechend formuliert. Am Spätnachmittag war der an das Auswärtige Amt gerichtete Funkspruch chiffriert, und eine Stunde später, als die Besprechung in Madrid gerade erst begann, lag er Hitler vor.

Von den Tagungsberichten der in Madrid versammelten Stützpunktleiter interessierte mich insbesondere das Thema England. Man besprach eine sehr wichtige Querverbindung einer großen spanischen Motorenfirma, über die es gelungen war, einige Nachrichtenstützpunkte in England aufzubauen und gute Einblicke in die englische Flugzeugmotorenfabrikation zu gewinnen. Es ging außerdem um den Versuch, an die Forschungsergebnisse und die Entwicklungspläne der

Engländer heranzukommen und zu erfahren, auf welchem Typ der Schwerpunkt lag. Auf dem Gebiet der Schiffahrtsspionage besaß die Gruppe Portugal einen versierten und erfolgreichen Mitarbeiter in Liverpool; er war Spezialist auf dem Gebiet aller Schiffahrtsbewegungen westlich von England. (Canaris verlieh diesem Portugiesen das EK I.) Unter anderem beobachtete er den Verkehr der sogenannten »Apfelsinendampfer«. Es handelte sich hier um Frischobsttransporte von Spanien nach England, wobei durch uns Kisten mit Apfelsinen besonderer Art mitverladen wurden. Leider kam infolge eines Regiefehlers einmal eine solche »Apfelsinenkiste« zu früh zur Zündung und verursachte auf der Reede von Cádiz erhebliche Turbulenz. Der Vorgang führte spanischerseits zu einer lebhaften Demarche, die sich aber allmählich im Sande verlor.

Ausführlich wurde dann das Thema der Sabotageakte gegen Gibraltar erörtert. Ähnlich wie die mit großen Erfolgen arbeitenden Sonderkommandos der italienischen Marine (deren Unterwasserschwimmer sich in ihren Gummihäuten sogar auf dem Meeresgrund bewegen und deren rittlings gesteuerte Einmanntorpedos bis an den Feind herangefahren und zum Schuß aus nächster Nähe angesetzt werden konnten), wollten auch wir gegen die englische Festung vorgehen. Anfangs waren uns die Italiener auf diesem Gebiet noch weit überlegen. Die von ihnen gestarteten Angriffe erreichten häufig sogar das innere Sperrgebiet des Hafens von Gibraltar, wo sie den Engländern empfindliche Tonnageverluste beibrachten. Als Stützpunkt benützten sie meist die nordafrikanische Küste, während wir nunmehr aus der Südwestecke Spaniens heraus operierten. Allmählich gelang es auch unseren Unterwasserschwimmern, sich bis an die feindlichen Schiffe heranzuarbeiten und mit Erfolg Sprengladungen anzubringen. Gerade in den letzten Tagen hatte das Kommando geglückte Angriffe auf zwei Zerstörer, eine Korvette sowie auf drei Handelsschiffe gemeldet. Was die Beteiligten dabei alles erlebten, mutete phantastisch an. Mehr als sonst hing hier alles von einer exakten Vorbereitungsarbeit des militärischen Geheimdienstes ab, die sich auf die Schiffahrtsbewegungen, die feindlichen Sicherungsmaßnahmen (Sperrnetze, Scheinwerfer, Patrouillenboote), auf das Wetter, die Strömungen und viele andere Faktoren bezog. Der größte Coup war der militärischen Abwehr dadurch gelungen, daß sie sich an der Landspitze Nordafrikas unmittelbar gegenüber Gibraltar mit einer technischen Apparatur neuester Entwicklung festsetzen konnte. Mit Hilfe eines Ultrarot-Strahlenbandes leuchteten auf einem Suchschirm sowohl bei völliger Dunkelheit als auch aus der Tiefe des Meeres heraus alle festen Objekte hell auf und wurden dem Auge sichtbar, also im Prinzip eine Art Radargerät. Auf diese Weise waren wir in der Lage, die Meerenge von Gibraltar sowie den Kriegshafen unter ziemlich scharfer Kontrolle zu halten und den Auswertungsstellen unserer Kriegsmarine Rückschlüsse über geplante amphibische Operationen, Truppen- und Materialtransporte des Feindes zu ermöglichen.

Nicht unwichtig war die Kontrolle Gibraltars auch für die Sicherung des Nachschubs unseres Afrikakorps, das im Sommer 1942 unter Rommel noch einmal zum Angriff bis an die Tore Ägyptens antrat. Der britische Geheimdienst unternahm natürlich zahlreiche Störaktionen, die aber nur einen Standortwechsel notwendig machten. Die große Schlappe jedoch kam später, im November 1942, als es den Alliierten gelang, die Operation *Fackel* (Landung in Nordafrika) durchzuführen, ohne daß der militärische Geheimdienst Landungsziel und -termin rechtzeitig gemeldet hätte, ein Umstand, der angesichts der geschilderten Abwehrlage geradezu unverständlich blieb. Es war dies aber schon zu einer Zeit, als es auch nicht mehr gelang, die Verratsfälle innerhalb deutscher Wehrmachtsstellen zu verhindern, die sich nicht zuletzt auch bitter auf den Verlauf des Feldzuges der Rommel-Armee in Libyen auswirkten. An dem damaligen Versagen trägt Canaris ein großes Teil Schuld* – er wollte nicht mehr; er verstrickte und verbrauchte seine Energien in zunehmendem Maße in seinen für ihn selbst immer diffiziler und komplizierter werdenden Konspirationen. Nach der Übernahme des militärischen Abwehrsektors durch mich unterstanden die obenerwähnten Spezialeinheiten meiner Leitung, wodurch ich Einsicht in dieses Kapitel des Geheimdienstes gewinnen konnte.

Da Spanien äußerst günstig für den Funkempfang aus Übersee lag, hatten wir ein bis tief nach Afrika reichendes, die Kanarischen Inseln mit umfassendes Sendernetz gebildet, um so die Unterlagen für eine unserer meteorologischen Abteilungen zu bekommen, deren Berichte

---

* Als wir gemeinsam die Lage in Französisch Nordafrika besprachen, waren wir uns einig darüber, daß die deutsche Waffenstillstandskommission dort politisch, wirtschaftlich wie geheimdienstlich völlig versagt hatte. Wir verabredeten, in Berlin eine gemeinsame Aktion zu starten mit dem Ziel, die Kommission an Haupt und Gliedern zu erneuern. Leider aber drückte sich Canaris letztlich davor, so daß mein Vorstoß im Vorfeld des Auswärtigen Amtes hängenblieb.

äußerst wichtig sowohl für die Luftwaffe wie für die Marine waren. Hierüber wollte ich mich in Madrid noch gern mit Canaris näher unterhalten. Er meinte damals, er verstehe von technischen Dingen nichts, im Grunde langweilten sie ihn auch. Er wisse nur, daß sie im Kriege sehr wichtig seien, und nur deshalb kümmere er sich darum. Als ich ihm nun mein Bedauern über dieses mangelnde Interesse bedeutete, erklärte er sarkastisch: dafür beherrsche er perfekt die Zeichensprache der Taubstummen und könne aus den Lippen- und Mundbewegungen ganze Teile eines Gespräches verfolgen, ohne es zu hören. Er sei bereit, mir Unterricht darin zu geben, wir könnten uns dann tonlos unterhalten, was Gestapochef Müller wahrscheinlich wirklich »fassungslos« machen würde.

Die folgenden Tage widmete ich mich der Inspektion der Geheimdienststellen meines Amtes. Damals bereitete uns schon die Massierung unserer Abwehr in Madrid beachtliche Sorgen. Mit der Verschlechterung unserer militärischen Lage versuchten uns die Spanier unter dem Druck der Alliierten mehr und mehr zurückzudrängen. Immerhin gelang es -nachdem wir, ebenso wie die Alliierten, Protestnoten mit langen Listen über die Arbeit des englischen und amerikanischen Nachrichtendienstes in Spanien überreicht hatten -, fast den ganzen Stamm unserer Mitarbeiter in Spanien zu halten.

Von Madrid flog ich noch auf ein paar Tage nach Lissabon. Die portugiesische Hauptstadt war damals als Kurierumschlagstelle für uns von besonderer Bedeutung. So hatten wir mit einem schon seit dem ersten Weltkrieg dort lebenden Argentinier eine langfristige Abmachung getroffen, die es uns erlaubte, dessen Barbetrieb und Nachtlokal für Spezialkuriere zu benutzen. In dieser Kneipe wurde ein schwunghafter Handel mit deutschen Medikamenten und Drogen, insbesondere nach Amerika, betrieben. Der Hauptraum der Bar sowie sämtliche Besuchszimmer waren mit Spiegeln ausgestattet. In den jeweils danebenliegenden Räumen befanden sich eingebaute Fotoapparate mit dem Zweck, jeden interessanten Gast unauffällig im Spiegelbild festzuhalten. So wurde manch feuchtfröhlicher Besucher, der ahnungslos das etwas anrüchige Lokal betrat, auf die Platte gebracht. Eines Abends war ich in diesem Lokal mit einem Bankier verabredet, der uns schon öfter wertvolle Informationen aus England vermittelt hatte. Er wollte jetzt durchaus in einen Tauschhandel mit gefälschten englischen Pfundnoten einsteigen und erklärte sich bereit, sozusagen als Garantie unsere Devisenbedürfnisse in Portugal auf ein halbes Jahr im voraus á fonds perdu zu decken. Nachdem wir uns eine Weile unterhalten hatten, legte ich ihm zu seiner Verblüffung ein inzwischen von uns beiden gefertigtes Foto vor. Mein Partner war so erschrocken, daß der Faden dieses Gespräches abriß und er nie wieder darauf zurückkam.

Schließlich hatte ich mich in Portugal noch mit einem anderen recht umfangreichen Problem zu beschäftigen. Wir mußten damals ernstlich mit einem militärischen oder politischen Schachzug der Westmächte auf der Iberischen Halbinsel rechnen. Es galt deshalb, rechtzeitig alle entsprechenden geheimdienstlichen Vorbereitungen zu treffen, das heißt genügend Ausweichstellen in Portugal und Spanien zu schaffen. Die Zentrale in Berlin mußte unter allen Umständen weiterhin mit Informationsmaterial aus diesem Raum beliefert werden. Ich besuchte eine solche Ausweichstelle, die sich in einer angekauften portugiesischen Villa befand. Die aus Draht gefertigte Wäscheleine, auf der lustig die blauen Hosen des Gärtners zum Trocknen flatterten, war die Antenne eines Senders, der mich wenige Minuten später mit der Zentrale in Berlin verband. Überdies hatte ich mich um die Sicherung der portugiesischen Wolframgruben zu kümmern, an denen Deutschland wirtschaftlich sehr stark interessiert war. Es kam schließlich dazu, daß wir eine größere Zahl ausgebildeter deutscher Mitarbeiter und Spezialisten für die Sabotagebekämpfung in den Gruben selbst einbauten, um jede Stockung der Lieferungen an Deutschland so lange wie möglich zu verhindern.

Die Sicherung unserer Abwehr auf der Iberischen Halbinsel war vor allem auch deshalb wichtig, weil Spanien und Portugal das Glacis für unsere geheimdienstliche Arbeit in Südamerika bildeten. Im Gegensatz zu Nordamerika war uns die Organisation eines Geheimdienstes in der südlichen Hemisphäre besser gelungen. Wir hatten ein hervorragendes Funknetz sowie einen regelmäßig arbeitenden Kurierdienst aufbauen können. Mit Hilfe einiger von uns betriebener Handelsfirmen glückte es, ein umfassendes Zuträgernetz in den spanischen Hafenstädten zu errichten. Dieser Kurierdienst ermöglichte es uns, bis zum Herbst 1944 aus allen Teilen Amerikas intakte Kuriersendungen in Empfang zu nehmen. Das war eine beachtliche Leistung, wenn man bedenkt, daß die Engländer auch sämtliche spanischen Schiffe auf hoher See anhielten, sie aufs genaueste durchsuchten oder die Schiffe wochenlang in Gibraltar festhielten, um die Besatzung zu verhören und schließlich die Kapitäne zu zwingen, andere als ihre Bestimmungshäfen anzulaufen. Dabei ist es mehr als einmal vorgekommen, daß auf hoher See Matrosen aller Nationalitäten, die nur im Verdacht standen, für den deutschen Geheimdienst zu arbeiten, von den Briten von Bord geholt und oft unschuldigerweise ohne Verfahren für den Rest des Krieges in England interniert wurden.

In Südamerika stand uns eine große Anzahl gut geschulter Mitarbeiter zur Verfügung. Für unsere Aufgaben kam uns die von der deutschen Wirtschaft seit Jahrzehnten geschaffene Einflußsphäre zugute, die es uns ermöglichte, aus zahlreichen Quellen persönlicher und materieller Art zu schöpfen. Begünstigt wurde unsere Situation noch durch das gute Einvernehmen, das in den spanischsprechenden Ländern Südamerikas, besonders in Argentinien, zwischen den Deutschen und Einheimischen bestand.

Anders war die Situation in Brasilien. Unter der deutschfeindlichen Regierung des Präsidenten Getulio Vargas hatte dieser Staat schon verhältnismäßig kurz nach dem Eintritt der USA als einziges südamerikanisches Land Deutschland den Krieg erklärt und den Vereinigten Staaten Armee- und Flottenstützpunkte eingeräumt. Sogleich hatte sich auch das FBI, der Geheimdienst der USA, auf breiter Basis in Brasilien niedergelassen. Schon wenige Monate nach dem Kriegseintritt Brasiliens war denn auch ein großer Teil unserer in Rio arbeitenden Gruppe aufgespürt und dingfest gemacht worden. Die wichtigsten Mitarbeiter aber waren der Fahndung entgangen, und es gelang ihnen, sich auf abenteuerlichen Wegen nach Paraguay durchzuschlagen und von dort aus ihre Arbeit fortzusetzen.

Die übrigen südamerikanischen Länder hatten sich bis dahin weder durch massiven Druck noch durch wirtschaftliche Versprechungen dazu bringen lassen, in die Linie der Alliierten gegen Deutschland einzuschwenken. In diesen Ländern haßte man jegliche Bevormundung und wies jede Form einer angelsächsischen Abhängigkeit zurück. Hier konnten wir unsere Arbeit denn auch mehr oder weniger reibungslos bis Mitte 1944 fortsetzen. So vermochte ich selbst mit Angehörigen der argentinischen Wehrmacht über den Aufbau eines neutralen Luftverkehrsnetzes zu verhandeln. Wir dachten daran, Argentinien deutsche Langstreckenflugzeuge zur Verfügung zu stellen, die von Spanien aus die Route bis Buenos Aires im Non-stop-Flug hätten zurücklegen können. Die Besprechungen entwickelten sich so günstig, daß der Plan durchführbar schien. Es gab sogar englische Strohmänner, die, um sich in dieses Geschäft einzukaufen, bereit waren, das Benzin zur Verfügung zu stellen. Inzwischen war aber unsere Flugzeugindustrie nicht mehr in der Lage, solchen Anforderungen zu genügen.

Als schließlich die Argentinier doch dem Druck der Alliierten weichen mußten und die Beziehungen zum Deutschen Reich abbrachen, begann der regelmäßige Informationsaustausch nach und nach zu versiegen. Aber auch in Argentinien gelang es einem Teil unserer Gruppe, sich einer Verhaftung zu entziehen. Zu den besten Männern gehörte ihr Leiter B., ein Meisterspion, den die Angloamerikaner noch im Jahre 1946 vergeblich suchten. Mit wieviel Mut und Zähigkeit B. Gefahren begegnete, zeigte er einmal während einer Reise über den Ozean. Auf der Rückfahrt von Europa hielt er sich, um den scharfen englischen Kontrollen zu entgehen, tagelang bei mörderischer Hitze im Bunker eines spanischen Schiffes versteckt, vergraben unter einer fast zwei Meter dicken Kohlenschicht. Außer dem zuverlässigen Steuermann und einem Matrosen wußte niemand etwas von dem blinden Passagier, denn die Engländer hatten vielfach zahlreiche eigene Vertrauensleute auf neutralen Schiffen eingebaut. Und obwohl B. all die Zeit ohne Wasser und Nahrung blieb, kam er wohlbehalten durch.

Ehe ich nach Berlin zurückreiste, hatte ich noch eine Begegnung mit dem argentinischen Jugendführer G., der zu jener Zeit den Stand der Jugendorganisationen, mehr aber noch die politische Situation in Spanien, Portugal, Italien und Deutschland studierte. Durch meine Vermittlung konnte G. damals Teile der spanischen Blauen Division an der Ostfront besuchen. Es gelang mir auch, eine Unterredung zwischen ihm und Himmler zu arrangieren. G., der überzeugter Katholik war, äußerte nach dieser Unterhaltung mir gegenüber: »In einigen Punkten scheint Herr Himmler recht aufgeschlossen und kompromißbereit zu sein, aber aus seiner gesamten Grundhaltung spricht doch eine andere Welt.« Er blickte eine Weile sinnend vor sich hin und fügte hinzu: »Ich glaube, Deutschland will zuviel auf einmal leisten. Nach außen steht es in einem Kampf gegen eine ganze Welt von Feinden, gleichzeitig will es im Innern ein neues geistiges Fundament schaffen, wobei es sich aber nicht auf seine bewährte Tradition zu stützen gedenkt.«

MEINE VERSUCHE UM EINEN KOMPROMISSFRIEDEN

Geheimdienstliche Maßnahmen für den Fall einer Invasion – Ich weihe Himmler ein – Seine Reaktion – Ich werde ins Hauptquartier nach Shitomir befohlen – Himmlers Leibarzt als Verbündeter – Mein erstes offenes Gespräch mit Himmler wegen einer Kriegsbeendigung – Voraussetzungen und Grenzen einer Kompromißbereitschaft – Himmler erteilt mir entsprechende geheime Vollmachten

Obgleich unsere Rüstungsindustrie bislang noch weitgehend vor der Vernichtung durch Luftangriffe verschont geblieben war und Tag und Nacht auf immer höheren Touren arbeitete, ging ich ab Mitte 1942 vorsorglich dazu über, in verschiedenen Ländern sogenannte R.- oder I.-Netze (Rückzugs- und Invasionsnetze) aufzubauen. Es handelte sich hierbei um geheimdienstliche Meldeköpfe, die – nur unter sogenannten »Leitstellen« zusammengefaßt – organisatorisch und personell selbständig arbeiteten und weitgehend mit zuverlässigen Einheimischen besetzt waren. Diese Sicherungsmaßnahmen waren nur für den Fall gedacht, daß die betreffenden Länder der deutschen Macht- oder Einflußsphäre entzogen werden sollten.

Ich hatte meine Vorkehrungen zunächst ohne Wissen Himmlers getroffen; sie belasteten den Geheimdienst aber schließlich devisen- und arbeitsmäßig so stark, daß ich mich denn doch entschloß, Himmler hierüber zu informieren. Ich mußte allerdings erwarten, daß er mich weniger wegen meiner Eigenmächtigkeit als wegen der solchen Präventivmaßnahmen zugrunde liegenden Zweifel am Endsieg zurechtweisen würde. In der Tat zeigte Himmler auch während meines Vortrages ein erhebliches Mißtrauen. Unter anderem wurde ich von ihm als Pessimist, ja sogar als Defätist bezeichnet. Ich vermochte mich aber schließlich doch durchzusetzen, jedoch mußte ich ihm versprechen, daß in der offiziellen Berichterstattung, die für Hitler bestimmt war, von den R.- und I.-Netzen kein Wort erwähnt würde.

Was mich aber im damaligen Zeitpunkt außerdem noch besonders beunruhigte, war die Tatsache, daß unsere oberste Führung durch die Enge ihrer politischen Einstellung die wahre Situation verkannte. Meine Berichte über das Kriegspotential der Vereinigten Staaten wurden trotz der immer wieder beim Geheimdienst einlaufenden Bestätigungen nach wie vor negiert, man verschanzte sich unberührt hinter dem Dogma. Nicht anders erging es mir mit einem ausführlichen Gutachten über das wirkliche Rüstungspotential der Sowjets und die Stärke der russischen Armee, das ich in allen Einzelheiten durch entsprechende Unterlagen unterbaut hatte. Es mag nun sein, daß ich mich in dem Votum zu weit vorgewagt hatte. Denn als Hitler diesen Bericht las, ließ er erregt Himmler zu sich kommen – mit der Folge, daß dieser nunmehr anordnete, die verantwortlichen Sachbearbeiter seien wegen Defätismus sofort einzusperren. Erst nachdem auf meine Bitte Staatssekretär Backe, der als Rußlandkenner eine gewisse Autorität besaß, interveniert hatte, gab mir Himmler die Möglichkeit, mich mündlich zu rechtfertigen.

Diese Aussprache gestaltete sich anfangs äußerst turbulent. Himmler beschimpfte sämtliche Sachbearbeiter des Berichts, nannte die Spezialisten des Wannsee-Instituts – an der Spitze Professor A. – NKWD-Spitzel, und nicht zuletzt attackierte er auch mich. Er äußerte, die Bürde meines Amtes sei mir doch wohl zu schwer geworden, denn ich begäbe mich immer mehr unter den Einfluß verdächtiger Mitarbeiter und ließe mich im Defätismus verstricken. Allmählich begann aber meine ruhige Argumentation doch zu wirken, und schließlich war vom Einsperren keine Rede mehr. Vor mir saß vielmehr ein nachdenklicher Himmler. »Tja«, sagte er, »wenn wir diesmal mit dem Osten nicht fertig werden, und dies ist nur möglich unter Einsatz größter Härte, dann werden wir aus der Geschichte abtreten müssen. Es wäre schrecklich, wenn Sie recht hätten, trotzdem aber darf man sich nicht schon vorher durch intellektuelle Überlegungen zur Schwäche verführen lassen.«

So schwor man weiter auf die Devise vom »totalen Sieg«, ja, man verkündete sogar, daß der Enderfolg schon nahe herbeigekommen sei. Mich aber ließ der Gedanke nicht los, wie ich trotz der bisherigen mißglückten Versuche die nüchternen Tatsachen bei Himmler zur Geltung bringen und ihm die Gefahr mangelnder Flexibilität in der Beurteilung der Weltlage immer wieder deutlich machen könnte. Ein anderer als Himmler kam nicht in Frage, denn der Weg über Ribbentrop wäre gänzlich aussichtslos gewesen. Vom Außenminister war keine Einsicht zu erwarten, er nahm, wie so viele in der Umgebung Hitlers, mit bürokratischer Genauigkeit dessen Weisungen entgegen und beschränkte sich im übrigen darauf, durch innere Machtkämpfe und Auseinandersetzungen seine Arbeitskraft und Nerven wie auch die anderer sinnlos zu verbrauchen. Nur wenige dachten daran, daß die Entwicklung des Reiches einmal geschichtlich kritisch gewürdigt werden würde; andere dachten nicht über ihre tägliche Arbeit hinaus, die sie jeden Abstand verlieren ließ. Die oberste Führung dachte leider zu viel an Geschichte, aber nur im Sinne von »Geschichtemachen« im Rahmen der Hitlerschen Ideenwelt vom »Tausendjährigen Reich«. Da ich bei Würdigung all der mir zur Verfügung stehenden Informationen und Tatsachen einen totalen Sieg Deutschlands nicht mehr für möglich hielt, wurde ich mir auch mehr und mehr klar darüber, daß es nicht genug sei, nur zu warnen, sondern daß es nunmehr auch Zeit sei, Deutschland vor dem Schlimmsten zu bewahren und durch einen Kompromiß rechtzeitig aus dem Krieg hinauszumanövrieren. So lange wir die Mittel zum Kämpfen hatten, mußte es auch noch eine Chance geben, mit Erfolg zu verhandeln. Und gerade zu jener Zeit – es war August 1942 – zeigten die eingehenden Geheimberichte eindeutig, daß zwischen Stalin und den westlichen Alliierten gewisse Spannungen eingetreten waren. Die Sowjets warteten nicht nur auf die Lieferung amerikanischer Waffen, mehr noch war ihnen an der Eröffnung einer zweiten Front im Westen gelegen, ohne daß ihre Verbündeten bisher sichtbare Anstrengungen hierfür unternommen hatten. England, zu schwach, um allein zu handeln, wartete offensichtlich noch auf die Ankunft amerikanischen Kriegsmaterials. Diese Situation – solange nämlich die Westmächte noch mit einer Invasion zögerten – schien mir geeignet, Verhandlungsfühler nach beiden Seiten auszustrecken. Daß Verhandlungen mit Rußland trotz zeitweiliger Rückschläge keineswegs aussichtslos geworden waren, hatte der von mir schon erwähnte japanische Vermittlungsvorschlag gezeigt. In jedem Falle erforderten aber alle neuerlichen Versuche die Rückendeckung seitens einer prominenten Persönlichkeit, die in der Lage war, Männern wie Ribbentrop und Bormann notfalls entgegenzuwirken. Ein solcher Machtfaktor war eben nur Himmler, der sogar – gestützt auf den ihm blindlings ergebenen SS-Orden – die Mittel zur Verfügung gehabt hätte, einen Wandel der politischen Linie in Deutschland zu erzwingen. Die Tatsache, daß ich unmittelbaren Zutritt zu ihm hatte, gab mir einige Hoffnung, mich meinem Ziel nähertasten zu können.

Es war Anfang August 1942, als ich ins Führerhauptquartier, das sich in der Ukraine befand, zum Vortrag befohlen wurde. Himmler hatte für sich und seinen Stab eine schön gelegene Offiziersschule in Shitomir belegen und sie in eine Feldkommandostelle umbauen lassen. Über Kurzwelle und Telefon bestand Verbindung mit den entlegensten Stellen Deutschlands und aller besetzten Gebiete. Um sich mit Hitler zu treffen und die Lage zu besprechen, ließ sich Himmler in seinem schweren Kommandowagen täglich über die Rollbahn fahren, die Shitomir mit Winniza verband.

Ich bestieg also abends den Kurierzug nach Warschau, um dort kurz Station zu machen. An der Spitze des »Generalgouvernements« stand damals Reichsminister Hans Frank, der alle höheren Wehrmachts-, SS- und Parteiführer, die sich auf dem Wege ins Führerhauptquartier befanden, in seinem königlichen Palast aufs beste zu bewirten pflegte. Frank hatte auch bereits eine Botschaft Himmlers für mich – dieser wünschte, ich solle mich einen Tag in Warschau ausruhen, damit mich die Reise nicht zu sehr anstrenge. Am darauffolgenden Tage sollte ich mit einem besonderen Kurierflugzeug weiterfliegen.

In der Frankschen »Residenz« traf ich zahlreiche Generäle der Wehrmacht, Kommandeure der Waffen-SS sowie höhere SS- und Polizeioffiziere. Es interessierte mich nun, einmal die Meinung dieser Männer über die Kampfkraft unserer Truppen sowie unsere militärische Lage im allgemeinen zu hören. Unter dem Eindruck der erfolgreichen Sommeroffensive im Südabschnitt der Ostfront schienen sie in keiner Weise beunruhigt, und ihre Gedanken waren ausschließlich auf ihren militärischen Einsatz gerichtet.

In der Frühe des folgenden Tages bestieg ich Himmlers Flugzeug. Von der Kabine des viermotorigen »Kondor« öffnete sich mir zum ersten Male die ungeheure Weite des russischen Raumes. Nur zuweilen bemerkte ich die Spuren des Krieges. Sie schoben sich wie verbrannte Streifen durch Wälder, Wiesen und Äcker, dazwischen lag das Land wieder Hunderte von Kilometern weit völlig friedlich und unberührt unter mir. Bei diesem Anblick und beim endlosen Gesumme der Motoren vermochte ich nachzuempfinden, welche Anforderungen an unsere Landser gestellt wurden, um diese Räume zu bewältigen. Nach unserer Landung ging die Fahrt in halsbrecherischem Tempo mit einem Kommandowagen nach Shitomir. Die Gebäude unseres Hauptquartiers waren in ordentlichen und sauberen Zustand versetzt und mit modernen Einrichtungen versehen worden. Nachdem ich mich in einem netten Zimmer mit Duschraum eingerichtet hatte, plauderte ich zunächst einmal mit Standartenführer Brandt, dem persönlichen Adjutanten Himmlers, um die augenblickliche Atmosphäre abzutasten.

Brandt war ein kleiner, unscheinbarer Mann und einer der wenigen, zu denen Himmler volles Vertrauen hatte. Sobald sein Chef in der Frühe aufgestanden war, fand sich Brandt, beladen mit Papieren und Akten, bei ihm ein. Und während sich Himmler rasierte, las er ihm zuerst das Wichtigste aus den Morgenzeitungen vor. Gab es schlechte Neuigkeiten, dann leitete Brandt diese mit den Worten ein: »Verzeihung, Reichsführer...« Auf solche Weise gewarnt, hielt Himmler einen Augenblick mit dem Rasieren inne – als Vorsichtsmaßnahme, die verhüten sollte, daß ihm vor Schreck das Messer ausrutschte.

Beim Abendessen traf ich mit Himmler selbst zusammen. Sämtliche Teilnehmer hatten in langen Hosen, weißem Hemd und (anstatt Militärstiefeln) Schuhen zu erscheinen – eine persönliche Anordnung Himmlers, auf der er bis zum Ende des Krieges bestand. Er empfing mich in bester Laune, erkundigte sich eingehend nach meinem gesundheitlichen Befinden und bedeutete mir, daß Dr. Kersten, der auch anwesend sei, mich sicherlich gern wieder mal unter seine Fittiche nehmen würde.

An dieser Stelle möchte ich etwas näher auf Himmlers Leibarzt eingehen, da er im Zusammenhang mit meinen Plänen noch eine Rolle spielen sollte. Wie ich schon erwähnte, hatte ich mich nach Heydrichs Tod auf Himmlers Wunsch hin mehrere Male zu Dr. Kersten begeben, der seit Kriegsbeginn mehr und mehr der »Schatten« Himmlers geworden war. Ohne ihn glaubte dieser einfach nicht gesund bleiben zu können. Kersten war Himmler seinerzeit von dem Generaldirektor des deutschen Kalisyndikats empfohlen worden. Es hieß, er habe schon die Königin der Niederlande, Wilhelmina, sowie eine ganze Reihe bekannter Industrieller aus aller Welt mit Erfolg behandelt. Er verfügte zweifellos über eine außergewöhnliche magnetische Begabung, im übrigen war er auch ein sehr interessanter und vielseitiger Mann, der sich durch eigenen Unterricht und sein einzigartiges Talent emporgearbeitet hatte. Seine Behandlung bestand in der Massage von Nervenkomplexen, die er mit den Fingerspitzen erfühlte. Indem er so den Blutkreislauf erhöhte, vermochte er das gesamte Nervensystem wieder zur normalen Funktion zu bringen. Kopfschmerzen sowie Neuralgie konnte er innerhalb weniger Minuten beseitigen. Kein Wunder, wenn Himmler während der nervenbelastenden Kriegsjahre immer mehr in die Abhängigkeit Kerstens geriet und dieser einen nicht unerheblichen Einfluß auf seinen Patienten auszuüben vermochte. Gelegentlich erzählte mir Himmler einmal, der Doktor könne auch durch seine Behandlung die Art der nervösen Reaktionen sowie die nervlichen Energien eines Menschen »erfühlen« und auf diese Weise seine körperlichen und geistigen Fähigkeiten beurteilen. Deshalb lasse er jeden, den er für wichtig halte, einer Art Testverfahren durch Kersten unterziehen.

Äußerlich betrachtet, war Kersten ein wenig anziehender Mensch - eine runde, dicke Erscheinung, die meiner Schätzung nach einiges über zweihundert Pfund wog. Auch hätten seine massigen Hände niemals die Sensibilität seiner Fingerspitzen vermuten lassen. Zudem hatte er seltsame schwarze Ringe um die Iris seiner hellblauen Augen, die den Betrachter oftmals irritierten, da sie ihm zeitweilig einen fast schlangenhaften Eindruck vermittelten. In seiner Art, sich zu geben, war er gutherzig und freundlich, ja meistens sogar jovial. Er hatte nur eine Leidenschaft – er war ein fanatischer Geschäftemacher. Alles was »unter Preis« erworben werden konnte, beispielsweise ein Dutzend Uhren oder Feuerzeuge, kaufte er. Daneben hatte er noch eine Schwäche für Hintertreppenklatsch. Dadurch, und gewiß auch weil ihn viele um seine Stellung beneideten, zog er sich im Laufe der Zeit nicht wenige Feinde zu. Manche äußerten sogar den Verdacht, daß er Agent des britischen Geheimdienstes sei. Als ich Himmler einmal darauf ansprach, sagte er: »Du lieber Gott, dieser fette Bursche – er ist doch viel zu gutherzig und würde mir nie weh tun wollen. Doch wenn Sie der Sache nachzugehen wünschen – gut, dann ist das Ihre Angelegenheit. Vermeiden Sie aber, ihn aufzuregen.«

Zweifellos würden Kaltenbrunner (ab Januar 1943 der Nachfolger Heydrichs) und Müller auch Kerstens Sturz zuwege gebracht haben, doch Himmlers wegen wagten sie sich nicht an ihn heran. Und so kam Kersten, nicht zuletzt auch dank der Unterstützung, die ich ihm im Hinblick auf meine Pläne zuteil werden ließ, unbehelligt davon. Um nun aber zu meiner Unterredung mit Kersten in Shitomir zurückzukommen – es zeigte sich, daß er meinen Ideen hinsichtlich einer vorzeitigen Kriegsbeendigung voll und ganz zustimmte. Er sagte mir sogar unverzüglich zu, seinen Einfluß auf Himmler in dieser Richtung geltend zu machen. Überdies machte er mir Mut, ruhig schon selber ein wenig bei Himmler vorzustoßen, da ich, wie er wisse, bei diesem einen Stein im Brett hätte. Ich meinerseits versprach Kersten, ihn gegen Müller zu schützen.

Während des Essens am ersten Abend meines Aufenthaltes in Shitomir unterhielt sich Himmler über alles andere, nur nicht über den Krieg – er sprach von Indien, wobei er verschiedene Gesichtspunkte der indischen Philosophie berührte, und lenkte schließlich zu einem seiner Steckenpferde, den mittelalterlichen Hexenprozessen, über. Lebhaft schilderte er die neuerlichen Forschungsergebnisse und entrüstete sich darüber, daß so viel »gutes deutsches Blut« – gemeint waren die Tausende von »Hexen« – in abergläubischer Weise vergossen worden sei.

Hiervon ausgehend, kam er dann auf die Katholische Kirche und die spanische Inquisition als »wesentliches Charakteristikum primitiven Christentums« zu sprechen.

(In Wirklichkeit, wie ich aus seinen späteren Schilderungen deutlich merkte, bewunderte er die Katholische Kirche. So erinnerte er sich auch öfters, wie er als kleiner Junge, »gläubig und voller Gottvertrauen«, noch selbst die heilige Messe ministrierte. Wie ich aber schon einmal erwähnte, gingen – sobald er über den Katholizismus dozierte – seine Vaterhaß- in Kirchenhaßkomplexe über.)

Am folgenden Morgen ließ mich Brandt zum Vortrag rufen. Es hieß, Himmler plane am Nachmittag zu Hitler nach Winniza zu fahren und wünsche, von mir zuvor über den Stand der chinesisch-japanischen Kompromißverhandlungen informiert zu werden. Meine Berichterstattung nahm fast den ganzen Vormittag in Anspruch. Zum Schluß fragte mich Himmler plötzlich: »Sie sehen so ernst aus, ist Ihnen nicht wohl?« – »Im Gegenteil, Reichsführer«, erwiderte ich, »die Behandlung durch Kersten hat mich beträchtlich aufgemöbelt.« Himmler sah mich einen Moment forschend an und meinte, es sei erfreulich, zu hören, daß ich mich mit Kersten so gut verstünde. Ich entschloß mich nun, direkt auf mein Anliegen loszugehen.

»Ich weiß«, sagte ich, »wie sehr Ihre Zeit beansprucht ist, doch hätte ich Sie gern über den wichtigsten Teil meines Berichts noch gesprochen. Aber ich möchte nicht damit beginnen, ehe ich nicht weiß, ob Sie Zeit genug haben, mich in Ruhe anzuhören.«

Himmler zeigte sich jetzt ein wenig nervös. »Etwas Unangenehmes – etwas Persönliches?«

»Nichts dergleichen – ich möchte Ihnen nur eine Angelegenheit vortragen, die vielleicht eine schwierige Entscheidung verlangt.« In diesem Moment kam Brandt ins Zimmer. Himmler gab ihm einige Anweisungen und sagte mit einem Blick auf mich, daß er seine Fahrt nach Winniza zu verschieben gedenke und ich mich am Nachmittag wieder bei ihm einfinden solle.

Beim Mittagessen erschien Himmler erstaunlich aufgeräumt. Ich vermutete, daß sich dahinter wieder einmal nur die Zwiespältigkeit seiner unausgeglichenen Empfindungen verbarg, die er abzureagieren wünschte. Manchmal geschah dies durch forcierte Härte oder, wie jetzt, in einer amüsanten und liebenswürdigen Form.

Nach dem Essen ließ er mich sofort in sein Arbeitszimmer rufen. Er stand, was er selten tat, von seinem Schreibtisch auf, kam auf mich zu und fragte, ob ich etwas zu trinken wünschte. Dann lud er mich zum Sitzen ein und zündete sich eine Zigarre an – gleichfalls ein ganz ungewöhnlicher Vorgang.

»Nun bitte, beginnen Sie«, sagte er höflich.

Ich bat wegen des besonderen Gegenstandes, den ich zu erörtern wünschte, um die Erlaubnis, etwas weiter ausholen zu dürfen. Himmler nickte. Nun begann ich ihm eine kleine Episode aus meiner Referendarzeit zu erzählen und schilderte, wie ich mich einmal eines sehr schwierigen juristischen Falles zu entledigen suchte, indem ich mich, solange es ging, davor drückte und dann das Votum für das Urteil überhastet zusammenschrieb. Danach habe mich der Präsident des Gerichts rufen lassen und erklärt, daß ich mit diesem meinem Bericht zwei Eigenschaften gezeigt hätte – die eine, pünktlich gewesen zu sein, die andere – dies in ironischem Ton -, sehr schnell gearbeitet zu haben. Er wolle mir nun ein paar gute Ratschläge erteilen, von denen er hoffe, daß ich sie in Zukunft beherzige. Sachlich wies er darauf hin, daß der Prozeßstoff verschiedene Schlußfolgerungen zugelassen hätte. Anstatt nur ein Gleis zu befahren und nur eine Lösung ins Auge zu fassen, hätte ich bei ruhiger Überlegung eine Alternativentscheidung erwägen müssen. Nicht nur in der juristischen Praxis, so habe er hinzugefügt, sondern auch später im Leben würde ein Mensch so verschiedenartigen Problemstellungen begegnen, daß es immer gut sei, sich an die Möglichkeit einer Alternativlösung zu erinnern. -

Himmler sah mich hinter den gleißenden Augengläsern mit einer Mischung von Neugier und Mißtrauen verwundert an. Ich hielt seinem Blick stand und fuhr fort: »Ich habe diese Worte in der Tat nie vergessen, und sie brachten mich schließlich dazu, nun an Sie, Reichsführer, eine ähnliche Frage zu stellen.« Ich holte noch einmal tief Luft, und dann sagte ich:

»Darf ich so kühn sein, Reichsführer, Sie zu fragen: In welcher Ihrer Schreibtischschubladen haben Sie eine Alternativlösung zur Beendigung des Krieges?«

Himmler saß nun völlig entgeistert vor mir, und es dauerte eine bedrückende Weile, ehe er die Worte zu einer Entgegnung fand. »Sind Sie plötzlich verrückt geworden?« Seine Stimme überschlug sich fast. »Haben Sie die Nerven verloren? Wie können Sie es überhaupt wagen, so mit mir zu sprechen?«

Ich wartete, bis die erste Erregung verebbt war. Dann erwiderte ich: »Ich wußte, Reichsführer, daß Sie so reagieren würden. Ich hatte sogar geglaubt, es würde noch schlimmer kommen.«

»Sie haben zuviel gearbeitet; Sie sollten einige Wochen auf Urlaub gehen.« Seine Stimme war schon weniger laut und gereizt, und so fühlte ich mich ermutigt, weiterzureden. In großen Zügen skizzierte ich das augenblickliche Kräfteverhältnis der am Krieg beteiligten Staaten, wie sich dies aus meinen Unterlagen ergab. Während ich sprach, merkte ich, daß meine Ausführungen sein Interesse erweckten. Hin und wieder nickte er, ohne mich jedoch zu unterbrechen.

»Selbst ein Mann wie Bismarck«, sagte ich abschließend, »hielt auf der Höhe seiner Macht stets eine Alternativlösung bereit. Deutschland steht heute noch auf dem Gipfel seiner Macht und hätte noch gute Chancen, seine Gegner zu einem Kompromiß zu bewegen.«

Himmler stand auf und schritt nachdenklich im Zimmer auf und ab. »Solange ein Ribbentrop den Führer berät, kann unmöglich etwas dergleichen geschehen.« Diese Worte fielen wie in einem Selbstgespräch. Ich hakte sofort ein, ehe Himmler wieder vor seinem eigenen Mut davonlief. Denn wenn es mir jetzt nicht gelang, ihn auf einen Willensentschluß festzulegen und ihm eine bindende Zusage abzuringen, mußte ich nach seiner Charakterveranlagung damit rechnen, daß er wenig später unter dem Einfluß Hitlers wieder reumütig in Zwiespalt und Entschlußlosigkeit zurückfallen würde. Daher bekräftigte ich sofort die seiner Äußerung zugrunde liegende Meinung, daß Ribbentrop untragbar geworden sei und gehen müsse.

»Er hat meine Gedankengänge in außenpolitischen Dingen immer abgelehnt und sich ihnen entgegengestellt«, erwiderte Himmler. Hier schürte ich seinen Unwillen noch ein wenig, indem ich ihn an das Scheitern der Vermittlungsbemühungen Japans zwischen Deutschland und Rußland sowie an unsere Vermittlungsversuche zwischen Japan und China erinnerte, die allein an Ribbentrops Eigensinn und Kurzsichtigkeit gescheitert seien. Ich erwähnte dann auch noch die Meldung, daß die Sowjets in ihren Industriekombinaten nunmehr chinesische Arbeitskräfte einsetzten.

Himmler schritt langsam auf seinen Schreibtisch zu, auf dem ein großer Weltglobus stand. Er strich mit der Handfläche über den riesigen sowjetischen Raum, dann drehte er den Globus zurück und wies mit dem Zeigefinger auf das kleine Anhängsel Deutschland. »Wenn wir verlieren, dürfte es wohl kaum noch eine Rettung geben«, sagte er. Dann machte er die gleiche Handbewegung über China: »Und was wird geschehen, wenn Rußland sich eines Tages mit China verbindet? Vielleicht mit dem Ergebnis einer Rassenmischung?«

Nach einer nachdenklichen Pause fielen dann die Worte: »Gott strafe England!« Danach kehrte er sich zu mir um und fragte: »Wie werden sich Ihre Ideen in der Praxis auswirken? Und wie wollen Sie wissen, daß die ganze Geschichte nicht wie ein Bumerang auf uns zurückkommt? Es wäre doch wohl möglich, daß sich die Westmächte daraufhin erst recht beeilen würden, sich mit dem Osten abzustimmen.«

»Wenn die Verhandlungen richtig eingeleitet werden, könnte gerade diese Möglichkeit verhindert werden«, entgegnete ich.

»Und wie wollen Sie vorgehen?«

Ich erläuterte nun, daß dies niemals durch offizielle Kanäle konventioneller Diplomatie geschehen könne; dafür müsse man schon den politischen Sektor des Geheimdienstes einschalten. Im Falle eines Mißlingens könnten dann die Beteiligten diskreditiert und fallengelassen werden. Andererseits sei es für die Gegenseite wichtig, zu wissen, daß diejenige Person, mit der sie es zu tun hätten, auch wirklich Autorität hinter sich habe. Wenn er, Himmler, bereit sei, eine solche Person zu bestimmen, und zugleich verspreche, Ribbentrop bis zum Jahresende aus seinem Amt als Außenminister zu entfernen, dann könne ich versuchen, mit den Westmächten Kontakt aufzunehmen. Ribbentrops Beseitigung würde der Beweis dafür sein, daß ein neuer Wind wehe, und unserm Vorschlag den notwendigen Rückhalt geben.

Hier unterbrach mich Himmler. »Vielleicht könnte ich Hitler dazu bringen, sich von Ribbentrop zu trennen, sofern ich der Unterstützung Bormanns sicher wäre. Aber wir dürfen Bormann auf keinen Fall in einen solchen Plan einweihen. Er wäre dazu fähig, alles herumzudrehen und zu behaupten, wir wollten mit Stalin paktieren.« Nachdenklich drehte er dann den Schlangenring um den Finger – ein Zeichen, daß er sich wirklich konzentrierte.

»Glauben Sie wirklich, daß ein Wechsel des Außenministers in den Augen unserer Gegner ein hinreichender Beweis für einen neuen Kurs der deutschen Politik wäre?«

Ich stimmte sofort zu.

»Und würde es möglich sein, einen solchen Plan zu starten, ohne daß unsere Gegner dies als Schwäche unsererseits auslegen?«

Ich erläuterte ihm nun noch einmal genau den Weg, den ich zu gehen gedachte. Himmler nickte zwischendurch und schien meinen Gedanken zuzustimmen. Plötzlich wandte er sich um und betrachtete eine an der Wand hängende Karte von Europa. Nach einer Weile sagte er: »Bis jetzt haben Sie mir nur die Notwendigkeit einer Alternativlösung an sich erläutert. Nun wollen wir einmal die konkrete Grundlage besprechen, auf der Kompromißverhandlungen überhaupt geführt werden könnten. Fangen wir mit den Briten an.«

»Nach den mir vorliegenden Informationen werden die Engländer«, so erklärte ich, »darauf bestehen, daß wir zumindest den Norden Frankreichs wieder freigeben. Denn sie würden wohl niemals deutsche Geschützbatterien an der Küste von Calais dulden.«

»Und meinen Sie, daß unter bestimmten Voraussetzungen eine Allianz mit unserem Brudervolk möglich wäre?«

Ich zuckte die Schultern und sagte: »Das wird ein weiter Weg sein.«

»Und wie steht es mit den germanischen Gebieten auf dem Festland – mit Holland und Flandern?«

»Wir werden wohl den früheren Zustand dieser Länder wieder herstellen müssen«, entgegnete ich .»Dabei könnte man ja« – hier spielte ich auf seine Rassenpolitik an – »die gesinnungstreuen Elemente auf deutschem Gebiet ansiedeln.«

Himmler zeichnete mit seinem Grünstift auf der Karte herum und hatte bereits Holland, Teile von Belgien und Nordfrankreich als Verhandlungsobjekte markiert. – »Und Frankreich?« fragte er zögernd.

»Hier schwebt mir eine Lösung vor, die auf einen wirtschaftlichen Zusammenschluß deutsch-französischer Interessen hinzielt. Allerdings muß Frankreichs eigenes politisches Gesicht wiederhergestellt werden. Man sollte das deutsch-französische Verhältnis nicht aufs neue mit doktrinären Vorurteilen oder politischen Ressentiments belasten. Das gilt auch für das Elsaß. Sie wissen, ich selbst stamme aus Saarbrücken und weiß aus Erfahrung, wie verfehlt es von Frankreich war, sich die Saar nach dem ersten Weltkrieg einzuverleiben.«

»Aber«, warf Himmler mißbilligend ein, »das Elsaß hat einen großen Teil deutschen Blutes, das noch kaum von französischem Kultureinfluß berührt ist.« Schließlich aber zog er, wenn auch widerwillig, doch einen grünen Halbkreis um Frankreich herum. Wir streiften anschließend kurz die Schweiz und Italien, und dann – mit dem Stift auf Österreich gerichtet – sagte er spontan: »Aber das bleibt unser.«

Danach betrachtete er nachdenklich die Tschechoslowakei.

»Und was geschieht hiermit?«

»Das Sudetenland wird politisch und verwaltungsmäßig beim Reich bleiben. Die Tschechei und die Slowakei sollten autonome Regierungen erhalten, aber wirtschaftlich mit dem Reich verbunden werden. Ich glaube, daß dies auch für ganz Südosteuropa die beste Lösung wäre – einschließlich von Kroatien, Serbien, Bulgarien, Griechenland und Rumänien.« Und während ich noch erläuterte, unterbrach er mich: »Das gerade würde auf lange Sicht wieder auf einen wirtschaftlichen Wettlauf mit Großbritannien hinauslaufen, und dann wird es dieselben alten Spannungen geben wie bisher.«

Wir sprachen nun über Polen und die baltischen Staaten.

»Das polnische Volk wird für uns arbeiten müssen«, sagte er im Befehlston, »und hier muß ein Expansionsgebiet für Finnland geschaffen werden« – wobei er mit dem Grünstift auf die baltischen Staaten deutete. »Die Finnen sind zuverlässige Leute. Diese nördliche Ecke dürfte uns deshalb weniger Kopfschmerzen bereiten.« Darauf blickte er auf Rußland. Es entstand eine längere Pause.

»Wenn ich Sie richtig verstehe«, nahm er das Gespräch wieder auf, »so müßte unser gesamter Gebietsgewinn im Osten als Faustpfand bei künftigen Verhandlungen mit Rußland in die Waagschale geworfen werden.«

»Ja, Reichsführer.« Ich erinnerte ihn in diesem Zusammenhang an die Worte des französischen Ministerpräsidenten Laval, der einmal Hitler gegenüber geäußert hatte: »Herr Hitler, Sie führen einen großen Krieg, um ein neues Europa zu bauen, aber Sie sollten zuerst ein neues Europa bauen, um Ihren großen Krieg [gemeint war: gegen Rußland] führen zu können.«

»Ein Kompromißfrieden«, fuhr ich fort, »müßte natürlich so beschaffen sein, daß er Deutschland in die Lage versetzt, sich auch künftig dem Osten gegenüber behaupten zu können.«

Unsere Unterredung hatte sich bis in die Nacht hingezogen. Ich hatte aber schließlich erreicht, daß Himmler bereit war, sich von nun an selber aktiv in das außenpolitische Spiel einzuschalten. Er versprach mir sogar durch Handschlag, daß Ribbentrop bis Weihnachten (1942) seines Postens enthoben werden würde. Überdies erteilte er mir die grundsätzliche Erlaubnis, über die dem Auslandsnachrichtendienst zur Verfügung stehenden Kanäle Verbindungen zum Westen aufzunehmen.

»Ihr Plan hat meine Genehmigung«, sagte er zum Schluß, »jedoch mit der Bedingung, daß ich Sie, wenn Sie einen ernsthaften Fehler bei den entsprechenden Vorbereitungen machen sollten, wie ein heißes Stück Kohle fallen lassen werde.«

Damit hatte mir Himmler Handlungsfreiheit gegeben – das war mehr, als ich überhaupt zu hoffen gewagt hatte. Doch damals wurde mir noch nicht voll bewußt, wie sehr die Realisierung dieser Entscheidung durch außerhalb meiner Kontrolle liegende Faktoren beeinflußt werden könnte. Auch hatte ich nicht bedacht, daß Himmlers wechselhafter Charakter nur allzu oft seine zeitweilig besten Absichten plötzlich wieder ins Gegenteil verkehrte.

In jedem Falle hatte er mir eine Startmöglichkeit gegeben, und von nun an waren meine wesentlichen Gedanken und Anstrengungen darauf gerichtet, Deutschland aus der Sackgasse des Zweifrontenkrieges herauszubringen. Gewiß, ich war damals noch ein zu großer Idealist und glaubte fest an meinen Erfolg. In Wirklichkeit begann aber jetzt eine lange Kette von Enttäuschungen, zu selten nur von einem kurzen Aufflackern hoffnungsvollerer Ausblicke unterbrochen. Und am Ende mußte ich mir eingestehen, daß ich doch nur ein allzu kleines Rädchen in der großen Maschinerie der ganzen Entwicklung gewesen war.

BORMANN – MÜLLER

Verhältnis Himmlers zu Bormann – Charakterbild Bormanns – Müller über die geistige deutsche Führungsschicht – Sein politischer Frontwechsel

Seit dem Sommer 1942 war es zwischen Himmler und Bormann zu wachsenden Spannungen gekommen. Es ging um den ersten Platz in der Gunst des Führers. Die Gegensätze zwischen diesen beiden großen Rivalen waren äußerlich wie charakterlich so stark – während Bormann einem angriffslustigen Keiler im Kartoffelfeld glich, kam mir demgegenüber Himmler wie ein Storch im Salat vor -, daß letzterer wohl nie zu einer Ausschaltung seines Gegners in der Lage gewesen wäre. Hinzu kam, daß Himmler ständig durch taktische Fehler Angriffsflächen bot, die Bormann geschickt auszunützen versuchte. So erhielt Bormann einmal einen nicht ungefährlichen Trumpf dadurch in die Hände, daß Himmler die Parteikanzlei wegen eines persönlichen Darlehns anging.

Himmler lebte von seiner Frau, die ihm eine Tochter geschenkt hatte, getrennt. Einer Scheidung stand er aber ablehnend gegenüber – nicht nur, wie er mir später einmal erzählte, wegen des gemeinsamen Kindes, sondern auch aus grundsätzlichen Gründen. Er wollte die Frau (die viele Jahre älter war als er, ihn aber schon vor der Ehe als Krankenschwester aufopfernd gepflegt hatte) nicht durch eine Scheidung beiseite schieben und so den Eindruck erwecken, als wäre sie ihm nicht mehr gut genug. Nebenher unterhielt er jedoch ein Verhältnis mit einem Mädchen, das ihm außerehelich zwei Kinder geboren hatte, an denen er mit großer Zuneigung hing. Er tat alles, was ihm im Rahmen seines Beamtengehaltes möglich war, um für diese Kinder zu sorgen. Und nun sah der Mann, der neben Hitler die größte Machtstellung im Dritten Reich besaß und der durch seine mannigfachen Wirtschaftsorganisationen und sonstigen Querverbindungen über Millionen hätte verfügen können, plötzlich Schwierigkeiten darin, wie er den Unterhalt für seine Familie sowie seine außerehelichen Kinder sicherstellen könnte. Er ließ sich nun ausgerechnet von seinem Rivalen Bormann aus Geldern der Partei ein zu amortisierendes Darlehn in Höhe von etwa achtzigtausend Reichsmark geben. Später erkundigte er sich bei mir, ob er hinsichtlich der Zinsen auch nicht übervorteilt worden sei. Die Gefahr dieser Situation erkennend, schlug ich Himmler damals die sofortige Ablösung der Summe durch eine Barzahlung vor. Da es sich um ein Baudarlehen handelte, hätte man durch Hypotheken oder Umschreibungen andere Sicherungen schaffen können. Er lehnte jedoch resigniert mit den Worten ab: »In dieser ureigenen Privatsache wollte ich besonders korrekt sein und niemanden sonst darauf ansprechen.« Als ich ein andermal ausführlich mit Himmler über sein angespanntes Verhältnis zu Bormann sprach, meinte er, der Führer habe sich so an diesen Mann und seine Arbeitsweise gewöhnt, daß es sehr schwer sei, seinen Einfluß zu dämmen oder sein Tätigkeitsgebiet zu beschneiden. »Ich werde einfach durch diese Tatsache gezwungen, mich immer wieder mit Bormann zu arrangieren, obwohl aller Anlaß bestünde, ihn aus seiner Stellung hinauszumanövrieren. Ich betrachte ihn auch für viele Fehlentscheidungen Hitlers als mitverantwortlich.«

Ich habe mich später oft gefragt, worin nun der eigentliche Ursprung der Machtposition Bormanns, dieses ehemaligen mecklenburgischen Gutsverwalters, bestand. Äußerlich hatte er wenig Einnehmendes an sich. Er war ein stämmiger, untersetzter Typ mit vorgeschobenen runden Schultern und einem Ansatz zum Stiernacken. Den Kopf hielt er stets ein wenig nach vorn, so als ob der Widerstand der Nackenmuskeln zu stark wäre. Ich mußte bei seinem Anblick oft an einen Boxer denken, der mit vorgeschobenem Oberkörper und schnellem Augenspiel seinen Gegner belauert und dann plötzlich auf ihn losgeht. Gewiß spielte bei der Frage nach seinem großen Einfluß auf Hitler die politische Vergangenheit Bormanns eine nicht unwesentliche Rolle. Als ehemaliger Angehöriger der Schwarzen Reichswehr und Saboteur im Ruhrkampf gegen die Franzosen war er frühzeitig zur Partei gestoßen und hatte es unter der Protektion von Rudolf Heß verstanden, sich zäh und verbissen allmählich immer weiter nach vorn zu schieben. Er führte, ähnlich wie Heydrich, eine Personalkartei – eine Art politischer Auskunftsabteilung im Zusammenwirken mit dem SD-Inlandsnachrichtendienst. Bei jeder Ernennung oder Beförderung eines Beamten, eines höheren Wehrmachtsoffiziers oder Parteimitgliedes war es Bormann, der schon zur Zeit der Ära Heß auf Grund dieser Kartei ein politisches Werturteil abzugeben und dieses Machtinstrument glänzend auszunützen verstand. Mit diesem Mittel vermochte er nicht nur auf die höheren Parteistellen entsprechenden Druck auszuüben und diese in gewissem Sinne in Schach zu halten, gleichzeitig nahm er damit auch Einfluß auf die gesamte Personalpolitik aller Reichsressorts. Als dann die Stelle seines früheren Protektors Heß (des Mannes, den er für verrückt erklärt hatte) vakant geworden war, sorgte er zuerst dafür, daß er durch stetige Anwesenheit in der nächsten Umgebung Hitlers allmählich unersetzlich und zugleich Mithörer und Mitwisser sämtlicher internen Angelegenheiten wie auch aller politischen Besprechungen wurde. Überdies entwickelte er im Laufe der Zeit eine erstaunliche Geschicklichkeit, nicht nur durch sein ständiges Dabeisein, sondern auch durch rechtzeitiges Einwerfen geschickt gewählter Stichworte Hitler von unangenehmen Themen abzulenken oder ihn in eine andere Richtung zu dirigieren. Hinzu trat sein hervorragendes Gedächtnis, eine Eigenschaft, auf die Hitler ganz besonderen Wert legte. Denn je totaler sich das System entwickelte, desto schwieriger wurde es, die Fülle der Probleme durch das Nadelöhr des Hitlerschen Willens und seiner Aufnahmefähigkeit hindurchzufädeln. Mit dem zunehmenden körperlichen Verfall Hitlers stellte diese Aufgabe zweifellos große nervliche Anforderungen. Doch je gereizter und schwieriger Hitler, insbesondere während der letzten Kriegsjahre, wurde, um so unentbehrlicher machte sich der zu jeder Tages- und Nachtzeit anwesende Bormann. Durch sein Geschick der Vereinfachung wußte er auch die verworrensten und kompliziertesten Sachverhalte auf einfache Art in den wesentlichen Punkten zusammenzufassen. Er entwickelte dabei die Gabe, alles, was er vortrug, so logisch und psychologisch geschickt aufzubauen, daß am Schluß seines Vortrages die zutreffende Entscheidung auf der Hand lag. Ich habe diese Kunst nicht selten bewundert und auch versucht, mir eine ähnliche Vortragsweise anzueignen, ohne daß mir dies jedoch in ähnlicher Vollkommenheit gelungen wäre.

Während, wie erwähnt, Bormann und Himmler recht gegensätzliche Erscheinungen waren, kam Bormann nicht nur im Äußeren, sondern auch im Charakterbild einem anderen schon geschilderten Typ sehr nahe. Ich meine Müller.

Wegen der erstaunlichen Kehrtwendung, die dieser Mann eines Tages machte, muß ich noch einmal ausführlicher auf ihn zurückkommen.

Bei der Schilderung der *Roten Kapelle* bemerkte ich bereits, daß Müller schon zu jener Zeit mit dem Hintergedanken spielte, sich mehr und mehr von der Arbeit gegen den sowjetischen Geheimdienst zu distanzieren. Es war nun im Frühjahr 1943 anläßlich einer Tagung sämtlicher im Ausland tätiger Polizeiattachés in Berlin-Wannsee, als mich Müller plötzlich um eine Aussprache bat. Ich war über das höflich vorgebrachte Ansinnen um so mehr überrascht, als ich damals schon in offener Feindschaft mit ihm lebte.

Er habe sich, so begann er, seither immer wieder mit den Motiven und dem geistigen Hintergrund der Verratsfälle der *Roten Kapelle* beschäftigt. – »Ist es nicht auch Ihre Erfahrung«, fragte er mich, »daß der sowjetische Einfluß im Westen Europas nicht nur auf den kommunistisch eingestellten Arbeiterkreisen beruht, sondern auch die geistig-intellektuelle Schicht der westlichen Völker erfaßt? Ich sehe darin eine Erscheinung, die zwangsläufig aus der Situation unseres Zeitalters erwächst und die sich deshalb so auszubreiten vermag, weil sie einer geistigen Indifferenz unserer westlichen Kultur entspricht. Ich beziehe hier auch die Ideenwelt des Dritten Reiches mit ein, denn auch der Nationalsozialismus ist nur eine Art Dünger auf diesem intellektuellen Moorboden der geistigen Unsicherheit, die einen politischen Nihilismus schafft. Und im Gegensatz dazu sieht man, wie in Rußland allmählich eine einheitliche geistige und biologische Kraft kompromißlos gestaltend wirksam ist. Sie vermittelt mit dem weitgesteckten Ziel einer materiellen wie geistigen Weltrevolution dem westlichen Spannungsabfall eine Art positiver elektrischer Aufladung.«

Das waren die seltsam formulierten Worte eines Mannes, der im nationalsozialistischen Deutschland in rücksichtsloser Systematik und brutalster Härte den Kommunismus in all seinen Erscheinungsformen bekämpft hatte!

Müller lehnte sich mit vom Wein geröteten Augen in seinem Sessel zurück und betrachtete ein paar Sekunden seine dicken, fleischigen Hände. »Sehen Sie, Schellenberg«, fuhr er dann sarkastisch fort, »ich komme nur aus kleinen Verhältnissen und hatte mich von der Pike auf in harter Arbeit hochzubringen. Sie hingegen gehören zu den Intellektuellen, Sie sind deshalb einer ganz anderen Ideenwelt verhaftet und in der Entwicklung eines erstarrten Schemas konservativer Überlieferungen steckengeblieben. Doch es gibt auch Intellektuelle, die den Sprung in die andere Welt gemacht haben. Ich denke dabei an einige Männer aus der *Roten Kapelle* – beispielsweise an Schulze-Boysen oder Harnack. Dies waren auch Menschen aus Ihrer Welt, aber von ganz anderer Sorte – sie blieben nicht in Halbheiten stecken, sondern waren wirklich fortschrittliche Revolutionäre, die immer nach einer ganzen Lösung suchten und dieser Linie bis zu ihrem Tode treu blieben. Was sie erstrebten, vermochte ihnen der Nationalsozialismus mit seinen vielen Kompromissen einfach nicht zu bieten – wohl aber ein geistiger Kommunismus. Unsere intellektuelle Oberschicht mit ihrer unklaren Geisteshaltung hat der Nationalsozialismus nicht umzuformen vermocht, und in dieses Vakuum stößt nun der kommunistische Osten. Wenn wir den Krieg verlieren, so ist dies nicht sosehr eine Frage der militärischen Stärke der Russen wie vielmehr eine Frage des geistigen Potentials unserer Führungsschicht. Ich denke dabei weniger an Hitler als an die Etage unter ihm. Hätte der Führer 1933 bis 1938 auf mich gehört, dann hätte er hier zuerst einmal gründlich und rücksichtslos aufgeräumt und sich auch nicht von der Wehrmachtsführung einwickeln lassen.«

Ich wurde immer unruhiger. Worauf wollte Müller eigentlich hinaus? Er trank hastig sein Glas aus und starrte verbissen vor sich hin. Ich mußte dabei an einen anderen Ausspruch denken, den er mir gegenüber kurz zuvor einmal getan hatte: »Man sollte die gesamte Intelligenz in ein Bergwerk treiben und dieses dann in die Luft sprengen.« Ich wollte schon aufstehen, als Müller wieder zu reden begann: »Ich kann mir nicht helfen, doch ich neige immer mehr zu der Überzeugung, daß Stalin auf dem richtigen Wege ist. Er ist der westlichen Staatsführung haushoch überlegen, und wenn ich etwas zu sagen hätte, dann würden wir uns schleunigst mit ihm arrangieren. Das wäre ein Schlag, von dem sich der Westen mit seinen verdammten Heucheleien nicht mehr erholen würde!« Jetzt fing er mit bayrischen Kraftausdrücken auf den degenerierten Westen wie auch auf das Versagen der gesamten Führungsschicht zu schimpfen an. Da er eine wandelnde Kartei war und intimste Details über alle maßgebenden Persönlichkeiten wußte, gab es für mich recht interessante Eröffnungen während dieser Selbstunterhaltung. Dennoch vermochte ich ein gewisses Unbehagen kaum noch zu unterdrücken. Warum redete er mit einem Male mir gegenüber so offen über seine politische Kehrtwendung?

Ich tat, als ob ich dies alles nicht ernst nähme, und versuchte, diese gefährliche Unterhaltung ins Scherzhafte überzuleiten, indem ich sagte: »Na schön, Kamerad Müller, sagen wir doch gleich alle von jetzt ab ›Heil Stalin‹, und unser Väterchen Müller wird Amtschef beim NKWD.« Müller sah mich daraufhin böse an, betrachtete mich geringschätzig und meinte dann bissig: »Ihnen sieht man schon an der Nase an, daß Sie westlich verseucht sind.«

Nun, deutlicher konnte er wohl kaum noch mit mir reden. Ich brach jetzt das Gespräch ab und verabschiedete mich, ohne jedoch meine Gedanken von diesem merkwürdigen Müllerschen Monolog lösen zu können. Es war mir jetzt klar, daß Müller einen totalen Frontwechsel vollzogen hatte und nicht mehr an den Sieg Deutschlands glaubte. Seitdem hatte ich verstärkte Anhaltspunkte dafür, daß er mit dem sowjetischen Geheimdienst in Verbindung stand. Es überraschte mich deshalb auch nicht, als mir im Jahre 1950 ein aus russischer Gefangenschaft zurückkehrender Offizier berichtete, Müller sei 1945 zu den Sowjets übergewechselt. Er habe ihn 1948 in Moskau gesehen und später gehört, daß er kurze Zeit darauf gestorben sei.

FEHLSCHLÄGE

Fluchtversuch Horia Simas – Spannungen zwischen Hitler und Himmler – Luthers Vorstoß gegen Ribbentrop – Himmler weicht aus – Luthers Verhaftung und Ende – Kontaktaufnahme mit dem englischen Generalkonsul Cable – Ribbentrops Drohungen – Ernennung Kaltenbrunners zum Chef des RSHA – Kaltenbrunners Charakter

In Rußland hatte sich inzwischen eine Wendung des Krieges angebahnt, deren Folgen noch schwerlich abzusehen waren. An der Wolga tobte ein erbitterter Kampf um Stalingrad, der sich zu einer Katastrophe für uns zu entwickeln drohte. Auch Rommel hatte einen schweren Rückschlag in Nordafrika erlitten – er war bei El Alamein zum Rückzug gezwungen worden. Im Westen wuchs die Möglichkeit einer englisch-amerikanischen Invasion. Dies führte bei der politischen Spitze zu der Überlegung, nunmehr auch noch die letzten Reserven des deutschen Volkes zu mobilisieren und damit den »totalen Krieg« auszurufen.

All die Zeit hatte ich darauf gewartet, daß Himmler sein Versprechen, Ribbentrop ablösen zu lassen, erfüllen werde – doch vergeblich. Im Augenblick jedoch war die Atmosphäre um Himmler so gespannt, daß es auch kaum Zweck gehabt hätte, ihn daran zu erinnern und zu einer neuerlichen ruhigen Aussprache zu bewegen. Seine Position hatte sich nämlich seit einigen Monaten im Verhältnis zu Hitler infolge einiger unerwarteter Ereignisse spürbar verschlechtert, so auch durch die Flucht Horia Simas. Dem Führer der rumänischen Eisernen Garde, der sich bis dahin noch immer in deutscher Internierung befand, war es gelungen, bei Nacht und Nebel aus der SD-Schule in Bergenbrück bei Bernau zu entfliehen. Müller, der sofort eine große Suchaktion startete, hatte Himmler von der Flucht kein Wort gemeldet. Inzwischen aber hatte Ribbentrop davon erfahren, der sehr wohl wußte, daß der Komplex der Eisernen Garde ein besonders neuralgischer Punkt in den Beziehungen Himmler-Hitler war. (Seit dem bereits erwähnten Geschehen in Rumänien war Hitler von der Vorstellung besessen, daß Himmler in diesem Lande eine eigene Politik verfolge.)

Ribbentrop lief sogleich zu Hitler und erzählte ihm, daß sich der geflohene Horia Sima jetzt in Italien befinde und von dort wieder einen Putsch plane. Hitler, der Marschall Antonescu sein Ehrenwort gegeben hatte, Horia Sima nicht zu entlassen, ehe dies nicht gemeinsam beschlossen worden sei, brach in Raserei aus. Völlig ungezügelt in seiner Wut, schrie er, Himmler und ich versuchten erneut, ein Komplott in Rumänien in Gang zu setzen – und dabei fielen auch die Worte: er werde die schwarze Pest (die SS) eines Tages mit Feuer und Schwefel ausräuchern.

Zum Glück war es uns nach kurzer Zeit gelungen, Horia Sima wieder einzufangen. Allmählich begann sich dann auch die Atmosphäre zwischen Hitler und Himmler zu entspannen. Der Zwischenfall hatte jedoch die Rückwirkung, daß Ribbentrop seine Position wiederherstellen, ja noch verstärken konnte, und an eine Ablösung war vorerst wohl kaum noch zu denken.

Als ich wenig später mit Himmler darüber sprach, zeigte er sich sehr deprimiert. (Inzwischen hatte die Schlacht um Stalingrad mit einer deutschen Niederlage geendet, und in Nordafrika waren weitere Verluste eingetreten.) Als ich ihn dennoch vorsichtig an sein Versprechen erinnerte, erklärte er, daß es jetzt sowieso dafür zu spät sei. Nicht nur das Problem Ribbentrop habe inzwischen seine Aktualität eingebüßt, sondern auch alle anderen Wege seien schon zu sehr vermauert. Und nur mit größter Mühe konnte ich ihn dazu bringen, mich weiterhin für meine Verhandlungsversuche zu autorisieren. Trotz allem ließ ich den Gedanken, Ribbentrop zu stürzen, nicht fallen.

Nach der Unterredung in Shitomir hatte ich Unterstaatssekretär Luther über meine Auffassung hinsichtlich des unseligen Einflusses, den der Außenminister auf Hitler ausübte, sowie andeutungsweise über meine künftigen Pläne informiert und ihn zugleich gebeten, mir zu helfen, entsprechendes Material an die Hand zu bekommen, um den Sturz Ribbentrops zu beschleunigen. Mein Anliegen fiel auf fruchtbaren Boden. Es war nämlich in jener Zeit zwischen dem Außenminister und seinem früheren Intimus zu erheblichen Spannungen gekommen, die zum Teil privaten, zum anderen aber sachlichen Charakter trugen. So waren zwischen ihren beiden Frauen Differenzen eingetreten; überdies glaubte Luther nicht länger Ribbentrops fortgesetzten und sich immer steigernden privaten Anforderungen an den geheimen Fonds des Auswärtigen Amtes nachkommen zu können. Bislang hatte er die extravagante Lebensweise seines Chefs zu decken gesucht, aber schließlich war Ribbentrop in seinen Ansprüchen so weit gegangen, daß Luther an dessen gesundem Verstand zu zweifeln begann. Unter anderem mußten, und dies mitten im Kriege, die Tapeten in der Ribbentropschen Villa viermal gewechselt werden, weil sie farblich seinem Geschmack nicht entsprachen.

Luthers Bereitschaft, seinen Chef mit stürzen zu helfen, entsprang aber nicht nur uneigennützigen Motiven. Er äußerte, daß ihm auf diese Weise auch eine Gelegenheit geboten werde, sich bei Himmler gegen die ständigen Verleumdungen seitens der SS zu rehabilitieren und seine Beziehungen zu diesem zu verbessern.

Nun machte er allerdings einen schweren Fehler. Bei einem Empfang des italienischen Botschafters Attolico hatte sich Himmler, dem ich über das Gespräch berichtet hatte, Luther gegenüber zum ersten Male wieder von einer freundlichen Seite gezeigt. Dies ermutigte Luther, sich ohne Rücksicht auf die vielen anwesenden ausländischen Gäste an Himmler zu hängen, als ob er sein Busenfreund wäre. In diesen Dingen war Himmler jedoch überaus empfindlich. Er blieb zwar höflich, doch am folgenden Tage rief er mich sofort an und machte seinem Ärger und Unmut über ein so aufdringliches Benehmen Luft.

Kurz darauf meldete sich Luther mit seinem Berliner Jargon am Telefon: »Ik muß schon saren, Ihr Chef is in Ordnung – een Mann, mit dem man reden kann. Wat mich betrifft, soll Ribbentrop zum Teufel jehn.« In dieser Art fuhr er noch eine Weile fort, bis ich ihm erklärte, daß ich ihn am nächsten Tage sprechen möchte. Ich fürchtete nämlich, daß er in seiner Hemmungslosigkeit, ohne sich mit mir vorher noch zu verständigen, jetzt schon zu einem Schlag gegen Ribbentrop ausholen würde. Dies und sein dummes Verhalten Himmler gegenüber war das Thema unserer Unterredung, in der mir Luther hoch und heilig versprach, sich in Zukunft vorsichtiger zu verhalten und nichts Eigenmächtiges gegen den Außenminister zu unternehmen.

Wenig später – es war Ende Januar 1943 – meldete sich einer seiner Referenten bei mir und erklärte ziemlich aufgeregt, Luther habe ein Aktenstück gegen Ribbentrop zusammengestellt, in dem er unter anderem darauf hinweise, daß ernsthafte Zweifel an dem geistigen Zustand Ribbentrops bestünden und dieser kaum noch fähig sei, die Pflichten als Außenminister länger zu erfüllen. Im Vertrauen auf Himmlers und meine Unterstützung habe er diesen Bericht an verschiedene Regierungsstellen gesandt in der Hoffnung, auf diese Weise den Sturz Ribbentrops zu bewirken. Man warte nun auf das letzte Wort Himmlers. Luther verlange, daß ich Himmler zu einem unverzüglichen Start gegen Ribbentrop veranlasse und deshalb sofort ein Treffen mit diesem arrangieren solle.

Im ganzen gesehen begrüßte ich den Schritt Luthers, obgleich er gegen sein Versprechen gehandelt hatte und es töricht von ihm war, mich vorzeitig zu engagieren. Ich erklärte deshalb, alles von Himmlers Genehmigung abhängig zu machen, die ich noch am gleichen Tage zu erhalten hoffte. Am Abend rief ich Himmler an, der mich auch sofort zu sich bat. Unglückseligerweise hatte ich zuvor noch einige geheimdienstliche Angelegenheiten mit ihm durchzugehen, was ziemlich viel Zeit beanspruchte. Als ich ihm schließlich von dem Schritt Luthers berichtete, bemerkte ich, daß er ziemlich nervös und ungeduldig wurde. Gleich darauf schaute Obergruppenführer Wolff herein und mahnte ihn, daß es an der Zeit sei aufzubrechen. Ich wußte nicht, daß er an diesem Abend noch an einer öffentlichen Versammlung teilzunehmen hatte, sonst hätte ich versucht, die Besprechung etwas früher anzusetzen. Nachdem Wolff den Raum einen Augenblick verlassen hatte, drang ich noch einmal in ihn, doch sofort Schritte zur Unterstützung Luthers zu unternehmen. Himmler zögerte und wand sich hin und her. In dem Augenblick, als er sich zu einem Ja durchzuringen schien, kam Wolff mit Himmlers Mantel zurück. Himmler erhob sich und erklärte: »Gut, einverstanden.«

Jetzt warf Wolff, der Luther noch nie gemocht und von unserer Unterhaltung offenbar etwas aufgefangen hatte, plötzlich ein: »Aber Reichsführer, Sie können doch nicht zulassen, daß SS-Obergruppenführer Joachim von Ribbentrop, einer der Höchstrangierenden in unserem Orden, von diesem Schuft Luther 'rausgeschmissen wird. Dies würde eine grobe Verletzung der Ordensregeln sein. Ich bin sicher, daß dies niemals Hitlers Billigung finden wird.«

Ich wußte nur zu gut, daß Luthers Schicksal, wenn er jetzt aus Gründen der SS-Etikette fallengelassen würde, besiegelt gewesen wäre. Blitzschnell überlegte ich, was zu tun sei. Es erschien mir aber im Moment klüger, den Widerstand aufzugeben und einen günstigeren Augenblick abzuwarten. Ich merkte nämlich, daß Himmlers Abneigung gegen Luther durch die Worte seines Adjutanten Wolff wieder auflebte. »Ja, ja, Wölfchen, Sie haben recht...«

Ich bat noch einmal, keinen voreiligen Entschluß in dieser Sache zu fassen; sie sei dazu zu schwierig und auch zu weitreichend. Ich fürchtete aber, daß Himmlers Entscheidung bereits gefallen war. Enttäuscht kehrte ich in meine Wohnung zurück, nicht wissend, was nun geschehen sollte. Ich hätte gern in der gleichen Nacht noch ein Gespräch mit Himmler angemeldet, um ihn umzustimmen, doch ich kannte seine Abneigung, während seiner Ruhestunden unnötig gestört zu werden. Ich überdachte tausend Möglichkeiten und konnte doch keinen Ausweg finden, um das Schlimmste zu verhindern.

Um Mitternacht wurde ich in meinen Grübeleien durch einen Telefonanruf Müllers geweckt. Er bat mich, ihm sofort in der Sache Luther Informationen zu erteilen. Überdies solle am nächsten Morgen Luthers Referent erscheinen und eine schriftliche Bestätigung seiner kürzlichen Unterredung mit mir abgeben. Er, Müller, gedenke diese Erklärung als Hauptstück seiner Beweisführung gegen Luther zu verwenden.

Gleich in der Frühe rief ich Himmler an. Er versuchte, mir mit den Worten auszuweichen: »Beruhigen Sie sich, bis jetzt ist noch kein endgültiger Entschluß gegen Luther gefaßt worden. Was auch immer geschieht, wir haben noch genügend Zeit, die Sache zu überdenken. Ich werde Ihnen Gelegenheit geben, den Fall noch einmal mit mir durchzusprechen.«

Doch schon am folgenden Tage wurde zuerst ein enger Mitarbeiter Luthers durch Müller verhört und dann verhaftet. Ihm folgten mehrere Beamte des Auswärtigen Amtes und schließlich auch Luther selbst. In dem Dauerverhör, dem die Beschuldigten unterzogen wurden, standen jedoch alle zu ihrer Meinung. Ribbentrop wurde durch die Aussagen so schwer belastet, daß schon diese wenigen Vernehmungsergebnisse – sofern die oberste Führung sich ihrer wirklichen Verantwortung bewußt gewesen wäre – ausgereicht hätten, Ribbentrops Entlassung herbeizuführen. Doch die Maschinerie des Dritten Reiches arbeitete anders. Über allem standen die Regeln des hohen SS-Ordens. So wurden besonders belastende Aussagen aus dem Protokoll entfernt und verschwanden in Himmlers Schreibtisch. Ob allerdings Himmler dies allein deshalb tat, um den guten Namen der SS zu schützen, oder nicht vielmehr auch, um für einen späteren Bedarfsfall entsprechendes Belastungsmaterial gegen Ribbentrop in Reserve zu haben, vermochte ich nie zu erfahren.

Nach acht Tagen erhielt Ribbentrop eine Zusammenstellung der Vernehmungsprotokolle und suchte damit Hitler auf. Er kommentierte die »Affäre« mit den Worten, es handele sich um einen unerfreulichen Angriff eines untergeordneten Beamten auf die Außenpolitik, die Hitler selbst befohlen habe. Er verlange daher, daß Luther wegen Ungehorsams seines Amtes enthoben und wegen Defätismus gehängt werde!

Aber das schien selbst Hitler zu viel. Offenbar besprach er die Sache mit Himmler, denn er beschränkte sich schließlich darauf, Luther zu entlassen und in ein Konzentrationslager zu sperren.

Als ich mich später mit Himmler darüber unterhielt, erklärte ich ihm frei heraus, daß seine Haltung in diesem Falle sehr unglücklich gewesen sei. Er nahm diesen Vorwurf schweigend hin. Die schweren Strafen, die Ribbentrop auch über Luthers Kollegen verhängt sehen wollte, lehnte er jedoch ab und sorgte dafür, daß es bei einer Abkommandierung zum Frontdienst bei der Waffen-SS blieb.

Nach Beendigung des Krieges hörte ich, daß Luther sich beim Einmarsch der Russen unter Berufung auf seine lange KZ-Haft geweigert habe, im Ostsektor Berlins eine Brücke bauen zu helfen. Daraufhin soll er von den Sowjets wegen Gehorsamsverweigerung auf der Stelle erschossen worden sein.

Der Fall Luther hatte mir zur Genüge gezeigt, wie verhängnisvoll sich übereilte Aktionen auswirken konnten. Ich gestehe auch, daß mich nunmehr der Umstand, als jüngstes Mitglied im Stabe Himmlers mit einer weitreichenden Verhandlungsermächtigung betraut worden zu sein, beunruhigte, ja, ich mußte sogar jetzt gegen ein Gefühl der Unsicherheit ankämpfen. War Himmlers Versprechen überhaupt ehrlich und ernst gemeint? Mir schien, daß die Unentschlossenheit in seinem Charakter wieder das Übergewicht bekommen hatte, und ich beschloß, meine Grenzen hinsichtlich meiner Forderungen ihm gegenüber nicht zu überschreiten. Ich hielt es für zweckmäßiger, vorerst den Fall Ribbentrop ruhen zu lassen und zur Verwirklichung meiner Pläne nur die von mir selbst aufgebauten geheimdienstlichen Verbindungen zu benutzen.

Im Spätsommer 1942 hatte ich zum ersten Male versucht, auf diesem Wege eine Verbindung mit dem Westen anzuknüpfen. Es ging darum, bei dem englischen Generalkonsul Cable in Zürich vorsichtig die Möglichkeit einer vorzeitigen Kriegsbeendigung abzutasten. Ich unterstellte dabei, daß Mister Cable in der Lage sei, die Angelegenheit an Churchill heranzutragen. Die Schwierigkeit bestand allerdings darin, den Verdacht auszuräumen, daß es sich – wie im Falle Venlo – nur um ein »Spiel« des Geheimdienstes handele. Cable schien über mich und meine Haltung recht gut informiert zu sein und bekundete seine Bereitschaft, vorläufige Unterhandlungen mit einem autorisierten deutschen Vertreter zu beginnen. Wenig später gab er die Nachricht durch, er habe von Churchill Vollmacht für diese inoffiziellen Besprechungen erhalten. Er war sogar bereit, zum Zwecke von Gesprächen auf geheimdienstlicher Ebene unter gewissen Vorbehalten nach Deutschland zu kommen.

Ehe ich mich aber nun weiter vorwagte, versuchte ich Himmlers Einverständnis zu erwirken. Seine Reaktion war mehr als grotesk. Er wand sich hin und her und erklärte schließlich, ob es nicht das beste sei, die ganze Angelegenheit zunächst einmal mit Ribbentrop zu besprechen. Diesmal kochte es in meinem Innern. Ich wies ihn darauf hin, daß der gesamte Plan ja nur auf der Ausschaltung Ribbentrops beruhe und sein Vorschlag zu einem völligen Mißerfolg führen werde. Ungeduldig entgegnete er mir: »Ich habe es satt, gegen den Führer zu arbeiten. Das ist mein endgültiger Entschluß, und Sie werden sich damit abfinden müssen.«

Dies war wieder der Himmler, der ganz und gar in der Botmäßigkeit seines Herrn und Meisters stand – was Hitler befahl, war für ihn Gesetz, was er sagte, war fast religiöses Tabu – selbst die Schrecklichkeiten der jüdischen Massenvernichtungen. Denn diese waren ursprünglich nicht Himmlerschen Geistes, vielmehr Ausgeburten Hitlers. Wie kraß sich die Gegensätzlichkeit verschiedener Persönlichkeitsschichten im Charakter Himmlers überschnitt, darüber berichtete mir ein Kommandeur der Sicherheitspolizei als Augenzeuge im Jahre 1944 ein bezeichnendes Beispiel:

Bei der Umsiedlung von Wolhyniendeutschen besuchte Himmler ein Sammellager in Nordostpolen. Die Aussiedler hätten ihn begeistert begrüßt, und Himmler habe in ehrlicher Rührung die ihn umringenden Kinder an sich gedrückt. Die fromme Einfalt dieser einfachen Menschen und ihre Freude, im Reich sicheren Fuß fassen zu können, hätten ihn bis zu Tränen bewegt. Am nächsten Tage habe er in Riga eine Besichtigung durchgeführt. Estnische und lettische Hilfspolizei hätten damals insgesamt zweihundert Juden wegen Sabotage, Spionage und Preiswuchers inhaftiert. Auf die Frage, was mit den Verhafteten geschehen solle, habe Himmler ganz kurz gezögert und dann kühl befohlen: »Erschießen!«

Doch zurück zu Mister Cable. Tatsächlich wurde die Sache Ribbentrop vorgelegt, wobei Himmler wahrscheinlich mit geschlossenem Visier kämpfte und von den Hintergründen der Angelegenheit nichts erwähnte. Wenig später erhielt ich eine Note Ribbentrops, in der unter anderem folgende Weisung Hitlers enthalten war: »Ich verbiete dem Auslandsnachrichtendienst ein für allemal, derartige *Verbindungen mit feindlichen Staatsangehörigen* aufzugreifen, da ich dies als Defätismus betrachte und in Zukunft bestrafen werde. Sollte ein Engländer mit uns zu sprechen wünschen, so möge er zuvor eine Unterwerfungserklärung überreichen.«

Natürlich hatte Hitler den Fall auch mit Himmler besprochen. Als ich diesen wiedertraf, war er mißmutig und schweigsam. Ich versuchte ihn noch einmal zu beknien und erklärte, daß die Dinge unmöglich so weitergehen könnten. Er wich mir aus: »Vielleicht haben Sie Fehler begangen – vielleicht war es unklug, die Briten direkt anzusprechen. Vielleicht hätten Sie besser einen Neutralen als Puffer benutzt.«

»Gut«, entgegnete ich, »in Zukunft werde ich versuchen, neutrale Kanäle zu benutzen.« Es lag mir daran, ihn zumindest auf seine Zusage in Shitomir festzunageln. Himmler stimmte sichtlich erleichtert zu. Anscheinend fühlte er sich auf diese Weise weiteren Gewissensskrupeln enthoben. Ich nutzte die Gelegenheit aus, indem ich hinzufügte, daß es bei der Eigenart eines Geheimdienstes unmöglich sei, Kontakte zwischen meiner Organisation und feindlichen Staatsangehörigen zu vermeiden, wie dies in der Note Ribbentrops verlangt werde.

»Die Einzelheiten will ich nicht wissen«, wehrte Himmler ab. »Das gehört zu Ihrer Verantwortlichkeit.« Mit diesen Worten verabschiedete er mich.

Die sprunghafte Reaktionsweise Himmlers erklärte sich zu jener Zeit auch wohl daraus, daß er wieder zu stark in den Bannkreis Hitlers geriet und dann gegen seine eigene bessere Einsicht umschwenkte; oder auch daraus, daß er infolge Überarbeitung zu apathisch geworden war. Offensichtlich hatte auch Hitler die Überlastung gemerkt, denn er ernannte im Januar 1943 als Nachfolger Heydrichs den SS-Obergruppenführer Ernst Kaltenbrunner zum Chef des Reichssicherheitshauptamtes. Hitler schien überzeugt, daß dieser »harte Brokken« alle notwendigen Qualifikationen für einen solchen Posten besaß, wobei nicht zuletzt auch bedingungsloser Gehorsam, persönliche Treue und der Umstand, ein Landsmann aus der Ostmark zu sein, ausschlaggebend waren.

Zuvor hatte Himmler alle höheren SS- und Polizeiführer durch Kersten untersuchen lassen, um festzustellen, wer von ihnen für dieses Amt am besten geeignet sei. Hinterher erzählte mir Kersten, er habe selten einen so zähen und harten »Ochsen« unter den Händen gehabt wie Kaltenbrunner. »Vermutlich ist er nur in betrunkenem Zustande zum Denken fähig.«

Kaltenbrunner war ein Hüne von Gestalt mit schwerfälligen Bewegungen. Kennzeichnend für ihn waren sein kantiges Kinn, sein Stiernacken und seine vom Rauchen braun verfärbten Finger. Er verbrauchte mindestens hundert Zigaretten pro Tag. Seine Zahnlücken veranlaßten Himmler, ihm den Befehl zu erteilen, endlich einmal zum Zahnarzt zu gehen. Wenn er sprach, blieb sein eckiges Gesicht völlig ausdruckslos. Dann schlug er plötzlich wieder einmal gänzlich unerwartet mit der Faust auf den Tisch. Und obgleich ich mich in seiner Nähe, auch wegen seines groben Charakters, eher krank als behaglich fühlte, versuchte ich dennoch, unsere dienstlichen Beziehungen nicht durch persönliche Gefühle beeinflussen zu lassen. Aber schon nach kurzer Zeit war die Kluft zwischen dem riesigen Österreicher und mir ebenso wie seine Antipathie gegen mich deutlich spürbar. In seinen Augen – er war ein fanatischer Nationalsozialist und »alter Kämpfer« – figurierte ich nur als Karrieremacher, der der Bewegung keine besonderen Dienste geleistet hatte. Daß mir nun auch noch direkter Zutritt zu Himmler eingeräumt war, empfand er als ärgsten Dorn im Auge. Und daß ich nur ein bescheidener Raucher und Trinker war, setzte mich in seiner Beurteilung noch mehr herab.

Er hatte es wohl in der Hauptsache seinen guten Beziehungen zu Hitler zu danken, daß er von Himmler mehr Vollmachten erhielt, als dieser ihm sonst zugebilligt hätte. So kam es, daß er tieferen Einblick in den Auslandsnachrichtendienst, damit zugleich aber ein umfassenderes Bild von der Kriegslage gewann, als ihm dies auf seinem Posten als SS- und Polizeichef in Wien möglich gewesen war. Und je verzweifelter unsere Situation wurde, desto mehr begann Kaltenbrunner zu trinken. Manchmal fand ich ihn schon vormittags um elf Uhr mit trüben und leeren Augen hinter seinem Schreibtisch sitzen. Mit der Jovialität eines Trinkers langte er dann unter den Schreibtisch und goß ein Glas Sekt oder Kognak für mich ein. Gewöhnlich lehnte ich ab, und nur wenn er zu laut protestierte, nahm ich ein paar Schlucke. Wie gesagt, seine Nähe war mir schier unerträglich. Hinzu kam noch, daß Himmler einen Befehl erließ, nach dem fortan alle Abteilungschefs des RSHA das Mittagessen gemeinsam einzunehmen hätten. Kaltenbrunner präsidierte meistens und versäumte nicht, mich bei dieser Gelegenheit fast täglich in sadistischer Weise zu attackieren. Da ich auch unter den übrigen Anwesenden wenig Freunde und viele Feinde hatte, übertreibe ich nicht, wenn ich sage, daß schon allein wegen dieser Gesellschaft die darauf folgende Zeit eine wahre Tortur für mich wurde.

ABFALL ITALIENS

Hitler verbietet geheimdienstliche Tätigkeit in Italien – Umgehung des Verbots – Sturz Mussolinis – Hitlers Reaktion – Unternehmen »Alarich« – Cianos Befreiung und Ende – Rückwirkungen auf dem Balkan – Unternehmen »Rösselsprung«

Einer meiner Hauptmitarbeiter innerhalb der russischen Emigration, ein ehemaliger Rittmeister des Leibgarderegiments und naturalisierter Chilene, arbeitete von Paris aus über Rom gegen Sowjetrußland. In seinen Diensten stand ein Unteragent namens Neporoczni, zugleich Verbindungsmann zu einem russischen Großfürsten in Rom, dessen Namen ich hier nicht nennen möchte. Letzterer verkehrte in hohen italienischen Adelskreisen und war über die Politik des Quirinals stets gut informiert. Neporoczni wurde eines Tages von der italienischen Geheimpolizei verhaftet und gab, unter Druck gesetzt, die Anschriften unserer Verbindungsstellen in Rom preis.

Von nun ab wurden meine Kuriere monatelang unter scharfe Überwachung gestellt und wenig später verhaftet. Mit ihnen fielen der italienischen Abwehr wichtige Geheiminformationen in die Hände, unter anderem auch ein Bericht über die Person des Duce sowie über sein Verhältnis zu seiner Geliebten Clara Petacci. Der damalige italienische Polizeichef, der sich rühmte, ein Freund Himmlers zu sein, legte die gesamten Unterlagen mit einem persönlichen Bericht sofort Mussolini vor, der sich dieserhalb erregt an Hitler wandte und sich bei ihm in schärfster Weise über ein solches Verhalten des deutschen Geheimdienstes beschwerte. Hitler verlangte daraufhin eine Stellungnahme Himmlers und drohte mit dem Verbot jeder geheimdienstlichen Arbeit in Italien.

Ich verlegte mich zunächst einmal auf eine Verzögerungstaktik, indem ich Himmler auf die Verdienste unseres Hauptagenten in Paris hinwies, der noch mit der Aufklärung der sensationellen Entführung des weißrussischen Generals Alexander Kutepow und dessen Nachfolgers Jewgeni Nikolajewitsch Miller beschäftigt sei.

(Diese beiden Männer, die auf geheimnisvolle Weise plötzlich verschwunden waren, sind höchstwahrscheinlich von der GPU in den Kellerräumen der russischen Botschaft in Paris umgebracht worden. Im Jahre 1941 hatten französische und deutsche Polizeibeamte in dieser Botschaft einen nur schlecht und in aller Eile vermauerten Kellerraum entdeckt, der offensichtlich zur Beseitigung unliebsamer Personen benützt wurde. Das Verlies war schalldicht isoliert; auf einer Bleiplatte befanden sich noch die Eindrücke zahlreicher Revolverschüsse sowie Haar- und Blutspuren. Außerdem barg der Keller eine große Zinkwanne, die wohl zur Zersetzung der Leichen mittels einer chemischen Lösung diente. Daneben lagen noch Menschenknochen, die man in der Eile liegengelassen hatte. Ich habe mich ausführlich mit einem Beamten der Sûreté über diesen grausigen Fund unterhalten – er bestätigte mir meine Vermutung, daß die Angehörigen der russischen Botschaft offensichtlich von unserem Angriff im Osten überrascht worden waren und keine Zeit mehr gefunden hatten, diese Spuren noch zu verwischen.)

Inzwischen hatte Hitler seine Drohung wahrgemacht und sowohl dem politischen wie dem militärischen Geheimdienst jegliche Tätigkeit in Italien untersagt. Trotz dieses Verbots begann ich aber über meinen Pariser Hauptagenten langsam neue Stützpunkte in Italien aufzubauen, vermied es jedoch, die bisherigen Verbindungen und Kurierwege zu benutzen. Um den wahren Ursprung der Meldungen aus Italien zu kaschieren, verlegte ich die Informationsquelle in die angrenzenden Länder. Im April 1943 entschloß ich mich, obwohl dies nach der geschilderten Sachlage sehr bedenklich war, einen dieser Berichte, der auf die gefährliche Entwicklung in Italien hinwies, über Himmler an Hitler weiterzuleiten. Denn angesichts der Gefahr, in der sich unser Afrikakorps in Tunis befand, und der zu erwartenden Landung alliierter Truppen in Italien schien mir ein längeres Schweigen nicht mehr vertretbar. Es lagen mir auch warnende Berichte über Sabotagepläne oppositioneller Kreise gegenüber Mussolini, und zwar aus seiner engsten Umgebung, sowie ärztliche Bulletins über den bedenklichen Gesundheitszustand des Duce vor. Hitler, offenbar inzwischen doch unsicher geworden, reagierte auf diese Berichterstattung vorerst abwartend, das heißt, er nahm sie zur Kenntnis, wich aber einer klaren Stellungnahme aus. Unter dem Einfluß von Bormann schien er sich allerdings wenig später plötzlich wieder an sein Verbot zu erinnern, denn im Mai 1943 erklärte mir Himmler ganz unerwartet, daß ich es ja nicht wagen solle, in Italien entgegen dem Verbot geheime Informationsquellen zu unterhalten. Seiner Art entsprechend setzte er mir dann während eines einstündigen Monologs auseinander, daß auch er zwar eine gewisse Gefährdung in Rechnung stelle, aber nicht an der

Treue Mussolinis zu Deutschland zweifele. Ich mußte ihm daraufhin versprechen, mich aus dem Abschnitt Italien herauszuhalten.

Trotzdem machte ich mich daran, illegale Funkstationen aufzubauen. Ich glaubte dies verantworten zu können, da mir untrügliche Beweise dafür vorlagen, daß sich nunmehr in Italien etwas gegen uns zusammenbraute. Bald darauf – es war im Sommer 1943, als ich von einer Reise aus Ankara zurückkam – meldeten denn auch die ersten Funksprüche aus Rom die Einberufung des faschistischen Großrats; sie warnten vor Überraschungen und rieten zu deutschen Gegenmaßnahmen. Unser Funkbetrieb Rom-Berlin lief jetzt auf Hochtouren – die Gefahr eines Umschwungs in Italien stand unmittelbar bevor. Alle paar Stunden versuchte ich, Himmler und Botschafter Hewel (Ribbentrops Verbindungsmann im Führerhauptquartier) zu bewegen, sich mit Hitler dieserhalb in Verbindung zu setzen. Doch umsonst. Ribbentrop schnitt alle Versuche ab und stützte sich auf die beruhigenden Berichte seines Botschafters von Mackensen aus Rom. Er erreichte sogar die völlige Unterbindung des gesamten Telegramm- und Telefonverkehrs mit Italien; außer einer direkten Verbindung zwischen von Mackensen und seinem ihm vertrauten Staatssekretär Baron von Steengracht in Berlin war jede Verständigung gesperrt. In dieser Lage half mir mein geheimer Funkbetrieb, so daß ich ständig auf dem laufenden blieb.

Als Mussolini (am 25. Juli 1943) schon verhaftet worden war, telegrafierte Ribbentrop noch an Botschafter von Mackensen in völliger Ahnungslosigkeit, Badoglio und seine Mitverschwörer seien sofort festzunehmen und Mussolini zu einem Besuch nach Deutschland zu bringen. Zu dieser Stunde saß die Regierung des Marschalls Badoglio aber bereits (seit dem 25. Juli abends) im Sattel, so daß selbst eine sofortige gewaltsame militärische Gegenmaßnahme kaum noch Aussicht auf Erfolg geboten hätte. Damit hatte sich die Starrköpfigkeit Hitlers und Ribbentrops bitter gerächt. Jetzt war Hitlers Enttäuschung und Wut grenzenlos. In Badoglios Zusicherungen, nach wie vor der Achse treu zu bleiben, setzte er mit Recht größte Zweifel, denn sofort knüpfte die neue italienische Regierung Fäden zu den Westmächten an, die über den Vatikan, Madrid und Lissabon liefen.

Während dieser Verhandlungen, die sich anfangs nur zögernd entwickelten, trat Marschall Badoglio durch einen Mittelsmann zweimal an deutsche Wehrmachtsstellen heran, um einen Kompromiß über den Austritt Italiens aus dem Krieg zu erreichen. Er bot eine Neutralitätserklärung an, falls die deutschen Truppen Italien bis zu den Alpen räumten. Nach längeren Beratungen im internen Kreis wurde dieser Vorschlag mit einem Kommentar unseres Geheimdienstes Hitler vorgelegt. Dabei war unsererseits darauf hingewiesen worden, daß es für Deutschland vielleicht eine nicht ungünstige Lösung wäre, eine neue Verteidigungslinie von der Schweizer Grenze bis zum Po und von dort bis an die Adria zu bilden. Denn nach den Berechnungen der Heeresgruppe Italien hätten auf diese Weise etwa sechshunderttausend Mann für die Ostfront frei gemacht werden können. Als Hitler den Kommentar zu Gesicht bekam, schäumte er vor Wut und verlangte, ich solle sofort als unverantwortlicher Defätist bestraft werden. Nur mit Mühe gelang es Himmler, mich vor diesem Ausbruch zu schützen.

Mit welchen militärischen Maßnahmen Hitler nunmehr auf das Geschehen in Italien reagierte, ist zur Genüge bekannt. Es erfolgte weder eine Räumung noch kam es zu irgendwelchen Präventivanordnungen. Statt dessen erteilte er Anfang August 1943 den Befehl, die Befreiung Mussolinis und die Festnahme aller am Staatsstreich beteiligten Personen vorzubereiten. Die von unserem Italien-Referat aufgestellte Liste enthielt unter anderem die Namen folgender zu verhaftender Personen: des Königs und des Kronprinzen von Italien, Badoglios sowie sämtlicher faschistischer Führer, soweit sich diese im Großrat gegen Mussolini entschieden hatten. Das Unternehmen erhielt den Namen *Alarich.*

Noch aber hatten wir keine Anhaltspunkte dafür, wo sich Mussolini überhaupt befand. In dieser Situation praktizierte Himmler wieder einmal eine seiner okkulten Marotten – und nun sogar mit einem gewissen Erfolg. Er ließ einige der nach dem Englandflug von Rudolf Heß verhafteten »Vertreter der okkulten Wissenschaften« zusammenrufen und setzte sie in einer Villa am Wannsee in Klausur. Es waren dies Hellseher, Astrologen und Pendler, die den Aufenthaltsort des verschwundenen Duce ans Licht zu zaubern hatten. Diese Seancen kosteten uns eine ziemliche Stange Geld, da der Bedarf an gutem Essen, Trinken und Rauchen der »Wissenschaftler« ganz enorm war. Aber siehe da – ein »Meister« des siderischen Pendels stellte nach einiger Zeit fest, Mussolini müsse sich auf einer Insel westlich von Neapel befinden. Und tatsächlich war der Duce auch zuerst auf eine der von ihm bezeichneten kleinen Ponza-Inseln gebracht worden. Und um wiederum der Wahrheit die Ehre zu geben, muß gesagt werden, daß dieser Pendler im Augenblick des Experiments keinerlei Verbindung mit der Außenwelt hatte.

Die Spur des Duce lief nun auf Umwegen zum Festland zurück – von Ponza wurde er auf die Insel Madallena und von dort schließlich in das Berghotel auf dem Gipfel des Gran Sasso d'Italia verbracht.

Mit dem Unternehmen *Alarich* wurde der SS-Obersturmbannführer Skorzeny, ein Angehöriger meines Amtes, beauftragt. Die Befreiung Mussolinis gelang aber in erster Linie dank dem Mut und der flugtechnischen Leistung eines Hauptmanns der Fallschirmjäger, denn die Landung mit dem vollbesetzten Segelflugzeug in einer Höhe von fast dreitausend Metern war ein fliegerisches Meisterstück.

Am Abend des 12. September 1943 traf Mussolini wohlbehalten in Wien ein.

Weit schneller führten die Vorbereitungen zur Befreiung des früheren Außenministers Graf Ciano zum Ziele. Er hatte in der Sitzung des faschistischen Großrats zwar gegen Mussolini gestimmt, war aber dennoch von der Regierung Badoglio in Rom interniert worden. Da die Überwachung äußerst scharf war, gestaltete sich das Unternehmen zu einer recht abenteuerlichen Flucht, zu deren Gelingen eine Angehörige unseres Geheimdienstes mit dem Decknamen »Felicitas« wesentlich beitrug. Sie wurde dafür mit einem hohen Kriegsorden ausgezeichnet. Es war auch ihr Verdienst, daß das politisch und geschichtlich bedeutsame Tagebuch Cianos erhalten geblieben ist.

Nachdem Mussolini wieder nach Italien zurückgekehrt war, verlangte er jedoch von Deutschland die sofortige Auslieferung Cianos. Ich schaltete mich sogleich ein, um die Abreise zu verhindern, doch Hitler hatte bereits dem Ersuchen seines Freundes stattgegeben. In Italien angekommen, wurde Ciano sogleich inhaftiert und mit Erschießen bedroht. Der deutsche Geheimdienst war daraufhin entschlossen, den Grafen noch einmal zu befreien. Doch Himmler zeigte sich nicht mutig genug und beugte sich auch diesesmal der ablehnenden Entscheidung Hitlers, der die Drohung Mussolinis gegen seinen Schwiegersohn nur für eine »italienische Theaterpose« hielt und nicht glaubte, daß der Duce damit ernst machen würde. Erst nachdem Ciano im Januar 1944 von einem Sondergericht zum Tode verurteilt und erschossen worden war, gestattete Himmler, entgegen dem Befehl Hitlers Gräfin Edda Ciano in Sicherheit zu bringen. Im Zusammenwirken mit unserem Geheimdienst verhalf ihr SS-Obergruppenführer Wolff zur Flucht in die Schweiz.

»Felicitas«, die mit Ciano nach Italien zurückgegangen war und die Nacht vor der Hinrichtung noch in dessen Zelle verbracht hatte, berichtete uns, Ciano habe keinen Augenblick die Haltung verloren und sich bis in die frühen Morgenstunden von ihr Seneca vorlesen lassen.

Die Auswirkungen des italienischen Staatsstreiches führten auf dem Balkan für uns fast zu einer Katastrophe. So räumten die italienischen Verbände kurzerhand wichtige Kampfgebiete in Jugoslawien und überließen das Feld dem Führer der kommunistischen Befreiungsarmee, Josip Broz-Tito, der dadurch sein Einflußgebiet beträchtlich auszudehnen vermochte. Zum Glück war es uns aber inzwischen gelungen, die von Tito benutzten Funkkodes zu knacken und seine sämtlichen Fernsprüche abzuhören. Eine dieser Meldungen enthielt die Nachricht, daß im Zusammenwirken mit Partisanenverbänden eine englisch-amerikanische Landung an der Adriaküste bevorstehe. Ganz offensichtlich handelte es sich hierbei jedoch um eine gegen uns gerichtete Irreführung, womit der Partisanenführer eine Schwäche seiner augenblicklichen Position verdecken wollte. Denn in Wirklichkeit hatte sich, wie wir aus anderen Funksprüchen wußten, sein Verhältnis zu den Westalliierten verschlechtert. So war unter anderem von ihm angeordnet worden, daß Offizieren der Westmächte kein Einblick mehr in militärische Maßnahmen gewährt werden dürfe. Es wunderte uns deshalb auch nicht, als plötzlich beim deutschen Militärbefehlshaber in Kroatien, General Gleise, ein Dr. Petrovic erschien, hinter dem sich der General Ljubo Velebit, diplomatischer Berater Titos, verbarg. Er erklärte, von einem Vorschlag des Partisanenführers zu wissen, wonach dieser mit Deutschland einen Waffenstillstand abzuschließen wünsche, sofern sich Deutschland verpflichtete, Westbosnien nicht anzugreifen. Als Gegenleistung sollte eine Ausdehnung der Partisanentätigkeit auf kroatisches Gebiet sowie jede Terror- und Sabotagetätigkeit unterbleiben.

Dieses Angebot wurde jedoch von unserer Führung anfangs nicht ernst genommen. Erst nachdem der tüchtige ungarische Geheimdienst bei Fünfkirchen einen russischen Kurier festgenommen hatte, begann man sich mit der Sache zu beschäftigen. Der Kurier sollte nämlich eine Weisung Stalins an Tito überbringen, wonach dieser ermächtigt sei, im Falle einer abredewidrigen Landung der Engländer und Amerikaner an der Adriaküste gegen westalliierte Landungseinheiten militärisch vorzugehen. Als der Abgesandte Titos noch einmal bei General Gleise erschien, sprach ich, da es sich um eine rein militärische Angelegenheit handelte, mit Generaloberst Jodl. Dieser sah jedoch darin eine hochpolitische Sache, die er an höchster Stelle vortragen müsse.

Und Hitler entschied: »Mit Rebellen wird nicht verhandelt – Rebellen werden erschossen.«

Nachdem Tito dann im Partisanenkrieg wachsende Erfolge erzielt und sich auch gegen seinen königstreuen Rivalen General Mihailovi durchgesetzt hatte, gab Hitler 1944 den Befehl zum Unternehmen *Rösselsprung* – Tito sollte samt seinem Partisanenstab »ausradiert« werden. Bei diesem Unternehmen hätten Wehrmacht und Geheimdienst zusammenarbeiten sollen, doch Hitler beliebte wieder einmal die Zweigleisigkeit seiner Aufträge. So arbeiteten wir nebeneinander mit der Folge, daß die vom Geheimdienst in das Hauptquartier Titos eingeschmuggelten Agenten zu spät von der Aktion der Wehrmacht unterrichtet wurden. Sie hätten sonst das Entweichen Titos sozusagen aus seinem Stab heraus verhindern können. Statt des Partisanenführers fiel uns denn auch nur seine Marschallsuniform in die Hände.

BESUCH IN DER TÜRKEI

Kontakt mit der »IMRO« – Der geheimnisvolle Tod des Zaren Boris – Unterredung mit Botschafter von Papen – Die Türkei zwischen den Fronten – Begegnung mit dem türkischen Abwehrchef – Unsere geheimdienstlichen Verbindungen in der Türkei – Der Großmufti wird nach Berlin befördert – Hitlers Horoskop – Die Schweiz zwischen den Fronten

Nach den erwähnten Vorgängen auf dem Balkan weilte der mazedonische Freiheitskämpfer Wantscha Michailow in Deutschland. Er war der Führer der schon vor der Jahrhundertwende gegründeten sogenannten »IMRO« (Innere Mazedonische Revolutionäre Organisation) – einer Minderheitengruppe, die ein selbständiges Mazedonien erstrebte. Die IMRO führte ihren Kampf jahrelang so meisterhaft im dunkeln, daß sie zeitweise mit ihren politischen Morden und Racheaktionen zum Schrecken des ganzen Balkans wurde. Unter Führung ihres antikommunistischen Flügels aber war sie eine erbitterte Gegnerin der Sowjets, die sich wiederholt vergeblich bemühten, die IMRO auf ihre Seite zu bringen. Doch diese Versuche scheiterten stets an der ablehnenden Haltung Michailows.

Nach dem mißlungenen Handstreich auf Tito versuchten wir, die IMRO stärker für unsere Zwecke im Kampf gegen die Sowjets einzuspannen. In diesem Zusammenhang lernte ich Wantscha Michailow während seines Besuches in Berlin persönlich kennen. Er war ein kleiner, schmaler und blasser Mann, an dem aber die energischen Züge und die hellblickenden Augen den Eindruck eines zielbewußten und fanatischen Kämpfers vermittelten. Schon seit 1941 hatte sich unser Geheimdienst bemüht, Hitler durch ein Memorandum für den Plan eines selbständigen Mazedoniens zu gewinnen. Doch erst im Jahre 1943 war er bereit, diesem Gedanken näherzutreten. Seine endgültige Genehmigung zur Proklamierung eines mazedonischen Freistaates erteilte er aber erst (nach dem Tode des Zaren Boris von Bulgarien) im Sommer 1944. Inzwischen war es jedoch bereits zu spät geworden; die praktische Verwirklichung wurde durch die folgenden Kriegsereignisse überrollt.

(Zar Boris war kurz nach seinem Besuch in Deutschland am 28. August 1943 unter geheimnisvollen Umständen gestorben. Die Sowjets streuten danach sofort das Gerücht aus, der deutsche Geheimdienst habe den Zaren umgebracht, indem ihm beim Rückflug nach Bulgarien an Stelle einer Sauerstoffmaske eine Giftmaske gereicht worden sei. Diese Behauptung war nicht nur verleumderisch, sondern auch töricht, denn Boris war ein Anhänger Hitlers, der seinerseits den bulgarischen Zaren sehr schätzte. Auch sachlich war diese Verdächtigung schon deshalb unhaltbar, weil es kein Giftgas gibt, das ohne Symptomveränderungen an Organen erst nach Tagen den Tod herbeizuführen vermöchte. Nach der Erkrankung des Zaren wurden sofort vier namhafte deutsche Ärzte an sein Krankenbett gerufen, unter ihnen auch Professor Sauerbruch. Einer dieser Mediziner erklärte mir später, man habe auf Grund von Spuren im Körper des Zaren übereinstimmend festgestellt, daß der Tod durch ein bis dahin unbekanntes Gift verursacht worden war.

Inzwischen – ich erwähnte es bereits – hatte ich eine Reise in die Türkei unternommen. Nach dem Einmarsch der deutschen Verbände in Bulgarien im Rahmen des *Marita*-Unternehmens unter Verstärkung unserer »Lehrtruppen« in Rumänien waren die Türken in Unruhe geraten. Trotz Abgabe beschwichtigender Erklärungen unsererseits hatte der türkische Generalstab auf dem schmalen europäischen Festlandzipfel Ostthraziens starke militärische Verbände zusammengezogen. Von der deutschen Heeresleitung war diesem Aufmarsch keine große Bedeutung beigemessen worden, da man glaubte, daß es sich in diesem Falle mehr um eine politische Demonstration handele. Immerhin waren unsere Sicherungskräfte in Bulgarien so verstärkt worden, daß bei Eröffnung von Feindseligkeiten seitens der Türkei das Gros der türkischen Armee hätte geschlagen werden können. Die Türkei tat nun das Klügste, was sie tun konnte – sie schloß mit Zustimmung Großbritanniens am 5. Juni 1941 einen Freundschaftsvertrag mit Deutschland ab. Da das große Rußland für seinen südlichen Nachbarn stets eine Quelle der Bedrohung war, konnte die Türkei nur an einer Schwächung der Russen interessiert sein. Der Zweck meiner Reise war deshalb unter anderem, eine freundschaftliche Begegnung mit verschiedenen türkischen Persönlichkeiten herbeizuführen und insbesondere auch mit dem Chef des türkischen Geheimdienstes wegen einer Unterstützung unserer Abwehrarbeit gegen die Sowjets Besprechungen einzuleiten. Hierbei kam mir der Umstand zustatten, daß gewisse Kreise in der Türkei nach dem siegreichen Beginn unseres Rußlandfeldzuges eine Wiedervereinigung mit jenen Völkern anstrebten, die blutsmäßig und religiös mit den Türken verbunden waren –

mit den Aserbaidschanern und den großen Gruppen der sogenannten Turkvölker. Wie ich aus Gesprächen mit hohen türkischen Beamten hatte entnehmen können, dachte man auch schon daran, die deutsche Führung in dem Sinne zu beeinflussen, diesen russischen Raum nicht als Kolonialgebiet Deutschlands anzusehen, sondern ihm zumindest eine gewisse autonome Verwaltung zuzubilligen. Ich hatte Himmler verschiedentlich in ausführlichen Vorträgen über diese Tendenzen unterrichtet, denen auch dann noch politisches Gewicht hätte beigemessen werden sollen, als Deutschland die ersten schweren Rückschläge in Rußland erlitten hatte. Himmler zeigte in manchen Punkten auch Verständnis, doch mangelte es ihm letztlich stets an entsprechender Courage, Hitler gegenüber solche Ideen zu vertreten. Immerhin erreichte ich, trotz dauernder Störungsversuche von Ribbentrops Seite, daß ich mit dem türkischen Geheimdienst in recht gutem Kontakt blieb, ja, daß führende Beamte der türkischen Regierung uns einen Besuch in Deutschland abstatteten. Ich hielt es auch für wichtig, den Türken einmal einen Eindruck von den ungeheuren Kriegsanstrengungen des deutschen Volkes zu vermitteln.

Nach einem Besuch an der Ostfront fuhren unsere Gäste damals zum Atlantikwall, wo ihnen erstmals die bombensicheren Betonbunker für die deutschen U-Boote gezeigt werden durften. Hitler hatte sogar gestattet, sie über bis dahin absolut geheimgehaltene Fabrikationen zu informieren. Im Raume Berlin wurden ihnen unsere modernen Flakstellungen in vollem Einsatz vorgeführt. Besonderen Eindruck machte auf sie die Vorführung des neuen Maschinengewehrs Modell 42 mit dreitausend Schuß pro Minute. Außerdem wurde ihnen unser neuestes Maschinenpistolenmodell 43 in unterirdischen Schießständen demonstriert. Dabei ereignete sich noch ein kleiner Zwischenfall, der die den Türken eigene warmherzige Höflichkeit zeigte. Einer der vorführenden Schützen hatte, als alle gerade interessiert das Modell betrachteten, eine Unachtsamkeit begangen, die ihm sogleich eine schwere Rüge seines Vorgesetzten einbrachte. Doch da stellte sich einer der Türken vor den Jungen und sagte beschwichtigend: »Das hätte meinem Sohn auch passieren können.«

Zum Gegenstand meiner Besprechungen mit dem türkischen Abwehrchef gehörte auch die Klärung gewisser Vorfälle im Rahmen des Unternehmens *Zeppelin.* Im Laufe der Jahre 1942 und 1943 war es durch die gute Zusammenarbeit mit den Türken gelungen, besonders geschulte Georgier, Kaukasier und Angehörige der Turkvölker von der Türkei aus nach Südrußland und in die Gebiete des Urals zu entsenden. Die Infiltration geschah unter äußerster Vorsicht und brachte uns zum Teil gute Informationen. Soweit diese die Türkei interessierten, wurde der türkische Geheimdienst, wie verabredet, entsprechend unterrichtet. Doch als die Russen einige der Agenten aufgegriffen hatten, begannen Molotow und Wyschinski zu intervenieren und den türkischen Gesandten in Moskau mit Drohungen unter Druck zu setzen. Das türkische Außenministerium ließ sich aber dadurch nicht sogleich einschüchtern. Es erklärte offiziell, man wisse in der Türkei zur Genüge, daß auch Rußland mittels Fallschirm Agenten auf türkischem Boden absetze, man werde jedoch dafür Sorge tragen, daß eine deutsche Agenteneinschleusung in Rußland hinfort nicht mehr von türkischem Territorium aus stattfinde. Es galt nun, die gesamte Lage an Ort und Stelle zu besprechen.

Daneben wollte ich unsere geheimdienstliche Organisation in der Türkei einmal gründlich inspizieren. Überdies waren die deutsch-türkischen Handelsbeziehungen, insbesondere über den heiklen Punkt der weiteren Belieferung mit Chromerzen an Deutschland, ins Stocken geraten; vielleicht konnte ich durch eine indirekte Einwirkung diesen Engpaß beseitigen helfen. Und schließlich wollte ich noch versuchen, gelegentlich einer Aussprache mit dem deutschen Botschafter Franz von Papen vorzufühlen, ob er mir bei seinen guten Beziehungen zum Vatikan einen Weg zur Verwirklichung meiner Friedenskompromißpläne zeigen könnte.

Vor dem Abflug hatte ich Himmler mein Reiseprogramm vorgetragen. Zu meiner Überraschung erteilte er mir in allen Punkten seine Zustimmung, auch hinsichtlich der von mir beabsichtigten Unterredung mit von Papen. Daran erkannte ich, daß er nach wie vor meinen Plan vom August 1942 (Shitomir) billigte. Anschließend meldete ich mich noch einmal bei Ribbentrop. Er versuchte mir in längeren Ausführungen über die politische Situation Deutschlands klarzumachen, daß ich unter allen Umständen in meinen Gesprächen mit den Türken auf die ungebrochene militärische Stärke Deutschlands sowie auf den vereinten Willen und Glauben des deutschen Volkes an den Endsieg hinzuweisen hätte. Ferner erinnerte er an die türkischen Divisionen in Thrazien, über die ich genaue Erhebungen anstellen sollte.

Am Morgen nach meiner Ankunft in Istanbul machte ich zunächst dem Botschafter von Papen auf seinem Sommersitz einen Besuch, wobei wir uns ausführlich über die gesamte Situation in der Türkei unterhielten. Von Papen gab mir dabei zuerst ein anschauliches Bild über die politische Lage und seine Bemühungen, das noch bestehende Vertrauensverhältnis zwischen der Türkei und Deutschland aufrechtzuerhalten. Er verhehlte dabei nicht die schon in greifbare Nähe gerückte Gefahr, daß die Türkei im Zuge einer weiteren Verschlechterung der deutschen Kriegslage in das Lager der Alliierten abschwenken könnte. Er sprach weiterhin von dem Wunsch der Türken, den Dodekanes in die Einflußsphäre der Türkei einzubeziehen; man sei dieserhalb schon mehrfach inoffiziell an ihn herangetreten. Es wäre dies vielleicht eine schwierige Entscheidung, mit der man sich jedoch in Berlin auf jeden Fall einmal beschäftigen müsse.

Wir kamen nun auf mein eigenes Anliegen zu sprechen. Ich erklärte von Papen offen, daß ich wegen seiner Verbindungen zum Lateran mit gewissen Hoffnungen hinsichtlich der Förderung meiner Kompromißpläne zu ihm gekommen sei. Ich wies in diesem Zusammenhang auch auf einen möglichen abermaligen Besuch des Erzbischofs von New York, Fr. Spellman, hin. Dem von mir skizzierten Ziel stand der Botschafter zwar positiv gegenüber, doch skeptisch erklärte er: »Berlin hat schon zu viel Porzellan zerschlagen, in jedem Falle muß es zuerst einmal seine Kirchenpolitik ändern.«* Sofern Deutschland hierin sei-

---

* Das Vatikan-Referat im Auswärtigen Amt geriet zu jener Zeit unter dem Druck der Parteikanzlei – also Bormanns – immer mehr unter die Kontrolle der Geheimen Staatspolizei mit dem Ziel einer Ausmerzung der Katholischen Kirche in Deutschland. Himmler hatte nach dem Tode Heydrichs versucht, in der Kirchenfrage etwas kürzerzutreten, und mit Hitler dahingehend gesprochen. Hitler reagierte darauf recht nüchtern: »Wenn gefüllte Kirchen mir die Ruhe im deutschen Volk erhalten helfen, so ist in Anbetracht der Kriegsbelastungen nichts dagegen einzuwenden.« Aber Bormann gab dennoch keine Ruhe und brachte es mit seiner Überredungskunst fertig, bei Hitler durchzusetzen, daß ein Mitglied der Parteikanzlei offiziell als Angehöriger des Auswärtigen Amtes in die deutsche Botschaft des Vatikans eingebaut wurde. Es gehörte zu dessen Aufgaben, die Beziehungen der deutschen Botschaftsangehörigen zu den führenden Mitgliedern des Laterans zu beobachten und die große Linie der Politik der Kurie, insbesondere gegenüber Deutschland, genau zu verfolgen und Bormann entsprechend darüber zu berichten. Als Gegengewicht benutzte ich den früheren Benediktinerpater E. mit seinem umfangreichen Wissen auf kirchenpolitischem Gebiet und seiner besonderen Kenntnis der Diplomatie der päpstlichen Kurie. Er stand schon seit längerer Zeit in unseren Diensten und arbeitete nun mit eigenen Kurierwegen, in Eilfällen verfügte er sogar über einen »Briefkasten« bei einer unserer geheimen Funkstellen in Rom. Besonders wertvolle Dienste leistete er

nen guten Willen zeige, halte er eine Hilfestellung des Laterans vielleicht noch für möglich*.

Von Instanbul flog ich nach Ankara weiter. Ich zog dort in die Wohnung eines deutschen Diplomaten, die mir von Papen liebenswürdigerweise zur Verfügung gestellt hatte. Bereits am nächsten Tage konnte durch Vermittlung meines Beauftragten Moyzisch, zugleich Attaché an der deutschen Botschaft, die vorgesehene Unterredung mit dem Chef des türkischen Geheimdienstes stattfinden.

Mein türkischer Kollege legte die Karten ziemlich offen auf den Tisch. Ein zu starkes Rußland könne, wie die Geschichte gelehrt habe, nur eine Bedrohung für die Türkei bedeuten. Den Gedanken, daß sich die Türkei einseitig nach dem Westen orientiere, und zwar in der Form, daß sie die Beziehungen zu Deutschland abbreche, wies mein Gesprächspartner zurück. Deutschland habe während seiner größten Machtentfaltung im Jahre 1941, insbesondere was den Balkan betreffe, die Sonderstellung der Türkei vollauf respektiert. Rußland würde das gewiß nicht getan haben. Ein Zusammenbruch Deutschlands müsse für die Türkei auf lange Sicht gesehen eine Katastrophe bedeuten, da dann nicht abzusehen sei, wie

---

im Spätsommer und Herbst 1943, als sich Hitler mit dem Gedanken trug, unter Umständen den Papst in eine Art »Avignonsche Gefangenschaft« zu nehmen. Hiergegen setzten wir aber die ganze Macht des Geheimdienstes ein und wiesen in einer systematischen Berichterstattung auf die folgenschweren Nachteile hin, die dem Regime durch eine solche Provokation in der Welt erwachsen würden. Es gelang mir auch, Himmler für unsere Auffassung zu gewinnen und hart zu machen. Er versuchte daraufhin, Hitler, der immer wieder von Bormann und Goebbels im gegenteiligen Sinne beeinflußt wurde, in nächtlichen Diskussionen den Plan auszureden. Zur Unterstützung hatte ich Himmler besonders ausgesuchte Argumente mitgegeben und ihn mit folgender Überlegung konfrontiert: Alle meine Bemühungen, die ich ja zum größten Teil mit seiner Einwilligung unternähme, ihn in der Welt als den präsumtiven Nachfolger Hitlers hinzustellen, um damit gleichzeitig den Boden für Kompromißgespräche mit den Feindmächten vorzubereiten, wären im Moment einer Papstentführung zum totalen Scheitern verurteilt. Im übrigen sei er es, der als Aushängeschild für einen solchen Unsinn benützt würde, nicht dagegen die eigentlichen Initiatoren Bormann oder Goebbels, die viel zu klug seien, um sich vor der Welt mit einer solchen Hypothek zu belasten. Himmler erschien sichtlich angesprochen, und es war einer der wenigen Momente, wo er den Mut besaß, mit seinem Herrn und Meister wirklich zu diskutieren und sich durchzusetzen.

* Vgl. zu diesem Gespräch den im Anhang abgedruckten Brief des Botschafters von Papen vom 6.6.1948.

die Ausbalancierung der Westmächte erfolgen solle. Deutscherseits müsse man aber mehr Verständnis für die wirtschaftlichen Belange der Türkei aufbringen. Sein Land sei durch die hohen Budgetbelastungen infolge seiner dauernden Aufrüstung wirtschaftlich sehr geschwächt. Bis zu einem gewissen Punkte gingen so die politischen wie wirtschaftlichen Zielsetzungen Deutschlands und der Türkei konform, und deshalb sei es auch möglich, in diesem Rahmen zu einer fruchtbaren Zusammenarbeit zu kommen.

Mir genügte diese Abstimmung, um den Wunsch einer weiteren Unterstützung im Hinblick auf unsere geheimdienstliche Arbeit gegen Rußland vorzubringen. Trotz der Belastungen, denen die Türkei in dieser Beziehung ausgesetzt war, traf ich bezüglich meines Anliegens auf Verständnis. Ich erklärte mich hingegen bereit, die wirtschaftlichen Wünsche der Türkei (die von meinem Gesprächspartner einzeln bezeichnet wurden) in Berlin ganz besonders zu unterstützen. Das Problem des Dodekanes berührte ich nur am Rande, und zwar mit dem Hinweis, in Berlin darüber berichten zu wollen. Anschließend gab mir mein Partner nochmals die Versicherung, daß die Türkei im Hinblick auf die Gefahr aus dem Osten keinerlei Interesse an einer Niederlage Deutschlands habe und daß ein aktives Vorgehen gegen uns nicht in Frage komme.

Ich wußte, daß der Chef des türkischen Geheimdienstes diese Erklärung nicht ohne Zustimmung seiner Regierung abgab. Deshalb wandte ich mich zum Schluß vorsichtig der Frage zu, ob ich unter Umständen auf eine Mithilfe rechnen dürfte, sobald die innerdeutsche Situation soweit gediehen sei, daß mir die Legitimation zur Einleitung eines Kompromißgespräches mit dem Westen gegeben würde. Mein türkischer Kollege zeigte sich an meinem Tastversuch sehr interessiert und äußerte, daß eine entsprechende Hilfestellung seiner Ansicht nach nicht im Widerspruch zur Linie der türkischen Außenpolitik stehen würde. Bei unserem nochmaligen Zusammentreffen am übernächsten Tag wünschte er von mir noch nähere Einzelheiten darüber zu hören. Als wir uns endgültig verabschiedeten, herrschte zwischen uns volles Einvernehmen.

Nachdem ich noch ein paar Tage Gast der Familie Moyzisch gewesen war, trat ich den Rückflug nach Istanbul an. Die Maschine sah nicht gerade sehr vertrauenerweckend aus, und bald waren wir denn auch vom Kurs abgekommen. Der Gedanke, in dem wildzerklüfteten Karstgebirge, das wir zu überfliegen hatten, etwa notlanden zu müssen, jagte mir einen leisen Schauder ein. Außer meinem Begleiter befanden sich nur noch Frau und Kind des Piloten an Bord. Als plötzlich vor uns ein dicker grauer Dunst aufstieg, versuchte der Pilot zunächst an der Nebelfront entlangzufliegen, doch bald darauf waren wir allerseits von tiefen, schwarzen Sturmwolken umgeben. Um die Erdsicht nicht zu verlieren, drückte der Pilot das Flugzeug tiefer und tiefer, wobei die kleine Maschine unmittelbar über den Felsspitzen des Gebirges durch heftige Böen hin und her geworfen wurde. Die Frau und das Kind begannen vor Angst zu weinen, indessen mein Begleiter erschrocken auf den Piloten zeigte. Dieser hielt in der einen Hand den Steuerknüppel, in der anderen einen mohammedanischen Rosenkranz, den er unablässig durch die Finger gleiten ließ. Ich muß gestehen, daß auch mir nun recht unbehaglich zumute war und ich schon meine Notizen aus der Tasche kramte, um sie zu vernichten. Schließlich aber gelangten wir doch mit erheblicher Verspätung glücklich in Istanbul an. Als sich die Maschine dem Boden näherte, wischten wir uns alle miteinander den Angstschweiß von der Stirn. Nachdem das Flugzeug aufgesetzt hatte, liefen nicht nur die Haltemannschaften, sondern auch der Flugplatzkommandant herbei. Letzterer zog den Piloten begeistert aus der Maschine, umarmte und küßte ihn vor Freude darüber, daß er alle heil durchgebracht hatte.

In Istanbul fand zunächst eine Besprechung mit meinem Sachbearbeiter statt, wobei es vor allem um unsere Nachrichtenorganisation »Remo« ging. Es handelte sich hierbei um ein durch einen italienischen Journalisten vermitteltes selbständiges arabisches Nachrichtenunternehmen, das uns monatlich nicht weniger als fünftausend Dollar kostete. Diese Organisation brachte uns aber so ausgezeichnete Meldungen über Schiffsbewegungen durch den Suezkanal, daß ich mich entschloß, sie trotz der hohen Kosten noch einige Zeit weiterarbeiten zu lassen. Doch ehe ich mich anderen dienstlichen Aufgaben zu widmen vermochte, hatte ich zuerst den vielen Einladungen türkischer Freunde Folge zu leisten. So ist mir insbesondere der Schlußakt, nämlich die Fahrt auf einer großen Jacht ins Marmarameer, in unvergeßlicher Erinnerung geblieben. Unter einem vom Mond beschienenen, sternenübersäten Himmel fuhren wir abends langsam wieder nach Istanbul zurück. Um Mitternacht fand dann in einem schönen Hotel am Meeresstrand ein großes Bankett statt, und wie erstaunt war ich, als plötzlich die türkische Kapelle deutsche Studentenlieder intonierte. Mehrere der dort anwesenden Türken hatten in Deutschland studiert und auch rheinische Lieder mit nach Istanbul gebracht. Es war schon seltsam, durch die schöne orientalische Nacht am Goldenen Horn das Lied vom Rolandsbogen erklingen zu hören.

Später begleiteten mich noch einige Freunde auf den Dachgarten eines Nachtklubs, wo sich die mondäne internationale Welt ein nächtliches Stelldichein gab. Und es entbehrte nicht einer gewissen Komik, als man mich diskret auf die anwesenden Vertreter des englischen und amerikanischen Nachrichtendienstes aufmerksam machte.

Am folgenden Tage wechselte ich die Rolle. Als mich ein türkischer geheimer Mitarbeiter abholte, reichte er mir einen alten Staubmantel und einen zerschlissenen Hut. Unser Ziel war eine der von mir aufgebauten Nebenorganisationen, die von einem Türken, einem Ägypter und einem Araber geleitet wurde. Nach außen hin betrieben sie eine Handelsfirma, die sich in der Hauptsache mit Teppichen, Altsilber und Gold befaßte. Hinter dieser Fassade hatten sie im Laufe der Zeit ein recht umfangreiches Nachrichtennetz für den Vorderen Orient aufgebaut und gaben zwei- oder dreimal im Monat ihre Funksprüche an eine Empfangsanlage in Berlin-Lichterfelde durch, von der außer mir nur noch Jahnke wußte. Um der Neugier gegnerischer Geheimdienste zu entgehen, wählten wir auf unserer Fahrt zu dieser »Handelsfirma« mancherlei Umwege und hielten hier und da an, um festzustellen, ob wir überwacht würden.

Das Teppichgeschäft befand sich im Istanbuler Basarviertel und machte nach außen den Eindruck eines kleinen und bescheidenen Ladens. In einem hinteren Raum aber, der als Warenlager diente, wurden plötzlich zwei große Teppichballen zur Seite geschoben, und ich sah mich einer hervorragend ausgebauten Funk-, Sende- und Empfangsanlage gegenüber. Nachdem wir uns eine Zeitlang über dienstliche Dinge unterhalten und viel dickflüssigen schwarzen Kaffee getrunken hatten, meldete sich eine Funkstelle aus Alexandrien. Während ich diese Leute bei der Arbeit beobachtete, bemerkte ich überhaupt erst, mit welchem Eifer sie ihre Spionagearbeit sowohl gegen die Westalliierten als auch gegen die Sowjets betrieben.

Schließlich beanspruchten in Istanbul noch zwei andere geheimdienstliche Angelegenheiten meine Aufmerksamkeit. Es gab dort noch eine geheime mohammedanische Sekte, die es sich zum Ziel gesetzt hatte, das alte Kalifat wieder einzuführen. Über Querverbindungen hatte diese Sekte Kontakt mit dem deutschen Geheimdienst bekommen. Sie bot uns Informationsmaterial an und wünschte dafür von uns materielle Unterstützung, unter Umständen aber auch eine Förderung ihrer umstürzlerischen Absichten. Es war nicht zu verkennen, daß dieser Bund uns ausgezeichnetes Material hätte liefern können, andererseits aber stellte er eine schwere Belastung gegenüber den offiziellen Stellen der Türkei für uns dar, denn beim Aufkommen des geringsten Verdachtes wäre eine böse Vertrauenskrise zwischen uns und der Türkei die Folge gewesen. Ich gab daher Anweisung, die Verbindung mit dieser Sekte nur locker aufrechtzuerhalten, um sie dann allmählich einschlafen zu lassen. Nach einigen Monaten hörte ich plötzlich, daß ein Mitglied dieser Sekte über Griechenland nach Berlin gereist war und sich beim Ersten Adjutanten Hitlers zum Zweck einer Beschwerde angemeldet hatte. Ich habe schleunigst dafür Sorge getragen, daß der Mann unverzüglich nach Griechenland abgeschoben wurde, bevor Unheil entstand.

Der andere Fall betraf den Großmufti Al Huseini, einen erbitterten Gegner Englands. Er war auf Umwegen in die Türkei geflüchtet und sollte nun nach Deutschland gebracht werden, wo sich El Galaini seit dem mißglückten Putschversuch im Irak bereits befand. Aber da waren nicht nur die gegnerischen Geheimdienste, sondern auch die türkischen Polizeiorgane, gegen die wir uns bei diesem Unternehmen abschirmen mußten. Nach mancherlei Überlegungen vollzog sich jedoch die Abreise einfacher, als wir geglaubt hatten. Bei geeigneter Gelegenheit wurde der Großmufti unter den Augen der türkischen Behörden und zahlreicher Agenten gegnerischer Geheimdienste mit bandagiertem Kopf als »schwerverunglücktes Mitglied der deutschen Mission« in ein bereitstehendes Flugzeug getragen und nach Berlin verfrachtet. Das ausfallende deutsche Mitglied unserer Botschaft mußte sich entsprechend eine Zeitlang im Missionsgebäude versteckt halten. Die Zusammenarbeit mit diesem geistlichen Rechtsgelehrten und Politiker der arabischen Welt brachte der deutschen Führung aufschlußreiche Einblicke in das Kraftfeld des Vorderen Orients. – Ebenso abenteuerlich, wie er gekommen war, ist der Großmufti im Jahre 1945 wieder in den Orient zurückgelangt.

Nach Berlin zurückgekehrt, trug ich Himmler das Ergebnis meiner Reise vor. Während ich über die Besprechung mit von Papen referierte und dabei auch dessen Meinung hinsichtlich eines Kurswechsels in der Kirchenfrage ungeschminkt erwähnte, machte sich Himmler laufend Notizen. Es schien mir, als ob er sich mit diesem Thema ernsthaft zu beschäftigen gedächte, obwohl er sich im Augenblick dazu nicht äußerte. Ich benutzte bei der Erwähnung des Vatikan-Referats im Auswärtigen Amt noch einmal die Gelegenheit, Himmler wieder daran zu erinnern, daß endlich etwas gegen Ribbentrop unternommen werden müsse. Er schüttelte den Kopf und sagte: »Sie bringen mich in arge Gewissenskonflikte. Ich weiß, daß Sie das Richtige wollen, aber Sie erwarten Unmögliches. Ich könnte Ribbentrop nur mit Hilfe Bormanns ausbooten, doch dieser wird mir, wie Sie wissen, hierbei zu helfen kaum geneigt sein.«

Um nun aber kein Mittel unversucht zu lassen, Himmler zum Handeln zu bringen, zog ich einen der namhaftesten Astrologen Deutschlands heran in der Hoffnung, er werde durch entsprechende Horoskope Himmler in die von mir gewünschte Richtung lenken. Diese Annahme erwies sich jedoch als Fehlspekulation. Er stellte ein Horoskop aus, in dem er die Geschehnisse vom 20. Juli 1944, eine Erkrankung Hitlers im November 1944 und seinen Tod im April 1945 voraussagte. Darauf reagierte Himmler nun genau umgekehrt, als ich erhofft hatte - er wich meinem stetigen Drängen von jetzt ab offensichtlich mit dem fatalistischen Glauben aus, daß Hitlers Erkrankung und Tod ja ohnehin einen Wechsel der politischen Führung zur Folge haben werde.

Inzwischen hatte ich wieder mehrere Versuche eingeleitet, über geeignete Persönlichkeiten in Spanien, Portugal und in der Schweiz Kontakt mit maßgebenden Vertretern der Westmächte zu gewinnen. Hierzu gehörten auch die Bemühungen, mit dem damaligen Chef des Schweizer Geheimdienstes, Mason, und dem Befehlshaber der Schweizer Heeresleitung, General Guisan, in ein Verhandlungsgespräch zu kommen. Es war mir klar, daß der Weg zu Kompromißverhandlungen über die Schweiz überhaupt nur dann Erfolg versprach, wenn die Neutralität dieses Landes erhalten blieb. Ob sich die Schweiz als neutraler Staat auch weiterhin behaupten konnte oder ob nicht Hitler seinen schon mehrmals erwogenen Plan einer Präventivbesetzung eines Tages ausführen würde, stand zu jener Zeit noch völlig offen. Nach entsprechender Fühlungnahme mit Mason und Guisan vermochte ich Himmler zu bewegen, seinen Einfluß im Führerhauptquartier gegen solche militärischen Maßnahmen geltend zu machen. Er hatte mir vorher allerdings deutlich genug erklärt, daß es meinen Kopf kosten würde, falls die andere Seite diese Neutralität verletze. (Es liefen nämlich immer wieder Meldungen über ein mögliches Abschwenken der Schweiz in das Lager der Alliierten ein.)

Bei diesen meinen Bemühungen, die Schweiz aus dem Krieg herauszuhalten, kam mir die Hilfe des Reichswirtschaftsministers Funk zustatten, der in geschickter Weise die oberste Führung davon zu überzeugen wußte, daß die Schweiz als »Devisendrehscheibe« unangetastet bleiben müsse.

CICERO

Ein ungewöhnliches Angebot aus Ankara – Die Geheimkorrespondenz des englischen Botschafters – Inhalt der Dokumente – Besprechung zwischen Stalin und Mikolajczyk – Treffen mit einem Sonderbeauftragten Roosevelts – Wer ist Cicero? – Wie Cicero arbeitete – Die Türkei schließt sich dem westlichen Lager an – Einmarsch deutscher Truppen in Ungarn – Katastrophe in Rumänien – Abdankung Horthys und Ende Ungarns

Es war am Morgen des 28. Oktober 1943, als mich Legationsrat H. Wagner vom Auswärtigen Amt anrief und um eine sofortige Rücksprache bat. Er fügte hinzu, es handele sich um eine äußerst wichtige Angelegenheit. In der anschließenden Unterredung gab er mir von einem Telegramm des Botschafters von Papen Kenntnis; darin hieß es, ein angeblicher Kammerdiener des englischen Botschafters Sir Knatchbull-Hughessen in Ankara biete gegen sofortige Zahlung einer Summe von nicht weniger als zwanzigtausend Pfund Sterling Fotokopien geheimster Dokumente aus der englischen Botschaft an. Nach der ersten Lieferung sollten weitere Sendungen folgen, für die er den Preis von je fünfzehntausend Pfund Sterling verlange. Ribbentrop wünsche nun, da es hier um ein ziemlich riskantes und rein geheimdienstliches Geschäft gehe, meine Meinung darüber zu hören, ob man auf das Angebot eingehen solle.

Die geforderte Summe war horrend. Doch ich glaubte, auf Grund meiner bisherigen Erfahrungen ein Gefühl dafür zu haben, ob ein solcher Handel uns etwas bringen konnte oder nicht. In diesem Falle hatte ich das Empfinden, daß wir auf das Angebot eingehen sollten, um so mehr, als die Zug-um-Zug-Übergabe der »Ware« einen gewissen Sicherheitsfaktor enthielt. Ich sagte mir, daß es auch gelingen müßte, vor der Aushändigung des Geldes noch eine schnelle Überprüfung der Dokumente vorzunehmen. Überdies bot mir die Erwägung, daß der Vorgang in Ankara zweifellos durch die Hände unseres klugen und erfahrenen Mitarbeiters Moyzisch gegangen war, eine hinreichende Garantie. Nach Abwägung all dieser Momente riet ich, auf das Angebot einzugehen, und schlug vor, die Geldsendung zu Lasten des Geheimdienstes durch einen Sonderkurier nach der Türkei zu bringen.

Ribbentrop stimmte zu und informierte von Papen durch ein entsprechendes Antworttelegramm. Am folgenden Tage ging die Summe von zwanzigtausend Pfund Sterling nach Ankara ab. Voller Spannung erwartete ich nun den ersten ausführlichen Bericht Moyzischs, der auch nach drei Tagen einging.

Er teilte mit, daß es sich um einen Mann namens Pierre handele, der früher einmal beim Gesandten Jenke in Ankara eine Zeitlang tätig gewesen und nun eines Abends bei diesem erschienen sei. Jenke, der mit der Möglichkeit eines geheimdienstlichen Spiels der Feindseite rechnete, wollte sich als Diplomat mit Pierre nicht einlassen und habe ihn, Moyzisch, trotz der späten Abendstunde zu sich rufen lassen. Es folgte dann eine eingehende Beschreibung des Kammerdieners: er sei ein mittelgroßer blasser Mann mit tiefliegenden schwarzen Augen, der in der Art, wie er sich vorgestellt habe, trotz seiner Zurückhaltung und Schweigsamkeit dennoch einen sicheren und zielbewußten Eindruck mache. So habe er auch auf die an ihn gestellten Fragen knapp, aber präzise geantwortet.

Moyzisch sah sich in eine Zwangslage versetzt – auf der einen Seite lockte es ihn, auf das Spiel einzugehen, auf der anderen Seite war die geforderte Summe so hoch, daß sie seinen eigenen Devisenfonds weit überstieg. Da Pierre außerdem eine Frist von drei Tagen gesetzt hatte – andernfalls er, wie er mit einer Handbewegung in Richtung russische Botschaft andeutete, auch zu einer anderen Stelle gehen könne –, entschloß sich Moyzisch, den Botschafter zu informieren, um über das Auswärtige Amt eine baldige Entscheidung aus Berlin zu erlangen.

Bei der Übergabe des Materials – es handelte sich um noch nicht entwickelte Filme – konnte Moyzisch blitzschnell eine Vorprüfung vornehmen. Das Resultat verschlug ihm fast den Atem. Die erste Lieferung der Fotokopien ergab, daß die Dokumente in der Tat die allergeheimste Korrespondenz zwischen der englischen Botschaft in Ankara und dem Foreign Office in London enthielten. Außerdem fanden sich Fotokopien handschriftlicher Aufzeichnungen des englischen Botschafters vor, in denen er sich mit der Entwicklung des englisch-türkischen sowie des englisch-russischen Verhältnisses befaßte. Von besonderer Bedeutung war noch eine vollständige Liste der im Rahmen des Pacht- und Leihgesetzes von den USA nach Rußland gelieferten Waren und Kriegsgüter im Laufe der Jahre 1942/43 sowie ein vorläufiger Informationsbericht des Foreign Office über das Ergebnis der Außenministerkonferenz in Moskau zwischen Cordell Hull, Eden und Molotow. Ich veranlaßte zunächst folgendes:

1. Unverzügliche Vorlage der Berichte über Himmler an Hitler (ich behielt mir dabei vor, über die Quelle und die Echtheit der Dokumente noch nähere Ausführungen zu machen).

2. Ich bat General Thiele vom Oberkommando der Wehrmacht, sich an Hand der Dokumente sofort mit der Entschlüsselung der englischen Kodes zu befassen. (Die vier besten Dechiffreure Deutschlands, darunter zwei Mathematikprofessoren, bearbeiteten daraufhin wochenlang das Dokumentenmaterial, bis es ihnen glückte, einen Teil der Kodes zu knacken. Damit bekamen wir zugleich wichtige Aufschlüsse über Sendezeiten und technische Einzelheiten bei der Übermittlung der Kode-Telegramme von London nach Ankara in die Hand.)

3. Meine Mitarbeiter hatten auf Grund ihrer Spezialunterlagen sofort Gründe und Gegengründe hinsichtlich der Echtheit oder Fälschung des Materials zusammenzustellen, damit ich Hitler gegenüber die Frage nach der Zuverlässigkeit der Quelle beantworten konnte.

4. Ich setzte mich mit Staatssekretär von Steengracht im Auswärtigen Amt in Verbindung und unterrichtete ihn über meine Maßnahmen. Wir kamen überein, die Bearbeitung des Falles beim politischen Geheimdienst zu belassen.

Das Studium der Dokumente, die uns in der Folgezeit geliefert wurden, berührte folgende Punkte:
die Ergebnisse der Besprechungen Roosevelt-Churchill-Tschiang Kaischek in Kairo im November und Dezember 1943;
die Besuche des türkischen Staatspräsidenten Ismet Inönü und seines Generalsekretärs für Auswärtige Angelegenheiten, Numan Memenencioglu, bei Churchill und Roosevelt;
die Berichte über die Konferenz Churchills und Roosevelts mit Stalin in Teheran vom 28. November bis 2. Dezember 1943;
die Ergebnisse der Generalstabsbesprechungen von Teheran im Hinblick auf die Entscheidungen über die Operation *Overlord* und die Zurückstellung der Operation *Merkur;*
die Vorankündigung gesteigerter Luftangriffe auf dem Balkan.

In dem Bericht über die Besprechungen in Kairo erregte besonderes Erstaunen das Versprechen Roosevelts an Tschiang Kai-schek, die Mandschurei nach der Niederkämpfung Japans an China zurückzugeben (eine Zusage, die im Widerspruch zu der Haltung des amerikanischen Präsidenten auf der Konferenz von Jalta vom 4. bis 11. Februar 1945 stand; damals billigte Roosevelt unter Übergehung Tschiang Kaischeks den Russen die mandschurische Eisenbahn und die Häfen von

Port Arthur und Dairen als Preis für einen Kriegseintritt gegen Japan zu.)

Mit hoher Wahrscheinlichkeit deutete die Auswertung der Dokumente auch darauf hin, daß sich Churchill mit seinem ursprünglichen Plan der Eröffnung einer zweiten Front durch eine Balkan-Invasion nicht hatte durchsetzen können. Nach der Teheraner Konferenz stand es fest, daß man in Polen, Rumänien, Jugoslawien und Ungarn dem Zugriff der Roten Armee seitens der Westmächte keinen Widerstand entgegensetzen würde. Was Polen betraf, verlangte Stalin sogar eine Verschiebung der russischen Westgrenze bis an die Curzon-Linie bei gleichzeitiger Entschädigung Polens durch Teile Ostdeutschlands.

Zur selben Zeit erhielten wir durch einen Vertrauensmann in der polnischen Widerstandsbewegung, dem es kurz zuvor gelungen war, den diplomatischen Kode der polnischen Exilregierung in London zu entschlüsseln, eine Inhaltsangabe der Besprechungen, die der Chef dieser Regierung, Mikolajczyk, kurz zuvor mit Stalin geführt hatte. Mikolajczyk war von London über Stockholm nach Moskau geflogen und hatte das Besprechungsergebnis funktelegrafisch nach London übermitteln lassen.

In bezug auf Deutschland lauteten die Erklärungen Stalins: Deutschland würde zwar erhalten bleiben, es müsse aber so geschwächt werden, daß es mindestens zwanzig bis dreißig Millionen Menschen verliere. Dann brauchten die Sowjetunion und Polen vor diesem ewig drohenden Stoßkeil Deutschland für die nächsten fünfzig Jahre keine Angst mehr zu haben. Rußland könnte sich dann auch in Ruhe von seinen Kriegsschäden erholen.

Schon der erste Eindruck, den ich auf Grund des Berichts über die Moskauer Außenministerkonferenz vom 18. bis 30. Oktober 1943 und die Erklärungen Stalins gegenüber Mikolacjzyk gewann, deckte sich in großen Zügen mit den warnenden Berichten, die ich schon verschiedentlich über andere Kanäle bekommen hatte. Hier zeichnete sich nun ein furchtbares Schicksal für Deutschland ab. Ich wurde jetzt von einer solchen Angst ergriffen, daß ich sofort eine sich mir über Dr. Kersten in Stockholm bietende Gelegenheit wahrnahm, ein Gespräch mit dem Sonderbeauftragten Roosevelts für europäische Fragen, Mr. Abraham Stevens Hewitt, zu führen, der zu jener Zeit in Schweden weilte.

Unter Wahrung aller Vorsichtsmaßnahmen traf ich mich mit ihm in dem Appartement seines Stockholmer Hotels, wo wir an drei verschiedenen Tagen eine ungeschminkte Aussprache über das Problem eines Kompromißfriedens führten. Nach Berlin zurückgekehrt, arbeitete ich sofort ein Aide-mémoire über diese Besprechungen aus, das ich Himmler zu unterbreiten gedachte. Er hielt sich zu jener Zeit in München auf. Als ich ihn über meine Zusammenkunft mit Hewitt informierte, schnappte er erst einmal, über mein eigenmächtiges Vorgehen völlig konsterniert, nach Luft. Dann redete er sich in einen solchen Zorn, daß ich es für besser hielt, ihn zuerst einmal austoben zu lassen und das Aide-mémoire erst später vorzulegen. Als ich ihm am nächsten Tag erneut von der Notwendigkeit meines Schrittes zu überzeugen suchte, hörte er mich zwar ruhiger an, doch meine Erklärungen reichten noch immer nicht aus, um den Bann, den Hitler gerade in München auf seine Umgebung ausübte, zu brechen.

Inzwischen war aus Istanbul ein Funkspruch eingetroffen, wonach sich Moyzisch zum Vortrag bei Ribbentrop angemeldet hatte. Da sowieso ein Kurierflugzeug des Geheimdienstes auf dem Balkan unterwegs war, veranlaßte ich, daß Moyzisch dieses Flugzeug von Sofia aus benützte, damit ich Gelegenheit hatte, ihn zuerst zu sprechen. Mündlich berichtete mir nun Moyzisch weitere Einzelheiten über »Cicero« – wie von Papen den Kammerdiener wegen der Fülle seiner politischen Nachrichtenproduktion getauft hatte. Ursprünglich, so erzählte Moyzisch, habe Cicero als Motiv für seine Handlung reine Rachsucht angegeben. Sein Vater, der zur Zeit des ersten Weltkrieges in Konstantinopel gewohnt habe, sei dort wegen seiner Tochter, Ciceros Schwester, in Händel geraten und von den Engländern erschossen worden. Später habe er diese Darstellung dahin abgewandelt, sein Vater sei in Albanien auf der Jagd durch einen Engländer getötet worden. Dies und die anfängliche Behauptung Ciceros, er spreche kein Wort Englisch – kurz darauf stellte sich das Gegenteil heraus -, ließen zwar berechtigte Zweifel an der Wahrheitsliebe dieses Mannes aufkommen, die auch zur erhöhten Vorsicht mahnten, doch beeinträchtigten sie meines Erachtens den Wert und die Echtheit der Dokumente nicht.

Moyzisch und ich besprachen dann noch einige technische Einzelheiten. Ich schlug vor, die Filmrollen, die Cicero jeweils überbrachte, unverzüglich nach Berlin zu schicken, da in unserer technischen Abteilung sogleich die notwendige Anzahl Fotokopien für alle fachlich interessierten Stellen angefertigt werden konnte.

Aus dem anfallenden Material übermittelte ich die wichtigsten Fotokopien dem Staatssekretär von Steengracht, der unter der Leitung des Gesandten Altenburg eine Spezialauswertungskommission für die Dokumente eingesetzt hatte. Gleichzeitig legte Himmler die gesamten Unterlagen Hitler vor. Nun passierte es, daß sich Ribbentrop bei Hitler beschwerte, der politische Geheimdienst habe ihm einen Teil der Dokumente vorenthalten. Eine kurze Rückfrage bei seinem Staatssekretär von Steengracht ergab jedoch, daß die vermeintlich fehlende Serie der Dokumente schon seit mehreren Tagen ungeöffnet in einem Panzerschrank des Auswärtigen Amtes schlummerte.

Hitler stand der Echtheit der Dokumente skeptisch gegenüber. So bohrte er ständig an der Frage herum, ob wir nicht feststellen könnten, wer der Kammerdiener des englischen Botschafters in Wirklichkeit sei. Moyzisch, der sein Verhältnis zu Cicero nicht mit weiteren persönlichen Fragen belasten wollte, beließ es bei einer gelegentlichen Rückfrage, die jedoch zu keinem Ergebnis führte. Da ich Hitlers Mißtrauen in diesem nebensächlichen Punkt endlich beseitigt wissen wollte, setzte ich meine schon erwähnte Spezialorganisation in Istanbul auf Cicero an. Nach verhältnismäßig kurzer Zeit war mir der wirkliche Name Ciceros auch schon bekannt. Ich möchte ihn aber, da er meines Wissens noch lebt, von mir aus nicht preisgeben.

Im übrigen reagierte Hitler auf die Dokumente in seinen Maßnahmen, wie zu befürchten war, negativ. Er glaubte, jetzt erst recht durch die Zusammenfassung sämtlicher Kräfte den totalen Krieg mit aller Rücksichtslosigkeit weiterführen zu müssen. Himmler hingegen war durch das Material offenbar unsicher geworden. Er ließ mich kurz vor Weihnachten zu sich rufen und sagte: »Ich sehe ein, daß doch etwas geschehen muß.« Ich traute meinen Ohren nicht, als er fortfuhr: »Lassen Sie die Verbindung mit Hewitt nicht abreißen. Könnten Sie ihm nicht einen Bescheid zugehen lassen, daß ich zu einer Aussprache mit ihm bereit wäre?«

Es war in der Tat höchste Zeit, denn von nun ab wurde uns ein Schlag nach dem anderen versetzt. Die jüngsten uns von Cicero übermittelten Geheimdokumente zeigten überdies eindeutig, daß auch die Neutralität der Türkei nur noch eine Frage der Zeit sein konnte. Tatsächlich vollzog sich das schrittweise Einschwenken der türkischen Diplomatie ins Lager der Alliierten dann genauso planmäßig, wie es Botschafter Sir Knatchbull-Hughessen in einem seiner *drafts* dem Foreign Office dargelegt hatte: Zunächst noch Aufrechterhaltung der Neutralität mit türkischer Truppenkonzentration in Thrazien zur Bindung deutscher Divisionen in Bulgarien – unterdessen verstärkte Belieferung mit militärischem Material seitens der Westalliierten und schließlich Aufnahme von Generalstabsbesprechungen. Als Datum der Beendigung aller dieser Maßnahmen war nach Auskunft der Cicero-Dokumente der 15. Mai 1944 festgesetzt – dies im Zusammenhang mit der Operation *Overlord.* Also vom 15. Mai 1944 an galt es mit allen Eventualitäten im Süden und Westen zu rechnen.

(Wäre Churchill im übrigen im Dezember 1943 in Teheran nicht an Roosevelt und Stalin gescheitert und hätte er sich mit seinem Plan *Merkur* – Invasion auf dem Balkan – durchgesetzt, so wäre bei retrospektiver Betrachtung der Krieg eher zu Ende gegangen. Denn der Balkan war eine überreife Frucht und bot unseren Gegnern die Chance, die deutsche Südostflanke entscheidend aufzureißen.)

Laut Ciceros Fahrplan erfolgte nun – gewissermaßen als Ersatzmaßnahme für den abgelehnten Churchill-Plan – ab Mitte Januar 1944 die vorgesehene Bombardierung wichtiger Verkehrspunkte und Erdölanlagen auf dem Balkan durch die operativen Luftverbände der Westmächte. Das erste Opfer wurde die Hauptstadt Bulgariens. Die Dokumente hatten diese Bombardierung als unumstößliches Faktum gemeldet, und Sofia war entsprechend von uns gewarnt worden. Eine ausreichende Luftabwehr durch Konzentration von Jägern war jedoch zu jenem Zeitpunkt der deutschen Führung schon nicht mehr möglich. Die Flakabwehr war viel zu schwach und aus naheliegenden Gründen zumeist um die Erdölfelder in Rumänien sowie die Flugbenzin-Hydrieranlagen in der Tschechoslowakei konzentriert worden.

Mit den im Panzerschrank schlummernden Dokumenten hatte sich das Auswärtige Amt im Falle Cicero eine Niederlage geholt. Hitler verbot sogar, daß Botschafter von Papen über das Material weiterhin informiert werde. Ich besprach diese Anordnung mit Himmler, und wir milderten sie daraufhin in der Weise ab, daß Moyzisch die Weisung bekam, soweit es die Belange des deutsch-türkischen Verhältnisses angehe, solle von Papen nach wie vor unterrichtet werden. Wir wählten dabei eine Formulierung, die bei der Wendigkeit Moyzischs ausreichte, um das bisherige gute Verhältnis zwischen von Papen und ihm aufrechtzuerhalten.

Inzwischen hatten wir die technische Ausrüstung in Ankara so vervollkommnet, daß sowohl Moyzisch als auch Cicero die modernsten Geräte zur Verfügung standen. Um die Jahreswende erfuhr aber die Glaubwürdigkeit Ciceros und somit die Echtheit seiner Dokumente eine vorübergehende Belastungsprobe. Auf einem der Filme waren zwei Finger (der Ring- und der Mittelfinger) mitfotografiert worden.

Da Cicero bisher stets behauptet hatte, daß er durch jahrelanges Training über die Kenntnis eines Fotografen verfüge und während der Nachtstunden, wenn der englische Botschafter schlafe, allein arbeite, war unser Mißtrauen berechtigt. Cicero hatte uns nämlich genau geschildert, wie er ans Werk ging: Da er seinen Dienstherrn bis zum Schlafengehen betreue, benütze er, sobald der Botschafter mittels Schlaftabletten eingeschlummert sei, die Gelegenheit, aus dessen Anzug den an einem Ring befestigten Safeschlüssel an sich zu bringen, den Safe zu öffnen und innerhalb von zehn Minuten die in einer roten oder schwarzen Ledermappe befindlichen Dokumente zu fotografieren. Daß er sich als Kammerdiener, der die Tagesanzüge seines Herrn zu reinigen und zu bügeln habe, nächtlich noch eine Zeitlang in den Privaträumen des Botschafters aufhalte, falle weiter nicht auf.

Wie waren dann aber seine eigenen Finger mit auf den Film gekommen? Ein zu Rate gezogener Fotoexperte erklärte, es sei unter den obwaltenden Umständen ausgeschlossen, daß jemand in der Lage wäre, mit der einen Hand das Dokument zu halten, mit der anderen die Leica mit Sucher auf das zu fotografierende Objekt einzustellen und zugleich den Auslöser zu bedienen. Selbst bei Benutzung eines Stativs unter immer gleichbleibendem Abstand des Objekts sei es undenkbar, daß jemand diese Arbeit allein verrichte. Es blieb schließlich nur die Version, daß Cicero den Apparat mit den Zähnen oder mit dem Kinn unterstützend festhielt oder daß noch ein anderer mitwirkte. Ich selbst maß der technischen Seite keine ausschlaggebende Bedeutung bei – ob nun ein anderer Cicero half oder nicht, wichtig blieb nur die Echtheit der Dokumente.

Um Ciceros nächtliche Arbeit zu erleichtern, schlug einer unserer technischen Sachverständigen vor, wir sollten ihn doch veranlassen, uns einen eigens imprägnierten Wachsabdruck der Schlüsselöffnung des Safes mit dem dazugehörigen Schlüssel zu liefern. Die Wachsmasse, die handwarm zu kneten sei, wäre so beschaffen, daß weder an dem Safe noch an dem Schlüssel irgendwelche Spuren zurückblieben, die Verdacht hervorrufen könnten.

Sorgfältig in zwei Kästchen verpackt, die kaum größer als eine Streichholzschachtel waren, ging die Wachsmasse mit einer technischen Anleitung nach Ankara ab. Die Kästchen waren mit Watte ausgepolstert, damit der Inhalt unbeschädigt nach Berlin zurückgelangen konnte. Wenig später lagen die Abdrücke und bald darauf, von einem Kunstschlosser angefertigt, der Schlüssel zum Safe des englischen

Botschafters in Ankara vor. Cicero, so berichtete Moyzisch, habe sich wie ein Kind darüber gefreut, denn der neue Schlüssel greife noch leichter und lautloser als das Original in die Apparatur des Safes ein. Jetzt könne er auch am Tage während der Abwesenheit des Botschafters ruhiger und sicherer arbeiten.

Als Cicero im Januar 1944 begann, schlechtes und zum Teil sogar unbrauchbares Material, wie beispielsweise Devisenabrechnungen und ähnliches, zu liefern, beließ ich es bei den bisherigen mit Moyzisch verabredeten Richtlinien, entschloß mich aber, von diesem Zeitpunkt ab den deutschen Staatssäckel zu entlasten und Cicero mit gefälschten Pfundnoten zu bezahlen. Insgesamt sind so hundertfünfzigtausend englische Pfund in echten und hundertfünfzigtausend Pfund in falschen Noten an Cicero gezahlt worden. Er war aber durch das gefälschte Geld nicht gefährdet, da die Scheine auf dem Balkan sowie im Vorderen Orient von allen Bankinstituten als echt angenommen wurden.

Im Februar/März 1944 stellte Cicero ohne irgendwelche Erklärung seine Arbeit plötzlich ein. Im August 1944 brach die Türkei mit Deutschland und schwenkte ins Lager der Alliierten über*.

Die rasch aufeinanderfolgenden Fehlschläge des Jahres 1943 – die Kapitulation bei Stalingrad, das Ende der deutschen Afrika-Armee in Tunis, die Landung der Alliierten in Sizilien, der Sturz Mussolinis, wenig später der Abfall Italiens und schließlich die Konferenzen von Casablanca, Moskau, Kairo und die darauf folgenden Beschlüsse von Teheran – waren für mich eine Bestätigung der von mir im August 1942 in Shitomir Himmler gegenüber geäußerten Befürchtungen.

---

* Der Fall Cicero hat mich noch lange nachdenklich gestimmt – es drängte sich mir immer wieder die Vermutung auf, Cicero habe wirklich nicht allein, sondern mit Hilfe des einen oder anderen gearbeitet. Der Gedanke, daß eine solche Hilfe von türkischer Seite gekommen war, um auf diese Weise Deutschland zu warnen und es vor dem verhängnisvollen Weg in die totale Vernichtung zu bewahren, lag doch sehr nahe. Die türkischen politischen Interessen waren bei einer solchen indirekten Informierung Deutschlands nicht gefährdet – im Gegenteil: man erreichte dadurch ein doppeltes: die deutsche Regierung beizeiten auf die Aussichtslosigkeit ihrer Lage hinzuweisen und sie zu veranlassen, rechtzeitig ein Kompromiß mit dem Westen anzustreben; beim Scheitern eines solchen Kompromisses aber Deutschland auf das (zur Sicherung gegen die dann übermächtig gewordenen Sowjets) unabdingbare Abschwenken der Türkei ins alliierte Lager vorzubereiten.

Inzwischen hatte sich auch die Lage in Ungarn bedenklich zugespitzt. Am 19. März 1944 befahl Hitler – noch während der Reichsverweser Horthy bei ihm zu Besuch weilte -, die Aktion *Margarete* abrollen zu lassen. Im letzten Augenblick war es meinem Mitarbeiter Walter Hagen und mir gelungen, Hitler davon abzubringen, an dem Einmarsch deutscher Truppen auch slowakische und rumänische Einheiten teilnehmen zu lassen. Während die Durchführung des ursprünglichen Planes ganz Ungarn in Empörung versetzt hätte, wurden die nun allein einmarschierenden deutschen Truppen mit Blumen begrüßt. Wären jetzt unsererseits die Kräfte des ungarischen Volkes, die zum gemeinsamen Widerstand gegen die Sowjets bereit waren, an die Führung gebracht worden und hätte man den ungarischen Interessen Entgegenkommen gezeigt, so wäre es vermeidbar gewesen, daß bald darauf die Karpartenpässe von der Roten Armee überrannt wurden.

Ich hatte der ungarischen Regierung noch zugesichert, daß im Falle einer Landung westlicher Alliierter an der Adriaküste ungarische Truppen nicht eingesetzt würden. (Ich konnte dies aus eigener Verantwortung tun, da ich aus den Cicero-Dokumenten wußte, daß eine solche Landung kaum zu erwarten war.) Der Kurs, den nunmehr aber der Reichsbevollmächtigte und außerordentliche Gesandte Veesemayer in Budapest einschlug, führte dazu, daß die letzten Chancen in Ungarn verspielt wurden.

Im Sommer 1944 trat dann die Katastrophe in Rumänien ein, obgleich der deutsche Geheimdienst in Rumänien, der zum Tätigkeitsbereich Walter Hagens gehörte, beachtenswertes Können gezeigt hatte; seine militärischen und politischen Informationen gingen bis ins Detail und wären geeignet gewesen, der deutschen Führung eine weitschauende Planung zu ermöglichen, wenn nicht Hitler und Ribbentrop wichtigste Berichte und Memoranden achtlos in den Wind geschlagen hätten.

Nach den Ereignissen in Rumänien stellten wir fest, daß auch von Ungarn aus mehrfache Verbindungen zu den Sowjets liefen, unter anderem über den Chef der ungarischen Staatssicherheitszentrale, General Ujszaszy. Dieser war Anfang 1944 noch bei mir gewesen und hatte mir mit echt ungarischer Höflichkeit die absolute Treue gegenüber der von mir vertretenen politischen Linie im Südosten versichert. Er schien inzwischen aber dem Einfluß seiner Mitarbeiterin Katalin Korady, einem früheren Filmstar, die die Verbindung mit dem Führer der illegalen ungarischen kommunistischen Partei Laszlo Rajk vermittelte, erlegen zu sein. Er streckte nunmehr Friedensfühler nach Moskau aus. Durch das sogenannte Unternehmen *Maus* schaltete sich der deutsche Geheimdienst in eine über den Reichsverweser Horthy selbst laufende Konspiration ein. Der Sohn Horthys wurde während einer Unterredung mit angeblichen Abgesandten Titos, die in Wirklichkeit Beauftragte unseres Geheimdienstes waren, verhaftet. Horthy gab schließlich sein Spiel verloren und stellte sich unter deutschen Schutz.

Unglückseligerweise betrieb nunmehr, obwohl fähige Führungskräfte in Ungarn zur Verfügung gestanden hätten und von mir aus auch in Vorschlag gebracht wurden, Veesemayer die Machtergreifung durch den Führer der nationalsozialistischen Pfeilkreuzlerbewegung, Scalasi. Damit war der Untergang des alten Ungarn besiegelt. Die heldenmütige Verteidigung Budapests gegen die sowjetischen Marschälle Tolbuchin und Malinowski konnte dieses Schicksal nicht mehr abwenden.

CANARIS – ABGANG UND ENDE

Seine Stellung gerät ins Wanken – Interne Unzulänglichkeiten der militärischen Abwehr – »Schwarze Kapelle« – Verrat der Westoffensive – Heydrichs »Munitionskiste« – Konspiration in Italien – Himmler und Canaris – Charakterzüge des Admirals – Canaris wird seiner Ämter enthoben – Auflösung des Amtes Canaris – Befehl an mich, Canaris zu verhaften – Unsere letzte Unterredung

Schon Ende des Jahres 1942 trug Hitler sich ernstlich mit dem Gedanken, Admiral Canaris fallenzulassen. Ausgelöst wurde seine Verärgerung durch das überraschende Kommandounternehmen der Engländer zwischen Dieppe und Le Havre – ein Ereignis, das der militärischen Abwehr einen bösen Schlag versetzte.

Seit 1940 hatte unser Funkmeldedienst ein verbessertes Meßgerät in Betrieb genommen, das es ermöglichte, Stärke und Richtung anfliegender Feindverbände auf große Entfernung festzustellen. Die Hauptanflugstrecken, insbesondere in Nord- und Westeuropa, waren fächerartig mit diesen Geräten gesichert worden. Und nun war diese Erfindung den Briten in die Hände gefallen. Nachdem nämlich die deutsche Mannschaft von dem englischen Kommandotrupp unschädlich gemacht worden war, hatte dieser die wesentlichen Teile eines solchen Geräts abmontiert, den Rest fotografiert und war mit der gesamten Beute unbehelligt wieder nach England entkommen.

Bei der Nachprüfung des Vorfalls wurden nicht nur erhebliche Mängel der Verteidigungsmaßnahmen, sondern auch der Tarnung und des Abwehrschutzes festgestellt. Man ging nun fieberhaft daran, die Scharte wieder auszuwetzen, indem man nach technischen Neuerungen suchte. Dabei schien es Hitler wichtig, zu wissen, wie weit die Gegner, insbesondere England, inzwischen auf diesem Gebiet gekommen waren, und er verlangte deshalb Vergleichsmaßstäbe. Als nun die technischen Entwicklungsstellen der Luftwaffe gewisse Auswertungsergebnisse hinsichtlich von Beutegeräten vorlegten, Canaris aber so gut wie keine geheimdienstlichen Informationen hierüber aufzuweisen hatte, sich vielmehr auf ausweichende Erklärungen zu verlegen suchte, äußerte Hitler Himmler gegenüber, was ihm Canaris überhaupt mit seinem »dummen Geschwätz« zumute, er habe es satt, sich das noch länger anzuhören. Wie Himmler weiter berichtete, habe der Führer sogar soweit gehen wollen, Canaris wegen sachlichen Versagens in die Wüste zu schicken.

Himmler hätte nun in dieser Situation die Möglichkeit gehabt, nachzustoßen. Noch aber schien ihm die Zeit dafür nicht reif zu sein. Die Frage, ob ich in der Lage wäre, bessere Arbeit zu leisten und die Verantwortung für den militärischen Sektor zu übernehmen, verneinte ich mit der Begründung, daß ich im Augenblick keine zusätzlichen Aufgaben übernehmen könnte.

Canaris schien die schwierige Lage, in der er sich zu jener Zeit befand, selbst zu spüren. Aber er ging in seinem fast orientalischen Fatalismus nicht dagegen an. Er ließ nicht nur sich, sondern seine ganze Organisation vom Strom treiben. Ruhelos reiste er von einem Land ins andere, von einem Frontabschnitt zum nächsten. Und obgleich er von echter Sorge um den Ausgang des Krieges hin- und hergerissen wurde, vernachlässigte er nicht zuletzt auch durch falsche Unentschiedenheit seine eigentlichen Dienstpflichten. Ab und an machte er echte Ansätze zu einer umfassenden Konspiration, um sich aber im entscheidenden Moment wieder zurückzuziehen.

Sein Amt blähte er immer mehr zum Wasserkopf auf. Neben hervorragenden Kräften tummelte sich dort eine Menge unfähiger Männer* sowie ein Sammelsurium unklarer Existenzen. Machte er einmal den Versuch, Ordnung zu schaffen, überwogen immer wieder irgendwelche Bedenken, oftmals persönliche Rücksichtnahme, um alle guten Ansätze wieder zunichte zu machen. So erschien er mir in der ganzen Führung seines riesigen Abwehrapparates menschlich viel zu gütig. Vielfach tanzten ihm seine Leute denn auch einfach auf der Nase herum. Griff er hier und dort einmal ein, dann tat es ihm nachher leid, und er versuchte seine Heftigkeit regelmäßig zu applanieren.

Ebenso unausgeglichen und sprunghaft bewegte er sich in seinen Gedanken über die Möglichkeit einer vorzeitigen Kriegsbeendigung und der Anbahnung von Friedensbemühungen. Und hierbei komme

---

* Als ich später den militärischen Sektor des Geheimdienstes leitete, beschäftigte ich mich intensiv mit dem Ausbau der Militärattaché-Abteilung. Mir erschien es, wie es im Amt Canaris geschah, ein fataler Unsinn, Militärattachés in andere Länder zu entsenden, die weder Landes- noch Sprachkenntnisse besaßen und den Geheimdienst nur aus der Ferne als eine *quantité négligeable* betrachteten. Meine Schulungspläne erstreckten sich demzufolge auch auf die Militärattachés, und es wäre nur eine Frage der Zeit gewesen, daß wir über andere »Kaliber« (von Militärattaches) im Ausland verfügt hätten. Mit den Personalämtern der drei Wehrmachtsteile wurde ein entsprechender Plan ausgearbeitet, dem insbesondere Generaloberst Jodl fördernd gegenüberstand.

ich nun auf das Thema *Schwarze Kapelle* zurück. Dieser Vorgang war noch von Heydrich bearbeitet und mit dem vorerwähnten Decknamen belegt worden, weil die Fäden zum Vatikan liefen. Das Material gehörte unter anderem zum Inhalt der »Munitionskiste«, wie Heydrich die Belastungsunterlagen gegen Canaris kurzerhand zu nennen pflegte.

Schon 1940, als ich noch im Amt IV-E tätig war, hatte Heydrich begonnen, die wichtigsten Vorgänge über die *Schwarze Kapelle* auszusortieren und an sich zu nehmen. Es war an einem der letzten Maitage dieses Jahres, als mich Heydrich noch abends mit seiner hohen Stimme anrief und zu einer sofortigen Besprechung in sein Büro bestellte. Wenige Sekunden später meldete sich Müllers Bariton am Telefon und fragte: »Wissen Sie, was Heydrich jetzt noch von uns will?«

Als ich in Heydrichs Dienstzimmer erschien, wies er ohne einen Gruß auf einen Sessel. Danach blieb er noch schweigend hinter seinem Schreibtisch sitzen. Müller war schon anwesend und sah dem Rauch seiner Zigarre nach. Plötzlich richtete sich Heydrich mit der Frage an ihn: »Wie weit ist es mit den Ermittlungen gegen die Abwehrleute in München – Schmidt-Huber, Joseph Müller, von Dohnanyi und die anderen? Es ist doch ziemlich klar, daß der ganze Kreis einschließlich von Hassels das Friedensangebot über den Vatikan gestartet hat.« (Wie später festgestellt wurde, war durch Vermittlung des Jesuitenpaters Dr. Leiber im Vatikan im Jahre 1939 versucht worden, über den Papst ein Friedensangebot Deutschlands, und zwar ohne eine Regierung Hitler, an die Westmächte zu richten. Der damalige englische Botschafter beim Vatikan, Sir D'Arcy Osborn, hatte dem Papst damals erklärt, daß Seiner Majestät Regierung grundsätzlich damit einverstanden sei, vorausgesetzt, daß in Deutschland ein Systemwechsel erfolge, ferner daß im Westen keine Angriffshandlung stattfinde; unter diesen Bedingungen könnten Österreich und das Sudetenland sogar beim Reich verbleiben. Für alles sei jedoch das grundsätzliche Einverständnis der französischen Regierung einzuholen, das noch ausstehe.)

Heydrich wandte sich nun an mich: »Sagen Sie, Schellenberg, mir ist noch in Erinnerung, als ob Joseph Müller auch einmal etwas mit Ihrem Amt zu tun gehabt hätte, und zwar, glaube ich, im Zusammenhang mit Dr. Knochen.« (Joseph Müller, im Zivilberuf Rechtsanwalt, gehörte als Oberleutnant zur Abwehrstelle München. Praktisch betätigte er sich als Kurier und Verbindungsmann zwischen Dr. Leiber im Vatikan und Admiral Canaris sowie General Oster.)

Ich entgegnete Heydrich, daß Sturmbannführer Dr. Knochen berichtet habe, er pflege Beziehungen zu Müller, die er deswegen für besonders wertvoll halte, weil Müller unmittelbaren Zugang zum Vatikan habe. Knochen habe noch hinzugefügt, der Münchener Rechtsanwalt sei ein sehr kluger Kopf, dem man zwar nicht ganz trauen könne, dessen Berichte aber nicht uninteressant seien.

Heydrich wandte sich wieder an Müller: »Sehen Sie zu, daß dieser ganze Kreis unter schärfster Beobachtung bleibt. Und nun zu der Sache selbst, weshalb ich Sie beide hierher bestellt habe. Der Führer und auch Himmler haben mir den Auftrag erteilt, in folgender Verratsangelegenheit Ermittlungen einzuleiten. Durch zwei Funksprüche des belgischen Gesandten beim Vatikan an seine Regierung wissen wir, daß das genaue Datum der Westoffensive schon anderthalb Tag vor Beginn verraten wurde. Wir wissen auch, daß die holländische Regierung von diesem Sachverhalt Kenntnis bekommen hat. Hitler ist maßlos erregt und wünscht, daß die Spur dieses Verräterkreises aufgedeckt wird. Ahnungslos hat er auch Canaris einen solchen Ermittlungsauftrag erteilt, was darauf hinauskommt, den Bock zum Gärtner zu machen. Denn ich bin überzeugt, daß wir unsere Ermittlungen gerade auf den vorerwähnten Kreis um Canaris zu erstrecken haben. Als ich selbst mit Canaris über diesen Fall sprach, wies er verständlicherweise schnell auf eine andere Spur hin, und zwar auf die Frau des Barons von Steengracht.«

Heydrich wollte nun Müllers und meinen Standpunkt hören, wie man die Sache am besten vorantreiben könne. Müller antwortete kurz und trocken: »Ich bin der Meinung, daß Canaris damit zusammenhängt, und schlage vor, daß Schellenberg, der ja besonders gut mit dem Admiral steht, die Sache übernimmt. In jedem Falle ist er für Canaris der Unverdächtigste.« Heydrich musterte Müller eine Weile unschlüssig und sagte: »Wie Sie meinen, Müller.« Und zu mir gewandt: »Unterhalten Sie sich einmal mit Canaris vorsichtig darüber.«

Am folgenden Tag traf ich mit dem Admiral zusammen. Wir sprachen zuerst von allerlei nebensächlichen Dingen, danach griff Canaris von sich aus das heikle Thema auf: »Hat Heydrich Ihnen eigentlich von der tollen Sache erzählt – ich meine von dem Verrat der Westoffensive?« Ich entgegnete, ich würde es begrüßen, wenn wir uns einmal darüber unterhielten. Und nun tischte mir Canaris, ohne auch nur ein Wort über Rom, den belgischen Gesandten oder die Funksprüche zu verlieren, folgende Version auf:

Bei von Steengrachts habe am Abend vor der Westoffensive eine gesellschaftliche Veranstaltung stattgefunden. An jenem Abend sei die ebenfalls anwesende Frau des holländischen Gesandten plötzlich ans Telefon gerufen worden und habe anschließend sehr erregt die Gesellschaft verlassen. Nach der Einnahme von Brüssel habe man dann bei der Durchsuchung der Wohnungen von Angehörigen des belgischen Auswärtigen Amtes einen Zettel gefunden, aus dem hervorging, daß der holländische Gesandte in Berlin in der Nacht vor Beginn der Westoffensive telefonisch die Meldung durchgegeben habe, am folgenden Tage würde es losgehen. Auf Grund dieser Unterlagen stünde für ihn, Canaris, fest, daß der Kreis um Steengracht stark verdächtig sei, und er rege an, gemeinsam in dieser Richtung vorzugehen.

Ich sicherte ihm eine solche Mitarbeit zu, und es entstand auch wirklich ein umfangreicher Vorgang in »Sachen von Steengracht und Genossen«, jedoch mit dem zu erwartenden Ergebnis, daß nichts dabei herauskam. Auf der anderen Linie in Richtung Rom, für die wir in jedem Falle einige Anhaltspunkte hatten, vermochten wir indessen auch keine stichfesten Beweisunterlagen zu beschaffen. Canaris hatte den Leiter seiner Abteilung Gegenspionage, Oberst Rohleder, mit den entsprechenden Ermittlungen beauftragt. Nach der Verhaftung des Admirals im Jahre 1944 wurde auch der Oberst über den Verrat der Westoffensive vernommen. Rohleder erklärte, er habe Canaris seinerzeit umfangreiches Ermittlungsmaterial vorgelegt (von dem nur dessen engste Vertraute General Oster und von Dohnanyi Kenntnis erhalten hätten). Was Rohleder herausgebracht hatte, war dies: Die Spur der in Brüssel am Vortage der Westoffensive eingelaufenen Nachricht führte nicht nach Berlin, sondern nach Rom. Und hier sei es ein Journalist namens Stern gewesen, der als katholischer Konvertit mit dem Oberleutnant der Abwehrstelle in München Joseph Müller in enger geheimdienstlicher Verbindung gestanden hätte. Stern habe damals angegeben, Müller sei der Informant des Angriffsbeginns gewesen. Müller, von Canaris »geheim und unmittelbar« zur Sache gehört, habe in seinen Gegenausführungen jedoch behauptet, es handele sich hierbei um böswillige Verleumdungen; nicht zuletzt auch durch Eifersucht ausgelöst, weil er zu dem Jesuitenpater Dr. Leiber besonders gute Verbindungen unterhalte. Rohleder habe Canaris gegenüber jedoch betont, daß ihn Müllers Gegenargumente nicht überzeugten und er ihn für äußerst verdächtig halte. Daraufhin sei ihm von Canaris in der gesamten Angelegenheit Schweigepflicht auferlegt worden. Dem Journalisten Stern habe der Admiral jede weitere Tätigkeit verboten und ihm eine größere Devisensumme zur Verfügung stellen lassen. Unter anderem Namen sei er dann vom Schauplatz Rom nach Schweden abgeschoben worden. Während der Vernehmungen des Jahres 1944 erklärte Rohleder außerdem noch, daß Müller seiner Auffassung nach nicht aus eigener Machtbefugnis habe handeln können – kein anderer als Canaris könne der Auftraggeber Joseph Müllers gewesen sein.

Ein anderer Canaris belastender Vorgang betraf die Aufrüstung der deutschen U-Boot-Waffe. Darüber bestand eine Dokumentensammlung, die insbesondere eine Übersicht über die Entwicklung von 1922 bis 1935 enthielt. Zu unserem Erstaunen wurden wir darüber informiert, daß sich diese Unterlagen nunmehr in den Händen des Secret Service befanden. Die Ermittlungen ergaben, daß ein Holländer der Mittelsmann war, der sie seinerseits von Kapitän Protze bekommen hatte. Protze war ein Vertrauensmann des Admirals und für diesen in Holland tätig. Canaris war des öfteren von mir auf Kapitän Protze und dessen Sekretärin (die den Decknamen »Tante Lena« führte) betont angesprochen worden, da mir beide verdächtig erschienen. Er erklärte mir aber: »Ich kenne Protze genau, was er tut, geschieht mit meinem Wissen.«

Ehe ich damals den Vorgang mit Heydrich besprach, setzte ich mich mit dem Oberkommando der Marine in Verbindung und ließ den zuständigen Abteilungschef, der für Irreführungs- und Spielmaterial verantwortlich war, zu mir bitten. Es war bei allen militärischen Dienststellen strenge Vorschrift, über freizugebendes geheimes Material, das zur Irreführung des Feindes benutzt wurde, genau Buch zu führen. Ich habe dann mit dem Abteilungschef zusammen fast einen ganzen Tag lang sämtliche Registraturbücher durchgesehen und festgestellt, daß in keinem Falle über die Wiederaufrüstung der deutschen U-Boot-Waffe jemals Material zur Irreführung des Gegners freigegeben worden war. Als Heydrich davon erfuhr, wurde er weiß bis an die Nasenspitze und lief aufgeregt in seinem Zimmer auf und ab. Für ihn bestand kein Zweifel, daß Canaris in diesem Falle verantwortlich war; denn wenn er trotz meiner Warnungen Kapitän Protze deckte, blieb er in jedem Falle für ein eigenmächtiges Vorgehen seines Untergebenen haftbar. Heydrich bat sich die Unterlagen auf einen Tag aus und gab mir dann den Auftrag, den Vorgang in einem Panzerschrank zu verwahren. Ich sollte mir überhaupt eine entsprechende Geheimmappe »Canaris« anlegen, die für die Zukunft nicht ohne Bedeutung sein könne.

In diesen Zusammenhang gehört auch das Täuschungsmanöver, das Canaris im Jahre 1943 gemeinsam mit dem Leiter des italienischen Geheimdienstes, General Arne, betrieb. Ich war mir damals sehr wohl über seine Rolle im klaren. Die Situation war folgende:

Marschall Badoglio verhandelte zu jener Zeit mit den Westalliierten über die Beendigung des Krieges. Angesichts der zögernden Haltung der Alliierten wurde Badoglio unsicher und befürchtete, die Deutschen könnten dem Abfall Italiens durch militärische Maßnahmen zuvorkommen. Im Auftrag des Marschalls unternahm nun General Amé und diesmal mit Unterstützung von Canaris, den Versuch, die deutsche Führung zu täuschen. Obwohl auch der deutsche militärische Geheimdienst in Italien zutreffend immer eindringlicher auf den bevorstehenden Frontwechsel der Italiener hinwies, vertuschte Canaris diese Meldungen und berichtete an seinen Vorgesetzten, Feldmarschall Keitel, in beruhigender Form. Da aber der politische Geheimdienst dem Führerhauptquartier gegenteilige Berichte vorlegte, wurde auf Vorschlag Keitels, wohl zur Bekräftigung der Richtigkeit der Auffassung Canaris', letzterer zu seinem Freund General Amé geschickt, um mit diesem die wirkliche Sachlage zu besprechen. Amé und Canaris waren sich jedoch darüber einig, den Austritt Italiens aus dem Krieg durch keine Maßnahme der deutschen Führung stören zu lassen. Sie sicherten sich dies unter vier Augen zu – nach außen hin bekräftigten dagegen beide die Parole: Es lebe die Achse, Italien ist der treueste Bundesgenosse!

Schon sechs Tage später konnte ich Himmler ein Dossier über die Täuschungsaktion des Admirals überreichen (wobei ich jedoch bemerkte, es sei natürlich Auffassungssache, ob man Deutschland in dieser Phase des Krieges in der von Canaris verfolgten Weise eine wirkliche Erleichterung verschaffen könne. Ich persönlich sei anderer Auffassung). Die von mir über die Täuschungsaktion erbrachten Unterlagen vermochte ich durch folgende Quelle zu belegen:

Beim deutschen Militärattaché in Rom war ein Oberst H. tätig, der einen italienischen Chauffeur beschäftigte, welcher im Dienste Amés stand und überdies eine »Freundschaft« (er war homosexuell) mit dem Chauffeur Amés unterhielt. Ich hatte Canaris mehrmals auf diese Gefahr hingewiesen, doch er erklärte nur: »Ach, Schellenberg, ich glaube, in unserem Beruf sieht man häufig weiße Mäuse.«

Die beiden Chauffeure, zugleich Hausdiener, tauschten nun das, was sie täglich hörten und sahen, untereinander aus, wobei einer von beiden sämtliche Äußerungen Amés und Gespräche im Hause H.s einem

Freund weitererzählte – einem Italiener, der von uns bezahlt wurde. Aus diesen Berichten konnten wir nun den gesamten Sachverhalt rekonstruieren.

Bei der Übergabe des Dossiers an Himmler fügte ich noch hinzu, es wäre mehr im Interesse des deutschen Soldaten gewesen, wenn sich Canaris von Anfang an in Italien seiner eigentlichen Aufgabe als solchen Konspirationen gewidmet hätte. Vielleicht hätte dann verhindert werden können, daß bis zur Kapitulation der Afrika-Armee im Mai 1943 kein deutsches Tankschiff, kein Truppen- oder Lufttransport über das Mittelmeer habe verkehren können, ohne daß dies den Alliierten vorher gemeldet worden wäre.

Aufgeregt klopfte Himmler mit dem Daumennagel gegen seine Zähne und sagte: »Lassen Sie mir das Dossier hier, ich werde es bei Gelegenheit Hitler zur Kenntnis bringen.« Ich sprach Himmler mindestens noch dreimal darauf an. Dabei ging es mir nicht um Canaris, sondern darum, den Abfall Italiens, wenn möglich, noch zu verhindern oder ihm wenigstens zuvorzukommen. Doch Himmler brachte nicht den Mut auf, die Folgerungen zu ziehen. Hatte er mir bisher schon – obgleich er über Heydrich von der »Munitionskiste« wußte – Canaris stets als klugen Meldechef hingestellt, von dem ich noch viel lernen könnte, so erklärte er nunmehr, die Fehler des Admirals und seine Einstellung zum Regime stünden auf einem anderen Blatt, um das ich mich nicht zu kümmern hätte. Es mag sein, daß bei Himmlers zögernder Haltung eine gewisse Scheu vor der Persönlichkeit des Admirals mitspielte, wie ja auch Heydrich seinen ehemaligen Vorgesetzten im Grunde seines Herzens respektiert hatte, indem er – abweichend von seiner sonstigen Gepflogenheit – diesem gegenüber meistens noch die Form zu wahren suchte. Vielleicht erschien es Himmler auch deshalb untunlich, etwas gegen Canaris zu unternehmen, weil er glaubte, der Admiral könnte durch mich etwas über unser Gespräch in Shitomir erfahren haben. (Aus alledem mag sich auch erklären, daß Himmler später Canaris nach seiner Verhaftung lange Zeit vor der Erschießung schützte.) Zu jenem Zeitpunkt aber war für mich schon deutlich erkennbar, daß Canaris einer schicksalhaften Wende zuging, die nicht mehr aufzuhalten war.

Mitte 1943 eilte Keitel dem Admiral noch einmal zur Hilfe und arrangierte zur Ablenkung Hitlers eine »Wachablösung« im Amt Ausland und Abwehr durch Auswechslung der wichtigsten Abteilungschefs. Nun aber passierte es, daß wichtige Mitglieder des deutschen militärischen Geheimdienstes in Ankara zu den Engländern überliefen. Dieser Schlag traf uns um so schwerer, als dadurch unsere Arbeit im gesamten Vorderen Orient in Frage gestellt wurde. Ich versuchte zwar von mir aus noch mit einem Neuaufbau in der Türkei zu beginnen, wurde aber dabei von der bereits geschilderten Entwicklung in der Türkei überrollt. Als ich mit Canaris darüber sprach, meinte er resigniert: »Das ist doch alles Wurscht; lassen wir doch die Karre laufen – dieser Krieg ist nicht zu gewinnen.« Meine Einwendungen schnitt er mit einer Handbewegung ab: »Ach, Schellenberg, Sie sind eben noch so herrlich jung.«

Da ich nicht nur in Berlin, sondern auch auf unseren gemeinsamen Reisen sehr viel mit Canaris zusammenkam, glaube ich, mir auch ein Urteil über ihn als Mensch erlauben zu können. Er war meines Erachtens eine zu sensible Natur. So reagierte er, sobald sich irgendwelche Schwierigkeiten, sei es mit der obersten Wehrmachtsführung, mit Hitler oder Heydrich ergaben, vielfach depressiv. Wenn wir gemeinsam ausritten, fragte er mich manchmal: »Bin ich etwa in dieser oder jener Besprechung zu heftig gewesen?« oder ähnliches. Dieser auffallend weiche Zug in seinem Charakter äußerte sich andererseits in väterlich besorgter Weise, wenn wir gemeinsam in fremden Ländern unterwegs waren. Dann blieb er rührend bemüht, mich auf die Eigenheiten dieser Länder, vor allem auch hinsichtlich ihrer klimatischen und gastronomischen Unterschiede, mit guten Ratschlägen hinzuweisen. Oftmals kontrollierte er, wenn wir uns im Süden befanden, die Zweckmäßigkeit meiner Kleidung. In Spanien mußte ich auf sein Geheiß, trotz tropischer Hitze, eine wollene Bauchbinde tragen. Daneben versorgte er mich mit Pillen, die er selber regelmäßig einzunehmen pflegte. Unter anderem verwies er mich auch einmal wegen meiner chronischen Magenbeschwerden an einen Magnetopathen, der ihm selber gut geholfen habe. Mit ganz besonderer Liebe hing er an Tieren, vor allem an seinen Hunden und Pferden. Nicht selten äußerte er unterwegs Heimweh nach seinen vierbeinigen Freunden. Dabei sagte er mir einmal: »Schellenberg, halten Sie sich an die Güte der Tiere -sehen Sie, meine Dackel sind schweigsam und werden mich nie betrügen. Das kann ich von keinem Menschen behaupten.«

Anfang Februar 1944 hielt Hitler das Schuldkonto des Admirals für so belastet, daß er ihn mit der Begründung, die fachlichen und personellen Mängel seien ins unerträgliche gestiegen, seiner Ämter enthob. Nach außen hin wählte man die abdeckende Version, die Kriegslage erfordere es, endlich einen einheitlichen deutschen Geheimdienst zu schaffen. Kurz darauf wurde die Dienststelle der militärischen Abwehr aufgelöst und ihr Aufgabenbereich zum kleineren Teil der Gruppe IVE – Spionageabwehr –, im übrigen einem neugebildeten »Amt Mil« im RSHA übertragen. Dieses Amt war meiner Abteilung VI angegliedert, so daß praktisch jetzt der größere Teil des ehemaligen Amtes Canaris meiner Leitung (ich bekleidete nunmehr den Rang eines Generalmajors der Waffen-SS und SS-Brigadeführers) unterstand. Als ich mit Generaloberst Jodl darüber sprach, waren wir uns einig, daß der Sektor Militärische Abwehr zwar nunmehr der Befehlsgebung der SS unterlag, aber für die künftige endgültige Regelung eine andere Struktur gefunden werden sollte. (Ich dachte dabei an eine Herauslösung des Geheimdienstes aus dem RSHA überhaupt und an seine Verselbständigung in einem Amt besonderer Art.)

Es war Anfang August 1944 – ich arbeitete gerade im Büro des militärischen Geheimdienstes – als ich einen Telefonanruf von Müller erhielt. Mit scharfer Stimme befahl er mir, sofort zu Canaris in die Wohnung zu fahren, ihm mitzuteilen, daß er unter Arrest stehe, und ihn sogleich nach Fürstenberg in Mecklenburg zu bringen, wo er zu verbleiben habe, bis »alles aufgeklärt« sei. (Müller und Kaltenbrunner waren mit der Untersuchung des auf Hitler verübten Attentats vom 20. Juli 1944 sowie mit den Verhaftungsmaßnahmen beauftragt worden.)

Ich protestierte und bedeutete Müller, daß ich kein Exekutivbeamter sei und sofort Himmler anrufen würde. »Vergessen Sie nicht«, rief er zurück, »daß nicht Himmler, sondern Kaltenbrunner und ich von Hitler den Befehl zur Untersuchung des Komplotts erhalten haben. Wenn Sie sich widersetzen, werden Sie die Konsequenzen tragen müssen.« Ich verstand sofort. Sollte ich mich weigern, würde dies für Müller und Kaltenbrunner eine ausgezeichnete Handhabe sein, auch mich zu verdächtigen und gegen mich vorzugehen. Da ich schon oft genug als Defätist bezeichnet worden und gewiß kein Freund von Kaltenbrunner und Müller war, mußte ich jetzt doppelt auf der Hut sein. – Nach einigem Überlegen beschloß ich, mich dem Befehl zu fügen. Vielleicht, so sagte ich mir, konnte ich in dieser gefährlichen Situation sogar noch eine Hilfe für Canaris werden.

Ich besprach mich mit SS-Hauptsturmführer Baron von Völkersam und bat ihn, mich zu begleiten; er kannte Canaris und hatte unter ihm gedient.

Es war ein schwüler Sonntagnachmittag, als wir nach Schlachtensee fuhren. Der Admiral öffnete selbst. Im Wohnzimmer waren Baron

Kaulbars sowie Erwin Delbrück, ein Verwandter, anwesend. Canaris bat seinen Besuch sehr ruhig, den Raum einen Augenblick zu verlassen. Dann wandte er sich an mich: »Irgendwie habe ich gefühlt, daß Sie es sein würden. Sagen Sie mir, haben Sie irgend etwas Schriftliches von diesem Narren Oberst Hansen gefunden?« (Hansen war in die Affäre vom 20. Juli verwickelt.)

Der Wahrheit entsprechend antwortete ich: »Ja, ein Notizbuch, das unter anderem eine Liste jener Personen enthielt, die beseitigt werden sollten. Aber es enthielt nichts über Sie oder über eine Teilnahme Ihrerseits.«

»Diese Tölpel im Generalstab können ohne Kritzeleien nicht leben.«

Ich erklärte ihm nun die Situation und den Zweck meines Auftrages.

»Schade«, erwiderte er, »aber wir werden darüber hinwegkommen.« Ich merkte, wie er sich bei diesen Worten bemühte, ein Unbehagen abzuschütteln. »Sie müssen mir aufrichtig versprechen«, fuhr er fort, »mir innerhalb der nächsten drei Tage Gelegenheit zu einer Unterredung mit Himmler zu verschaffen. Die anderen – Kaltenbrunner und Müller – sind nichts anderes als üble Schlächter, erpicht auf meinen Kopf.«

Ich versprach, seiner Bitte nachzukommen. Dann sagte ich in offiziellem Ton: »Wenn Herr Admiral anderweitige Verfügungen treffen wollen... Ich werde in diesem Raum eine Stunde lang warten, und während dieser Zeit können Sie tun, was immer Sie wollen. In meinem Rapport werde ich sagen, daß Sie in Ihr Schlafzimmer gingen, um sich umzuziehen.«

Canaris verstand und entgegnete: »Nein, Schellenberg, Flucht kommt für mich nicht in Frage, ich werde mich auch nicht selbst umbringen. Ich bin meiner Sache sicher und vertraue auf das mir von Ihnen gegebene Versprechen.«

Wir unterhielten uns dann darüber, ob es zweckmäßig sei, Uniform anzulegen, welche Sachen mitzunehmen seien und ähnliches. Dann ging Canaris nach oben und kehrte nach einer halben Stunde umgezogen und mit einer Handtasche versehen wieder zurück. Kopfschüttelnd sagte er: »Diese Teufel, sie mußten Sie auch noch in diese Sache hineinziehen. Seien Sie auf der Hut, ich weiß seit langem, daß sie auch hinter Ihnen her sind. Wenn ich mit Himmler spreche, werde ich ihm auch von Ihrem Fall erzählen.«

Mit Tränen in den Augen legte er seinen Arm um mich und sagte: »Nun denn, lassen Sie uns gehen.«

Wir fuhren im offenen Wagen. Nachdem wir die Stadt hinter uns gelassen hatten, ging es in Richtung Fürstenberg weiter. Die untergehende Sonne beleuchtete noch einmal die friedliche Landschaft Mecklenburgs. Unsere Unterhaltung wurde immer einsilbiger. Jeder hing seinen Gedanken nach.

In Fürstenberg empfing uns in einer Grenzpolizeischule Brigadeführer Trümmler, ein äußerst unsympathisch wirkender Mann, der jedoch die Formen militärischer Höflichkeit wahrte. Er fragte, ob wir noch gemeinsam zu Abend essen wollten. Canaris bat mich daraufhin, noch ein wenig zu bleiben. Im Kasino der Schule waren etwa zwanzig Generäle und hohe Offiziere versammelt, die alle in Verbindung mit dem Anschlag auf Hitler hierher gebracht und unter Hausarrest gestellt worden waren. Nach einer lebhaften Begrüßung zogen Canaris und ich uns an einen kleinen Tisch zurück. Der Admiral versicherte mir nun, daß ich in seinen Augen keinen Anteil an seiner Entlassung gehabt hätte. Er hoffe nur, das Schicksal werde mit mir gnädiger verfahren und mich nicht auch eines Tages so jagen, wie es mit ihm geschehen sei.

Ich entschloß mich, sofort Himmler anzurufen, doch wurde mir von seinem Adjutanten erwidert, er befinde sich im Augenblick mit seinem Sonderzug auf dem Wege zu Hitlers Hauptquartier. Canaris und ich tranken dann noch eine Flasche Rotwein zusammen, während er mir noch Instruktionen gab, wie ich die Unterredung mit Himmler führen solle.

Nach Berlin zurückgekehrt, sandte ich das folgende Fernschreiben an Müller: »Ich habe den mir heute von Ihnen übermittelten Befehl ausgeführt. Weitere Einzelheiten werden Sie vom Reichsführer SS hören. Schellenberg.«

Am Tage darauf führte ich ein langes telefonisches Gespräch mit Himmler. Wie er versicherte, habe er nichts von dem Schlag Kaltenbrunners gegen mich gewußt, und er versprach, Canaris eine Unterredung zu gewähren.

(Himmler hat in der Folgezeit zwar mir gegenüber nie etwas über eine solche Unterredung mit Canaris erwähnt, sie muß aber stattgefunden haben, denn nur so vermag ich mir zu erklären, daß eine Aburteilung des Admirals bis wenige Wochen vor dem Zusammenbruch unterblieb. Für den Volksgerichtshof unter Freisler, dem Nachfolger Thieraks*, hätte das Ermittlungsmaterial ohne Zweifel zu einer Schuld-

---

* Thierak war beim Wechsel im Vorsitz des Volksgerichtshofes zum Reichsjustizminister ernannt worden. Diese Ernennung hatte eine bemerkenswerte Vorgeschichte. Seit Jahren hatten Himmler und Heydrich den Plan verfolgt, das sogenannte »Polizeiverfahren« im Rahmen einer ordentlichen Justiz durchzusetzen. Ein gewisses Vorbild bot nach ihrer Meinung das englische Ge-

feststellung ausgereicht. Denn im Juli 1944 war in einem Safe in der Ausweichstelle der militärischen Abwehr in Zossen bei Berlin das sogenannte »Panzerschrankmaterial«, nämlich zwei Aktentaschen voll belastender Unterlagen, gefunden worden.)

Nach mehrfachen Verhören wurde Canaris schließlich in das Konzentrationslager Flossenburg gebracht und dort im April 1945 auf Befehl Hitlers und Kaltenbrunners durch ein SS-Standgericht zum Tode verurteilt und hingerichtet. Kaltenbrunner erhielt nach Abschluß des »Verfahrens« von Hitler das Kriegsverdienstkreuz mit Schwertern.

---

richtsverfahren. Die Staatsanwaltschaft sollte in Wegfall kommen und die Anklage durch juristisch vorgebildete Beamte der Polizei vertreten werden, da diese ohnehin die gesamten Ermittlungen und Fahndungen leiteten und daher am besten in der Lage seien, das öffentliche Interesse vor dem Strafrichter wahrzunehmen. Zur weiteren Begründung führte man an, die Staatsanwaltschaft sei eine zu kostspielige und überflüssige Zwischeninstanz, die zur Rechtsfindung nichts beitrage, sondern eher, wie die Praxis zeige, vielfach nur Verwirrung stifte. Ich hielt mich bei der Erörterung dieser Fragen bewußt zurück. Heydrich drängte aber immer wieder und glaubte, in der Person Thieraks ein gefügiges Werkzeug für seine Pläne zu finden. Da Thierak der gleichen Studentenverbindung angehörte wie ich, befahl mir Heydrich schließlich, entsprechende Verhandlungen mit ihm aufzunehmen. Thierak ging auch bereitwillig auf alles ein, und endlich kam es zwischen ihm und Heydrich zu einer Abschlußbesprechung.
Bevor die Ernennung zum Reichsjustizminister ausgesprochen wurde, forderte mich Himmler auf, ihm offen meine Meinung über Thierak zu sagen. Ich erklärte ihm daraufhin rundheraus, daß dieser zwar ein sehr bequemer Mitarbeiter für ihn sein würde, daß ich Thierak aber auf Grund jahrelanger persönlicher Kenntnis menschlich und charakterlich für völlig ungeeignet für das Amt eines Reichsjustizministers hielte. Im Anschluß an dieses Gespräch nahm er mich mit zu Hitler, mit dem er unter vier Augen eine fast einstündige Aussprache hatte. Auf der Rückfahrt sagte er mir: »Der Führer nimmt nun doch den Thierak. Er meint, es sei besser, auf diesem Platz einen Fachjuristen zu haben, der ein guter Nationalsozialist und kein Bürokrat sei – wenn er [Thierak] auch sonst einige Schwächen habe; in jedem Falle besser als einen untadeligen Mann, der vor lauter Paragraphen die künftige Rechtsentwicklung nur aufhalten würde."
Für die weitere Gestaltung der Justiz in Deutschland war dann Thierak ein williges Werkzeug der NSDAP. Nach dem Zusammenbruch hat er sich durch Selbstmord der Verantwortung entzogen.

TECHNIK UND GEHEIMDIENST

Fortschritte in der Funktechnik – Atlantikkabel USA–England »angeschnitten« – Mikrofotokopie – Geheimtinte – Handschriftenphänomen – Erfolge gegen den Secret Service – Fälschung englischer Pfundnoten – Britisches Kommandounternehmen in Norwegen – Mißglücktes Attentat auf Stalin – Ribbentrop will sich opfern

Mitte 1944 waren wir endlich soweit, daß wir die ersten ausgebildeten Fachingenieure, teilweise versehen mit unseren neuesten Funkgeräten, in fremde Länder entsenden konnten. Damit vermochten wir nunmehr eine empfindliche Lücke auszufüllen – denn es wäre eine Überforderung gewesen, von technisch nicht geschulten Mitarbeitern im Ausland, beispielsweise von Lehrern oder Getreidekäufern, sachgemäße Informationen über die Entwicklung von Radargeräten, Kurzwellentechnik oder Geschoßflugbahnen zu verlangen. Da es sich bei den neuen Kräften um qualifizierte Physiker, Chemiker oder Techniker handelte, versprachen wir uns von ihrer Tätigkeit auf diesen Gebieten entscheidende Erfolge, und es war selbstverständlich, daß wir diesen Männern alle Möglichkeiten eröffneten, um sofort mit unseren Gegnern in »Kampfberührung« zu kommen. Der Einbau dieser Spezialisten mußte aber, damit sie nicht schon von vornherein den Verdacht der Polizei erweckten, äußerst vorsichtig angefaßt werden. Es galt deshalb, für sie einen »Beruf« zu finden, um sie unbeobachtet in den natürlichen Lebensablauf des fremden Staates einzuschalten.

Was wir inzwischen auf funkentelegrafischem Gebiet an Neuerfindungen hervorgebracht hatten, möge an einem Beispiel gezeigt werden. Es war uns nach mehr als einjähriger Arbeit gelungen, einen unmittelbaren funktechnischen Kontakt mit einer wichtigen Mittelsperson im Vatikan aufzunehmen, ohne Gefahr zu laufen, von der feindlichen Spionage abgehört zu werden.

Ein hohes Mitglied des Vatikans hatte sich nämlich bereit erklärt, wichtige Meldungen über Rußland an uns durchzugeben, ohne jedoch etwas schriftlich oder mündlich über irgendeinen Unteragenten weiterzuleiten. Unsere Techniker hatten nun ein Sendegerät hergestellt, das kaum größer und schwerer als eine Zigarrenschachtel war. Zur Tarnung wurde die Apparatur auch in einer solchen Schachtel untergebracht. Vor der Benutzung war nur die obere Zigarrenschicht abzuheben, um das Gerät auf folgende Weise sendefertig zu machen: Man hatte, ähnlich wie beim Telefon, eine Wählerscheibe mit drei Drehknöpfen zu bedienen – wurde der erste Knopf bedient und war zuvor der Stecker an eine normale Lichtleitung angeschlossen worden, so konnte der Übertragende seinen Bericht, der bis zu zwei Schreibmaschinenseiten betragen durfte, wie bei einem Telefon durchsprechen. Die Wählerscheibe transportierte automatisch die Kode-Worte durch Elektromagnetisierung auf ein Stahlband im Innern des Apparates und ermöglichte so die Akkumulation der Berichte auf dem Stahlband in Morsezeichen. Nach Abschluß dieser ersten Phase drehte der Benutzer den zweiten Knopf und wartete ab, bis ein grünes magisches Auge seine höchste Leuchtkraft erreichte. Daran erkannte er, daß die Kurzwelle genau auf den Empfänger in Deutschland ausgerichtet war. Hierauf wurde der dritte Knopf bedient, der bewirkte, daß das Stahlband in dreifünftel Sekunden die von ihm magnetisch gebildeten Morsezeichen an den Empfänger durchgab. Bei der Schnelligkeit und Kürze der Funkübermittlung war es damit jeder Funkabwehr unmöglich, den Sender anzupeilen. Die einzige Beschwernis für den Funker lag darin, daß er eine sieben Meter lange dünne Antennenlitze in seinem Zimmer auslegen mußte, die er an der Bettstelle anzuschließen oder zum Fenster hinauszuhängen hatte.

Das Empfangsgerät in Deutschland war zu den vereinbarten Funkzeiten genau auf den Sender in Rom ausgerichtet. Die Apparatur der eigens hierfür geschaffenen Empfangszentrale war so kompliziert, daß ich nicht in der Lage bin, als Laie darüber genauere Auskunft zu geben. Jedenfalls war sie im Vergleich zu dem kleinen Sendegerät erstaunlich umfangreich – sie füllte nicht weniger als drei große Räume aus. Noch heute sehe ich dieses Wunderwerk – das Aufleuchten der sichtbar gemachten Trägerwellen, die wie Blitze auf der Mattscheibe erschienen -vor mir und höre das stetige Summen und Klappern des komplizierten Arbeitsganges. Leider war es uns damals noch nicht gelungen, auch Gegenfunksprüche auf diese Weise herauszugeben.

Einen weiteren nicht unbeachtlichen Erfolg auf dem Gebiet der Kurzwellentechnik erzielte das Forschungsamt der Reichspost mit seinem hochqualifizierten Mitarbeiterstab, dem es glückte, eines der Hauptüberseekabel zwischen England und Amerika »anzuschneiden«. Die in dem Kabel laufenden Hochfrequenzströme wurden als eigenständige Kurzwellen trotz der Isolierung des Kabels aufgefangen und in einem ungeheuer komplizierten Arbeitsgang in Buchstaben übertragen. Das solcherart »angeschnittene« Kabel diente hauptsächlich dem direkten Telefonverkehr zwischen der britischen Insel und den USA. Die meisten der entzifferten Telefongespräche behandelten Nachschubfragen, Anforderungen wichtigen Flugzeugmaterials, Gasolinversorgung sowie Anforderungen von Teilen für Geschütze und Panzer. Aus der systematischen Auswertung konnten wir mit einem gewissen Grad von Wahrscheinlichkeit die Schwerpunkte der Rüstungsaufträge und damit die Engpässe der Versorgung auf der Gegenseite erkennen. Dies waren äußerst wichtige Hinweise für die zu erwartenden Verschiffungen und entsprechende »Signale« für unsere U-Boot-Waffe.

Den Höhepunkt unseres Mithorchens bildete Anfang 1944 ein Gespräch zwischen Churchill und Roosevelt, das uns wertvolle Rückschlüsse vermittelte – es ließ eine Steigerung der militärischen Aktivität in England erkennen und gab Hinweise auf die bevorstehende Invasion in Frankreich. Wenn die beiden Gesprächspartner damals geahnt hätten, daß wir mit an der Strippe hingen, würde sich Roosevelt gewiß nicht so leichthin mit den Worten verabschiedet haben: *»Well, we will do our best – now I will go fishing.«*

Einen ungeahnten Aufschwung hatte inzwischen auch die Mikrofotokopie genommen. Beispielsweise vermochten wir Zeitungen in Großformat schon damals bis zur Stecknadelkopfgröße zu verkleinern. Ich selbst habe mehrmals, wenn ich nicht mit Diplomatenpaß reiste, wertvolle Dokumente in dieser Form befördert, meist in einem künstlich eingesetzten Porzellanzahn. Dieser konnte durch einfachen Zungendruck ausgelöst werden. Ich erwähnte schon, daß eine solche Art des Verstecks von gefährdeten Mitarbeitern auch zur Aufbewahrung von Gift benützt wurde.

Wegen der fortwährenden Bedrohung durch Fliegerangriffe ließ ich von jetzt an alle wichtigen Akten auf die vorbeschriebene Weise fotokopieren und die wertvollsten Unterlagen in zwei Stahlkassetten sicherstellen. Die Kassetten – man konnte sie in einer Aktentasche unterbringen – waren so konstruiert, daß sich eine Spreng- und Phosphorzündung entlud und den Inhalt gänzlich vernichtete, sofern jemand die Verschlüsse mit Gewalt zu öffnen versuchte, ohne die von mir eingestellte Sicherungszahl zu kennen. Auf diese Weise sind die beiden Kassetten 1945 zerstört worden.

Eine besondere Abteilung befaßte sich mit der Ausstellung und dem Druck von Ausweispapieren, Pässen, Urlaubsscheinen, mit Stempeln und Geheimtinten sowie mit der Herstellung von Falschgeld. Um nur ein Beispiel für die »Feinarbeit« dieser Abteilung zu geben, sei ein kurioser Zwischenfall geschildert, der sich während meiner Vernehmung durch die Amerikaner im Jahre 1945 ereignete: Die mich verhörenden CIC-Offiziere wurden, als ich ihnen auf Befragen erklärte, ich sei wirklich noch niemals in den USA gewesen, entsetzlich wütend. Um mich als Lügner zu überführen, legten sie mir einen Reisepaß vor, der mit Ein- und Ausreisevisa sowie Gesundheitsvermerken für Amerika versehen und auf meinen Namen ausgestellt war. Als ich den Paß sah, war ich in der Tat einen Moment verblüfft. Dann fiel mir aber ein, daß ein Angehöriger der Paßabteilung mir einmal als Geburtstagsgeschenk ein solchermaßen gefälschtes Dokument überreicht hatte. Ich hatte dieses »Geschenk« wieder zurückgegeben und den Vorfall vergessen. Die Amerikaner wollten aber zuerst meiner Erklärung keinen Glauben schenken. Erst nach langwierigen Prüfungen stellten sie die meisterhafte Nachahmung fest.

Unsere Chemiker hatten sich inzwischen mit dem Problem der Geheimtinten befaßt und einen Stoff hergestellt, der vor jeder chemischen Reaktion und infraroten Durchleuchtung sicher war. Ich glaube mich zu erinnern, daß es hierbei im wesentlichen auf einen Tropfen menschlichen Blutes mit einem gewissen Hämoglobingehalt ankam. Im Bedarfsfalle brachte sich der Betreffende einen Stich in einen Finger bei und fing den Tropfen mit einer kleinen Feder auf, vermischte ihn mit einer bestimmten Lösung und vermochte dieses Präparat dann ohne Gefahr der Entdeckung für seine Geheimberichte zu verwenden. Die Schrift war zunächst rot, verschwand jedoch nach wenigen Minuten völlig. Nur wer den erforderlichen chemischen Entwicklungsstoff zur Verfügung hatte, war imstande, die Schrift in grüner Farbe wieder aufleuchten zu lassen.

An dieser Stelle sollte vielleicht auch einmal unser Handschriftenphänomen erwähnt werden, ein einfacher Bürobeamter, der jede Schrift innerhalb weniger Minuten so treffend nachzuahmen vermochte, daß ein Stab bester Graphologen nicht in der Lage war, die Nachahmung zu erkennen. Diese uns immer wieder in Erstaunen setzende Fähigkeit – seitenlang eine fremde Hand nachzuschreiben, ohne bei irgendeinem Wort in seinen eigenen Duktus zu verfallen, war ihm einfach angeboren. Da zu jener Zeit – es war nach der Gründung des sogenannten *Nationalkomitees Freies Deutschland* – die ersten Verlautbarungen des Komitees mit den handschriftlichen Begleittexten der deutschen Generäle von Seydlitz und Paulus sowie Briefe an deren Familien einliefen, tauchte die Frage auf, ob es sich bei diesen Schriftstücken um Fälschungen handelte oder nicht. Unser Handschriftenphänomen widerlegte nun sehr schnell die Urteile der Psychologen und Graphologen, die von der absoluten Echtheit überzeugt waren, indem er mühelos die Schriftstücke fehlerfrei nachschrieb. In einzelnen Fällen, wo es sich um unaufschiebbare Maßnahmen handelte, hatte ich nach vorherigem telefonischem Anruf das Recht, durch diesen Mann Unterschriften anfertigen zu lassen. Unter anderem geschah dies auch bei einem Schreiben Himmlers an den Präsidenten des schweizerischen Roten Kreuzes, das auf diese Weise signiert wurde, da Himmler im Führerhauptquartier unabkömmlich war.

Allmählich zeitigten auch unsere Abwehrmaßnahmen gegenüber dem britischen Geheimdienst nennenswerte Erfolge, wenn auch weniger in Deutschland selbst als in den besetzten Gebieten. In die Vielmaschigkeit der schon seit Jahrzehnten in Deutschland organisierten geheimdienstlichen Verbindungen der Briten einzudringen war äußerst schwierig, da es sich um sehr sorgfältig aufgebaute und personell besonders gut besetzte Spionageringe handelte. Erst als die Kriegsereignisse eine immer umfangreichere und schnellere Berichterstattung verlangten, wurden auch von den Engländern Mißgriffe in der Personenauswahl sowie in der Organisation begangen. Einige größere britische Agentennetze innerhalb Deutschlands konnten wir infolgedessen aufdecken, unter anderem auch das von Engländern auf deutschen Flugplätzen eingerichtete *Observer Corps.* -

Vom Ausland benützte der englische Geheimdienst vor allem die von uns angeworbenen Fremdarbeiter, um seine Verbindungen auszuweiten und so das Zentrum der deutschen Kriegs- und Verwaltungsmaschinerie in einen doppelten Zangengriff zu nehmen. Nach und nach bot ihm der uneingeschränkte Einsatz fremder Arbeitskräfte in Deutschland ein so breites Feld, daß er schließlich dazu überging, in den von uns besetzten Ländern Agentenschulen für anzuwerbende Fremdarbeiter aufzubauen und auf diesem Wege sogar eigene aktive Offiziere ins deutsche Reichsgebiet abzukommandieren, die, als Fremdarbeiter getarnt, schon an Ort und Stelle eine Art Vorprüfung des anfallenden Geheimmaterials vorzunehmen hatten. Ein vorzügliches Warnnetz bewirkte, daß wir bei versuchten Zugriffen meist zu spät kamen.

In den von uns besetzten Gebieten, insbesondere in Holland und Belgien, hatte unsere Abwehr mehr Glück, wenngleich sich die Zivilbevölkerung dort immer feindseliger gegen uns einstellte und uns aus dem Untergrund bekämpfte. Aber gerade diese Untergrundbewegungen boten uns Gelegenheit, in den gegnerischen Abwehrdienst einzudringen und ihn personell zu durchsetzen. Ein Zugriff erfolgte hier nie so schlagartig, wie wir dies beispielsweise gegen den sowjetischen Geheimdienst zu tun pflegten, da sich sonst zu schnell wieder neue uns unbekannte Netze gebildet hätten. Es entstand dann die kuriose Situation, daß wir gemeinsam mit den Briten eine solche Widerstandsgruppe nicht nur »leiteten«, sondern sogar unseren jeweiligen Bedarf an Sprengstoff (der englische war nämlich viel besser als der unsrige), an Funkausrüstungen, ja selbst an den erforderlichen Devisen in England deckten. So wurden mir einmal innerhalb von zehn Tagen mehrere Zentner des angeforderten Sprengstoffes mittels Fallschirmabwurfs über Holland geliefert. Auf die gleiche Weise zeigte sich der britische Geheimdienst für uns als gut funktionierende Devisenquelle. Was wir nach und nach bei den Engländern an Geld herausholten, ging in die Millionen. Alle zwei Monate besprach ich das Ergebnis dieser »Geschenksendungen« mit Reichswirtschaftsminister Funk, dem eine solche Entlastung nur willkommen sein konnte.

Als sich unsere Devisenlage im Laufe des Krieges immer mehr verschlechterte, startete unser Geheimdienst die Aktion *Bernhard,* das heißt, er ging dazu über, englische Pfundnoten für seinen eigenen Bedarf anzufertigen. Für die »Fabrikation« hatten unsere Fachleute zwei Jahre gebraucht, um allein das entsprechende knitterfreie Papier der englischen Banknoten herzustellen. Hand in Hand damit liefen die sehr komplizierten Graveurarbeiten, die überhaupt erst beginnen konnten, als für jede Banknote zwischen siebzig und hundertsechzig der wichtigsten Merkmale herausgefunden waren. Danach arbeiteten die Graveure -sie waren kriegsverpflichtet und standen unter Eid – fast ununterbrochen in drei Schichten. Allein zwei Papierfabriken wurden als Kriegsbetriebe auf diese Aufgabe umgestellt. Mehrere Mathematiker rechneten nun mit Hilfe schwieriger Formeln das System der englischen Registriernummern aus, so daß mit der laufenden Fabrikation die Nummernverteilung immer um hundert bis zweihundert der Bank von England vorauseilte und so eine wirkliche Synchronisation erreicht werden konnte. Durch Kontrollen stellten wir immer wieder fest, daß selbst den gewiegtesten englischen Bankbeamten niemals ein Verdacht hinsichtlich der neuen Nummern kam. Unser ursprünglicher Plan war, mit diesen gefälschten Pfundnoten eine »Luftschlacht« über England zu inszenieren, wobei die Flugzeuge statt Bomben tonnenweise gefälschtes Geld über der Insel abwerfen sollten. Für die englische Währung wäre dadurch eine nicht unerhebliche Belastungsprobe entstanden. Die Luftaktion wurde jedoch wegen unserer angespannten Treibstofflage wieder fallengelassen.

Die gefälschten englischen Pfundnoten waren erstmalig versuchsweise in der Schweiz zum Wechseln angeboten worden. Unser Beauftragter besaß damals sogar die Kühnheit, den Schweizer Bankbeamten mit dem Bemerken, er habe das Geld auf dem schwarzen Markt erworben, um Prüfung dieser Scheine zu bitten.

Nun gab die Bank ein Gutachten ab, in welchem sie den größeren Teil der Noten als echt anerkannte – nur etwa zehn Prozent wurden als Fälschungen beanstandet. Von dieser Zeit an begannen wir mit der Großfabrikation, wenngleich wir dennoch sparsam von dem gefälschtem Gelde Gebrauch machten. Kaltenbrunner versuchte einmal in den besetzten Gebieten auf dem schwarzen Markt damit Geschäfte zu tätigen. Dies wurde aber sofort unterbunden, da hiermit eine Gefährdung unserer eigenen Devisenlage verbunden war. Genehmigt wurde die Finanzierung mit diesen Pfundnoten bei größeren ausländischen Geschäften – so bei geldgierigen Agenten, die an sich schon ein Risiko für uns bedeuteten, überdies im Waffenhandel und Waffenschmuggel. Denn überall, wo es Widerstandsbewegungen und Partisanenführer gab, wie in Italien, Griechenland und Frankreich, war ein umfangreicher Waffenhandel entstanden. Das Heereswaffenamt begrüßte eine solche Unterstützung um so mehr, als es sich bei den gekauften Waffen meist um bestes englisches oder amerikanisches Material, wie automatische Handfeuerwaffen, handelte, die dann an unsere Truppen verteilt wurden.

Mit der Pfundnotenfälschung hatten wir die Briten in eine solche Bedrängnis gebracht, daß sie im Jahre 1945 dazu übergehen mußten, bestimmte alte Noten aus dem Verkehr zu ziehen und neue zu drucken.

Kurz vor Kriegsende hatten wir auch den noch komplizierteren Arbeitsgang für die Herstellung falscher Dollarnoten beendet. Es kam jedoch nur noch zur Herstellung einiger hundert Schaustücke.

Unsere geheimdienstlichen Erfolge gegenüber England wurden aber meines Erachtens durch ein geglücktes Kommandounternehmen der Briten in Norwegen weit in den Schatten gestellt. In Zusammenarbeit mit der norwegischen Widerstandsbewegung hatten diese unsere im Rahmen der Atomforschung errichteten Versuchsstätten (Produktion von schwerem Wasser) vernichtet – ein Erfolg, der, rückblickend betrachtet, vielleicht von kriegsentscheidender Bedeutung war. Denn hätten wir auf diesem Gebiet ungestört weiterarbeiten können, wäre es nach meiner Meinung theoretisch möglich gewesen, daß Deutschland

1944 eine Atombombe besessen hätte. Der britische Geheimdienst hatte es auch erreicht, daß der dänische Physiker und Atomforscher Professor Niels Bor mit seinen wissenschaftlichen Unterlagen aus Dänemark entkommen konnte.

Zu den Neuheiten, mit denen unsere Techniker zu jener Zeit aufwarteten, gehörte auch eine Erfindung, die ich nur deshalb noch erwähnen möchte, weil Ribbentrop glaubte, damit den Stein der Weisen für eine Kriegsbeendigung im Osten gefunden zu haben. Damals ließ mich der Reichsaußenminister wegen einer dringenden Sache zu sich nach Schloß Fuschl in Österreich bitten. Ich verband diese Reise mit einem Besuch bei Himmler, der sich in seinem Sonderzug bei Berchtesgaden aufhielt und mich in großen Zügen darüber informierte, daß es sich bei der Besprechung mit Ribbentrop um die Frage eines Attentats auf Stalin handele. Er, Himmler, könne sich zwar nur schwer entschließen, einen Befehl hierfür zu erteilen, da er ebenso wie Hitler an die Vorsehung in der Geschichte glaube und Stalin gleichsam für einen großen Führer seines Volkes halte, der eine innere Berufung in sich trage. Wenn Himmler dennoch auf einen Anschlag gegen Stalin zurückkam, so zeigte dies nur, wie prekär er selber unsere Kriegslage nunmehr ansah.

Ribbentrop begann, als ich ihn in Fuschl aufsuchte, zuerst über die USA, über die Möglichkeit einer Wiederwahl Roosevelts und andere Dinge zu reden. Ich äußerte ab und an meine Meinung und war schon im Begriff, wieder aufzubrechen, als mich der Außenminister mit ernster Miene zu bleiben bat. Er habe, wie er sagte, noch eine sehr wichtige Angelegenheit mit mir zu besprechen, in die außer dem Führer, Himmler und Bormann niemand eingeweiht sei. Er äußerte nun, daß er meine Berichterstattung über Rußland genau kenne und es wohl keinen schlimmeren Feind als die Sowjets gebe. Stalin selber sei, was sein militärisches wie sein staatsmännisches Können betreffe, Roosevelt und Churchill weit überlegen; er sei der einzige, vor dem man wirklich Respekt haben müsse. Deshalb aber sei er auch als der gefährlichste Gegner zu betrachten, der nunmehr beseitigt werden müsse. Ohne ihn sei das russische Volk nicht in der Lage, den Krieg fortzusetzen. Er, Ribbentrop, habe bereits mit Hitler darüber gesprochen und diesem erklärt, er sei bereit, notfalls sein Leben dafür zu opfern, um diesen Plan durchzuführen und damit Deutschland zu retten. Und nun entwickelte Ribbentrop einen Plan, wie man an Stalin herankommen könne. Man müsse versuchen, ihn an den Verhandlungstisch zu bringen und bei dieser Gelegenheit zu erschießen. Hitler habe zwar dazu geäußert, solches würde die Vorsehung nicht ungerächt geschehen lassen, doch dann gefragt, ob denn ein einzelner überhaupt so etwas durchführen könne oder wer gegebenenfalls als Begleitung in Betracht käme. Nun sah mich Ribbentrop starr an und sagte: »Daraufhin habe ich dem Führer Ihren Namen genannt.« Hitler habe dann nur noch abschließend erklärt, er, Ribbentrop, solle die Sache noch einmal gründlich mit mir durchsprechen. »Sehen Sie«, schloß er, »deshalb habe ich Sie zu mir kommen lassen.«

Ich glaube, mein Gesichtsausdruck dürfte während dieses Monologs nicht sehr intelligent gewesen sein, denn der Plan schien mir mehr als verworren. Aber irgendeine Antwort mußte ich ja geben. Doch ehe ich noch zu Wort kommen konnte, fuhr Ribbentrop fort, er habe die Ausführung des Planes schon in allen Einzelheiten durchdacht. Sicherlich sei von Seiten der Sowjets mit einer sehr scharfen Überwachung zu rechnen, und eine Handgranate oder einen Revolver in das Verhandlungszimmer einzuschmuggeln, würde wohl kaum möglich sein. Nun wisse er aber, daß unsere technische Abteilung einen Füllfederhalter entwickelt habe, der in Wirklichkeit den Lauf eines Revolvers enthalte und mit dem man auf sechs bis acht Meter eine Kugel normalen Kalibers genau ins Ziel schießen könne. Da ein solcher Federhalter auch bei einer Kontrolle kaum verdächtig wirken würde, müßte der Plan, wenn man eine ruhige Hand behalte, gelingen.

Während dieser Ausführungen hatte sich Ribbentrop in regelrechte Begeisterung hineingeredet, und dabei erschien er mir wie ein kleiner Junge, der gerade etwas über Winnetou oder Old Shatterhand gelesen hat. Ich mußte aber mit der Wahl meiner Antwort vorsichtig sein, da er jedes meiner Worte Hitler überbringen würde. So erklärte ich, daß die Sache zwar technisch durchführbar, daß jedoch an erster Stelle entscheidend sei, wie man Stalin überhaupt an den Verhandlungstisch brächte. Nach den Erfahrungen mit den Sowjets in Stockholm* glaub-

---

* Ich hatte durch meinen Mitarbeiter Dr. Langbehn versucht, über Stockholm eine lose Kontaktaufnahme mit Rußland herzustellen, um Gespräche über eine deutsch-russische Annäherung zu führen. Damit wollte ich die Westalliierten, indem ich entsprechende Informationen von dritter Seite lancieren ließ, unter Druck setzen. Diese Versuche führten jedoch zu keinem Ergebnis, da Stalin – offensichtlich mißtrauisch, denn Ribentrop hatte sich in ungeschickter Weise eingemischt – das Steuer herumwarf. Es mag übrigens sein, daß Stalin auch nur ein taktisches Manöver beabsichtigt hatte, um seinerseits auf die Westalliierten einen Druck auszuüben.

te ich, daß dies keineswegs einfach sein würde. Ich machte auch kein Hehl daraus, daß eine neuerliche Kontaktaufnahme durch mich wohl kaum zu empfehlen sei, da ich den Sowjets gegenüber sowieso schon mein Gesicht verloren hätte. Ich schlug deshalb vor, Ribbentrop möge zuerst einmal selber versuchen, diesen Kontakt herzustellen. Gelänge dies, so sei ich bereit, ihm mit Rat und Tat zur Seite zu stehen.

»Ich werde mir die Sache überlegen«, entgegnete Ribbentrop, »dann mit Hitler darüber sprechen und wieder darauf zurückkommen.« Damit schien der Plan, Stalin zu beseitigen, sein Ende gefunden zu haben, denn Ribbentrop hat mir gegenüber dieses Thema später nie mehr angeschnitten.

Himmler, der sich grundsätzlich über meine Antwort an Ribbentrop gefreut hatte, vertrat aber doch den Standpunkt, daß etwas in dieser Richtung geschehen müsse. Dem dauernden Drängen von oben nachgebend, konstruierten unsere Fachleute schließlich eine Spezialapparatur, die auf folgende Weise angewendet werden sollte:

An einem von Stalin benützten Wagen hatte ein Agent eine Haftladung anzubringen, die nicht größer war als ein faustdicker Klumpen Lehm. Es war dies eine hochexplosive Masse, die sich beim Andrükken mit der Hand der jeweiligen Unterlage fest verband. In dieser Haftladung war eine durch Kurzwelle auslösbare Zündvorrichtung angebracht. Der dazugehörige zigarrenschachtelgroße Sendeapparat strahlte bis zu einer Entfernung von sieben Kilometern eine Ultrakurzwelle aus, die automatisch die Zündung auslöste und damit die Haftladung zur Explosion brachte. Zwei kriegsgefangene Offiziere der Roten Armee, die lange Jahre in Sibirien eingesperrt gewesen waren und Stalin haßten – einer von ihnen war mit einem Monteur im Stalinschen Wagenpark bekannt – übernahmen den Auftrag. Sie wurden mit einem Großflugzeug, ausgerüstet mit einem russischen Polizeiauto, in der Bannmeile Moskaus abgesetzt. Als Polizeistreife getarnt, hätten sie sicher in das Innere der russischen Hauptstadt gelangen können, denn sie waren nicht nur monatelang für diese Aufgabe trainiert, sondern auch mit allen notwendigen Papieren ausgestattet worden. Der Plan scheiterte aber. Wir haben nämlich niemals mehr etwas von diesen Männern oder von einem versuchten Attentat auf Stalin gehört.

DAS ENDE IN SICHT

Hitlers Rede vor der Ardennen-Offensive – Freilassung von Juden im Zuge der »Aktion Musy« – Störmeldungen – Quertreibereien Kaltenbrunners – Besuch Graf Bernadottes – Seine Unterredungen mit Himmler – Himmler macht Zugeständnisse – SS-Treue und Furcht vor Hitler – Himmlers Canossagang

Das Schreckensbild eines herannahenden Zusammenbruchs war nun in bedrohliche Nähe gerückt – die Sommeroffensive der Sowjets 1944 hatte unsere Truppen bis nach Ostpreußen und an die Weichsel zurückgedrängt. Im Westen waren die Alliierten gelandet und hatten kämpfend die deutsche Grenze erreicht.

Es war kurz vor der Ardennen-Offensive im Dezember 1944, als Hitler noch einmal die Generalität des Heeres zusammenrief und im Hinblick auf die Notlage Deutschlands einen letzten Appell an die Offiziere richtete.

Von der Geschichte des Reiches ausgehend, streifte er kurz die deutschen Probleme des Mittelalters und die sich an den Dreißigjährigen Krieg als Folge des Westfälischen Friedens anschließenden neuen kriegerischen Auseinandersetzungen im Herzen Europas. Danach bezeichnete er Deutschland als das Kernstück unseres Kontinents, das stets unter dem Druck gestanden habe, sich mit den benachbarten Völkern im Guten oder Schlechten arrangieren zu müssen. Infolge dieser schwierigen Lage sei Deutschland nie ganz frei und Herr seiner Entschlüsse gewesen, es habe stets in seiner politischen und wirtschaftlichen Entwicklung zwischen dem Osten und dem Westen lavieren müssen.

Nach dieser historischen Einleitung lenkte er auf weltanschauliches Gebiet über und setzte auseinander, daß es im Leben nur ein ewiges und gültiges »Kulturgesetz« gebe – nämlich die Auslese und die Bewährung des Stärksten und Tapfersten. Dieses Gesetz gelte schon beim Lebenskampf der einzelnen Zellen und steigere sich über die Existenzkämpfe der Mikrobe bis zur niederen und höheren Tierwelt und ende schließlich beim Menschen. Dieser habe sich auf Grund höherer Erkenntnisse zwar Begriffe konstruiert, wie Gerechtigkeit, Moral und ähnliches – aber dies seien nur Hilfsmittel, um im Rahmen eines jeweiligen Gesellschaftssystems eine soziale Ordnung zu schaffen. Solche Hilfsmittel seien Erfindungen des Menschen und tangierten in keiner Weise das ewige Grundgesetz des Kampfes und der Auslese. Entscheidend bleibe nur der Wille zur Lebenserhaltung; nur der Stärkste bleibe im Leben Sieger, und auch nur er bestimme, was Gerechtigkeit und Moral sei.

Deutschland stehe nun in einem Kampf auf Leben und Tod – verliere es diesen, so habe es sich als das biologisch schwächere Element erwiesen und müsse sämtliche Konsequenzen aus dieser Tatsache tragen. Wenn aber die Westmächte glaubten, auch sie gehörten zu den Siegern, dann seien sie in einem großen Irrtum. Sollte es ihnen nämlich gelingen, Deutschland durch ihre Politik des *Unconditional surrender* als Bollwerk auszutilgen, dann sei nicht der Westen, sondern der Osten der Sieger, und dieser habe dann auch verdient gewonnen. Im Ergebnis sei es darum auch völlig gleichgültig, welche politische Einstellung man gegenüber dem Osten dann noch vertrete. Das deutsche Volk habe im Falle einer Niederlage ohne Murren aus diesem Geschichtsabschnitt abzutreten. Und weil er wisse, was dies für Deutschland bedeuten würde, verlange er die Aufbietung aller Kräfte sowie den Kampf bis zur letzten Patrone.

Es war dies die in der Agonie herausgegebene Parole der »verbrannten Erde« unter Einsatz des Volkssturms, des Werwolfs und der Hitlerjugend – ohne jede Rücksicht auf die Substanz des deutschen Volkes.

Die Tatsache, daß am Schluß dieser Rede aus der Mitte der Generäle ein »Heil auf den Führer« ausgebracht wurde, zeigte, welche Suggestionskraft Hitler immer noch auszuüben vermochte und wie schwer es deshalb stets für mich war, auf den in seinem Bannkreis stehenden Himmler einzuwirken. Trotzdem hatte ich ihm im Juni 1944 erklärt, daß angesichts der Entwicklung der Lage nunmehr ein weit höherer Preis gezahlt werden müßte, wenn wir mit den Westmächten noch zu Kompromißgesprächen, wenigstens über eine Modifikation des *Unconditional surrender* kommen wollten. Bei dieser Gelegenheit wies ich ihn auch darauf hin, daß etwas für die in deutschen Konzentrationslagern befindlichen Juden getan werden müsse.

Gleichzeitig hatte ich über meinen Mitarbeiter Dr. Langbehn und mit Unterstützung Kerstens Fühler nach der Schweiz ausgestreckt, um den Altbundespräsidenten Dr. Jean Marie Musy, der engen Kontakt zu dem Oberrabbiner Dr. Sternbuch (meines Wissens seinerzeit Angehöriger des Exekutivkomitees der Union der Rabbiner der Vereinigten Staaten) unterhielt, mit Himmler zusammenzubringen. Nach wochenlangen geheimdienstlichen Vorbereitungen wurde nun aber im Spätsommer von der Abteilung Müller ein Funkspruch aufgefangen, in dem von diesen Bemühungen die Rede war und wobei auch der Name Kersten sowie der Umstand erwähnt wurde, daß der Chef des Auslandsnachrichtendienstes hinter der Sache stehe. Müller und Kaltenbrunner leiteten sofort eine geheime Untersuchung ein, die aber dank dem Einfluß Kerstens auf Himmler abgestoppt werden konnte.

Anfang Oktober meldeten dann meine Schweizer Kontaktstellen, daß Dr. Musy bereit sei, nach Berlin zu kommen und Fühlung mit Himmler aufzunehmen. Es gelte, so hieß es, bei diesem Besuch insbesondere über das Schicksal der Juden in Deutschland zu sprechen.

Kurz darauf erschien Dr. Musy tatsächlich in Berlin. Er erklärte mir sogleich, daß er nur ein Ziel habe – nämlich wegen der Freilassung von KZ-Häftlingen zu intervenieren. Er wünschte, daß den Juden die Möglichkeit gegeben werde, über die Schweiz nach Amerika auszuwandern. Wir fuhren jetzt gemeinsam von Berlin nach Breslau, wo wir in den Sonderzug Himmlers umstiegen. Der Zug befand sich gerade auf der Fahrt in Richtung Wien. Ich hatte zuvor mit Dr. Musy die Gesamtprobleme besprochen und ihm einige Hinweise für seine Verhandlungstaktik gegeben. Die Besprechungen zwischen Dr. Musy und Himmler fanden in der Nähe Wiens, wo der Sonderzug einige Tage lang abgestellt wurde, und zum Teil in meiner Gegenwart statt. Zunächst hielt Himmler – offensichtlich, um sich erst einmal über die Persönlichkeit Musys und dessen Einfluß im politischen Leben einen Eindruck zu verschaffen – die Besprechungen in einem recht allgemeinen Rahmen. Doch Musy drängte zur Sache, und schließlich konnte Himmler den zündenden Argumenten des Schweizers nicht mehr ausweichen. Er erklärte sich grundsätzlich bereit, jüdische Häftlinge, die sich noch in deutschen Konzentrationslagern befanden, freizugeben, und diktierte in meiner Gegenwart einen Befehl an Kaltenbrunner, wonach in Zukunft in sämtlichen Konzentrationslagern allen Juden eine pflegliche Behandlung zu gewähren sei und keinem mehr etwas zugefügt werden dürfe. Meines Wissens ging dieser Befehl außerdem an den Generalinspektor der Konzentrationslager.

Ferner wurde die Freilassung aller im Frauenlager Ravensbrück befindlichen Jüdinnen, Französinnen und Polinnen besprochen. Himmler willigte schließlich, wenn auch zögernd, ein, sogleich mit den Entlassungen zu beginnen. Zur Deckung gegenüber der Geheimen Staatspolizei gab er mir für die Durchführung einer ersten Teilaktion Sondervollmachten. Ich setzte mich nun sofort mit Müller in Verbindung, um seine Einwilligung zur Übernahme der KZ-Gefangenen zu erreichen. Doch Müller lehnte erst einmal ab, und zwar mit der Begründung, daß ich kein Mitglied der Gestapo sei und mich sein Ressort nichts anginge. Erst als ich ihn erneut auf die Vollmacht des Reichsführers SS hinwies, gab er sein Einverständnis. Ich nahm daraufhin Verbindung mit den zuständigen Beamten der Gestapo auf, um die in Frage kommenden Häftlinge ausfindig zu machen und ihren Abtransport vorzubereiten.

Die zweite Unterredung zwischen Dr. Musy und Himmler fand dann im Januar 1945 in Wildbad statt. Sie führte zu folgender Übereinkunft: Alle zwei Wochen sollte ein Transport von zwölf- bis dreizehnhundert Juden aus den Konzentrationslagern nach der Schweiz verbracht und der Weitertransport in die USA von Dr. Musy übernommen werden. Als Gegenleistung erklärte sich Dr. Musy bereit, in der Welt auf den damit angebahnten politischen Wandel Deutschlands hinzuweisen.

Himmler hatte auch noch an eine materielle Gegenleistung gedacht. So sollte je nach dem Stand der Freilassungsaktion von jüdischer Seite eine bestimmte Summe treuhänderisch an Dr. Musy gezahlt werden, über die Deutschland später das Verfügungsrecht haben sollte. Ich konnte aber Himmler hernach dazu überreden, derlei Beträge dem Internationalen Roten Kreuz zuzuführen.

Anfang Februar 1945 rollte der erste Transport mit zwölfhundert Juden aus Theresienstadt über die Schweizer Grenze. Bevor jedoch ein bereits zusammengestellter weiterer Transport mit achtzehnhundert Häftlingen abgehen konnte, schaltete sich Kaltenbrunner ein. Ihm waren Pressestimmen aus der Schweiz zugetragen worden, die sich abfällig über die mit der Freilassungsaktion verbundenen Bedingungen geäußert hatten. Im gleichen Zeitpunkt dechiffrierte das OKW einen Funkspruch einer an sich unbedeutenden De-Gaulle-Dienststelle in Spanien, aus dem hervorging, Himmler stehe durch seinen Beauftragten Schellenberg mit dem Altbundespräsidenten Dr. Musy in Verhandlungen mit dem Ziel, gegen Freigabe von Juden für etwa zweihundertfünfzig Naziführer Asylrecht in der Schweiz zu erwirken. Und gerade diese erfundene Störmeldung paßte Kaltenbrunner ausgezeichnet in seinen Plan, die Musy-Aktion, die er von vornherein abgelehnt hatte, abzustoppen. Vereint mit Ribbentrop brachte er in einer Unterredung mit Hitler, dem dieses Unternehmen bisher verheimlicht worden war, zuwege, daß der Führerbefehl erging, jeder Deutsche, der einem jüdischen, englischen oder amerikanischen Gefangenen zur Flucht verhelfe, sei sofort hinzurichten. Außerdem sei über jeden derartigen Fall unverzüglich Hitler zu berichten.

Das Verhalten Kaltenbrunners wurde nicht zuletzt durch seine Beteiligung an einer anderen Freilassungsaktion bestimmt, welche die ungarischen Juden betraf. In diesem Falle hatte SS-Standartenführer Becher gegen Ende des Jahres 1944 mit einem gewissen Sally Meyer in der Schweiz verhandelt und ebenfalls mit Himmler Kontakt aufgenommen. Seine Besprechungen waren jedoch auf rein wirtschaftlicher Grundlage geführt worden – das heißt, man hatte als Entgelt für die Freilassung ungarischer Juden gewisse Devisenbeträge, zum Teil aber auch Traktoren, Medikamente und sonstiges Material gefordert. Die von Becher angebahnten Verhandlungen waren somit eine Fortsetzung der sogenannten »Manfred-Weiß-Aktion«. (Die Inhaber des Manfred-Weiß-Konzerns hatten gegen Überlassung ihrer Betriebe nach Portugal auswandern dürfen. Der SS war dadurch ein erheblicher Gewinn zugeflossen. Und dieses »Geschäft« sollte jetzt auf noch breiterer Basis betrieben werden.) Der »Musy-Plan« machte nun die Aktion Bechers zunichte. Denn in Wildbad war Dr. Musy von Himmler zum einzigen bevollmächtigten Verhandlungspartner bestimmt worden.

Als der obenerwähnte Befehl Hitlers ergangen war und ich dies Dr. Musy bei seiner neuerlichen Anwesenheit in Berlin eröffnete, vergoß er Tränen des Zorns und der Enttäuschung. Doch da die Situation keine Halbheiten mehr duldete, entschlossen wir uns, einen letzten Versuch bei Himmler zu unternehmen, um doch noch zum Ziel zu kommen. So schlug ich Himmler vor, die Westmächte um eine viertägige Waffenruhe zu Lande und in der Luft zu bitten und diese Zeit zu nutzen, sämtliche Juden und ausländischen Häftlinge durch die Frontlinien hindurchzuführen, um damit Deutschlands guten Willen zu zeigen. Wir hofften, daß damit auch Aussicht bestünde, neben der Rettung vieler Menschen Kompromißgespräche anzuknüpfen. Doch Himmler, der den Plan an sich billigte, hatte nicht den Mut, ihn selbst mit Hitler zu besprechen. Er beauftragte Kaltenbrunner damit, und dieser tat mir gegenüber den Vorschlag mit der Bemerkung ab: »Sie sind wohl auch schon unter die Idioten gegangen.« Dies war am 3. April 1945.

Wir unternahmen nun trotzdem noch den Versuch, Himmler wenigstens dazu zu bewegen, den Befehl, die KZ-Lager bei Herannahen des Gegners zu evakuieren, aufzuheben und den Gegenbefehl zu erlassen, die Lager mit allen Insassen den Alliierten zu übergeben. Wir fürchteten, daß eine überhastete Räumung schwerste Gefahren für die Häftlinge mit sich bringen würde. Bei diesen Bemühungen eilte uns Dr.

Kersten mit gleichlaufenden Gesuchen von Stockholm aus (er hatte inzwischen seinen Wohnsitz nach Schweden verlegt) zu Hilfe, und nach einer langen Diskussion willigte Himmler schließlich ein.

Dieses Ergebnis konnte ich Dr. Musy am 7. April 1945 mitteilen, wobei ich ihn zugleich bat, die Entscheidung so schnell wie möglich General Eisenhower bekanntzugeben. Trotz seiner siebzig Jahre machte sich Herr Musy noch in der gleichen Nacht mit seinem Wagen auf den Weg und teilte mir nach drei Tagen von der Schweiz aus mit, Washington habe Kenntnis erhalten und günstig reagiert. Inzwischen sandte er seinen Sohn nach Deutschland, um einige Juden, deren Freilassung ihm Himmler ausdrücklich zugesichert hatte, abzuholen. Als er im Lager Buchenwald ankam, stellte er zu seinem Schrecken fest, daß dort – entgegen dem Himmlerschen Befehl – alle Vorbereitungen zur Evakuierung des Lagers getroffen wurden. Er kam daraufhin sofort zu mir nach Berlin. Zur gleichen Zeit erfuhr ich, daß Kaltenbrunner in der Tat die Räumung des Lagers angeordnet hatte. Sofort rief ich Himmler an, und diesesmal unternahm er nun tatsächlich alles, um sein Versprechen an Dr. Musy einzuhalten. Er erließ sofort Gegenbefehle und unterband damit die Fortsetzung der Evakuierungen.

Auf Anraten Dr. Musys und anderer Schweizer schlug ich Himmler ferner vor, als Geste gegenüber dem Westen den französischen Staatsmann Herriot und den ehemaligen Ministerpräsidenten Reynaud auf freien Fuß zu setzen. Doch dieser Versuch schlug fehl. Dagegen vermochten wir Himmlers Zustimmung für die Freigabe einiger Familienmitglieder des Generals Giraud zu erwirken.

Unterdessen hatte Dr. Musy mit dem Präsidenten des Internationalen Roten Kreuzes, Dr. Burckhardt, Verbindung wegen einer besseren Behandlung politischer Gefangener aufgenommen. Dr. Burckhardt war grundsätzlich bereit, mit Himmler zusammenzutreffen und mit ihm hierüber zu sprechen. Als Himmler, erneut unsicher geworden, auswich, schlug ich ein Treffen zwischen Kaltenbrunner und Dr. Burckhardt vor. Diese Begegnung fand auch statt, führte jedoch trotz längerer Verhandlungen zu keinem praktischen Ergebnis.

Während noch die »Aktion Dr. Musy« im Gange war, erreichte uns im Februar 1945 eine Mitteilung unseres Gesandten in Stockholm, Thomsen, Graf Bernadotte habe die Absicht, nach Berlin zu kommen und mit Himmler zu sprechen. Graf Bernadotte war ein Verwandter des schwedischen Königshauses und damals Vizepräsident des schwedischen Roten Kreuzes. Ribbentrop schickte sogleich seinen persönlichen Referenten, Geheimrat Wagner, zu mir und ließ anfragen, ob ich diesen Schritt durch meine schwedischen Beziehungen veranlaßt hätte. Ich entgegnete wahrheitsgemäß, daß ich nichts von dieser Sache wisse, und informierte sofort Himmler und Kaltenbrunner. Himmler zeigte sich zwar sogleich interessiert, war aber verärgert, daß die Anfrage über das Auswärtige Amt gelaufen war. Dadurch wurde er gezwungen, den angekündigten Besuch Bernadottes offiziell zu behandeln, was zugleich bedeutete, das Hitler davon in Kenntnis gesetzt werden mußte. Da Himmler zu diesem Zeitpunkt den Oberbefehl über die Heeresgruppe Vistula (Weichsel) führte und sein Hauptquartier in Prenzlau lag, beauftragte er Kaltenbrunner, vorsichtig Hitlers Einstellung zu dieser Angelegenheit abzutasten. Kaltenbrunner forderte nun seinerseits, um sich keiner persönlichen Ablehnung Hitlers auszusetzen, Obergruppenführer Fegelein (den Schwager Eva Brauns) auf, Hitler wegen des schwedischen Besuches anzusprechen. Am folgenden Tag überbrachte Fegelein die Antwort Hitlers: »In einem totalen Krieg kann man mit einem solchen Blödsinn nichts erreichen.«

Inzwischen aber war Graf Bernadotte bereits in Berlin eingetroffen. Ich sprach sofort telefonisch mit Himmler und bat ihn dringend, den schwedischen Schritt auf keinen Fall zu negieren. Ich unterstrich, daß sich bei einer Zusammenkunft sehr wohl die Möglichkeit ergeben könnte, auch politische Fragen anzuschneiden und vielleicht noch im letzten Augenblick eine Tür zum Westen zu öffnen. Ich riet ihm nachdrücklich, die Gelegenheit, Schweden etwa in letzter Minute als Mittler für einen Kompromißfrieden zu gewinnen, nicht ungenutzt vorübergehen zu lassen. Und um seine Bedenken gegen die Hitlersche Ablehnung zu zerstreuen, sagte ich ihm, daß Ribbentrop wohl kaum noch umhin könne, den Grafen zu empfangen, und wenn dies geschehen sei, werde man auch ihm eine Unterredung mit Bernadotte nicht verübeln können. Nach langem Hin und Her stimmte Himmler zu.

Nun aber geschah es, daß Graf Bernadotte mich von der schwedischen Gesandtschaft aus zuerst anrief und daraufhin von Kaltenbrunner und mir empfangen wurde, bevor er zu Ribbentrop ging. Der Graf war mit dem Anliegen nach Berlin gekommen, die in Deutschland in Haft gehaltenen Dänen und Norweger für die Dauer des Krieges in schwedische Internierung zu überführen, um sie aus der Gefahrenzone zu bringen. Ich kannte Kaltenbrunner zur Genüge, um an seinem Mienenspiel festzustellen, daß er von diesem Thema nicht sonderlich erbaut war. Ich überlegte, wie ich ihn dennoch als Fürsprecher bei Himmler gewinnen könnte. Als der Graf gegangen war, lobte ich Kaltenbrunner wegen seiner geschmeidigen und geschickten Art, mit der er die Besprechung geführt habe; seine Verhandlungsweise hätte der alten bewährten Tradition der österreichischen Diplomatenschule entsprochen, und sobald Ribbentrop entfernt sei, wäre er der geeignete Mann für den Posten des Außenministers. Kaltenbrunner schluckte diesen Köder so happig, daß er alsbald ans Telefon lief und ein Gespräch mit Himmler anmeldete. Er zeigte sich jetzt, trotz seiner anfänglichen Abneigung und trotz des Hitlerschen Verbots, als williger Fürsprecher eines Zusammentreffens zwischen Bernadotte und Himmler. Letzterer erklärte nun aber, er sei bereit, den Grafen zu empfangen, jedoch ohne Anwesenheit Kaltenbrunners. Ernüchtert und verärgert kehrte Kaltenbrunner nun zu seinem alten ablehnenden Standpunkt zurück.

Die Begegnung zwischen Graf Bernadotte und Himmler fand zwei Tage später, am 19. Februar 1945, in Hohenlychen statt. Während der Fahrt konnte ich den Grafen noch auf Himmlers Besonderheiten hinweisen und ihm einige Ratschläge für die bevorstehende Unterhaltung geben. Ich wußte, daß Himmler dem Ersuchen Bernadottes, die dänischen und norwegischen Gefangenen nach Schweden zu transportieren, niemals zustimmen würde, und schlug als Kompromiß vor, die betreffenden Gefangenen in einem Sammellager in Nordwestdeutschland zusammenzufassen. Dieser Vorschlag fand beiderseitige Billigung.

Himmler schien durch die Begegnung mit Bernadotte sehr beeindruckt; er beauftragte mich anschließend, die Aufsicht über die Durchführung der getroffenen Vereinbarung zu übernehmen und weiter engen Kontakt mit dem Grafen zu halten. Ferner sollte ich Ribbentrop die wesentlichen Punkte der Unterredung und Abmachung übermitteln, so daß er diese dem Grafen offiziell vorlegen könne.

Zunächst unterrichtete ich Kaltenbrunner und Müller über das Ergebnis, da diese ja für die staatspolizeilichen Maßnahmen hinsichtlich der Häftlinge zuständig waren. Kaltenbrunner reagierte daraufhin mit Vorwürfen gegen mich – ich hätte Himmler viel zu stark im Sinne Bernadottes beeinflußt. Die ganze Idee sei rein utopisch, denn er sei nicht in der Lage, Fahrzeuge oder Benzin für die über ganz Deutschland verstreuten Gefangenen zur Verfügung zu stellen. Auch stünde das in Aussicht genommene Ausweichlager Neuengamme wegen Überfüllung nicht bereit. Es sei immer dasselbe: Sobald die Herren, die sich selber für Staatsmänner hielten, Himmler zu etwas überredeten, käme nur Unsinn dabei heraus.

Dem Einwand wegen der Lastwagen und des Benzins begegnete ich damit, daß sich die Schweden darum kümmern würden. Schließlich kam Müller noch mit dem Bedenken, alle Straßen Deutschlands seien mit Flüchtlingen verstopft, und es könne der deutschen Bevölkerung nicht zugemutet werden, daß schwedische Rote-Kreuz-Omnibusse mit Häftlingen an ihnen vorüberrollten. Da Himmler diesen Einwand für ziemlich erheblich hielt, entstand nochmals ein sehr kritischer Augenblick. Ich räumte seine Bedenken jedoch mit dem Vorschlag aus, daß die Transporte nur nachts stattfinden sollten, und erklärte mich bereit, für die Einhaltung dieser Absprache mit Hilfe von Männern aus meinem eigenen Personalkreis zu sorgen. Und so geschah es. Die vereinte Tätigkeit unserer Leute mit Männern des schwedischen Roten Kreuzes übte auf die Lagerkommandanten eine solche Wirkung aus, daß sie den Abtransport ungehindert vonstatten gehen ließen. Auf diese Weise konnten etwa dreizehntausend dänische und norwegische Häftlinge nach Neuengamme übergeführt und dort vom schwedischen Roten Kreuz betreut werden.

Danach – es war anschließend an eine militärische Ansprache Himmlers vor der Generalität der Heeresgruppe Weichsel – hatte ich eine sehr ernste Aussprache mit ihm. Ich erklärte, daß der Krieg nunmehr unabwendbar verloren sei, und flehte ihn an, wenigstens die sich bietenden Möglichkeiten über Schweden zu benutzen und zu versuchen, das Wrack des deutschen Staates, ehe es untergehe, in einen Friedenshafen zu steuern. Ich schlug vor, er möge Bernadotte bitten, zu General Eisenhower zu fliegen, um diesem ein Kapitulationsangebot zu übermitteln. Ich versuchte ihm in dieser erregten Aussprache auch klarzumachen, daß er jetzt nach Berlin und nicht auf den Platz des Chefs einer Heeresgruppe gehöre. Er solle sofort nach der Reichshauptstadt zurückkehren und dort Vorbereitungen für das Friedensangebot treffen. Notfalls möge er das Steuer mit Gewalt in die Hand nehmen. Tatsächlich gab Himmler diesem Drängen zunächst insofern nach, als er mir alle Vollmachten erteilte, mit Graf Bernadotte zu verhandeln. Doch schon am nächsten Tage widerrief er alles, offenbar unter dem Eindruck der »Aktion Hesse« * in Stockholm. Er wünschte, daß ich lediglich Kontakt mit Bernadotte halten und versuchen sollte, ihn dahin zu beeinflussen, aus eigener Initiative zu General Eisenhower zu fliegen.

---

* Über die »Aktion Hesse« enthält das Material Schellenbergs keine näheren Angaben.

Ich unterließ nichts, Himmler täglich vor Augen zu führen, wie verzweifelt die Lage nunmehr sei, und wies darauf hin, daß die Geschichte ihn eines Tages mangelnder Entschlußkraft zeihen werde. Er berief sich jedoch, wie schon so oft, auf den Grundsatz der Treue, den er als Führer des SS-Ordens am allerwenigsten verletzen könne. Ich erwiderte, daß im Verhältnis zum deutschen Volk die SS nur eine kleine Minderheit darstelle. Und um ihn auf seine eigentliche Aufgabe in diesen kritischen Tagen hinzuweisen, betonte ich noch, daß er dem deutschen Volk gegenüber am ehesten zum Handeln berufen sei, da er persönlich nie von dem Regime profitiert habe. Er entgegnete mir zum ersten Male: »Ich soll also den Führer entfernen?« Ich schwieg. Bei dem wechselhaften Charakter Himmlers hätte mich ein Ja vielleicht den Kopf gekostet.

Ich hatte Graf Bernadotte weitgehend in diese stille Auseinandersetzung eingeweiht. Wir waren uns einig geworden, daß ich, sobald sich Himmler endlich zur Tat durchgerungen hätte, sofort Verbindung mit ihm aufnehmen würde.

Ende März 1945 fand zwischen Bernadotte und Himmler eine neuerliche Unterredung statt. Der Graf versuchte nunmehr, auch zugunsten der Juden zu intervenieren, und erreichte das Versprechen Himmlers, die Internierungslager beim Nahen der Alliierten Armeen nicht zu evakuieren, sie vielmehr zu übergeben – insbesondere galt dies für Bergen-Belsen, Buchenwald, Theresienstadt sowie die Lager in Süddeutschland. Anfang April befahl mich Himmler zu sich nach Wustrow. Auf einem Waldspaziergang sagte er plötzlich zu mir: »Schellenberg, ich glaube, daß mit Hitler nichts mehr zu machen ist. Wäre es möglich, daß de Crinis recht hat?« (Ich hatte Professor de Crinis zu einer Aussprache über den Gesundheitszustand Hitlers mit Himmler zusammengebracht. Wie schon erwähnt, hatte de Crinis bereits vor einiger Zeit die Symptome der Parkinsonschen Krankheit festgestellt.)

»Jedenfalls«, entgegnete ich Himmler, »scheint alles dafür zu sprechen, und ich glaube, daß jetzt für Sie die Zeit gekommen ist, zu handeln.« Er schwieg. Ich erinnerte ihn nun an den Plan Kerstens, in den folgenden Tagen mit Gilel Storch*, einem Vertreter des Weltjudenkongresses in New York, in Deutschland zusammenzutreffen, um mit ihm über das Judenproblem zu sprechen. Himmler vermochte sich auch hier nicht zu einer klaren Antwort durchzuringen, wenngleich er sich

* Siehe Schriftwechsel im Anhang.

über die grundsätzliche Bedeutung eines solchen Gesprächs sehr wohl im klaren schien. Offensichtlich war es für ihn ein zu schwerer Schritt, einen Juden zu empfangen; auch glaubte er, daß dies zu einem endgültigen Bruch mit Hitler führen würde, denn Hitler hatte gerade zu diesem Zeitpunkt angeordnet, daß die SS-Leibstandarte als Zeichen der Entehrung ihre SS-Ärmelstreifen mit dem Namen Hitler abzulegen hätte. Schließlich befürchtete Himmler auch noch, daß Kaltenbrunner Kenntnis von einem solchen Treffen erhalten und sofort Hitler benachrichtigen würde. Ich beruhigte ihn, daß Kaltenbrunner nach Österreich gehe und deshalb gar nichts davon zu erfahren brauche. Auch könnte die Unterredung im Hause Kerstens stattfinden. Nach längerem Zögern willigte Himmler ein.

Und nun begann er plötzlich davon zu sprechen, wie die Dinge in Deutschland verlaufen würden, sobald er als Nachfolger Hitlers die Macht übernähme. Er könne, so meinte er, Hitler nicht verhaften oder gar beseitigen lassen, da sonst die ganze militärische Maschinerie zum Stillstand käme. Ich erklärte ihm, daß es nur zwei Möglichkeiten gäbe – entweder gehe er zu Hitler und zwinge ihn unter Darlegung der Sachlage zur Abdankung, oder er beseitige ihn mit Gewalt.

»Im ersten Falle wird er einen Tobsuchtsanfall kriegen und mich mit eigener Hand erschießen.« Ich entgegnete ihm, daß er doch genügend höhere SS-Führer habe, um sich dagegen zu schützen, im übrigen sei seine Stellung auch noch stark genug, Hitler zu verhaften. »Wenn es keinen anderen Weg gibt«, fügte ich hinzu, »dann müssen Sie eben die Ärzte einschalten.« Er erklärte sich bereit, Professor de Crinis, Professor Morell (Hitlers Leibarzt) und Dr. Stumpfegger mit Bormann zu konfrontieren. Zwei Tage später teilte mir de Crinis das Ergebnis mit: Die Ärzte hatten es abgelehnt, sich festzulegen; im übrigen seien all ihre Argumente Bormann gegenüber fruchtlos geblieben. Als ich Himmler darüber berichtete, bat er mich, über die Angelegenheit Stillschweigen zu bewahren.

In jenen Tagen hatte ich Fühlung mit dem Reichsfinanzminister Graf Schwerin-Krosigk aufgenommen, denn er erschien mir als die geeignete Persönlichkeit, die Nachfolge Ribbentrops anzutreten. Ich arrangierte deshalb eine Besprechung zwischen ihm und Himmler, die am 19. April 1945 im Büro des Ministers in Gegenwart des gleichfalls anwesenden Reichsarbeitsministers Seldte stattfand. Letzterer schlug mir gegenüber vor, Himmler solle am Geburtstag Hitlers eine Proklamation an das deutsche Volk bekanntgeben, daß er nunmehr die Macht ergreifen werde. Ferner solle die Gründung einer zweiten Partei durch eine Volksabstimmung und die Abschaffung des Volksgerichtshofes angekündigt werden. Schließlich fragte er mich – während sich Himmler abseits mit Graf Schwerin-Krosigk unterhielt –, wie ich die Chancen einer Verteidigung der Alpengebiete (bekannt als »Alpenfestung«) einschätzte. Ich erwiderte, daß ich in weiteren militärischen Maßnahmen keinen Sinn mehr erblicken könne, es müsse vielmehr durch sofortiges Handeln auf politischem Gebiet irgend etwas erreicht werden.

Von Krosigk schien von seiner Unterhaltung mit Himmler befriedigt, obgleich er ja auch wußte, daß es tatsächlich schon viel zu spät war und kaum noch einen Ausweg gab. Er bat mich, Himmler weiter dahin zu beeinflussen, daß er sich mit oder ohne Hitler zu einer Entscheidung durchringe.

Inzwischen war die Nachricht eingetroffen, daß Kersten und Norbert Masur (der an Stelle von Herrn Storch nunmehr Vertreter des Weltjudenkongresses geworden war) im Flughafen Tempelhof eingetroffen und auf das Gut Kerstens in Hartzwalde gefahren seien. Da zur selben Zeit auch Graf Bernadotte in Berlin erwartet wurde, bestand die Gefahr einer zeitlichen Überschneidung beider Begegnungen, zumal Himmler angesichts der gespannten militärischen Lage schwer abkömmlich war. Himmler bat mich deshalb, noch in der Nacht zu Kersten zu fahren und vorbereitende Verhandlungen mit Herrn Masur zu führen. Zugleich sollte ich einen Termin für ein Treffen zwischen Masur und ihm vereinbaren. Ich aß noch in Hohenlychen zu Abend. Ganz entgegen seiner sonstigen Gepflogenheit bestellte Himmler plötzlich eine Flasche Sekt, um damit Punkt zwölf Uhr auf Hitlers Geburtstag anzustoßen.

HIMMLERS KAPITULATIONSERKLÄRUNG

Himmler verhandelt mit einem Vertreter des Weltjudenkongresses – Neue Besprechungen mit Graf Bernadotte – In der Ausweglosigkeit hin und her gejagt – Himmler kapituliert gegenüber dem Westen – Zu spät – Hitlers Tod und Ausschaltung Himmlers

Ich erreichte Gut Hartzwalde um 2.30 Uhr nachts. In Richtung Berlin standen Leuchtfackeln am Himmel, und pausenlos drang der Motorenlärm feindlicher Flieger an meine Ohren.

Bis vier Uhr in der Frühe unterhielt ich mich noch mit Kersten, der über Himmlers zögernde Haltung recht unglücklich und verbittert war. »Ich weiß nicht«, sagte er, »ob ein Treffen zwischen Himmler und Masur überhaupt noch Erfolg verspricht.«

Am Morgen erwachte ich vom Gedröhn der Flugzeuge, und während ich mich ankleidete, fiel in der Nähe eine Bombe. Beim Frühstück unterhielt ich mich mit Herrn Masur. Er drängte, Himmler alsbald zu sehen, da er wieder abreisen müsse. Ich wußte, daß Himmler versuchen würde, diese Zusammenkunft immer wieder hinauszuschieben, und mußte alles daransetzen, das Treffen bald zustande zu bringen. Am gleichen Tage traf ein Telefonanruf des Grafen Bernadotte aus der schwedischen Gesandtschaft in Berlin ein. Er wünschte mit Rücksicht auf seine Rückkehr nach Schweden Himmler noch am selben Tage zu sprechen und erklärte sich einverstanden, gleich am Abend nach Hohenlychen zu fahren. Es war nun aber wichtig, daß Himmler zuvor mit Herrn Masur sprach. Deshalb fuhr ich sofort nach Wustrow, wo sich Himmler aufhielt. Es gelang mir zum Glück auch, ihn dazu zu bringen, endlich mit nach Hartzwalde zu fahren. Das war am 21. April 1945. Ich hatte Masur schon über die gesamte Lage unterrichtet und kannte auch seine Verhandlungspunkte:

1. Es sollten keine Juden mehr getötet werden.
2. Die noch in deutschem Gewahrsam befindlichen KZ-Insassen sollten unter allen Umständen in ihren Lagern verbleiben und nicht evakuiert werden.
3. Schließlich seien sämtliche Lager mit jüdischen Häftlingen listenmäßig zusammenzustellen und bekanntzugeben.

Während der Fahrt betonte Himmler immer wieder, daß er dies doch alles schon früher angeordnet habe. Er trug mir nun seinerseits vor, was er Masur zu sagen gedenke. Es war dies im wesentlichen eine chronologische Aufzählung des Vergangenen mit dem Versuch einer Rechtfertigung. Ich bat ihn, überhaupt nicht von der Vergangenheit zu reden, sondern klare Vorschläge zu machen, was in Zukunft zu geschehen habe.

Erst gegen drei Uhr morgens kamen wir in Hartzwalde an, da wir mehrere Male vor Tieffliegern in Deckung gehen mußten. Nach einer kurzen Begrüßung begann die Unterhaltung mit Masur. Die meiste Zeit redete Himmler. Er wollte beweisen, daß er versucht habe, das Judenproblem durch Umsiedlung zu lösen, daß er jedoch damit einerseits auf die Ablehnung der Außenwelt, zum anderen auf den Widerstand innerhalb der Partei gestoßen sei. Nach einer dreiviertel Stunde erklärte Masur, daß Himmlers Bericht zwar sehr interessant gewesen sei, aber in keiner Weise zu einer Änderung der gegenwärtigen Lage beitragen könne. Ihm läge jetzt nur an der Erfüllung der bereits erwähnten drei Punkte.

Himmler bestätigte noch einmal seine schon früher gemachten Zusagen und erklärte sich überdies bereit, die jüdischen Frauen im Lager Ravensbrück freizulassen und sie Masur zu übergeben. Er habe, so sagte er, von Hitler die Genehmigung erhalten, alle Polinnen aus diesem Lager freizugeben und könne daher die jüdischen Frauen ohne weiteres einbeziehen.

Pünktlich um sechs Uhr am Morgen des 22. April trafen Himmler und ich sowie der uns begleitende Adjutant Brandt wieder in Hohenlychen ein, wo Graf Bernadotte bereits wartete. Er versuchte Himmler zu überreden, die dänischen und norwegischen Internierten im Lager Neuengamme doch nach Schweden abtransportieren zu lassen. Doch Himmler fühlte sich immer noch nicht in der Lage, diesem Verlangen nachzukommen. Darauf verabschiedete sich Bernadotte, indem er Himmler noch einmal für die ihm bisher gewährten Unterredungen dankte. Ich begleitete den Grafen bis in die Nähe von Waren in Mecklenburg. Ehe er sich von mir verabschiedete, trug ich ihm noch einmal Himmlers Bitte vor, doch zu Eisenhower zu fliegen, um zu versuchen, ein Treffen zwischen dem General und ihm zu arrangieren.

»Der Reichsführer versteht die Realität seiner eigenen Situation nicht mehr«, erwiderte Bernadotte. »Ich vermag ihm nicht mehr zu helfen. Er hätte nach meinem ersten Besuch das Geschick Deutschlands in die Hände nehmen sollen, und Sie, mein lieber Schellenberg, täten jetzt besser daran, an sich selbst zu denken.«

Ich wußte nicht, was ich darauf antworten sollte. Als er gegangen war, überfiel mich das Gefühl einer unsäglichen Traurigkeit.

Ich fuhr nach Hohenlychen zurück, schlief zwei Stunden und wurde dann wieder zu Himmler gerufen. Er lag noch im Bett und sagte, er fühle sich krank. Ich erklärte ihm, daß ich nichts mehr tun könne, er müsse handeln. Von einer Fahrt nach Berlin riet ich ihm nun allerdings in Anbetracht der militärischen Lage, die sich über Nacht merklich verschlechtert hatte, ab. Am Nachmittag fuhren wir nach Wustrow. Die Straßen bei Löwenberg waren von nicht enden wollenden Flüchtlingstrecks und Militärkolonnen verstopft, so daß alle Wege zwischen Berlin und Mecklenburg blockiert waren. Bei diesem Anblick sagte Himmler: »Schellenberg, ich fürchte mich vor dem, was kommt.«

Ehe wir Wustrow erreichten, wurden wir von Tieffliegern angegriffen – ihr Hauptziel war die Massierung der Flüchtlinge und Truppenansammlungen, die wir gerade überholt hatten. Kurz nach unserer Ankunft rief Fegelein in Wustrow an und meldete, daß Hitler und Goebbels tobten, weil Obergruppenführer Berger nicht mehr in Berlin sei. Berger hatte die Reichshauptstadt verlassen, um mit einem persönlichen Auftrag Himmlers nach Süddeutschland zu fliegen. Hitler, so erklärte Fegelein, brauche ihn, um das über Dr. Brandt (seinem früheren Leibarzt) verhängte Todesurteil zu vollstrecken. (Brandt hatte seine Frau in Thüringen im Bereich der amerikanischen Truppen in Sicherheit gebracht. Bei dem Todesurteil handelte es sich offenbar um eine Intrige in der nächsten Umgebung Hitlers einschließlich Eva Brauns und ihrer Schwester, der Frau Fegeleins.)

Himmler rief sofort Gestapochef Müller an und ließ Dr. Brandt nach Schwerin bringen. Fegelein gegenüber hatte er erklärt, die Vollstrekkung des Urteils sei jetzt nicht möglich, es sei denn, Goebbels oder Bormann wollten dies selbst tun. Nach diesem Telefongespräch schnitt er noch einmal, wenn auch nur vage, die Möglichkeiten einer Entfernung Hitlers an und sprach darüber, was er tun würde, wenn er einmal die Macht in Händen hätte. Im Zusammenhang damit bat er mich auch, über einen Namen für eine neue »Alternativ-Partei« nachzudenken.

In den frühen Morgenstunden des 22. April war die Meldung gekommen, daß vier Divisionen der Waffen-SS unter Obergruppenführer Steiner den Befehl erhalten hatten, ohne Rücksicht auf Verluste einen Angriff auf die Russen zu unternehmen. Himmler war überzeugt, daß dieser Befehl notwendig sei, und ließ sich auch davon nicht abbringen, als wir, sein Adjutant und ich, äußerten, daß dies nur noch unnützes Blutvergießen bedeute.

Während wir noch beim Frühstück waren, erschien plötzlich Obergruppenführer Berger. Es wurde beschlossen, daß er mit uns nach Hohenlychen zurückfahren solle, da Wustrow bereits vom Feinde bedroht war. Ich besprach mit Berger noch den Fall des amerikanischen Luftwaffengenerals Vanaman, der früher Militärattaché in Berlin gewesen und jetzt Kriegsgefangener in Deutschland war. Ich hatte schon seit längerem geplant, Vanaman zusammen mit einigen einflußreichen britischen Kriegsgefangenen freizulassen, um über sie Verbindung mit ihren Regierungschefs aufzunehmen. Hitler und Himmler hatten jedoch die Freilassung untersagt. Nach Fühlungnahme mit Freunden in der Schweiz sowie mit dem US-Militärattaché in Bern, General Legg, ließ ich nunmehr Vanaman auf eigene Verantwortung bei Konstanz über die Schweizer Grenze bringen. Nachträglich stimmte jetzt auch Himmler zu.

Gegen Mittag des gleichen Tages mußten wir Wustrow in aller Eile verlassen, da in der Nähe von Oranienburg und ebenso bei Löwenberg und Kremmen bereits russische Spähtrupps gesichtet worden waren. Während der Rückfahrt nach Hohenlychen kamen wir ständig an Wehrmachtskolonnen, Artillerie und Panzern vorüber, und unaufhörlich wurden wir von feindlichen Bombern und Jägern verfolgt.

Bei der Ankunft in Hohenlychen fragte mich Himmler: »Ich muß jetzt etwas unternehmen, Schellenberg, aber was?« Ich wies ihn noch einmal auf die Möglichkeit einer letzten Besprechung mit Bernadotte hin, wenngleich ich nicht wußte, wo ich den Grafen jetzt erreichen konnte. Vielleicht war er noch in Lübeck. Himmler entschied, daß ich sofort dorthin fahren und ihn bitten solle, den Westmächten eine Kapitulationserklärung zu übermitteln. Ich bereitete sofort die Abreise vor und fuhr um 16.30 Uhr ab. Leider kam ich wegen der dauernden Luftangriffe und verstopften Straßen nur sehr langsam vorwärts und traf erst spät in der Nacht in Lübeck ein. Dort erfuhr ich, daß sich Graf Bernadotte in Apenrade (Dänemark) aufhalte. Trotz aller Schwierigkeiten kam ich mit einem Telefongespräch bis zu ihm durch und bat ihn, mich am nächsten Tage in Flensburg zu empfangen. Wir verabredeten, uns am 23. April um 15 Uhr im schwedischen Konsulat in Flensburg zu treffen. Ich ruhte ein paar Stunden, dann rief ich Himmler an, um ihn zu unterrichten. Daraufhin setzte ich mich nach Flensburg in Bewegung und kam dort am frühen Nachmittag an. Der schwedische Attaché Chiron empfing mich und nahm mich mit zum Lunch zu Konsul Petersen.

Pünktlich um 15 Uhr erschien Graf Bernadotte. Nach Besprechung der allgemeinen Lage äußerte der Graf, er glaube, es sei nun nicht mehr nötig, Himmler zu treffen, und schlug vor, daß dieser in einem Brief an General Eisenhower den Westmächten die bedingungslose Kapitulation anbiete. Da ich es für ausgeschlossen hielt, daß Himmler, solange Hitler lebte, eine solche schriftliche Erklärung abgeben würde, bat ich den Grafen, doch mit mir nach Lübeck zu fahren, um die Sache noch einmal mit Himmler mündlich zu besprechen. Er willigte auch ein. Sogleich rief ich Himmler in seinem Sonderzug an. Brandt kam ans Telefon und sagte, daß Himmler im Augenblick nicht erreichbar sei, versprach aber, mich wieder zu verständigen.

Um sechs Uhr nachmittags meldete er sich wieder und erklärte, daß Himmler den Grafen gern um 22 Uhr desselben Tages in Lübeck treffen würde und ich zugegen sein solle.

Um 21 Uhr trafen wir in Lübeck ein. Ich begab mich in unser Büro, das im Hotel Danziger Hof eingerichtet worden war, und nahm von dort Verbindung mit General Wünnebergs Dienststelle auf, wo Himmler warten wollte. Dort traf ich Himmler um 22 Uhr und berichtete über die wichtigsten Punkte meiner Unterredung mit dem Grafen. Wir verabredeten dann, um 23 Uhr mit Bernadotte im schwedischen Konsulat zusammenzutreffen.

Die Unterredung fand wegen Stromstörung bei Kerzenlicht statt, und kaum hatten wir begonnen, kam Fliegeralarm, gefolgt von einem schweren Angriff auf einen nahegelegenen Flugplatz. Es war bereits Mitternacht, als wir den Luftschutzkeller verlassen und die Unterredung fortsetzen konnten.

Himmler machte zuerst längere Ausführungen über die militärische und politische Lage des Reiches, ehe er dann die augenblickliche Situation zusammenfaßte:

»Wir Deutschen«, so sagte er wörtlich, »müssen uns durch die Westmächte für besiegt erklären, und ich bitte Sie, dies General Eisenhower durch die schwedische Regierung übermitteln zu lassen, so daß weiteres Blutvergießen erspart bleiben möge. Jedoch den Russen gegenüber zu kapitulieren ist für uns Deutsche unmöglich, und ganz besonders für mich. Gegen diese werden wir weiterkämpfen, bis die Front der Westmächte die deutsche Front ersetzt.«

Himmler wies dann noch darauf hin, daß er nun das Recht habe, die Entscheidung zu treffen, da es jetzt nur noch eine Frage von zwei bis drei Tagen sein könne, bis Hitler sein Leben aufgebe. Denn lebend werde er sich den Bolschewisten, die er auf Leben und Tod bekämpft habe, niemals ausliefern.

Graf Bernadotte zeigte sich bereit, Himmlers Kapitulationserklärung den Westmächten zu übermitteln. Er bemerkte dazu, daß er, und wahrscheinlich auch die schwedische Regierung, natürlich in erster Linie daran interessiert seien, skandinavisches Gebiet vor einer sinnlosen Zerstörung durch eine noch längere Fortsetzung des Krieges zu bewahren. Für ihn als Schweden sei dies eine Rechtfertigung, auf den Vorschlag einzugehen. Himmler stimmte nun auch dem Abtransport der dänischen und norwegischen Gefangenen zu.

Schwierig war die Entscheidung, wie die Kapitulationserklärung den Westmächten zugestellt werden sollte. Der ursprüngliche Plan, Graf Bernadotte solle ohne diplomatische Einleitung und Vorbereitung direkt zu Eisenhower fliegen, wurde fallengelassen. Man kam schließlich überein, Himmler möge an seine Exzellenz Christian Guenther, den schwedischen Außenminister, einen Brief schreiben und ihn darin bitten, den ihm vom Grafen Bernadotte übermittelten Schritt Himmlers zu unterstützen. Himmler besprach kurz den Wortlaut dieses Briefes mit mir und diktierte ihn dann selbst bei Kerzenlicht.

Bernadotte wollte am nächsten Tag (24. April) nach Stockholm fliegen, um dort die notwendigen Vorkehrungen zu treffen. Es wurde beschlossen, daß ich ihn bis Flensburg begleiten und dort bleiben solle, um als Verbindungsmann zu fungieren, falls weitere Fragen auftauchen sollten. Um 1.30 Uhr morgens verließen wir das schwedische Konsulat.

Himmler fuhr seinen Wagen selbst. Er war noch nie ein guter Fahrer gewesen und war jetzt so nervös, daß uns allen der Angstschweiß ausbrach. Schon gleich bei der Abfahrt vom Konsulat startete er so schnell, daß wir in einem Graben landeten und eine Viertelstunde brauchten, ehe das Auto wieder fahrbereit war. Danach schnitt er die Kurven so scharf, daß jeder entgegenkommende Wagen eine drohende Gefahr bedeutete.

In General Wünnebergs Dienststelle blieb ich noch eine halbe Stunde bei Himmler, um seine Befürchtungen über den soeben von ihm eingeleiteten Schritt zu zerstreuen. Ich versuchte ihn mit den Worten bei der Stange zu halten, daß er gegenüber dem deutschen Volk gewiß keinen Treubruch begangen habe. Dann ging ich zum Danziger Hof zurück und begab mich morgens um fünf Uhr zum schwedischen Konsulat, um Graf Bernadotte abzuholen und nach Flensburg zu fahren.

An der deutsch-dänischen Grenze verabschiedeten wir uns, wobei der Graf seiner Hoffnung Ausdruck gab, mir bald gute Nachricht durchtelefonieren zu können.

Es war schon Mittag, als ich dazu kam, mich im Hause des schwedischen Konsuls ein wenig schlafen zu legen. Doch kaum hatte ich mich zur Ruhe begeben, als ich durch einen schweren Luftangriff und das Flakfeuer der an der Küste stationierten Kriegsschiffe wieder geweckt wurde. Nur halb angekleidet, eilte ich in den Keller.

Am folgenden Tag, es war der 25. April, ließ ich Standartenführer Bovensiepen nach Flensburg rufen. Zunächst zeigte ich ihm meine Spezialvollmacht mit Himmlers Unterschrift, die besagte: »Da General Schellenberg auf spezielle Anweisung von mir handelt, sind seine Befehle ohne Fragen zu befolgen.«

Nun erklärte ich Bovensiepen, daß alle KZ-Insassen dänischer und norwegischer Nationalität ohne Ausnahme an Schweden übergeben werden sollten. Ich setzte hinzu, daß ich am nächsten Tage nach Kopenhagen zu fahren beabsichtigte, um die politische Situation Dänemarks mit dem außerordentlichen Minister und Bevollmächtigten in Dänemark, Dr. Best, zu besprechen. Danach bat ich ihn, Vorbereitungen für diese Zusammenkunft zu treffen. Der Hauptzweck dieser Reise war, alle Todesurteile und deren Vollstreckung sofort abzustoppen.

Am 26. April erhielt ich einen Zwischenbericht des Grafen Levenhaupt vom schwedischen Konsulat. Er teilte mit, daß sich die Unterhandlungen nicht günstig entwickelten und sich die Alliierten weigerten, mit Himmler zu verhandeln. Ich gab diese Information jedoch noch nicht an Himmler weiter. In der Nacht lief die Nachricht ein, Graf Bernadotte werde am nächsten Morgen auf dem Flugplatz Odense eintreffen. Bei meiner Ankunft auf dem Flugplatz hieß es, das Flugzeug habe wegen schlechten Wetters Verspätung. Da sich die Wetterlage nicht aufklärte, verharrte ich einige Stunden in wachsender Ungeduld und Sorge. Der Flugplatzkommandant wies alle Beobachtungs- und Luftabwehrstationen zur erhöhter Wachsamkeit an, und laufend wurden Leuchtzeichen abgeschossen, bis die Maschine endlich eintraf.

Es war inzwischen 16 Uhr geworden.

Wir begaben uns sofort nach Apenrade, wo wir die Ergebnisse der Unterhandlungen besprachen. Sie waren leider negativ; die Westmächte hatten es abgelehnt, Himmler als Verhandlungspartner zu akzeptieren. Überdies hatte die alliierte Presse auch noch einen Bericht über die Angelegenheit gebracht. Meine Stellung bei Himmler war nun sehr fragwürdig geworden. Bernadotte bot mir jedoch an, mit zu Himmler zu fahren und selber noch einmal mit ihm zu sprechen.

Von Flensburg aus versuchte ich Himmler zu erreichen, bekam aber nur Brandt ans Telefon. Dieser fragte mich sogleich aufgeregt nach den Ergebnissen. Ich teilte ihm den ungünstigen Verlauf mit, fügte jedoch hinzu, Graf Bernadotte wünsche noch einmal mit Himmler wegen der Frage der deutschen Armeen in Skandinavien zu sprechen. Dieser Vorschlag wurde scharf abgelehnt. Es hieß, ich hätte mich allein bei Himmler zu melden.

Der Anruf fand kurz nach Mitternacht statt. Ich wollte Graf Bernadotte nicht durch ein Telefongespräch in der Nacht wecken und fuhr um 3 Uhr nach Apenrade ab. Er befand sich bereits an dem verabredeten Treffpunkt und verstand wahrscheinlich meine Ausrede, als ich ihn bat, lieber nicht mitzukommen, da sich Himmler südlich von Lübeck befinde und ich deshalb dicht an die Frontlinie heran müsse.

Ich mußte nun damit rechnen, daß Himmler mich als den Anstifter für seinen Friedensschritt bezeichnen und für den Fehlschlag verantwortlich machen würde. Es lag auch im Bereich der Möglichkeit, daß ich nunmehr liquidiert werden konnte. Um mich abzuschirmen, kam mir der Gedanke, mich mit einem Astrologen, den Himmler persönlich kannte und auf den er große Stücke hielt, in Verbindung zu setzen und ihn zu bitten, mich zu begleiten. Er sollte Himmler ein Horoskop stellen, und ich war sicher, daß dies seine Reaktion auf die Enttäuschung dämpfen würde.

Ich hatte das Richtige getroffen. Himmler war äußerst mißgestimmt über die Ablehnung der Alliierten und mehr noch darüber verärgert, daß die Weltpresse die Sache aufgegriffen hatte. Dennoch verlief die Unterredung wider Erwarten friedlich. Eine Zeitlang wurden die Gründe für die ablehnende Haltung der Westmächte diskutiert und dann das Problem Dänemark und Norwegen besprochen. Mein Begleiter sekundierte mir hier aufs beste, und schließlich ließ sich Himmler auch bewegen, dem Ersuchen Bernadottes zuzustimmen. Er erteilte mir sogar die Erlaubnis, mit dem Grafen über die Beendigung der deutschen Besetzung Norwegens und die Internierung deutscher Streitkräfte in Schweden bis Kriegsende zu sprechen. Er äußerte ferner, er sei bereit, eine ähnliche Lösung für Dänemark in Aussicht zu nehmen, doch darüber sollte später entschieden werden. Er bevollmächtigte mich aber, Dr. Best schon jetzt auf diesen Plan vorzubereiten. Schließlich wollte er mich als seinen besonderen Vertreter bei der schwedischen Regierung bestellen, um im skandinavischen Raum über eine friedliche Lösung zu verhandeln. Er nahm zu diesem Zeitpunkt noch als selbstverständlich an, daß er innerhalb kürzester Zeit Hitlers Nachfolger und in der Lage sein werde, diese Fragen ohne jede Schwierigkeit allein zu entscheiden.

Am 29. April mittags war ich wieder in Apenrade, aß dort mit unserem schwedischen Gesandten Thomsen und besprach mit ihm die von Himmler getroffene Entscheidung. Thomsen arrangierte für den folgenden Tag eine Zusammenkunft zwischen den Vertretern der schwedischen Regierung und mir, bei der er selber auch zugegen war. Er lenkte meine Aufmerksamkeit noch auf eine Reihe von Sonderwünschen, unter anderem bezüglich der Verhinderung von Hinrichtungen und der Befreiung dänischer Polizeibeamter.

Am Nachmittag verließen wir Apenrade, um nach Kopenhagen zu fahren. Dort stiegen wir im Hotel d'Angleterre ab. Am Morgen des 30. April begab ich mich zunächst zu Dr. Best. Ich informierte ihn über meine Vollmachten hinsichtlich einer friedlichen Aufhebung der deutschen Besetzung der skandinavischen Länder. Wie ich erwartet hatte, stimmte Dr. Best zu.

Gegen Mittag traf ich mit Herrn von Post, einem Mitglied der schwedischen Regierung, sowie mit Graf Bernadotte zusammen. Schwedischerseits wurde der Wunsch geäußert, klare und verbindliche Vorschläge der deutschen Regierung zu erhalten, die durch mich dann durchgeführt werden sollten.

Wenig später fuhr ich nach Korsör, um die Fähre zu erreichen. In Flensburg traf ich Dr. Giselher Wirsing, den ich darüber informierte, daß Kaltenbrunner mich all meiner Posten enthoben und Obersturmbannführer Wanck zum Chef des politischen Sektors des Geheimdienstes sowie Obersturmbannführer Skorzeny zum Chef des militärischen Sektors ernannt habe.

Nach einem kurzen Telefongespräch mit Himmler fuhren Wirsing und ich nach Lübeck, da ich wünschte, daß er mit entsprechenden Gegenbefehlen Himmlers bezüglich meiner Absetzung nach Süddeutschland flöge. Die Fahrt dauerte wegen der verstopften Straßen fast vier Stunden. Am 1. Mai morgens vier Uhr trafen wir ein und wurden von dort zu Himmlers neuem Quartier in Kalkhorst in der Nähe von Travemünde gebracht. Da Himmler erst um drei Uhr ins Bett gekommen war, ging ich zu Brandt, der uns die überraschende Nachricht von Hitlers Selbstmord erzählte – und auch, daß er nicht Himmler, sondern Großadmiral Dönitz zum Nachfolger bestimmt habe.

DER ZUSAMMENBRUCH

Letzte Vorschläge Himmlers – Kontakt mit der Reichsregierung Dönitz – Besprechungen wegen Dänemark und Norwegen – Mein Auftrag als Gesandter in Stockholm – Kopenhagen erwartet das Kriegsende – Letzte Interventionsbesprechungen in Schweden – Bedingungslose Kapitulation

Himmler trug sich nun mit dem Gedanken, von der politischen Bühne abzutreten, ja, er sprach sogar von Selbstmord. Er hatte sich mit Großadmiral Dönitz, dem neuen Regierungschef, in Plön getroffen und bis spät in die Nacht hinein mit ihm konferiert. Dabei hatte er unter anderem vorgeschlagen, Ribbentrop zu entfernen und Graf Schwerin-Krosigk zum Außenminister zu ernennen.

Um neun Uhr in der Frühe des 1. Mai ließ mich Himmler rufen. Er war nervös und abgespannt. Ich berichtete nun über meine Unterredungen mit Herrn von Post, Dr. Best und Graf Bernadotte. Himmler äußerte, er sei jetzt nicht mehr länger in der Lage, irgendwelche Schritte zu unternehmen. Das einzige, was er in der Besprechung mit Dönitz noch habe veranlassen können, sei die Absetzung Ribbentrops und die Ernennung von Krosigks gewesen; im übrigen hätte der Großadmiral und sein Stab, der ausschließlich aus Wehrmachtsangehörigen bestehe, kein Verständnis für seinen Schritt gegenüber den Westmächten gezeigt. Er wünschte nun, daß ich mich sofort zu Dönitz begäbe. Vielleicht würde es nützlich sein, den neuen Regierungschef über meine Bemühungen bezüglich Dänemarks und Norwegens zu informieren und gegebenenfalls als Krosigks Assistent fortan in außenpolitischen Fragen zu fungieren. Wenn ich die neue Dönitz-Regierung dazu brächte, einer friedlichen Übergabe der beiden nordischen Länder zuzustimmen, könnte ja ein anderer nach Schweden entsandt werden und ich selbst am Regierungssitz bleiben.

Um elf Uhr morgens fuhren wir – Himmler und ich – über Lübeck nach Plön, wo wir nachmittags gegen zwei Uhr eintrafen. Im ganzen Stab herrschte große Aufregung. Nachdem ich Dönitz, Keitel und Jodl meine Aufwartung gemacht hatte, nahm ich Verbindung mit von Krosigk auf. Durch ihn erfuhr ich, daß Dönitz und die Generäle nicht gewillt waren, Norwegen kampflos zu übergeben.

Inzwischen waren die Generalobersten Boehme und Lindemann, Reichskommissar Terboven und Dr. Best nach Plön berufen worden, um über Norwegen und Dänemark mit Dönitz zu beraten. Ich entschloß mich deshalb, nach Kopenhagen zurückzufahren und Herrn von Post über die neue Situation zu unterrichten. Himmler stimmte zu. Er wolle noch, wie er mir sagte, in Plön bleiben und mit von Krosigk versuchen, sich weiterhin für eine friedliche Lösung einzusetzen.

Ich verließ das Hauptquartier um drei Uhr morgens und kam um sieben Uhr in Flensburg an. Dort arbeitete ich mit Dr. Wirsing einen Entwurf über meine Zusammenarbeit mit dem neuen Außenminister aus. Ich schlug dabei unter anderem vor, die NSDAP, die Gestapo sowie der SD sollten aufgelöst und diese Nachricht sofort über den Rundfunk verbreitet werden. Dr. Wirsing stellte, während ich meinem bleiernen Schlafbedürfnis nicht mehr widerstehen konnte, den Entwurf fertig und sandte ihn nach Plön ab. In Anbetracht der Tatsache, daß mich Kaltenbrunner meines Postens enthoben hatte, gab ich Wirsing die Anweisung, nunmehr nach Süddeutschland zu fliegen und meinen Mitarbeitern mitzuteilen, sie sollten sich Kaltenbrunner nach außen hin unterwerfen, doch ihre persönliche Loyalität mir gegenüber bewahren.

Am Abend fuhr ich nach Kopenhagen weiter. Von Padborg ab stellte mir Graf Bernadotte seinen Rote-Kreuz-Wagen zur Verfügung. Dies bedeutete eine erhebliche Erleichterung für mich, insbesondere beim Passieren von Wehrmachtskontrollpunkten. Ich war, da man mich nunmehr für einen Schweden hielt, zwar geschützt, doch wurde die Situation recht unbehaglich, als man mich seitens der Bevölkerung umjubelte und sogar um Autogramme bat.

Meine Unterredung mit Herrn von Post und Herrn Oström fand am 3. Mai gegen ein Uhr statt. Ich gab einen kurzen Überblick über die neue Situation, wobei ich erklärte, daß Großadmiral Dönitz die Militär- und Zivilbefehlshaber von Dänemark und Norwegen zum Vortrag bestellt und ich allen Grund zu der Annahme hätte, daß – gestützt durch den Einfluß des Grafen Schwerin und Himmlers – der Plan einer Übergabe dieser Länder angenommen werde. Von Post erwiderte, er sei jetzt nicht mehr in der Lage, bindende Abreden zu treffen. Im übrigen werde die Übergabe in Kürze nur noch eine rein akademische Frage sein, da eine allgemeine Kapitulation innerhalb der nächsten Tage sowieso bevorstehe. Dennoch solle ich unverzüglich jedes Angebot der deutschen Regierung an ihn weiterleiten. Wir verabredeten, daß ich so schnell wie möglich zurückkehren und telefonisch mit ihm unter Benützung folgender Kodeworte in Verbindung bleiben solle:

»Ich wäre glücklich, die Herren wiedersehen zu können« – dies bedeutete, es bestehe ein verbindlicher Vorschlag seitens der deutschen Reichsregierung bezüglich Norwegens. Die Worte »... und ihnen zu berichten« – sollten besagen, daß der Vorschlag sich auch auf Dänemark erstrecke.

Ich fuhr noch am gleichen Tage nach Flensburg zurück und am frühen Morgen weiter nach Plön. Diese Reise war wohl eine der schwierigsten und gefährlichsten, die ich zu jener Zeit zu unternehmen hatte. Auf dieser kurzen Strecke brachen über den vollkommen verstopften Straßen die Tieffliegerangriffe nicht mehr ab. Rechts und links des Weges marschierten zurückflutende Armeekolonnen, lagen Reihen von ausgebrannten Lastwagen, Leichen bedeckten die Straßen, und hier und dort stand ein zerstörter Panzer. Zeitweise mußte ich mir den Weg regelrecht erkämpfen, gleichzeitig in Gräben vor Beschuß Deckung suchen.

In Plön meldeten die Wachen, daß die Regierung ihren Sitz inzwischen in die Marineschule Mürwick bei Flensburg verlegt habe. Ich mußte also umkehren und erneut den Weg durch die Hölle machen. Am Nachmittag um fünf Uhr meldete ich mich dann bei Dönitz und Himmler. Ich betonte noch einmal, daß trotz der Verschlechterung der Lage eine Lösung im skandinavischen Raum durch die Hilfe Schwedens von größter Wichtigkeit sei. Dann sprach ich mit von Krosigk allein. Er bedeutete mir, daß er mich, sofern ich bei ihm zu bleiben wünsche, zu seinem ersten Mitarbeiter ernennen würde. Andererseits hielt er es für wichtig, wenn ich nach Stockholm ginge. Wir waren uns darüber einig, daß die Zeit jetzt sehr bemessen sei und schnell gehandelt werden müsse. Das einzige, was die Kapitulation wohl noch aufhielt, war die Tatsache, daß im böhmisch-mährischen Raum die Heeresgruppen des Feldmarschalls Schörner und des Generalobersten Rendulic noch intakt waren. Sie bestanden aus fast einer Million Mann, waren noch für etwa sieben Wochen mit Munition und Proviant versehen und bildeten immer noch eine starke Front gegen den Osten.

Abends gegen acht Uhr hatte ich dann eine Besprechung mit Dönitz. Zuerst wollte er von einer Aufhebung der Besetzung Norwegens und der Internierung deutscher Truppen in Schweden nichts hören. Offensichtlich hatten seine militärischen Ratgeber auf die ausgezeichnete strategische Position von Generaloberst Boehmes Armee hingewiesen. Selbst nachdem ich ihm die politische Bedeutung einer friedlichen Lösung und einer möglichen Intervention Schwedens erläutert hatte, wünschte er immer noch zu wissen, welchen Vorteil dies im Augenblick für Deutschland zu bringen vermöge. Ich bedeutete ihm, daß dies eine Frage weitsichtiger Planung sei, ganz abgesehen von der Rettung vieler Menschenleben. Es komme darauf an, die Meinung der Welt uns gegenüber zu verbessern, und gerade für ein geschlagenes Deutschland sei es von nicht geringem Wert, wenn es die Unterstützung eines neutralen Landes wie Schweden fände.

Bei Tisch wurde diese Unterredung fortgesetzt. Keitel und Jodl wünschten, daß ich bliebe, da ich in außenpolitischen Dingen bereits einige Erfahrungen gesammelt hätte. Ich betonte jedoch die Wichtigkeit meiner Mission in Schweden, was Jodl zu verstehen schien. Anschließend besprach ich mit von Krosigk, in welcher Eigenschaft ich am besten nach Stockholm reisen könne. Er bot mir den Titel eines Botschafters, eines Sonderbevollmächtigten oder eines Vertreters an. Ich schlug vor, mich zum Gesandten zu ernennen, denn dies entspräche genau den Aufgaben, die ich zu übernehmen hätte. Er ließ daraufhin die Staatssekretäre von Steengracht und Henke zu sich rufen, und zusammen stellten sie die Dokumente aus, die mich als Gesandten mit einer Vollmacht* zum Abschluß entsprechender Vereinbarungen autorisierten. Am Morgen des 5. Mai wurden sie durch von Krosigk unterzeichnet. Darauf verabschiedete ich mich von Himmler und reiste nach Kopenhagen ab.

Einige Tage später verübte Himmler Selbstmord. -

Nach meiner Ankunft in Kopenhagen begab ich mich sofort zum Dagmarhus, wo ich Dr. Best treffen und ihn über meine Mission informieren wollte. Während ich noch auf ihn wartete, versammelte sich draußen in Erwartung der unmittelbar bevorstehenden deutschen Übergabe eine wachsende Menschenmenge. Schüsse wurden abgefeuert und Polizei- sowie Ambulanzwagen fuhren auf. Es war mir klar, daß Dr. Best niemals durch diese Menschenmassen durchkommen würde. Ich konnte jedoch nicht länger warten und mußte versuchen, zur schwedischen Gesandtschaft zu gelangen. Nach einer längeren Verhandlung mit der SS-Wache am Dagmarhus wurde im Stacheldraht ein Durchschlupf geöffnet, und daraufhin konnte ich im Wagen des Grafen Bernadotte passieren.

Obwohl der Fahrer die belebtesten Straßen zu vermeiden trachtete, wurden wir von Tausenden von Menschen, die den Wagen Bernadottes

* Vgl. Anhang.

sogleich erkannt hatten und uns für Schweden hielten, begeistert umringt, so daß wir schließlich weder vorwärts noch rückwärts konnten. Einige Eifrige waren schon auf die Trittbretter, auf den Kühler, ja selbst auf das Dach des Wagen geklettert. Ich hatte die Tür von innen verschlossen und die Fenster hochgedreht, da ich sonst befürchten mußte, herausgezogen zu werden. Ich befahl dem Fahrer, auf jedes Risiko hin weiterzufahren, und so bahnten wir uns langsam einen Weg. Nur durch die Ruhe und das Können des Fahrers gelang es, den Wagen in Bewegung zu halten. Unterdessen grüßte ich laufend nach rechts und links durch Hutabnehmen, um die Menge zu beruhigen. Als wir endlich die schwedische Botschaft erreichten, war es mir, als ob ich gerade aus einem Dampfbad gezogen worden wäre. Und selbst noch, während ich Herrn von Dardel und dessen Frau begrüßte, blieb der Tumult draußen vor der Gesandtschaft so laut, daß wir kaum unser eigenes Wort verstanden. Zwischendurch erklangen immer wieder die dänische und die schwedische Nationalhymne aus Tausenden von Kehlen.

Nachdem die Vorbereitungen für meine Reise nach Stockholm getroffen worden waren, kehrte ich ins Hotel d'Angleterre zurück, um ein paar Stunden zu ruhen. Vor dem Gebäude wurden wir noch einmal von dänischen Widerstandskämpfern angehalten. Doch als sie den Fahrer erkannten und dieser ihnen sagte, daß ich Schwede sei, ließen sie uns durch.

Am Morgen des 6. Mai flog ich mit einer Rote-Kreuz-Maschine des Grafen Bernadotte ab. Um 7.15 Uhr landeten wir in Malmö, wo eine schwedische Militärmaschine bereitstand, um mich weiterzubefördern. Nach etwa knapp zwei Stunden erreichten wir Broma. Dort holte mich Herr von Oström ab und brachte mich zum Hause Bernadottes, wo sogleich Gespräche mit Herrn von Post und Staatssekretär Bohemann begannen.

Ich überreichte mein Beglaubigungsschreiben und erläuterte meine Mission. Nach einer erregten Debatte wurde entschieden, angesichts der Entwicklung in Deutschland die ganze Angelegenheit mit den Vertretern der Westmächte in Stockholm zu besprechen. Es war jedoch nicht möglich, eine definitive Antwort von dieser Seite zu erhalten, hingegen wurde in Aussicht gestellt, eine spezielle alliierte Kommission General Eisenhowers würde nach Stockholm entsandt werden. Anschließend verständigte ich den in Norwegen kommandierenden Generaloberst Boehme über das Ergebnis der Verhandlungen und übermittelte auch auf Veranlassung des englischen Militärattachés in Stockholm, Souton Bratt, eine Verlautbarung der Westmächte über die Möglichkeit, mit England über Kurzwelle unmittelbar in Verbindung zu treten.

Jetzt tauchte die Frage auf, ob Boehme meine Vollmachten anerkennen und irgendwelche Abmachungen meinerseits mit den Schweden respektieren werde. Ich schlug vor, Gesandter Thomsen und Militärattaché General Utmann sollten an die norwegische Front fliegen, um meine Mission mit General Boehme zu besprechen. Am Morgen des 8. Mai flog Thomsen denn auch mit einem schwedischen Flugzeug ab und traf zuerst mit einem höheren Offizier aus General Boehmes Stab zusammen. Nachmittags rief mich Thomsen an und berichtete, es bestünden Meinungsverschiedenheiten, über die er im einzelnen am Telefon nicht sprechen könne, er wolle jedoch um sechs Uhr wieder in Stockholm sein. Herr von Post und Graf Bernadotte rieten mir, mich mit Dönitz in Verbindung zu setzen und ihm mitzuteilen, daß Generaloberst Boehme über meine Vollmacht noch nicht informiert worden sei.

Wir verfaßten dann einen längeren Bericht an den Großadmiral, und es glückte auch, ein Telefongespräch über Oslo zustande zu bringen. Die Verständigung war jedoch so schlecht, daß das Ganze kaum etwas nutzte. Ein zweites Mal konnte ich jedoch ohne Störung persönlich mit von Krosigk sprechen. Er erklärte, Deutschland habe in der voraufgegangenen Nacht eine totale Kapitulationserklärung abgegeben; die entsprechenden Unterhandlungen seien noch im Gange. Ich solle mich vorsichtig verhalten, um General Eisenhower nicht zu verärgern, da jetzt auch Verhandlungen über die norwegische Frage liefen. Er empfahl, die schwedische Regierung möge, falls sie noch an einer Intervention interessiert sei, sofort Verbindung mit den Westmächten aufnehmen.

Die Schweden erklärten nun ihrerseits, daß jetzt nichts mehr getan werden könne, denn offensichtlich seien sowohl die dänische als auch die norwegische Frage nur mehr noch Bestandteil der gesamten Kapitulationsverhandlungen. Sie wollten zuwarten und sehen, ob die westlichen Alliierten Schweden nun um eine Vermittlung bitten würden. Am 9. Mai 1945 führte ich ein letztes Telefongespräch mit der noch amtierenden deutschen Regierung. Es ging noch einmal um eine mögliche Einschaltung des schwedischen Roten Kreuzes bei der Internierung deutscher Truppen in Norwegen. Man sagte mir jedoch, daß eine solche Intervention von den britischen Militärbehörden nicht mehr gewünscht werde.

Von nun an wurden meine Dienste nicht mehr benötigt.

ANHANG

Bei der Wiedergabe der folgenden Dokumente wurden lediglich offensichtliche Schreibfehler der Originalfassung korrigiert, während die Schreibweise der Umlaute beibehalten worden ist.

REICHSSICHERHEITSHAUPTAMT

Amt I	Personalamt
Amt II	Amt für Organisation, Verwaltung und Recht (Haushalt und Wirtschaft)
Amt III	SD-Inland (Berichterstattung über die deutschen Lebensgebiete)
Amt IV	Gegnererforschung und Bekämpfung (Geheime Staatspolizei)
Amt IV-E	Spionageabwehr-Inland
Amt V	Amt für Verbrecherbekämpfung (Kriminalpolizei)
Amt VI	Amt für den Auslandsnachrichtendienst
Amt VII	Archiv und Amt für weltanschauliche Forschung und Auswertung

Der Chef der Sicherheitspolizei Berlin, den 10. Juni 1941.
und des SD
IV EL 17/41 gRS Geheime Reichssache.

Bericht
an den Reichsführer SS und Chef der Deutschen Polizei

Die zersetzende Tätigkeit der Kommunistischen Internationale bis zum Abschluß des deutsch-sowjetrussischen Konsultativ- und Nichtangriffspaktes vom 23. August 1939 gegenüber den Achsenmächten, insbesondere gegen das nationalsozialistische Deutschland, ist allgemein bekannt. Die Hoffnung, Sowjetrußland würde sich nach Abschluß dieses Paktes entsprechend den Vertragsabmachungen loyal verhalten und die Wühlarbeit gegen das Reich einstellen, war trügerisch. Im Gegenteil: Kommunistische Zersetzung, Sabotage- und Terrorversuche und äußerste Forcierung des militärischen, wirtschaftlichen und politischen Nachrichtendienstes waren die unverrückbaren – jedoch erkannten – Ziele der sowjetrussischen Machthaber.

Das einzige, das man geändert hatte, war die Methode, die durch stets neue Formen und raffinierte Tarnungen der Abwehr dauernd neue Aufgaben stellte.

I. Aufbau und Zielsetzung der Komintern

Die Kommunistische Internationale (Komintern) ist die sowjetrussische Organisation (Sitz Moskau) mit dem Ziel (§ 1 des Statuts): "Die kommunistischen Parteien aller Länder zu einer Weltpartei zu vereinen, für die Gewinnung der Arbeiterklasse sowie die Grundsätze des Kommunismus und der Diktatur des Proletariats zu kämpfen." Noch heute gehören Stalin – als 1. Sekretär der kommunistischen Partei der SU – dem Präsidium des Exekutivkomitees der Komintern an, ebenso wie Molotow, ferner der deutsche Emigrant P i e c k , als Vertreter der deutschen Sektion der kommunistischen Internationale, der französische Kommunistenführer Thorez und als Vorsitzender der aus dem Reichstagsbrand bekannte bulgarische Terrorist Dimitroff.

Für die amtlichen Stellen der SU bedeutet die Komintern den unbelasteten – inoffiziellen, d. h. nicht staatlichen Apparat –, der für jede Zersetzungsarbeit im internationalen Maßstab eingesetzt werden kann. Neben den Spezialnachrichten- und Spionagediensten wird aber auch die Komintern zu diesen Spezialaufgaben im Ausland angesetzt, so daß eine genaue Trennung bei der Bekämpfung nur schwer durchzuführen ist.

Mit einem intensiven Aufwand an Menschen und Geld wurde gerade während des Krieges die Wühlarbeit der Komintern gesteigert. Ganz Europa wurde mit Aufrufen und Weisungen der einzelnen Ländersektionen überschüttet mit dem Ziel, die Anhänger der kommunistischen Ideologie zu angestrengtester und ausdauerndster Zersetzungsarbeit gegen den "imperialistischen Krieg Deutschlands" anzufeuern, nicht zuletzt, um durch diese Steigerung der Aktivität die für die Sowjetunion vermuteten nachteiligen Wirkungen des Paktabschlusses mit dem nationalsozialistischen Deutschland auszugleichen.

II. Die neue Methode der illegalen Zersetzungsarbeit

1. Gegen das Reich.

Infolge der rücksichtslosen Bekämpfung und Vernichtung der Kommunistischen Partei – von 1933 an – als notwendige Folge der kompromißlosen Kampfstellung des Nationalsozialismus – waren in der Zeit vor dem Paktabschluß sowohl die schärfsten Bemühungen der Komintern vom Ausland her als auch die – überwachte – Arbeit kleinerer Restbestandteile der KP, mit ihren AM- und BB-Gruppen (AM = Abteilung für Militärpolitik, BB = Betriebsspionage) umsonst.

Dem gesteigerten Druck der polizeilichen Abwehr gegenüber antwortete die Komintern mit methodischen Anweisungen einer verfeinerten Zersetzungstaktik. Nach dem Beispiel des "Trojanischen Pferdes" sollte noch mehr von innen heraus – nach dem Schulbeispiel des spanischen Bürgerkrieges – gearbeitet werden. Durch den Paktabschluß vom 23. August 1939 wurde diesem Vorgehen jede propagandistische Resonanz genommen, der das Exekutivkomitee der Komintern mit einer gesteigerten Tätigkeit zur Erneuerung eines umfassenden AM- und BB-Apparates begegnen wollte. Während in den besetzten Gebieten durch die immer noch bestehenden starken Auffangapparate der kommunistischen Parteien selbst die Komintern leichtere Arbeit hatte, kamen ihre Bemühungen gegen das Reich aus dem Stadium des Versuches durch rechtzeitigen Zugriff nie heraus.

Durch fortlaufende Beobachtungen wurde festgestellt, daß in den europäischen Ländern die Verbindungsstellen der Komintern erneut stark ausgebaut wurden mit dem alleinigen Ziel, die zersetzende und nachrichtendienstliche Tätigkeit nach Deutschland zu steigern.

So befindet sich eine Hauptverbindungsstelle bei der schwedisch-kommunistischen Partei in Stockholm. Diese Stelle ist eine der rührigsten und gefährlichsten Einsatzzentren der Komintern. Ihre Methode gegen das Reich soll aus der Vielzahl des vorliegenden Materials im nachstehenden näher beschrieben werden.

Zur Arbeit gegen das Reich wurden ehemalige deutsche kommunistische Spitzenfunktionäre, die in langjähriger Ausbildung in Moskau und anderen Städten Europas geschult waren, bevorzugt benutzt. Sie wurden erstmalig im Jahre 1939 in das Reich eingeschleust. Einem der Gerissensten gelang es, in umfassender Weise mit den von früher her bekannten Genossen in Berlin in Verbindung zu kommen und in systematischer Arbeit in Berliner Großbetrieben, in denen wehrwichtige Arbeit durchgeführt wurde, erneut kommunistische Betriebszellen aufzuziehen. Der eindeutig verfolgte Zweck dieser Unternehmung war, sowohl die Belegschaft zu zersetzen als sie zur Sabotage anzuleiten und dabei gleichzeitig Betriebsspionage auszuüben. Auf geschickt ausgebauten Kurierwagen wurden fortlaufend Material, Befehle und Geld von den Komintern-Instrukteuren aus Stockholm und Kopenhagen bezogen. Führenden Anteil in der Steuerung dieser im gefährlichen Maße sich ausbauenden Organisation hatte der schwedische Reichstagsabgeordnete Linderoth, der der Vertreter des europäischen Büros der Komintern in Stockholm ist. Er erledigte besonders Aufträge, die ihm vom Exekutiv-Komitee der Kommunistischen Internationale für die einzelnen Länder übertragen wurden. Linderoth aktivierte von Stockholm aus in Kopenhagen unmittelbare Beauftragte der Komintern in der Arbeit gegen das Reich, die auch von ihm finanziert wurden. Um die zum Einsatz gelangenden Spitzenfunktionäre, wie z. B. Arthur Emmerlich, geb. 20. September 1907 in Niederwiese, oder Willy Gall, geb. 3. Oktober 1908 in Falkenstein/Vogtland, oder Rudolf Hallmeyer, geb. 3. Februar 1908 in Plauen, oder Heinrich Schmeer, geb. 20. März 1906, gegen Zugriffe der Sicherheitspolizei (SD) weitgehend zu schützen, wurden sie über die vermutliche polizeiliche Arbeitsweise von den Beauftragten des Linderoth geschult. Die Schulung wurde durch den hier bestens bekannten Kommissar der GPU – die seit dem 3. Februar 1941 Teil des vereinigten Volkskommissariats für innere Angelegenheiten geworden ist, mit dem Titel "Volkskommissariat für Staatssicherheit" – Dimitri Fedoseiewitsch Krylow betrieben.

Die von den obengenannten Spitzenfunktionären ausgebaute Organisation arbeitete über eine inzwischen in Hamburg fest eingebaute Kurierstelle über Kopenhagen, Stockholm nach Moskau, mit dem Ziel, gegen Erhalt von Geldmitteln und Weisungen über den wichtigsten Fabrikations- und Produktionsstand neuartigster Waffen in Deutschland zu berichten.

Der Organisation oblag neben diesen Aufgaben auch die laufende Herstellung zersetzender Flugblätter. Aus dem zuletzt – Ende Mai 1941 – an Emmerlich gelangenden Befehl der Komintern aus Moskau ist auffallend ersichtlich, daß gerade für die nächsten zwei Monate die Entsendung einer größeren Zahl weiterer Instrukteure, aufgegliedert nach den einzelnen Gauen des Reiches, vorbereitet und in Durchführung begriffen war.

Da die fortlaufende Beobachtung durch den Umfang der Organisation nicht mehr in der Lage war, tatsächliche Schäden zu verhindern, erfolgte Ende Mai 1941 rechtzeitig der Zugriff und die Festsetzung sämtlicher Beteiligten.

2. Gegen die von Deutschland besetzten Gebiete.

Die Technik der illegalen Zersetzung durch die Komintern in den von Deutschland besetzten Gebieten verläuft in der Form ähnlich wie oben beschrieben.

Im einzelnen ist hervorzuheben:

a) Im Protektorat.

Bereits vor der Besetzung der ehemaligen Tschecho-Slowakei war die Kommunistische Partei sehr rege, die aber vor allem nach Errichtung des Protektorats in ihrer Illegalität voll zur Auswirkung gelangte. In den letzten Jahren waren aus diesem Gebiet laufend kommunistische Funktionäre auf die Lenin-Schule nach Moskau berufen worden, wo sie in einem militärpolitischen Unterricht in der Theorie und Praxis des Bürger- und Terrorkriegs geschult wurden.

Diese qualifizierten Funktionäre wurden nach Errichtung des Protektorats in Ansatz gebracht. Sie begannen unverzüglich mit dem Auf- und Ausbau der illegalen KPD. Die Verbindung mit den Komintern und die Überwachung und Leitung der Parteiarbeit wurde durch das Generalkonsulat der UdSSR in Prag aufrechterhalten und durchgeführt. Als Verbindungsmann zum sowjetrussischen Generalkonsulat arbeitete der Taß-Korrespondent und Pressereferent beim sowjetrussischen Generalkonsulat Kurt Beer (Jude!). In Ausübung seiner Funktion erhielt er von der diplomatischen Vertretung russische Zeitungen und kommunistisches Propagandamaterial, das er weisungsgemäß den Spitzenfunktionären der KPD überließ. Er war auch Vermittler riesiger Geldbeträge für die Unterstützung der illegalen Parteiarbeit.

Außer dieser Verbindung über das sowjetrussische Generalkonsulat bestand im Protektorat noch eine direkte Funkverbindung der Komintern mit Moskau. Die mit der Leitung dieses Kominterngeheimsenders in Prag beauftragten Funktionäre waren ebenfalls in einem Spezialkursus in Moskau auf der Schule für Radio-Telegraphie ausgebildet. (Diese Schule wird von den Komintern beaufsichtigt und steht unter Bewachung der Roten Armee.) Die Lehrgänge werden auf breitester Basis durchgeführt und haben die Bezeichnung "Oms", d. h. Organisacia mezdunarodnowa sojedinemina (Organisation der internationalen Verbindungen).

Der funktechnische Apparat in Prag, der bis vor einigen Tagen in Tätigkeit war, bestand aus einer großen Sende- und Empfangsanlage. Auf funkentelegraphischem Wege wurden von Prag aus Berichte über die allgemeine innenpolitische Lage, über die Anleitung und den Verlauf der durch die Partei durchgeführten Aktionen, über die Sitzungen der gesamten Zentralleitung und die dabei getroffenen Entschlüsse sowie über die Lage, Stimmung und Tätigkeit der Partei durchgegeben und entsprechende Befehle und Anweisungen des Exekutivkomitees der Komintern aus Moskau empfangen. Die sichergestellten beiderseitigen Funksprüche sind der vollendete Beweis für die unnachsichtige Revolutionsidee der Komintern, gerichtet auf die Vernichtung des Nationalsozialismus.

b) Im besetzten Teil Frankreichs

Weiteres Augenmerk hat die Komintern besonders der französischen kommunistischen Partei geschenkt, zumal Frankreich schon nach Ansicht Lenins das bolschewistische Bollwerk Westeuropas werden sollte. Bei der derzeitigen Zersplitterung und inneren Schwäche Frankreichs hofft die Kommunistische Internationale, die vor dem Krieg über eine zahlreiche Anhängerschaft verfügte, zum Erfolg zu gelangen.

Auch hier wieder wurde die einwandfreie Feststellung getroffen, daß die Kommunisten in Frankreich von den diplomatischen Vertretungen der Sowjetunion in jeder Form mit Geld und Propagandamitteln ausgestattet werden.

Auch hier spielte der Pakt vom 2 3. August 1939 keine Rolle, höchstens insoweit, als man von diesem Zeitpunkt ab in indirekter Arbeit die Aktivität der französischen Kommunisten gegen Deutschland steigerte. Schlagkräftigster und zugleich objektivster Beweis hierfür ist ein bei der Überprüfung in Paris sichergestellter Akt der "Sureté nationale" (franz. Geheimpolizei) betr. die französische Tageszeitung "L'Ordre". Ausweislich der authentischen Unterlagen der französischen Polizei war an der im November 1939 durchgeführten Sanierung neben dem Chef des Pressedienstes der jugoslawischen Gesandtschaft, Vutzevitsch, und Juaques Ebstein, Liebhaber der Lady Stanley, einer Schwester des Lord Derby, der tschechische Jude Otto K a t z alias Karl Simon, der im sowjetrussischen Dienst stand, beteiligt. Im November 1939 hat der Sowjetbotschafter S u r i t z in Paris zusammen mit dem ehemaligen rot-spanischen Minister Negrin und im Januar/Februar 1940 mit dem Sekretär der Botschaft, Biriukoff, den Hauptschriftleiter der Zeitung "Büré" in seiner Villa in Saint Cloud besucht. Bei dieser Gelegenheit wurde vereinbart, daß ein gewisser Etevenont als offizieller Beauftragter der sowjetrussischen Botschaft in der Verwaltung der "L'Ordre" beschäftigt wird. Die hierfür gewährte Unterstützung wurde Ende März auf 800.000 Fr. monatlich erhöht. Den kommunistischen Führern wurde nach der Auflösung ihrer Partei in Frankreich der ausdrückliche Befehl gegeben, ihren Anhängern Weisung zu erteilen, den "L'Ordre" als deutschfeindlich-zuverlässig zu lesen.

c) In den übrigen besetzten Gebieten.

In Norwegen ist es ebenfalls die Sowjetgesandtschaft in Oslo, die den Mittelpunkt der Komintern-Zersetzungspropaganda darstellt. Hier konnten Angehörige der Gesandtschaft bei Ausführung der Tat ermittelt werden.

In Holland, Belgien, im ehemaligen Jugoslawien ist die gleiche Arbeitsmethode, wie gegen das Reich zum Einsatz gebracht, bewiesen.

Es würde den gestellten Rahmen dieses Kurzberichtes weit überschreiten, wenn das umfangreich dokumentarisch belegte Zeugen- und Schriftmaterial, was über die Zersetzungs- und Ausspähungsarbeit der Komintern im einzelnen vorliegt, erschöpfend angeführt würde. Wichtig hervorzuheben bleibt die immer wieder festzustellende Erkenntnis, daß das Verhalten der Sowjetunion gegenüber dem Reich und den von ihm besetzten Gebieten unaufrichtig und die Zersetzungsarbeit der Komintern seit 1940 fieberhaft zugenommen hat.

III. Sabotage durch die Komintern.

Bereits ein Jahrzehnt vor Ausbruch des Krieges war die Komintern dazu übergegangen, erprobte Kommunisten aller Sektionen nach Sowjetrußland zu beordern und sie dort auf den einschlägigen Schulen insbesondere im Sabotage- und Sprengstoffwesen zu unterrichten. So wurden seit dem Jahre 1930 die sogenannten militärpolitischen Schulungskurse in Moskau mit besonderer Intensität wieder aufgenommen und bis heute nicht wieder eingestellt. Da die Komintern bei Verwirklichung ihrer weltpolitischen Machtgelüste stets mit der Möglichkeit einer kriegerischen Auseinandersetzung rechnete, gab sie auf ihren Weltkongressen Richtlinien heraus, die eindeutig ihre Anhänger zur Durchführung von Terror- und Sabotageakten aufforderten und diese Gewaltverbrechen als politische Notwendigkeit hinstellten.

Die Vielzahl der von der Sicherheitspolizei (SD) im Reichsgebiet aufgedeckten Terror- und Sabotagegruppen, die auf Befehl der Komintern gegründet worden sind, ist bezeichnend für die Haltung der Sowjetunion dem Reich gegenüber. Sabotageanschlagsvorbereitungen gegen kriegswichtige Objekte, Brücken, Sprengungen wichtiger Eisenbahndurchgangsstrecken, Zerstörung und Lahmlegung bedeutender Industrieanlagen sind Angriffsziele dieser rein kommunistischen Gruppen gewesen, die bei Durchführung ihrer Aktionen auch davor nicht zurückschreckten, Menschenleben zu vernichten. Neben den Aufträgen zur Ausübung von Sabotageakten erhielten die Täter Anweisung zur Durchführung von Attentaten gegen führende Persönlichkeiten des Reiches.

Obwohl angenommen werden konnte, daß die Serie dieser von der Komintern durchgeführten bzw. in Vorbereitung befindlichen Gewaltverbrechen mit Abschluß des deutsch-russischen Konsultativ- und Nichtangriffspaktes vom 23. August 1939 ihren Abschluß finden würde, haben sich durch die umfassenden Ermittlungen, insbesondere auch in den von Deutschland besetzten Gebieten, Beweise ergeben, daß die Komintern nicht gewillt ist, ihre verbrecherische Tätigkeit gegen das Reich einzustellen.

Neben den von England auf Weisung des Secret Service gebildeten Schiffssabotagegruppen, deren Ziel schon im Frieden die Vernichtung deutschen Schiffsraums, bestand eine noch weit verzweigtere von der Komintern aufgezogene Terrororganisation, deren Aufgabe hauptsächlich in der Vernichtung der Schiffe derjenigen Staaten bestand, die seinerzeit im Antikominternblock zusammengeschlossen waren. Nachweisbar waren Mitglieder dieser Organisation bis Ende 1940 tätig und versuchten, von Dänemark aus erneut ins Reichsgebiet hineinzuarbeiten. Leiter dieser Organisation war der deutsche Emigrant Ernst Wollweber, der 1931 Mitglied der Reichsleitung der RGO (Rote Gewerkschafts-Opposition) war und im November 1932 als Abgeordneter der KPD in den Reichstag gewählt wurde. Wollweber übernahm nach seiner Emigration nach Kopenhagen im Jahre 1933 die Leitung der ISH, die als Berufsinternationale der Seeleute und Hafenarbeiter die Trägerin der von der Komintern angeordneten Sabotageaktionen, insbesondere gegen deutsche Schiffe, ist. Er ist maßgeblich verantwortlich für den Aufbau und aktiven Einsatz der auf Weisung Moskaus gebildeten Sabotagegruppen in Deutschland, Norwegen, Schweden, Dänemark, Holland, Belgien, Frankreich und den ehemals baltischen Randstaaten. Im großen Maßstab überwachte er die Beschaffung und den Transport von Sprengstoffen und anderem Sabotagematerial und verfügte über die in reichem Maße zur Finanzierung der Organisation und zur Entlohnung der Agenten von der Komintern bereitgestellten Geldmittel. Wollweber floh nach dem Einmarsch der deutschen Truppen in Oslo im Mai 1940 nach Schweden, wo er sich bis zum heutigen Tage in Stockholm in Haft befindet. Von Seiten der Sowjetregierung sind bei der schwedischen Regierung Schritte unternommen worden, Wollweber nach Sowjetrußland auszuliefern, zumal ihm inzwischen wegen seiner erfolgreichen Arbeit für die Komintern die sowjetische Staatsangehörigkeit zuerkannt worden ist. Auf die Tätigkeit dieser über ganz Europa verbreiteten kommunistischen Terrorgruppen sind fortlaufend Sabotageanschläge auf 16 deutsche, 3 italienische, 2 japanische Schiffe zurückzuführen, die in zwei Fällen zum Totalverlust wertvollster Schiffe führten. Während die Täter zuerst die Vernichtung der Schiffe durch Brandsätze herbeizuführen versuchten, gingen sie, da diese Methode meist nicht zum Totalverlust der Schiffe führte, in neuester Zeit dazu über, Sprengstoffanschläge gegen die in der Ost- und Nordsee verkehrenden Schiffe durchzuführen. Ihre Hauptstützpunkte befinden sich insbesondere in den Häfen Hamburg, Bremen, Danzig, Rotterdam, Amsterdam, Kopenhagen, Oslo, Reval und Riga.

Die in Holland, Belgien und Frankreich gebildeten kommunistischen Sabotagegruppen standen unter der Leitung des holländischen Kommunisten Josef Rimbertus S c h a a p, der als Leiter des Interklubs in

Rotterdam tätig war und engste Verbindung mit den Spitzenfunktionären der Gesamtorganisation in Skandinavien unterhielt. Ihm unmittelbar unterstellt war der frühere Hamburger RFB-Organisationsleiter Karl Bargstädt, dem in der Gesamtorganisation die technische Durchführung der Sprengstoffanschläge oblag. Das für die Sabotageakte notwendige Sprengmaterial stammte aus nordskandinavischen Erzminen und wurde den kommunistischen Sabotagegruppen in Holland, Belgien und Frankreich durch holländische Seeleute über den norwegischen Erzhafen Narvik und den schwedischen Erzhafen Lulea zugeführt. Als einer der markantesten Sprengstoffkuriere konnte der holländische Kommunist Willem van Vreeswijk in Rotterdam festgenommen werden.

Sowohl die holländische als auch die belgische Gruppe unterhielten einige Laboratorien, in denen sie Brand- und Sprengbomben herstellten. Die Sabotageanschläge auf den italienischen Dampfer "Boccaccio" und den japanischen Dampfer "Kasij Maru" sind auf die Tätigkeit dieser Gruppen zurückzuführen. Vorbereitete Sabotageaktionen gegen deutsche Schiffe in den Häfen von Amsterdam und Rotterdam konnten rechtzeitig entdeckt und verhindert werden.

Im Zuge der weiteren Ermittlungen gelang es der Sicherheitspolizei (SD), 24 kommunistische Terroristen festzunehmen, unter denen sich auch der Leiter der holländischen Sabotagegruppe, Achille Beguin, und der Leiter der belgischen Sabotagegruppe, Alfons Fictels, befinden.

Schaap selbst konnte am 1. August 1940 von der dänischen Polizei in Kopenhagen festgenommen werden, als er im Begriff war, die schon in Dänemark bestehende Schiffssabotageorganisation erneut in Aktion zu setzen.

Wie sehr die Komintern bestrebt ist, auch im Ostseeraum die deutsche Schiffahrt durch Sabotageakte vernichtend zu treffen, geht daraus hervor, daß es in den Monaten Februar bis April 1941 der Sicherheitspolizei (SD) zusammen mit der dänischen Polizei gelang, führende Funktionäre der Kommunistischen Partei Dänemarks festzunehmen, die kommunistische Sabotagegruppen aktiv handelnd unterstützt haben. Unter ihnen befinden sich u. a. das Mitglied des Exekutivkomitees der Kommunistischen Partei Dänemarks und der Generalsekretär der ISH, Richard Jensen, der Redakteur der dänischen kommunistischen Zeitung "Arbeiterblatt" in Kopenhagen, Thöger Thögensen, und das Vorstandsmitglied des Bundes der Freunde der Sowjetunion Dänemarks, der Halbjude Otto Melchior.

Auf das Konto der kommunistischen Sabotagegruppen in Dänemark sind insbesondere die Anschläge auf den deutschen Dampfer "Saar" im Hafen von Reval und den deutschen Frachtdampfer "P h i l a" im Hafen von Königsberg zurückzuführen, wobei bei letzterem durch eine heftige Explosion ein großes Leck in der Schiffswand des Vorderschiffes in Höhe der Wasserlinie entstand. Die Anbordbringung der chemischen Zeitzünderpackung erfolgte im Hafen von Riga.

Von der dänisch-kommunistischen Organisation verwandte chemisch-mechanische Zündsprengstoffe und Zündschnüre kamen aus Schweden und wurden jeweils durch besonderen Kurier aus einem Herrenbekleidungsgeschäft in Malmö, wo sie lagerten, nach Kopenhagen transportiert.

Wichtigste Hinweise für die Arbeit der Komintern gegen Deutschland haben sich auch durch die Aussagen weiterer kommunistischer Terroristen in Dänemark ergeben.

So wurde von der Komintern besonderer Wert auf die Gewinnung skandinavischer Seeleute als Mitarbeiter gelegt, da man die Ansicht vertrat, daß in einem kommenden Kriege die skandinavischen Staaten allein neutral bleiben würden und nur die Angehörigen dieser Länder dann die Möglichkeit besäßen, in deutschen Häfen bzw. auf deutschen Schiffen Terrorakte durchzuführen. Darüber hinaus bestand die dringendste An- Weisung, die Ladung ihrer eigenen Schiffe durch Brand- und Sprengsätze zu vernichten, falls dies den Interessen der Sowjetunion dienlich sei. Wollweber selbst hatte an die einzelnen Sabotagegruppen in den Ostseestaaten und den deutschen Nordseehäfen die Anweisung erteilt, auf allen in diesem Raum fahrenden Schiffen mindestens einen zuverlässigen Mitarbeiter zu werben, der für seine künftige Arbeit im Sinne der 3. Internationale bestens geschult werden sollte.

Auf seine Anordnung ist auch der Versuch einer Gründung einer Sabotagegruppe in Danzig zurückzuführen.

Führende ISH-Funktionäre dieser Gruppen, unter ihnen der aus Oslo stammende norwegische Staatsangehörige Arthur S a m s i n g, der längere Zeit in der Sowjetunion aufhältlich war, konnten inzwischen festgenommen werden und haben ausführliche Angaben über ihre im Auftrage Wollwebers gegen das Reich gerichteten Sabotageakte gemacht. Im Auftrage der Komintern errichtete Wollweber gleichfalls Stützpunkte auf den Ostseeinseln Dagö und Ösel. Die auf diesen Inseln angeworbenen Mitarbeiter sollten jedoch erst in Aktion treten, falls in einem Krieg zwischen Deutschland und der Sowjetunion diese

Inseln von deutschen Truppen bzw. von der Kriegsmarine in Besitz genommen würden. Die Sabotageakte sollten sich dann in erster Linie gegen U-Boot-Basen, Flugplätze und Öllager richten.

Wie sehr der Bolschewismus auch im Reich selbst seine Tätigkeit zu entfalten versuchte, geht aus der Tatsache hervor, daß seit März 1941 Feststellungen in Oberschlesien und im Generalgouvernement durch die Sicherheitspolizei (SD) getroffen werden konnten, wonach als Leiter polnischer Sabotage- und Terrororganisationen in vermehrtem Umfange kommunistische Elemente eingesetzt worden sind. Auch hier zeigt die Organisierung von in letzter Zeit durchgeführten Gewaltverbrechen typisch kommunistische Ausführungsmethoden, wie sie von der Komintern bei Aufstellung der "Kriegsthesen" auf dem VI. und VII. Weltkongreß in Moskau an alle Sektionen herausgegeben worden sind.

IV. Die sowjetische Spionage (wirtschaftlicher, militärischer und politischer Nachrichtendienst) gegen das Reich.

1. GPU-Methoden gegen Volksdeutsche Umsiedler.

Als durch den deutsch-russischen Grenzvertrag vom 29. September 1939 Rußland die Früchte des deutschen Sieges über Polen durch einen erheblichen Gebietszuwachs in einem großen Umfange auch für sich verbuchen konnte, hat es die Aufrichtung der deutsch-russischen Interessengrenze dazu benutzt, die erstmalig wieder in Erscheinung getretene Landberührung mit dem Großdeutschen Reiche zum Einfallstor für zahllose Spionageagenten im Gebiet seines Nichtangriffspartners auszubauen.

Die großzügige Aktion des Führers zur Heimführung der auf russischem Territorium lebenden Volksdeutschen wurde in schmählicher Weise zu obengenannten Zwecken ausgenutzt.

Als die Volksdeutschen, dem Rufe des Führers folgend, sich in Massen zur Umsiedlung meldeten, trat die berüchtigte GPU – die seit dem 3. Februar 1941 Teil des vereinigten Volkskommissariats für innere Angelegenheiten geworden ist, mit dem Titel "Volkskommissariat für Staatssicherheit" – auf den Plan, und zwar um viele dieser deutschen Menschen unter Anwendung verwerflichster Mittel, sich für eine Spionagetätigkeit gegen das Land, in das sie von Heimatliebe getrieben zurückzukehren sich anschickten, zu verpflichten. Wenn auch die GPU kaum praktische Erfolge zu verzeichnen hatte, weil die meisten dieser so mit Gewalt zu Spionageverpflichtungen Gepreßten auf deutschem Boden hiervon sofort Mitteilung machten, so bleibt trotzdem diese Tatsache als ein Schandmal für die Arbeitsmethoden der GPU und damit der sowjetischen Machthaber bestehen.

Die deutschen Umsiedler wurden in solchen Fällen von der GPU vorgeladen, stundenlang verhört, und es wurde ihnen angedroht, daß sie von der Umsiedlung ausgeschlossen würden, wenn sie sich dem Ansinnen der GPU nicht gefügig zeigten. Beliebt war auch die Methode, den angegangenen Umsiedlern zu erklären, daß man sich an zurückbleibenden Angehörigen schadlos halten und diese als Geiseln behandeln würde, wenn sie den unter Zwang übernommenen Verpflichtungen nicht nachkommen oder es wagen sollten, in Deutschland Anzeige zu erstatten. Man drohte ihnen weiter, daß der lange Arm der GPU sie auch in Deutschland erreichen würde, eine Drohung, die auf den einzelnen – kleinen – Umsiedler ihren Eindruck nicht verfehlte. Nicht nur Männer, sondern auch Frauen wurden in dieser schamlosen Weise zu Verpflichtungserklärungen gepreßt. Nachstehend sollen aus den in die Hunderte gehenden Fällen einige angeführt werden, die ein bezeichnendes Beispiel darstellen, wie man mit deutschen Menschen verfahren hat.

a) Im Zuge der Umsiedlung von Bessarabiendeutschen ins Reich erschien die Frau Maria Baumann aus Tschernowitz, die, durch andere Zeugeneide erhärtet, angab, daß der russische Geheimdienst sie für Spionagezwecke in Deutschland pressen wollte. Sie sei wiederholt zu maßgeben den Dienststellen der GPU bestellt worden, wo man mit allen Mitteln auf sie einwirkte, sich dem Ansinnen der Spionagearbeit gefügig zu zeigen. Da sie Mutter von fünf unversorgten Kindern ist (Witwe), versprach man ihr hohe Verdienstmöglichkeiten, wobei man äußerte, daß auch Summen von 10 000 RM und höher keine Rolle spielten. Sie war für eine Spionagetätigkeit in Prag eingeteilt. Sie führte bereits Material und Unterlagen mit sich, die den Umfang der spezialisierten Schulung erkennen ließen.

b) Die Ehefrau Elisabeth Kreutel, deren Mann in Tschernowitz ein Bandagengeschäft betrieb, wurde gelegentlich der Vorlage der Reisepässe gleichfalls von der GPU angegangen. Sie sollte in Sachsen russischen Spionagedienst ausüben. Auch sie brachte wichtiges Schulungsmaterial zur Kenntnis der deutschen Abwehr.

Diese Anführung von begründeten Einzelbeispielen könnte auf Hunderte von Fällen ausgedehnt werden, da es feststeht, daß die GPU nach vorsichtiger Schätzung an etwa 50 v. H. der Umsiedler herangetreten ist, um sie durch erpresserische Drohungen oder riesenhafte Geldversprechungen zur Mitarbeit zu zwingen. Aber nicht genug damit, daß die GPU diese deutschen Menschen, unter Anwendung verwerflichster Mittel, zu Verrätern an ihrer Heimat zu machen versuchte, haben es ihre Organe sogar fertiggebracht, diese Leute in vielen Fällen auszufleddern, ihnen Ausweispapiere, Geld und Wertsachen zu stehlen. In 16 Fällen liegen Beweise dafür vor, daß der Diebstahl von Ausweispapieren zu dem Zweck geschehen ist, um damit russische Spionageagenten auszustatten. In sechs weiteren Fällen besteht sogar der dringende Verdacht, daß die GPU für diesen Zweck Volksdeutsche gemordet hat, um deren Papiere für den unauffälligen Agentenschmuggel ins Reich zu benutzen.

2. Sowjetrussische diplomatische Vertretungen als Zentren der wirtschaftlichen, politischen und militärischen Nachrichtendienste gegen das Reich mit der eindeutigen Zielsetzung, einer Kriegsvorbereitung zu dienen.

Seit dem Paktabschluß hat sich der russische Spezial-Spionagedienst in einer fast provozierend wirkenden Form in seiner Arbeitsweise gezeigt. Er ging bei seinen bereits üblichen rücksichtslosen Methoden nunmehr auch dazu über, die russischen Vertretungen im Reich – und hier an der Spitze die Russische Botschaft in Berlin – für seine Ausspähungszwecke weitgehendst einzuschalten. Als vor einiger Zeit der damalige russische Botschafter Schkwarzew in Berlin abberufen und durch den Botschafter Dekanasow ersetzt wurde, war dieser Wechsel auf dem Botschafterposten das Signal zu noch stärkerer Intensivierung der Ausspähung in Form der politischen, wirtschaftlichen und militärischen nachrichtendienstlichen Tätigkeit. Dekanasow, ein Vertrauter Stalins, war in Rußland Leiter der Nachrichtenabteilung des NKWD (des russischen Volkskommissariats des Innern), dem die GPU als Spionage-Spezialabteilung angehört. Seine Aufgabe, die er aus Moskau mitbrachte, war dahin festgelegt, durch ein auszubauendes Vertrauensmännernetz in die Reichsbehörden Eingang zu finden und vor allem Berichte über militärische Stärke und die operativen Pläne des Reiches zu beschaffen. Sein getreuer Gehilfe war der GPU-Angehörige und sogenannte "Botschaftsrat" Kobulow, der eine intensive Tätigkeit auf dem Spionagegebiet entwickelte unter rücksichtsloser Ausnutzung seiner exterritorialen Stellung. Das Ziel der russischen Spionage im Reich ging dahin, neben der rein militärischen Nachrichtengewinnung die politische Planung des Reiches zu erfahren und durch Ausbau geheimer Schwarzsendeanlagen an vielen Stellen Deutschlands Meldeköpfe bereit zu haben, die nach einem ausgeklügelten Chiffriersystem alle für Rußland wichtigen Meldungen durchgeben sollten. Es war also seit 1940 eine großangelegte Mobilisationsvorbereitung auf dem Spionagegebiet im Gange, die unter Einsatz unvorstellbarer Geldmittel in Szene gesetzt wurde. (Der deutsche Abwehrdienst konnte sich rechtzeitig einschalten.)

Die Erfahrung, daß der wachsende Druck der russischen Spionage vor allem in den deutschen Ostgebieten – und hier an erster Stelle im Generalgouvernement und im Protektorat – in Erscheinung trat, war die Veranlassung, gerade diesen gefährlichen Gebieten besondere Aufmerksamkeit zuzuwenden. Es wurde dabei festgestellt, daß der Angehörige des russischen Generalkonsulats in Prag, Leonid Mochov, der Kopf eines russischen Spionagenetzes war, das die GPU im Protektorat aufgezogen hatte. Man hatte ehemalige Angehörige der tschechischen Legion, die im Krieg gegen Polen auf polnischer Seite kämpften und sich hauptsächlich aus Kreisen von Anhängern der ehemaligen kommunistischen Partei in der Tchecho-Slowakei zusammensetzten und die nach dem Niederbruch Polens in russische Kriegsgefangenschaft kamen, zum russischen Spionagedienst gepreßt und vor allem in der Bedienung von Schwarzsendern geschult. Man sandte diese Leute mit gefälschten Ausweispapieren in das Protektorat, wo sie unter Leitung des erwähnten russischen Konsulatsmitgliedes Mochov tätig wurden. Als der Zugriff erfolgte, konnten weit über 60 Personen dieses russischen Spionagenetzes festgenommen und ein Dutzend in Betrieb befindliche Schwarzsenderanlagen beschlagnahmt werden. (Hinweis: Dieses Netz arbeitete völlig unabhängig von dem durch die Komintern im Protektorat aufgezogenen illegalen Apparat.)

In Berlin war inzwischen der russische Botschaftsrat und GPU-Beamte Kobulow auch nicht untätig. Es ist nicht ohne Interesse, hier die Aussage eines der Deutschfreundlichkeit nicht verdächtigen ehemaligen jugoslawischen Diplomaten, des früheren jugoslawischen Militärattachés in Berlin, Oberst Vauhnik, anzuführen, der mit Bezug auf den Gehilfen des russischen Militärattachés in Berlin, Oberst Korniakow, erklärt hat, daß dieser sich ausschließlich mit dem Nachrichtendienst – mit soviel Geld als irgendwie notwendig – abgebe. Ziel des Kobulow an der Spitze gemeinsam mit dem russischen Militärattaché Tupkow und seinem Gehilfen Skonjakow war, in der Reichshauptstadt sowie allen wichtigen Städten des Großdeutschen

Reiches Schwarzsenderanlagen zur Nachrichtenübermittlung aufzubauen.

Aus dem umfangreichen vorliegenden Material über die Tätigkeit dieser Herren und ihres weiteren Mitarbeiterstabes sollen als Beispiel nur folgende zwei Fälle angeführt werden:

a) Der Bäckermeister Wietold Pakulat aus Mariampol im Litauischen, der Mitglied des Deutschen Kulturbundes in Litauen war und im Reich – vor allem in Berlin Verwandte besaß, wurde eines Tages nach Kowno vor die GPU zitiert. Hier drohte man ihm, einen Spionageprozeß gegen ihn anzustrengen. Die Tatsache, daß er Angehöriger des Kulturbundes war und zwecks Besuch seines Bruders in Memel einige Male von Litauen nach Deutschland gegangen war, war der GPU genug, gegen ihn ein Polizeiverfahren wegen Spionage einzuleiten. Dem verängstigten Manne versprach man Straffreiheit nur dann, wenn er sich bereit erklärte, unter der Maske eines Volksdeutschen Flüchtlings nach Berlin umzusiedeln und dort nach bestimmten Weisungen für Rußland zu arbeiten. Unter Zurücklassung von Frau und Kind, die als Geiseln in den Händen der GPU blieben, wurde er ins Reich geschickt. Auch ihm gab man die Drohung mit, daß der Arm der GPU lang sei und ihn in Berlin bei Verrat sicher treffen würde. Trotz dieser Drohung und obgleich er Angehörige in der Macht der GPU zurücklassen mußte, hat auch dieser Volksdeutsche seine Pflicht erkannt und sich mit der Sicherheitspolizei (SD) in Verbindung gesetzt. So gelang es, in dem den Russen unbekannt gebliebenen Gegenspiel alle ihre Absichten zu durchkreuzen und ihre Tätigkeit von Anfang an unter Kontrolle zu halten. In Berlin wurde Pakulat durch einen Mittelsmann der GPU aus der russischen Botschaft mit laufenden Weisungen und Befehlen versehen. Er mußte hier eine Wohnung mieten, in die die GPU eine große Schwarzsendeanlage einbaute. Er mußte weiter auf russischen Befehl ein kleines Hotel mit Bierlokal übernehmen, um dessen Räume als Quartier für durchreisende russische Agenten und Kuriere bereitzustellen. Er bekam fortlaufend Aufträge, sich an Spezialarbeiter der Rüstungsindustrie heranzumachen, um Verratsmaterial zu erlangen. Der russische Spionagedienst zielte mit Vorbedacht auf eine kriegsmäßige Vorbereitung ab, die neben der Bezeichnung von Zielpunkten für künftige Luftbombardements auch unauffällige Verstecks auf öffentlichen Plätzen und Anlagen, an denen Verratsmaterial und Sabotagegegenstände zur Abholung im geeigneten Augenblick bereit gelegt werden konnten, sich erstreckte.

Allein in diesem Fall zahlte die GPU rund 100 000 RM, um alle die oben nur kurz skizzierten Vorbereitungen in die Wege zu leiten. Für seine Schwarzsendeanlage hat der russische Nachrichtendienst über Pakulat einen deutschen Funker von der Fa. Siemens geworben, den ihm die Sicherheitspolizei (SD) – im Gegenspiel – zur Verfügung gestellt hat. Der russische Nachrichtendienst rechnete fest damit, das Pakulat inzwischen ein zuverlässiges Vertrauensmännernetz von 60 Deutschen geworben hätte, die neben reichlichen Spionageaufträgen auch zersetzend wirken sollten. Das im Gegenspiel gesteuerte Netz hatte bereits eine Ausdehnung bis Königsberg, wo gerade jetzt begonnen werden sollte, kriegswichtige Betriebe im Stadtplan zu markieren.

b) Ein anderer Fall verwerflicher Erpressung eines Reichsdeutschen wurde gleichfalls in Berlin aufgegriffen. Dieser in Petersburg geborene Reichsdeutsche, dessen Name aus begreiflichen Gründen zur Zeit noch nicht genannt werden kann, kehrte nach wiederholtem Aufenthalt in Deutschland im Jahre 1936 endgültig nach Berlin zurück. Er hatte in Rußland nach russischem Recht geheiratet. Aus der Ehe war eine Tochter hervorgegangen. Da nach russischem Recht die Ehefrau russische Staatsangehörige geblieben war, wurde ihm nicht erlaubt, sie in das Reich mitzunehmen. Von Berlin aus bemühte er sich mit Unterstützung des Auswärtigen Amtes wiederholt um die notwendigen Personalpapiere, um die russische Ehe nach deutschem Recht anerkannt zu bekommen. Da er schwer lungenkrank ist und daher auch schon aus diesem Grunde auf eine baldige Vereinigung mit seiner Familie Wert legte, sah er in seiner Lage keinen anderen Ausweg, als selbst noch einmal nach Petersburg zu fahren, um dort die Beschaffung der Urkunden zu betreiben und Frau und Kind endlich ins Reich zu bekommen. Er wandte sich zu diesem Zweck an das russische Reisebüro Intourist und erbat dort die notwendigen Papiere zur Einreise nach Rußland. Als der Leiter dieses Büros, der Russe Schachanow, aus seinen Schilderungen heraushörte, daß dieser kranke Mann in großer Sorge um seine Familie lebte, begann er mit ihm ein Spiel schmählichster Niedrigkeit. Schachanow stellte ihm die Einreise nach Petersburg in Aussicht unter der Voraussetzung, daß er sich als Deutscher zum Verrat gegen sein Vaterland bereitfinden würde. Immer wieder drang Schachanow auf den verzweifelten Menschen ein, der damit dem Selbstmord nahegebracht wurde. Schachanow spielte immer wieder Frau und Kind gegen ihn aus und machte Andeutungen dahin, daß sie als Geiseln in der Hand der GPU wären. Der in Rede stehende Reichsdeutsche offenbarte sich schließlich der deutschen Abwehr. Unter ihrer Anleitung ging er zum Schein auf die

Wünsche des GPU-Agenten Schachanow ein und mietete in dessen Auftrag eine große Wohnung, die gleichfalls für die Installierung eines Schwarzsenders in Angriff genommen wurde.

Zur Abrundung diene die Tatsache, daß engstes Einvernehmen zwischen Schachanow und dem "Botschaftsrat" Kobulow bestand.

c) Durch fortlaufende Beobachtung des Funkspezialisten der Berliner russischen Botschaft, der verschiedentlich in Danzig auftauchte, konnte auch hier – im Gegenspiel – die Installierung eines Schwarzsenders nebst zugehörigem politischem und wirtschaftlichem Vertrauenmännernetz in die Wege geleitet werden. Auch hier ist durch rechtzeitige Anzeige der Danziger Staatsangehörigen Gebrüder Formella , die in die Dienste der GPU gepreßt werden sollten, der Erfolg des russischen Spionagevorhabens durchkreuzt worden.

Diese Serie von Beispielen könnte beliebig fortgesetzte werden, da der russische Nachrichtendienst in allen ihm wichtig erscheinenden deutschen Städten in der gleichen Weise gearbeitet hat.

V. Grenzzwischenfälle

Abschließend muß noch darauf hingewiesen werden, daß seitens der Sowjets fortlaufend, aber seit Februar 1941 gesteigert, Grenzzwischenfälle hervorgerufen werden, die auf der deutschen Grenzbevölkerung im Osten wie ein Alpdruck liegen. Schuldhafte Erschießung deutscher Staatsangehöriger und fortlaufende Abgabe von Schüssen von russischer Seite auf deutsches Hoheitsgebiet wechseln in nicht abreißender Kette miteinander ab.

VI. Zusammenfassung

Die gesamte, gegen das nationalsozialistische Deutschland gerichtete Tätigkeit der Sowjetunion zeigt an den aus der Fülle des Materials herausgegriffenen namentlich angeführten Beispielen, in welchem Umfange illegale Zersetzung, Sabotage, Terror und kriegsvorbereitende Spionage in militärischer, wirtschaftlicher und politischer Hinsicht betrieben wurde. Diese feindlichen Bestrebungen haben nach dem Abschluß des Konsultativ-und Nichtangriffspaktes vom 23. August 1939 sich nicht vermindert, sondern sind im Gegenteil in Umfang und Stärke gesteigert worden.

gez. Heydrich

Der Reichsminister
des Auswaertigen

Hauptquartier, 4. Mai 1945

Grossadmiral Doenitz hat Herrn Walter Schellenberg die abschriftlich beigefuegte Verhandlungsvollmacht erteilt. Ich bitte Sie, der Schwedischen Regierung offiziell Kenntnis zu geben.

Darueber hinaus habe ich Herrn Schellenberg mit besonderen Auftraegen versehen, ueber die er Sie muendlich unterrichten wird. Ich bitte Sie, Herrn Schellenberg waehrend seines Aufenthalts in Schweden in jeder Hinsicht weitgehendst zu unterstuetzen und ihm alle technischen und finanziellen Mittel zur Verfuegung zu stellen, deren er fuer die Durchfuehrung seiner Aufgaben bedarf.

gez. von Krosigk

*

An den
Deutschen Gesandten in Stockholm
Herrn Dr. Hans Thomsen
An den Gesandten Walter Schellenberg

Abschrift zur Kenntnis
Vollmacht

Ich bevollmaechtige hierdurch den Gesandten Walter Schellenberg, namens der Deutschen Reichsregierung mit der kgl. Schwedischen Regierung Verhandlungen ueber alle Fragen zu fuehren, die sich fuer die Deutsch-Schwedischen Beziehungen aus einer Aufhebung der Besetzung Norwegens durch die Deutsche Wehrmacht ergeben koennen. Gleichzeitig ermaechtige ich ihn zum Abschluss von Vertraegen vorbehaltlich einer nach den geltenden Rechtsbestimmungen etwa notwendigen Ratifizierung.

Hauptquartier, den 4. Mai 1945

gez. Doenitz
Grossadmiral

Im Namen des Reiches
verleihe ich dem
Brigadefuehrer und Generalmajor
Walter Schellenberg
die Amtsbezeichnung Gesandter.
Hauptquartier, 4. Mai 1945

gez. Doenitz
Grossadmiral

*

Walter Schellenberg — Trosa, den 9. Juni 1945

Sehr geehrter Herr Storch,

Anliegend uebermittle ich Ihnen auf Grund unseres persoenlichen Vertrauensverhältnisses ein Exemplar meiner Tagebuchskizze, die insbesondere auch meine Beitraege zur Loesung der Judenfrage in Deutschland beinhaltet. Ich konnte diesen Teil nur schlecht aus der Aufzeichnung herausloesen und uebersende Ihnen deswegen die gesamte Aufzeichnung. Ich waere Ihnen zu Dank verpflichtet, wenn Sie mir die bereits muendlich zugesicherte vertrauliche Behandlung noch einmal schriftlich bestaetigen wuerden. Mit freundlichen Gruessen

Ihr gez. Unterschrift

Hilel (Gilel) Storch
Furunsundgatan 10 Stockholm, den 12. Juni 1945
Tel. 61 60 15

Herrn
Gesandten Walter Schellenberg
Trosa

Sehr geehrter Herr Schellenberg!
Ich bestaetige dankend den Empfang Ihres werten Briefes vom 9. 6. 1945 mit der beigefuegten Tagebuchskizze, welche ich mit grossem Interesse gelesen habe.
Bei dieser Gelegenheit will ich Ihnen meinen verbindlichsten Dank aussprechen fuer Ihre Arbeit und Leistungen in Bezug auf Rettung von ungluecklichen Menschen in deren schweren Stunden. Mit besten Gruessen

Ihr gez. Unterschrift

*

Hilel (Gilel) Storch
Furunsundsgatan 10 Stockholm, den 16. Juni 1945
Tel. 61 60 15

Herrn
Gesandten Walter Schellenberg
Trosa

Sehr geehrter Herr Schellenberg!

Bei unseren Unterhaltungen haben Sie die Freundlichkeit gehabt, mir einiges ueber die Lage der Juden in den letzten Monaten in Deutschland zu erzaehlen. Ich erlaube mir, Sie zu bitten, falls moeglich, mir noch einiges darueber zu geben, und zwar:

1. Ist Ihnen der Fall Manfred Weiss bekannt und
2. Wer war Dr. Kastner und seine Rolle in den Verhandlungen mit der Schweiz?

3. Ist Ihnen etwas bekannt ueber die Verhandlungen die Eichmann in der Schweiz gefuehrt hat?

4. Kennen Sie die Verhandlungen von Standartenführer Becher in der Schweiz und mit wem er sie gefuehrt hat?

5. Sind Ihnen Einzelheiten ueber die Verhandlungen ueber die 1350 ungarischen Juden aus Bergen-Belsen bekannt?

6. Wozu hat Himmler Herrn Kersten das Dossier von Dr. Sternbusch mit Auszuegen aus Zeitungsartikeln mitgegeben?

7. Wie Sie wissen, war meine Reise im April 1945 aufgeschoben, weil Himmler verreist sein sollte, stimmt dies oder war das eine Ausrede?

8. Sie erzaehlten, dass im Mai ein Telegramm chiffriert wurde, worin mein Name erwaehnt war, koennen Sie sich an Einzelheiten erinnern?

9. Stimmt es, dass am 13. oder 14. April in Zusammenhang mit der Veroeffentlichung ueber das Lager Buchenwald ein Befehl gegeben wurde, saemtliche Juden und Kriegsgefangene in den Konzentrationslagern zu vernichten?

Ich waere Ihnen sehr dankbar fuer die Beantwortung der gestellten Fragen. Mit vorzueglicher Hochachtung

Ihr gez. Unterschrift

P.S.

10. In welchem Umfange ist es gelungen die Nichtevakuierung der juedischen Insassen der Konzentrationslager und Uebergabe an die Alliierten durchzufuehren, in Zusammenhang mit den von Himmler im Maerz 1945 Herrn Kersten und im April 1945 Graf Bernadotte und Herrn Musy gegebenen Versprechen.

gez. Unterschrift

Walter Schellenberg Stockholm, den 17. Juni 1945

Herrn Storch
Stockholm

Sehr geehrter Herr Storch!

In Beantwortung Ihres Schreibens vom 16. 6. 1945 darf ich Ihnen die einzelnen Fragen wie folgt beantworten:

Zu 1

Den Fall Manfred Weiss kenne ich nur vom Hoerensagen. Positiv weiss ich, dass einflussreiche deutsche Wirtschaftskreise (im Innern antinationalsozialistisch eingestellt) diesen Fall benutzten, um starke Propaganda gegen Himmler persoenlich zu betreiben. Man wirft Himmler vor, durch Standartenfuehrer Becher auf eine ganze Gruppe von Juden, die um Manfred Weiss gruppiert war, solchen Einfluss genommen zu haben, dass der gesamte ungarische Konzern fuer ein besonders geringes Entgelt der SS verkauft wurde. Die finanzielle Entschaedigung wurde zum Teil durch die Entlassung der Familie Weiss aufgewogen. Standartenfuehrer Becher wurde in diesen Fragen als unsauberer Geschaeftspartner allseits abgelehnt.

Zu 2

Dr. Kastner war meines Wissens ein ungarischer Jude und war der staendige Begleiter von Standartenfuehrer Becher. Dr. Kastner war Verbindungsmann zu Sali Meyer, und zwar soviel ich weiss selbst Angehoeriger der Joint-Organisation.

Zu 3

Verhandlungen von Eichmann in der Schweiz sind mir nicht bekannt. Ich weiss nur, dass Becher und Eichmann eng zusammenarbeiteten.

Zu 4 und 5

Die Antwort auf die Fragen 4) und 5) muss zusammengefasst werden. Becher verhandelte wegen Freilassung der ungarischen Juden mit Sali Meyer. Eingeschaltet waren noch als staendige Vertreter Bechers, soviel ich mich erinnere, zwei SS-Führer. Becher fuehrte die Verhandlungen auf rein wirtschaftlicher Basis, d. h. er verlangte fuer die Freilassung eines jeden Juden einen bestimmten Devisenbetrag. Als Entgelt wurden weiterhin an Stelle von Devisen auch Traktoren und Lastwagen verlangt. Nachdem Altbundespraesident Musy im Oktober 1944 mit Himmler Fuehlung genommen hatte, wurde es offensichtlich, daß die Joint-Organisation (Sali Meyer) mit Becher zusammenarbeitete. Becher arbeitete gegen Sternbuch wie Musy, erstens aus rein persoenlichen Motiven, zweitens weil er sich nicht der Auffassung anschließen konnte, die Juden ohne Entgelt freizulassen. Er behauptete bei Himmler, Musy sei insgeheim von der Organisation Sternbuch bestochen, das wisse er von Sali Meyer. Sternbuch und Musy haetten keine politische Abstuetzung, da nur er ueber Sali Meyer Verbindung zu dem Amerikaner Mac Lleland haette.

Mac Lleland sei der Vertreter des War Refugee Board. Er habe ihn auch einmal getroffen, ohne daß man sich bei diesem Treff unter dem richtigen Namen vorgestellt habe. Er könne also nicht beschwoeren, dass es sich um Mac Lleland gehandelt habe. Himmler verlangte im Januar 1945 von Altbundespraesident Musy, dass er der alleinige Repraesentant saemtlicher juedischer Organisationen ihm gegenueber in der Schweiz wuerde, da die Verhandlungen sonst zu kompliziert und vielleicht gefaehrdet wuerden. Nach dem ersten Transport von 1.200 Juden im Rahmen der Musy-Aktion gab Becher keine Ruhe und legte Himmler eine Sammlung Auszuege aus der Schweizer Presse vor, in welcher nur die negativen Seiten des Transportes in boeslicher Absicht herausgestellt waren. Gleichzeitig warnte Becher Himmler vor der Weiterfuehrung der Aktion Musy, da die juedische Organisation des Herrn Dr. Sternbuch, auch nach Auffassung des Sali Meyer eine voellig nebensaechliche Rolle spielte. Die Querschuesse Bechers, die den gesamten Verhandlungsstand mit Musy gefaehrden konnten, inhibierte ich, indem ich Himmler die Vertrauensfrage stellte und ihm vorschlug, er moege Becher an meine Stelle setzen, er verstuende vielleicht mehr von Politik. In jedem Fall sei ich dann aber ein sauberer Kaufmann als Becher. Ich erwaehnte bei dieser Gelegenheit, was Becher alles nebenbei bei seinen angenehmen Geschaeften mit Manfred Weiss und den ungarischen Juden zugeflossen sei. Becher bekam den Auftrag von Himmler, nur noch nach meiner Weisung in der Schweiz zu arbeiten. Er wurde spaeter von Himmler dafuer ausersehen, das Lager Bergen-Belsen den Englaendern bzw. Amerikanern zu uebergeben. Becher meldete sich nicht mehr und hat diesen Posten nicht angetreten. Er war mir zum Schluss voellig aus den Augen entschwunden.

Zu 6

Himmler hat Herrn Kersten das Dossier von Dr. Sternbuch deswegen mitgegeben, weil Kaltenbrunner ihm vorerzaehlt hat, die Fotokopien der Telegramme und Zeitungsausschnitte, die Herr Musy beigebracht habe, koennten durch Sternbuch und Musy gefaelscht sein. Aus diesem Grunde wollte Himmler die Originale der amerikanischen Zeitungen vom 8. 2. 1945 durch Herrn Kersten besorgt haben.

Zu 7

Die Reise wurde aufgeschoben, weil Himmler sich nicht entschliessen konnte, Herrn Storch zu empfangen. Es war also eine Ausrede.

Zu 8

Es ist richtig, dass im Februar 1945 ein Telegramm dechiffriert wurde, und zwar, soviel ich mich erinnere, vom polnischen Konsulat in Jerusalem nach London. Es war die Rede von den guten Verhandlungsergebnissen des Herrn Storch betreffend der Freilassung juedischer Frauen aus Bergen-Belsen.

Zu 9

Ich erinnere mich, dass Obergruppenfuehrer Berger mir von der restlosen Evakuierung saemtlicher Kriegsgefangenen- und Konzentrationslager erzaehlt hat und dass er nach Beratung mit mir diesen Befehl soweit er die Kriegsgefangenenlager betraf, die in seinen Ressort gehoerten, nicht ausfuehrte.

Zu 10

Ich darf mich hinsichtlich der allgemeinen Beantwortung der Frage auf meine Ihnen ueberreichte Tagebuchskizze beziehen. Im besonderen moechte ich bemerken, dass auf Grund der verschiedentlich durch Himmler gegebenen Zusicherungen es gelungen war, durch eine Nichtweitergabe von Befehlen sowie einer engen Zusammenarbeit mit Dr. Brandt die Nichtevakuierung der Lager zu ermoeglichen, wenn auch in der Zwischenzeit durch Kaltenbrunner entgegen dem Versprechen Himmlers Evakuierungsbefehle erteilt wurden, gelang es trotzdem einen erheblichen Teil der Lager vor einer Evakuierung zu bewahren. Es handelt sich hauptsächlich um die Lager Buchenwald, Bergen-Belsen, Theresienstadt und noch viele andere in Sueddeutschland gelegene.

Mit den besten Gruessen — Ihr gez. Unterschrift

Auszug aus meinem Tagebuch ueber die Befreiung von Menschen aus den deutschen Konzentrationslagern.

Am 22. Januar 1945 erhielt ich von General Schellenberg den Auftrag, eine Anzahl Juden aus den verschiedenen Konzentrationslagern in Deutschland zu befreien und sie dem Altbundespraesidenten Musy an der Schweizer Grenze in Konstanz zu ueberstellen. General Schellenberg sagte mir bei dieser Gelegenheit, dass er seit Oktober 1944 mit Herrn Musy in Verbindung stehe und mit ihm gemeinsam bereits bei Himmler gewesen sei, um die Genehmigung der Freilassung von Juden zu bekommen. Himmler habe ihm seinerzeit bereits die Freilassung einiger juedischer Familien zugesichert. Trotz der Genehmigung Himmlers sei es nicht moeglich gewesen, die Familien ausfindig zu machen, und er gab mir deshalb den Auftrag, aufgrund meiner persoenlichen Beziehungen unter allen Umstaenden die Befreiung der infrage stehenden Personen zu erwirken. Ich trat zunaechst mit Gruppenfuehrer Mueller, Chef der Geheimen Staatspolizei, in Verbindung und bat ihn um die Genehmigung, mich selbst um das Ausfindigmachen der juedischen Familien kuemmern zu duerfen. Mueller lehnte diese Bitte mit der Begruendung ab, ich sei nicht Angehoeriger der Geheimen Staatspolizei und koenne deshalb in den internen Dienstbetrieb keinen Einblick nehmen. Schliesslich verwies er mich auf die zustaendigen Sachbearbeiter und gestattete mir lediglich, mich mit diesen persoenlich in Verbindung zu setzen. Obwohl von Seiten der Sachbearbeiter zu einem frueheren Zeitpunkt ueber das Vorhandensein der infrage stehenden, juedischen Familien Fehlanzeigen mit dem Bemerken, sie seien nicht auffindbar, erstattet worden war, gelang es mir, ueber die Zentrale der Schutzhaftangelegenheiten, Dr. Berndorff, wenigstens einen Teil der Personen ausfindig zu machen, so u.a. die Gebrueder Rottenberg, die Familie Berger-Rottenberg mit Kindern und einige Franzosen. Ueber den Verbleib der restlichen Personen sollte ich nach einigen Tagen Antwort bekommen, da einige Lager infolge Feindbedrohung in Evakuierung begriffen waren. Trotz wiederholter Nachfrage und staendigem Suchen gelang es mir in der Folgezeit nicht, etwas näheres ueber den Verbleib dieser Personen zu erfahren.

Etwa zur gleichen Zeit erklaerte mir General Schellenberg, dass er ebenfalls in Verbindung mit Musy, der wiederum in Verbindung stehe mit dem Exekutivkomitee der Union der Rabbiner der Vereinigten Staaten von Amerika, vertreten durch Herrn Dr. Isaak Sternbuch in der

Schweiz, den Plan gefasst habe, alle Juden, die in deutschen Konzentrationslagern einsitzen, zu befreien und sie mittels Eisenbahntransporten nach der Schweiz zu verbringen. Herr Dr. Sternbuch habe mit der juedischen Organisation in Amerika eine Vereinbarung dahingehend getroffen, dass die Juden aus den deutschen Konzentrationslagern kommend nach einem kurzen Aufenthalt in der Schweiz laufend nach Amerika ueberfuehrt werden sollen. Dieser Plan sei gemeinsam mit Herrn Musy bei Himmler besprochen worden, der bereits seine Zustimmung gegeben hatte. Das Ziel dieser Aktion war, in der internationalen Presse eine guenstige Stimmung hervorzurufen, um dadurch fuer spaetere Zeiten eine bessere Atmosphaere fuer Deutschland zu schaffen. Zur Sicherung der Aktion einerseits, andererseits aber auch um die Wichtigkeit der juedischen Organisation zu erkennen, verlangte Himmler, dass die Rabbinerorganisation den Betrag von fuenf Millionen Schweizer Franken zu stellen habe, der von Herrn Musy bis zur Durchfuehrung der Aktion treuhaenderisch verwaltet werden sollte. Fuer spaeter war gedacht, diesen Betrag dem Internationalen Roten Kreuz zu ueberweisen, um damit die Voraussetzung zu schaffen, evtl. der notleidenden deutschen Bevoelkerung helfen zu koennen.

Mit dem ersten Transport sollte nun moeglichst schnell begonnen werden. Ich setzte mich deshalb wiederum unverzueglich mit dem Chef der Geheimen Staatspolizei, Gruppenfuehrer Mueller, und den zustaendigen Dienststellen der Sicherheitspolizei sowie mit dem Lagerleiter des Lagers Theresienstadt in Verbindung, wobei es mir gelang, trotz zahlloser Widerstaende von Seiten dieser Stellen und nicht zuletzt nach Ueberwindung der schwierigen Verkehrslage (taegliche Bombardements), dass am 5. Februar 1945 bereits der erste Sonderzug bestehend aus 17 Schnellzugwagen mit insgesamt 1200 Juden von Theresienstadt nach Konstanz und von dort nach Kreuzlingen rollen konnte. Es sei hier bemerkt, dass die Freistellung des Sonderzuges fuer den Transport sowie die Einschiebung dieses Zuges in den Fahrplan ausschliesslich durch eigene Verhandlungen und persoenliche Initiative erreicht wurde, ohne jede Unterstuetzung einer Reichsstelle, die sich mit allen nur erdenklichen Mitteln nicht nur gegen die Entlassung, sondern auch gegen eine Befoerderung von Juden straeubten.

Um das Gelingen des Transportes nicht am Ende noch durch die Hartnaeckigkeit der Lagerleitung scheitern zu lassen, begab ich mich selbst nach Theresienstadt. Hier gab es bei der Zusammenstellung des Transportes fuer einen, mit den internen Verhaeltnissen eines Lagers nicht Vertrauten, eine sehr merkwuerdige Situation. Als naemlich im Lager bekanntgegeben wurde, dass ein Zug mit 1.200 Juden nach der Schweiz abgehen sollte und die Lagerinsassen aufgefordert wurden, sich freiwillig zu melden, erlebte man nicht wie anzunehmen war einen Ansturm, sondern ein zoegerndes Melden von nur einigen hundert Menschen. Da ich mir diesen eigenartigen Zustand nicht erklaeren konnte, auf der anderen Seite aber unbedingt bestrebt war, die Anzahl von 1.200 Personen zu bekommen, erkundigte ich mich nach den Hintergruenden dieser mehr als fragwuerdigen Erscheinung. Schliesslich stellte es sich heraus, dass alle der festen Ueberzeugung waren, es handele sich bei diesem Transport um eine der bekannten Todesfahrten nach Auschwitz. Noch als der Zug bereits auf der Fahrt war, gab es eine grosse Anzahl namentlich aelterer Leute, die an eine Fahrt in die Freiheit nicht recht glauben wollten. Erst spaeter, als sich der Zug in Richtung Sueddeutschland bewegte, und es mir gelungen war, durch menschliches Entgegenkommen das Vertrauen der Teilnehmer zu gewinnen, lockerte sich die Stimmung mehr und mehr, so dass zum Schluss die Menschen, wie von einem boesen Alpdruck befreit, voellig aufgeschlossen waren und heitere Gesichter zeigten.

Dieser erste Transport, der sehr gut durchorganisiert war, verlief so glatt, dass selbst die Schweizer Behoerden bei der Uebernahme der 1.200 Personen in Kreuzlingen ihre Anerkennung aussprachen. Die Transportteilnehmer waren in bester Verfassung und es gab bis auf einige altersschwache Personen keinerlei Ausfaelle. Die von mir auf dem Transport mitgefuehrte Verpflegung war so ausgiebig, dass sie fuer die gesamten Teilnehmer noch zwei Tage laenger gereicht haette.

Der aufgrund von Listenmaterial, das mir der Sohn des Altbundespraesidenten Musy zur Verfuegung stellte, vorbereitete zweite Transport von rund 1.800 Juden aus dem Lager Bergen-Belsen konnte nicht mehr durchgefuehrt werden, da Obergruppenfuehrer Kaltenbrunner dem Standartenfuehrer Becher Auftrag gegeben hatte, ueber seinen Verbindungsmann, Sali Meyer, in der Schweiz alles daran zu setzen, die Musy-Aktion in der Auslandspresse zu negieren. Es tauchten deshalb unmittelbar nach Eintreffen des Transportes in der Schweiz Pressemeldungen auf, in denen u. a. gesagt wurde, dass mit der Freilassung der Juden ein Asylrecht fuer 200 fuehrende Nazis in der Schweiz erwirkt werden sollte. Diese und aehnliche Meldungen wurden auf schnellstem Wege durch Sali Meyer ueber Becher an Kaltenbrunner geleitet, der sie aufgrund seines persoenlichen Vortragsrechtes bei Hitler vorlegte, so dass es ihm damit gelang, die gesamte Aktion zu inhibieren. Hitler gab kurzerhand Anweisung, die Aktion sofort abzustoppen und verbot die Freilassung jedes Juden. Damit scheiterte die auf einer anstaendigen und sauberen Basis beruhende und frei von jeder spekulativen Absicht gewesene Aktion, waehrend auf der anderen Seite ueber Sali Meyer in Verbindung mit Becher noch kleinere Transporte zur Durchfuehrung kamen, deren Hintergrund nichts anderes als ein schmutziges Geschaeft war. Es ist bekanntgeworden, dass Becher mit diesen Transporten alle moeglichen Kompensationsgeschaefte verbunden hat. Wie verlautet wurde, soll er fuer seine Judentransporte pro Kopf sfrs. 1.200,- bekommen haben. Alle diese dunklen Geschaefte wurden mit Genehmigung von Kaltenbrunner getaetigt.

Die Bemuehungen von General Schellenberg, die Aktion Musy wieder in Fluss zu bringen, scheiterten an der kategorischen Ablehnung Kaltenbrunners, der sich einfach darauf berief, Hitler habe die Freilassung von Juden verboten.

Ebenfalls auf Ablehnung stiess die von Altbundespraesident Musy bereits Ende 1944 und in der Folgezeit immer wiederholte Bitte, die in Ravensbrueck einsitzenden Franzoesinnen und Polinnen sowie Frauen anderer Nationalitaeten zu entlassen. Altbundespraesident Musy wies besonders darauf hin, dass gerade die Entlassung dieser Frauen einen ganz erheblichen Eindruck hinterlassen wuerde, der sich fuer Deutschland im Laufe der Zeit nur positiv auswirken koenne. General Schellenberg, der der gleichen Ansicht wie Altbundespraesident Musy war, hat nichts unversucht gelassen, um die Entlassung der Frauen zu erwirken. Als dies scheiterte, versuchte er zumindest einen Teil der Frauen, die namentlich auf einer Liste aufgefuehrt waren, zur Entlassung zu bringen. Aber auch hierbei stiess er auf absolute Verstaendnislosigkeit.

In der Folgezeit wurden trotz strengen Entlassungsverbots durch geschickte Manipulationen von General Schellenberg noch zahlreiche Juden freigelassen. U. a. die Familien Donnebaum, Rosenberg, Stargarth und Cilzer, ferner Dr. Stiassny und Helene Stein. Die Ueberstellung dieser Personen nach Konstanz war mir im Hinblick auf die Frontentwicklung in Mitteldeutschland nicht mehr moeglich, da eine Verbindung zwischen Berlin und Theresienstadt abgeschnitten war. Es wurde deshalb der Lagerleitung in Theresienstadt durch Funk Anweisung gegeben, die infrage stehenden Personen unverzueglich nach Konstanz an die Schweizer Grenze in Marsch zu setzen. Im Zuge der Ausfindigmachung der genannten Familien hatte Herr Musy jun. Gelegenheit, das Lager Theresienstadt gemeinsam mit mir eingehend zu besichtigen und mit den einzelnen Personen persoenlich zu sprechen. Dabei ist interessant festzustellen, dass vor dieser Besichtigung ein Sachbearbeiter aus Theresienstadt, Hauptsturmfuehrer Moes, erklaerte, die Familien, um die es sich handele, seien alle anwesend.

Dagegen entgegnete Sturmbannfuehrer Guenther, Leiter des Lagers, auf wiederholtes Befragen von Herrn Musy jun., dass die Familie Cilzer ueberhaupt nicht im Lager gewesen sei, die Familie Berger-Rottenberg Anfang des Jahres 1945 nach Auschwitz ueberfuehrt worden waere und die Maenner der Familie Donnebaum in ein Aussenlager, dessen Name nicht bekannt sei, abgegeben wurden. Der Widerspruch zwischen dem Sachbearbeiter einerseits und dem Leiter des Lagers anderseits ist darauf zurueckzufuehren, dass namentlich die Familien bzw. Personen, die angeblich nicht anwesend waren im Januar 1945 aus Auschwitz gekommen sind und Zeuge von Vorgaengen waren, die nicht in die Oeffentlichkeit gelangen sollten. Da Kaltenbrunner strengste Anweisung gegeben hatte, dass derartige Personen nicht entlassen werden duerften, gebrauchte der Lagerleiter einfach die Ausrede, die Personen seien nicht auffindbar.

Waehrend sich die Fronten im Osten und Westen immer mehr auf deutsches Gebiet vorschoben, begann man die in Frontnaehe gelegenen Konzentrationslager zu evakuieren und die Haeftlinge auf Fussmaerschen den rueckwaertigen Lagern zuzufuehren. Eine Massnahme, die voellig sinnlos war, denn einmal wurde die Verkehrs- und Ernaehrungslage von Stunde zu Stunde schlechter, so dass eine Versorgung der Menschenmassen ueberhaupt nicht mehr gewaehrleistet war, zum anderen gingen bei der schlechten koerperlichen Verfassung der Haeftlinge auf den Fussmaerschen taeglich Hunderte zugrunde.

Eine eingehende Besprechung zwischen Altbundespraesident Musy und General Schellenberg hatte zur Folge, dass Himmler Befehl gab, die Lager geschlossen den alliierten Streitkraeften zu ueberbringen. Altbundespraesident Musy, der zu dieser Zeit in Berlin weilte, unterrichtete die amerikanische Gesandtschaft in der Schweiz, die ihrerseits Washington in Kenntnis setzte. Schon nach einigen Tagen antwortete Washington, die Alliierten seien mit dem Vorschlag einverstanden, General Eisenhower sei unterrichtet, fuer die russische Seite koenne momentan noch keine Garantie uebernommen werden. Herr Musy jun., der am 9. 4. 45 von Konstanz nach Buchenwald fuhr, um sich mit mir zwecks Nachforschung nach verschiedenen Haeftlingen in Weimar zu treffen, hatte von seinem Vater den Auftrag, die Antwort der Alliierten bezueglich des Nichtevakuierens der Lager direkt nach Berlin zu bringen. Im Hinblick auf die Frontnaehe und die heftigen Tieffliegerangriffe kam das Zusammentreffen mit Herrn Musy jun. zur vereinbarten Zeit nicht zustande. Herr Musy fuhr dann, um keine Zeit zu verlieren, allein nach dem in der Naehe von Weimar gelegenen Konzentrationslager Buchenwald. Als er in Buchenwald ankam, stellte er zunaechst eine heftige Nervositaet fest und sah sofort die beginnende Evakuierung. Ungeachtet dessen, setzte er sich mit dem Adjutanten des Lagerleiters in Verbindung und bat um Auskunft ueber die ihn interessierenden Haeftlinge. Der Adjutant erklaerte, dass er derzeit keine Auskunft geben koenne, im uebrigen sei er im Begriff, das Lager auf Befehl von Himmler zu evakuieren. Es herrschte nach Aussagen von Herrn Musy jun. ein derartiges Durcheinander, dass es zwecklos war, noch laenger zu verweilen.

Ueber die Durchbrechung der Abmachungen, die deutscherseits mit den Alliierten getroffen waren, war er so erschuettert, dass er, da keine andere Verbindung mit Berlin bestand, unverzueglich nach Berlin fuhr. Bei dieser Gelegenheit sei noch bemerkt, dass Herr Musy ueber die Behandlung der Haeftlinge, die in seiner Gegenwart zu Marschkolonnen formiert wurden, entsetzt war. Er schilderte, wie die Haeftlinge durch Stockhiebe auf die Schaedel zur schnelleren Formierung der Marschkolonnen angetrieben wurden. Es war ein Bild des Grauens zu sehen, wie Menschen, denen der Tod im Gesicht abzulesen war, auf die Landstrasse gejagt wurden.

Nach seiner Ankunft in Berlin verstaendigte mich Herr Musy von seinem Erlebnis in Buchenwald und hielt eine Besprechung mit General Schellenberg fuer dringend notwendig. Einige Stunden spaeter hatte Herr Musy in meinem Beisein Gelegenheit General Schellenberg die Ereignisse im Konzentrationslager Buchenwald vorzutragen. General Schellenberg, der zunaechst die ihm berichteten Dinge gar nicht fassen konnte, liess sich sofort mit dem persoenlichen Referenten von Himmler verbinden und unterbreitete diesem das von Herrn Musy berichtete Erlebnis mit der Bitte, bei Himmler eine Klaerung der Angelegenheit herbeizufuehren und ihm so schnell als moeglich Antwort zu geben. Wie sich am naechsten Tag herausstellte, war der Befehl von Himmler unter Missachtung der Abmachungen mit den Alliierten von Kaltenbrunner insofern hintergangen worden, als er direkt bei Hitler vorstellig geworden war und diesen davon ueberzeugt hatte, die feindbedrohten Lager unbedingt zu evakuieren, um zum Schluss die Haeftlinge in den intakt zentral gelegenen Lagern als Faustpfand den Alliierten gegenueber zu haben.

Es muss hier betont werden, dass zu dieser Zeit die Verhaeltnisse in den noch nicht besetzten Gebieten Deutschlands sich derartig zuspitzten, dass eine Desorganisation mehr und mehr fuehlbar wurde und Befehle und Anweisungen teilweise aufgrund der schlechten Verbindungen nicht mehr durchfuehrbar waren. Diese Situation machte sich Kaltenbrunner zur Durchfuehrung seiner Plaene selbstverstaendlich zunutze.

In der Ueberzeugung, noch in letzter Minute fuer die Haeftlinge in den restlichen Konzentrationslagern, deren Lage im Hinblick auf die Ueberfuellung immer katastrophaler wurde, etwas tun zu koennen, verblieb Herr Musy jun. in Berlin, zumal General Schellenberg ebenfalls versuchte, wenigstens einen Teil der in den Lagern in Sueddeutschland zusammengezogenen Haeftlinge nach der Schweiz zu ueberfuehren. Leider war dies nicht mehr moeglich, denn durch die rasch fortschreitende russische Offensive wurde bereits am 16.4.1945 die Verbindung von Berlin nach Sueddeutschland unterbrochen, so dass es Herrn Musy nicht einmal mehr moeglich war, mit seinem Wagen die Rueckreise nach der Schweiz anzutreten. Selbst der Versuch, von Berlin aus Herrn Dr. Sternbuch zu verstaendigen, war erfolglos.

[Der Name des Verfassers dieser Tagebuchaufzeichnungen konnte nicht ermittelt werden. Die gleiche Episode wird auch in dem beim Verlag Kiepenheuer & Witsch erschienenen Buch *Die Geschichte von Joel Brand* erwähnt.]

...»Im Sommer 1943 besuchte mich Herr Schellenberg in Therapia (Türkei). Da ich annahm, dass er das Vertrauen Himmlers besass, benutzte ich die Gelegenheit, mit ihm die gesamte schon damals bedrohliche Lage des Reiches zu besprechen. Ich versuchte vor allem zu ergründen, ob sein Chef Himmler geneigt sei, mittels seines Einflusses auf Hitler eine grundsätzliche Umstellung der Politik in Europa, besonders aber im besetzten russischen Raum herbeizuführen. Während der Diskussion gewann ich den Eindruck, dass mir zum ersten Mal in dem Chef des Auslandsnachrichtendienstes ein SS-Führer gegenübersass, der für die schicksalhafte Frage der Kriegsbeendigung einen aufgeschlossenen Sinn zeigte. Denn Herr Schellenberg widersprach meinen Ausführungen nicht, die dahingingen, dass man an ein Gespräch mit den Westmächten über eine Aenderung ihrer Politik der „Unconditional Surrender" nur denken könne, wenn gewisse unabdingbare Voraussetzungen erfüllt würden, vor allem eine radikale Aenderung gegenüber den christlichen Kirchen, der Rassengesetzgebung und der Methoden, mit denen Rosenberg, Koch und andere alle Prinzipien einer zivilisierten Verwaltung der besetzten Ostgebiete über Bord geworfen hatten. Von anderen Beamten seines Ranges wären solche Ausführungen als „verräterischer Defaitismus" gekennzeichnet worden. Ich gewann daher die Ueberzeugung, daß Schellenberg das sich am Horizont abzeichnende Desastre Deutschlands und Europas wohl erkannt habe und versuchen würde – nach Maßgabe seines Einflusses – eine Wendung herbeiführen zu helfen."

Garmisch, den 6. Juni 1948 (gez. Franz von Papen)

17 April 1947

Sehr geehrter Herr Mr. Trevor-Roper,

Durch einen Freund in England habe ich Ihr Buch „The last days of Hitler“ (Die letzten Tage Hitler's) erhalten, das ich mit grossem Interesse gelesen habe. Ich hoffe, dass Sie mir gestatten werden, zu einigen Ausfuehrungen Ihres Buches Stellung zu nehmen.

Das Bild, das Sie von Himmler entwerfen, ist sehr interessant und ich stimme in vielen Punkten mit Ihnen ueberein. Auf Seite 22 schreiben Sie, dass Himmler „incapable of thought“ (unfaehig einen Gedanken zu fassen) war; ich glaube nicht, dass dies richtig ist. Ich traf viermal mit ihm zusammen und unterhielt mich jedesmal etwa zwei Stunden mit ihm und glaube nicht, dass er so unbedeutend war, wie Sie anzunehmen scheinen. Ich habe im Gegenteil oft gesagt, dass er viel haette leisten koennen, wenn er seine Faehigkeiten auf das Gute, anstatt auf das Boese und Grausame konzentriert haette, – was er natuerlich nicht konnte. Ich weiss nicht, ob Sie ihn jemals gesehen haben, aber ich weiss, dass meine Meinung von einem Manne wie Bischof Berggrav aus Oslo geteilt wird, der, wie Ihnen bekannt sein duerfte, keinen Grund hat, eine Lanze fuer ihn zu brechen.

Ein anderer Mann, von dem Sie ebenfalls eine geringe Meinung zu haben scheinen, ist Admiral Canaris. Auf Seite 27 bezeichnen Sie ihn als "einen zweifelhaften, politischen Intriganten“. Auf Seite 37 sagen Sie hingegen, dass er "unter den Verschwoerern einen hervorragenden Platz einnahm“ und dass das Beweismaterial gegen ihn unvollstaendig war und dass er als eine Folge seiner Verschwoerung gegen Hitler hingerichtet wurde. Meiner Meinung nach sind Ihre Feststellungen auf Seite 27 und 37 miteinander unvereinbar.

Ich habe Canaris nie gesehen und kann mir daher keinerlei persoenliche Meinung ueber ihn bilden. Ich habe jedoch von Freunden, in der Schwedischen Gesandtschaft in Berlin gehoert, dass Canaris ein aussergewoehnlich faehiger Mann war, der es fertig brachte, seine Stellung in der "Abwehr“ zu behalten und gleichzeitig mit den Verschwoerern zusammenzuarbeiten.

Sie duerfen nicht ueberrascht sein, wenn ich auch Schellenbergs Namen in diesem Brief erwaehne. Auf Seite 82 schreiben Sie, dass "es nicht ratsam ist, die sorgfaeltig zusammengestellte Autobiographie Schellenbergs“ zu zitieren, wie ich es in meinem Buche getan habe. Ich glaube jedoch, dass Sie in Ihrem Buche den gleichen "Fehler“ begehen, indem Sie beispielsweise auf den Seiten 93–97 Schellenberg mehrfach zitieren. In der Fussnote auf Seite 146 scheinen Sie mehr seiner Darstellung, als der meinen, Glauben zu schenken. Ich glaube nicht, dass mich mein Gedaechtnis taeuscht, wenn ich sage, dass SCHELLENBERG mir am 23. April nachmittags im Garten des Schwedischen Konsulats in Flensburg mitteilte, dass HIMMLER um eine weitere Unterredung mit mir gebeten habe, da er – nach einem Telefongespraech mit SCHELLENBERG am gleichen Tage – nunmehr an der Westfront zu kapitulieren wuenschte. Ich stimme mit Ihnen ueberein, dass SCHELLENBERG in einer gewissen Weise naiv war, und dass seine Bewunderung fuer HIMMLER unverstaendlich bleibt. Aber ihn in Bezug auf Intelligenz und in anderer Weise mit RIBBENTROP ZU vergleichen, halte ich für einen Fehler. Er mag ein Opportunist gewesen sein, ich stimme hier ganz mit Ihnen ueberein, aber da er bereits Anfang 1942 anfing, schwedischen und anderen Stellen dabei behilflich zu sein, Leute aus den Konzentrationslagern und Gefangene in Deutschland freizubekommen, beweist meiner Meinung nach, dass, wenn auch ein Opportunist, er doch intelligent genug war, bereits damals zu begreifen, dass Deutschland den Krieg verlieren wuerde. Ich glaube nicht, dass dies darauf hindeutet, dass er ein "Einfaltspinsel" war (siehe Seite 255).

Auf Seite 247 sagen Sie, dass DOENITZ "Die Nazis entlassen habe". SCHELLENBERG, der natuerlich ein Nazi war, erhielt zu dieser Zeit eine von DOENITZ unterzeichnete besondere Vollmacht, um als "Sondergesandter" die Verhandlungen ueber die Uebergabe Norwegens zu fuehren. Ich habe dieses Dokument selbst gesehen, und SCHELLENBERG benuetzte mein Telefon in Stockholm, um mehrere Gespraeche mit HIMMLER ZU fuehren, der sich damals in Ploen und Flensburg befand. Meiner Meinung nach hatte SCHELLENBERG Recht, wenn er sagte, dass HIMMLER der einzig moegliche Mann in Deutschland waere, der den Befehl fuer die Kapitulation der SS-Truppen in Daenemark und insbesondere in Norwegen geben koenne. Anfang Mai 1945 waren saemtliche deutschen Truppen in Norwegen intakt. Die regulaeren Truppen waren nicht sehr scharf darauf, den Kampf fortzusetzen, nicht so aber die SS-Verbaende.

Ich weiss, dass diese Feststellung richtig ist und viele Norweger aus den Reihen der Widerstandsbewegung haben sie bestaetigt. Sie sagten mir, der Kampf in Norwegen haette noch mehrere Monate dauern koennen, wenn HIMMLER nicht diesen Befehl erteilt oder ihm zugestimmt haette, und dass dieser Entschluss vielen Norwegern das Leben rettete. Ich erwaehne dies, weil ich hoffe, dass Sie nunmehr SCHELLENBERGS Hintergruende und meinen Plan bezueglich Norwegens und vielleicht auch Daenemarks besser verstehen koennen.

Sie muessen sich auch vergegenwaertigen, das es SCHELLENBERG zu verdanken war, dass das Schwedische Rote Kreuz in die glueckliche Lage kam, etwa 20.000 Gefangene aus den Konzentrationslagern zu retten, die sonst wahrscheinlich getoetet worden waeren. Auf Grund von Aussagen dieser und anderer Gefangener ist auch erwiesen, dass der Befehl fuer die Liquidierung aller Gefangener in den Konzentrationslagern nach einer meiner Unterredungen mit HIMMLER abgeaendert wurde. Der britische Anklaeger im Ravensbruecker Prozess hat mir mitgeteilt, dass das Ergebnis eines dieser Interviews war, dass die Gaskammern nicht mehr regelmaessig in Taetigkeit traten. Ich fuehre das auf SCHELLENBERG zurueck, da mein Einfluss auf HIMMLER nicht so weit ging. Ich glaube nicht, dass ein dummer und voellig naiver Mann oder Einfaltspinsel ein solches Ergebnis haette zustandebringen koennen.

Zum Abschluss moechte ich noch einige Worte zu Ihren Bemerkungen ueber mein Buch sagen (Seite 267). Zunaechst lautet der Titel meines Buches nicht “The Curtain Rises“ (Der Vorhang hebt sich), wie Sie an mehreren Stellen Ihres Buches angeben. Die britische Ausgabe traegt den Titel “The Fall of the Curtain“ (Der Fall des Vorhangs) und die amerikanische “The Curtain falls“ (Der Vorhang faellt). In der urspruenglichen, schwedischen Ausgabe lautet er “Das Ende“, mit dem Untertitel “Meine humanitaeren Verhandlungen in Deutschland im Fruehjahr 1945 und ihre politischen Folgen“. Es war niemals meine Meinung, dass das Buch irgendwelche offizielle Dokumente enthalte. Sie glauben, dass der Wert meines Buches im allgemeinen sehr gering sei und dass ich lediglich ein oberflaechlicher Beobachter der Vorgaenge war, die sich waehrend der letzten Monate des Bestehens des Deutschen Reiches in Deutschland abspielten. Sie werden es begreiflich finden, wenn ich Ihre Meinung nicht 100%ig teile. Ich kenne keinen nichtdeutschen Beobachter dieser Zeit, der mehr Kenntnis von dem besass, was waehrend der Monate Maerz und April 1945 in Deutschland geschah. Sie muessen auch bedenken, dass Sie, als Sie Ihr Buch schrieben, alle Dokumente aus dem Nuernberger Prozess und die Vernehmungen der frueheren Nazi-Funktionaere zur Verfuegung hatten. Es ist deshalb ganz natuerlich, dass Ihr Buch vom historischen Gesichtspunkt aus mehr Wert besitzt als das meine. Ich bin jedoch gluecklich feststellen zu koennen, dass ich keine groeberen Fehler begangen habe, als ich, zu einem Zeitpunkte, da mein Gedaechtnis noch frisch war, meine Eindruecke berichtete von jenen Tagen als "der Vorhang fiel".

Ich hoffe, Sie werden diesen Brief nicht als eifersuechtige Kritik eines Schriftstellers gegen einen andern auffassen. Erstens bin ich kein Schriftsteller, und zweitens, wuensche ich Ihnen allen Erfolg mit Ihrem sehr interessanten Buch.

Ihr ergebener (signed) F. BERNADOTTE.

*

Christ Church Oxford, 22 April 1947

Sehr geehrter Herr Graf BERNADOTTE!

Ich danke Ihnen fuer Ihren langen und interessanten Brief vom 17. April, den ich soeben erhalten habe. Ich will versuchen, Ihre einzelnen Punkte zu beantworten.

Zunaechst bitte ich um Entschuldigung, dass ich den Titel Ihres Buches falsch zitiert habe. Es ist mir unverstaendlich, wie mir ein solcher Fehler unterlaufen konnte, fuer den es keine Entschuldigung gibt. Er wird in der zweiten Auflage, die sich jetzt im Druck befindet, berichtigt werden. Ich war unglueckIicherweise im Ausland, als mein Verleger entschied, dass eine zweite Auflage noetig sei, und (infolge der Schnelligkeit, mit der er handelte) ist dies die einzige Verbesserung, die ich vornehmen konnte. Ich erhoffe daher Ihre Nachsicht, wenn Ihre Anregungen erst in einer naechsten Auflage Beruecksichtigung finden koennen, falls sich die Notwendigkeit fuer eine solche ergeben sollte.

Zweitens muss ich um Entschuldigung bitten, dass ich eine Wendung gebrauchte, die, glaube ich, missverstanden wurde. Als ich Sie als einen "im allgemeinen oberflaechlichen Beobachter" bezeichnete, meinte ich damit natuerlich nicht, dass Ihre Beobachtungen kurzsichtiger Natur gewesen waeren, sondern lediglich, dass (wie Sie sagen) Sie nicht den Vorteil der Einsichtnahme in die damals nicht vorhandenen Dokumente und Vernehmungen besaßen. Ich bin sicher, dass Sie Recht haben, wenn Sie sagen, dass kein anderer Nicht-Deutscher eine solch gute Gelegenheit hatte als Sie damals; aber ich glaube, dass die internationalen Intrigen innerhalb der SS und die verwickelten Plaene und Maneuver der Untergebenen HIMMLERS, die auf Grund der seitdem verfuegbaren Dokumente zu Tage getreten sind, manchmal die von Ihnen berichteten Tatsachen ergaenzen und erklaeren. Diese Wendung scheint fuer Sie jedoch mehr als das zum Ausdruck zu bringen, und ich werde sie sobald als moeglich abaendern.

Mr. H. R. TREVOR-ROPER
Christ Church Oxford.
Certified a true copy.
Nuernberg 1 June 1948.
SCHELLENBERG

Verified:
(sign.) BHLESSEL
(signed) Kurt O. MINTZEL
Assistent Counsel of defendant

*

* Jetzt zu HIMMLER, CANARIS, SCHELLENBERG.

Was HIMMLER angeht, glaube ich wirklich nicht, dass unsere Meinungen so weit auseinandergehen, wie Sie andeuten. Ich bin ebenfalls der Ansicht, dass er ein sehr tuechtiges Ausführungsorgan war, und habe versucht den Nachdruck darauf zu legen, dass es, nach meiner Ansicht, diese Vereinigung von Tuechtigkeit mit politischer (zum Unterschied von verwaltungstechnischer) und geistiger Torheit ist, die den Schluessel zu seinem Charakter liefert (S. 25). Dass er ein geistiger Tor war, geht fuer mich aus seinen ausserordentlichen Ansichten hervor. Seine politische Torheit aber aus seinen politischen Plaenen am Schluss, die mir gaenzlich weltfremd vorkommen, so zum Beispiel sein Vorschlag eines SS-Staates, den er CHURCHILL und MONTGOMERY als annehmbarer als das Nazi-Regime machen wollte. In einer Botschaft, die er am 30 März an CHURCHILL ZU richten versuchte, hat er tatsaechlich vorgeschlagen, "Man sollte eine neue Ideologie aus den besten Teilen des Nationalsozialismus und anderen Ideologien zusammenbrauen". Aber ich will gewiss nicht in Abrede stellen, dass er als Ausfuehrungsorgan tuechtig war und stimme mit Ihnen darin ueberein, dass haette er seine Tuechtigkeit auf Gutes anstatt auf Schlechtes konzentrieren koennen, er ein sehr faehiger und geschickter Mann haette sein koennen. Nebenbei, wenn man SCHELLENBERG

* Im folgenden handelt es sich um die unmittelbare Fortsetzung des vorausgehenden Briefes Trevor-Ropers an Graf Bernadotte.

Glauben schenken darf, ist Bischof BERGGRAV, wenn auch indirekt, in HIMMLER's Schuld. SCHELLENBERG sagt, daß er, SCHELLENBERG, HIMMLER habe ueberreden koennen, den Bischof freizulassen, dadurch, dass er – wenn ich mich recht entsinne – (ich besitze seine Unterlagen nicht mehr), auf irgend eine absurde oder metaphysische Ideologie fusste. Aber ich nehme an, Sie wissen das.

Ebenso wie Sie habe ich viel mit SCHELLENBERG ZU tun gehabt, und in diesem Punkt fuerchte ich, ist es mir unmoeglich, mich zu einer anderen Ansicht zu bekennen, als zu der in meinem Buch niedergelegten. Wenn ich dort sage, "es ist nicht ratsam, sich auf den von SCHELLENBERG sorgfaeltig geschriebenen Lebenslauf zu berufen", meinte ich (was, wie ich hoffte, aus dem Zusammenhang hervorgehen wuerde), dass dieser nach meiner Ansicht nicht als eine unparteiische Quelle von Beweismaterial genommen werden duerfe, wie der von SPEER – wenn er auch selbstverstaendlich ein interessantes Dokument ist und ein besonders aufschlussreiches Bild des Verfassers vermittelt. Bezueglich meiner Fussnote auf Seite 146, lautet die Stelle, wenn ich mich recht entsinne (ich habe leider wieder keine Unterlagen zur Verfuegung) folgendermassen:

SCHELLENBERG verliess HIMMLER, um Sie zu besuchen, bevor HIMMLER Kenntnis von der entscheidenden Konferenz bei HITLER hatte. Als HIMMLER (durch FEGELEIN) ueber die Konferenz unterrichtet worden war, beschloss er, Sie wieder aufzusuchen, setzte sich aber nicht mit SCHELLENBERG direkt in Verbindung. Er uebersandte eine Botschaft durch seinen Sekretaer BRANDT, SCHELLENBERG wusste daher nur von BRANDT, dass HIMMLER eine entscheidende Unterredung mit Ihnen wuenschte. SCHELLENBERG wusste nicht, was diesen Entschluss hervorgerufen hatte. (Handschriftliche Anmerkung). Ich habe SCHELLENBERG ZU diesem Punkt sehr gruendlich verhoert (eine Tatsache, die nicht nur auf einer Selbstbiographie basiert) und bin ziemlich sicher, daß ihm HIMMLERS Bemerkung Ihnen gegenueber, "des Fuehrers grosses Leben neige sich seinem Ende zu", ueberrascht hat; daher seine (irrtuemliche) Schlussfolgerung, HIMMLER habe Massnahmen zur Vergiftung HITLERS getroffen. All dies stimmt natuerlich mit Ihrer Behauptung ueberein, SCHELLENBERG habe Ihnen am 23. April, 3 Uhr morgens erklaert, HIMMLER wuensche eine Unterredung und sei bereit, im Westen zu kapitulieren; denn das hatte er von BRANDT erfahren. Dasjenige in Ihrem Buch, was ich nicht mit den uebrigen Unterlagen in Einklang bringen kann, ist die Stelle, SCHELLENBERG habe nicht nur dies gesagt, sondern auch, HITLER koenne nur noch wenige Tage bestehen. Wenn ich alle Unterlagen vergleiche, kann ich nur zu dem Schluss kommen, diese Bemerkung beruhe auf einem Gedaechtnisfehler. Vielleicht haette ich besser daran getan, Sie deshalb zu fragen, aber nicht jeder wird gern mit solchen Kleinigkeiten behelligt. Vielleicht koennten Sie jetzt noch zur Aufklaerung etwas beitragen? Was nun SCHELLENBERGS Verstand angeht, fuehle ich tatsaechlich, dass er hier fuer sich selbst spricht. Ich habe zugegeben (Seite 27), dass "die Tatsache, dass er bereits im Jahre 1942 begann, seinen Rueckzug vorzubereiten, ihn von den groeberen Geistern der Partei unterscheidet und dass er eine Anzahl von Menschen, die sonst in Konzentrationslagern hingerichtet worden waeren, gerettet hat. Aber ich glaube nicht, dass diese Tatsachen einen ausreichenden Befaehigungsnachweis dafuer bieten, als Sachverstaendiger in auswaertigen Angelegenheiten zu gelten; auf diesem Gebiet (und nur auf diesem Gebiet habe ich das von Ihnen zitierte Urteil gefaellt) glaube ich wirklich, dass er ein Nichtskoenner war.

Wenn ich gesagt habe, dass DOENITZ die Nazis entliess, meinte ich nur diejenigen Mitglieder der Reichsregierung, welche der Organisation der Partei angehoerten. SCHELLENBERG gehoerte der Regierung nicht an, und man konnte von DOENITZ natuerlich nicht erwarten, dass er jeden aus seiner Verwaltung ausschloß, der zufaellig ein Parteimitglied war. Aber ich glaube, DOENITZ' Verhalten zeigt, daß er auf die Aufloesung der Partei und der SS hinarbeitete. Sein an HIMMLER gerichtetes Entlassungsschreiben (das ich auf Seite 246 angefuehrt habe) entlaesst ihn nicht aus seiner Stellung als Reichsfuehrer der SS, sondern besagt weiter: "Ich betrachte alle Ihre Dienststellungen als beseitigt." Ich halte das fuer bezeichnend. Haette DOENITZ HIMMLER aus der SS-Stellung entlassen, waere diese Stellung unbesetzt geblieben, aber er zog es vor, darueber gar nichts zu sagen und lediglich diese Stellung als abgeschafft zu betrachten.

Ich stimme mit Ihnen hinsichtlich der Separat-Kapitulation in Norwegen und Daenemark voellig ueberein. Ich glaube nicht, dass ich in diesen Punkten Kritik geuebt habe. Ich hoffe nicht.

Nun zu CANARIS. In diesem Punkt fuehle ich Bedauern und habe auch Schritte unternommen (die, wie ich hoffe, nicht zu spaet kommen), um diese Stelle bei den Uebersetzungen meines Buches in fremde Sprachen zu berichtigen. Die Lage war wie folgt:

Was ich ueber CANARIS gesagt habe, ist, wie ich glaube, vollkommen richtig. Ich bin mit seinem Wirken und seiner Laufbahn sehr vertraut, da ich ganz außerordentliche Moeglichkeiten hatte, diese zu studieren. Ich glaube, es besteht wohl kein Zweifel, dass die Abwehr sehr unzureichend war, und dass Canaris mehr aus persoenlichen Intriguen als am Organisieren interessiert war. Ich sehe keinen Widerspruch zwischen meiner Behauptung auf Seite 17 und auf der Seite 37. Aber ich glaube ich habe ihm insoweit Unrecht getan, als ich ihn im Hinblick auf seine Untuechtigkeit und Nachlaessigkeit als Organisator beurteilt habe, denn ich bin jetzt ueberzeugt, dass Canaris, im Grunde genommen, nicht an Abwehr interessiert war. Aber er war daran interessiert, anderen die Moeglichkeit zu bieten, gegen die Nazis zu konspirieren. Der tatsaechliche Canaris scheint ein Charakter fuer Proust gewesen zu sein, viel zu kompliziert (und gehemmt in der Entfaltung), um mit Erfolg so nebenbei behandelt zu werden. Zweifelsohne war er ein bestaendiger Gegner der Nazis nach Auffassung und Zielen, aber er besass einen orientalischen Fatalismus, der ihn daran hinderte, persoenlich die Initiative zu ergreifen, und so neigte er dazu, sich von allem fernzuhalten, von der Abwehr, die er beherrschen sollte, und von der Verschwoerung, die er (durch die Abwehr) beschuetzte. Zum Schluss versagte er in beidem. Die Unfaehigkeit der Abwehr sabotierte die Verschwoerung, weil Canaris, sich nur durch regelrechte „Saeuberungen", durch Ausstossen seiner Freunde, auf seinem Platz behaupten konnte, und schliesslich wurde er, fuenf Monate vor dem Anschlag, selbst kaltgestellt, und, nach der Verschwoerung hingerichtet, mehr wegen geistiger als tatsaechlicher Teilnahme. Nebenbei bemerkt, seine Hinrichtung ist jetzt erwiesen. Er wurde langsam in einer Drahtschlinge gewuergt, wieder zum Leben erweckt, wieder befragt, und wieder gewuergt, im ganzen sechs Mal, am 9 April 1945 im Konzentrationslager von Flossenburg. Trotzdem ich annehme, dass meine ueber ihn gemachten Aeusserungen im grossen und ganzen richtig sind, glaube ich doch, dass sie zu hart sind insoweit als sie ein Urteil in sich schliessen, und ich moechte ueber niemand ein Urteil faellen, der ehrlich mit dem Problem der Beseitigung der Nazis gerungen hat. Ich selbst waere in diesem Falle bestimmt ratlos gewesen, und oft frage ich mich, was ein Mann in solchem Falle haette tun koennen, und weiss keine Antwort.

Schliesslich (ich befuerchte, dies ist ein sehr langer Brief) moechte ich noch sagen, dass mein Buch im Ausland veroeffentlicht wird; eine schwedische Ausgabe ist im Druck bei Bonniers Verlag, Box 3159, Stockholm. Ich weiss nicht, wieweit die Veröffentlichung und Uebersetzung gediehen ist, aber ich hoffe, es ist noch Zeit, einige Verbesserungen einzuschieben, die ich durch meine Londoner Verleger, welche alle technischen Fragen bearbeiten, uebersenden lasse. Selbstverstaendlich werde ich die Berichtigungen, die ich hier erwaehnt habe, ebenfalls einsetzen lassen.

Gibt es weitere Aenderungen oder Vorbehalte, welche Sie gemacht zu sehen wuenschen? Ich werde mich gluecklich schaetzen, alle Bemerkungen Ihrerseits einsetzen zu lassen, so lange noch Zeit ist. Oder falls Sie ein Vorwort zu schreiben vorziehen sollten, koennten Sie darin die Punkte, in denen wir nicht uebereinstimmen, zum Ausdruck bringen; ich bin überzeugt meine Verleger werden ebenso gern zustimmen, wie ich selbst. Wenn es also irgend etwas gibt, was ich nach Ihrer Ansicht tun sollte, wuerden Sie es mich wissen lassen?

Ihr sehr ergebener
(gez.) H. R. TREVOR-ROPER

An
Graf Folke Bernadotte
Dragongarden, Stockholm 5.

Beglaubigt:
(gez.) BHLESSEL.

Dies ist eine beglaubigte Abschrift.
Nuernberg, 1. Juni 1948.

(gez.) Kurt O. Mintzel
Hilfs-Verteidiger des Angeklagten
SCHELLENBERG

*

BEGLAUBIGUNG DER ABSCHRIFT

18 June 1948

Wir HANS NICHTENHAUSER, ETO 20 113 Und ALFRED OBERLAENDER, ETO 20 192,

bestaetigen hiermit, dass wir offizielle Uebersetzer fuer die englische und deutsche Sprache sind, und dass obiges Schriftstueck eine wahrheitsgemaesse und genaue Uebersetzung des Dokumentes Schellenberg- Document No. 72 darstellt.

Hans Nichtenhauser.
eto 20113

Alfred Oberlaender
eto 20192

PERSONENREGISTER

Militärgeschichte - Lebenserinnerungen

F. Kurowski(Hrsg.)
Erich von Manstein
An den Brennpunkten des Zweiten Weltkrieges Erinnerungen
Als Chef des LVI. Panzerkorps vor Leningrad ebenso wie als Oberbefehlshaber der 11. Armee auf der Krim stand von Manstein im Brennpunkt der Geschehnisse des Rußland-Feldzuges.
376 S. und 48 Bilds., geb., Hardcover
24,95 Euro

Albert Kesselring
Soldat bis zum letzten Tag
Generalfeldmarschall Kesselring, im Zweiten Weltkrieg Oberbefehlshaber Süd und zuletzt West der Deutschen Wehrmacht, gibt in seinen Lebenserinnerungen ein Zeugnis zur Ehrenrettung des deutschen Soldaten.
476 S. + 32 Bildseiten, gebunden
29,90 Euro

(Hrsg. Franz Kurowski), Hasso von Manteuffel
Panzerkampf im Zweiten Weltkrieg
Lebenserinnerungen
Aus der Feder des Generals werden die Taten und Einsätze der 7. Panzerdivision und der Panzergrenadierdivision „Großdeutschland" beschrieben.
320 S. + 24 Bildseiten, Hardcover
19,80 Euro

Artur Axmann
Hitlerjugend -
Hitlers Reichsjugendführer erinnert sich
Axmann schildert seine Jugenderlebnisse in der Weimarer Zeit, die Aufbauarbeit der HJ und den Einsatz der Jugend im Krieg.
564 S. Hardcover
14,80 Euro

Karl Dönitz
Mein soldatisches Leben
Als Oberbefehlshaber der Kriegsmarine war Karl Dönitz einer der bedeutendsten Soldaten des Zweiten Weltkrieges.
286 S., Paperback
19,80 Euro

Adolf Dickfeld
Die Fährte des Jägers - Kriegserlebnisse eines Jagdfliegers
Oberst Dickfeld, Träger des Ritterkreuzes mit Eichlaub, 151 Luftsiege, über 1000 Kampfeinsätzen.
396 S., Hardcover, geb. **19,50 Euro**

Franz W. Seidler
Fritz Todt.
Baumeister des Dritten Reiches
Biographie
Bau der Reichsautobahnen und des Westwalls, die Probleme der deutschen Rüstungsindustrie von 1940-1942, Organisation Todt...
424 S. Pb.
19,80 Euro

Wilhelm Keitel
(Hrsg. W. Görlitz)
Wilhelm Keitel
Verbrecher oder Offizier?
Die Erinnerungen des Generalfeldmarschalls und Chefs des Oberkommandos der Wehrmacht bis kurz vor seiner Hinrichtung.
575 S., geb.
29,90 Euro

Walter Lüdde-Neurath

Regierung Dönitz - Die letzten Tage des Dritten Reiches

ISBN 3-926584-65-3, Paperback, 215 Seiten **19,80 Euro**

Walter Lüdde-Neurath wurde im September 1944 Adjutant des Großadmirals Dönitz. Er erlebte den Zusammenbruch des Reiches, die Kapitulation der Wehrmacht und die gewaltsame Auflösung der Regierung im Brennpunkt des Geschehens. Aus eigener Initiative, aber mit Billigung seines Chefs, hielt er Ereignisse, Besprechungen und Anordnungen des von seiner Ernennung überraschten letzten Staatsoberhauptes protokollarisch fest. Die Unmittelbarkeit des gewissenhaften Erlebnisberichtes und die Eindringlichkeit der wissenschaftlichen Bestandsaufnahme tragen wesentlich zur Klärung dieser schicksalsschweren Zeitspanne der deutschen Geschichte bei.

(Hrsg. Hans-Joachim Keitel)

Keitel in Nürnberg

ISBN 3-926584-90-4, Paperback, 413 S. **14,80 Euro**

Stellungnahme des Generalfeldmarschalls und Chefs des Oberkommandos der Wehrmacht zur Anklage

(bislang unveröffentlichte persönliche Aufzeichnungen des Feldmarschalls)

Mit einer Einführung von Generalleutnant a.D. Dr. Franz Uhle-Wettler

H. Gräfin von Schall-Riaucour

Generaloberst Franz Halder - Generalstabschef 1938 - 1942

ISBN 3-938176-05-9, 468 S. + 16 Bildseiten, gebunden, Hardcover, **24,80 Euro**

Die Autorin, Enkelin des Generalobersten Franz Halder, konnte für diese Biographie eine Fülle unveröffentlichten Materials verwenden. Neben Korrespondenzen und Fallstudien aus Halders Privatarchiv stützte sie sich vor allem auf direkte Äußerungen und Feststellungen des bedeutenden Militärstrategen. Damit erhält dieses Werk den Rang einer Primärquelle. Die großen militärischen Erfolge der Deutschen Wehrmacht während des Zweiten Weltkrieges in den Jahren 1939 bis zu seiner Entlassung durch Hitler im September 1942 waren maßgeblich das Ergebnis seiner Generalstabsarbeit.

Großadmiral Erich Raeder

Mein Leben

Erinnerungen des Oberbefehlshabers der Kriegsmarine von 1935 bis 1943

Zugleich eine kompetent geschriebene Geschichte der dt. Kriegsmarine 1900 bis 1945

528 S., + 64 Bildseiten, geb. Hardcover **Euro 29,80**

Verlag Bublies, Bergstr. 11, 56290 Beltheim-Schnellbach
Tel. 06746 / 730046 / Internet: www.bublies-verlag.de